高等院校经济学管理学系列教材

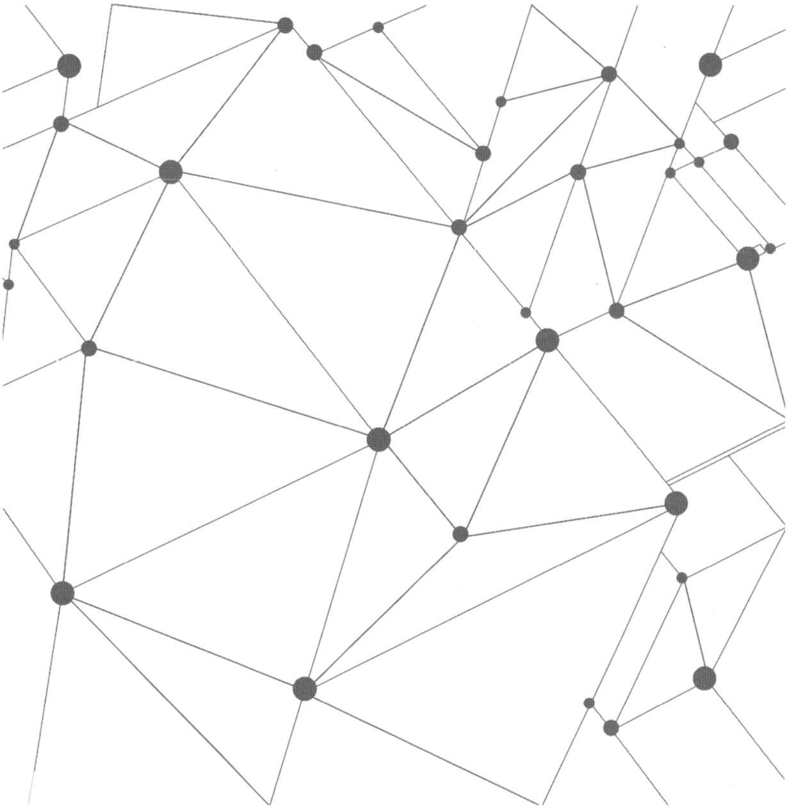

发展经济学案例集

第二版

林 珏 主编

北京大学出版社
PEKING UNIVERSITY PRESS

图书在版编目(CIP)数据

发展经济学案例集/林珏主编. —2 版. —北京：北京大学出版社，2018. 1
(高等院校经济学管理学系列教材)
ISBN 978-7-301-28482-7

Ⅰ. ①发… Ⅱ. ①林… Ⅲ. ①发展经济学—案例—高等学校—教材 Ⅳ. ①F061. 3

中国版本图书馆 CIP 数据核字(2017)第 154392 号

书　　名	发展经济学案例集（第二版） FAZHAN JINGJIXUE ANLIJI
著作责任者	林　珏　主编
策 划 编 辑	杨丽明　姚文海　吕　正
责 任 编 辑	朱梅全　杨丽明　朱　彦
标 准 书 号	ISBN 978-7-301-28482-7
出 版 发 行	北京大学出版社
地　　址	北京市海淀区成府路 205 号　100871
网　　址	http://www. pup. cn　　新浪微博　@北京大学出版社
电 子 信 箱	sdyy_2005@126. com
电　　话	邮购部 62752015　发行部 62750672　编辑部 021-62071998
印 刷 者	北京飞达印刷有限责任公司
经 销 者	新华书店
	787 毫米×1092 毫米　16 开本　24 印张　605 千字
	2005 年 2 月第 1 版
	2018 年 1 月第 2 版　2018 年 1 月第 1 次印刷
定　　价	68. 00 元

第二版前言

自2005年2月本人主编的《发展经济学案例集》(中国社会科学出版社)出版以来,中国所处的世界地位与发展环境发生了显著变化。2009年,金砖国家首次峰会召开,该年中国超过德国成为最大的出口国;2010年,中国国内生产总值超过日本成为世界第二大经济体;2013年,中国国内开始"精准扶贫"工作等。中国等发展中国家也面对一系列发展挑战:金融危机、难民潮、反全球化运动、贸易壁垒、环境污染、中等收入陷阱、经济增长速度走缓等。显然,新的挑战需要新的思考,《发展经济学案例集》需要与时俱进,补充新内容,原有案例也需要更新内容和数据。

感谢北京大学出版社接受本书的再版。自2015年底与北京大学出版社签订合同以来,本人对书中原有100个案例进行了检查,去除48个旧案例,加入29个新案例,全书案例达到81个。其中,本人独立撰写的案例有28个,合作撰写的有24个,其余案例是历届研究生的期末作业。本人在获得学生同意的基础上对每个案例都进行了修改,包括文字修改、结构调整、图表重制和数据补充,也对案例撰写后的最新发展情况进行了补充。

自1999年参加国际教师项目(ITP)学习案例教学以来,本人一直在课程中采用案例教学方法。什么是案例?《发展经济学案例集》初版前言曾表述过:"案例,是对真实世界的一种描述,是问题的解决和结果,它反映的是经营者的经营理念。案例研究是一种通过做而不是通过听的独特的学习方式,使学生在课堂上通过教师的引导,通过对数据的处理、案情的分析,从企业真实的实践中吸取相关经验,发现解决复杂问题的创新方法。这种动态的学习经历,不仅能提高在校学生分析问题和解决问题的能力,而且也为他们未来从容面对商场挑战奠定了良好的心理基础。"本人希望该案例集的出版有助于发展经济学课程的教学。当然,书中仍存在不少问题,一些案例简短,一些冗长。为了让使用者有更大的发挥余地,本书只保留了少部分案例的分析内容。

本案例集今天终于完成了,第一件想做的事就是周六去医院探望母亲,此外带孩子去餐馆吃饭。十分想念父亲和姐姐。感谢家人的默默支持!

林　珏

于上海财经大学武东路校区

国际工商管理学院大楼411室

2017.8.10

目录 Contents

第一部分

经济发展的障碍与动力

第二部分

经济发展的理论与目标

第三部分

经济发展的战略与模型

第一部分

经济发展的障碍与动力

【案例 1-1】 任旭平养兔致富的故事

任旭平先生(1967—2014)是四川旭平兔业有限责任公司董事长,中国知名养兔技术专家、成都市人大代表、四川省工商联常委。20 世纪 80 年代,他的家乡四川大邑县还是一个极端贫穷落后的县。1980 年夏天,年仅 13 岁的任旭平因家里没钱供他上学,初中毕业便回到村里。不久,他父亲购买了一对兔子让他喂养,从此开始了他的养兔致富之路。

1984 年,美国一项开发计划——海费尔国际计划在他的家乡大邑县开展,这项计划为任旭平等 4 名受援者提供了 115 只优良种兔。为了提高兔子的繁殖能力,任旭平运用了杂交技术,使得自己的兔子只数几乎增加了一倍。同时,他也认真研究了兔子所需营养成分,着手自己生产饲料。最终使得那些种兔繁殖了 21 代,大邑县 2300 多户农民,由此共得到 1.3 万只种兔。此后,任旭平开辟副业生产,从事兔饲料加工工业。

养兔业每年给任旭平带来的收益达 3.5 万元,使他成为当地远近闻名的养兔专业户,成为当地脱贫致富的典型。富裕起来的任旭平结婚盖房,有了自己 6 层楼的住房,还有 4 座(每座 4 层)的厂房、办公室、农场和 3 辆汽车。为了帮助当地乡亲掌握养兔技术,摆脱贫困,共同致富,任旭平先后捐出 1000 多只兔子,并且将自己养兔实践中摸索出来的经验,毫无保留地总结成一套最佳养兔方法,撰写成教材或专著出版。

1985 年,任旭平办起了旭平养兔技术学校,他先后撰写《怎样养兔》《乡土养兔》等教材,提供给大家。他将自己养兔的经验总结为:“用最少的人,养最多的兔;用最短的饲养时间,最快地上市;用最小的本钱,获得最大的利润。”来大邑县参观的人络绎不绝,对那些也想通过养兔致富的人,任旭平在他的养兔广告牌上写道:“养一只兔,不愁油盐醋;养 10 只兔,不愁娶媳妇;养 50 只兔,不愁没钱给家添新屋;养 100 只兔,就能买汽车上路。”

到 2014 年,旭平养兔技术学校先后培训的学员已经多达 30 多万,这些学员遍及全国 20 多个省、市、自治区,还有朝鲜、尼泊尔、泰国、印度等国。不仅大邑县的农民成为养兔专业户,大邑县成为养兔基地,更多的外县、外国学员靠养兔实现脱贫致富,甚至成百万富翁。

为了将养兔经验传授给更多的人,任旭平积极在《畜牧兽医》《中国养兔杂志》《四川科技报》《四川农业报》等报刊发表文章 600 余篇,其中《怎样养兔》在《四川科技报》连载 45 期。他还出版了《家兔饲养 100 问》《兔病防治》《肉兔饲养实用新技术》等著作,这些著作被中宣部、农业部选定为“中国农村文库 · 万村书库”工程书,在全国发行百万多册。他承担的“优质肉兔良种引进与经济杂交及产业化经营模式”课题获得成都市科技成果三等奖,并被纳入国家级星火计划项目,在全国普及推广。

2001 年 11 月 29 日,四川省旭平兔业有限责任公司成立,任旭平担任董事长。该公司提供养殖的良种兔、商品兔,还销售饲料、兔用设备以及畜禽产品。百忙之中,任旭平也积极参与社会兼职工作,先后担任中国青年乡镇企业家协会副秘书长、中国畜牧协会兔业分会常务理事、四川省畜牧兽医学会兔业专委会副主任理事、四川省工商联农业产业化同业公会副会长、四川省技术创新促进会常务理事,以及四川省成都市大邑县养兔协会会长、国际小母牛出新项目负责人等职,为农村经济的发展做出贡献。2006 年,在“社会主义新农村建设”中,拥有固定资产 5000 多万的任旭平开办起“旭平扶贫中心”,探索通过“巴地草”(即叠瓦式覆盖)的生产发展模式引领部分村镇参与新农村建设,实施整村养兔、整村脱贫计划,以解决农户生产中所需资金、技术和市场问题。他帮助贫困地区妇女、老人通过养兔脱贫致富,认为可通过“一个帮一个,一个传一个”模式减少贫困家庭。他说:“就像繁殖力旺盛的巴地草一样,受到帮助的人会越来越多,而贫困的家庭也会慢慢减少。”他将这种扶贫模式称为“巴地草扶贫模式”。

任旭平先生的创业、创新精神和无私奉献事迹先后被《人民日报》《光明日报》《参考消息》,以及美国《华尔街日报》、澳大利亚《悉尼先驱晨报》等多家报刊,以及电视台、电台等媒体报道。任旭平本人也获得“国际小母牛金色人才奖”“全国学科学用科学青年标兵”“全国新长征突击手”“全国星火科技致富能手”“四川省劳动模范”等 50 多个奖项,受到邓小平、万里等党和国家领导的人亲切关怀,被国外誉为“中国兔王”。

2014 年 3 月 20 日下午 4 点,任旭平因患胰腺癌医治无效不幸去世,年仅 47 岁。回顾其 30 多年的创业之路:积极从事科学养兔技术教学和推广、良种兔生产和推广、畜禽产品加工及营销,指导和带动几十万名学员从事兔业产业化生产,产生社会效益 80 多亿元,帮助一批又一批人脱贫致富,通过自己的创业行为和经验的传授带动本村、本乡、本县、它地经济的发展,其事迹令人感动。毫无疑问,任旭平先生值得“农民教育家和企业家”的称号。

(林　珏)

【讨论题】

1. 任旭平养兔致富的案例在贫困地区是否具有典型意义?
2. 你认为中国贫困山区脱贫致富的关节点(或突破口)在哪里?
3. 根据这一案例,谈谈你对“资本形成在经济发展中具有重要作用”这一论点的看法。

【参考资料】

1. 〔美〕彼得·赫斯勒:《中国“兔王”养兔致富的成功经验》,载《华尔街日报》2000 年 11 月 8 日。

2. 徐继波编辑:《大邑“中国兔王”病逝 成功故事曾上华尔街日报》,载《四川在线—天府早报》2014 年 3 月 27 日。

3. 沈婷婷:《两只兔子成就传奇人生 “中国兔王”任旭平病逝》,载《四川在线》2014 年 3 月 26 日。

【案例 1-2】 小额贷款给贫困农民带来希望

小额贷款，一般是指低于 1000 美元的贷款，对于一些贫困者来说，可能只需一笔很少的贷款就可摆脱困境，使生活得到改观；而对于投资者来说，小额贷款可使业务延伸，每笔量虽小但需求市场很大，相对风险小，有着相当的回报率。

小额贷款的创意最早来自穆罕默德·尤努斯教授。1976 年，穆罕默德·尤努斯教授在孟加拉国创办了“乡村银行”，专门向那些一般银行不愿意理睬的穷人提供小额贷款，后来他本人也被誉为“穷人的银行家”。

80 年代以后，小额贷款的概念逐渐被国际金融机构和一些国家的基金组织所采纳，一些基金组织在东南亚地区，如在越南向当地贫困妇女贷款 100 美元，后者通过购买家畜，进行饲养、繁殖，最终实现脱贫。

2001 年“9·11”事件以后，小额贷款的概念重新受到欢迎，一些西方投资者甚至将这种投资看作是遏制恐怖主义的最好方法。例如，跨国商人亚历山大·德莱塞普从 2001 年开始介入小额信贷事业，他在瑞士银行家梅尔希奥·德穆拉尔的动员下，投资于布卢奥查德金融公司，成为该公司的老板之一。该公司管理着一个共同基金，到 2003 年 8 月已向全世界 20 多个穷国的小额信贷机构提供了约为 5000 万美元的短期贷款。当纽约的亿万富翁询问德莱塞普为什么愿意借钱给穷人时，德莱塞普的回答是：“在当今世界，解决贫困和恐怖主义的唯一方法就是投资。”德莱塞普热衷于发展中国家的投资项目，他除了投资哈瓦那五星级酒店、仰光高档住宅等营利项目外，还投资泰国的医院、缅甸掸邦孤儿院和产科医院等不以营利为目的的项目。当然，德莱塞普所在公司管理的基金也向零星投资者开放，最低投资额为 1 万美元。2001 年该基金回报率为 6.8%，2002 年为 4.1%。

小额贷款有着很大的需求市场，根据布卢奥查德金融公司估计，全世界小额贷款需求可能接近 30 亿美元，但是投入小额贷款的基金不到 5 亿美元。绝大多数银行或金融机构对穷人仍是不屑一顾，一些进驻发展中国家的跨国大银行甚至在存款业务上都表现出对中小储户的歧视。显然，期望发达国家的金融机构或基金会来经营小额贷款，以满足穷国对资金的需求是不现实的。一些发展中国家的基金会对接受小额贷款的理念进行了创新，启动扶贫工程。

1995 年初，中国人口福利基金会、中国计划生育协会和《中国人口报》，以“治穷、治愚、治病”为目标，在全国 29 个省、市、自治区开展“幸福工程——救助贫困母亲行动”项目。这是一个包括小额贷款在内的援助项目，9 年里投入资金 2.4 亿元，共有 13 万贫困母亲和她们的家庭得到救助，受惠人口近 60 万。贫困母亲利用“幸福工程”1000—3000 元的启动资金以及各种配套服务，走出贫困，她们的孩子重新走进教室，她们的家庭焕发出活力，她们的命运发生了根本的变化。下面列举的是部分家庭的变化情况，从中可见一斑：

四川昭觉县北乡普提村的吉布依牛，全家 7 口人。1999 年接受“幸福工程”资助款 1000 元，购买两头母猪，到 2004 年上半年先后出栏 21 头，收入 2200 多元，现存栏 12 头，3 个子女也成了家。

四川黑水县扎窝乡克别村的罗叶妹,全家4口人,6亩地。救助前每亩产粮200公斤,没有经济收入。2000年接受"幸福工程"扶贫款1000元,以入股方式和承包商合作,6亩地种植豌豆尖,承包商每年给1800公斤小麦,罗叶妹种地每天得10元工钱,丈夫在车间做包装加工,每天也有10元收入。

四川重庆万州区分水镇双丰村的陈安珍,全家5口人。1997年接受扶贫款1000元,发展养蚕业,2003年收入5000多元。

四川重庆綦江县打通镇马颈村的李茂珍,1996年开始在扶贫工程的帮扶下承包荒山,发展种植业,经过数年奋斗,走向致富。

云南丘北县八道哨乡斗母村的杨卫梅,1999年利用"幸福工程"帮扶的18只小山羊,两年时间出栏17只,收入近6000元,现存栏52只。

云南丘北县八道哨乡八道哨村的王秀梅,全家4口人。救助前,夫妻俩经营家中2亩田5分地,一年下来还需丈夫打零工才能维持生活。1998年用工程帮扶资金2000元,加上贷款6000元,建了个小酿酒房,靠酒糟养猪。1999年底出栏42头猪,纯收入1.8万元,又贷款5万元建盖鸡房,饲养三黄鸡,一年时间先后卖掉6000多只,纯收入近4万元,现鸡房存栏7000余只。

甘肃陇西县福星乡鹿鹤村的康岁巧,全家5口人。1997年前人均收入不足400元,1998年接受扶贫款1000元和扶贫资金4300元后,开始养猪与种植药材,2003年人均收入1700元,有大家畜2头,猪13头,儿女都上了中学。

甘肃陇西县种和乡种和村的杨桂英,1998年开始靠扶贫款养猪,全家解决了温饱,2003年在家里办了个小小缝纫店,收入3000多元。

甘肃礼县中坝乡新寨村的赵三妹,全家4口人。1995年扶贫工程捐助了两只小尾寒羊,平均每年出栏3到4只,现存栏7只,2003年人均收入1500元,人均占有粮食450公斤,两个女儿都在上学。

陕西咸阳永寿县渠子乡八寨村的张翠霞,全家4口人。1997年得到帮扶款2000元,买了一头母牛,现存栏4头,全家已搬出烂土窑,住进新砖瓦房。

宁夏灵武市东塔乡宋桥村的马桂莲,全家4口人。2000年接受工程扶贫款2000元,饲养奶牛和山羊,三头奶牛每天可产130—140斤牛奶,纯收入50元,一年收入将近1.5万元。

内蒙古巴林右旗巴彦琥硕镇白音和硕村的曹金英,全家3口人。用"幸福工程"帮扶的2000元加上自筹资金买了15只绒山羊,一年多时间卖羊收入达1900多元。

山西湍水头镇的王琳秀,全家4口人。救助前,全家只靠土豆和玉米过活。2001年获得扶贫贷款2000元,加上自筹资金,买了一辆农用三轮汽车,从事起运输业。每天一早将收购来的马铃薯运到40公里以外,卖给几家货栈。短短两年时间,不仅还清了贷款,还购买了大屏幕电视机和洗衣机,装上了电话。

……

当然,受援助的不只是妇女。1994年,中国开始实施扶贫贴息贷款计划,不少贫困地区的农户从中受益。例如,上述所提到的山西湍水头镇,全镇有农民1800人,从2001年以来已发放近400笔小额贷款,不少农户出现王琳秀家庭那样的变化。

小额贷款解决了中国面临的一个重大挑战,即如何帮助大批农民摆脱贫困。由于农村信用社坏账累累,已经无法向贫困农民提供贷款,在中国设法改革农村信用社之际,大约有300个小额信贷计划填补着这一缺口。

不管怎么说，小额贷款崇尚的不是建立一种“输血”机制，而是要建立一种“造血”机能。小额贷款的成效已在一些国家或地区显现出来，并吸引更多的国家采用这一做法。2003年9月，巴西总统卢拉号召在国内建立一家为穷人服务的银行，专门向低收入人群发放小额贷款，以此作为对原有银行的有益补充。2004年2月，这家专门面向4000万贫困人口的银行——巴西人民银行在首都巴西利亚开业，该银行总资产为40亿雷亚尔，相当于13.6亿美元，银行发放从15美元到200美元不等的小额贷款，贷款期限为4个月，利息只有2%，而一般银行的利率都在5%以上。巴西人民银行不设分行，没有固定的员工，它实际上是一个银行代理网络，在药店、面包店、集贸市场、建材市场等地为顾客办理业务。巴西人民银行计划2004年底将网点在全国范围铺开，业务网点达到6500家。小额贷款将为巴西贫困农民带来希望。

当然，小额信贷不是没有风险。由于没有抵押担保，因此借款者如果无法偿还贷款，放款人就得不到任何经济补偿。自实施扶贫贴息小额贷款计划以来，基金会也面临着各种问题的困扰，比如确定哪个机构最适合发放贷款，用何种标准选择贷款接受者，如何保证一定的偿还率等。由于贷款计划是由中国农业银行和扶贫办公室共同负责的，到县一级，当地的分行往往很大程度上受到地方当局的行政影响，由此出现一些分行将贷款贷给了官员的关系户，而广大农户则根本贷不到款或根本就不知道有这样的贷款，有的地区甚至将贷款贷给了当地企业。比如，四川某县农行将每年总额为1亿的扶贫贷款贷给一家电厂，理由是该电厂是县委的一个重大项目，该项目一完工，就能产生效益，向县政府缴纳大量的税款。另外，贷款的偿还也存在问题，借款人没有偿还贷款的动力，因为他们不会因为不还款而承担法律责任，他们的不良记录不会影响他们今后从其他地方获得贷款；而负责发放贷款的银行官员也没有任何动力来确保贷款及时得到偿还。因此，贷款的偿还率较低，官方估计偿还率为50%，而一些媒体认为可能只有20%—30%。可见，在贷款方面严格监管机制十分必要。

从国外基金经营的情况看，乡村银行和其他主要的小额贷款机构的实际放款损失率还不到5%；次优消费者信贷行业（即专门为有收入问题或不良记录的借款人提供信贷）放款损失率也只有5%—10%。由于发展中国家的妇女勤劳节俭、任劳任怨，很少会将贷款用于赌博、酗酒或投资于风险行业，因此不少基金更青睐于向这一群体贷款。为了规避投资风险，中国某家银行分行推出了“公司＋农户”的贷款模式，即银行将贷款拨给公司，由公司组织农户进行生产，最后偿还贷款。比如，银行将款项贷给乳品公司，乳品公司拨款给农户养牛，农户将牛奶卖给公司，偿还贷款。

为了鼓励企业和私人加入小额贷款事业中，以及加强对小额信贷的风险管理，中国政府采取了一系列的措施。比如，2005年2月5日《中共中央国务院关于进一步加强农村工作提高农业综合生产能力若干政策的意见》在“七、改革和完善农村投融资体制，健全农业投入机制”中提出：“有条件的地方，可以探索建立更加贴近农民和农村需要、由自然人或企业发起的小额信贷组织。”10月，中国人民银行、银监会、财政部、商业部等部门在山西、四川、贵州、内蒙古、陕西五省（区）各选择一个县进行小额贷款公司试点。2009年6月，中国银监会发布《小额贷款公司改制设立村镇银行暂行规定》，允许符合条件的小额贷款公司改制成立村镇银行，并于同年11月发布《中国小额信贷蓝皮书（2008）》。2012年3月，国务院常务会议批准实施《浙江省温州市金融综合改革试验区总体方案》，提出“符合条件的小额贷款公司可改制为村镇银行”。5月，财政部、国家税务总局发出《关于中国扶贫基金会所属小额贷款公司享受有关税收优惠政策的通知》。2014 年 4 月,国务院常务会议要求强化金融机构服务"三农"职责,对小额贷款公司,要拓宽融资渠道,完善管理政策,加快接入征信系统,发挥支农支小作用。5 月,银监会会同中国人民银行向各地金融办下发《小额贷款公司管理办法(征求意见稿)》。2015 年 1 月,中国小额贷款公司协会成立。8 月,国务院法制办就《非存款类放贷组织条例(征求意见稿)》向社会公开征求意见……

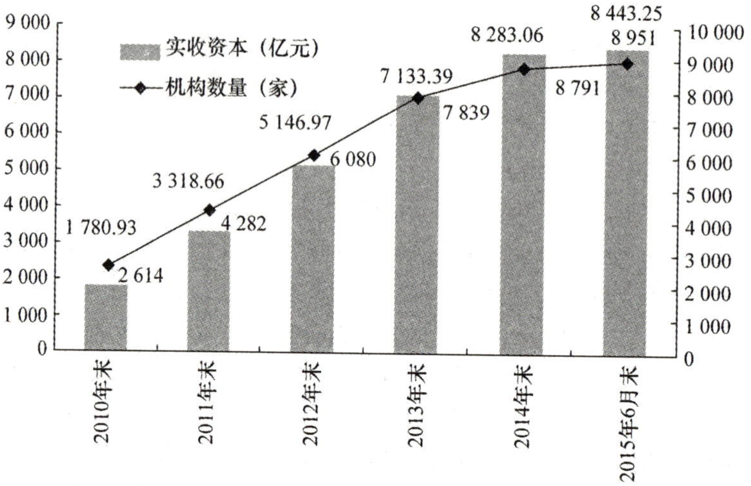

图 1-2-1 2010—2015 年 6 月末中国小额贷款公司发展情况

数据来源:牛娟娟、许婷:《小额贷款公司迎来发展新曙光》,载《金融时报》2015 年 8 月 19 日。

在政府政策的推动下,中国小额贷款公司发展规模不断扩大。2010 年末全国小额贷款机构 2614 家,到 2015 年 6 月末已经达到 8951 家,实收资本也从约 1781 亿元增加到 8443 亿元。

(林 珏)

【讨论题】

1. 该案例是否再次论证了资金在经济发展中的重要作用?
2. 小额贷款中出现的问题应该如何解决?
3. 你是否同意罗森斯坦—罗丹有关经济发展初始需要投入相当多的资金才可能冲破"贫困的恶性循环陷阱",促使资本形成的"大推进"理论?

【参考资料】

1.《投资者通过提供贷款帮助穷人》,载《国际先驱论坛》2003 年 8 月 11 日。
2. 王麒:《为了贫困母亲的幸福》,载《人民画报》2004 年第 6 期。
3.《中国扶贫贷款给了有利可图的企业》,载《亚洲时报在线》2004 年 8 月 3 日。
4.《小额贷款为中国贫困农民带来希望》,路透社 2004 年 3 月 8 日报道。
5.〔古巴〕《抉择》2004 年 2 月 26 日。
6. 牛娟娟、许婷:《小额贷款公司迎来发展新曙光》,载《金融时报》2015 年 8 月 19 日。

【案例 1-3】 玛雅人后裔学习网上冲浪

1997 年 7 月，卡林娜在危地马拉拉拉古纳地区为美国教会组织——国际慈善会工作时，遇见了该地区圣佩德罗村庄牧师埃米利奥·贝兹和他的妻子埃斯特尔。44 岁的贝兹和他的妻子 8 年前在村里创办了科莱希奥·贝瑟尔私立学校，该所学校的校舍十分简陋，牧师夫妇和三个孩子住在学校一座最简朴的房子里。学校从幼儿园到 9 年级共有 350 名学生，小学生每月需付 25 格查尔（合 3.25 美元），初中生则需 40 格查尔（合 5.20 美元）。尽管这点学费微不足道，但学生家长仍难以支付。村里没有现代建筑，街上没有铺柏油，家里没有现代化生活设施；很多人居住在土坯房或竹棚里，一张床睡了四个或更多的人；屋里没有自来水，没有电话，没有卫生间，几家共用一个厕所，用电也受到限制，洗澡则在湖里。虽然这个地区以其特有的饰有鲜艳图案和复杂刺绣手工艺品而出名，但由于封闭，村里的妇女将各种手工艺——镶珠的机织地毯、餐巾、帽子和头巾卖给批发商，每件只挣得 5 格查尔（约合 65 美分），而批发商则将这些货物以 10 倍的价格转卖出去。村里的男人大多从事田间劳动，种植咖啡、玉米和棉花，也有一些制作手工艺品，出售给中间商，每天可挣 20 格查尔。圣佩德罗村的这种落后状况给卡林娜留下深刻的印象。

3 个月后，卡林娜应聘到在线拍卖公司——eBay 公司做财务经理，但她一直在思考如何继续帮助这一村庄。在与同事聊天时，她提到了这一村庄。不久，她对该村庄的热心传遍了整个公司，很快在公司的公告牌上，贴满了村里孩子们的照片。公司 1200 多个员工都知道了这个村庄，他们纷纷捐款。公司在卡林娜的推动下设立了高技术慈善事业计划，决定将高技术注入这一落后山庄，帮助其脱贫。

1998 年，卡林娜重新来到圣佩德罗村，带来了公司捐助的一批计算机。次年 8 月，eBay 公司将近 30 名员工及亲属（包括卡林娜 15 岁的儿子）与卡林娜一同去了圣佩德罗村，他们在这里培训老师使用计算机。

2000 年春天，卡林娜再次来到这个村庄，带去 eBay 公司捐赠的 4 台崭新的配有 DVD 的康柏便携式计算机、1 台服务器、1 台监控器和西班牙—英语转换软件。同她一道来的还有 34 岁的友人罗恩·扎克曼，他是通信设备制造商朗讯科技公司的顾问，来这儿的任务是将这些新的计算机与因特网接通。连接因特网可不是一件容易的事，贝瑟尔学校只有一条电话线，就在牧师贝兹的屋里。这里拨号的线路慢得出奇，上网的费用也非常昂贵，开个账户大约需要 60 美元，开通后每月要支付 10 美元，还不包括本地和长途电话费，而这个地方人均年收入不到 900 美元。为了降低成本，扎克曼从贝兹的住宅电话中拉出一条 200 英尺的电缆，接到学校的主服务器上。他让学生白天写好邮件，然后在收费较低的深夜，让邮件自动地发送出去。扎克曼坐在计算机前调试和演示着网页如何下载，他用了足足 15 分钟才登录上网，兴奋不已的学生簇拥在他的身边。

到了夏天，又有一批员工前往圣佩德罗。从 1998 年到 2000 年，eBay 公司已经为这一村庄捐赠了 15 台计算机和 2 台打印机。现在村里的孩子一周有 5 天在学校学习，除了学习数学和历史等传统课程外,还要学习一门计算机课程。学生学习计算机课程一个重要的目标就是在 eBay 网站上出售村里的手工艺品。作为公司基金会负责人的卡林娜为孩子们设立了奖学金或贷款,她希望让这些孩子走出村子继续接受更好的教育,学完后回到贝瑟尔学校做为期一年的见习教师,帮助母校学生学习电子商务课程来偿还贷款。卡林娜说:“我们 eBay 公司许多员工捐献了很多资金。我们希望帮助这些孩子,让他们的生活除了卖水果,还能有别的事情可做。重要的是要给他们走出去的手段,给他们展示有所作为的远景。”

村民们对自己的孩子能够接受计算机技术教育非常高兴。60 多岁的迭戈·波波每天除了在田间劳动外,还靠刺绣服装补贴家用,花 3 周的时间才能绣完一条裤子,挣 85 格查尔(合 11 美元),他说:“我愿意我的女儿读书。……我不希望她像我这样。”另一个在当地市场出售盆盆罐罐的妇女利迪娅·冈萨雷斯说:“我的孩子将来不要像我这样受苦受难,这一点很重要。我希望她去首都读书,这样她可以找到一份好工作。”但并不是所有孩子都能顺利完成学业。维拉·波波是家中 6 个孩子中最小的一个,母亲去世后,她不得不辍学,担负起为父兄做饭洗衣的重任。1999 年,联合国在危地马拉调查中发现,这个国家约有 44%的人不能完成 9 年教育。

虽然因特网在危地马拉算不上特别新奇,在首都和各个旅游城市都有网络咖啡屋。但对 90 年代中期才通电的圣佩德罗村却是一个新鲜事物。1998 年,贝瑟尔学校才通电,而在那之前,贝兹不得不通过一段电线“借用”邻居的电。贝兹认为,计算机教育使学生迈出巨大的一步,学生在校期间接受 3 年的计算机教育,这一教育将增强学生的自尊心。他说:“我是玛雅人,我们玛雅人一般都很胆小,认为自己没有那些金发碧眼的人尊贵。现在这些孩子学习新技术,他们正在寻找自己的价值所在。”青年教师克鲁斯就是从危地马拉城学习计算机后返回到圣佩德罗村教书的当地人。

当然,也有一些人对 eBay 公司的高技术扶贫行为持批评态度,认为村民们不需要计算机,只需要衣食无忧。关于这一问题,联合国官员瓦尔德斯是这么说的:“许多人认为计算机是奢侈品,但我们不能说农村地区只需要有水、卫生设备和基础保健就够了。……我们不能让技术差距越来越大,但是我们必须想办法让它以省钱的方式自我运营。在贫困偏远的农村地区,我们不能只让计算机进入学校。学校必须成为社区的信息中心,否则代价就太高。当地的商人和专业人员可以从网络中获益,只要假以时日,就会付得起费用。但是这些问题必须根据当地村庄的水平探讨,而不是由生活在纽约的人探讨。”

作为 eBay 公司这项高技术慈善事业计划推动者的卡林娜,对这一计划仍充满着热情,她认为圣佩德罗村的旅游观光业正在慢慢地发展起来,下一步公司将计划为学生提供商业和人际技巧,帮助这一社区发展壮大。

背景链接

总部设在加利福尼亚的 eBay(电子湾或易贝)公司,是美国在线贸易的一只领头羊。1995 年,该拍卖平台在硅谷一幢平房中起步,到 2003 年进驻国家达到 29 个,拥有员工 6200 名。8 年里,eBay 通过登录费和交易手续费获得约 10 亿美元的利润,并将 2003 年的销售额提高到近 22 亿美元,公司的市场价值也在一路攀升,2005 年达到 550 亿美元。当初,公司创始人皮埃尔·奥米迪亚尔开创了这样的原则:通过网络从完全陌生的人那里购买商品。现在全世界有上亿人接受了这一原则。同时,eBay 公司也创立了一个新的企业家阶层,仅在美国就有 43 万所谓的强力卖家完全或部分通过 eBay 贸易赚取生活费用。

eBay公司最成功的海外市场开拓就是在德国。1999年6月，eBay以当时价值约4300万欧元的eBay股票兼并了当时只有4个月大的柏林新创企业阿兰多(Alando)公司，其后销售额攀升到2.93亿欧元。2004年初，eBay再次出手，以1.12亿欧元购得德国在线二手车中间商Mobile.de。eBay在德国也成为著名并为许多人喜爱的品牌。2001年，eBay公司的国际业务的比重还只是15%，但2004年在其销售额中1/3以上是在美国之外获得的。在7.59亿美元的海外销售中大约有一半是在德国，德国eBay注册用户有1140万，他们中有不少人对网上交易非常感兴趣，有75%的德国eBay注册用户定期在网上平台供货、购买或销售，而在美国网上订购的人还不及德国的一半。2003年通过德国eBay促成交易的产品价值就达40亿欧元，超过奎勒邮购康采恩近3亿欧元。

eBay公司也将德国的战略模式运用于中国、印度、韩国、荷兰和法国等国。国际业务负责人科布说："我们需要理解市场的本地合作伙伴"，如果价格合适，eBay就会出手。

2003年7月，eBay以1.5亿美元的价格合并了中国最大的电子商务公司EachNet(易趣)，并推出联名拍卖网站"eBay易趣"。eBay负责人原迪士尼公司经理惠特曼说，中国将成为eBay公司最大的市场。

2004年6月，eBay以5000万美元的价格并购了印度最大的拍卖网站Baazee.com。同年9月，eBay以每股12.5万韩元(约合109美元)的价格取得韩国Internet Auction Co.(IAC)公司近300万股权。11月，eBay以2.25亿欧元并购荷兰Marktplaats公司，取得在荷兰80%的市场。

2006年12月，eBay宣布与中国Tom成立合资公司，合资公司中Tom占51%股份，eBay占49%。新公司CBT负责跨国交易部分的业务。

网上交易存在支付方式和支付货币问题，1998年，Peter Thiel及Max Levchin建立了PayPal(贝宝)，随着在各国的业务扩充，推出了美元、英镑、加元、欧元、澳元、日本等24种货币。2002年10月，eBay以15亿美元收购了贝宝，贝宝成为eBay主要付款的途径之一。2005年，贝宝在中国大陆的网站开通，使用人民币作为唯一的支付货币。到2006年2月14日，贝宝注册用户数量已超过2.2亿。2013年，贝宝支付系统已经在190多个国家和地区开通。贝宝也成为全球最大的在线支付提供商。

（林　珏）

【讨论题】

1. 信息技术的输入会对圣佩德罗村的经济和村民的生活产生哪些影响？

2. eBay公司帮助圣佩德罗村脱贫致富的这项高技术慈善事业计划能否完成？为实现圣佩德罗村的脱贫致富，卡林娜下一步还应做些什么？

3. 你认为高科技扶贫在发展中国家是否具有普遍应用的意义？

【参考资料】

1. 〔美〕阿比·埃琳：《危地马拉一座技术落后村庄的高科技慈善工作》，载《纽约时报》2000年7月12日。

2. 〔德〕《网上强权》，载《经济周刊》2004年7月15日。

【案例1-4】 彝族山区脱贫致富道路初探

——楚雄牟定县蟠猫区农村经济调查

蟠猫区现称蟠猫乡，位于云南省楚雄彝族自治州牟定县的北部，距离楚雄县城22公里。1970年，从军屯区分设蟠猫公社，1984年改为蟠猫区，1987年改为蟠猫乡。政府所在地设在海拔1850米的古岩镇上，镇西南山峦起伏，犹如一只趴着的山猫，故被称为"蟠猫区"。1986年去蟠猫区调研时，全区面积169.87平方公里，行政区划7乡1镇63个自然村，人口11389，其中彝族占48.25%。2014年，蟠猫乡土地面积170.9平方公里，乡辖7个村委会，55个自然村，90个村民小组；人均耕地1.07亩；总人口1.21万，其中彝族人口占到70.1%。

一、问题的提出

蟠猫乡地处山区，最高的白马山海拔2485.4米，全区平均气温在摄氏15度左右，年降雨量850毫米，林地面积占全区总面积的84.6%，自然植被有云南松、云杉、水冬瓜和栎类阔叶林，此外还蕴藏着丰富的矿藏，如铜、银、锌、钨、煤等。总体上，自然条件不差。然而，蟠猫区的经济发展和人民生活水平长期处于一个较低的水平上，20世纪七八十年代在全县8区2镇中，属较落后的一个区。1979年人均收入仅71元，而且区内也不平衡，如啊橄榄乡66元，龙泉乡79元(1980年)，古岩镇80元(1980年)；全区421户超支，总额达到17274元，户均41元。

30多年过去了，在全县4镇3乡和全国各乡镇中，依然属经济收入偏低的乡。根据蟠猫乡政府2015年年底报道，该年蟠猫乡农民人均纯收入预实现6274元，同比增长10.2%。这个数字不仅低于牟定县政府2014年11月设定的2015年全县农民人均纯收入7430元左右的目标，更是大大低于全国农村居民人均纯收入。根据国家统计公报，2015年全国农村居民人均纯收入为10772元。显然，目前，蟠猫乡乃至牟定县依然属于全国贫困县行列。

蟠猫乡经济落后原因何在？从20世纪80年代经济发展历程看，十一届三中全会以后，蟠猫区面貌曾有转变，但同时也出现一些新的社会经济矛盾。1981年，全区推行联产承包制，人均收入提高到78元，1984年进一步上升为162元，1985年达到最高点253元，而1986年猛跌到112元，起伏很大。问题在哪儿？这些问题是否是阻碍几十年经济发展一直落后于全县乃至全国的症结所在？楚雄山区百姓脱贫致富的道路究竟应该如何选择？本案例对此进行探讨。1986年4月应牟定县政府邀请，我们对当地进行了调查，下面拟就调查的情况作一分析。

二、长期落后的原因分析

总结蟠猫区经济长期处于落后状态的原因，主要有以下几点：

(1) 交通不便。蟠猫地处山区，山高、沟深、坡陡，在蟠猫公路修筑之前，一筐水果或山货背到集市上出售，要翻越几座山，走上几十公里。与交通阻塞直接相联系的便是信息闭塞，经济落后，教育程度低，医疗条件差，商品经济不发达。从80年代初开始，县委、县政府大抓公路建设，以促进商品流通。不仅沟通了由县城到蟠猫区公所的交通，全区7乡有5乡也都修筑了公路。尽管公路等级不高，但就现状看，交通不便已不是该区经济落后的主要原因。

(2) 不合理的产业结构，阻碍了山区商品经济的发展。全区山多地少，耕地面积只占总面积的4.9%，而林区面积却占到了84.6%。当地本应充分利用林区、山区优势，大力发展林、牧业，但联产承包前，在“以粮为纲”政策的指导下，农村经营单一，水稻种植面积占据全部耕地面积的65%以上，1980年，全区粮食收入在总收入中的比重占到75.1%，而林、牧业只占3%和5%。联产承包后，产业结构略有调整，牧业有了较大发展，1986年收入比重达到22.9%；林业却继续下降，只占1.4%；种植业比重仍保持在63%以上。由于种植业生产常受自然气候的影响，全区“望天收”耕地占到60%，显然农业仍未摆脱“靠天吃饭”的局面，收成的好坏仍取于全年是否风调雨顺。

(3) 自然资源的严重破坏。不少乡居于水系的上中游，由于森林屡经滥伐，水土流失相当严重。1958年大炼钢铁时，不少茂密的山林遭到破坏，以后又遭乱伐，现沿公路两侧、沿河两岸的山坡光秃秃的。一些村镇农民生活用柴都得翻山越岭，去很远的地方取得。这儿没有推广沼气，生活燃料主要靠木柴。我们走访了龙泉乡一家彝族农户，尽管村寨四周都是荒山，仍见庭院里堆放着一米多高、三米多长已劈好的柴堆，很是奇怪。女主人悄悄告诉我们：这是翻了几座山，去其他乡林区偷伐来的。燃料短缺是当地一个十分严重的问题，但对森林、樵林、灌木的滥伐后果更为严重。本人算了一笔账：若以每人每年500公斤烧柴计算，全区一万多人，每年就需5600吨柴薪，森林、植被的破坏程度可想而知。森林滥伐不只是蟠猫一个区的问题，从全县情况看，森林覆盖率只有15%，全县木材年生长量为3.2万立方米，而消耗量为20.8万立方米，这意味着现有蓄积量只能用三年。由于植被被破坏，1986年8月25日蟠猫区遭到自1976年以来未见的特大洪灾，连续三天的大雨，洪水夹带着泥沙从山脊冲下，小河的水顿时猛涨，涌入大河，很快淹没了沿河两岸的庄稼、房屋、低洼处。区公所浸水两尺多高，全区粮食损失107万斤。我们访问了龙泉乡和啊橄榄乡两户农民，1986年因涝灾，他们的人均粮食不足123斤，不得不购买高价粮来维持生活。

(4) 乡镇企业基础薄弱。全区从事工业的劳力占总劳力的3.9%，工业收入在总收入中的比重，1986年啊橄榄乡为1.2%，最好的古岩镇也只有15.4%。丰富的矿藏资源由于缺乏技术、资金、生产资料而得不到开发，以工补农根本谈不上。

三、土地均分后出现的问题

1980年，蟠猫区首先在较穷的啊橄榄乡试行联产承包制，取得显著成效，1981年在全区推广。联产承包后，田地分到个人，这种“均田化”的土地经营形式一方面由于打破了原有的“大锅饭”形式，调动了农民生产的积极性，一度提高了产出；另一方面也带来了一系列弊端，表现为：

(1) 水利设施的复修护理及建设无人问津。全区24个小型水库不少老化失修。一些地区由于土地的划分，水利系统遭到破坏，灌溉面积大幅度减少，“望天收”田地增加。因此，尽管全区大小河流、水库较多，但1986年上半年仍遭干旱。干旱成为全区乃至全县农业发展的一个大障碍。

(2) 滥占、浪费土地的情况严重。由于土地分配到个人,农民结婚盖房滥占耕地,导致耕地面积减少。1983 年,全区人均占有耕地 1.1 亩,1987 年已不足 1 亩。从全县的情况看,也已从"六五"初期的人均耕地 1.13 亩下降到 1.09 亩,相当于每年减少一个乡的土地。此外,从耕田上取土烧砖,对土质肥力的破坏也是相当严重的。

(3) 土地零星分散。各家各户退回到"小而全"的自然经济状态,专业化生产得不到发展,商品率很低。我们抽样调查了几户农家,除一家(汉族)兼营商业买粮上缴公粮,60%的责任田耕作口粮外,其他几户种植粮食的土地都占到了 70%以上,但粮食的商品率只有 5.7%。农民的经济收入主要来源于烤烟,经济作物商品率达到 97.1%。此外,林产品商品率 15.9%,畜产品 9.9%,全部农产品商品率在 37.6%(1985 年)。全区专业户寥寥无几。由于这儿的彝族无经商传统,公路修通后,外面的小商小贩很快就占领了区市场。曾有人受外界影响,也贷款经商,结果负债累累。因此,尽管不少乡人均耕地 8 分左右,但大部分农户并不背井离乡,从工经商,而是一家人都被束缚在土地上,过剩劳动力难以转移。

(4) 由于地少人多,土地零星分散,给机械的使用、农药的喷洒、农田的灌溉都带来很大的不便。集体的固定资产大部分承包或折价卖给了个人,拖拉机成为运输工具,农业生产方式退回到原有的以人力、畜力为动力的落后耕作状态。1986 年,全区无一亩机耕面积,农民在土地上的投资也在减少。在调查的三个乡镇中,我们发现生产费用在总费用中的比重 1986 年比 1985 年下降了 47%—80%,非生产性开支增大。因此,从农业生产本身所需要的基本条件看,蟠猫的日光、土壤、水系、气候应该说都适宜于农业作物生产,但由于上述原因产量并不高。以粮食为例,经济较好的古岩镇平均亩产只有 466 斤(1985 年),其他乡大都只有 200 至 300 斤。

(5) 集体经济薄弱,公共事业尤其是文化教育、卫生事业受影响。1981 年,取消了公积金,保留公益金,集体提留由原来的人均 11—14 元,减少到 2—4 元,下降了 72%—84%。集体提留用于开支干部、民办教师工资、补贴或扶助困难户以及一些公共设施等方面后,用于教育的部分就很少了。一些小学校舍常年失修,有的甚至破烂不堪,摇摇欲坠。如古岩镇小学的学生因危房原因不得不搬到镇政府内上课。一些学校,如啊橄榄乡小学,为了解决经费,星期天老师组织学生上山找柴卖。按规定,特困地区的学生学费免交,但灯油费、保险费、杂费还得交。因此,尽管一方面集体提留在减少,另一方面仍有农户抱怨农民负担过重。由于集体经济的薄弱,一些公共事业无力承办,如全区有线广播早已停止播音;区卫生所只有三个医生,负责内外科门诊、手术、住院部、打针、配药、收费全部工作。由于没有专项经费,对农村"赤脚医生"、卫生员的培训工作早已中断。区内卫生条件十分差,苍蝇犹如蝗虫,成群集队,密密麻麻。

四、蟠猫区脱贫致富道路的探寻

蟠猫的现状反映了贫困山区的共同特点:第一,地处偏僻山乡,交通不便,信息不灵;第二,产业结构以种植业为主,干旱成为经济发展的最大障碍;第三,多种经营优势尚未发挥,自然资源无力开发;第四,森林过伐,植被破坏,水土流失严重。同时,蟠猫的现状也暴露了农业发展后劲不足、农业基础脆弱、抗灾能力仍很低的问题。

在温饱、脱贫、富裕、小康这四个阶段中,蟠猫区刚脱离第一阶段。如何脱贫致富,由第二阶段进入第三阶段,乃是蟠猫区面临的问题。这里提出几点粗略意见:

1. 调整原有不合理的以粮为主的产业结构，走以林牧为主的农工商综合经营道路

(1)“无农不稳”。农业是国民经济的基础，这儿的“农”是指包括种、林、牧、副、渔的大农业。过去在农业发展上，不分山区和坝区、高原和平原、西部和东部，一律都建立以粮食生产为主的产业结构，事实证明是失败的。西部高原山区地多田少，林多地少，自然资源丰富，水热条件优越，适宜种林木竹类的生长和畜牧的放养。因此，农业的产业结构应以林牧为主，充分利用当地资源，建立各具特色的林畜商品基地。蟠猫区的经济发展战略可以从以下几方面入手：

第一，发展林业。从全区的情况看，除林地215547亩外，荒山面积12575亩，田外道路、坝塘、沟埂面积6174亩，加上房前房后的空地，发展经济林、材林、薪炭林及草场潜力很大。像核桃、柑橘、板栗、黄梨、李子、葡萄等果木，桉树、油菜、油桐等经济林木都适宜栽培。

第二，发展药材生产。山区又是中草药宝库。从海拔1675米的古岩河下流到海拔2485.4米的白马山，气温相差很大，既有亚热带候，也有寒带气候，适宜人参、杜仲、吴萸、天麻等各种草药的生长。可以建立以某种药材为主的商品生产基地。

第三，充分利用草场资源，发展畜牧业。建立黄牛、山羊、白兔为主的肉、奶、毛商品基地。此外，还应充分利用水库、坝塘发展水产养殖。

第四，开采矿产。现已探明铜矿的储藏量为319万吨，在缺乏资金、技术的条件下，可以通过吸引外来资金或合资开采。

第五，在发展林牧多种经营的同时，重视以粮烟为主的种植业的发展，充分发挥土地效益。发展种植业首先要解决水利问题。蟠猫小河流多，河流面积总计1308亩，占全区总面积的0.5%，主要有蟠猫河、古岩河、双尾河、石者河、尼古买河等。这些河流长年流水不断，注入猛岗大河直泻而下，与龙川江汇合，流入金沙江。沿河两岸形成许多大小不一的河谷平坝或河阶地带，分布着一些土壤肥沃的高产水田，如蟠猫乡、朵基乡、同心乡沿河一带紫油砂土田，土层深厚、肥沃，通透性能好，单产能达700—1000斤以上。但由于水利系统不健全，抗灾能力低，农作物单产不高。因此改善农业生产条件，加强农田水利建设，兴修水利骨干工程，改变缺水易旱局面，乃是种植业发展当务之急。

第六，打破原有的“土地均分，家家种粮烟”的经营形式。因为这种形式，一不利于集约化经营和专业化生产；二浪费人力、物力；三不能充分发挥土地效益。建议实行适度土地规模经营，粮烟由种植能手承包经营，实行专业生产。由于种粮成本高，比较收益下降，应给予一定补贴。由此，真正做到人尽其能、物尽其用、地尽其力。

实现土地规模经营的途径有多种：第一，租赁制。经济学界有人提出土地经营国家租赁的设想，即国家管理土地，与农户签订租赁合同，并征收地租，农户有转租或退租的权利，由此实现土地集中。这种设想是以改革土地制度，实现土地国有化为前提的，它涉及一系列问题，近期还不能实现。第二，发展合作经济组织，促进土地经营适度集中。这已有趋势。第三，在目前承包制的状况下，允许土地退耕、代耕、转包，并通过发展乡镇企业来促进这一趋势。第四，土地由集体管理，抽回从事第二、三产业农户的责任田，转移给专业户经营。

第七，发展种植业要努力提高农作物产量，重点应放在集约化经营、提高单产上。其途径一是提高复种指数，二是科学种田。过去向荒山林地进军或围湖造田，靠扩大耕地面积来提高总产量的做法已不可取。因为它不仅破坏了植被、森林、湖泊资源，也破坏了生态平衡。现不少陡坡耕地、梯田应退耕还林、还牧，一些湖泊要退田还水、还渔。

(2)“无工不富”。山区有自己的特点,这就是原产品资源丰富,因此发展山区工业应以加工业为导向。随着多种经营的开展,为发展食品、水果、肉奶、油脂、制革、酿造、化工、中药、造纸、森工、制铜等工业提供了重要原料。因此,利用原产品发展加工业大有可为。关于这方面,全国不少山区已有实例,比如广东省高要县禄步区根据当地山区资源,创建了凉果厂、保健食品厂、禾草垫厂、牙签厂、桂油厂、香粉厂、石材厂、皮鞋厂等企业,不仅解决了剩余劳力的出路问题,还创造了大量的利润和外汇,走上了致富之路。边疆山区有自己的特点,除利用原产品发展加工业外,还可根据当地少数民族特点,发展刺绣、民族服装、花边、竹篓、斗笠等生产。

目前,一些山区干部顾虑重重,担心投资办厂一缺乏资金,二缺乏技术,三有风险,弄不好赔本。事实上,解决资金的途径很多:可以鼓励农户或外商(包括外县、外省、外国商人)投资设厂;可以是村与村、乡与乡、村与乡集体投资合办;可以是农户私人与乡或村集体合资经营;可以是本地与外地或外国联合经营;也可采取股份公司的形式集资办厂。技术力量可以通过派人出去学习、聘请顾问、退休技术人员指导,财智合营(一方出资金,一方出技术)的形式来解决。至于风险,办企业都有风险,关键在于经营决策者的判断力和适应市场的变通力。从全国乡镇企业看,大部分经营决策者都是农民,原都未办过厂,都是从实践中学习、摸索、锻炼出来的。不过,对于民族地区来说,可以先通过合同聘用人才的方法来解决。

(3)“无商不活”。边疆山区多为少数民族地区,由于长期商品经济的不发展,农民与外界接触少,经商观念十分淡薄,一些姑娘连买东西都感到害羞。从蟠猫镇市场看,十分萧条:二三家铺面,经营少量日用品,公路口零星小贩多半来自外区,与江浙农村喧闹繁荣的区镇景象相比,可谓天壤之别。

随着产业结构的调整,建立以林牧为主体的经济开发战略后,产品商品化了,产品的销售、辅助原料的供应,将成为乡镇企业发展面临的重要问题。除了建立以区镇市场为商品集散地的坐商经营外,还应不拘一格采取多种经营方式和购销方式。如主动上门与城市国营企业、商业、外贸进出口公司联系,挂靠,建立较稳固的产供销关系,以此保证原料的供应,减少产品直接进入市场销售的比重,确保利润的实现。又如,建立具有本乡特色的“拳头产品”,在县城、大中城市设点经销。可采取委托代售、自产自销、联购联销、联购分销、合同购销等多种形式。由此实现农工商一体化,产供销一条龙。

农业产业结构的调整对山区农村经济的发展具有十分重要的意义。它打破了单一以粮为主的小农业,建立了多种经营的大农业,开辟了山区农民脱贫致富之路;它充分利用了山区自然资源,以草养畜,以畜促农,以工扶农,走出了生态农业的路子;它逐步改变了农业自给半自给的状态,向较大规模的商品生产发展,由封闭型经济向开放型经济转化;它促进了农业剩余劳动力由第一产业向第二、三产业的转移,部分解决了剩余劳动力的出路问题;它还改变了农村传统经营方式,引起了传统价值观念的变革,长期统治人们的封建宗法观念、传统社会心理、轻商抑商观念将被抛弃,取而代之的是商品经济的意识和观念。这对农业生产的发展、农村旧面貌的改变具有决定性作用,这也是产业结构调整最深层的意义。

2. 发展薪炭林,推广沼气,解决农村能源问题

目前,我国农村能源十分缺乏,全国每年约有一亿多农户有 3—5 个月缺乏生活燃料。从蟠猫区的情况看,一些非林区村寨的农民生活用柴,一靠农作物秸秆,二靠购买,三靠偷伐。尽管缺乏燃料,浪费现象却比比皆是。比如,有农户把田里的油菜秸秆一根根连根拔起扔到河里;一些农户的柴灶过于庞大,热效率非常低。因此,“开源”要与“节能”相结合。建

议:(1) 发展薪炭林,发动群众利用零星空闲地种植薪炭林,或把荒山承包给个人营造。(2) 改革旧式柴灶,提高木柴热效能利用率;(3) 推广沼气,利用畜粪、绿肥、秸秆制造沼气。其好处是:成本低,见效快;燃料、肥料、照明综合利用(有些地方还利用沼气发电,进行农副产品加工);取之不尽,用之不竭;节约土地资源。

3. 发展庭院经济

发展庭院经济的好处是充分利用房前房后的空旷隙地、家庭闲散劳力及零碎时间,生产农林果花禽畜等商品,使劳动力、土地、资金发挥更大效益。从全国情况看,庭院经济正在蓬勃发展,如四川巴中县渔溪区 1985 年庭院经济收入 1273 万元,人均 161.75 元,占全区总收入的 40%。四川不少地区的庭院已成为农村商品生产的重要组成部分。庭院经济推动了农村产业结构的调整,促进了农业商品化和专业化。

4. 重视发展农村文化教育事业,改变贫困落后愚昧状态

教育程度的高低与经济发展的快慢具有密切的关系。山区的贫穷,造成了山区文化教育事业落后,而文盲、愚昧的状态反过来又加深了经济的落后。因此,治穷必治愚。重视农村教育工作,除了普及中小学普通教育外,还要抓好幼儿教育及成人教育。前者通过兴办乡村幼儿园的途径,后者通过举办培训班、讲座、夜校、函授、刊授等多种形式与渠道来实现。成人教育分两部分内容:(1)文化教育,主要是小学、初中基础教育,目的是杜绝文盲,其次是高中、中等和高等教育,目的是提高农民的文化水平;(2) 生产技术教育,主要是让农民掌握新技术、新办法,科学种田和科学经营。

5. 加强基层组织的建设,提拔和起用具有开拓精神的人才当领导

山区发展的路子很多,脱贫致富的关键在于干部是否有魅力,是否带领群众大胆地去干,是否对群众的热情和实践给予积极的支持与鼓励,这是能否改变贫困山区落后面貌的前提条件。这次调查中发现基层领导班子中个别求稳怕乱、安于现状、不思进取的思想仍存在。只求温饱、不求脱贫的思想是山区经济发展的最大障碍。在改变贫困面貌中,基层组织干部的思想素质、工作作风不可忽视。否则,上面政策再好,县委决心再大,下面群众再有愿望,中间基层领导不去贯彻执行,组织实施,积极支持,一切仍会落空。

6. 建立专业商品基地

从牟定全县看,有桉叶油、红茶、长毛兔、大白芸豆、红白腰子豆等出口商品基地,按照区域化设想,是否可以根据山区与平坝的不同特点,进一步实行专业分工;在平坝建立粮食、烤烟商品基地;山区建立林、畜原产品及中草药商品基地;县城、各乡镇成为农副产品加工、销售基地。这样,全县农工商一盘棋,有利于当地自然资源的开发和利用,使其经济效益最大,也便于农业机械的运用。

五、2015 年以来的"精准扶贫"

2015 年 11 月,中央在"十三五规划"建议中提出,在现行标准下农村贫困人口实现脱贫、贫困县全部摘帽目标。11 月 29 日发布的《中共中央、国务院关于打赢脱贫攻坚战的决定》将这一目标具体化,即"到 2020 年,稳定实现农村贫困人口不愁吃、不愁穿,义务教育、基本医疗和住房安全有保障。实现贫困地区农民人均可支配收入增长幅度高于全国平均水平,基本公共服务主要领域指标接近全国平均水平。确保我国现行标准下农村贫困人口实现脱贫,贫困县全部摘帽,解决区域性整体贫困"。

其后,牟定县被列入云南省首批、楚雄州首个"脱贫摘帽"的重点县。牟定县 30 名县处

级领导挂包7个乡镇和重点贫困村,95个省、州、县、乡机关事业单位挂包贫困乡村,2681名干部与全县3070户10888名贫困对象结对挂钩帮扶,实现所有贫困户结队帮扶全覆盖。县委指示,县、乡、村层层签订脱贫攻坚军令状,分解责任,做到村不漏组,组不漏户,户不漏人。

全县精准确定3070户贫困户、10888个贫困人口,为他们建档立卡。县政府认为,脱贫摘帽,安居应先行,出台了《牟定县脱贫摘帽安居房建设实施方案》。根据方案,贫困户每户补助6万元,可申请无息贷款6万元。牟定县以农村危房改造为龙头,以"脱贫摘帽"政策为契机,加大安居房建造。政府要求各乡将政策宣传到户。蟠猫乡为帮助群众了解脱贫帮贫政策,干部深入村组召开会议详细讲解政策。根据报道,全乡共计召开宣传会议300多次,发放宣传单2000多份,书写宣传标语90多条,播放音频文件50多次,解答疑惑咨询500多人次。由此调动建房户的积极性和主动性。看着乡村一幢幢新房拔地而起,干部和百姓们都很高兴,他们深信只有改善当地农村的人居环境,才能吸引投资,才能发展旅游业,才能脱贫。

除了盖房外,各级政府部门也根据本部门工作特点,出台扶贫、脱贫计划。比如,县卫生计划部门通过"挂包帮""转走访"工作,发现列为贫困户的绝大部分家庭成员中"病、残"情况占到80%以上,特在《牟定县2016年新型农村合作医疗实施方案》中新增了对持卡的贫困户的优惠政策,如在县域内乡镇卫生院住院取消每次200元的起付金,在县级定点医院取消每次500元的起付金。县人力资源社会保障局以提高贫困劳动者素质和实现就业为目标,对建档立卡的贫困户进行重点技能培训。由此,各部门协力,通过多种途径加大"脱贫摘帽"目标的实现。

(林　珏)

【讨论题】

1. 根据文中的介绍,你认为蟠猫乡长期贫困的主要原因是什么?突破口在哪里?如果你是蟠猫乡的乡长,你会如何规划该乡的脱贫致富蓝图?

2. 20世纪80年代末以来,中国的农村发生了哪些变化?中央的农村政策和土地政策发生了哪些变化?在这些政策下,为什么一些地方发展了,一些地区依然贫困?

3. 你觉得2016年初以来牟定县的"脱贫摘帽"措施是否抓住了关键点?如此能否实现2020年消灭贫困户、贫困人口的目标?要实现目标,该县还需要做些什么?

4. 调查一个乡或村,写出一份调查报告,并提出自己的建议。

【参考资料】

1. 牟定县政府:《牟定县2014年经济发展预测及2015年展望》,牟定县人民政府门户网站,http://www.mdx.gov.cn/index.php? m=content&c=index&a=show&catid=126&id=2164。

2. 中华人民共和国国家统计局:《2015年国民经济和社会发展统计公报》,2016年2月29日发布。

3. 中共牟定县委宣传部:《牟定:脱贫摘帽 安居先行》,楚雄彝族自治州人民政府门户网站,http://www.cxz.gov.cn/ContentView.aspx? id=44412&tag=44。

4.《2016年关于我国2020年实现农村贫困人口全面脱贫的解读》,职场动态,http://yjbys.com/jiuyezhidao/news/948083.html。

5. 储庆斌、滕佳发:《牟定精准实施医疗卫生脱贫》,载《楚雄日报》2016年5月6日。

【案例 1-5】 桃花山:消逝的罂粟花

桃花山坐落在重庆市巫山县和奉节县沿江交界处,海拔近 2000 米,长江从山脚下流过。这一带山势错落、峭壁绵亘。大溪乡平槽村是位于桃花山上的一个村落。谁也不会想到,在这个云雾缥缈的偏远村子里,罂粟已偷偷种植了六七年之久。

关于平槽村,有这样一组数据:全村 2002 年有 9 个组,175 户,714 人;全村耕地面积 608.7 亩,人均不足 1 亩;80%的人尚未达到温饱,靠国家贷款过日子的农户占总户数的 90%,户均贷款 1500 元以上。山上没有通电,晚上靠煤油灯照明,即使是 2.4 元一斤的煤油,全村也有近 3 成的农户用不起,只能靠炭块取火照明。大部分山民一年到头在地里辛苦,仅能支付贷款利息。而种植罂粟卖给鸦片贩子,每亩可得 1 万到 2 万元。

据统计,1998—2002 年来桃花山仅由禁毒部门发现并铲除的罂粟种植面积就达 171 亩,株数在 471 万株以上,如果这些罂粟全部开花结果,至少可以生产鸦片 500 公斤,或从中提炼 50 公斤海洛因。全村 9 个组,涉嫌种毒人家近 30 户,除一组和二组外,其余 7 个组均有人员涉及此案。许多农户因男人种植罂粟在狱中服役,家里只留下妻子,从事农活,照顾年幼的孩子以及年迈的老人,日子过得相当艰辛。有的丈夫还死在狱中,家中负担全由妻子承担。种植罂粟给这个村落带来的是无尽的哀痛和沉重的代价。

桃花山海拔 1800 多米,自然条件较差。山上没有水源,全村共挖有 110 多口旱塘,人畜饮水全靠雨季时蓄积的降水,至于山上的庄稼地,则全凭人力开垦,绕开树木和山石,烧掉荆棘,一小块一小块开垦出来,种些红薯、苞谷、芝麻等适合旱地生长的作物。如果遇上旱季,水池干涸,山民就需走几里甚至几十里山路到长江边担水。山路崎岖,靠人走出来的最原始的路,若隐若现于乱石山草间,从山脚爬到住得最低的一组,也要 3 个多小时。目前仅有的一条"骡马路"是靠山民自己借钱修建的,但由于资金不足也仅修到半山腰。即使这样,本地年轻力壮的山民从山脚爬到半山腰,也要一两个小时,爬到山顶,则还需要六七个小时。桃花山上,陡坡低壑随处可见,在那些几乎无法涉足的地方随便撒几把种子,没有人会发现。巫山县公安部门每次过来查禁,也都是困难重重。

由于没路,村民进出山只能靠肩挑手提,没有骡马的,只能请人帮忙。从山脚用骡马运 100 斤大米上山,到半山腰的一组要 10 元,到山顶要 25 元。有骡马的,把一头 200 斤重的生猪送到山下,也得请 6 个壮劳力轮流抬,一头猪运到山下,比平地人家至少要少赚 100 元。

因此,桃花山的村民做梦都想有一条通往外界的公路。修通公路至少要 300 万元,这笔资金全得靠上级政府的财政拨款。但在平槽村,往年各级政府拨款常有不到位的现象。据了解,1999 年,平槽村得到巫山县教育局等部门的同意,获得 10 万元资金建设小学教学楼,但钱一直未到位;2000 年,重庆市扶贫办拨款 3 万元给该村修建饮用水池,至今只到位 1 万元;2001 年,上级政府给平槽村拨 3 万元修路款修建骡马路,但是这笔款项一直未到山民手中。在这种状况下,全村只能自己想办法。村里借来了 1 万元,购买了 216 斤炸药,动员村里仅有的劳力和能动的老人,花了 3 个多月将那条"骡马路"修到半山腰。但后来借来的钱只剩下 1000 多元,修路工程基本停顿下来。

“要根除种毒,一定要先修路。”时任大溪乡党委书记王传毅这样强调,“高海拔特别适合种植反季节蔬菜”,反季节蔬菜的价格比较贵,“一窝反季节西红柿能卖到 5 元钱左右”。一旦上级政府能把江北四村的公路修通,“山里的人光卖蔬菜,在一两年内就有希望脱贫”,何况山上还有“核桃、毛猪、柑橘等能卖得起价的东西”。

平槽村学校是村里唯一的学校,要教育全村 87 名学龄儿童,老师杜立祥是全村仅有的 4 名高中毕业生之一。山里拖欠学费的情况非常普遍,许多欠费的学生,连小学也念不完。由于平槽村所在的大溪乡没有初中,要读初中的孩子必须寄宿在曲尺乡的曲尺中学,每周生活费用至少在 40 元以上,拿得出这笔钱的家庭寥寥无几。目前,全村 714 人中念过初中的人,“用一只手都数得清”:在读的仅有 3 人,初中文化程度的不到 20 人。村里越来越多的年轻人憧憬外面的世界,据初步统计,有 60 多户、159 名壮劳力外出打工,这些年轻人基本上没读过什么书,只能干苦力活,有时连回家的路费都不够,很多人离开家乡后就没回来过,家里年迈的老人只能年复一日地痴等。

贫困常常滋生许多社会问题。如何消除平槽村的贫困?专家学者们提出不少意见,比如修建公路、蓄水池、电力设备;增加资金支援;引导村民种植适宜于高海拔的反季节蔬菜等作物;加强农业指导,传授科学的和高效的耕作方法;增加教育投资,改善办学条件;严格实施计划生育政策,控制人口增长等。村民们将脱贫致富的希望主要放在修路上,认为只要路修好了,反季节蔬菜和山货就可运出,村民的生活就会变样。村民们盼望着政府承诺的资金尽快到位。

为了帮助平槽村开辟致富门路,2007 年,巫山县人大、县农技站、对口帮扶单位负责人一行在大溪乡负责人的陪同下,对平槽村无公害反季节蔬菜基地进行了实地考察,包括对无公害反季节蔬菜的品种、栽种、长势、病虫害、土壤、化肥、农药的施用方法和用量等作了详细了解。在农户家中召开的座谈会上,人大副主任听取大溪乡负责人对平槽村无公害反季节蔬菜基地建设情况汇报后,就下一阶段无公害反季节蔬菜基地建设工作提出了四点要求:第一,深入宣传和科技培训,提高农户对发展无公害反季节蔬菜生产的认识,激发他们生产的积极性和主动性。第二,邀请懂技术的专业人员,对干部进行集中学习培训,切实提高干部服务农户、指导生产的能力。第三,农科部门要研究制定适用于平槽村无公害反季节蔬菜生产的技术规范、栽培模式,及时指导农户正确使用农药、化肥,积极帮助解决农户在生产种植无公害蔬菜中遇到的困难和问题,保证蔬菜生产按无公害和反季节的标准进行。第四,完善“协会+农户”运行模式,引导农户自发成立蔬菜基地协会,实行统一供应良种、统一栽培技术、统一栽培时间、统一产品销售,实现产、供、销一体化经营,努力增加农民收入。

与此同时,平槽村委会也加大了对村民的禁毒宣传,每年“6·26”国际禁毒日展开宣传活动。而警方则提升了查毒的硬件装备。以往在每年罂粟等毒品原植物播种、发芽、开花、结果期,警方都会派民警和志愿者自带干粮深入每个山头进行实地查找。通常每天只能完成一个山头的查找任务,遇到下雨天气或路险坡陡时,可能会被困山头一整天。有时在山上迷路,夜间还会遭到野兽的袭击。2010 年,重庆警方改变传统做法,采用直升机开展“空中禁毒”行动。直升机升空一小时就抵达巫山县 2000 多米、树林茂密的山头,围绕山头飞行一周,通过专用设备查看,不到一小时就完成了整个查找任务。6 月 26 日国际禁毒日那天,警方在飞机上还看到平槽村居民学校草场开展禁毒宣传活动。经过连续数年的宣传教育、空中禁毒工作,平槽村的毒品被杜绝,下一步是尽快帮助该村摆脱贫困。

2016年3月初，全国人大、政协两会在北京召开，会上习近平总书记强调，要把脱贫攻坚作为“十三五”时期头等大事来抓。他指出：“我们不能一边宣布全面建成了小康社会，另一边还有几千万人口的生活水平处在扶贫标准线以下，这既影响人民群众对全面建成小康社会的满意度，也影响国际社会对我国全面建成小康社会的认可度。”习总书记指出，扶贫要找对“穷根”，精准扶贫。

为贯彻落实习总书记讲话精神，找准平槽村贫困的原因，帮助该村尽快脱贫，3月16日，大溪乡组织乡干部职工、脱贫攻坚“三支”队伍、帮扶人员等一行26人来到平槽村，召开现场脱贫攻坚推进会。会议从生态搬迁、产业发展、乡村旅游、基础设施建设等多个方面对平槽村2016年脱贫工作进行了全面规划和部署。会议精神和脱贫目标给平槽村的村民们带来了新的希望和信心。

（郭　茹、林　珏）

【讨论题】

1. 平槽村村民为什么会种植罂粟？如何杜绝罂粟的种植？最终又是采用什么措施杜绝罂粟的种植的？

2. 平槽村贫困的主要原因是什么？其脱贫致富之路在何方？

3. 在消除平槽村贫困的过程中，地方政府应该做些什么？他们已经做了什么？还需要做哪些工作？

【参考资料】

1. 刘向晖：《桃花山：消逝的罂粟花》，载《南方周末》2002年10月31日。

2. 《巫山县人大副主任马凌云到大溪乡平槽村指导无公害反季节蔬菜基地建设》，巫山县农业信息网，http://www.cqagri.gov.cn/xxlb/Details.aspx?ci=14&psi=6&topicId=221142。

3. 渝公安：《重庆警方首次动用警用直升机“空中禁毒”》，中国新闻网，http://www.chinanews.com/df/news/2010/06-25/2364330.shtml。

4. 杨磊：《习近平：精准扶贫要扶到点上、根上》，http://news.sohu.com/20160317/n440787939.shtml。

5. 陈玉梅、孙泽巍：《大溪乡：组织人员到平槽村召开脱贫攻坚推进会》，巫山网，http://wsxww.cqnews.net/html/2016-03/16/content_36532556.htm。

【案例 1-6】 平舆县的富裕之路

平舆县位于河南省东南部，驻马店地区东部，两省（河南、安徽）三区（驻马店、周口、阜阳）结合处，2013 年全县总面积 1282 平方公里，辖 11 镇、5 乡、3 个街道、223 个行政村（居委会）。总人口 99.1 万人，总耕地面积 135 万亩，人均 1.35 亩，属于内陆平原农业县。由于地处淮北平原易涝区，又有洪河、汝河两大淮河支流贯穿全境，致使旱涝灾害频繁。据记载，从 1951 年建县至 1999 年的 48 年间，有 43 年遭受旱涝灾害，同时，由于工业基础薄弱，经济文化相对落后，1985 年农业总产值 1.41 亿元，农民人均纯收入只有 91 元，全县贫困户和贫困人口为 14.8 万户、69 万人。1986 年，平舆县被国务院列为国家重点扶持的贫困县。2015 年，该县依然是国家扶贫开发重点县之一。多年来，有关政府机构积极参与该县的扶贫项目，推动其经济发展，但效果不显著。

1996 年，全县有 3 万户、16 万人生活在贫困线以下，占总人口的 18%。这部分贫困人口多居住于洪河、汝河两岸地势低洼易涝处，农业基础设施差，交通不便，信息闭塞，农民文化素质较低，接受新生事物慢，习惯于以传统的生产方式进行农业耕种，生活比较困难。

1996 年以来，中纪委监督部先后派出 3 批扶贫工作组进驻平舆县开展对口定点扶贫。工作组在了解该县的基本情况、分析以往扶贫项目效果不佳的原因后，认为：

(1) 该县乡镇发展很不平衡。1995 年，全县农民人均纯收入 981 元，就全县来看，有些乡镇农民人均纯收入达到了 1000 元以上，而有的仅在 800—900 元之间，极个别村人均纯收入只有 700 元左右。

(2) 部分农户脱贫不稳定。由于农业基础设施薄弱，农业生产受自然因素影响较大，单一的农业生产一遇到大的自然灾害，返贫现象必然出现。

(3) 扶贫企业发展乏力。依靠扶贫资金兴办的一些乡村企业刚刚崭露出发展的势头，马上又会由于资金、人才和技术等因素的制约，使进一步发展困难重重，从而影响了扶贫效果。

(4) 观念保守，思想陈旧。受计划经济思想的影响，干部群众中普遍存在着满足现状、温饱即安、不思进取的思想，没有加快经济发展的紧迫感，更不用说具有创新的企业家精神。

针对这些问题，在其后扶贫工作的数年中，中纪委监督部扶贫工作组紧紧抓住国家实施的东西合作战略的历史机遇，充分发挥中纪委的组织协调能力，协助平舆县委、县政府加强与东南沿海发达地区的合作，帮助该县引进资金、项目，培训人才。其具体措施有：

(1) 解放思想。工作组认为要更快脱贫致富，实现平舆县经济快速发展，首先要解决好人的思想认识问题。在具体工组中，一是积极地开展县情教育，使全县干群认清困难，认清差距，增强忧患意识，激发不甘落后、奋发向上的进取精神。二是邀请专家、学者进行系列专题讲座，组织干部到发达地区考察，提高干部对东西合作优势互补的认识，增强合作的信心和决心。三是加强干部队伍的思想建设和宗旨教育。坚持开展“干部下乡与农民谈心”活动，访贫问苦，体察民情，增强干部的忧患意识、宗旨意识、发展意识和创业意识。四是积极开展“我是平舆人，我为家乡做贡献”活动，引导群众积极为东西合作献计献策，人人为改善投资环境出力，自觉参与东西合作，营造东西合作的浓郁氛围。

(2) 派遣人员赴东部学习。为了尽快打开东西合作的突破口，扶贫工作组协助平舆县委选派优秀年轻干部到那些经济发展有互补性的沿海地区挂职锻炼和考察学习。经过精心组织，先后选派18批258名处、科级干部和部分贫困村党支部书记到浙江的宁波、宁海、温州、金华，广州的深圳、东莞，福建的晋江、石狮、福清、长乐，山东的寿光、诸城、威海、文登、容城、莱阳等地挂职锻炼。同时，工作组还把几十名农民技术员送到山东省寿光市的蔬菜基地三元朱村学习半年，实地学习蔬菜种植技术，使他们回来后很快成为当地的种菜能手。

(3) 积极引入外部资金。工作组发挥其特有的组织协调优势，通过各种途径大力向东部省市介绍平舆县，从而为平舆县引入大批资金。如1996年10月，浙江省宁波市容明礼彩灯有限公司在平舆县创办容明集团一厂，总投资800万元，招募员工250名，通过“公司+农户”的生产方式，生产出200多种不同类型的节日灯，远销欧美30多个国家和地区，年产值2500万元，创利税300万元。1999年初，平舆县从天津引进台资1700万元，建立平舆县富达工贸集团公司，生产高级脉冲氨弧焊自行车架、前叉毛坯和三浦系列自行车，年产自行车架、前叉毛坯件80万套，三浦系列和电动自行车23万辆，年产值1.2亿元，创利税1300万元。随着外部资金进入，带来了科技和管理的进步，促进了平舆县的经济发展。

(4) 智力引进。几年的东西合作实践，为平舆县培训了大批的中层领导干部，引进了许多项目、技术和资金。但是工作组感到贫困地区经济发展受制约最大的是缺乏人才。从1999年以来，工作组通过沟通和联系，引入一名深圳特区的优秀干部到平舆县挂职扶贫；同时又邀请了北京有关科研机构的6名科技人员，为平舆提供技术咨询。工作组还与北京大学联系，组成研究生下乡科技服务团。1999年7月底，由经济、生物、计算机技术等专业构成的硕士生科技服务团到平舆县，开展了一周的科技服务活动，为当地企业和农业解决生产技术难题15项，就当地经济发展和扶贫开发工作向县委、县政府提出合理化建议32条，受到县委的高度重视。智力的引入有力地促进了平舆县的扶贫攻坚和经济发展。

上述措施，为平舆经济发展注入了新的生机和活力，全县干部“想发展、图振兴”的意识增强。东西合作缓解了平舆乡镇企业发展中资金不足的矛盾，使得本地现有资源和劳动力优势得以充分发挥，企业增强了发展后劲。扶贫工作开展三年来，全县累计引进项目213个、资金2.7亿元、人才721人、设备1849台(套)、技术110项。到1998年，全县乡镇企业总产值达到7.2亿元，其中东西合作企业占28.1%，比1995年增长1.5倍；乡镇企业交纳税金1844万元，比1995年增长1.9倍，占地方财政收入的24.2%，乡镇企业产值占全县国民生产总值的23.5%。

平舆县的产业结构也在不断优化，由于引进一批适合本地实际的劳动密集型、资源加工型企业和高科技项目，提高了企业整体素质，以复合肥生产、自行车配件、彩灯组装等为主的骨干企业迅速发展壮大。同时，由于这些合资、合作企业的引入和发展，还带动了相关产业的发展，促进了农业高效开发和餐饮、娱乐、公交、服务等第三产业的繁荣发展。

全县的基础设施建设也得到加强，县里先后投入3亿元，用于交通、通信、电力和县城改造工程建设，使平舆城镇面貌发生了巨大变化，增强了外商投资的吸引力。可以说，在扶贫工作组的带领下，平舆县走上了一条通向富裕的光明大道。

到本世纪初，该县已经成为国家优质小麦和优质白芝麻生产基地。2013年，全县生产总值147.8亿元，同比增长10.4%；城镇居民人均可支配收入18177.5元，同比增长

10.2%,但大大低于全国城镇居民人均可支配收入中位数(24200 元);农民人均纯收入 7439 元,同比增长 13.1%,也低于全国农村居民人均纯收入的中位数(7907 元)。平舆县依然是国家扶贫开发重点县之一。

显然,平舆县比之过去有了很大的发展,但由于全国不少地方发展得更快,因此平舆县要赶超全国平均水平还需继续努力。

(卢东为　林　珏)

【讨论题】

1. 平舆县脱贫致富的主要经验是什么?这一经验是否具有推广的普遍意义?

2. 中纪委监督部派出的扶贫工作组为什么会取得成功,而以往的扶贫工作为什么效果不理想?扶贫工作组在平舆县经济发展中起了哪些作用?

3. 让中央一级的机构进行定点扶贫,是否是快速消灭中国贫困问题的最好途径?

【参考资料】

1. 平舆县政府信息中心:《中国车舆文化之乡——平舆概况》,平舆县人民政府网,http://www.pingyu.gov.cn/content/detail/54372cfd0701eefc24000000.html。

2. 中华人民共和国国家统计局:《2013 年国民经济和社会发展统计公报》,2014 年 2 月 24 日发布。

【案例 1-7】 浙皖两省的土地经营权流转之比较

“农村土地集体所有，农民长期承包经营”是中国的一项基本国策。现在，大量农民离农经营，土地抛荒，将原先承包的土地经营权转让给村里组建的中介机构，由后者对外统一发包，集中经营，农民户每年从中收取固定股息。这种形式既遏制了土地抛荒，提高了土地劳动生产率，同时也增强了土地的集约化经营。在 21 世纪的春暖花开时节，政府倡导的以“反租倒包”为特征的土地流转在浙江省全面展开，被农业专家誉为土地的“第三次革命”，它与安徽土地经营权流转完全不同。

一、浙皖两省土地经营权流转改革的不同结局

浙江省土地流转形式多样：(1) 大田入股，如绍兴县柯桥镇新风村 200 多户农民将原先承包的 352 亩稻田经营权转让给村里组建的“土地股份合作社”，以土地经营权形式入股，由后者再对外发包，农户每年从中收取固定股息；(2) 土地信托，如绍兴县成立县级“土地信托服务中心”，各乡镇相应设置信托服务站，农户把土地委托给村经济合作社，由村里汇总到镇里，镇里信托服务站通过公开招标方式，把土地使用权转让给养殖大户经营，若本镇“消化”不了，多余土地再由县信托服务中心发包给有意投资农业的工商业主；(3) 土地租赁，这种形式在温州最为普遍。

浙江的土地流转形式多样，名称各异，但本质相同，具备以下特点：第一，政府倡导，以村委或乡镇组建的中介为核心；第二，遵循自愿原则，农民将撂荒的土地反租给中介组织，然后对外统一发包；第三，农民从中介组织收取固定收益，其收益比原来自耕时更高。

浙江的土地流转改革经历了三个阶段：(1) 早在 20 世纪 80 年代末期，农户之间土地使用权的流转就已在私下流行。笔者父亲就是其中先行者之一。1988 年，父母亲在城里找到了拥有退休劳保的工作，举家迁入城里，即把家里的所有田地转包给他人耕种，转包人除了代交农业税之外，仅象征性交纳少量地租。(2) 90 年代中后期，浙江开始出现由政府力量推动的土地流转试点，这项试点因故没有在面上推广，但积累了一些经验。(3) 21 世纪之初，全省各地以县为单位，各种形式的土地经营权流转作为农村基层政府一项改革任务在浙江全面推行。

九届人大四次会议通过的《国民经济和社会发展十五计划》指出：“在长期稳定土地承包关系的基础上，鼓励有条件的地区积极探索土地流转经营权制度改革。”如果说解放初期的土地改革解决了土地的所有权问题，家庭联产承包经营解决了土地的经营权问题，那么土地经营权流转制则解决了土地流动性问题，它是社会主义市场经济改革不断深化的必然要求，同时也将成为中国农业发展新的转折点。

土地流转试点改革只在经济发达地区推行，事实上，山东、江苏(南部)、广东等地早已出现不同形式的土地流转，并取得一些经验。但是，与浙江毗邻的安徽省在土地流转试点推行中却遇到较大困难。1996 年以前，安徽的农村只有少数农民弃耕，土地私下流转，基本情形

与浙江相仿。随着市场变化,粮价下跌,农民承包弃耕的土地几乎无利可图,于是出现日趋严重的抛荒现象。从1998年开始,农民转包土地普遍实行有偿补贴,弃耕农按每亩或一个承包人口以50—200元不等的价格补贴给承包人。现在情况是,更多农民外出打工,土地即使补贴转包也无人问津。村里由于农户大量外迁,导致上缴费用拖欠严重,负债累累,当地不得不制定一些惩罚性的土政策。据郭建等人2000年对安徽定远县的调查,站岗、拂晓等9个乡镇耕地总面积为298581亩,弃耕抛荒的土地达31000亩,占10.4%。由于农业经营的收益太低,使得每年都有大量农田抛荒,实际数字远远高过统计数字。有些地方甚至出现"千里无鸡鸣"的状况,问题变得很严重。

二、土地经营权流转隐含的前提条件

土地流转的直接动因从各地来看都相同,那就是农民离农经营,土地出现"相对过剩"。早期土地流转改革都以农户间的私下转包为起点,为什么浙江能够在面上全面推行土地流转,而安徽却出现越来越严重的土地抛荒现象?从浙皖两省的比较中我们可以得到启示:土地流转到底需要什么样的前提条件。

土地反租倒包一开始就是两对矛盾不断发展的结果:一是农民土地分散耕作模式与农业产业化经营的矛盾;二是农村劳动力转移与土地抛荒之间的矛盾。前一个矛盾形成了对土地集中的需求,后一个矛盾形成了土地的供给。从现实的情况看,当初之所以出现反租倒包这项制度创新,并非出于农业产业化经营的需要,而主要是为了解决农村劳动力转移与土地抛荒之间的矛盾。如浙江省农村60%的劳动力脱离了农业,收入80%常年来自工业和"三产"。这项制度创新以农村"诱致性制度变迁"为特征,也就是说它先是由农民自发组织形成制度雏形,然后再由点到面通过政府主导的"强制性制度变迁"全面展开。这与家庭联产承包制的发源异曲同工。

浙皖两省不同之处在于:浙江乡镇企业发达,许多农民虽然脱离农业,但大多在本地从事工业或"三产"经营,农村劳动力基本上是离农不离乡。安徽的农民则大规模地进城打工或经商,有的甚至举家全迁,完全抛弃土地与本地户籍。浙江存在农业产业化经营的条件,其主要表现就是专业种(养)殖、大规模的农场经营和效益农业等,或由个人承包经营,或依托龙头企业、乡镇企业。如浙江德清县钟管镇介墩村是个保温材料生产专业村,全村90%的劳动力从事保温材料的作坊式生产,村里40%的土地常年撂荒,160户农户将手中210亩土地"反租"给由村委会组建的中介组织,然后"倒包"给7个养殖户,租期3年,租金每年每亩640元,村里扣除90元的中介费,余数全部返还给农户。这种农业的产业化经营,一方面提高了土地的生产效率,提高了经营者效益,吸引更多的人从事土地的产业经营,对土地反租倒包形成需求;另一方面,也使更多农民劳动力转移出来,形成土地供给,从而形成一个良性循环。

影响制度供给的重要因素是制度设计的成本。浙江的案例表明:土地流转无论是土地供给方(弃耕农)、需求方(农业产业化经营者)还是中介机构(基层政府)都存在利益驱动,因而存在制度创新的可能。作为家庭联产承包制策源地的安徽,并非缺乏制度创新的智慧,土地流转难以实现的唯一原因在于外部条件不成熟,即由于安徽农业没有实现产业化经营,农业效益低下,使土地集中的需求严重不足,最后导致"反租倒包"制度供给的不足。表面上看来,安徽没有实现土地流转是由于缺乏土地集中的需求方,其实质却是缺乏土地产业化经营的条件。具体表现为:农业产业化以资本密集型为特征,这在东部发达地区才会得以实现,资本在中西部地区相对缺乏。安徽由于农村壮年劳动力大多转向城市，使农业产业化经营所需的最基本人才也难以保证。

农业产业化经营是实现土地流转的前提条件，而土地流转的顺利推行无疑更加有利于产业化经营，两者互相依托，互相促进。因此可以得出这样一个推论：安徽什么时候具备产业化经营条件，什么时候土地经营权流转就会得以实现，土地抛荒就会得到遏制。首先，对土地的供给方和基层政府，由于土地撂荒，利益受损，存在制度创新的极大驱动力。一旦实现产业化经营，农业收益提高，就会产生对土地集中的需求，土地流转就会被激活。农业产业化是以市场为导向，通过更多的资金和技术投入，实施结构优化、生产机械化和科学管理，将生产、加工、销售紧密结合起来，实行一体化经营，最后提高农业效益。农业产业化是中国农业经营体制改革的内涵与目标，这当中政府的作用很大。组织创新与制度创新是农业产业化经营的核心，政府组建诸如专业合作组织、股份合作公司、专业技术协会、专业批发市场等中介将是引导农业产业化经营的关键因素。以上推论还具有这样一个政策含义，即政府同样可通过优惠政策对外招商引资来发展本地的农业产业化经营，资本与人才的缺乏可以通过其他制度创新得以解决。

三、简短的结论

土地作为最重要的生产要素之一，其演进轨迹必定朝着市场化的方向发展。但市场化并不意味着私有化。浙江土地经营权流转运行的成功或安徽土地经营权流转的不成功，都说明中国的土地产权结构存在缺陷，但这并不是制约土地流动的最主要原因。中国土地改革的关键就是探索一条农业产业化经营的道路，它将是推进中国农业现代化的重要途径。产业化经营的关键在于资本和人才，这两项要素西部相对比较缺乏，是东西部在土地流转方面呈现差异的根本原因。但资本和人才的缺乏可以通过其他制度创新得以解决，这种制度创新恰恰正是实施西部大开发这项伟大战略的关键所在，因此政府在引导农业产业化经营中的作用不可或缺。

现在有人主张土地个人私有，认为土地产权结构中所有权与经营权分离，是阻碍中国农业集约化经营的的核心因素，而产权结构的整合则是农业经营主体行为合理化的基本要求。这种观点缺乏实证，笔者表示反对，其理由：(1) 这种"政府的强制性制度变迁"为特征的土地私有化成本太高，中国现有的政权结构中还没有形成足够的权威，没有力量去实现这一制度安排；(2) 从理论上讲，土地价值的上升将会导致人们为形成排他性的私有制而努力，但在目前中国的技术水平下土地的经营效益普遍不高，农民对土地私有化缺乏足够热情；(3) 浙皖两地的案例研究表明，制约集约化经营的主要因素不在产权，而在资本与人才；(4) 即使土地真的实现个人私有，恐怕也非实现土地流转的关键所在。现在，你若问在城里有固定工作的农民："如果土地私有，愿不愿意把土地卖掉？"十有八九的回答是否定的。其中的原因很微妙，它与传统文化心理有关。土地私有化至少在目前的中国是不可能的，土地反租倒包实在是现行政策环境中一项农民自发的伟大的制度创新。

（丁骋骋）

【讨论题】

1. 浙皖两省在土地经营权流转改革过程中呈现哪些不同特征？
2. 土地经营权流转改革的前提条件是什么？中国土地制度改革的方向会是怎样？

3. 土地制度改革在经济发展中具有哪些作用?

【参考资料】

1. 邓大才:《农村土地使用权流动研究》,载《财经问题研究》1999 年第 10 期。
2. 丁栋虹:《土地产权制度及其改革的结构性分析》,载《社会科学辑刊》1999 年第 6 期。
3. 周立群、曹利群:《农村经济组织形态的演变与创新》,载《经济研究》2001 年第 1 期。
4. 姚洋:《中国农地制度:一个分析框架》,http://cen.ccer.edu.cn。
5. 郭建、计正山、赵鼎强:《抛荒:农民为何作此选择——来自安徽定远县“抛荒现象”的调查》,载《安徽决策咨询》2000 年第 6 期。

【案例 1-8】 美国的对伊经济制裁与战争

伊拉克位于亚洲西南部阿拉伯半岛、小亚细亚半岛和伊朗高原之间，东临伊朗，西接约旦和叙利亚，南靠沙特阿拉伯和科威特，北连土耳其，东南角濒临波斯湾，海岸线长 60 公里。国土面积 441839 平方公里，2000 年人口达 2310 万，79%人口为阿拉伯人，16%人口为库尔德人，96%居民信奉伊斯兰教。

伊拉克历史悠久，曾是西亚和阿拉伯世界的政治经济文化中心。其南部和西南部为沙漠，东北部为山地，幼发拉底河和底格里斯河自西北向东南流贯全境，两河冲积成的美索不达米亚平原，为著名的古代巴比伦文化发祥地。国内蕴藏丰富的石油、天然气资源，已探明石油储量 1125 亿桶，仅次于沙特阿拉伯。主要油田为北部的基尔库里和南部的鲁迈拉。石油的开采和提炼为该国经济的重要支柱，另有钢铁、化工、炼铝、水泥、汽车等工业部门。主要农产品有椰枣、小麦、大麦、棉花、烟草等，其中椰枣树全国共有 3300 多万株，年均椰枣产量 30 万吨，生产量与出口量均居世界第一。

1920 年，伊拉克沦为英国委任统治地，1921 年 8 月获得独立。1958 年 7 月 14 日，自由军官组织的卡塞姆发动政变，推翻费萨尔王朝，宣布成立伊拉克共和国。冷战时期，伊拉克曾作为西方遏制苏联的"巴格达条约"军事联盟唯一的阿拉伯成员国，与美英关系密切。这个"中东的北约"遭到阿拉伯世界的反对，其他阿拉伯国家与苏联结盟，形成中东美苏争霸的格局。1978 年，埃及与以色列单独和解，遭到阿拉伯世界抵制，时任副总统的萨达姆在反以斗争中威望上升，次年 7 月竞选上台执政，开始实行游离于美苏之间的外交政策，伊拉克经济迅速发展。1979 年的石油提价，使得伊拉克国民收入翻了一番，外汇储备达到 350 亿美元，人均收入 4300 美元，百姓丰衣足食，政府开始大量购买先进军火，志在中东称霸。

伊拉克与接壤的伊朗历来就有领土争端，伊朗霍梅尼上台后，号召伊拉克多数派什叶派推翻萨达姆所属逊尼派，引起萨达姆愤恨。1980 年，萨达姆乘伊朗人质事件及与美国交恶之机，挑起两伊战争，一打就是 8 年。两伊战争的结果是两败俱伤，尽管美国为遏制伊朗和苏联，暗中向伊拉克提供生产生化武器的原料和设备，伊拉克仍损失严重，8 年伤亡 110 万人，经济损失达 4000 亿美元。

两伊战争结束后，伊拉克依靠石油生产与出口收入很快恢复经济。1990 年 8 月，伊拉克以石油限额、领土纠纷、战争债务为由占领科威特，宣布科威特为其第 19 个省，遭到国际社会强烈反对。1991 年 1 月，美国为首的多国部队对伊拉克实施 38 天的"沙漠风暴"打击，这场战争造成 2 万名伊拉克士兵和 3500 名平民丧生，伊拉克损失达到 2000 亿美元，90%的基础设施被毁。此后，伊拉克受到长达 14 年的经济制裁。

由于美国在中东问题上，"西促和谈、东遏两伊"，偏袒以色列，因而遭到阿拉伯人的痛恨。多年的经济制裁，使得伊拉克国内经济衰退，食品与药品严重匮乏。随着巴以矛盾激化，萨达姆坚决反美，慷慨解囊支持巴勒斯坦反以斗争，阿拉伯人似乎谅解了萨达姆的错误，他们对制裁殃及平民的政策深表不满，萨达姆也不失时机地改善与伊朗、叙利亚、海湾国家及其他国家的关系。

1998年,美国声称伊拉克藏匿生化和导弹等违禁武器,发展生化和核武器能力,要求进行核查,遭到拒绝后,12月美英联军对伊发动了"沙漠之狐"攻击,迫使伊拉克同意恢复武器核查。这以后,核查、制裁、不时的轰炸依旧。

"9·11"事件后,美国反思传统的遏制、威慑战略,认为这种战略无法有效地对付恐怖主义。美国在全球建立起反恐阵线,充当起反恐盟主,并宣称伊拉克等国为"邪恶轴心国"。2001年12月,美国总统布什在发动阿富汗战争后宣布:"下一场反恐战争将在伊拉克打响"。2002年11月8日,联合国安理会通过伊拉克武器核查问题的1441号决议;27日,联合国武器核查小组正式开始对伊拉克进行武器核查工作,经过几个月核查未发现生化武器。然而,决意发动战争的美国仍坚持伊拉克藏有大规模杀伤性武器,并将萨达姆描述成穷兵黩武的独裁暴君,希望造成"群情激愤"后,再以"正义之师"之名加以讨伐。但未料事与愿违,却挑起全球一片反战声浪。2003年2月15日,全世界60多个国家的600多个城市爆发反战游行,示威人数超过了1000万,其规模超过了20世纪60年代越南战争期间的反战游行。在美国,150多个城市举行了反战游行,单纽约一个城市游行人数就达10万人。在英国,示威群众当天早晨从全国250多个城镇赶往首都伦敦,高举"反对美国控制中东""继续核查,反对侵略伊拉克""抗议美国在中东实行双重标准"等标语,在市中心海德公园汇合,总人数达到75万。不过,这些反战呼声未能撼动美英政治家们发动战争的决心。

2003年3月,伊拉克开始销毁射程超过联合国规定的"萨穆德—2号"型导弹。美英不顾联合国安理会多数代表的反对,在联合国尚未授权的情况下,3月20日单方面宣布对伊拉克发动战争。在美英飞机和导弹连日空袭下,伊拉克首都巴格达一片火海,政府大楼、萨达姆官邸、城市中心建筑遭到轮番轰炸。素有"东方威尼斯"之称、伊拉克最大海港城市巴士拉,在美军轰炸中伤痕累累。伊拉克北部的石油城市摩苏尔、基尔库克等均遭到美军战机的猛烈轰炸。单在战争的第三天(22日),即所谓的"震慑"袭击行动中,美英就投掷了约3000枚精确制导导弹和"吉达姆"炸弹,大量平民伤亡。根据美国马萨诸塞州剑桥市一家研究所公布的报告显示,美军在攻打和占领伊拉克的第一阶段战斗中有1.5万名伊拉克人死亡,其中高达4300名死难者是平民;美军在攻打巴格达战斗中,共造成5726名伊拉克人死亡,其中3531人是平民。

美英发动的战争遭到全世界爱好和平人民的愤怒,各大城市再次爆发反战示威游行。3月22日,美国纽约发生大规模反战游行,来自全美各州的反战人士汇聚在纽约,游行人数达到20万,队伍绵延超过30条街。3月23日,法国近15万人走上街头,反对英美入侵伊拉克。但是这并不能阻碍美军向巴格达的挺进。

这场战争给予不景气的全球经济带来新的损害,战争期间石油价格上涨,股市剧烈波动,国际合作项目被迫中止,世界航空业亏损面不断扩大,中东地区旅游业严重萧条。更令人担忧的消极后果是:以联合国为首的维护安全的结构遭到破坏,世界恐怖活动加剧,中东政局进一步不稳定,伊拉克及周围国家生态环境遭到严重破坏。这些担心后来一一应验。

经过一个多月的狂轰滥炸和激烈战斗,美英联军最终占领了伊拉克全境。5月1日,美国时任总统布什宣布美军在伊拉克的主要军事行动结束。伊拉克反美武装转入地下活动。萨达姆倒台后,伊拉克国家管理机构陷入瘫痪,警察被驱散,社会治安无人问津,巴格达等城市一度陷入十分混乱的状况,抢劫之风盛行,伊拉克历史悠久、馆藏丰富的博物馆被洗劫一空。

7月,在美英联军的插手下,一个由伊拉克人构成的临时管理委员会成立,其成员主要来自海外的“反萨”流亡人士，他们开始新政府的筹建工作。不过，美国人很快就发现这个由他们组建的临管会缺乏根基，软弱无力，难以控制局面。在伊拉克几乎每天都有袭击美英联军或炸弹爆炸事件发生，这一袭击活动后来扩大到一切被视为与美英联军合作的机构和人员，包括临管会成员、伊拉克警察、在伊外国公司雇员、驻伊国际组织官员，甚至红十字会。面对这一烂摊子，美国寻求他国派兵支援，共同维持伊拉克政局，但不少国家表示，除非有联合国授权，否则它们是不会派兵的。美国终于想起联合国了，希望通过联合国来让更多的国家进驻伊拉克，帮助维持这个国家的稳定。

8月7日，约旦驻伊大使馆门前发生汽车炸弹爆炸事件，造成17人死亡、60多人受伤；19日，联合国驻伊办事处发生汽车炸弹爆炸，造成24人死亡、100多人受伤，联合国伊拉克问题特别代表德梅洛在爆炸中殉职，该事件导致联合国所有驻伊官员不得不撤离到安曼；29日，伊拉克南部伊斯兰教什叶派圣地纳杰夫阿里清真寺发生汽车炸弹爆炸，造成100多人死亡、200多人受伤，伊拉克伊斯兰教什叶派宗教领袖哈基姆在爆炸中遇难。10月9日，巴格达东北部什叶派穆斯林聚居区“萨德尔城”发生汽车炸弹爆炸，造成包括袭击者在内的9人死亡、20多人受伤；12日，美国中央情报局驻巴格达总部所在地巴格达饭店附近发生汽车炸弹爆炸，造成7人死亡、10多人受伤；27日，巴格达发生5起连环爆炸事件，市中心的红十字国际委员会驻伊拉克总部办公室以及城郊4所警察局几乎同时遭到自杀性汽车炸弹袭击，造成至少35人死亡、200多人受伤。11月2日，美军一架直升机被击中，机组人员全部丧命；12日，位于伊南部城市纳西里耶的意大利宪兵部队总部遭到汽车炸弹袭击，19名意大利人和8名伊拉克人死亡、数十人受伤；22日，巴格达东北60公里的巴古拜镇的一个警察局遭到汽车炸弹袭击，造成6名警察死亡、约40人受伤；30日，4名参与伊拉克战后重建的韩国技术人员在伊公路遭到伏击，伊拉克司机和2人韩国人当场死亡，另有2人身负重伤，这一事件导致60名前来修复伊拉克供电系统的韩国技术人员集体撤出伊拉克，伊拉克重建工作步履艰难……

美国战略家被伊拉克的局势弄得晕头转向，他们不知道这些炸弹和枪炮来自何方，无法对此加以预防。在美国政府高层会议上，前国务卿鲍威尔不得不承认：“我们没有料到战事如此激烈，且拖得这么久。”前国防部长拉姆斯菲尔德也表示不知道“我们是正在赢得还是失去反对恐怖主义的战争”，“没有人能预测未来”。在分析与驻伊美军打游击战人员的构成上，一些研究者认为除了忠于萨达姆的力量外，还有自发参加袭击行动的伊拉克民族主义者、来自其他阿拉伯国家的武装人员，以及一些伊斯兰激进组织的成员。几个月来，美军逮捕了二三百名穿越伊拉克与叙利亚、伊朗或沙特阿拉伯边境的参战者。

2003年11月是驻伊美军伤亡最大的一个月，至少有75名美军士兵丧生。根据美国国防部公布的数字显示，从3月20日入侵伊拉克到5月1日布什宣布美军在伊重大战斗结束止，美军死亡人数共计138人；战后美军死亡人数不断攀升，到8月26日，死亡总数已上升到277人；到11月30日，美军死亡人数又达到436人；此外，协同美军占领伊拉克的各国军队和特工人员死亡人数85人，其中英国52人，意大利19人，西班牙和日本等国损失数名特工和外交官。

美国这种先发制人的“反恐”行动，不仅未制止住国际恐怖主义的势头，相反却起到推波助澜的作用。在伊拉克境外，恐怖活动频频发生。11月9日，沙特阿拉伯首都利雅得马哈亚住宅区发生自杀式汽车炸弹爆炸，造成至少18人死亡、122人受伤；15日，土耳其第一大城市伊斯坦布尔的两座犹太教堂遭到汽车炸弹袭击，25人死亡、300多人受伤；20日，伊斯坦布尔再次发生汽车炸弹袭击事件,英国汇丰银行土耳其总部和英国总领事外均遭袭击,至少造成 27 人死亡,400 多人受伤。到 11 月底,全球发生的各种恐怖活动达到 370 多起,死伤人数超过 7000 人,2003 年成为有史以来恐怖活动最为猖獗的一年。

2003 年,欧洲委员会对其 15 个成员国的 7600 个居民进行了一项民意调查。11 月公布的结果显示,有 53%的人称美国是对国际安全的主要威胁,而认为伊拉克为主要威胁的人反而略少些(52%);在将美国看作主要威胁的人中,英国人占到 55%,而英国恰恰是美国伊拉克行动中最坚定的盟友。显然,美国在国际事务中的单边主义遭到盟国更多民众的反感。

2003 年 12 月 13 日晚,美军终于在伊拉克提克里特的一个地窖中发现了藏匿 7 个月之久的伊拉克前总统萨达姆。14 日下午 3 点多,在巴格达新闻中心,美国驻伊最高文职行政长官布雷默向记者宣布了这一消息,他激动地说:"这是伊拉克历史上一个重要的日子,几十年来,成千上万的伊拉克人饱受萨达姆暴政之苦,他镇压人民,威胁并进攻邻国,这些日子将一去不复返了。"

然而,伊拉克境内的袭击活动并未因为萨达姆的被捕而停止。2004 年 1 月 9 日,巴古拜一座清真寺发生爆炸袭击事件,造成至少 6 人丧生;14 日,该镇的一个警察局附近发生自杀性汽车炸弹袭击事件,导致至少 2 人死亡、20 多人受伤。各种偷袭,使得近 14 万驻伊美军士气消沉。根据美国官方一份报告,到 2004 年 1 月 13 日止,美军已有 496 名士兵死亡,2809 名受伤,另外还有 8581 名士兵"因医疗原因被撤回",据说其中不少人是因为奇怪的神经方面疾病需要接受炭疽疫苗的注射。根据英国媒体报道,自 2003 年 3 月战争打响到 9 月,有 6000 多名美国军人因医疗原因撤出战场,其中包括 1500 多名受伤军人,而且相当一部分人伤势严重。2003 年,参加伊拉克战争的军人有 21 人自杀,其中 18 名是陆军士兵,年自杀率为 10 万分之 13.5,高于全国总自杀率。

2004 年 3 月 11 日,西班牙马德里遭到连环炸弹的袭击,10 个装满炸弹的背包在地铁与火车站里被引爆,造成约 200 人死亡、1500 多人受伤。这一恐怖行为遭到世界人民的谴责,同时也导致对美国攻打伊拉克表示坚决支持的西班牙人民党领袖阿斯纳尔首相的下台。3 月 14 日,西班牙大选,工人社会党首相候选人萨帕特罗当选为首相,在宣誓任职后的第一天举行的记者招待会上,他表示西班牙将于 7 月 1 日之前撤回在伊 1300 多名军人,并指责美英应该在发动伊拉克战争问题上"进行反思"。15 日,西班牙全国各地爆发了有 200 万人参加的反战游行示威。

西班牙的撤军对美驻伊联盟是一个沉重打击。不久,多米尼加和洪都拉斯也撤走了驻伊部队。18 日,意大利欧洲事务部长罗科·布蒂廖内与支持战争的政府分道扬镳,他声称,入侵伊拉克原本可能就是个错误,无论如何不是最好的选择,仅仅使用武力不可能战胜恐怖主义。同天,波兰总统克瓦希涅夫斯基表示,波兰完成维持稳定任务后就撤军,时间大约在 2005 年初,这比先前设想的日期提前了几个月。4 月,挪威拒绝了美国关于挪威军队继续驻扎在伊拉克的请求,计划 6 月从伊撤军。

2004 年 3 月 19 日,是美国发动伊拉克战争一周年纪念日,全球又一次爆发反战大游行。4 月,曾经对美军基本保持沉默的什叶派控制地区发生暴乱,什叶派穆斯林在伊拉克人口中占到 60%,萨达姆时期他们曾经遭到压制,在美看来本应该是新政权最坚决的支持者,然而现在他们也拿起武器打击"解放者"。如何对待他们,成为美国决策者十分头痛的问题。

同时,伊拉克境内绑架外国人之风愈演愈烈。因此,美军增加兵力,将驻伊美军人数从 12 万增加到 13.4 万。

4月16日，美国总统布什和英国首相布莱尔在华盛顿会晤，同意联合国在伊拉克问题上发挥更大作用的观点，同意联合国秘书长安南有关“以美国为首的联军在6月30日将权力移交给伊拉克过渡政府，并由该政府领导伊拉克，直至2005年1月举行大选”的建议。

4月28日，阿布格莱布监狱美军虐待伊拉克俘虏的丑闻曝光，遭致全世界同声谴责，伊拉克民众更是义愤填膺，声称准备报复。在强大的舆论面前，负责管理该监狱的美军第800宪兵旅旅长贾尼斯·卡尔平斯基被解职，涉案人员被审查，布什总统不得不公开向伊拉克受虐囚犯和他们的家人表示道歉（遗憾）。

5月17日，伊拉克临管会轮值主席萨利姆在巴格达驻伊联军总部入口处遭汽车炸弹袭击身亡，这是战后遇袭身亡的最高级别官员，该事件在国内外引起很大震动，为政治重建进程增添了新的变数和疑问。

伊拉克战争结束一年多，人们并未得到盼望已久的和平，各城市枪声不断，爆炸事件几乎每天发生，更多的伊拉克人在战后致残或丧生。不少人甚至带着隐隐的怀旧情绪想起了萨达姆时代，他们说，当时上街不用担心可能丧命，用电、公用服务和商品供应不成问题。现在虽然有大批驻军，但治安系统却瘫痪，人们生活在恐惧中，时刻为生存奔波。美军占领伊拉克以后，所有商品的价格都暴涨，大部分人失业，贫富之间有了天壤之别。此外，过去从未听说过的犯罪现象也出现了，比如吸毒成瘾、雇佣杀人等，战前贩毒者只是将伊拉克作为从阿富汗到伊朗、沙特阿拉伯和科威特的跳板，可战后伊拉克成为贩毒的终点，在失业率高和社会治安不好的背景下，其后果不堪设想。不过，美军中央司令部则宣称，在安全方面取得了“长足进步”，美军发放了成吨的食品，给200万儿童接种了牛痘，翻建了2300所学校，建立了新的军队、警察等安全部门，提高了发电和产油及其他行业的产量，如今某些领域的产量比战前水平还要高，云云。

6月28日，驻伊联军当局终于将权力移交给伊拉克临时政府，交权后美军仍驻扎在伊拉克，虽然身份由外国占领军变为帮助伊拉克安全部队实现国内安全的“伙伴”，但实际上仍控制着伊拉克政局。

伊拉克临时政府接管政权后，各种暴力事件依然不断，7月28日，一辆汽车在巴格达市中心一个警察局应征中心爆炸，导致68名伊拉克人死亡、约70人受伤，这是自移交政权以来伊拉克发生的死亡最严重的爆炸事件。8月5日，什叶派萨德尔的民兵武装与美国部队在纳杰夫展开激烈战斗，4人被打死，一架美国直升机被击落。这些暴力事件严重影响新政府的重建工作。

长期的制裁、战争使得伊拉克千疮百孔。伊拉克的入学率急剧下跌，尤其是在农村和贫困地区。在全国1.6万所校舍中，有1000多所遭到轰炸摧毁，全部校舍中80%需要翻修。学校卫生状况也十分糟糕，40%的初中没有饮用水，约60%的初中没有排水系统。不少教室窗户无玻璃，好一点的用一块缝缀起来的杂色塑料布充当玻璃。在巴格达郊区阿里·卡比学校，上课就在货棚里，夏日炎热，冬天严寒，学生在很艰苦的环境中学习。而绑架、炮弹袭击、恐怖包裹、各种恐怖的谣言，使得课间休息时的校园空荡荡。不过，最糟糕的还是没有适用的教科书，萨达姆时期的教材不能用了，但新编的教材又未跟上。2003年夏，一个教材审查小组建立了，专家们全盘否定了所有教材，历史与文学教材中有关萨达姆复兴社会党及其意识形态的内容全部被删除了，删除后留下的空白却未补充上新的内容。根据修订过的历史教材，伊拉克与伊朗的冲突以及海湾战争从未发生过，而在1968年至2003年间，伊拉克根本不存在。这些空白令教师和家长们目瞪口呆。教材修改者对人们非议的反应是：“我只受委托‘净化’教科书内容,但无权对其重新编写。只有选举产生的合法政府才能承担这项艰巨的任务。这需要两三年的时间。就目前来说,空白总比谎言好。”在有些农村学校里,一个班30个学生只有两个练习本,一本教科书也没有。

此外,原教旨主义在抬头。一年多前,以美国为首的联军推翻萨达姆政权时,布什政府宣布,在使伊拉克成为阿拉伯国家的民主典范计划中,保护妇女的权利是一个重点。然而,对许多伊拉克妇女来说,战后替代萨达姆暴政的,是家庭暴力和日益严重的宗教保守主义。一些伊拉克男子为了家族荣誉杀死他们怀疑失节和背叛的姐妹、妻子、女儿或母亲,在萨达姆统治时期,这种事也时有发生,但现在变多了。此外,强奸、绑架和劫车事件日益增多,不少妇女躲在家里不敢出门。过去,妇女可以穿西式服装单独去商店购物,现在却得戴上传统的头巾,外面还要披上黑色的袍子。许多政府官员要求女员工在工作时戴面纱。在萨迈拉,宗教极端分子对那里的居民实行社会控制,禁止饮酒,批评吸烟,迫使妇女戴面纱,致使一些居民离开家乡,躲到邻近地区亲戚的家里。显然,对于新政府而言,在安全、政治和经济重建方面任务艰巨。

从表面上看,美国忙了一年多似乎什么也未得到:开战的理由——大规模杀伤性武器一直没有找到;反美武装也未能彻底地消灭;伊拉克社会治安尚未好转;一个听命于美国的中东大国也未出现;现扶植起来的伊拉克政权若没有美军保护可能很快就垮掉;恐怖主义在世界范围的活动反而更加猖獗。在国内,对于虚假情报“伊拉克门”的调查和“9·11事件”的调查,弄得布什政府焦头烂额。布什已经承认萨达姆与“9·11事件”无关,不过他依然认为,通过这场先发制人的战争,能够消除危及美国国家安全的恐怖主义威胁。他指出,将伊拉克人民从萨达姆的“残暴统治”下解救出来,不论是对维持中东地区永久和平,还是对改变伊拉克人民生活状况,都有着极大的好处。

对于这种说法,美国投资家乔治·绍罗什很不以为然,他认为美国的反恐“战争”使恐怖主义再生。他说:“通过利用反恐战争作为我们取得军事霸权的借口,我们开始陷入一个恐怖与反恐怖暴力不断升级的旋涡之中。相反,如果我们树立合作的榜样,那么我们不仅可以为这个世界减少贫困、痛苦和不公平,而且我们还可以为自己免遭恐怖主义袭击并赢得支持。如果我们这样做了,我们将成为最大的受益者。”

可以说,攻打伊拉克,除了讨好了军事部门的选民外,布什政府在政治上是相当失败的。当然,也不是全无收获,在军事上,美国通过战争验证了信息战、以少胜多、速决战等新军事理论;通过投入大量炸弹与装备,清理了国内的军事库存,检验了新式武器装备的性能,刺激了军事工业的生产。经济上,布什通过强调国土安全、反恐怖主义,扩大军费开支,刺激国内经济复苏。2003年,美国国会批准的反恐经费达到870亿美元,2004年,美国新财政年度国防预算总额达到4170亿美元,其中包括伊拉克和阿富汗军事行动追加的250亿美元的紧急资金。伊拉克重建估计5年内需花费1800—2450亿美元,重建经费不可能由美国一家出,美国要求其他国家,如欧盟、日本、沙特阿拉伯等国共同分担,此外通过伊拉克石油出口等收入来解决。美国通过战后工程承包来向国人和盟军凸现出兵伊拉克的部分经济意义。美英联军临时权力机构已经包出2000项合同,大合同每笔金额都在500万美元以上,在伊拉克资金支持的37项大合同中有19项给了美国公司,而且22.6亿美元的总资金中至少有85%给了美国公司,哈利伯顿公司等美国承包商至少获得了19亿美元的伊拉克资金。一旦项目完成,美国公司获得的承包合同价值可能还要增加数亿美元。

伊拉克战争结束了,夷为废墟的国土上不久会重新出现新的大楼,新的住宅,新的学校,摧毁的东西可以重建，但这场战争中千万个炸毁的生命却无法复活，包括伊拉克人的生命和美英联军士兵的生命。从 2003 年 3 月 20 日美军入侵伊拉克到 2004 年 7 月 29 日，美军死亡人数累计达到 910 名，受伤的人则更多，每天至少有 10 名美军士兵在伊受伤，基本比例是每死亡一人，就有 7 名士兵受伤。根据 2009 年 3 月美国公布的国家军事报告，这场战争美军伤亡 4261 人，而伊拉克平民在战争中死亡的人数超过 9.97 万人。几乎每一次游击队的袭击事件或美军的突击行动，都会"顺带"上许多无辜百姓的生命。伊拉克民众饱受战争的煎熬，在萨达姆时代遁去的同时，2.9 万枚炸弹和无辜百姓的鲜血同时也书写了强权政治和新干预主义制造的一幕幕惨剧。

不过，支持这场战争的人认为，战争推翻了萨达姆的专制统治，给伊拉克人民带去了民主，他们列举了以下数据：失业率下降，2004 年 1 月为 30%—45%，到 2009 年初降至 23%—38%；享受洁净饮用水人数增多，战前只有 1290 万人，到 2009 年 1 月上升到 2120 万人；电话座机用户增多，战前拥有者 83.3 万人，到 2009 年 1 月增至 130 万人；手机拥有者增多，战前只有 8 万人拥有，到 2009 年 1 月已达 1470 万人；互联网用户增多，2003 年 9 月只有 4900 人，到 2009 年 1 月网民已超过 68.8 万人……

伊拉克战争后，外国军队依然驻扎在那里，由此每到周年纪念日都会引发各种反战游行。2010 年 3 月 20 日，伊拉克战争 7 周年纪念，美国爆发反战游行。示威者在标语上写着："让我们的部队回家！结束在伊拉克、阿富汗、巴勒斯坦和海地的殖民占领！"示威者中包括美国著名的"反战母亲"辛迪·希恩，她的儿子 2004 年丧生伊拉克战场。她在白宫外的广场上面对集会人群说："住在白宫里的那个战争罪犯的蜜月期总算该结束了吧？我们要逮捕他！"赢得了台下一片掌声和支持声。接着她就被警察逮走。

2011 年底，美国从伊拉克撤出全部作战部队，约 80 万伊拉克安全部队接管国内安全事务。逊尼派政府被推翻后，人口占多数的什叶派掌握了国家的主要权力。现在，总统是库尔德人，总理是什叶派的，议长是逊尼派的，权力如此分配可能是为了平衡各派的势力，但却埋下了各自为政和教派纷争的隐患。2013 年 1 月 3 日，巴格达以南大约 60 公里处发生汽车炸弹袭击，至少 20 名什叶派穆斯林朝觐者死亡、40 人受伤。虽然与 2006 年和 2007 年的恐怖袭击高峰期相比，伊拉克的暴力事件明显减少，但爆炸和袭击事件每天都在发生。

根据 2013 年布朗大学沃森国际研究所公布的一份报告，10 年来美国发动的战争行动（包括美国政府在阿富汗、伊拉克的军事行动和在巴基斯坦"反对恐怖主义的斗争"）共计夺去世界 22.5 万人的生命，致 36.5 万人受伤，使 780 万人成为难民。死者中平民占大多数，在伊拉克 12.5 万人被打死，在巴基斯坦死亡 5.6 万人，在阿富汗死亡 1.2 万人。美国军队伤亡 6000 人，它的盟国伤亡 1200 人。伊拉克士兵死亡 9900 人，巴基斯坦士兵死亡 3500 人，阿富汗士兵死亡 8800 人，私人保安机构死亡 2300 人。此外，在"9·11"纽约袭击事件后开始的战争中，有 168 名记者丧生，非政府的人道主义组织的合作者 266 人死亡。

伊拉克战争也使 280 万人居无定所，曾经上百万难民跑到叙利亚，叙利亚内战后，又有成千上万的叙利亚人来到伊拉克避难。难道仅仅是由于情报的失误，导致了千万人生存权的被剥夺？

（林　壮）

【讨论题】

1. 20 世纪 90 年代，影响伊拉克经济发展的主要原因是什么？

2. 伊拉克的经济发展是否需要借助外在力量去推动?伊战争是否有助于该国经济更快地发展?美伊战争给伊拉克经济与社会带来什么影响?

3. 通过这一案例,谈谈政治因素和国际因素在一国经济发展中的影响及作用。

【参考资料】

1.《伊拉克危机大事记》,载《光明日报》2003 年 3 月 21 日。

2.〔法〕《美军在与"幽灵"作战》,载《费加罗报》2003 年 11 月 3 日。

3.〔法〕乔治·马尔布鲁诺:《"主权"政府面临的三个挑战》,载《费加罗报》2004 年 6 月 29 日。

4.《伊拉克战争一周年:糟糕的结局》,载《晨报》2004 年 3 月 20 日

5.《第三个美国盟友打算撤兵伊拉克》,载《消息报》2004 年 7 月 30 日。

6.《看美国在伊拉克一年的得与失》,载《信报》2004 年 7 月 6 日。

7.《伊战后发生的主要爆炸事件》,载《参考消息》2004 年 1 月 19 日。

8.《伊战周年全球反战大游行》,载《参考消息》2004 年 3 月 21 日。

9.《美军隐瞒战争伤亡情况》,载《观察家报》2003 年 9 月 14 日。

10.〔美〕安德鲁·克伯恩:《分裂的伊拉克将成为三重威胁》,载《洛杉矶时报》2003 年 12 月 5 日。

11. 乔治·绍罗什:《对他们有利——我们的反恐"战争"使恐怖主义再生》,载《洛杉矶时报》网站,2004 年 4 月 4 日。

12.《美国努力维持驻伊拉克联盟》,载《华盛顿邮报》2004 年 7 月 15 日。

13.《伊拉克 19 亿美元的资金落入美国承包商的腰包》,载《华盛顿邮报》2004 年 8 月 4 日。

14.〔西班牙〕《布什掩盖伤员情况》,载《世界报》2004 年 1 月 13 日。

15. 陈宪忠、丁玎、谷棣:《美发动伊拉克战争十周年 中国被称为最大赢家》,载《环球时报》2013 年 1 月 19 日。

【案例 1-9】 印度的种姓制度

印度是个多民族国家，2014 年全国人口 12.95 亿，其中 30％为印度斯坦族，其余为马拉提、孟加拉、比哈尔、泰固、泰米尔、古古拉特、马拉雅拉姆、加拿达、阿萨姆、奥利雅 10 个较大的民族，以及那加、米佐等几十个少数民族。由此，印度也是世界上使用语言最多的国家之一，单宪法规定可使用的语言就有 14 种。居民中 80.5％信仰印度教，13.4％信仰伊斯兰教。

印度的种姓制度起源于公元前 1200 年传统村社公社的分工体制。马克思曾经在《资本论》中对这种村社的分工体制作过这样的描述：在印度村社中，公社社员共同耕作土地，生产物在社会诸成员中进行分配。每一户人家都纺纱织布，以此为家庭副业。在这个从事同种工作的大众之外，我们还发现一个以兼任审判官、警察官、收税官三种职务的"要人"；一个记账员，他登记农业上的各种账目，经手这上面的一切收支，并登记与此有关的各种事项；一个官吏，他处罚犯人，保护从他村来的旅客，并引导他到邻村去；一个边界巡查，他巡查边界，防止临村侵人；一个运水员，他为灌溉的目的，从公共贮水池取水，把水分配到各处；一个婆罗门僧，他司理宗教的一切仪式；一个教师，他在砂地上教本村的儿童读书写字；一个司历僧，他以占星师的资格，通告播种和收获的时候，通告什么时候宜和什么时候不宜各种农业工作；一个铁匠和一个木匠，他们制造并修理各种农具；一个陶土工，他制造村民使用的各种容器；一个理发匠；一个洗衣工人；一个银匠；有些地方，还有一个诗人，在共同体内，他的地位，有时是代替银匠，有时是代替教师。此十数人，由共同体全体出费来维持。人口增加了，就在未经开垦的土地上，照样成立一个新的共同体。这种分工所确定的身份成为一种世袭制，演变成种姓的等级制度，而印度教教义则赋予这种等级差别宗教上的"神圣性"。

传统上，印度社会阶层被划分为四个等级：婆罗门（僧侣）、刹帝利（军事贵族）、吠舍（商人、手工业者、农村公社成员）、首陀罗（被征服的奴隶、破产而失去公社成员身份者）。不过，在首陀罗之下，还存在着一个没有种姓的群体，这就是贱民，它构成了种姓制度的一部分。贱民被称为"达利特"，即"不可接触者"，其他种姓的人不可与他们通婚，不可与他们交往，不可与他们共用一口井，他们在社会上从事着被认为是最低贱的工作。贱民在印度人口中占到 16.2％，他们半数生活在农村，约 2/3 的人目不识丁，93％的人不能喝到洁净的饮用水。

虽然印度早已取消种姓制度，但在广大的农村，尤其是在经济落后地区，种姓制度带来的等级观念在村民的头脑里根深蒂固。一些人认为，人与人之间的差别有着宗教赋予的神圣性，这是不可更改的。而贱民由于本身教育程度低，不少人视野狭窄，虽认为种姓制度不合理，但又认为种姓制度如肤色，难以改变，只有在佛像面前不断地磕拜，才能使来世过得好些。在一些地区，贱民走路避着人，因为不能将自己的影子落到路人的身上；一些人走路带着扫帚，边走边扫掉自己的脚印。由于封建闭塞，村社结构被牢固地保存下来，要从根子上消灭种姓观念还需要较长的时间。

《环球时报》驻印特派记者曾采访过一些贱民，他对这一阶层的生活境况是这样描述的："住在肮脏贫民窟，活在社会最底层"。哈里亚纳邦有个莎姆戈村，皮肤黝黑的昌德·卡巴是个贱民，她向记者抱怨：每天她们总是第一个到井边，最后一个打到水，因为高种姓的人嫌她们先打水会污染整个水井。不仅如此，村里有些人还时不时地找茬，踢翻她的水罐，对她恶语相加，说看到她，一天都要倒霉。她们的孩子也常常受到高种姓孩子的欺负。家人想去神庙拜佛也不行，因为那是高种姓的人才能去的地方。当记者问她是否想改变这种境况时，她一脸迷茫，说她的爷爷、奶奶、父母就是这么过来的，她只希望来世好些。

随着城市工业化的扩展，印度农村中大量的贱民涌向城市，他们白天干活，晚上露宿街头或栖身在犄角旮旯，久而久之在印度各大城市周边逐渐形成一个个贫民窟，并且规模越来越大。1992—2002 年，孟买贫民窟的人数从 430 万人增加到 585 万；加尔各答从 362 万增加到 431 万，新德里从 224 万增加到 326 万，金奈、班加罗尔、海德拉巴也都达到 100 万左右。从孟买乘机，飞机起飞时，孟买机场旁黑压压连绵数十公里的贫民窟让人触目惊心。大城市贫民窟的景观，成为印度政府挥之不去的难堪和急待解决的问题。

当然，印度政府在种姓问题上已做了不少工作，采取了很多措施，比如在政府中为贱民保留 23%的公职岗位，有的邦甚至保留 50%的公职；在升学录取上给予贱民出身的学生优惠等。在一些大城市和经济发达的地区，一些出身贱民阶层的成员已经上升为较富有的中产阶级，低种姓与高种姓的人通婚现象逐渐增多，一些贱民出身的成员跻身政坛，不断地为改善贱民的地位而四处呐喊。2002 年，印度大众社会党副主席马亚瓦蒂就任印度最大邦北方邦的首席部长，成为印度唯一出身贱民阶层的首席部长。

不过，也有人批评政府给予贱民过多的优惠，他们认为毕竟还有来自几亿中高种姓的群体，他们的成员也面临着升学和就业的压力，给予低种姓群体过大的"名额保留"事实上损害了中高种姓群体的利益；贫民窟中也居住着越来越多的高种姓的"打工者"，对他们来说，寻找工作、挣钱成为头等重要的事。为了得到国家以及哈里亚纳邦给予低种姓群的福利，包括在上大学和在政府部门工作的名额，2016 年 2 月，印度北部哈里亚纳邦高种姓群贾特人举行示威游行，其后演变为骚乱。示威者焚烧住房和火车站，毁坏从哈里亚纳邦到首都新德里的穆纳可运河设备。骚乱导致 10 人死亡，150 人受伤，造成供水切断，交通中断。

显然，种姓等级制度实际上正在被贫富差别替代，政府所要做的是提供公平竞争、缩小贫富差别，而不是制造新的歧视。随着印度议会制度的加强，原本代表身份和等级的种姓正演变为一个独特的政治利益集团，成为督促政府减少贫困、缩小差距的一股不可忽视的政治力量。

(林　珏)

【讨论题】

1. 种姓制度是一种什么样的制度？它对印度经济的发展具有影响？

2. 为什么种姓观念在广大的农村地区根深蒂固？铲除该观念的条件是什么？

3. 你是否同意一些人对印度政府在消除种姓问题上所采取措施的批评？你认为在种姓问题上印度政府怎么做才会更好些？

【参考资料】

1. 钱峰：《采访印度贱民区》，载《环球时报》2002 年 5 月 9 日。

2. 马克思：《资本论》(第一卷)，郭大力、王亚南译，人民出版社 1953 年版。

3. 胡小浪：《印度高种姓人群骚乱 揭密印度种姓制度》，观察者网，http://city. shenchuang. com/guonei/20160222/312241. shtml。

【案例 1-10】 尼加拉瓜的腐败总统

尼加拉瓜是一个位于中南美洲的小国，面积 12.1 万平方公里，2009 年人口 589.1 万。工业以采金业为主，另有纺织、食品等部门；农业是经济的主要部门，主要生产咖啡、甘蔗、香蕉、棉花、水稻、玉米等；畜牧业较发达，是中美州重要的活牛和牛肉出口国。

1997 年 1 月 10 日，自由党领袖阿莱曼就任总统，在其执政短短的 5 年里，尼加拉瓜变为拉美最贫穷的一个国家，人均国民收入只有 470 美元，而阿莱曼本人及其家族的财产却急剧增加，达到上亿美元。

1990 年，阿莱曼申报财产时只有 2.6 万美元，1995 年出任首都市长时已达约 31 万美元；1997 年就任总统时上升到 99.9 万美元；到 2002 年 9 月被免职时，他本人和家族的财产已达上亿美元。

阿莱曼执政期间，曾多次以各种借口将国库的钱转移到自己或亲属的账户上。仅在 1999 年到 2000 年就非法转移了 700 万美元，以其亲属和代理人的名义分别存在多米尼加、巴拿马、哥斯达黎加和危地马拉的银行。他还以资助自由党大选为名，下令银行贷款 10.8 万美元给其家属和政府官员，而这完全违反尼加拉瓜的选举法。事实上，关于阿莱曼的贪污丑闻国民早有议论，但由于他大权在握，动弹不了他。

2001 年大选时，反对党桑地诺民族解放阵线猛烈地抨击阿莱曼的腐败，要求彻底清查其财产，将矛头直指执政的自由党。当时的副总统博拉尼奥斯出任自由党总统候选人，为了党派利益，他与阿莱曼携手对付桑地诺民族解放阵线的总统候选人奥尔特加，在美国压力及偏袒右翼的舆论下，自由党保住了执政党地位。奥尔特加当选为总统后，阿莱曼担任议会议长，虽然指控其腐败的声音仍然不断，但调查进展很慢。

2002 年 3 月 21 日，国家总检察院对前总统府新闻秘书杜阿尔特等 6 人涉嫌国家电视 6 台 150 万美元资金流失案进行起诉。随着案件调查的深入，雪球越滚越大，带出了阿莱曼及其 13 名亲属和十余名前官员的腐败网。根据检察院已查出的证据，阿莱曼及其亲属、多名内阁成员、自由党主席和十几名亲信高官涉嫌贪污、诈骗、挪用公款、洗钱等刑事犯罪的金额多达 9700 万美元。如果罪行成立，他们都将面临 4 年至 25 年的徒刑，以及相当于贪污款项 2 倍的罚款。

4 月 4 日，特别检察院以“贪污腐败、挪用公款”罪正式起诉阿莱曼及 13 名高级官员，并要求议会启动取消阿莱曼议员豁免权的审查程序。23 日，议会司法委员会以“证据不足”“超越调查权限”为由冻结这一要求。议会的这一做法激起了民众的愤慨。7 月中旬，面对阿莱曼等人的腐败证据和国内的怨声载道，前总统博拉尼奥斯决定与阿莱曼分道扬镳，公开表示支持检察院对阿莱曼的起诉调查。8 月 14 日，美国人使馆驻尼加拉瓜大使不得不表态支持检察院的行动。15 日，阿莱曼的前任查莫罗夫人则公开要求阿莱曼放弃议员豁免权，接受司法调查。阿莱曼处于十分孤立的境地。

9 月 19 日，议会内支持博拉尼奥斯的自由党议员与桑地诺民族解放阵线的议员联合发难,提出按法律程序改组议会领导委员会。最后,以 47 票超过半数的优势罢免了以阿莱曼为议长的 7 人领导委员会中的 6 人,只保留了副议长(桑地诺民族解放阵线的议员)。随后建立了一个特别委员会取而代之,着手履行解除阿莱曼和其女儿的议员豁免权的法律程序,并待 9 月 27 日作出表决。

9 月 27 日,尼加拉瓜议会取消了阿莱曼及其女儿的议员豁免权,等待这些贪官的将是法律的审判与制裁。

尼加拉瓜的腐败问题反映出发展中国家在经济发展中面临的共同问题。虽然无论国家贫富都存在着腐败这一丑恶现象,但腐败对于穷国经济的打击尤其严重。世界银行处理腐败问题的高级官员丹尼尔·考夫曼指出,新的研究发现,在一代人的时间里,如果腐败严重的穷国设法把腐败降低到中等程度,那么其人均收入就能提高 300%,也就是说年均收入为 4000 美元的可以提高到 1.6 万美元。因此,反腐不仅仅是道义问题,它已经成为向全球贫穷开战的重要手段。

1996 年,时任世界银行总裁詹姆斯·沃尔芬森在一次讲话中,将腐败列为世界范围对发展的主要挑战,号召各国一起努力反对腐败。2003 年,时任联合国秘书长安南在联合国大会上发言,更是将腐败视为一种对社会产生腐蚀作用的隐伏的瘟疫。

鉴于世界各国在反腐败问题上的共识和决心,2003 年 12 月 9 日至 11 日,约 130 个国家的司法部长和国家元首在墨西哥梅里达召开会议,签署了《联合国反腐败公约》。虽然签署这项公约并不能阻止一切腐败行为,但这项公约包括一项重大突破,那就是它要求各签约国在防止赃款外逃、追查赃款并归还赃款方面加强合作,即把通过腐败获取的财产交还给受损国。如果签约国都能切实地落实这一条款的话,这意味着腐败的官员将难以找到藏匿非法所得的途径。这项反腐公约还确定了各国都要遵守以加强其反腐机制的标准、措施和规则;要求签约国打击企业内的盗用公款行为,并惩罚对其他国家行贿的国内公司。安南指出:"如果得以充分执行,反腐败条约能使全世界数以万计的人民的生活质量发生真正的变化。"

针对一些国家的跨国公司负责人认为,在海外做生意,行贿是必要手段的看法,世界银行呼吁大公司共同采取行动限制行贿,并推出了"诚信条约"。比如,一批竞标一个重大项目的公司互相保证不从事行贿。到 2004 年,约有 60 个这样的诚信条约,有 100 多家跨国公司参加。不管怎么说,这些条约或公约将有助于抑制腐败行为在发展中国家的泛滥。

(林　珏)

【讨论题】

1. 为什么会出现像阿莱曼这类腐败分子?腐败存在的根基是什么?

2. 为什么说"反腐不仅仅是道义问题,它还是向贫穷开战的首要手段"?

3. 腐败给一国的经济发展带来哪些危害?如何建立起反腐机制?政府在这方面应该做些什么?

【参考资料】

1. 何淇:《尼加拉瓜要审腐败总统》,载《文汇报》2002 年 9 月 27 日。

2. 〔美〕戴维·弗朗西斯:《反腐败为什么能帮助穷国》,载《基督教科学箴言报》2004 年 1 月 5 日。

【案例 1-11】 阿富汗:梦魇的世界

阿富汗是个内陆国家,位于亚洲中西部,国土面积 64.75 万平方公里,2015 年人口 3270 万,其中 40%为普什图族,25%为塔吉克族,其余为乌兹别克、哈扎拉、土库曼等 20 多个少数民族。全国 98%居民信奉伊斯兰教。阿富汗是个农牧业国家,主要粮食作物有小麦、玉米、大麦、稻米等。工业主要有棉、毛织业和农牧产品加工业,主要矿产有石油、天然气、煤、铁、盐、大理石、黄金石、铀等。2014/2015 财年,GDP 达 210 亿美元,人均 GDP 达 672 美元。

阿富汗是个多山的高原国家,全国地势大体上自东北向西南倾斜,山地和高原占全国面积的 4/5,属伊朗高原的东北部分,平原占 1/5,兴都库什山脉及其支脉自东北斜贯西南,绵延 1200 公里,有许多山口,是古代通往印度的要道。古代阿富汗是中国通往中亚远达欧洲的"丝绸之路"的必经之地,也是亚洲北部游牧民族南下印度次大陆和伊朗高原及两河流域的必经之地,现代阿富汗是美国、东亚、东南亚国家进入盛产石油、天然气的中亚(里海)地区的重要通道。由于地缘政治上的重要地位,历史上阿富汗就一直是强国之争的战略要地。但复杂的地形使得侵略者处处遭袭,难以征服这块土地。1919 年,阿富汗宣告独立。

1933 年,阿富汗国王纳迪尔汗遇刺,19 岁留学巴黎的儿子穆罕默德·查希尔·沙阿回国登上王位,此后统治阿富汗 40 年之久。在西方人眼里,查希尔是一个改革者,推行君主立宪制,进行议会选举,并禁止王室成员担任政府高级职务;在周围战火肆虐的环境下,他成功地利用各大国之间的互相制约,使得阿富汗保持长期和平的局面;他通过对苏联、美国的中立立场,从这两个大国获得援助,用来修建道路和机场。1965 年,美国《时代》周刊将他称为"真正的贵族"。查希尔的改革不仅令国内保守分子不快,也令激进分子不快,后者希望取消其君王统治。1973 年,穆罕默德·达乌德王子乘查希尔国王到那不勒斯附近的伊斯基亚岛洗泥浴之机,发生政变,推翻君主立宪制,宣布成立阿富汗共和国。废黜的国王流亡到意大利罗马。1978 年,达乌德被刺杀,阿富汗国内陷入一片混乱之中,各势力相互争斗,最终导致苏联出兵入侵阿富汗。

1979 年,苏联入侵喀布尔,先后扶植卡尔迈勒和纳吉布拉政权,并驻守阿富汗,结果犯了与英国同样的错误,遭到阿富汗圣战游击队的打击。苏军出动了比当年英国多得多的兵力,动用直升机、炸弹、歼击机和坦克,与游击队的自动步枪和火箭筒展开战斗。由于山地和谷地行动易遭遇伏击,苏军和阿富汗政府军驻守在主要城市,在征服农村企图失败后,80 年代中期,苏联开始通过空中突袭行动和枪杀反叛军队指挥官来控制局面,这一战略取得了成效。1986 年,美国插手阿富汗事务,为当地圣战游击队提供最先进的地对空武器"毒刺"导弹。苏联的空中优势丧失了,在死亡了 1.3 万多名官兵后,1989 年 2 月,苏军蒙羞撤出阿富汗。

苏军撤兵后,阿富汗军阀四起,各圣战组织领导人为争夺领导权,进行混战。1992 年,游击队攻陷喀布尔,纳吉布拉总统的妻子、岳母和 3 个女儿搭乘最后一班飞机逃到印度新德里,而总统本人没来得及出逃,藏匿在联合国驻喀布尔的办事处里,一待就是 4 年。游击队接管政权,改国名为阿富汗伊斯兰国。

1994年6月,32岁的奥马尔在坎大哈揭竿而起,他以“塔利班”为主要成员,建立了一支800人的队伍,提出“铲除军阀,重建国家,反对腐败,恢复商业”的口号,赢得一些民众的支持。“塔利班”是普什图语,为“学生”的意思。“塔利班”成员大部分来自阿富汗难民营中的伊斯兰学校,所以它实际上是学生运动武装。11月,一支30辆卡车组成的巴基斯坦车队在前往中亚途中,在坎大哈被一军阀所劫持,几天后,“塔利班”突然出现,不仅夺回车队,还消灭了军阀,并控制了整个坎大哈。这一成果使“塔利班”名声大振,所到之处地方势力常常是不战而降。经过两年的征战,“塔利班”击败众多对手,发展成为阿富汗最强大的一支势力,拥有兵力4万多人。1996年9月27日,“塔利班”攻占首都喀布尔,接管阿巴尼政权,找到前阿富汗总统纳吉布拉,将其活活打死,并将其遗体悬挂在城市广场最显眼的地方示众。一周后,他们又将面目非全的遗体扔进臭水沟。

“塔利班”接管政权后,成立了一个6人委员会作为临时政府,奥马尔成为阿富汗“塔利班”当局的最高领袖。而反“塔利班”联盟也在自己的控制区设立政府,双方都称自己是唯一合法政府。到1997年5月,塔利班控制了全国30个省中的26个省,阿富汗90%的国土掌握到“塔利班”手中。

“塔利班”每占领一个地方,就在控制区实行严格的伊斯兰教规,他们以《古兰经》为法律,规定男子必须留须,妇女必须戴面纱,一切被认为有伤风化的活动均被禁止。塔利班认为,城市居民受到世俗外国影响的腐蚀,需要受到严格的限制,因此他们规定城市居民不能放风筝,不能听音乐,不能看电视;妇女不能涂指甲油,不能烫发,不能化妆。他们允许田间劳动的妇女带着露出脸部的头巾,但城市妇女必须把整个脸部罩上面纱,没有男性家属陪同不能离开自己的家。他们禁止女孩上学,禁止妇女工作。喀布尔教师中70%是女教师,在“塔利班”来后失去了工作。由于大量女清洁工被驱赶回家,大街无人打扫。由于只有妇女才能为妇女治病,因此仅在医疗行业他们才允许妇女就业,但规定必须有男性亲属陪着上下班,这实际上很难做到,由此大多数妇女不得不留在家里。结果,无论是男科医院还是妇科医院,医生和护理人员都十分匮乏,病房和卫生间肮脏不堪。城市污水系统遭到战争的破坏,一下雨,街上便粪水泛滥,整个城市的运转功能在渐渐衰退。

一方面,全国一半建筑物遭到毁坏,需要重建,许多工作岗位急需雇员;另一方面,劳动力从急需的岗位上被赶走。由于失去了谋生手段,许多在连年战争中失去亲人、没有男性亲属来养活她们的妇女不得不沿街乞讨。喀布尔大街上满是女乞丐,蓝色的面罩和长袍将她们从头裹到脚,只有两只手伸在外面。仅在喀布尔就有4万名这样的妇女。

城市失业人数在急剧增加,而物价却在不断地攀升,从1996—1998年,喀布尔的面粉价格上涨了450%左右,世界银行计划署不得不紧急出动,向喀布尔约120万居民中20%最贫困的人提供面包补贴。即使在这种情况下,“塔利班”还要求前来援助的外国人必须遵守伊斯兰法,该法包括用石块砸死通奸者,严厉处罚饮酒者或吃猪肉者。这些规定让援助者胆战心惊。

多年的战争使得阿富汗成为世界上最贫穷的国家,2001年人均国民生产总值只有150美元。据世界卫生组织反映,阿富汗的儿童中有1/4活不过5岁,每10万名妇女中有1700人死于分娩,这个比率在世界上高居第二。在联合国开发计划署列出的174个国家的发展指数名单中,阿富汗排名第169位,即倒数第6位。

被逐出家园的阿富汗人,在邻国巴基斯坦境内形成了一个个难民营,总人数达到200

万，他们主要依靠国际援助组织的救济生活，十分艰难。80年代中期，美国《国家地理》杂志曾刊登过一张难民营女孩的照片，她就是阿富汗女孩沙尔巴特·古拉。当时，她才约12岁。这张照片成为美国《国家地理》杂志最著名的封面之一。古拉那高深莫测的面容让许多西方人着迷，许多人因为受到这张照片的感动去当志愿者，去难民营服务或慷慨解囊。该照片摄影师麦柯里说："她后来成为人性中善良一面的象征。"17年过去了，2001年，麦柯里找到了古拉，这时的她已是3个孩子的母亲，当麦柯里告诉她，她已经成为偶像时，古拉似乎有些窘迫，因为她是不应该让其他男人看到的。在丈夫的允许下，她撩起了面纱，露出了一张忧伤的脸。她的父母都已去世，一个孩子也死了，她丈夫说她没有一天是快乐的，那段生命的故事就写在她的脸上。

战争造成阿富汗境内100万人被杀害，20%—30%人口背井离乡，大量的教师、医生、工程师等知识分子逃亡国外。"塔利班"时期，许多知识分子失去了工作，因为失业，因为不能忍受极端的宗教规定，他们冒着生命危险逃到难民营，他们中有许多人后来前往西方国家。有知识的人大都离开了阿富汗，剩下的人中许多是文盲，加上不允许女孩上学，国内近90%的妇女是文盲。"塔利班"将国家重建所需要的人才赶出了国门，阿富汗在它最需要人才时，人才大量流失。这个国家也成为世界最不发达的国家之一。

（林　珏）

【讨论题】

1. 造成阿富汗多年战乱的主要原因是什么？战乱对阿富汗的经济产生哪些影响？

2. 为什么在阿富汗会出现像"塔利班"那样的极端组织？该组织极端思想生长的土壤是什么？

3. 谈谈宗教对一国经济发展的影响或作用。

【参考资料】

1. 路透社罗马2001年9月21日电。

2.《塔利班从学生军起家》，载《新闻晨报》2001年9月23日。

3.〔英〕赛拉·沙阿：《梦魇世界》，载《今日世界》2001年9月1日。

4.〔美〕基特·罗恩：《绿眼睛的女孩再度凝望》，载《美国新闻与世界》2002年3月25日。

5.〔阿根廷〕《本·拉登有51个兄弟控制着经济帝国》，载《号角报》2001年9月15日。

6.〔俄〕格奥尔基·佐托夫：《上帝离开了》，载《论据与事实》2004年7月21日。

7. 谭星宇：《苦难与不幸的渊薮：阿富汗》，载《人民画报》2003年第8期。

【案例 1-12】 艾滋病在发展中国家肆虐

艾滋病(AIDS),医学全名为“获得性免疫缺陷综合征”。它是由人类免疫缺陷病毒引起,这种病毒破坏人的免疫系统,使人体丧失抵抗各种疾病的能力。艾滋病主要通过输血、不洁性行为、吸毒和母婴遗传四种途径传播。

艾滋病对于发展中国家来说是一场灾难。世界银行研究表明,治疗一个艾滋病患者的费用可以用来培养十多个中学生,这还不包括昂贵的艾滋病鸡尾酒疗法。即使用本国的药代替西方进口药,每个月治疗艾滋病的标准费用也要 400 美元(印度标准)。对于那些极端贫困的国家来说,艾滋病的广泛传播简直是雪上加霜。下面列举的几个案例就是这些国家艾滋病病人或家庭悲惨遭遇的生动写照。

肯尼亚有个东卡甘村,莉莉是村里一个 9 岁的女孩,她的父亲约翰是一个警官,2001 年 8 月死于艾滋病并发症。母亲比阿特丽斯・南贾拉也感染上艾滋病,知道自己不久将随丈夫而去,母亲开始教女儿干些农活。在村庄干燥的田地里,瘦弱的莉莉跟着母亲学习如何收割玉米和高粱。其后,母亲又教莉莉垒建和修理小泥屋,她们从 2 公里外的地方取来水,倒进大堆泥土中搅拌,然后将一团团泥土塞进房顶和墙里。一年后的一天,比阿特丽斯开始感到双腿发软,腹部绞痛,并发起高烧,她教莉莉的最后一件事是挖坟。莉莉以前看见过母亲挖坟,那是在父亲死时。莉莉在 16 岁的哥哥费利克斯和 7 岁的弟弟克林顿的帮助下,日落前在红土里挖好了墓穴。一周后,兄妹们安葬了母亲,他们 17 个月大的妹妹玛丽坐在泥土和草丛间看哥哥姐姐为母亲掘墓。一个月后,被感染上艾滋病的小玛丽得了皮疹,发起高烧,并呕吐不已,在一个阴天的下午死去。兄妹们在父亲和母亲的墓旁挖了一个坟,埋葬了小玛丽。姑妈来了,带走了她 12 岁的哥哥马克去干农活,因为他看上去最强壮。父母死后,莉莉和几个兄弟都不能上学了,父母和玛丽的葬礼宴席已经耗尽了他们所有的家产。为了维持家庭生活,哥哥费利克斯到 15 公里外离家最近的霍马湾小镇星光饭店工作,每天的工资不到 20 美分。莉莉则留着看家,照顾弟弟和庄稼。

在罗族文化中,为了表示对死者的尊敬,葬礼的宴席往往办得比婚礼隆重。一些亲戚朋友和饥饿的人们会远道而来参加葬礼,家属罄尽家畜和积蓄来举办丰盛的宴席,这种习俗对艾滋病家庭来说是相当大的负担。临终的父母总希望给自己的孩子们留下一些家产,但亲戚们往往根本不予理睬,饥饿的亲戚常常像蝗虫似的吃尽死者留下的最后的东西。莫莉是该村的另一户艾滋孤儿,她和她的兄弟现在只能靠一袋花生生活。她还记得几乎在母亲入土之时,宴席就开始了,亲戚先是宰杀了三头牛,其后又宰杀了 20 只鸡和 4 头公羊。莫莉的母亲曾想让孩子们存点钱,可没人听她的,几乎所有出席葬礼的人,包括在内罗毕工作的人,都吃得快撑破了肚子。莫莉和哥哥什么也没吃,他们陪着快死的父亲。这次宴席花掉了 300 美元,相当于这个家庭一年的收入。一个月后,感染艾滋病的父亲也死了,亲戚们用剩下的牛和鸡摆了第二次宴席。这样,所有钱都被花光,留给孩子们的只有一袋花生。

在东卡甘村,3000 村民中有 1/3 感染艾滋病,400 多名像莉莉那样的艾滋病孤儿,他们每天生活在饥饿中，为生存而挣扎。仅在非洲撒哈拉以南地区，就有1200万因艾滋病失去单亲或双亲的儿童。而艾滋病的蔓延和患病人数的上升，还在制造出更多的孤儿。

在发展中国家，由于人们对艾滋病知识不甚了解，对艾滋病普遍感到恐惧，一些地方还制定了严苛的隔离政策。在印度，艾滋病人的生活极其悲惨。贾夫尔达是印度南部城市马杜赖的一名卡车司机，不幸染上艾滋病，住到医院。2003年11月24日，他的病情突然恶化，惊慌失措的医生将他赶出医院。开始，他的亲戚想将他送回家"等死"，可是他的房东却不让他进门，于是他的亲戚们决定索性将他"彻底了断"。他们将他运到坟场活埋，站在一旁的坟场看门人看得目瞪口呆，及时报了警，才将他解救出来。生活在农村的米舒拉可就没有这么幸运了。米舒拉的丈夫感染了艾滋病死了，她也不幸被传染上艾滋病，2003年7月4日，一群村民突然闯进米舒拉的家，恶狠狠地让她马上离开村子，否则对她不客气。米舒拉又惊又怕，苦苦哀求乡亲们手下留情，但没人同情她。当有人将她休息的长凳抽走时，她感到大祸临头，急忙逃出门外，没跑多远就被狂怒的村民追上。在一阵长凳加石块的"处罚"下，米舒拉被砸死。随后，村民们在空地上架起了木柴堆，将尸体焚化。13日，印度全国妇女委员会主席对这一野蛮行径进行了强烈谴责，然而当地村民却理直气壮地说，艾滋病患者是罪人，感染上这种病是神对他们的惩罚。

这种无知使得艾滋病防治工作的开展困难重重。不少感染者由于害怕被朋友和家人嫌弃甚至迫害，或被雇主解雇而隐瞒病情，不敢治疗，不去寻求帮助，从而不仅延误治疗的时机，而且还可能将病毒再传染给他人。

显然，艾滋病的传播已经对发展中国家经济增长的活力造成严重威胁，每年成千上万的青年劳动力失去生命，上亿元的经费投入医疗支出上，而这原本可以投入经济建设上。

为了提高公众对艾滋病危害的认识，1988年1月，世界卫生组织将每年的12月1日确定为世界艾滋病日，号召各国在这一天举办各种活动，宣传和普及艾滋病知识。2003年是第16个世界艾滋病日，其主题是"相互关爱，共享生命"。活动组织者希望整个社会给予艾滋病患者一个宽松的环境，不要歧视他们、孤立他们、抛弃他们。

中国自1985年报告第一例艾滋病病人以来，艾滋病的流行经历了四个阶段：20世纪80年代是国外病例输入国内，主要在东部沿海地区；90年代初是吸毒人员感染，主要在西南地区；90年代中期后除了注射毒品者感染外，出现职业献血者感染，比如河南出现因卖血感染艾滋病的艾滋村；21世纪初以来是多渠道感染，其中性传播比例和构成不断增加，男性行为者感染后传播给已婚妻子。最糟糕的是，由于缺乏对艾滋病的了解，大约30%的艾滋病病毒感染者不知道自己的感染状况，由此在艾滋病重点影响人群中，艾滋病感染率就较高。

为了遏制艾滋病在全球的迅速扩展，世界卫生组织提出两步走目标：第一步，到2010年实现"90-90-90"目标，即90%的艾滋病感染者了解自己的感染状况，90%已知感染的人在进行抗病毒治疗，90%服抗病毒药物的人血液中检测不出病毒。第二步，到2030年实现消灭艾滋病的全球目标。

为了实现世界卫生组织提出的远景，21世纪初，中国政府将艾滋病的预防工作纳入计划，防治艾滋病的经费逐年增多，2004年已经达到8.3亿元，2013年又比10年前的经费增加3.8倍。为了防御、控制艾滋病的发生与流行，保障人体健康和公共卫生，2006年1月18日，国务院第122次常务会议通过《艾滋病防治条例》，3月1日起施行。该条例第2条规定："艾滋病防治工作坚持预防为主、防治结合的方针，建立政府组织领导、部门各负其责、全社会共同参与的机制，加强宣传教育，采取行为干预和关怀救助等措施，实行综合防治。"

由于艾滋病主要通过三个途径传播,即性接触、血液和母婴,为此切断传播渠道非常重要。中国政府加强对卖淫嫖娼、吸毒贩毒犯罪行为的打击,严格血液管理的体制,宣传艾滋病防范知识,呼吁社会对艾滋病感染者的关爱,针对高危人群和重点人群进行筛查并强化动员检测,给予病者治疗。经过10多年的不懈努力,到2015年经采供血传播、经静脉注射吸毒传播、经母婴传播得到有效控制,艾滋病疫情快速上升势头得到有效遏制,全国整体疫情控制在低流行水平。

但是应该看到,由于中国人口众多,多种传染源、传播系数小的模式,控制难度较大,为此,中国艾滋病流行形势依然严峻。从绝对数看,截至2014年,全球现存活艾滋病病毒/艾滋病人(HIV/AIDS)3500万人,75%集中在15个国家,中国是其中之一,艾滋病人数居全球第12位。2014年,中国新增HIV/AIDS 10.4万例,比上年增加14.8%。在部分地区,男性感染率和女性感染者比例都在上升。从新报告病例看,90%以上经性传播,男性同性性行为人群感染率较高,青年学生、老年人群感染人数上升速度较快,防治任务艰巨。

云南是中国艾滋病疫情最为严重的省份,截至2014年10月,累计报告现存活HIV/AIDS 79915例。2014年前10月,HIV/AIDS 9601例,其中89.5%是性途径传播的。2007年1月1日起,云南省实施艾滋病配偶告知制度。截至2013年,云南省配偶告知检测率由39.2%上升到89.2%。2014年6月20日,云南省又明确要求,住宿、娱乐、沐浴这三类场所中直接为顾客服务的人员,需半年进行一次艾滋病检测,实行健康卡管理。这些措施收到一定成效。从2014年前9个月的数据看(见图2),比之2004年,20—29岁青年人和30—39岁中青年HIV/AIDS的比重下降,不过40—49岁和50岁及以上的中老年HIV/AIDS比重在增加。究其原因,空巢、丧偶、配偶性能力下降等使得部分中老年尤其是老年男性通过商业性性行为满足性需求。在调查的378名老年HIV/AIDS中,男性通过商业性(主要是在出租屋、小旅馆和发廊等场所)性行为感染的情况约占90%,66.7%的人不使用安全套。由于这一群体与青年群体相比,很少通过网络获得预防信息,因此不仅缺乏防范意识,而且因担心家人知晓自身感染状况而不愿接受艾滋病相关咨询服务,结果感染后还导致配偶也感染。

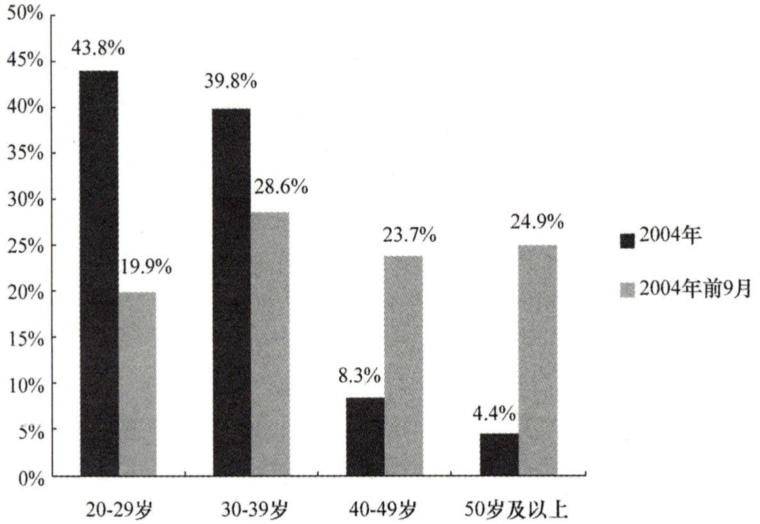

图 1-13-1 云南省艾滋病病毒感染者和病人年龄构成趋势

数据来源:《中国艾滋病呈老龄化趋势 性传播成主要途径》,安丰网,http://www.anfone.com/info/ ZGAZBXZ/2014-12/1249312.html。

虽然目前艾滋病还没有很好的办法治愈，但通过早检测、早发现、早治疗，可以改善病人症状，延长生命。为此，宣传艾滋病防治知识，需要全社会参与。目前，更多的志愿者队伍组建起来，不少知名人士投入艾滋病防治宣传工作中。此外，科研人员也在积极攻克这一医学难关，寻找医治这一疾病的方法和预防疫苗。人们期盼着医学在这一领域获得重大突破。

（林 珏）

【讨论题】

1. 为什么艾滋病会在发展中国家传播得如此迅速？
2. 艾滋病的广泛传播给发展中国家的经济增长带来哪些危害？
3. 中国在预防艾滋病方面采取了什么措施？还应做些什么？

【参考资料】

1. 法新社伦敦 2004 年 7 月 8 日电。
2. 路透社香港 2004 年 7 月 6 日电。
3. 晓天：《上海艾滋病例上升迅速》，载《上海侨报》2003 年 12 月 4 日。
4. 〔美〕埃米莉·瓦克斯：《艾滋病造成的一代孤儿》，载《华盛顿邮报》2003 年 8 月 13 日。
5. 王建刚：《印度艾滋病人的悲惨世界》，载《参考消息》2003 年 12 月 4 日。
6. 〔法〕《艾滋病将威胁中国经济增长》，载《论坛报》2004 年 7 月 7 日。
7. 刘雪玉、杨燕萍：《艾滋病同期死亡率降六成》，载《京华时报》2015 年 8 月 16 日。
8. 《中国艾滋病呈老龄化趋势 性传播成主要途径》，安丰网，http://www.anfone.com/info/ZGAZBXZ/2014-12/1249312.html。
9. 《中国艾滋病人数 2014 年和 2015 年最新数据》，安丰网，http://www.anfone.com/info/ZGAZBXZ/2014-12/1219247.html。
10. 《艾滋病防治条例将出台 政府防治投入超 8.3 亿元》，南京报业网。
11. 《资料：中国艾滋病现状》，安丰网，http://www.anfone.com/info/ZGAZBXZ/2015-6/3435653.html。

【案例 1-13】 煎饼:让沂蒙小山村“傍”上了繁华大上海

谈起沂蒙山地区,首先会让人们想起红色革命老区,其次就是一幅幅贫穷落后的山村画面。常言道,靠山吃山,靠水吃水。该地区的平邑县郑城镇油篓村,三面环山、一面临湖,平静萧瑟,直到上世纪 90 年代末才有第一条通往外界的柏油路。然而,这一深山农村,通过利用当地的主食——煎饼,成功“傍”上了繁华大上海。该村目前共有 36 栋两层别墅、四栋居民楼,每当过年过节,村里的宝马、奔驰、玛莎拉蒂等豪车停满,村民家庭年收入均高达 20 万,深山农民人均收入超越上海。该村村民李兴普称:“村里在上海买房子的有十几户。”根据中国指数研究院 2015 年报告,2015 年上海平均房价高达近 3.25 万元/平方米,一栋 100 平方米商品房的总价高达 300 多万;上海城市居民家庭人均可支配收入为 4.771 万元(2014 年),位列全国所有省市第一名。但是,贴着“有钱任性”标签的上海,其人均年收入却仅为油篓村村民的 1/3,足见这张煎饼的“财力”。那么,这张煎饼是如何让油篓村实现脱贫致富的呢?

一、沂蒙煎饼“闯荡”上海滩

凌晨一时,不夜城上海从一整天的躁动开始转向安静状态。此时,来自平邑县郑城镇油篓村的李兴文一家开始准备起床,为新一天的煎饼摊开张做例行准备。据知,李兴文已在上海摊煎饼长达 22 年,每天凌晨 3 时,他和老伴都会准时出现在地铁 9 号线出口,烧旺炉子,支好摊位,等待第一位顾客的到来。凌晨 4 时,第一批顾客开始出现,李兴文称他们为“夜间上班族”。随着白昼的降临,第二批顾客“上班族”陆续出现。考虑到煎饼的便捷性及低价性,正好满足“上班族”这个客户群体的需求,李兴文就将其摊位安置在靠近地铁出口和公交站牌。

和李兴文有关的煎饼摊,在方圆 5 公里之内就有 4 个:最近的一个位于北边 20 米,该煎饼摊是李兴文女婿的;其次位于西边 800 米,这个煎饼摊是李兴文妹夫的;第三个位于 3 公里之外的红松路上,这个摊位由李兴文的儿子经营……据知,平邑县郑城镇油篓村村民在整个上海市区所占据的煎饼摊位比例高达 90%。

二、薄薄的煎饼一年收入 20 万

4 元钱一个普通煎饼,如果加一份蔬菜或一个鸡蛋,售价增加 1 元。按此推算:每个煎饼售价为 5 元,其中成本大约为 1 元;李兴文一家三个摊位,每天至少能卖出 600 个煎饼,每月净利润至少为 7.2 万元,年净利润高达 86.4 万元。另外,每个煎饼摊的月租为 3000 多元,那么除去三个煎饼摊的月租近 1 万元,李兴文一家三个摊位的每年净收入约为 75 万元,其中每个摊位可实现年净收入约 25 万元。

三、全村命运因沂蒙煎饼而改变

1998年，来自油篓村的李荣士将沂蒙煎饼第一次带到上海滩，他没想到的是，正是这张薄薄的煎饼，竟然改变了全村人的命运：李兴文一家六口全都从油篓村搬到上海，其儿子李德福已在上海买房结婚、安家立业；李明从1998年开始摆煎饼摊，现如今已成为亿万富豪，手中拥有多家餐饮企业、投资公司等。

不过，对于李明，这个当年通过煎饼挖到人生"第一桶金"而现如今身为富商投资公司董事长的油篓村村民，却不希望现在的年轻人再去重走当年摊煎饼的致富路。他认为，煎饼闯荡上海滩带来的最大收获，应是思想与观念的开化，而非发家致富挣大钱。他说："父辈从事这个职业，值得继承和发扬；但我还是希望下一代有新的发展，通过这个基础去开创一片好的事业。"

四、思考

从以上案例，可以看到：第一，油篓村村民具备敢闯敢试敢冲的拼劲。从贫穷的老家敢于出来闯荡，敢于尝试不同的致富途径，每天凌晨开工，这些吃苦耐劳、敢于拼搏的品质是油篓村农民能够脱贫致富之基础。第二，油篓村村民善于发现比较优势。煎饼具备便捷性、低价性，在众多饮食品种中具有特色，油篓村村民抓住煎饼价廉味美、适合"上班族"饮食的特点经营，获得成功。第三，油篓村村民善于选位。李兴文一家煎饼摊位的巧妙选址，彰显其高超的经营能力。第四，油篓村村民的团结帮助了他们在外闯荡。第五，在既得利益面前与时俱进，不断开拓新领域。油篓村村民通过摊煎饼寻得致富路之后，及时转换新的致富路，开拓新领域，这是油篓村能持续致富的秘诀。

总之，油篓村通过煎饼"傍"上大上海的致富案例，给予贫困地区经济发展新的思路。沂蒙山区有很多山村，为何偏偏是油篓村能借助煎饼脱贫致富？显然，油篓村村民敢于拼搏，善于观察，巧于经营，诚于团结，不断进取，是主要原因。

（刘景卿）

【讨论题】

1. 油篓村是如何借助煎饼实现脱贫致富的？

2. 油篓村的案例是否具有普遍的借鉴意义？如果你是来自某一贫穷山村的学生，你该如何学习油篓村的案例，加以应用？

3. 当地政府在支持农民创业方面应该提供哪些服务？

【案例 1-14】 中国的人口问题

中国是世界第一人口大国，也是发展中国家，经历了近 30 年的艰苦努力，终于在世纪之交控制了人口快速增长的势头，实现了人口低速增长。

中国人口数量居世界第一，中国人民曾经引以为豪，但人口数量猛增，让中国人民忧心忡忡。中国人民几十年来反复碰到的吃饭、穿衣、住房、就业、能源、交通等社会经济问题，无一不与人口数量众多有关。综观中国人口的增长，大致可分为五个阶段：

(1) 1949—1959 年：无生育控制，人口自发增长时期。新中国成立初期，一方面，政府工作的重点是巩固政权，医治战争创伤，恢复和发展工农业生产，无暇顾及人口问题。另一方面，在社会经历了长期动荡后实现稳定发展的初级阶段，人口也需要补偿性增长。当时，政府采取了放任不管，甚至鼓励人口增长的态度。这一阶段属无计划生育时期。

1950—1952 年，人口增长带有补偿性生育性质。1949 年以前，民不聊生，人民生活陷入困境，人口出生率下降，人口死亡率也高。新中国诞生后，国民经济得到迅速恢复和发展，人民生活得到改善；医疗卫生条件也有好转，人口出生率上升，人口死亡率下降，人口数量增长较快；1949—1952 年，平均每年增长人口 1000 万以上。

1953—1959 年，随着第一个五年计划的实施，医疗卫生事业得到发展，发病率和死亡率大幅度下降，人口出生率大幅度上升。政府一度奖励生育，带来了新中国成立后第一个人口增长高峰，5 年间平均每年净增人口数 140 万以上。正是在这种背景下，形成了新中国第一个生育高峰，出生率维持在 35‰以上，而死亡率只有 10‰，人口总数从 5.42 亿增至 6.72 亿。这一阶段，中国人口总量增加超过 1 亿。

(2) 1960—1973 年：计划生育思想萌发，但处于无实施社会环境时期。1959—1961 年，是人口发展的低谷期。由于错误思想的指导，加上自然灾害的影响，农业生产水平下降，国民经济面临严重困难，人民的生活水平和健康水平降低，人口出生率下降，人口发病率和死亡率都在上升，人口总数出现了负增长的情况。1960 年比 1959 年人口总数减少 1000 万人，1961 年又比 1960 年减少 348 万人。然而，1959—1961 年人口增长率的陡降，以及人口死亡率的突升①，并没有从本质上动摇人口高速增长的性质。

“三年自然灾害”结束后，人口出生率陡然补偿性回升，1962—1973 年，人口持续猛增，形成新中国人口增长第二个高潮。1962—1965 年，平均每年增加 1600 多万人。1966 年，随着“文化大革命”的开始，无政府主义思潮泛滥，人口失控，形成中国历史上人口增长速度最

---

① “人口死亡率突升”中包括将重复计算的人口扣除。根据孙经先先生的研究，1954—1959 年(主要是 1956—1959 年)，由于工业发展的需要，我国出现从农村到市镇的人口大迁移，至少有 3000 万以上农村人口迁移到市镇。在这一过程中产生了大量重报(含虚报)户籍人口。截至 1959 年年底，这类人口约为 1162 万人。这些人虽然已经迁移到市镇并在市镇办理了户籍登记手续，但却没有在原籍农村注销户籍。为此，1960—1964 年，将上述重报和虚报在农村中的户籍注销。参见宪天：《“饿死三千万”者哑口无言》，民族复兴网。

快、持续时间最长的时期。1966—1973年，平均每年增加2000万以上。1962—1973年，中国人口增长出现洪峰。第二阶段人口总量增加2亿以上，相当于美国人口总量。

（3）1974—1984年：控制人口增长时期。前一个阶段的人口迅猛增长，教育了全党和全国人民，人们的头脑清醒了。国家将大力推行计划生育的政策写入《宪法》，作为每个公民的义务。1979年党的十一届三中全会以后，党和国家把实行计划生育作为基本国策提出来，从而有效地控制了中国人口总量的增长。10年间净增人口1.3亿，平均每年增加人口1300万，形成了新中国成立后人口稳定发展时期。随着政策逐步严厉和政策实施力度的加强，中国人口出生率迅速下降。总和生育率从5%跌到2.4%，人口增长率迅速下降。但是，由于人口基数庞大，总人口规模继续猛增，从8.52亿扩大到10.39亿。这一阶段出生率迅速下降，死亡率稳定在低水平，人口自然增长率下跌。

（4）1985—1996年：新中国人口增长第三个高潮期。1985年以后，每年平均净增人口在1500万以上，相当于每年增加一个澳大利亚的人口。人口增长高潮，打破了前一个时期人口10年稳定发展的局面，使中国面临着许多新的人口问题，如人口生育高峰与人口就业高峰交织在一起，给社会经济发展带来许多问题。第三次人口增长高潮，一直持续到1996年，长达12年之久。尽管中国从上到下仍然大力实行计划生育，但50年代高峰时期出生的人口，这一时期均已到育龄时期，巨大的人口基数使得人口总量不断攀升。

（5）1997年以来：人口增长稳定时期。这一时期人口出生率继续稳定下降，死亡率保持在低水平，自然增长率也进入低水平阶段。1998年，人口出生率为16‰，死亡率为6‰，人口自然增长率首次降到了10‰以下。1999年，这三项指标进一步下降，分别为10‰、6‰、9‰；总和生育率稳定在1.82%，1999年末中国人口总数达到12.59亿。

由于人口绝对数量庞大，自然资源丰富的中国成为资源贫乏国，人口膨胀也造成中国的生态环境不断恶化。所以，开展计划生育工作，控制人口，成为中国的一项基本国策。

根据国家统计局数据，2015年，中国大陆地区人口达到13.7亿，出生率为12.07‰，死亡率为7.11‰，自然增长率为4.96‰。该年，不满16岁人口近2.42亿，在全国人口中占17.6%；60岁及以上人口2.22亿，在全部人口中占16.1%，其中65岁及以上人口近达1.44亿，在全部人口中占10.5%。国际上一般认为，当一国或地区总人口中60岁以上的老年人口占到10%，或65岁以上的老年人口占到7%时，该国家或地区处于老龄化社会。显然，中国人口老龄化现象已经显现。

还在2006年就有学者估计，到2030年，中国总人口将达到14.4亿的最高点，其中65岁及以上的人口将超过16岁以下的人口；2033年，中国劳动年龄人口（16—60岁）比例将降低到66.3%，总抚养比上升到50.9%，“人口红利”结束，人口老龄化速度将逐渐加快；到2035年，中国老年人口比例将达到20%。此后，老年人口将占到中国人口的1/5—1/4，中国将面临劳动力短缺、抚养比高的状况。

随着人均预期寿命的延长，以及经济发达程度提高而带来的少子化现象，人口老龄化现象已经成为世界性的问题。21世纪初已经有60多个国家老年人达到或超过10%。联合国呼吁会员国关注“社会老龄化”这一21世纪的重大挑战，“制定综合战略，把老龄问题纳入国家的发展计划中”。

面对人口老龄化趋势的加强，中国的人口和计划生育政策逐步进行调整，从“独生子女”

政策(少数民族可有两孩),到"单独两孩"(即夫妻双方均为独生子女的可有两孩),到"放开二胎"政策。2015 年 10 月中共十八届五中全会公报指出,促进人口均衡发展,坚持计划生育的基本国策,完善人口发展战略,全面实施一对夫妇可生育两个孩子政策,积极开展应对人口老龄化行动。

(罗 灿、林 珏)

【讨论题】

1. 中国人口快速增长的直接原因是什么?人口过快增长对生态环境产生哪些影响?

2. 中国采取了哪些措施控制人口增长?实施效果如何?为什么现在中国又采取了"放开二胎"政策?

3. 谈谈人口增长与经济发展之间的关系。

【参考资料】

1. 刘宗超:《生态文明观与中国可持续发展走向》,中国科学技术出版社 1996 年版。

2. 周毅:《21 世纪中国人口与资源》,载《环境和农业可持续发展》1997 年第 12 期。

3. 李健民:《持续的挑战——21 世纪中国人口形势》,载《问题和对策》2000 年第 8 期。

4. 中华人民共和国国家统计局:《2015 年国民经济和社会发展统计公报》2016 年 2 月 29 日。

5. 陈卫:《中国未来人口发展趋势:2005—2050 年》,载《人口研究》2006 年第 4 期。

6.《中共全会公报循序普遍二孩政策》,网易新闻网,http://news.163.com/15/1029/18/B746VT6C0001124J.html。

【案例1-15】 天歌集团的发展之路

天歌集团诞生于川北贫困地区南充市。与地处四川盆地平川的“天府之国”成都不一样，南充市位于盆地东北部，属丘陵和低山地貌，人均耕地0.83亩，人口众多，土地垦殖过度，水土流失严重，水、旱、风、雹等自然灾害频繁发生。南充市辖五县一市三区，其中，国家级贫困县就有4个，省级贫困县2个，贫困县、区占全市面积70%。6个贫困县、区多是原川陕苏维埃革命根据地，新中国成立以来，一直没有大项目投入，山河依旧，面貌依旧。当年，6万儿女参加红军，其中4.6万人为新中国的诞生奉献出宝贵的生命。天歌集团就诞生在这块用革命先烈热血浇灌的川北红土地上。

改革开放的大潮给天歌人机遇，红土地养育的人们不甘贫穷，开始奋起、拼搏，希望改变贫穷落后的面貌。1981年，南充遭遇特大洪水，大半个城区被淹没，城里一片汪洋。原南充市东方红机械厂也被淹没。次年，市保险公司按章赔偿该厂洪水灾害损失4万元，28名天歌创业者用这4万元和从市手工业联社借来的3万元，以顽强的意志和艰苦奋斗的精神，开始重建工厂，生产羽绒制品。他们当年建厂，当年投产，以补偿贸易的方式，即用生产的羽绒制品偿还从香港时兴公司进口的水洗羽绒设备的价款。经过12年的艰苦奋斗，天歌成长壮大，资产总额达到5.27亿元，股东权益3.17亿元，股本总额1.3亿元，下设23个子公司，职工人数增加到2307名，其中大中专毕业生占职工人数的42.1%，天歌发展成为在四川有基地、沿海有窗口、全国有网点、海外有公司跨国经营的股份制企业集团，并被国家经委评为“中国明星企业”。

创业难，在贫困地区创业更难。回顾天歌集团的创业历程，大致分为四个阶段：

第一阶段，1982—1985年，创建南充羽绒制品厂。天歌的诞生未靠国家投资，而是靠改革开放提供的机遇。南充市是一个农业大区，地下资源贫乏，但人力资源丰富。天歌引进世界一流的水洗羽绒设备，利用本地廉价劳动力，通过一流的设备、一流的设计、一流的工艺，生产出款式新颖、质地优良的天歌羽绒服、羽绒被、羽绒睡袋等产品，赢得了市场。

第二阶段，1985—1989年，沿海设窗口，建公司，借船出海，闯荡国际市场。早在1985年，天歌就加入深圳特区开发者行列，创建了中外合资深圳四海羽绒制造有限公司，以后又在深圳、沙头角保税区、海南先后组建了金海轻纺有限公司、鑫海轻纺有限公司、深圳市羽绒毛检测中心、四海工贸综合公司。这些沿海子公司，不仅引进技术和资金，如引进关键性的专用设备和优质的水洗药剂，而且还成为天歌获取信息、政策与定单的窗口，通过这些窗口快速地传递图纸和订单，结识大批海外客户，为天歌产品打入国际市场开辟了渠道。仅四海公司在1987年就创汇150万美元，1988年又创汇350万美元，1989年创汇达到370万美元。沿海公司的设立，弥补了内地企业交通不便、信息闭塞的缺陷，利用国内、国际两种资源，开拓国内、国际两个市场，为天歌集团的组建奠定了基础。

第三阶段，1989—1993年，天歌集团的组建和股份制试点的成功。1987—1989年，内地灰鸭毛收购价由每市斤2元上升到10元，而出口羽绒却由每公斤8美元下降到5美元，外贸部门无法经营,工厂难以为继,纷纷倒闭。面对困境,南充羽绒制品厂一方面用沿海公司的创汇和汇兑收益弥补亏损,另一方面加强企业内部管理,提高员工素质,积极进行股份制企业的试点和筹建工作。1990年,以南充羽绒制品厂为核心,沿海8个子公司为紧密层成员,组建了四川天歌轻工(集团)股份有限公司,成为四川首批股份制企业集团试点企业之一。

企业制度的创新为企业的大发展创造了良好的条件和新的机遇,从根本上改变了负债经营的局面,"贷改投"的试点方案,使南充工商银行、农业银行、中国银行等金融机构成为集团公司的股东,银企结合成为天歌集团发展的强大后盾。经过国家批准,天歌集团有了自营进出口权,这为海外发展打下了基础。这时期,天歌集团先后建立了天歌美国股份有限公司、哈萨克斯坦天歌缝纫制品公司、天歌美迪亚阿拉木图公司、俄罗斯隆盛股份有限公司、天歌波兰公司等多个海外子公司,天歌集团发展成为跨国经营的股份有限公司。哈萨克斯坦天歌缝纫制品公司是哈萨克斯坦共和国最成功的中外合资企业之一,也是中国在哈萨克斯坦办得最成功的企业,受到哈政府总理、总理办公厅主任和财政部官员的热情视察和高度评价,被称为中哈经济合作的楷模。1993年5月3日,天歌集团的股票在深圳证券交易所上市交易,成为四川首批上市"四大天王"(乐电、川盐化、川天歌和川金路)之一。据了解,全世界羽绒制品行业仅天歌一家成为上市公司,在全世界服装行业中天歌是继美国一家上市公司之后的第二家股份制上市公司。

第四阶段,1993年股票上市后至今,天歌集团在社会广大股东的支持与监督下获得更大的发展。首先,天歌成为四川省首批企业集团化、实业化、国际化的13家试点企业之一。其次,构建四足鼎立之态,形成全国销售网络。天歌建立了天歌北京公司,开拓北国市场;集团公司总部移师成都,占领中西部内陆市场;组建上海公司,进军浦东开发区;设立子公司群居深圳特区,拓展南国市场。这样,天歌集团建立了以北京、上海、成都、深圳为骨架,以东北哈尔滨和长春、西北乌鲁木齐和西安、中原郑州、西南重庆和贵阳为支点,辐射全国市场的400多个销售网点的连锁经营格局,牢固地占领了国内市场。在海外,天歌集团通过进出口公司和海外子公司,将产品打入美国、西班牙、希腊、日本、中亚五国、独联体和东欧等国市场。

为了占领市场,天歌实施了大服装体系战略和经营多元化。在羽绒、丝绸服装基础上,逐步开发出休闲服、防寒服、西服、衬衫、牛仔服等系列服装,春、夏、秋、冬各式名牌服装,建立起天歌牌大服装体系。除服装外,天歌集团还经营外贸、物业、电子、机械、证券和第三产业,从而成为多元化经营的股份制跨国企业集团。面对中国第四次建筑材料的"革命",天歌还组建了四川华塑实业有限公司,开发塑料异型材。

20世纪80年代初至90年代末,天歌羽绒品牌响彻巴蜀大地,闻名于九州。"天歌"商标被评为四川驰名商标。"天歌"羽绒服及系列羽绒制品,曾在北京国际博览会、亚太国际博览会获得金奖。天歌服装曾伴随中国科考队踏上南极和北极,登上珠穆朗玛峰,穿越过塔克拉玛干大沙漠。

2001年12月,中国加入世界贸易组织,市场竞争更加激烈。面对东部市场竞争挑战,天歌集团内的四川南充新天歌服装有限公司与杭州十佳女装企业、蓝色倾情服饰及杭州尚非投资管理公司合资,成立了杭州新天歌服饰品牌公司。新公司以欧韩风格设计为主,集设计、生产、销售、物流为一体,专攻现代女装设计与生产,并不断吸收新企业加盟,扩大营销,试图将新天歌品牌打造成现代女性服装的新时尚。

1995年1月3日《人民日报》(海外版)在《奋起于中国西部——四川天歌集团成功启示录》一文中，把天歌集团的创业之路称为"天歌道路"，把天歌集团的创业奇迹称为"天歌现象"。2002年，经济界、理论界、新闻界学者们聚会北京新华通讯社，就"天歌现象"进行研讨，大家充分肯定了"天歌现象"对于中国西部企业发展的典型意义。崛起的天歌集团，成为中国西部升起的一颗明星，展示了中国西部经济的腾飞之路和西部发展的光辉未来。

"鹅鹅鹅，曲项向天歌。"天歌的名此由此而来。天歌人抓住改革开放的时机，走出了一条谋求发展的成功之路。目前，天歌集团着手领导体制、组织机构的调整，加强财务管理和职工培训，力求科学管理，规范化经营，追求不断创新。

(张春林、林　珏)

【讨论题】

1. 天歌集团的成功取决于哪些要素？这些要素中最关键的是哪些？为什么？
2. 天歌的案例给中国西部企业发展的启示是什么？

【案例1-16】 走向希望之路的南非经济

南非共和国位于非洲大陆的最南端，三面环海，气候怡人，美丽的自然风光，使她享有“彩虹之国”之美称。南非面积121.9万平方公里，人口5177多万，其地理位置十分优越，东临印度洋，西接大西洋，开普敦市著名的好望角是这两个大洋的交汇处。南非拥有十分便利的交通运输条件，是仅排在美国和加拿大之后居世界第三位公路最完善的国家。

南非是非洲经济最发达的国家，虽然其国土面积不到非洲大陆总面积的3%，但国民生产总值却占非洲的40%以上。南非拥有世界著名的黄金城和钻石中心，丰富的矿藏和旅游资源，世界一流的交通、能源、电力、通信等工业基础设施，设备优良的港口和发达的海洋运输业。今天的南非无论是经济、金融，还是自然资源，在整个非洲大陆，甚至全世界都占有重要地位。对全球最大的63家跨国公司的调查表明，迄今南非是对外国直接投资最具吸引力的非洲国家，它遥遥领先于排名第二位的埃及。

南非与南部非洲12国紧密相连，又是南部非洲商品的集散地，由此很多权威机构都把南非作为世界新兴市场的首选市场之一。南非是关贸总协定（乌拉圭回合）的签署国，是世贸组织的成员。南非前白人政府为了对付国际社会的经济制裁，在80年代中期以前曾实行进口替代政策，这一保护政策在一段时间对进口替代工业部门的发展起到一定的作用，但其后它对经济发展的弊端日益凸现，后来南非政府逐步放松了进口限制，以促进本国产品竞争力的提高。南非新政府成立后，全方位实行开放政策，贸易自由化进程加快。1995年，南非提出贸易自由化计划，主要措施包括逐步取消非关税壁垒，以从价税取代以前的进口限量的规定，废除进口附加税，逐步取消一般性出口补贴制度。由此，近一半数量的关税项目被取消，关税降幅最大的部门有食品、服装、汽车、电力机器和金属制品。尽管降低关税可能对产品竞争力构成压力，并导致失业加剧，但实行的结果比预计的要好，制造业无论产出还是出口都有所增长。南非传统上是西方经济的一部分，其主要的贸易伙伴为英、美、法、德、日等国家。近年来，南非正努力开拓亚洲、非洲和拉丁美洲市场，但西方工业国仍是南非主要的贸易伙伴。

在吸引外资方面，南非制定出许多优惠政策，其具体措施主要有：(1) 外国企业若在该国大规模投资，投资额在50万美元以上，可享受政府提供的约25万美元的建厂补贴。另外，工厂建好后，还可享受免税6年的待遇。(2) 投资额小于50万美元的中小型企业，可享受5万美元的建厂补贴。厂方可以向南非政府报销初期考察、设备运输、办公用品等费用。(3) 对于已经运作的外资企业，头三年可享受占总固定资产10.5%的补贴，运作好的优惠期可延长至6年。(4) 外资企业投入运行后头4周，可享受原材料运费补贴，但前提是南非没有这些原材料。(5) 任何外资企业，无论大小，只要是租用政府工业区的，半年内可以不交厂房租费。除以上中央政府规定的优惠条件外，地区政府还视具体情况提供其他优惠条件。如工业用水等费用打折扣，为厂家提前建好基础设施，提供一流的服务等。

不过，多年的白人统治使得南非的经济具有双重性，即白人的第一世界与黑人的第三世界并存，并形成典型的殖民经济：发达的基础设施，相对落后的工、农业。南非的工业处在初级加工阶段，几乎所有工业领域高附加值的深加工业都有待开发。20 世纪 80 年代通常被认为是非洲"失去的 10 年"，在这 10 年中南非也遭受了经济的长期滞后，直到 90 年代才出现转机，从恢复性增长逐步走上了振兴经济之路。

1994 年，南非结束种族主义政权统治，为稳定政局，消除经济上的种族差距，南非新政府制订和实施了"重建与发展计划"(RDP)。该计划的主要目标是：在 5 年内创造 30—50 万个就业机会；让全民接受 10 年免费教育；基本解决大都市周围黑人住房问题，等等。该计划的内容大多属于带有福利性质的社会经济基础部门，覆盖面广，资金需求大，收效时间长。因计划过于庞大，加之政府缺乏经验，因而在实施过程中出现了进程缓慢，承诺不能兑现，甚至资金到位却因计划滞后而延误项目等情况。1996 年，南非政府出台宏观经济发展战略，以促进经济增长和创造就业为目标，改革的主要措施包括，加速金融制度的改革，限制短期信贷的发放，以控制通货膨胀；逐步削弱财政赤字，改革税收制度；保持货币政策的稳定，逐步放宽外汇管制；进一步降低关税；以税收优惠政策吸引外资；逐步实行国有资产私有化；扩大基础设施建设，以支持工业和地区发展。

但是，南非经济发展尚存脆弱的一面：首先，失业问题非常突出。尽管 90 年代以来南非的经济略有起色，创造了一些就业机会，但与上百万的失业大军相比，仍是杯水车薪。其次，政府债务较重。南非的外债总额在 1996 年 3 月底已达 2800 亿兰特，占国内生产总值的 56%，接近 60%的国际警戒线。巨额债务的利息支付，拖了经济增长的后腿。再者，一些重要经济部门生产形势不够稳定。比如，黄金是南非最重要的产品之一，但由于生产成本增长过快，黄金生产连年减产，一直处于滑坡状态。南非的单位劳动力成本昂贵，企业缺乏竞争力，劳动力市场缺乏灵活性，国外投资者易受南非国内波动的影响等，都在一定程度上制约了南非经济的高速增长。最后，人口增长过快、荒漠化日益严重、各种传染病(特别是艾滋病)肆虐也影响南非经济的稳定、健康发展，使得南非经济面临着严峻的挑战。

进入 21 世纪，南非经济持续增长，2005—2007 年 GDP 年增长速度超过 5%。南非进入金砖国家行列，成为金砖五国之一。不过，2008 年和 2009 年南非受到因美国次贷危机而带来的全球经济衰退的影响。2008 年第二季度，南非经济增长达到 5.1%，其后增长速度放慢；2009 年四个季度均出现负增长，全年增长为－1.5%。2010 年，南非经济复苏，全年增长达 3.1%。2011 年进而达到 3.6%。但其后增长速度再次开始放慢，2012 年 2.5%，2013 年 1.9%，2014 年 1.5%，2015 年只有 1.3%。图 1-16-1 显示的是从 2008 年第一季度至 2016 年第一季度南非 GDP 同比和环比增长情况。从中可见，2016 年无论是同比增长还是环比增长，南非经济都出现负增长。

经济下滑引起南非国内排外骚乱再次发生。2016 年 4 月连续三周，南非排外骚乱不断蔓延，从南非东部港口城市德班蔓延到全国最大城市约翰内斯堡，部分地区出现外籍商家遭哄抢事件。根据报道，至少 6 人丧生。前一次骚乱是 2008 年，当时导致至少 62 人死亡，至今让人们心有余悸。

面对国内形势，南非总统祖马临时取消去印尼参加万隆会议 60 周年的活动安排，到骚乱最严重的城市德班看望被困外国难民，希望他们依然留在南非，并承诺此次骚乱中被害人将获得经济赔偿。

经济衰退带来失业人口的增加，原本贫困人口更加贫困。消除了种族隔离制度后的南非，政府的中心工作就是致力于消除贫困，减少不平等，改变经济不发达状态。根据南非国

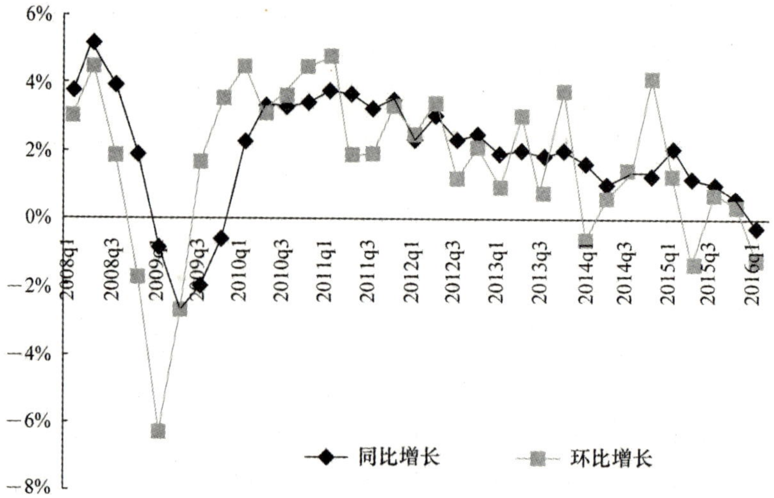

图 1-16-1 2008 年第一季度至 2016 年第一季度南非 GDP 增长状况

数据来源:根据 Statistics South Africa, Statistics by theme, http://www.statssa.gov.za/?page_id=595 数据制图。

家统计局数据,贫困人口在全国人口中占到 56.8%,其中女性贫困人口 58.6%,男性 54.9%;贫富差距达到 27.9%。从基尼系数看,世界银行认定基尼系数警戒线为 0.4,而南非高达 0.7。显然,南非的经济发展还有很长的一段路要走。

(张 烨、林 珏)

【讨论题】

1. 南非经济发展有哪些优势和劣势?
2. 为促进经济发展,南非新政府采取了哪些措施?其效果如何?
3. 当前南非面临的最主要问题是什么?如何解决?

【参考资料】

1. Statistics South Africa, http://www.statssa.gov.za/?page_id=595.
2.《近十年南非经济增长率》,载《国际商报》2014 年 5 月 6 日。
3. 驻南非使馆经商处:《2015 年南非 GDP 增长 1.3%,为 2009 年以来最低》,中华人民共和国商务部 2016 年 3 月 2 日发布。
4. 盛媛:《南非国民不满经济下滑现状 排外骚乱再起》,载《第一财经日报》2015 年 4 月 20 日。

【案例 1-17】 海外欠款困扰中国出口商

2006 年，中国是仅次于美国、德国的世界第三大出口国，出口额达到 9690.7 亿美元。但是，对中国的出口商来说，实际情况并没有数字反映得那么乐观。根据商务部研究院专家估计，中国海外应收账款约为 1000 亿美元(其中拖欠 3 年的达 10%，1—3 年的 30%，6 个月—1 年的 25%，不到 6 个月的 35%)，并以每年 150 亿美元的速度递增。

据报道，中国公司坏账比率在 5—30%，而发达国家平均水平在 0.25 —0.5%。

从地理分布上看，应收款逾期不还的问题一直集中在沿海城市和经济特区，而今越来越向内陆省份、中小型城市和缺乏外贸经验的地区蔓延。

上海美中投资管理咨询有限公司帮助中国公司向美国公司追讨债务。该公司创始人刘海善说："美国一些公司采用的骗术多得让人眼花缭乱，足以汇编成一本骗术大全。"

2010 年，中国国际商会成立专家组，专门帮助出口商收回海外客户拖欠的债务。该年 8 月中国国际商账管理高峰论坛信息披露，中国企业被拖欠的海外欠款总额已超过 1000 亿美元。各种口径的统计表明，中国每年新增坏账总额大致在 50 亿—300 亿美元。

2009 年，中国对外出口贸易总额达 12016.6 亿美元，首次超越德国，跃居世界第一。但是根据估算，中国企业被拖欠的海外欠款约达 1500 亿美元。以 5%的中国出口企业平均坏账率估算，仅 2009 年中国出口企业就新增坏账逾 600 亿美元。

很多企业遭遇欠款后，选择了追债公司，但追债公司并不能保证成功将款追回。美国商法联盟的调查数据显示：当逾期一个月时，追账成功率为 93.8%，逾期半年成功率骤降至 57.8%，逾期两年成功率只有 13.5%。中国商务部数据显示，中国企业的海外欠款 10%已拖欠 3 年，30%拖欠 1—3 年，25%拖欠 0.5—1 年。不少追债公司承诺一旦追债成功，佣金是追回欠款的 45%，虽然价格不菲，但总比全赔进去强。

一些出口企业为预防海外欠款问题，选择了投保。2012 年，重庆出口企业遭遇海外欠款，中国出口信用保险公司重庆营业管理部赔付了 756.6 万美元。

分析海外欠债原因，存在多种因素：一是遭遇诈骗公司。这类公司或以质量为由拒付款，或货到后消失。二是政治风险。2011 年，中东北非地区政局动荡，仅在利比亚的 29 家中国企业损失就达 5 亿元人民币。三是缺乏系统完善的公司信用管理制度。这是造成中国出口企业坏账率居高不下的最主要原因。四是商业保理业的发展缺乏行业监管，行业组织自律差。五是产品质量不合格、延期交付，造成对方不满。对方公司不仅拒绝付款，而且还会申诉我方企业。

如何防止诈骗？专家们提出各种建议：第一，增强法律意识和风险意识。美国一位专业商账管理公司总监曾告诫：接到外国订单时不要欣喜若狂，因为可能存在诈骗，从而使自己辛苦积累的财富化为乌有。第二，学会风险转移。选择信用证结算方式，将风险转移到银行。比如，中国信保数据库中有 700 多万家全球企业的资信情况，还有专业的律师团队追款。第三，关注相关信息。企业应多关注国际风险评估机构发布的数据，目前，风险理赔渠道多元化,企业应善于利用这些渠道转移、分摊出口风险。

(林 珏)

【讨论题】

1. 为什么中国企业屡遭国外欠债?

2. 防范欠债风险的措施有哪些?

3. 该案例给中国企业“走出去”以什么启示?可结合本单位工作实际进行分析并提出建议。

【参考资料】

1.《中国出口企业遭遇千亿海外欠债之困》,载《广州日报》2007 年 3 月 7 日。

2. 高亮、李文豪:《八成欠款难追回 渝企出海如何避风险?》,载《重庆商报》2013 年 3 月 26 日。

3. 郭丽琴:《中国国际商会成立专家组 助企业追讨海外欠款》,财经网,http://finance.qq.com/a/20100826/006822.htm。

【案例 1-18】 入世第一战
——钢铁反倾销案

钢铁反倾销案是中国入世后对美的第一战。还在 1999 年 6 月,美国 8 家企业联合向包括中国在内的 12 个国家出口到美国的冷轧板提出反倾销调查。同年 9 月,印度尼西亚钢管生产商协会也向包括中国在内的 4 家出口到印尼的无缝钢管提出反倾销调查。上海宝钢集团面对这些诉讼进行了应诉。经过一年时间的艰苦应诉和据理力争,2000 年,美国国际贸易委员会以 5∶1 的投票结果作出中国出口冷轧板对美国相关产业无损害和无损害威胁的终审裁定。印尼随之也初步裁定宝钢集团出口到印尼的无缝钢管无倾销。截止到 1999 年底,国外对中国冶金产品的反倾销案件超过 40 起,中方胜诉不到 20%。为此,当宝钢胜诉消息传来时,国人无不欢庆鼓舞。8 月,《解放日报》经济新闻以显著的标题《宝钢艰苦应诉一年 赢了》报道了该消息。同月,香港《商报》也报道了这一消息,声称"中国的冷轧板从此可自由进入美国市场,而不会被征收任何形式的反倾销税"。

然而,事隔一年半,美国政府在钢铁行业的压力下,决定动用 201 条款,对全球包括中国在内的主要出口钢铁到美国的国家进行制裁,这次打击的不仅仅是中国,美国的盟友日本、欧盟也都被纳入进去。2002 年 3 月 5 日,美国政府以"进口钢铁猛增损害了美国钢铁业"为由,宣布对 10 类进口钢铁产品实施保障措施,加征 8%—30%不等的惩罚性关税,有效期为 3 年。涉及的钢铁产品达 2000 万吨,占世界钢铁贸易总量的 10%,殃及欧盟、巴西、中国、日本、韩国、瑞士、挪威、新西兰等国的钢铁企业。

作为美国主要钢材贸易伙伴的欧盟反应相当迅速,当天就表示强烈抗议,两天后又正式向世界贸易组织提出申诉,并要求美国政府改变这一决定。2001 年,欧盟出口到美国的钢材达到 552 万吨。欧盟认为,美国征税后,欧盟将减少大约一半的出口,因此要求美国赔偿该决定给欧盟钢铁制造商带来的至少 30 亿美元的损失。

亚洲主要钢铁生产国韩国和日本也作出反应。3 月 6 日,韩国外交通商部发表声明,认为美国这一措施"阻碍钢铁产品的自由和公正的贸易",表示"将动用一切可能的办法来加以应对"。同日,日本首相小泉纯一郎在国会答辩时表示对美开征关税行为的遗憾。日本经济产业大臣平沼纠夫声称将与韩国、欧盟协调,考虑向世界贸易组织提出仲裁要求。2001 年,韩国与日本对美出口钢材分别为 222 万吨与 188 万吨。美国的制裁将对这两个国家的钢铁出口带来沉重打击。

此外,俄国、巴西等国也纷纷表示要将美国告到世界贸易组织。3 月 6 日,俄国农业部甚至宣布,由于不符合俄方卫生检疫规定,从该月 10 日起禁止从美国进口禽肉。

中国是一个钢铁生产大国,2002 年,中国钢铁产量达到 1.8 亿吨,2003 年增加到 2.2 亿吨(见表 1-18-1 和表 1-18-2),位于世界第一。但由于这些年美国对中国频频动用反倾销打击,使得中国对美钢材出口数量不大,2002 年,中国对美钢材出口量不过 72 万吨,总金额约为 7 亿美元,在美钢材进口榜上排列第八。美国这次征税虽对中国的影响不及上述这些国家大,但征税将使中国对美的钢材出口再次受挫,大约 3.5 亿美元的钢材没法向美国出口,该市场很快就会被免税进入美国市场的加拿大与墨西哥的产品填补。因此,为了规避关税增加带来的不良后果,中国也作出了积极的反应。

从 2002 年 3 月至 5 月,欧盟、中国、日本、韩国、瑞士等 8 个世贸组织成员先后针对美国的保障措施启动世贸争端解决程序。世贸组织根据争端解决规则,设立了单一专家组,审理了所有起诉方的申诉。

2003 年 7 月 11 日,世贸组织裁定美国对进口钢铁施加高关税违反世贸组织关税与贸易总协定和保障措施协议;中国与欧盟等 8 个起诉方发表声明,对该裁定表示欢迎,认为“这是一个完全的胜利”。但是,美国贸易代表新闻发言人理查德·米尔德发表声明:“我们对专家小组作出的裁决表示异议,我们会进行上诉的。”这意味着已经经历了一年多的案件还要继续延长。

表 1-18-1 2001—2004 年世界主要钢铁生产国粗钢产量 (单位:百万吨)

区域与国家 \ 年份		2001	2002	2003	2004
欧盟	地区总量	158.49	158.68	160.50	168.35
	法国	19.34	20.25	19.75	20.77
	德国	44.80	45.01	44.80	46.37
	意大利	26.54	26.06	26.83	28.47
	西班牙	16.50	16.40	16.28	17.68
	英国	13.54	11.66	13.26	13.76
北美	地区总量	119.85	122.94	126.16	134.01
	美国	90.10	91.58	93.67	99.68
	加拿大	15.27	16.00	15.92	16.30
亚洲	地区总量	353.94	394.92	442.41	500.72
	中国	150.90	182.24	222.41	272.45
	日本	102.86	107.74	110.51	112.71
	韩国	43.85	45.39	46.31	47.52

表 1-18-2 2004 年世界十大产钢国粗钢产量 (单位:百万吨)

国别	产量	排位	国别	产量	排位	国别	产量	排位
中国	272.4	1	韩国	47.5	5	印度	32.6	9
日本	112.7	2	德国	46.3	6	意大利	28.4	10
美国	99.6	3	乌克兰	38.7	7	世界总量	1058.4	—
俄罗斯	65.5	4	巴西	32.9	8			

11 月 10 日,世贸组织贸易争端仲裁机构宣布:美国加征关税“违反了国际贸易法和自由贸易原则”,美国必须在一个月内取消这些限制措施,否则,欧盟和其他起诉国有权采取报复措施。

11 月 20 日,中国商务部副部长马秀红在接受记者采访时说,中方对世贸组织的这一裁决表示欢迎,美方应遵守该决定,尽快撤销其保障措施,如果美方不遵守裁决,中方也(与欧盟、日本一样)将对美部分进口商品提高关税。

12 月 4 日,美国前总统布什宣布取消进口钢材关税,但同时表示将继续实行一项监督计划，通过进口许可证和反倾销等措施来避免钢材进口猛增。布什在一份声明中表示，2002年采取的进口钢铁关税保护措施已经达到目的。其后，欧盟方面表示，由于美决定取消钢铁关税，欧盟方面也将取消原定对美产品征收总额为22亿美元的报复性关税。由此，入世后的钢铁反倾销案宣告结束。

（林　珏）

（资料来源：林珏主编：《涉外经贸关系——中国与主要贸易伙伴》，上海财经大学出版社2006年版，第64—68页）

【讨论题】

1. 为什么美国要对钢铁产品开征反倾销税？
2. 反倾销的开征将给开征国和被开征国带来哪些影响？
3. 中国企业应该如何应对国外对我出口产品开展的反倾销调查？
4. 中国企业应该如何防止和减轻由于倾销和反倾销带来的损害？

【案例 1-19】 中国钢铁行业面对的挑战

2002 年,中国入世后面对的第一战钢铁反倾销案最后以中国等国的胜诉和美国宣布取消进口钢铁关税而收场。但是钢铁领域的摩擦并未停止,而是日益增多,尤其是美国经济不景气时,反倾销、反补贴、337 调查等非关税壁垒手段被频繁使用。表 1-19-1 显示的是自 2005 年以来美国对来自中国或原产地中国的钢铁产品进口发起的反倾销反补贴(双反)立案调查情况,这只是其中部分案件。

表 1-19-1　2005 年以来美国对中国或原产地中国的钢铁产品的进口实行的反倾销、反补贴等立案调查(部分案件)

中国生产者或进口商涉案产品	美国商务部立案调查日	美国国际贸易委员会终裁结果/美国商务部复审调查和终裁日期及结果
不可锻铸铁管附件	2005 年 5 月 27 日,反倾销调查	2006 年 5 月 25 日,美商务部终裁:Myland 公司倾销幅度 75.5%
		2008 年 3 月 3 日,美商务部反倾销日落复审立案调查;2008 年 6 月 17 日,美国际贸易委员会决定启动反倾销快速日落复审调查程序;2008 年 7 月 10 日,美商务部终裁:济南玫德铸造有限公司倾销幅度 7.08%,上海对外经济贸易实业有限公司 6.34%,中国普遍 75.50%
		2014 年 5 月 29 日,美商务部进行反倾销行政复审立案调查;2015 年 5 月 14 日,作出终裁:海外实业有限公司未能证明符合单独税率企业要求,因此纳入中国普遍税率,即 75.50%
热轧碳钢板	2006 年 8 月 1 日,反倾销日落复审调查	2007 年 10 月 31 日,美国际贸易委员会作出肯定性裁决;2007 年 12 月 27 日,美商务部决定继续实施反倾销措施,征收反倾销税率 12.9%—90.83%
环状焊接碳素钢管	2007 年 6 月 28 日,双反调查	2008 年 5 月 30 日,美国际贸易委员会双反终裁:倾销幅度 69.20%—85.55%,补贴率 29.57%—615.92%
		2010 年 8 月 31 日,美商务部第 2 次反补贴行政复审调查;2010 年 11 月 24 日,公告应申诉者撤诉请求,决定取消该反补贴行政复审
		2013 年 9 月 6 日,美商务部反倾销反补贴快速日落复审;2013 年 10 月 3 日,反倾销复审终裁:41 家企业倾销率 45.35%;普遍 68.24%;2014 年 4 月 23 日,美国际贸易委员会决定继续征收反倾销和反补贴税,称若取消征收将会对美国国内产品造成反复损害
		2015 年 9 月 2 日,美商务部反倾销行政复审立案调查;2015 年 12 月 1 日,Wheatland Tube Company 向美商务部提交撤回请求,2016 年 1 月 7 日,美商务部决定取消对华环状焊接碳素钢管的本次反倾销行政复审调查

（续表）

中国生产者或进口商涉案产品	美国商务部立案调查日	美国国际贸易委员会终裁结果/美国商务部复审调查和终裁日期及结果
钢钉	2007 年 7 月 9 日，反倾销调查	2008 年 6 月 9 日，终裁，倾销幅度 0.00%—118.04%
		2009 年 3 月 20 日，美商务部反倾销新出口商复审；2010 年 6 月 17 日，终裁：青岛众和机械制造有限公司倾销幅度 34.14%；2010 年 7 月 20 日，美商务部公告，应申诉方撤诉申请，决定取消对 31 家中国钢钉企业的反倾销行政复审
		2014 年 4 月 8 日，美商务部第 4 次反倾销行政复审终裁：倾销幅度 3.92%—118.04%，涉案 30 家企业
		2014 年 9 月 30 日，美商务部反倾销行政复审立案调查；2016 年 3 月 16 日，作出终裁，2016 年 4 月 4 日发布公告更正，21 家出口商反倾销税率更正为 11.95%
薄壁矩形钢管	2007 年 7 月 24 日，双反调查	2008 年 6 月 16 日，双反终裁：中国企业倾销幅度 249.12%—264.64%，补贴率为 2.17%—200.58%；2008 年 7 月 17 日，美国际贸易委员会作出产业损害终裁
		2009 年 9 月 22 日，美商务部进行反倾销行政复审调查；2010 年 9 月 21 日，终裁：中国涉案企业 The Sun Group Inc. 的倾销幅度为 27.12%
		2013 年 4 月 2 日，美商务部反补贴全面日落复审调查；2013 年 8 月 8 日，终裁：补贴率张家港市中原制管、江苏其元 15.28%，青岛祥兴 200.58%，昆山昱纬 2.20%
钢丝衣架	2007 年 9 月 11 日，反倾销调查；2010 年 7 月 22 日，反规避调查	2008 年 8 月 8 日，美商务部反倾销终裁：15 家公司 15.44%—94.06%，中国普遍 186.98%；2008 年 9 月 11 日，美国际贸易委员会作出对美国国内产业造成“实质性产业损害”终裁
		2013 年 9 月 3 日，美商务部第 5 次反倾销日落复审立案调查；2014 年 1 月 10 日，终裁：15 家公司 15.83%—94.78%，中国普遍 187.25%；2014 年 2 月 7 日，美国际贸易委员会产业损害肯定性裁决
		2014 年 11 月 28 日，美商务部第 6 次反倾销行政复审立案调查；2015 年 11 月 12 日，作出反倾销终裁：上海惠利衣架有限公司 33.24%
		2015 年 12 月 3 日，美商务部进行第 7 次反倾销行政复审立案调查；2016 年 1 月 19 日，应申诉方的撤回申请，美商务部决定取消这次复审调查
不锈钢焊接压力管	2008 年 2 月 20 日，双反调查	2009 年 1 月 21 日，美商务部双反终裁：广州永大不锈钢有限公司反补贴税率 1.10%，反倾销税率 55.21%；彰源金属工业（苏州）有限公司由于未参与应诉获 299.16% 的惩罚性税率；所有其他中国企业反补贴税率 1.10%，反倾销税率 55.21%；2009 年 2 月 19 日，美国际贸易委员会作出肯定性反倾销产业损害裁决
		2014 年 2 月 3 日，美商务部进行反倾销日落复审立案调查，2014 年 6 月 9 日，终裁：出口商浙江久立特材科技股份有限公司和制造商浙江久立不锈钢光有限公司倾销幅度 10.53%，中国普遍 55.21%
钢制螺杆	2008 年 3 月 12 日，反倾销调查	2009 年 2 月 27 日，美商务部终裁：倾销幅度 55.16%—206%；2009 年 4 月 6 日，美国际贸易委员会作出肯定性产业损害裁决
		2013 年 6 月 3 日，美商务部反倾销行政复审立案调查；2014 年 7 月 22 日，美国际贸易委员会作出产业损害肯定性裁决；2014 年 12 月 3 日，美商务部终裁：（积极应诉的）摩根紧固件有限公司 47.62%，中国普遍 206%
		2015 年 5 月 26 日，美商务部发起第 6 次反倾销行政复审立案调查；2016 年 5 月 13 日，作出肯定性初裁：浙江新东方紧固件有限公司反倾销税率 12.10%，摩根紧固件有限公司为 0，中国普遍税率 206%
		2016 年 6 月 6 日，美发起反倾销行政复审立案调查

(续表)

中国生产者或进口商涉案产品	美国商务部立案调查日	美国国际贸易委员会终裁结果/美国商务部复审调查和终裁日期及结果
钢制螺栓和玛钢管件	2008 年 3 月 26 日,反倾销调查	2003 年,开始对可锻性玛钢管件征收反倾销税;2009 年,开始对钢制螺栓征收反倾销税;2014 年 7 月 22 日,美国际贸易委员会日落复审裁定:若取消反倾销税,可能导致在可预见的时间内继续或再次给美国相关产业造成“实质性损害”;美国将继续征收反倾销税,可锻性玛钢管件反倾销税最高达 111.36%,钢制螺栓 47.37—206%
钢制围栏柱	2008 年 5 月 2 日,反倾销日落复审调查	2003 年 6 月 12 日,美商务部发布适用反倾销税令;2008 年 5 月 2 日,发起日落复审调查,但公告发布后 90 天内未收到美国内产业参与复审调查的意向通知;2008 年 7 月 18 日,宣布取消所适用的反倾销税令
定尺碳素钢板	2008 年 10 月 20 日,反规避调查	1996 年 12 月 3 日,美商务部进行反倾销调查;1997 年 11 月 20 日,终裁:倾销幅度 17.33%—128.5%;2002 年 9 月 3 日,美商务部进行反倾销日落复审调查;2003 年 1 月 8 日,决定征收 17.33%—128.59% 反倾销税;2008 年 10 月 20 日,进行反规避调查
		2009 年 12 月 23 日,美商务部第 4 次反倾销行政复审;2010 年 5 月 26 日,公报:因涉案企业调查期内未向美出口,而此次复审就此一家,故此次行政复审取消
		2014 年 10 月 1 日,美商务部进行反倾销日落复审调查;2015 年 12 月 21 日,发布反倾销继续征税令;2016 年 2 月 18 日,美商务部决定进行反规避调查
可锻铸铁管附件	2009 年 2 月 6 日,反倾销快速日落复审	2002 年 11 月 25 日,美商务部进行反倾销调查;2003 年 10 月 21 日,作出终裁:倾销幅度 7.35%—111.36%
		2008 年 11 月 3 日,美商务部进行反倾销日落复审立案调查;2009 年 3 月 24 日,美国际贸易委员会终裁:若取消反倾销措施,将可能导致在可预见的期间内,对美国国内产业的实质性损害继续或再度发生,因此继续实施反倾销措施
石油管材	2009 年 5 月 5 日,双反调查	2010 年 4 月 9 日,美商务部反倾销终裁:倾销幅度 29.94%—99.14%;2009 年 12 月 30 日和 2010 年 5 月 3 日,美国际贸易委员会分别作出补贴部分和倾销部分的产业损害终裁
钢格板	2009 年 6 月 19 日,双反调查	2010 年 6 月 8 日,美商务部双反终裁:倾销幅度 136.76%—145.18%,补贴率 62.46%;2010 年 6 月 23 日,美国际贸易委员会终裁:涉案产品的倾销行为和补贴行为对美国国内产业造成了实质性损害
		2015 年 9 月 2 日,反倾销行政复审立案调查,2016 年 4 月 13 日,美商务部初裁:宁波海田国际贸易有限公司未有效证明其单独税率地位,适用中国普遍反倾销税率;烟台新科钢结构有限公司在本次行政复审调查期内无可审查交易
钢丝层板	2009 年 6 月 26 日,双反调查	2010 年 6 月 4 日,美商务部作出双反终裁:倾销幅度 6 家企业 14.24%—17.75%,补贴 1.52%—3.55%,中国普遍(不应诉企业)倾销幅度 143.00%、补贴幅度 437.11%;2010 年 7 月 1 日,美国际贸易委员会裁定倾销和补贴行为未对产业造成实质性损害或威胁
无缝碳钢和合金钢标准管、管线管和压力管	2009 年 9 月 13 日,双反调查	2010 年 9 月 13 日,美商务部反倾销终裁:5 家生产商和出口商倾销幅度 48.99%—82.03%,7 家单独税率申请企业 65.51%,中国普遍 98.74%
		2015 年 10 月 1 日,反倾销快速日落复审调查;2016 年 2 月 11 日,美国国际贸易委员会作出终裁:若取消反倾销措施,涉案产品对美国国内产业的损害将会按照 98.74% 的倾销幅度继续发生

（续表）

中国生产者或进口商涉案产品	美国商务部立案调查日	美国国际贸易委员会终裁结果/美国商务部复审调查和终裁日期及结果
钴管	2010 年 1 月 27 日，双反调查	2011 年 1 月 4 日，美商务部终裁：倾销幅度 0.00%—429.95%，补贴率 18.18%；2011 年 2 月 7 日，美国际贸易委员会作出双反产业损害终裁 2012 年 4 月 30 日，美商务部进行第 1 次反补贴行政复审调查，2013 年 8 月 5 日，终裁：山西 3 家企业补贴率为 5.07%
碳钢对焊管件（接焊缝管管件）	2011 年 1 月 4 日，反倾销快速日落复审调查	1991 年 5 月 30 日，美商务部进行反倾销调查，1992 年 5 月 18 日，终裁：倾销幅度 35.06%—182.90%； 2011 年 2 月，美商务部作出反倾销快速日落复审终裁，2011 年 3 月 24 日，美国际贸易委员会决定：继续维持对中国等市场的产品征收反倾销税。这意味着征收的反倾销税率 35.06%—182.90%将继续 2016 年 6 月 6 日，美国际贸易委员会决定进行反倾销快速日落审查产业损害立案调查
镀锌钢丝	2011 年 4 月 20 日，双反调查	2012 年 3 月 20 日，美商务部终裁：反倾销税 194%—235%，反补贴税 19.06%—223.27%
拉制不锈钢水槽	2012 年 3 月 21 日，双反调查	2013 年 2 月 20 日，商务部终裁：倾销幅度 27.14%，补贴率 4.80%—12.26%；2014 年 10 月 22 日，根据美国际贸易法院 2014 年 6 月 2 日的判决，美商务部修改反倾销终裁：深圳市华兴科实业发展有限公司 33.51% 2015 年 5 月 26 日，商务部反倾销行政复审立案调查；2015 年 12 月 17 日，决定取消 10 家中企反倾销行政复审调查；2015 年 12 月 22 日，进行反倾销情势变迁复审立案调查；2016 年 3 月 25 日，终裁：宁波阿发厨具有限公司是余姚市阿发厨具有限公司的权利义务继承者 2016 年 6 月 6 日，美商务部发起双反行政复审立案调查
取向电工钢	2013 年 11 月 8 日，双反调查	2014 年 10 月 7 日，美商务部终裁：中国普遍倾销幅度 407.52%，补贴幅度 158.88%
无螺栓钢制货架	2014 年 9 月 22 日，双反调查	2015 年 9 月 15 日，美国际贸易委员会作出双反产业损害肯定性终裁
预应力混凝土结构用钢绞线	2015 年 5 月 1 日，双反日落复审立案调查	2015 年 9 月 18 日，美国际贸易委员会作出双反产业损害肯定性裁决：若取消双反措施，在合埋的、可预见的期间内，涉案产品对美国国内产业造成的实质性损害将会继续或再度发生
耐腐蚀钢板	2015 年 6 月 23 日，双反调查	2016 年 5 月 25 日，美商务部作出双反肯定性终裁：反倾销税率 209.97%，5 家公司反补贴税率 241.07%，中国普遍反补贴税率 39.05%
冷轧钢板	2015 年 8 月 17 日，双反调查	2016 年 5 月 16 日，美商务部作出双反终裁：中国普遍倾销幅度 265.79%，补贴幅度 256.44%；2016 年 6 月 22 日，美国际贸易委员会作出双反肯定性产业损害终裁
不锈钢板材和带材	2016 年 3 月 4 日，双反调查	2016 年 3 月 25 日，美国际贸易委员会作出双反产业损害肯定性初裁
碳合金刚定尺板	2016 年 4 月 29 日，双反调查	2016 年 5 月 20 日，美国际贸易委员会作出双反产业损害肯定性初裁
碳合金刚	2016 年 5 月 26 日，337 调查	40 家中国企业涉案。美国钢铁公司指控这些公司：(1) 阴谋操纵价格、产量和出口量；(2) 侵占及使用美国钢铁公司的商业秘密；(3) 原产地或制造商虚假标识

资料来源：根据中华人民共和国商务部中国贸易救济信息网公布信息制表。

从中可见,近些年,美国对来自中国的钢铁产品采取的非关税壁垒呈现出以下主要特点:第一,贸易保护范围广泛。大到钢板、钢管、管材,小到钢丝衣架,几乎各类钢铁产品都受到进口双反调查,甚至反规避调查、337 调查。第二,保护的时间很长。不少产品反倾销税到期后,通过所谓的一次又一次的"日落复审"依然保持。第三,税率很高。一些反倾销税率或反补贴税率可以开征到 400%,甚至 600%以上,尤其是对于那些不积极进行应诉的中国企业,美国商务部还会以高于单独税率的惩罚性关税即"中国普遍"税率高估。

美国的双反调查等非关税壁垒使中国钢铁生产企业或出口商付出大量精力和财力。中国企业若不想放弃美国市场,就需要准备材料、聘请律师、提交诉讼费、出席听证会等,不仅立案调查时如此,而且数年后为降低居高的反倾销税率、反补贴税率还需要再次花费精力和财力提出复审。为此,一些企业不得不退出美国市场,另辟市场。

分析钢铁产品频繁贸易争端的原因:从美方来看,经济周期的变动、产业结构的调整、钢铁行业成本的上升和行业的不景气,导致国内贸易保护主义的抬头;从中方来看,国内钢铁行业的过度发展和产能过剩、经济增长速度的放慢,导致市场竞争加剧,企业间为争夺市场份额大打价格战,不少钢铁企业严重亏损。根据中国钢铁行业协会数据,2015 年前 10 个月,国内 101 家大中型钢铁企业中亏损企业达到 48 家,亏损总额达到 386.38 亿元。

从图 1-19-1 可见,中国钢铁产量不断提高,2005 年粗钢产量为 3.53 亿吨,2014 年已经高达 8.22 亿吨,粗钢生产过剩。生产过多使得企业之间竞争激烈,而大量出口又导致进口国对华反倾销调查增多。2005 年,中国钢材出口量为 2052 万吨,到 2015 年已经达到 1.12 亿吨。根据报道,单单 2015 年前 11 个月,就有 22 个国家对中国 28 个钢铁产品发起 61 起反倾销立案调查。而企业之间竞相削价的竞争也造成钢铁价格下跌。

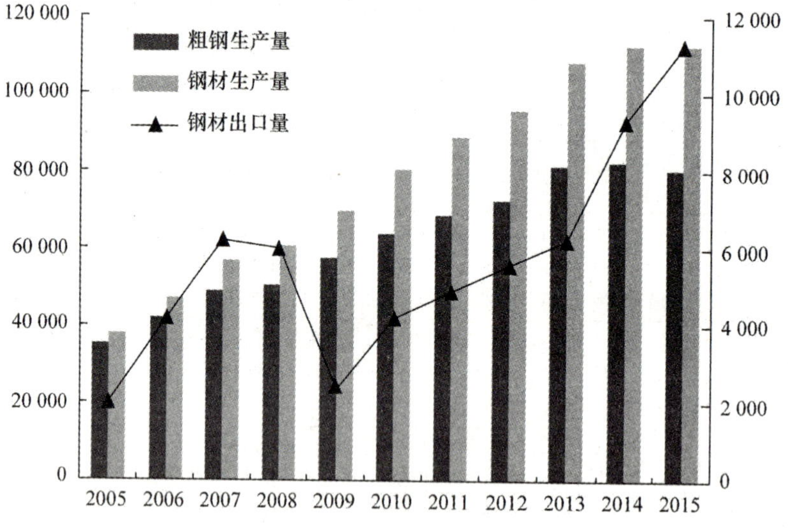

图 1-19-1:2005—2015 年中国钢铁生产量与出口量(万吨)

注释:(1) 左坐标为粗钢生产量、钢材生产量刻度;右坐标为钢材出口量刻度。(2) 钢材产量数据中含企业之间重复加工钢材,比如 2015 年企业重复加工钢材量约 34400 万吨。

数据来源:根据中华人民共和国国家统计局数据制图,其中 2005—2014 年数据来自国家数据网的年度数据,2015 年数据来自《中华人民共和国 2015 年国民经济和社会发展统计公报》(2016 年 2 月 29 日发布)。

图 1-19-2 显示的是钢材的进出口数量和金额,从中可见,2015 年中国钢材出口量 1.124 亿吨,比上年增长 19.9%,但出口额 3890 亿元,比上年下降 10.6%。该年,世界钢铁

价格出现下跌。

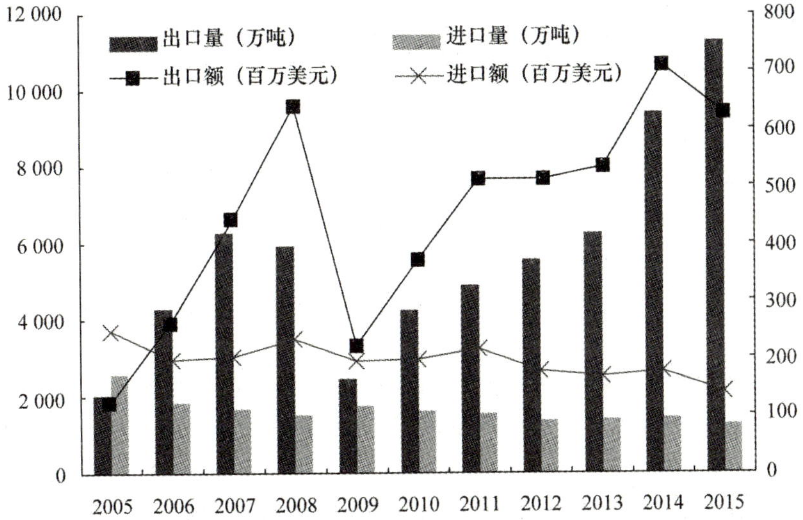

图 1-19-2 2005—2015 年中国钢材进出口情况

注释：(1) 左坐标为出口量和进口量刻度；右坐标为出口额和进口额刻度。(2) 2015 年数据来自 2015 年统计公报，按该年人民币平均汇率（1 美元＝6.2284 人民币元）计算钢材出口额（3890 亿元）和进口额（889 亿元）。

数据来源：同上图。

值得注意的是，中国钢铁产能过剩主要集中在技术含量不高的低端产品上，在钢铁行业，像模具钢、核工钢、海工钢等钢材，中国能生产的企业不多，还需要大量进口。显然，解决钢铁产能过剩问题和缓解贸易摩擦，需通过市场调节和政府引导的方式来完成。这就是利用市场的力量，淘汰落后，实现行业内的大洗牌；通过联合重组或兼并的方式整合技术力量，剔除重复建设、亏损严重的僵尸企业。此外，发挥行业协会组织的作用，行业内可制定诚信公约，规范和监督企业的竞争行为，预警贸易壁垒。最后，通过政府产业政策和技术创新政策，鼓励企业在优质钢生产上有所突破。

2009 年，国务院召开常务会议，审议并原则通过钢铁产业调整振兴规划，提出“以控制总量、淘汰落后、联合重组、技术改造、优化布局为重点，推动钢铁产业由大变强”的目标。但随着为刺激中国经济增长的 4 万亿投资计划的出台，大规模的基建和房地产的火爆，这一规划没有实现。

2010 年，国务院发布《关于进一步加强淘汰落后产能工作的通知》，2011 年，又出台了《关于印发淘汰落后产能工作考核实施方案的通知》，钢铁行业据此开展淘汰落后产能的工作。从 2010 年到 2014 年，钢铁行业淘汰落后产能：炼铁，11811 万吨；炼钢，8965 万吨；淘汰落后产能占行业现有产能的比例分别为 12.44％和 7.42％。“十三五”期间，淘汰落后产能的工作在继续，一些钢铁基地正在抓住机遇，实现经济转型。

2015 年 12 月，国务院再次召开常务会议，提出对那些不符合国家能耗、环保、质量、安全等标准，以及长期亏损的产能过剩行业企业实行关停并转或剥离重组，将持续亏损三年以上且不符合结构调整方向的企业以资产重组、产权转让、关闭破产等方式予以“出清”，清理处置“僵尸企业”，到 2017 年末实现经营性亏损企业亏损额显著下降；此外，加快从非主业领域退出，严控产能过剩行业投资；推动商业银行落实不良资产处置政策，加大产能过剩行业呆坏账核销力度等。

唐山是中国钢铁基地之一,2015年,唐山的钢铁产量达到8270万吨,超过世界第四大钢铁生产国俄罗斯。然而,全球钢铁市场疲软形势下,唐山的钢铁产业陷入困境,产能过剩,价格下跌,工厂停工。为了摆脱危机,也为了还一片蓝天,该市进行了经济转型。2010年,唐山获得2016年世界园艺博览会的承办权,当地企业下令关停多家污染严重的企业。唐山利用采煤沉降地,在不占用一分耕地的情况下,举办世园会。该届世园会的主题是"都市与自然·凤凰涅磐"。占地540公顷的世园会核心区建立在废弃的煤矿上,昔日这里是脏乱差之地,而今走在宽阔的园内人行道上,道边绿树掩映,鲜花锦簇,周围有多个人工湖,微风吹过湖面,清波荡漾,让游客流连忘返。曾经遭受大地震的唐山迎来40周年纪念日,实现了凤凰涅磐。

2016年,上海宝钢集团和武汉钢铁集团开始探讨"战略重组"问题。这两大钢铁集团的规模在世界钢铁行业中分别排位第5和第11。一旦合并将成为世界上第二大钢铁企业。

应该看到,作为传统工业的钢铁业,其行业的不景气是世界性问题,作为原材料、中间产品,受经济周期影响极大。在世界经济增长低迷时期,由于原材料、基建需求的减少,行业失业率必然会上升,因此该行业要求贸易救济的呼声就会上升。为此,在世界经济不景气、不稳定时期,搞好本国经济,扩大国内需求,也是缓解贸易摩擦的重要途径。

中国是一个人口众多的大国,随着人们生活水平的提高,对住宅、耐用消费品需求的增加,国内的钢铁生产一直以满足国内需求为主。近些年,在世界钢铁行业普遍不景气形势下,中国政府采取不鼓励国内钢铁产品大量出口的政策和措施,包括对部分钢铁产品出口加征关税,下调钢铁产品的出口退税率,部分钢铁产品出口不予退税等,这些措施正在产生作用。2015年前5个月,中国钢铁出口同比增长30%;2016年同期,同比增长只有6.4%,其中5月份环比增长只有3.7%。

(林　珏)

【讨论题】

1. 中国钢铁行业面对哪些挑战?中国钢铁行业应该如何应对这些挑战?

2. 为什么政府要整顿钢铁行业?采取了哪些措施?这些措施是否有利于降低贸易摩擦?

3. 对于中国钢铁行业的发展,你有什么好的建议?

【参考资料】

1. 中华人民共和国国家统计局:《中华人民共和国2015年国民经济和社会发展统计公报》,http://www.stats.gov.cn/tjsj/zxfb/201602/t20160229_1323991.html。

2.《2015年我国钢铁市场产能过剩情况数据统计分析》,http://www.chinabgao.com/stat/stats/47299.html。

3.《钢铁煤炭产业产能过剩症为何10年未愈?》,载《中华工商时报》2016年4月15日。

4. 李金金:《"十三五"钢铁行业淘汰落后和过剩产能的政策建议》,安徽发展研究网,http://www.dss.gov.cn/News_wenzhang.asp? ArticleID=381329。

5.《国务院加快整顿钢铁等产能过剩行业》,欧浦钢网,http://www.opsteel.cn/news/2015-12/26957B9B10EF4C8AE050080A7DC976F6.html。

【案例 1-20】 彩电倾销案

20 世纪 80 年代初，中国百姓购买彩电等家用电器主要来自日本等国，随着中国彩电等家用电器工业的建立与发展，到 90 年代，中国已经成功地实现了彩电等家用电器的国产化，进而发展到大量出口。中国入世后，出口的彩电等家用电器先后遭到欧盟、美国等国的反倾销立案调查，一些最后被开征了反倾销税。中美彩电反倾销案就是其中一个典型的案例。

2002 年以来，中国长虹、康佳、创维等彩电生产企业，对美彩电出口量大幅度上升。根据中国家电协会的统计数据，2003 年 1—3 月，中国家电企业向美出口彩电同比增长 37.4%，达到 8.6 亿美元，占总出口量的 31.5%。美国成为中国家电企业的第一大出口市场。

具有价格和质量竞争优势的中国彩电的进入，引起美国同类行业的极大恐慌。2003 年 5 月 2 日，美国五河电子公司等多家家用电器生产商向政府递交针对中国向美出口高端彩电反倾销起诉书，将长虹、康佳、创维、海尔等中国主流彩电企业囊括在内。22 日，美国商务部正式立案。

6 月 16 日，美国际贸易委员会做出中国彩电对美国国内产业造成实质性损害的初步裁决，认定中国产品以低于美国“公平价格”27.94%到 45.87%在美市场上销售。不仅如此，美国还精确计算出中国各种彩电的销售价格与“公平价格”之间的差距。比如，康佳比“公平价格”低 27.94%、长虹低 45.87%、TCL 低 31.35%、厦华低 31.7%，其他所有中国彩电价格低 40.84%。美国计算中国实际价格的参照国是印度。

从美国商务部正式立案开始，中国商务部就开展了积极交涉。6 月 20 日，中国商务部负责人指出，美国在对中国彩电进行反倾销调查中，未给中国彩电行业在生产和销售方面具备市场经济条件的权利，而以第三国价格作为参考价格，违背了中国入世协定书 15 条相关规定，对中国彩电整个行业是不客观、不公正的。中方企业也聘请律师，进行了积极的应诉。然而，11 月 24 日，美国商务部仍做出中国彩电企业存在 27.94%—78.45%不等倾销幅度的初裁结果。而与中国企业同时受到倾销指责的马来西亚一家电视机制造商则被“赦免”。

中国商务部对此表示出严重的关注。在中国，彩电是市场化程度很高的一个行业，中国彩电生产对美出口的贸易方式整体上是进料加工为主，输美产品的绝大部分料件都是从日本、美国等地进口，因此中方认为美方裁定中国倾销让人很不理解，除非美方认定这些国家也在向中国倾销彩电部件。

2004 年 5 月 14 日，美国国际贸易委员会最终裁定中国彩电在美倾销成立，美国商务部从 6 月起对价值 2.76 亿美元的中国彩电征收反倾销税。长虹、TCL、康佳、厦华等应诉的中国彩电企业被加征了 20%—25%的反倾销税；而其他未应诉的企业，反倾销税率高达 78.45%。虽然通过申诉使得原来高额的反倾销税有所下降，但从整体上看，中国厂家以败诉而收场。彩电行业是一个竞争激烈、薄利的行业，美国反倾销税的开征，沉重地打击了中国彩电企业对美的出口。

不过,中美彩电摩擦至此并没有结束。2005 年 8 月,欧盟推出环保指令,美国也酝酿推出类似的环保指令。此外,2006 年 3 月,美国对中国彩电进口作出技术限制,要求所有出口到美国的 27 寸以上的彩电必须是具备 ATS-C 制式的机卡分离的电视,7 月以后该规定适用到所有型号的彩电。这意味着每台电视机的出口成本的上升,中国对美出口彩电规模将进一步受到限制。

(林　珏)

(资料来源:林珏主编:《涉外经贸关系——中国与主要贸易伙伴》,上海财经大学出版社 2006 年版,第 73—75 页)

【讨论题】

1. 为什么应诉的中国企业仍被开征反倾销税?
2. 中国彩电企业应该在这个案例中获得哪些教训或经验?
3. 在反倾销应诉方面,行业协会应发挥什么作用?国家对此又应该做些什么?

【案例 1-21】 21 世纪初以来国外对华贸易壁垒特点及中国行业协会的应对

2012 年,中国全年进出口贸易超过美国,成为世界第一大贸易国,但伴随而来的是国外对华贸易壁垒日益加剧。近年,国外对华贸易壁垒的特点是什么? 中国的行业协会在帮助企业反制贸易保护主义壁垒方面可以有什么作为? 其具体功能有哪些? 本案例对此进行探讨。

一、国外对华贸易壁垒特点

自 2001 年 12 月加入世界贸易组织以来,中国对外贸易规模迅速扩大。2001—2012 年,商品进出口总额从 5096.5 亿美元扩大到 38667.6 亿美元,增长了 6.7 倍;其中出口额从 2661 亿美元增加到 20489.4 亿美元,增加了 6.7 倍;进口额从 2435.5 亿美元增加到 18178.3 亿美元,增加了 6.5 倍。与此相应,贸易顺差规模不断扩大,从 225.5 亿美元增加到 2311.1 亿美元,12 年里扩大了 9.2 倍。(见图 1-21-1)而同期,美国商品进出口总额为 38628.6 亿美元,贸易逆差为 7279 亿美元。中国小幅超过美国,成为世界第一大贸易国。

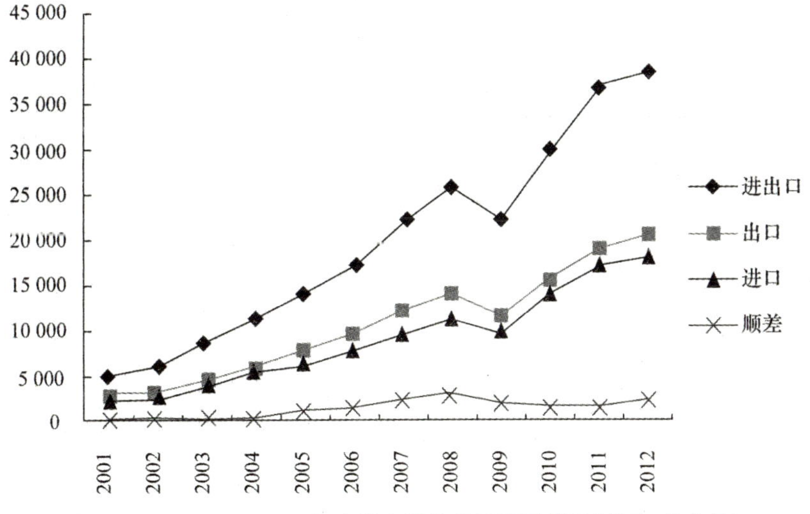

图 1-21-1 2001—2012 年中国商品进出口贸易状况(单位:亿美元)

数据来源:根据中华人民共和国国家统计局主编《中国统计年鉴》和海关总署统计数据制图。

中国贸易规模的不断扩大,尤其是出口和顺差规模的持续扩大,引来了进口国对华反倾销反补贴等调查的增多。2009 年以来,在世界经济不景气时期,反倾销、反补贴、反规避等各种贸易保护主义措施进一步加强。其特点是:

(1) 危机期间,反倾销实施措施案件数达最高峰。1995 年至 2012 年上半年,中国遭遇的反倾销调查高达 884 起,在世界比重中占 21.4%;最终被实施反倾销措施 643 起,在世界比重中占 24.3%;立案—实施比高达 72.73%,高于世界平均 64.2%的水平。特别是 2009 年危机时期,当年中国遭受的反倾销立案调查 77 件,最后被实施措施的 56 件,达到历年的最高峰。(见表 1-21-1 与图 1-21-2)

表 1-21-1 1995 年 1 月—2012 年 6 月遭受反倾销调查与反倾销实施最多的国家(地区)案件数

排名	国家/地区	案件(起)			排名	国家(地区)	案件(起)		
		立案	实施	立案—实施比(%)			立案	实施	立案—实施比(%)
1	中国	884	643	72.73	17	土耳其	57	30	52.63
2	韩国	299	172	57.52	18	意大利	52	30	57.69
3	美国	237	140	59.07	19	西班牙	47	25	53.19
4	中国台北	223	142	63.67	20	新加坡	47	32	68.08
5	日本	170	118	69.41	21	英国	44	25	56.81
6	印尼	168	101	60.11	22	法国	43	30	69.76
7	泰国	168	109	64.88	23	加拿大	39	18	46.15
8	印度	160	95	59.37	24	罗马尼亚	38	28	73.68
9	俄罗斯	127	102	89.31	25	阿根廷	35	20	57.14
10	巴西	116	82	70.68	26	越南	34	22	64.70
11	马来西亚	105	65	61.90	27	波兰	31	22	70.96
12	德国	93	47	50.53	28	智利	31	18	58.06
13	欧盟	90	60	66.66	29	荷兰	29	17	58.62
14	乌克兰	67	52	77.61	30	中国香港	28	16	57.14
15	南非	62	40	64.51	31	哈萨克斯坦	26	20	76.92
16	墨西哥	56	34	60.71	总计	全球	4125	2649	64.21

注释:表中"立案"是指反倾销立案调查案件总数;"实施"是指最终实施反倾销措施案件总数;"立案—实施比"是指反倾销立案调查案件总数与最终实施反倾销措施案件总数之比。"排名"是按反倾销调查数排名。

资料来源:根据 World Trade Organization, Trade Topics, Anti-dumping, Anti-dumping Initiations: Reporting Member vs Exporting Country 01/01/1995-30/06/2012; Anti-dumping Measures: By Exporting Country 01/01/1995-30/06/2012(http://www. wto. org/english/tratop_e/adp_e/adp_e. htm, http://www. wto. org/english/tratop_e/adp_e/adp_e. htm)数据计算制表。

(2) 发展中国家是对华反倾销主要调查者和实施者。从对华反倾销立案调查和实施措施看,最多的前三个国家或地区依次为:印度、美国和欧盟,占到世界各国对华反倾销立案调查总数的 41.6%,实施措施的 45.4%,平均立案—实施比达到 79.3%。但值得注意的是,发展中国家和地区既是遭到反倾销立案调查的重灾区,同时也是对华反倾销的主要实施者,从 1995 年以来,发展中国家(不包括韩国、波兰、以色列)对华立案调查就达 559 件,占世界对华反倾销立案调查总和的 63.2%;实施措施 406 件,占世界对华实施措施总和的 63.1%,平均立案—实施比达 72.6%。(见表 1-21-2)

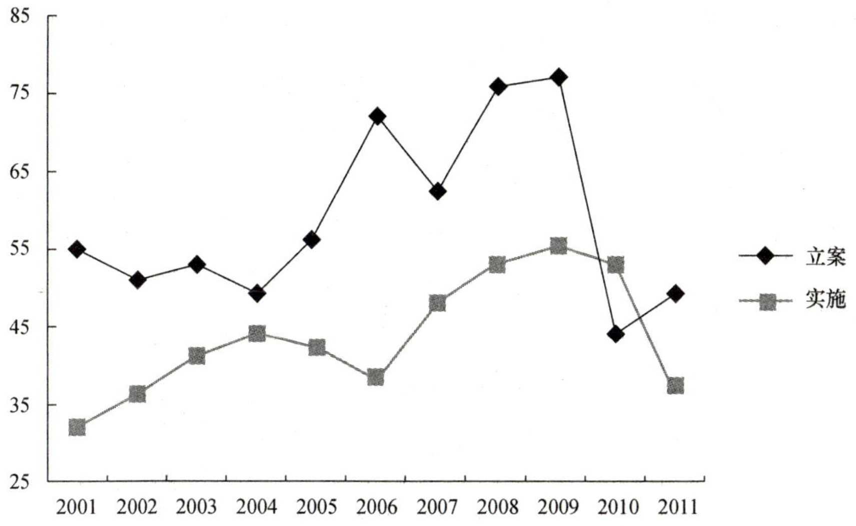

图 1-21-2　2001—2011 年中国遭受反倾销调查及反倾销实施的案件数(起)

数据来源:根据 World Trade Organization, Trade Topics, Anti-dumping, Anti-dumping Initiations: By Exporting Country 01/01/1995-30/06/2012; Anti-dumping Measures: By Exporting Country 01/01/1995-30/06/2012 数据制图。

表 1-21-2　1995—2012 年 6 月对华反倾销立案调查和实施措施的国家或地区(起)

国家/地区	印度	美国	欧盟	阿根廷	土耳其	巴西	南非	澳大利亚	墨西哥	加拿大	哥伦比亚
立案调查	150	109	109	88	60	55	35	35	32	29	28
实施措施	122	92	78	65	57	33	18	14	19	21	14
立案—实施	81.3	84.4	71.6	73.9	95.0	60.0	51.4	40.0	59.4	72.4	50.0
国家/地区	韩国	秘鲁	印尼	埃及	泰国	巴基斯坦	委内瑞拉	新西兰	乌克兰	中国台北	以色列
立案调查	23	21	16	15	14	11	9	9	8	8	7
实施措施	19	15	8	12	7	6	11	4	7	5	5
立案—实施	82.6	71.4	50.0	80.0	50.0	54.5	122.2	44.4	87.5	62.5	71.4

注释:(1) 表内"立案—实施"即"立案—实施比"(%),是指这一期间反倾销立案调查数目与最终实施反倾销措施数目之比;由于它不是每个案例的追踪结果比率,因此会出现实施措施数目多于立案调查数目的情况。(2) 这一期间对华反倾销立案调查 1—2 件的国家在表内未列入。

资料来源:根据 World Trade Organization, Trade Topics, Anti-dumping, Anti-dumping Initiations: Reporting Member vs Exporting Country 01/01/1995-30/06/2012; Anti-dumping Measures: Reporting Member vs Exporting Country 01/01/1995-30/06/2012 数据计算制表。

(3) 反倾销立案调查几乎遍及各产业部门或行业。1995—2007 年,在中国遭受的反倾销调查案件总数中,贱金属及制品、化工品、机电品、塑料和橡胶、杂项、纺织品、陶瓷和玻璃等几类产业的产品在全部反倾销调查案件中占到 82.4%的比重。2008 年以来,遭受反倾销的产品又扩大到新能源领域。表 1-21-3 显示的是按 HS 分类的 22 类产品,从中可见,2001 年以来,除第 21 类、第 22 类产品外,世界各国遭受反倾销调查的产品涉及 20 类,其中主要集中在贱金属及制品、化工品、塑料和橡胶、机械与电器设备、纺织品、纸及纸板制品等产业,而这也是中国主要的出口产品。

表 1-21-3　2001—2012 年 6 月世界各国遭受反倾销调查的商品类别及案件总数(起)

类别	产品(按 HS 分类)	案件(起)		类别	产品(按 HS 分类)	案件(起)	
		立案	实施			立案	实施
1	活动物及产品	32	18	12	鞋、帽;羽毛、花卉、风扇	16	9
2	植物产品	36	25	13	石料、石膏及类似材料;陶瓷产品;玻璃	105	67
3	动物和植物脂肪、油及蜡	14	2	14	珍珠、宝石和贵金属;硬币	1	0
4	调料食品;饮料、酒,醋;烟草	20	14	15	贱金属及制品	681	389
5	矿产品	43	35	16	机械、电气设备	199	137
6	化学工业及相关工业产品	584	434	17	汽车、飞机和船只	23	18
7	树脂,塑料及制品;橡胶及制品	353	232	18	仪器仪表、钟表、录音机和复读机	26	19
8	生皮及制品;鞍具及旅游用品	2	1	19	武器、弹药及其零件附件	0	0
9	木材、软木制品;篮筐编织品	67	29	20	杂项制品	48	36
10	纸、纸板及制品	130	69	21	艺术品、收藏品及古物	0	0
11	纺织及制品	194	169	22	未分类商品	0	0
共计		2574 起(立案)			1703 起(实施)		

资料来源:根据 World Trade Organization, Trade Topics, Anti-dumping, Anti-dumping Initiations: By Sector 01/01/1995-30/06/2012; Anti-dumping Measures: By Sector 01/01/1995-30/06/2012 数据计算制表。

(4) 反补贴调查增多。2004 年,首先是加拿大,其后是美国,对华进行反补贴调查。到 2012 年 6 月 30 日,各国对华反补贴立案调查案件数达 57 起,实施措施 37 起,均超过自 1995 年以来统计的各国遭受反补贴的数目,中国成为遭遇反补贴调查和实施最多的国家。(见表 1-21-4)

表 1-21-4　2004—2012 年 6 月反补贴案件数目(起)

年份		2004	2005	2006	2007	2008	2009	2010	2011	2012	合计
立案调查	对中国	3	0	2	8	11	13	6	9	5	57
	世界合计	8	6	8	11	16	28	9	25	12	123
	中国占比(%)	37.5	0	25.0	72.7	68.8	46.4	66.7	36.0	41.7	46.3
实施措施	对中国	0	2	0	1	10	6	10	5	3	37
	世界合计	8	4	3	2	11	9	19	9	3	68
	中国占比(%)	0	50.0	0	50.0	90.9	66.7	52.6	55.6	100.0	54.4

注释:2012 年数目为该年上半年。

资料来源:根据 World Trade Organization, Trade Topics, Subsidies and Countervailing Measures, Countervailing Initiations: By Exporting Country 01/01/1995-30/06/2012; Countervailing Measures: By Exporting Country 01/01/1995-30/06/2012 数据计算制表。

(5) 双反调查持续。从 2011 年以来美国对华立案调查看,不少产品在遭受数年反倾销、反补贴到期后,进行日落复审终裁的结果仍为"产业损害",这意味着延续反倾销反补贴措施的实施。由于反倾销反补贴调查往往持续一年之久,即使终裁结果为"否决实质性损害”，不开征税收，涉案企业也因官司被拖累，所以国内一些中小企业一遭调查便放弃应诉，主动退出美国市场，由此也促使美国企业频繁诉讼。此外，某一产品在美国遭调查，其他国家也会相应对中国同类产品进行调查，所以在敏感产品上中国出口企业面临严峻挑战。

（6）各类调查名目繁多。除了反倾销反补贴外，一些国家还根据本国法律，对进口的外国商品开展各类反不公平竞争的调查。比如，美国又进行所谓的337调查、反规避调查、301调查等。所谓337调查是根据美国《1930年关税法》第337条款规定，美国国际贸易委员会对进口贸易中的不公平行为发起的调查。而“不公平行为”是指产品以不正当竞争方式或行为进入美国，并对美国相关产业造成实质性损害或损害威胁，阻碍美国相关产业建立，压制、操纵美国商业和贸易，侵犯合法有效的美国知识产权等行为。单单2012上半年，美国对中国产品或企业就发起了10起。所谓反规避调查（anti-evading investigation），是指针对生产商或出口商通过采取各种方法减少或避免被征收反倾销税行为所进行的调查，它是反倾销措施的延伸和扩展。中国入世以来，2002—2005年，美国对中国进行过14起反规避调查。2006年后，随着美国对华反倾销调查日益增多，反规避调查也增多起来。比如，2009年，美国对进口自中国的定尺碳素钢板作出反规避终裁；2010年，美国对原产于中国、从泰国出口的柠檬酸钠，以及从越南出口的衣架和薄绵纸进行了反规避立案调查，其中薄绵纸的反规避调查已是第3次；2011年，美国对英国Superior Graphite公司向美国出口由中国生产的小直径石墨电极进行反规避调查，而该产品2008年就进行过反规避调查；2012年，美国对马来西亚Reztec公司通过从中国进口零部件在马来西亚简单组装后出口至美国的非封闭内置弹簧产品进行反规避调查……此外，美国还发起301调查。比如，2010年10月，美国贸易代表办公室应钢铁工人联合会的申请，对中国清洁能源的相关政策措施进行301调查，虽然中方提交评论意见，驳斥申请书中的不实指控，但是美方依然于12月宣布中国《风力发电设备产业化专项资金管理暂行办法》中的补贴内容涉嫌违反世贸组织规定的禁止性补贴。

无疑，21世纪以来，各类贸易保护主义的调查与措施的实施已成为各国政府对本国企业进行贸易救济最常用的工具。对于中国这一出口大国来说，既想扩大出口，又不想遭遇反倾销，显然是完全不可能的。为此，作为政府，需要做的就是如何通过外交途径、政策导向来减少国外对华反倾销等诉讼频率；作为企业，应思考如何调整自己的行为，以规避反倾销等调查风险；而作为行业协会，则不仅应在建立预警机制方面，而且还应在帮助企业规避风险及打赢官司方面有所作为。下面本文重点探讨行业协会组织在这方面的功能。

二、已有案例的经验总结与反映出来的问题

研究以往中国企业应诉国外反倾销等案例，有败诉的，也有胜诉的。分析胜诉案例，可发现多种因素起着作用，在有关汽车零部件的一些案例中，一些行业协会和商会发挥的积极作用清晰可见，主要表现为：

（1）建立预警机制。比如，在“美国诉中国球轴承倾销案”中，中国机电商会不仅在组织企业应诉方面有所作为，而且还通过预警机制的建立帮助企业如何去应诉。在该案发生前，中国机电商会曾多次召开球轴承出口反倾销应诉协调会、培训会，就企业问卷调查表的填写、报送和其他一些相关事项，对上百家轴承出口厂商的厂长经理进行专门培训和全面指导，由此避免了企业面对美方问卷调查表束手无策，不知如何填写的窘况。

（2）组织或代表涉案企业积极应诉。组织工作包括召开会议商量对策，聘请律师，确定应诉策略等。比如，在“美国诉中国球轴承倾销案”中，当美方发布立案调查公告后，中国机

电商会立刻行动起来,商会下属机械基础件分会条法部和出口部为企业应诉做了大量的准备工作:从召集涉案企业开会,到奔赴美国寻找代理律师,又到协助企业和律师配合美方调查,以及参加应诉策略的商定,在整个应诉过程中,担任着引领者的角色,为最后的胜诉奠定了基础。又如,在"南非诉中国等国钢制车轮倾销案"中,当中国机电产品进出口商会获悉相关信息后,及时通知、组织有关企业参与诉讼,虽然最后只有宁波英达皇公司一家参加应诉,但经过商会与企业的一起努力,最后使该行业涉案企业全部赦免。

(3) 与政府部门沟通反映诉求。比如,在"南非诉中国轮胎倾销案"中,针对轮胎企业在国外反倾销应诉中多次败诉,或因企业市场份额小,多数轮胎企业不愿应诉的情况,中国橡胶工业协会和轮胎分会采取措施,通过中小企业的集体应诉和大企业的单独应诉相结合的做法,代表全行业整体抗辩。初裁结果出来后研究对策,并利用南非有关官员来华的机会,请求中国商务部领导协调此事,最后在政府部门的帮助下,中国企业终裁获胜。

值得注意的是,并不是所有的行会组织和商会组织都能在反倾销应诉中充分发挥其积极作用。分析原因,精力不足是一个原因。由于国外对华反倾销等调查的频繁,并且主要集中在几个产业,因此对于那些涉案产业的行会和商会来说,其精力主要放在涉案金额较大、对全行业影响较大的案子上。比如,在"印度诉中国等国轴承倾销案"中,机电产品进出口商会的作用尚未充分发挥,至少在组织企业共同参与应诉上的作用没有充分体现出来,可能因为过多精力投放到正在应诉的美国官司上;也可能出于策略考虑:如果美国打赢官司,印度自然就会放弃调查。

此外,在帮助企业对外积极应诉上,行会似乎不如商会那么有所作为。在"美国诉中国汽车挡风玻璃倾销案""南非诉中国车用钢化玻璃倾销案"等案例中,只看到企业(如福耀)的奋力抗争,却看不到玻璃行会的作为。这些案子最终获得较好结果,主要来自中国外交努力的影响或企业自身的努力。在"加拿大诉中国汽车挡风玻璃倾销案"中,虽然中国玻璃行会帮助企业填表,但面对南非反倾销申诉主体——南非汽车玻璃制造者协会,在中国汽车玻璃企业最需要行会代表本行业企业以集体的形式应诉时,行会却没有这么做。中国汽车玻璃协调委员会主任、福耀集团董事局主席曹德旺先生对自己不带领整个协会去抗争的解释是:中国汽车玻璃协调委员会是挂靠在中国建筑玻璃和工业玻璃协会下面的汽车玻璃专业委员会,这个协会里有 14 个专业委员会,都不是法人,因此没有资格代表大家去应诉。

三、中国行业协会组织存在的主要问题

行业协会在帮助企业应对国外贸易保护主义壁垒中难以发挥作用的原因,主要有:

(1) 无专门法规范。中国的行业协会众多,但至今没有出台一部完整的《行业协会法》,除了广东与江苏两省有本省制定的《行业协会条例》,大连、天津、济南、合肥、郑州、南京、上海等市有当地的《行业协会管理办法》或《行业协会暂行办法》外,大多省市没有行业协会单行管理法规,或仅仅将行业协会纳入中介组织或中介机构进行统一管理,换言之,行业协会的法律地位、职能管理等没有明确的可操作性规定。为此,行业协会在帮助企业应对国外贸易保护主义的功能方面,地区差别与行业差别很大。

(2) 非法人地位。行业协会法人地位模糊,一方面,行会具备《民法通则》规定的法人构成要件,另一方面,由于它们大部分由政府组建,附属于行政,既不是行政主体,也不是行政相对人,不能独立承担民事责任。此外,还存在许多在名义上不属于社会团体法人的行业协会,它们挂靠在其他社团法人名下。例如,在上述一些案例发生时期,2004 年底挂靠工商联

系统的行业商会5000多家，只有2000家商会在民政部门登记注册，那些没有取得社团法人资格的行业协会，其地位与职能履行就更成问题。

（3）职能不清。迄今，中国的“行业协会法”还在酝酿，行业协会的法律地位、职能管理等都没有明确的可操作性规定。一些地方自行出台政策，规范行会职能。从行业协会的管理体制看，大部分行会实行的是双重管理体制，对政府的依赖性较强，受政府干预大，缺乏独立性。1998年，民政部曾颁布《社会团体登记管理条例》，规定社团的成立需先由主管部门批准，否则民政部门不予登记。这一规定使得不少地方成立的行业协会变为由政府部门牵头或依托政府部门改制的公司创办的机构。据2003年统计，当时全国性行业协会292个，全部为政府所创办；广东省112个省级行业协会中有103个由政府倡议成立；上海134个行业协会，58.69%的行业协会负责人由上级主管部门委托或由上级部门人员兼职。如此，行会体制十分不顺，官办色彩较浓厚，习惯依靠政府行政命令开展工作，组织、管理、经济、人员配备上缺乏独立性，运作方式准行政化。

（4）行业服务面有限。行业协会本应该是行业企业的自治组织，代表行业企业的共同利益，为会员利益和行业整体利益服务。但考察中国行业协会与企业的关系可以发现：第一，行业协会的行业覆盖率低，行业代表性不足。例如，292家全国性行业协会，管理范围多停留在原系统内部，非国有企业会员不超过50%的高达79%；在行业协会势头发展良好的上海，行业协会的行业覆盖率平均仅为50.7%，只有50%的行业协会覆盖率达到80%；在广东，112家省级行业协会中，只有广东省期刊协会、国际货运代理协会、市政工程协会、银行同业协会5家协会的行业覆盖率在50%以上，其他省级行业协会都在10%以下。第二，行业协会公信力不高，企业认同度低，参加活动的积极性不高。例如，对上海49家工业行业协会的统计表明，会费收缴不足50%的有13家，收缴率在50%—80%的有25家，平均收缴率仅为61.2%。不少会员企业认为“自上而下型”行业协会只是主管部门的延续，并不代表自己的利益，不能给会员企业带来任何好处。第三，缺乏一支具有专业知识的职能化工作的队伍。中国行业协会组织的这种状况自然影响其在帮助企业应诉方面的能力。

四、广东、浙江行业协会的改革

为了发挥行业协会本身在管理、监督、维护市场公平竞争等方面的功能，一些省份走在其他省份之前，较早地颁发行业协会管理办法，明确行业协会的职能。比如，广东是全国改革开放最早的地区之一，其对外进出口贸易一直居于全国首位，因此受到国外的贸易壁垒以及国外进口产品的冲击，比之其他省市更要严重些。为了充分发挥行会组织在公平贸易中的作用，2006年，该省委、省政府发布了《关于发挥行业协会商会作用的决定》，明确规定县级以上人民政府民政部门是行业协会、商会的登记管理机关，其他有关部门在各自职责范围内依法对行业协会、商会进行相关业务指导。根据这一文件，行会（行业协会、商会）在“自愿发起、自选会长、自筹经费、自聘人员、自主会务”原则基础上，实行无行政级别、无行政事业编制、无行政业务主管部门，真正实现民间化和自治性。广东已有行会与过去的主管单位脱钩，后者不再是它们的主管部门，而只是业务指导单位。行会选举出来的会长成为企业法人。依据文件，行会主要职能被确定为：提供服务；反映诉求；规范行为。此外，该文件还对“一业多会”从法律上予以了承认，打破了以往“一地一业一会”的规定，后者不允许在县级以上同一行政区域内重复设立业务范围相同或者相似的行业协会。2010年，广东省登记注册的全省性行业协会达到209家，涵盖企事业单位43980个，平均会员213个，最多的行会会员1900个。一部分还没有法人资格，根据省委文件也在完成转变。由此，广东的行会组织走向民间化、市场化和自主化。

浙江是行业协会最多的一个省份，2006年出台《浙江省人民政府关于推进行业协会改革与发展的若干意见》，提出行业协会与政府彻底脱钩，确立行会独立地位。截至该年年底，行会达3222家。各行会领导人由会员民主选举产生，经费取之于会员；行会内部治理机制比较健全，外部监管体制也比较规范。在政府的支持和积极引导下，行会走上前台，无论在应对反倾销诉讼中，还是在促进行业发展中，作用都充分显现。在杭州、宁波、温州、台州等行会集中的城市，出现像舟山出口水产行业协会、省茶叶协会、省水泥协会等一批优秀的、有所作为的行会，它们在制定行业产品质量标准、协调和维护会员企业合法权益、协调产品价格、规范市场行为、组织反倾销应诉等方面，发挥着积极的作用。比如，针对以往同行竞争少数企业压级压价的恶劣竞争行为，舟山市出口水产品行业协会制定了出口虾仁最低保护价及违约处罚规定，有效地防止了压价竞争，保护了企业利益。省水泥业协会起草的“白色装饰水泥”地方标准成为行业统一标准。

五、中国行业协会反制国际贸易保护功能的探讨

在国外行业协会组织中，美国的行会组织经验最值得借鉴，美国行会无论是在国外市场开拓上，还是在对外发起反倾销反补贴诉讼中，都发挥出其极大的作用。例如，为打开中国农产品市场，美国大豆行业协会、柑橘行业协会多次到中国进行考察，其中大豆行会不仅到中国推销其产品，而且还不断地派人前来研究中国大豆的生产情况和消费市场。中国一位国家领导人曾对此感叹地说：“如果我们的协会都能像美国大豆协会那样，我就很高兴了。”

这里借鉴美国行会经验，并结合国内已有行会改革实践，提出中国行业协会在反制国际贸易壁垒方面的功能：

(1) 预警服务功能。目前，反倾销等各类调查的“预警”机制建立在国家一级上，但多半是国外企业诉讼立案后的通告，而真正事先预告与提醒缺失，这一工作应该由与企业联系密切的行业协会承担。比如，当中国某类行业企业产品蜂拥而至国外某一市场时，该行业协会应密切关注动态，及时做出中国企业可能遭受反倾销预警通告。而了解国外市场动态，需要行会做好以下几方面工作：

① 设立行业反倾销反补贴等问题的研究中心。可以与科研院校合作，建立专门的研究中心，考察主要出口市场反倾销反补贴法律及变化，以及应诉过程；分析典型案例，建立案例库(比如，无损害抗辩是反倾销的“釜底抽薪”之计，有必要将这方面应诉经验写入书中，供企业学习)；可能的话，进一步了解主要竞争对手的生产概况、价格变动情况，以及国内政治状况，为企业反倾销应诉策略提出咨询意见。

② 进行国外市场调研，加强与企业利益相关方联系。从反倾销案件来看，不少国家有所谓“公共利益考量”，进口国调查当局会对各相关方进行调查，进口商的积极参与并表示反对开征反倾销税的态度，对于本国政府的终裁影响很大。由于进口商与下游用户在反倾销调查中与中国出口企业的利益是一致的，征收反倾销税会大大提高他们的生产和贸易成本，因此他们往往会站在进口国的立场上进行陈述。由于在反倾销“正常价格”的判定中存在“替代国”的做法，因此接触国外同行，相互交流，了解彼此，发现合作机会，限价销售，既有利于保护制造者、消费者的利益，也有利于维护中国企业的利益。

③ 建立企业反倾销反补贴等应诉基本知识培训制度。通过典型案例的分析，帮助企业了解各类调查程序，了解应诉程序中各个关节点，了解各主要进口国反倾销反补贴法律的基本知识、应诉程序；通过模拟问卷的填写，帮助出口企业了解问卷调查表的内容，学会自己填写；通过国际会计准则的学习，使出口企业懂得规范企业财务账目的重要性。

④ 建立企业出口价格临界点制度。根据国际市场或出国市场价格确定临界点价格，及时了解与掌握本行会成员出口动态，当某行会成员的出口价格低于该价格时，发出行会警告。

⑤ 完善行业协会网站。与律师事务所、高校学者建立长期合作共建网站的关系，刊登法律知识，案例点评、时世评论、国外市场信息等栏目，及时公告最新行业动态，使行会网站真正成为行业内企业有所收获、了解最新消息的信息平台。

⑥ 建立健全重要商品出口的预警机制。加强对重要商品和主要市场的出口数量、金额、价格的监测，引导出口企业合理调节出口增长节奏，避免在某一市场集中过快增长。规范贸易出口管理，对于一些反倾销频繁的行业产品，由行会规定出口限价，低于该价征收出口差价税。如此，以服务为宗旨，切实代表和维护行会成员的合法权益和共同经济利益。

⑦ 建立各类调查应诉专家库。包括法律顾问、律师、专业技术人员、财务会计人员等信息。以便一旦发生案情，便可立即调动人员，分析案情，确定应诉策略。

(2) 组织协调功能。组织与参与应诉工作，包括召集涉案企业会议，动员涉案企业参加应诉；收集与整理行业内信息，提供证据；指导企业填写调查问卷表，提供反倾销等法律咨询服务；协助企业选定代理律师，帮助制定应诉方案；配合进口国当局的调查工作，补充相关材料；注意每道程序的截止点，协调应诉过程中所有相关方关系等；积极配合商会等组织协调国内企业应诉，从国内产业的整体利益出发，提出无损害抗辩、公共利益抗辩等。另外，在国内贸易救济方面，由行会出面，搜集翔实数据和信息，代表本行业内相关经济组织提出反倾销、反补贴调查和采取保障措施等对外贸易救济措施的申请，代表本行业提起反倾销反补贴等申诉，协助政府开展相关工作，组织开展相关诉讼。

(3) 规范监督功能。中国出口产品屡屡遭受反倾销等调查，除了国外贸易保护主义抬头因素外，也存在中国出口企业自身的问题，比如同行恶性竞争、违反知识产权等不公平竞争问题。为此，中国行会应结合本行业特点制定行规行约，规范行业和会员的生产经营与贸易行为：行会应协助政府制定、修改行业标准，加强行业会员的自律；组织会员学习相关法律、法规和政策，加强对会员守法经营、照章纳税的教育和监督；强化行业价格自律，制止垄断市场行为，维护市场公平竞争和社会主义利益；强化产品和服务质量自律，配合政府监督管理，打击制售假冒伪劣产品、侵犯知识产权等违法行为；制定行业技术标准。目前，世界上有不少产品都没有工艺标准、技术标准，中国行会可以通过制定行业技术标准，来规范本行业竞争秩序，既提高企业的生产质量，同时也占据市场份额。

(4) 调研参政功能。行会组织是沟通企业与政府之间信息的桥梁，政府在权衡国内产业与行业利益及制定相关法规时，需要行业协会提供信息与参与。比如，在反倾销和反补贴的决策程序中，在确认出口价格或推定出口价格与正常价格之间的差额上，在确认产业是否遭到损害上，向政府提出精确的定量数据及建议；在免除条款提出程序中，作为国内产业代表，为政府提出本产业的意见；在为国家安全目的实施保障措施的过程中，向政府提供外国竞争对本产业经济福利、失业、技能的丧失等影响证据等，由此确实起到政府和企业之间信息交流的渠道作用。这需要行会本身做好行业内统计工作与调研工作，由此才可能持有充分的信息参与涉及行业利益的决策、立法的论证咨询中,为国家行政和立法工作提供建议,真正反映出会员的利益诉求,维护好会员和行业合法权益,协助政府制定出完善、有效、可执行的法律和措施等。

为此,行业协会不仅应成为一个服务型组织,还应该成为帮助企业了解国内外法律法规的学习型组织,思考对策的研究型组织,为企业和政府提出解决问题的参谋型组织,当然这需要与高校科研机构合作来实现。高校应该承担起应诉专业人才培养的职责,在学科调整中,除了应加大法律、外语、国际贸易专业复合型人才的培养外,建议在工商管理(MBA)专业学位中专门开设"反倾销应诉研究方向",学员可以定向培养。

上述这些职能或功能的实现,需要一定的经费基础,从美国行业协会组织的经费来源看,行会经费主要来自会员的会费、培训班与展览会或学术讲座收入、政府机构或企业赞助等。中国行业协会可以借鉴。此外,为鼓励更多涉案企业加入应诉队伍中,应建立起应诉基金,该基金可以部分来自中国对外国产品开征的反倾销税。最后,毫无疑问,确立行业协会组织独立法人地位,尽快出台《行业协会法》,则是政府责无旁贷的工作,应提到议事日程上来。

(林 珏)

(资料来源:林珏:《国外对华贸易壁垒的特点及我国行业协会的对策》,载《重庆工商大学学报》(社会科学版)2013 年第 5 期)

【讨论题】

1. 21 世纪初以来,国外对华贸易壁垒主要有哪些?它们对中国企业和中国经济发展具有哪些影响?中国企业应该如何面对国外频繁动用的反倾销反补贴等立案调查?企业、行业协会在这方面可以采取什么对策?

2. 通过查阅资料,回答:自 2013 年以来国外对华主要贸易壁垒有哪些?试分析原因。

3. 联合国前秘书长安南曾指出:"发展中国家一再得到这样的忠告:自由贸易对它们有益——它们必须开放它们的经济。然而当它们真的这么做了,却发现富国削减关税还不如穷国削减的多。富国从发展中国家进口的制成品征收的关税是它们从其他工业化国家进口的产品征收关税的四倍。配额和'反倾销'等惩罚还被用来阻止第三世界的产品进入第一世界市场。尤其在穷国有竞争优势的领域,例如农产品、纺织品和服装。对发展中国家来说,不管它们何时以有竞争力的价格生产某种产品,都会被指责进行倾销。"请解读安南先生的这段话。你是否同意"发达国家的贸易壁垒严重地阻碍了发展中国家对外贸易中比较优势的发挥"这样的观点?为什么?

【参考资料】

1. 林珏:《关于国际贸易中反倾销、反补贴法律、应诉程序及相关案例研究》,上海汽车工业教育基金会研究类课题报告,2007 年 12 月。

2. 唐清建、刘海燕:《应诉反倾销 国内行业协会"姓无能"》,载《中国经营报》2002 年 4 月 23 日。

3. 李卫湘:《完善我国行业协会立法的几点思考》,载《中国民政》2007 年第 8 期。

4. 沈恒超、胡文安等:《转型时期的行业协会——角色、功能与管理体制》,社会科学文献出版社 2004 年版。

5. 余晖等:《行业协会及其在中国的发展:理论与案例》,经济管理出版社 2002 年版。

6.《浙江省行业协会发展之路综述》,中国电子商务研究中心网 2010 年 8 月 9 日。

7. 广东省民政局:《关于 2010 年全省性行业协会年检情况的通报》。

8. 中国民间组织:《美国行业协会的基本特点和职能作用》,http://www. chinaassn. com/6905. html。

9. World Trade Organization,Trade Topics,Anti-dumping, https://www. wto. org/english/tratop_e/adp_e/adp_e. htm.

10. World Trade Organization, Trade Topics, Subsidies and Countervailing Measures, https://www. wto. org/english/tratop_e/scm_e/scm_e. htm.

【案例 1-22】 美古恢复外交关系的原因及影响

2014 年 12 月 17 日，美国前总统奥巴马和古巴国务委员会主席兼部长会议主席劳尔·卡斯特罗分别在华盛顿白宫和哈瓦那电视上发表讲话，宣布将就恢复两国外交关系展开磋商。同日，双方释放被关押人员。2015 年 5 月 29 日，美国将古巴从支恐名单上除名。7 月 20 日，美古正式恢复外交关系。对古经济封锁 54 年之久的美国为何谋求两国外交关系的恢复？美古和解的意义何在？该事件对中国的拉美战略会有何种影响？

一、美国对古巴禁运封锁政策的历史回眸

1959 年 1 月 1 日，菲德尔·卡斯特罗率起义军推翻巴蒂斯塔政权，建立革命政府。其后，实行土地改革，并且将不愿提炼苏联原油的美国企业收为国有。美国对此非常不满，策动了"推翻卡斯特罗政权的秘密行动计划"(即"冥王星计划")等敌视古巴的做法，迫使古巴彻底倒向苏联。1961 年 1 月 5 日，美国宣布与古巴断绝外交关系。其后于 4 月 15 日，策划猪湾事件。1962 年 10 月，苏联在古巴部署导弹，引起美国强烈反响。约翰·肯尼迪总统签署法令，正式宣布对古巴实施经济的和金融的封锁以及贸易禁运。尽管后来苏联撤走导弹，肯尼迪私下承诺不会入侵古巴，但禁运封锁措施一直延续了 50 多年，给古巴经济发展带来了很大的影响。根据统计，截至 2013 年 4 月，禁运封锁给古巴造成的直接经济损失达 11573.27 亿美元。

1991 年 12 月 25 日，苏联解体，冷战结束。但美国继续对古巴实行封锁政策，失去外援的古巴经济遭到重创。1992 年 4 月，美国宣布不允许与古巴进行贸易的船只停靠美国港口。10 月又推出《托里切利法》，禁止本国公司和美国海外公司与古巴进行贸易，不允许在古巴港口停泊过的外国船只半年之内进入美国港口，不允许为古巴运货的外国船只停靠美国港口，不允许向给予古巴财政援助和贸易优惠的国家提供任何经济援助等。

1993 年，克林顿担任美国总统期间，美古关系一度出现缓和。1995 年 5 月，美国与古巴重签移民协议。然后，缓和很快被打断。1996 年 2 月，古巴击落两架美籍古巴流亡组织飞机，美古关系再度紧张。该年 3 月，美国制定《赫尔姆斯—伯顿法》，对古巴实行报复，强化经济制裁。

2009 年，民主党人奥巴马就任美国总统，虽然还未有任何建树，但却获得诺贝尔和平奖。劳尔感到这是打破美国经济封锁、实现两国和解的时机。为此，劳尔在多个场合中表示古巴愿意在"没有任何附加条件和不危及独立、主权和自决权"的情况下与美国开展对话。奥巴马总统给予了积极回应。

表 1-22-1 反映的是 2009 年奥巴马任职总统后美古关系从缓解到 2015 年恢复外交关系的一些标志性的事件，从中可见，两国进行了积极的、富有成效的互动。此外，联合国大会 18 年来连续通过决议，要求美国结束对古巴的封锁，表达了世界大部分国家对美国长期制裁古巴行为的不满，对美古两国恢复外交关系起到了推动的作用。

表 1-22-1 2009—2015 年美古关系从缓解到恢复外交关系的重要举措

日期	内容	意义
2009-03-10	美国参议院通过一项部分结束美国对古巴制裁的议案，放松对美籍古巴人和持有绿卡的古巴人回古探亲的限制，同时放松美国向古巴出口食品和药品的限制	体现了奥巴马政府对古巴封锁政策的松动
2009-04-13	奥巴马解除美国公民前往古巴探亲及向古巴亲属汇款的限制，支持美国企业打入古巴电信网络和卫星广电服务市场	这是美国政府对古巴政策转变的重要标志
2009-06-03	第 39 届美洲国家组织大会废除驱逐古巴的决议	结束对古巴长达 47 年的地区孤立政策
2009-09-03	美国财政部宣布修改针对古巴的财产控制规定	为美国放宽旅美古巴人的旅行限制和汇款创造了条件
2009-09-14	美国白宫宣布奥巴马决定将美国对古巴的贸易禁运再延长一年	表明美国在与古巴和解方面国内存在分歧。美国国内某些政策出台需要牺牲古巴作为交换
2009-09-17	美古高级官员在哈瓦那就恢复两国的邮政直通业务举行会谈。美方邀请古巴代表团对美国进行访问	表现出美国对解决两国问题的诚意
2009-10-28	第 64 届联合国大会以压倒性多数通过决议，敦促美国结束对古巴长达近 50 年的经济、贸易和金融封锁	这是联大连续第 17 年通过要求美结束对古封锁决议，反映出美封锁政策在世界不得人心
2011-04-06	古巴恢复与美国通邮。除包裹外，两国之间信件来往恢复正常	两国恢复通邮
2012-07-13	满载人道主义援助物资的“安娜·塞西莉亚”号货船从美国佛罗里达州迈阿密市起航，抵达哈瓦那港。以往两国间人员和货物来往需通过第三国	古巴与美国恢复海上货运直航
2013-07-31	美国国务院宣布：自 8 月 1 日起把针对古巴游客的非移民签证有效期从目前 6 个月延长到 5 年，以促进两国民间交流	两国人员往来限制放宽，促进民间交流
2013-12-10	在南非前总统曼德拉葬礼上，奥巴马与劳尔·卡斯特罗历史性握手	传递美古将进一步采取措施，改善双边关系的信息
2014-12-15	美国财政部和商务部宣布放松针对古巴资产控制和出口管理的新规定	美国朝着放松对古巴经济制裁的新方向迈出重要一步
2014-12-17	美古领导人电话交谈，宣布恢复外交关系，并达成换囚协议，当天双方释放 5 名被囚禁人员	虽然两国在一些问题上仍存在分歧，但为恢复外交，双方求同存异，表现出和解诚意
2015-02-13	美国国务院宣布允许从古巴的“独立单位”进口一些产品和服务	解除部分贸易限制
2015-04-10	第七届美洲峰会在巴拿马举行，奥巴马与劳尔·卡斯特罗在仪式前碰面，握手，互致问候	向美洲国家表示两国外交关系的解冻
2014-05	拥有 300 万会员的美国商会派出代表团访问古巴，获劳尔接见	显示美国商界对古巴的兴趣与日俱增以及古巴对恢复两国经贸的积极态度
2015-04-11	在巴拿马召开第七届美洲峰会，奥巴马和劳尔会晤	以平等的方式进行面对面对话，商讨双方最关注的问题
2015-07-20	双边大使馆举行升旗仪式。美古正式恢复外交关系	美古关系正常化

资料来源：根据新华网（http://www.news.cn/world/index.htm）2015 年 8 月 2 日信息整理制表。

2015 年 7 月 20 日,美国与古巴正式恢复外交关系,终止半个多世纪双方敌对的状况。其后,两国就美国完全取消经济封锁、归还关塔那摩军事基地、古巴赔偿美国财产(当年,古巴将美国企业收为国有)等历史遗留问题进行商谈。

二、美国恢复与古巴外交关系的原因分析

分析美国恢复与古巴外交关系的原因,既有经济的,也有政治的和外交的原因。

(1) 多年制裁难以达到预期成效。美国长期的经济制裁未使古巴经济崩溃,相反,这个国家半个世纪来有了一定的发展。古巴实行社会主义制度,政府不仅为国民提供免费的教育、医疗和住房,而且重视教育、医疗卫生、体育。全国识字率 99%,人均寿命超过 78 岁,医疗技术、生物工程在世界位于先进水平,古巴女排和田径跨栏运动员戴伦·罗伯斯(Daylon Lobles)世界闻名。2013 年,古巴人均 GDP 达 7020 美元,属中等发展中国家。2014 年,人类发展指数高达 0.815,在世界排名第 44 位。而美国自身损人不利己,丧失近在咫尺的最佳贸易伙伴和投资场所,仅就农产品出口一项,美国每年就损失 12.4 亿美元。为此,冷战结束后美国国内企业人士一直呼吁政府取消制裁,发展与古巴的经贸关系。2006 年,美国众议院提出四项修改法律草案,要求阻止资金被用来对古巴搞全面封锁或执行相关规定。参议院也同意美国商人到古巴销售农产品和药品。

(2) 在全球化趋势下阻断要素流动变得困难。在当今全球化和市场化的趋势下,要完全阻断商品、资金、人员的自由流动,不仅越来越困难,而且经济成本和政治成本也很高。20 世纪 90 年代前,古巴在欧洲有苏联的帮助;90 年代后,在拉美有委内瑞拉等国的支持,在亚洲有中国与之进行经贸往来。1989 年,中国与古巴全面恢复关系后,双方开展了一系列经贸和技术合作,以及教育、文化交流,如今中国已经成为古巴第二大贸易伙伴。为此,中国对于美国无视联合国的决议,损害他国利益的行为十分不满。而包括美国在内的西方国家企业家也希望尽快打破禁令到古巴进行投资和贸易,这些年,他们或从第三国进入古巴旅游疗养,或冲破本国政府禁令的阻拦进行访古商贸考察。比如,2003 年,美国旅游部门的企业家不顾政府颁布的违者巨额罚款的禁令,组成 40 人的代表团,以开会旅游为名,从墨西哥进入古巴,走访当地的景点,考察旅游设施。2014 年,美国商会也组团到古巴进行考察。根据 2003 年古巴官方统计数据,每年大约有 15 万美国人未经美国政府批准,通过第三国到古巴旅游。古巴已成为美国人第九大旅游目的地。古巴每年接受来自世界各国旅游者 160 万,由此创造了 30 万个直接和间接就业岗位。大批旅游者的到来促进了古巴旅游线路的开辟、道路的修筑、旅店的建设、旅游产品的生产,以及旅游设施的改善,更重要的是获得了可观的外汇收入。

(3) 拉美左翼阵营领导人去世。委内瑞拉查韦斯总统的去世让美国对古巴的变色充满期望。在拉美左派政权阵营中,查韦斯与古巴卡斯特罗兄弟的关系最好。为了打破美国对古巴的封锁,委内瑞拉曾利用石油资源储备和石油收入慷慨地帮助古巴。比如,拨出数十亿美元平价石油供给古巴(每天向古巴出口约 10 万桶石油);以约 60 亿美元资金购买古巴的医疗服务——4 万名左右训练有素的古巴医务人员赴委内瑞拉工作等。2013 年 3 月 5 日,查韦斯因病去世,古巴陷入经济孤立无援状态。美国认为,这是一个极好的时机。6 月,奥巴马国家安全事务副助理罗兹和拉丁美洲事务顾问里卡多飞抵加拿大,在那里与古巴官员会晤。奥巴马政府表示,数十年对古巴的封锁政策并未瓦解古巴的共产党政权,封锁政策已经失败,只有接触才能让古巴改变。显然,美国期望通过恢复外交关系,影响古巴政体,使其

变色，成为一张推动拉美左翼政治环境变化的多米诺骨牌。

（4）国际社会的多年谴责。美国的经济封锁引起世界社会的强烈反响，自1992年以来，联合国大会每年都会通过要求美国结束对古巴经济封锁的有关决议。1991年，苏联解体前，苏联是古巴最主要的贸易伙伴，苏联每年援助古巴40亿—60亿美元，古巴从苏联进口武器、石油、粮食（80%来自进口）和工业品，对苏联出口蔗糖、水果、龙虾、雪茄烟、朗姆酒、镍等农矿产品。苏联解体后，古巴经济失去依托，石油和粮食等进口不能保证了，盛产的产品出口变得困难，经济出现严重的后退，国家面临粮食短缺。而美国对古巴的封锁不仅没取消，反而有所加强。国际社会对因制裁而生活困苦的古巴人民充满同情，美国国内各界也强烈要求尽快终结封锁，促进地区的稳定和发展。然而，美国政府置若罔闻。2011年第66届联合国大会以压倒性多数票通过题为《必须终止美国对古巴的经济、商业和金融封锁》的决议。中国代表投票前发言指出，美国对古巴的封锁阻碍和侵犯了古巴的发展，不仅严重违背了《联合国宪章》的宗旨、原则和联大有关决议，而且给古巴造成巨额的经济和财政损失。据统计，截至2010年12月，封锁对古巴造成的直接经济损失超过9750亿美元。中国代表敦促美国立即结束对古巴的封锁。

（5）美洲自由贸易区的谈判陷入僵局。在美国全球FTA战略中，推动美洲自由贸易区(Free Trade Area of Americas，简称FTAA)的建立是一个重要内容。1990年，时任总统乔治·布什(George H. W. Bush)提出实现美洲经济一体化的“美洲倡议”，即建立北起美国阿拉斯加，南至阿根廷火地岛的美洲自由贸易区(FTAA)。1994年，34国领导人在美国迈阿密召开了第一届美洲国家首脑会议，一致同意推动FTAA设想。1998年，FTAA谈判正式启动。原定2005年为实现的最后期限，但由于以美国为首的14国集团与以巴西为首的南方共同市场以及委内瑞拉在很多问题（包括市场准入、知识产权、农产品补贴等）上分歧过大，谈判陷于僵局。此外，在反全球化运动中，拉美左翼人士组织的“世界社会论坛”成为反对FTAA的主力军。如此不仅影响到FTAA协议的达成，也使美国后院不得安宁。美国不得不先与已经达成共识的部分拉美国家签订双边FTA。为此，美国迫切希望通过缓解与古巴的关系，分化拉美左翼国家的力量，打破FTAA谈判僵局，促使美洲自贸区的建立。

（6）拉美后院需要稳定。随着中国经济的迅速发展，美国国内遏华的声音抬头，他们强调中国已不再是美国的合作伙伴，而是竞争对手。奥巴马政府“亚太再平衡战略”的提出反映了美国国内遏华派的呼声。美国撇开中国与日本、新加坡、马来西亚、澳大利亚等中国主要的贸易伙伴谈判TPP，设定规则，建立自由贸易区；美国频繁派遣舰队在南海与菲律宾等国开展军事演习，提高该地紧张局势。为此，美国需要尽快结束不得人心的、对古巴经济封锁的外交政策，稳定拉美后院，以便腾出手来专心布置和实施“亚太再平衡战略”。

（7）留下外交遗产的盘算。应该肯定，奥巴马执政8年，在解决国内经济振兴、医保改革、降低失业率等问题上取得了一定的成绩。但是，在外交上似乎一直没有什么建树。批评者认为，奥巴马在国际政治舞台上可以说是无所作为，外交几乎崩溃：伊朗核问题、朝鲜核开发、叙利亚内乱、俄罗斯吞并克里米亚、乌克兰内战、中国的海洋活动、世界各地的恐怖活动等，美国的外交活动几乎不起作用，美国的声誉和国际影响力在下跌。“曾经激发人们梦想的奥巴马已经变成了一个谨慎、遥不可及、搞不定国内外对手的领导人。”面对人们的质疑声，面对国内凝聚力下降问题，在余下来的两年里，奥巴马希望在外交上有所建树，留下政治遗产，像当年尼克松访问中国那样实现美古和解和建交，同时促使伊朗核问题的尽快解决。2015年，美国《纽约时报》专栏作家专访了奥巴马，奥巴马指出，古巴是一个小国，对美国的核心安全利益不构成威胁,美国没有理由不去尝试与古巴恢复关系。如果尝试没有产生预期结果,美国有能力重新调整政策。同样,伊朗的问题也与之类似。"伊朗的国防预算仅为300亿美元,美国则为约6000亿美元,伊朗明白不能与美国开战"。

(8)选票的需要。应该看到,奥巴马上台伊始已经将改善古巴关系作为己任,这是因为美国商会一直主张取消对古巴的制裁,而美国50%被访问的民众支持与古巴恢复关系,商会的政治立场、民众的呼声影响到选战,为奥巴马下决心解决古巴封锁问题提供了现实支持。

三、美古外交关系恢复对两国的意义

美国与古巴恢复外交关系体现了奥巴马政府外交政策上的务实态度。不过,值得一提的是,美古恢复外交关系并不意味着美国对古巴的经济封锁政策即时便取消。2015年7月20日,在美国国务院举行的联合记者会上,国务卿克里指出,对古巴实行的经济封锁只有美国国会才有权解除。他预期,双方关系发展可能"几个星期、几个月或者几年后",等到"那些反对这一新政策的人不会再反对"时。当然,他期望这个时间不会太久。而古巴外长罗德里格斯则指出:"唯有废除对我们的人民造成如此大伤害的封锁,将被占的关塔那摩归还给古巴政府,尊重古巴主权,我们今天所经历的历史性事件才会有意义。"

显然,从恢复外交关系到取消制裁,还有一段路要走。但不管怎么说,美古建交对双方未来的经济发展具有重要的意义:

(1)有利于促进古巴的经济改革与对外开放。2014年,古巴外贸、投资与合作部部长马尔米耶卡指出,政府设定的经济增长目标是6%—8%,为实现该目标,古巴每年需要吸引20亿—25亿美元的外商直接投资,并且使外商直接投资年增长率达到25%—35%。然而,该年古巴的投资率只有12%,为此,吸引外资是古巴当前改革遇到的瓶颈问题。经济制裁取消后,古巴良好的社会秩序,廉价的劳动力,将吸引外资进入,古巴可以根据市场经济的原则选择合作对象,按比较利益的原则从事生产和贸易,促使经济驶入快车道。

(2)有利于美国与古巴的经贸合作。美、古隔海相望,经贸合作成本较低,两国经济互补性也很强。对美国而言,美国企业可以到古巴投资设厂,利用当地廉价劳动力生产产品;美国粮食过剩问题可以通过出口到古巴加以缓解;美国的机械、化肥、化工产品、药品等工业品也是古巴所需要的。对古巴而言,取消限制后,可以通过引进资金和技术,发展本国工业;美国有着庞大的拉美裔人口,古巴生产的蔗糖、烟酒等轻工产品可以出口到美国。而加勒比海两岸优美的风景,也适合两国开展旅游合作,将世界旅游者吸引到那里。

(3)有利于改变拉美国家对美国的态度。古巴一直被社会主义国家阵营视为是美洲的一盏明灯。一个不到11万平方公里的小岛,不畏西方列强的压力,在50多年的封锁、制裁下,坚持本国所选择的道路,这种不屈不挠的民族精神受到许多发展中国家敬佩和尊重。美古关系的正常化表明美国多年对古巴政策的失败,但同时也为社会制度不同的国家如何解决彼此对立塑造了一个良好的模式。古巴与拉美左翼政府已建立的反美阵线,如美洲玻利瓦尔联盟(由古巴、委内瑞拉、厄瓜多尔、玻利维亚等左翼执政国家组成)的对美态度、反美倾向可能会发生转变。该组织未来可能不是以抨击的论调、不合作的态度指责或控诉美国的拉美计划和政策,而是以积极对话的方式与美进行谈判,进行磋商。

事实上,这种变化在2015年4月巴拿马美洲国家首脑会议上已经出现,半个世纪以来第一次所有美洲国家首脑到齐,会上奥巴马提出了一个摆脱旧意识形态的新秩序的蓝图,强

调这一变化是整个地区的转折点。古巴领导人劳尔不赞同，表示“应该继续斗争，继续完善社会主义”。但他也说：“奥巴马是一个真诚的人……应该支持他解除封锁的努力。”委内瑞拉等国虽然仍旧批评美国，但没有一个领导人反对美古接近。委内瑞拉总统马杜罗说：“很多事都变了，我们站在一个新时代的门口。”美洲国家组织秘书长何塞·米格尔·因苏尔萨认为，这个进程是不可逆的，他说：“已经发生了一些质变，再维持过去的政策是不可能的了。”显然，美古关系的和解带来美洲政治环境的变化。

(4) 促进美洲自由贸易区的建立。2005 年，FTAA 计划在拉美左翼执政国家的反对下夭折，古巴和委内瑞拉组建了一个“美洲玻利瓦尔替代计划”，并吸引了其他一些左翼执政国家参加，形成美洲玻利瓦尔联盟。美古和解后，随着美国对古巴封锁的解除，FTAA 美洲区域一体化进程将会重新启动。这是因为古巴需要美国的能源、粮食、资金和技术。

(5) 有利于美国制造业的复兴。美国将以古巴作为跳板，进军拉美广阔市场。相邻的地理优势、丰富的资源、资本的缺乏以及相对廉价的劳动力，使得拉美地区将成为美国制造业主要的投资场所和加工工业生产基地。

不管怎么说，美古关系进入一个新的阶段。不过，美国对古巴取消经济封锁、美古历史遗留问题的解决还需要一段时间。2015 年 7 月 20 日，克里表示，美国希望与古巴成为“好邻居”，但通往实现两国关系完全恢复之路仍“漫长而复杂”。针对古巴外长布鲁诺·罗德里格斯要求美国归还关塔那摩，克里表示，现在美国没有修改有关该海军基地现有租赁协议以及其他相关规定的意愿。

2016 年 7 月，美古恢复外交一周年，加上建交前的重建外交关系协议，两国已经签订 11 项协议，这期间奥巴马也访问了古巴，给古巴很多期待，但是美国政府仍然没有将具体机构或企业名字从禁运名单中移除，大多数古巴人感觉不到两国关系正常化给日常生活带来彻底变化。看来，完全解除禁运以及彻底解决历史问题，两国还有一段路要走。

（林　珏）

【讨论题】

1. 美国为什么要恢复与古巴之间的外交关系？

2. 美国对古巴长期的制裁给古巴经济带来哪些损害？一旦取消经济制裁，又会给古巴经济发展带来哪些影响？

3. 根据该案例，谈谈发展中国家经济发展中的政治障碍与国际障碍。

【参考资料】

1.《古美恩怨五十载》，新华网，http://news.xinhuanet.com/ world/2009-06/06/ content_11497407.htm。

2.《参考消息》(2014—2015)。

3.《美国与古巴的关系》，新华网，http://news.xinhuanet.com/ziliao/2009-09/04/content 11995488.htm。

4. 王伟：《“冥王星”计划与美国对古巴的军事打击》，载《社会科学战线》2007 年第 1 期，第 172 页。

5. 林珏：《美古恢复外交关系的原因剖析及影响分析》，载《“美国与新兴市场经济体的跨国投资和经贸关系”国际研讨会论文集》(2015 年 10 月)。

6. 木春山:《美国古巴谋建交　中国18个月前或知晓》,凤凰博客,http://blog.ifeng.com/article/34688088.html? touping。

7. 林琼、白洁:《中国呼吁美国尽快结束对古巴的经济制裁和封锁》,新华网,http://news.sohu.com/20111026/n323412406.shtml。

【案例 1-23】 中国的雾霾天气形成的原因及影响

中国经济近 30 年快速增长，国际政治经济地位不断提高，但与此同时，随着人口的增加、制造大国的形成，中国的生态环境问题也日益严重。目前，能源的短缺，自然资源的耗竭，生产、生活中大量废弃物的肆意排放、丢弃，已经大大超出环境所能承受的能力。尤其是 21 世纪以来，空气污染导致不少城市或地区雾霾现象日益严重。

一、2013 年中国爆发的严重的雾霾事件

2013 年 12 月，中国中东部大部分地区出现雾霾，特别是 2013 年 12 月 2 日至 12 月 14 日的重度雾霾，是 2013 年入冬后范围最大、污染最重的，几乎涉及中东部所有地区。天津、河北、山东、江苏、安徽、河南、浙江、上海等多地空气质量指数达到六级严重污染级别，京津冀与长三角雾霾连成片。污染物 PM2.5 浓度部分地区达到 300 至 500 微克/立方米。其中重霾污染最为严重的区域是江苏中南部，南京市空气质量连续 5 天严重污染，持续 9 天重度污染，12 月 3 日 11 时南京的 PM2.5 瞬时浓度达到 943 微克/立方米。12 月 6 日，上海市达到 600 微克/立方米，局部至 700 微克/立方米以上。表 1-23-1 显示的是中国部分城市在该雾霾事件中的空气质量指标（AQI）情况，从中可见，各城市 AQI 一度超过 300，出现严重污染，其中南京持续的时间最长。

表 1-23-1　2013 年 11 月 28 日至 12 月 18 日中国部分城市严重雾霾事件中各城市的 AQI

日期	上海	南京	杭州	合肥	济南	石家庄	天津
11 月 28 日	76	82	62	72	66	89	64
11 月 29 日	85	90	63	74	81	111	143
11 月 30 日	126	122	91	111	150	139	111
12 月 1 日	243	215	118	148	134	248	139
12 月 2 日	275	209	147	188	179	356	284
12 月 3 日	181	231	152	211	273	270	221
12 月 4 日	148	377	257	374	143	290	288
12 月 5 日	264	327	278	342	205	183	125
12 月 6 日	416	325	305	363	130	289	115
12 月 7 日	193	365	402	328	258	400	316
12 月 8 日	154	318	393	263	382	419	294
12 月 9 日	216	209	233	242	128	75	38
12 月 10 日	99	100	90	148	124	134	126
12 月 11 日	137	128	126	145	80	84	69
12 月 12 日	119	151	158	175	111	121	83

(续表)

日期	上海	南京	杭州	合肥	济南	石家庄	天津
12月13日	145	163	193	242	118	135	78
12月14日	70	150	183	244	271	237	118
12月15日	113	209	178	234	376	345	164
12月16日	36	63	58	109	367	397	209
12月17日	22	73	33	86	287	223	124
12月18日	61	135	64	220	98	222	89

注释:AQI分六级:0—50,优;51—100,良好;101—150,轻度污染;151—200,中度污染;201—300,重度污染;>301,严重污染。

资料来源:根据各地新闻报道的信息进行整理。

二、此次雾霾形成的原因分析

雾霾主要来自空气污染,而导致空气污染的主要污染源有:

第一,工业废气。工业生产排放污染物,包括烟尘、硫的氧化物、氮的氧化物、有机化合物、卤化物、碳化合物等。有些是以气体的形式排放到空气中,有些是以烟尘的形式排放到空气中,它们都对大气环境造成较大的污染。

第二,生活炉灶与采暖锅炉。城市和乡村的大量民用炉灶以及冬季北方的采暖锅炉以煤炭作为燃料,排放大量的灰尘、二氧化硫、一氧化碳等有害物质。特别是在冬季,排放量大,在冬季风小和湿度大的天气条件下,这些污染物不易扩散,导致长时间停留在空气中危害人体健康。

第三,交通运输。主要来自于汽车、火车、飞机、轮船等当代主要的运输工具,这些交通工具主要以煤或石油为动力,产生出大量的汽车尾气,其主要成分有一氧化碳、二氧化硫、氮氧化物和碳氢化合物等。近年来,城市中的汽车数量急剧上升,汽车尾气排放的污染物直接侵袭人的呼吸器官,对城市空气造成严重的污染,成为目前大城市空气的主要污染源。

从2013年雾霾形成看,根据气象学家分析,首先是受地面静稳天气控制。大气层低空的空气垂直运动受到限制,大气扩散条件较差,不利气象条件造成污染物持续累积。空气相对湿度增加的条件下,大气颗粒物吸水膨胀,导致空气污染持续累积。其次,中国北方地区冬季供暖期猛增的能源消耗排放的大气污染传送。静稳天气条件下机动车尾气排放累积,对空气质量造成严重影响。再者,影响中国的冷空气势力偏弱,中东部地区风力较小,气象条件不利于华北中南部至长三角地区等地空气中污染物的扩散。最后,就是“二次污染”。这是指汽车尾气、燃煤等产生的二氧化硫、氮氧化物在空气中经过化学反应,进一步转化为硫酸盐、硝酸盐等颗粒更小的污染物。因此,本次大范围雾霾污染呈现出复合型污染的特点。

三、本次严重雾霾带来的影响

第一,高速公路关闭,民航延误,严重交通事故出现。12月3日15时至12月4日14时,江苏省13个省辖城市PM2.5浓度严重超标,空气质量为重度污染或严重污染。江苏省多条高速公路封闭,苏北高速公路几乎全部封闭,导致南京中央门汽车站、汽车南站等数十条长途班线延误。12月4日傍晚至12月5日上午,江苏全省高速公路除京台高速公路徐州段外全部关闭。同日，安徽大部分地区继续笼罩在雾霾下，省会合肥的空气质量指数达到482微克/立方米，导致G3京台高速、G35济广高速、G36宁洛高速等多条道口封闭。12月7日凌晨，沪杭甬、杭宁、杭新景、杭长、乍嘉苏等高速陆续封道。同日，浙江强雾霾导致能见度不足2米，省内多条高速均采取了封道和分流的措施。12月8日早上，河北省气象台继续发布大雾红色预警信号和霾橙色预警信号，高速公路大面积关闭，石家庄国际机场受影响导致所有进出港航班全部延误。12月8日凌晨，途经天津的高速公路全部关闭，天津滨海国际机场能见度为300米左右，部分航班不能正常起降。天津市政府准备出台政策，控制机动车保有量的增长。12月8日，受雾霾污染影响，江苏、浙江、上海、河北等地均发生较为严重的交通事故。

第二，学校停课，一些户外活动被取消。12月4日，安徽省教育厅要求，在雾霾情况下暂停户外体育课教学以及冬季长跑等户外活动。12月5日至6日，南京大气污染持续发布红色预警，南京中小学、幼儿园全面停课。12月6日，上海遭遇历史上最重度的雾霾污染，PM2.5浓度日平均值超过600微克/立方米，上海市教委发布通知，要求在校学生一律停止户外活动，迟到缺勤学生不作旷课处理。

第三，患病者增多。12月5日至6日，南京儿童医院门诊量上升1/3，喘息性气管炎、肺炎、普通上呼吸道感染发病率都有明显上升。12月7日，杭州持续数天的雾霾不断加重，AQI值超过400，医院每天增加100个呼吸道病患。

第四，周边地区受到影响。受到东北季风的影响，中国中东部雾霾中的PM2.5污染物加速吹往台湾地区。12月10日凌晨始，中国台湾各地空气污染指数攀升，云嘉南与高屏地区的污染程度已接近“不良”等级。

第五，国外指责和担忧。12月2日，美国国家环境保护局局长吉娜·麦卡锡在华盛顿表示，中国的空气污染已经危害到美国和其他国家，中国排放的污染正在吹向美国西海岸。美国将与中国开展更深层次的合作，共同治理环境污染。此外，韩国媒体也对此次中国雾霾进行了大幅报道，对中国的大气污染物飘向韩国表示了担心。

四、雾霾给人体带来的危害

雾霾不仅影响到人们的出行，而且给人体带来严重危害。2013年10月17日，世界卫生组织下属国际癌症研究机构发布报告，首次指认PM2.5污染对人类致癌，并视其为普遍和主要的环境致癌物。对颗粒的长期暴露可引发心血管病和呼吸道疾病以及肺癌。当空气中PM2.5的浓度长期高于10，就会带来死亡风险的上升。浓度每增加10，总死亡风险上升4%，心肺疾病带来的死亡风险上升6%，肺癌带来的死亡风险上升8%。此外，PM2.5极易吸附多环芳烃等有机污染物和重金属，使致癌、致畸、致突变的几率明显升高。

雾霾的天气使得人们易吸入有害颗粒物。2013年2月，中国科学技术名词审定委员会将PM2.5的中文名称命名为细颗粒物。其化学成分主要包括有机碳（OC）、元素碳（EC）、硝酸盐、硫酸盐、铵盐、钠盐（Na＋）等。PM2.5又称细粒、细颗粒。细颗粒物指环境空气中空气动力学当量直径小于等于2.5微米的颗粒物，也称可入肺颗粒物。它能较长时间悬浮于空气中，其在空气中的单位含量越高，代表空气污染越严重。虽然PM2.5只是地球大气成分中含量很少的组分，但它对空气质量和能见度等有重要的影响。与较粗的大气颗粒物相比，PM2.5粒径小，表面积大，活性强，易附带有毒、有害的重金属和微生物等，在大气中的停留时间长、输送距离远，因而对人体健康和大气环境质量的影响更大。因为直径越小，进入呼吸道的部位越深,细颗粒物进入人体到肺泡后,直接影响肺的通气功能,使机体容易处在缺氧状态。全球每年约210万人死于PM2.5等颗粒物浓度上升。

2012年联合国环境规划署公布的《全球环境展望5》指出,每年有70万人死于因臭氧导致的呼吸系统疾病,有近200万的过早死亡病例与颗粒物污染有关。《美国国家科学院院刊》(PNAS)也发表了研究报告,报告中称,人类的平均寿命因为空气污染很可能已经缩短了5年半。

世界银行发布的报告表明,由室外空气污染导致的过早死亡人数,平均为每天1000人,每年有35万至40万人面临着死亡。具体来讲,早在1997年,世界银行就预计有5万中国人因为空气污染而过早死亡。总体来说,这份报告发现,中国的空气污染使得城市居民的寿命减少了18年。

五、中国应采取的治理措施

空气污染的治理是一个庞大且需巨大投资的系统工程,需要个人、集体、国家乃至全球各国的共同努力,目前主要有以下几种途径减少空气污染:

第一,减少污染排放量,调整能源结构。应增加使用无污染和低污染的较为清洁的能源,改进燃烧技术,以减少排污量。另外,在污染物未进入大气之前,使用一定技术消除废气中的污染物,减少进入大气的污染物数量。

第二,对工业区进行有效管理。如厂址的选择、烟囱的设计、城区与工业区的规划等应合理,不要将排放度集中的企业连片规划,造成重复叠加污染,导致局部地区严重污染事件发生。

第三,绿化造林。茂密的林丛能降低风速,使空气中携带的大粒灰尘下降。蒙尘的叶子经雨水冲洗后,能继续吸附飘尘。如此往复拦阻和吸附尘埃,能使空气得到净化。

第四,改变燃料构成,促进煤改气的转换。同时,加紧研究和开辟其他新型能源,如太阳能、风能、氢燃料、地热等,以减轻烟尘的污染。

第五,从自己做起。不乱扔废弃物;出行尽量乘坐公交车、地铁,减少私家车使用;多参加植树等绿化活动;私家车安装尾气处理装置,使用润滑油使燃油充分燃烧,减少有害气体排放。

(贾松波 林 珏)

【讨论题】

1. 分析中国雾霾天气的主要原因以及对经济发展的影响。

2. 如何采取有效措施来解决空气污染问题?你是否同意文中的建议?你有什么好的建议?

3. 治理空气污染问题是否会影响经济发展速度?为什么?根据该案例谈谈“能源—环境—经济”(3E)三者之间的关系。

【参考资料】

1. 美国有线电视新闻网:《全球每年约210万人死于PM2.5等颗粒物浓度上升》,中国天气网,http://www.weather.com.cn/life/2013/07/gdt/1924533.shtml。

2.《春游这样烧烤 致癌物最高飙升100倍》,载《西安晚报》2016年3月11日。

【案例 1-24】 泰国动荡的政局

2010 年 5 月 19 日，泰国军警开始对曼谷商业区的"红衫军"进行清场。下午，"红衫军"领导人宣布停止集会，并向警方自首，从而结束了这场长达 69 天，造成 88 人死亡、1885 人受伤的抗议示威活动。然而，这远远不是泰国动荡政局的结束，自 2006 年泰国政府前总理他信遭遇军事政变下台以来，泰国长达 4 年的政局动荡，已经造成了这个国家的精英阶层与中下层民众的严重对立。社会阶层间的巨大裂痕能否修补，冲突造成的伤痛能否抚平，泰国社会的前途究竟向何处去，依然有待时间证明。

一、泰国的经济发展历程

泰国地处东南亚，原本是一个农业国家，工业基础十分薄弱。1960 年，泰国农业收入占到其国民收入的 80%左右，农业劳动力占总就业人数的 83%，而工业收入仅占国民收入的 5%，起点较低。为了尽快实行工业化，加速经济发展，泰国政府依照其国情特点及不同时期的经济发展状况，制订了经济和社会发展五年计划。

从上世纪 60 年代到 90 年代初，泰国经济大致上经历了进口替代、出口导向和协调发展三个阶段。泰国抓住日本、中国台湾、韩国等国家和地区对外资本输出的机遇，放宽国内管制，大力吸引外资，从 60—70 年代的进口替代战略发展为 80、90 年代的出口导向战略。政策、措施的得当，使得泰国经济连续 20 多年保持较高的增长率。经济飞速发展加快了泰国科技水平、人口素质、社会文明程度的提高，国民收入显著增加。1991—1995 年，泰国 GDP 年平均增长率达到 9%，到 1997 年亚洲金融危机爆发之前，泰国人均 GDP 已经达到 3170 美元，人民生活水平显著提高。

1997 年，由于经济结构的失衡，过于依赖外贸经济，以及国际热钱的冲击，亚洲金融危机首先从泰国开始爆发，泰铢大幅度贬值，泰国的经济陷入衰退之中。1997 年，泰国 GDP 比前一年下降 1.4%，1998 年又下降 10.5%。最后，泰国通过国际基金组织的援助以及政府自身的财政、金融政策从危机低谷中走出，得到复苏。1999 年 GDP 比前一年增长 4.4%，进而 2000 年增长 4.8%。商品出口也从 1999 年的 7.4%增加到 2000 年的 19.5%，同期财政赤字额从 1344 亿泰铢减少到 1159 亿泰铢。2001 年后，在他信政府的领导下，泰国经济转趋平稳增长，2003 年提前还清 IMF 的紧急贷款。从表 1-25-1 可见，2003 年和 2004 年，泰国 GDP 增长速度均超过 6%，泰国经济已经回到了正常的发展轨道。

表 1-25-1　1995—2004 年泰国主要经济指标

经济指标	1995	1996	1997	1998	1999	2000	2001	2002	2003	2004
GDP 增长率(%)	9.3	5.9	−1.4	−10.5	4.4	4.8	2.2	5.3	6.9	6.1
国内资本投资总额(相当于 GDP 的比率)(%)	41.8	41.6	33.7	20.4	20.5	22.8	24.1	23.9	25.0	27.1

(续表)

经济指标	1995	1996	1997	1998	1999	2000	2001	2002	2003	2004
失业率(%)	—	—	1.5	4.4	4.2	3.6	3.3	2.4	2.2	2.1
物价上涨率(消费者物价指数)(%)	5.8	5.9	5.6	8.1	0.3	1.6	1.6	0.7	1.8	2.7
货币供应量(M_2)增长率(%)	17.0	12.6	16.4	9.5	2.1	3.1	4.2	2.6	4.9	5.4
商品出口贸易额增长率(%)	24.8	−1.9	3.8	−6.8	7.4	19.5	−7.1	4.8	18.2	23.0
商品进口贸易额增长率(%)	46.5	0.8	−13.4	−33.8	16.9	31.3	−3.0	4.6	17.4	26.9
国际经济收支差额(相当于GDP的比率)(%)	−12.1	−8.1	−2.1	12.8	10.2	7.6	5.4	5.5	5.6	4.5

资料来源:亚洲开发银行发布的《2015年亚洲发展展望报告书》的统计附表。

二、政局动荡始末

应该说,自上个世纪60年代以来,泰国的经济发展取得显著进步,人民生活水平得到较大提高。但是自2006年以来,泰国政局突然动荡不止,三年换了三个总理,各派利益斗争日趋激烈,街头民主成为常态,宪法成了儿戏,军事政变成为解决乱局的唯一途径。

2001年,他信在竞选中提出帮助农民发展的"草根政策",赢得大选。他信和为泰党执政后兑现竞选诺言,增加对农村的扶贫力度,建立社会保障体系,维护下层民众的权益,并通过扩张性财政政策拉动经济复苏。从2001年到2005年,偿还了大部分外债,经济得到发展,2005年下议院大选中再次获得大胜,他信顺利连任。

但是,他信的"草根政策"损害了以军方、司法官僚、城市中产阶级为代表的其他社会阶层的利益,引起国内保守势力强烈反对。2006年初,他信家族出售其家族企业西那瓦集团49.6%的股权给新加坡,被指控有逃税之嫌。借他信"逃税丑闻"曝光之机,反他信集团组成"人民民主同盟",统一身着黄色外衣组成"黄衫军",发动大规模的示威活动,由此拉开了这场旷日持久的动荡序幕。

2006年9月,泰国陆军总司令颂提乘他信出访联合国之机,发动军事政变,成立临时政府,他信被迫流亡海外。他信下台后,他的支持者效仿"黄衫军"的做法,组成"反独裁民主联合阵线"。所有成员都统一身着红色外衣组成"红衫军",举行示威活动,要求结束临时政府,举行全国大选。

2008年2月,他信的代理人沙马在"红衫军"的支持下当选为泰国总理。沙马的上台立即引起"黄衫军"的强烈不满,他们包围总理府,冲击内阁部。2008年9月9日,沙马参与了一档电视台的烹饪节目并领取了报酬,违反了法律规定。"黄衫军"借此机会举行游行示威,在一片声讨中沙马下台。但由于他信势力有着广泛的选民基础,他信的亲妹夫颂猜被推上总理宝座。"黄衫军"不肯罢休,采取包围国会大院、曼谷两大国际机场等过激的行动。最终,泰国宪法法院下令解散执政党,禁止现总理参政,颂猜下台。

2008年12月,下议院大选,15日,反他信联盟的民主党领导人阿披实以微弱多数击败前执政党及盟友推出的候选人蓬诺,当选为新总理。阿披实的上台引起了他信支持阶层的恐慌,担心会损害自身的利益。因此,"红衫军"在阿披实上台后组织了更大规模的示威活动,甚至向阿披实政府发出"最后通牒"。2009年4月11日,"黄衫军"冲击位于泰国帕塔亚的东盟系列峰会新闻中心,迫使阿披实宣布取消东盟峰会。而2009年3月12号开始,"红衫军”又一次在曼谷集会，要求阿披实解散国会下议院并进行选举，但是遭到阿披实政府的拒绝，抗议活动发展成为5月“红衫军”与政府军警之间的严重冲突，导致88人死亡，1885人受伤。最终，事件以政府对“红衫军”聚集地开始清场，“红衫军”领导人向警方自首而暂告结束。

三、政局动荡的影响

泰国政局持续动荡，给泰国经济发展带来了极大的不确定性，打击了外国投资者的投资热情。尤其是2008年“黄衫军”包围曼谷国际机场和2009年“红衫军”在曼谷市中心的集会抗议活动更是给泰国的支柱产业——旅游业带来沉重打击。

受到全球金融危机以及国内局势不稳的影响，泰国2008年经济增长2.6%，2009年经济增长−2.3%。2010年一季度，随着亚洲整体经济环境变好，泰国第一季度的经济增长率达到两位数，然而4月份爆发的“红衫军”集会活动又再一次减缓了泰国经济的复苏活动。

根据路透社报道，9周持续的混乱造成大约30亿美元损失，相当于泰国GDP增长1个百分点。部分集会者纵火焚烧商场、供电所、银行、证券交易所等，曼谷著名的世贸中心商场也被大火吞噬，部分建筑已经倒塌。这些都对泰国旅游业，特别是曼谷旅游业产生严重影响。泰国旅游机构当时预计，“红衫军”集会和局势动荡给泰国旅游业造成的损失约为1200亿泰铢，2010年入境泰国的外国游客将为1270万至1400万人次，同比减少10%。

同时，近几年来诡谲的政局，已使泰国的形象严重受损。在部分外国投资者的眼里，泰国已经逐渐变成一个难以管治、不断衰落的国家。以往，泰国在外国公司心目中是一个美好、有吸引力的地方。而现在很多外国公司都在认真考虑是否应在泰国进行新投资。

欧亚集团亚洲问题分析家罗伯托·赫雷拉—林说：“从表面看，即使这场动荡结束，导致双方分歧的根本仍将存在。如果这种不稳定局面再持续几年，那么，需要涉时数年的投资计划例如建造新工厂的投资计划，可能就会受到影响。”

然而，持续的局势动荡和暴力冲突不仅仅造成了商业的损失，更重要的是造成了社会各阶层的分裂，泰国社会分裂的鸿沟已越拉越大。用曼谷市长素坤潘·帕里巴特拉的话说，“我们可以在短时间内修复道路，但不知道需要多长时间才能抚平人们受伤的心”。这种社会的分裂以及各阶层间的对抗如不能被有效抚平，必将在未来引发泰国政局的进一步震荡，从而影响经济的持续发展。

2011年，泰国阿披实总理宣布解散下议院，启动大选，原总理他信的最小的妹妹英拉作为为泰党候选人获得大选，成为泰国第一位女总理，2012年还兼任了泰国国防部长。2013年，反政府组织集会，反对特赦法案，迫使政府放弃该法案。

2014年1月，泰国国家反腐败委员会对英拉有关涉嫌大米项目渎职案进行调查。英拉2011年上台后为兑现大选承诺推行大米补贴政策，以高于市场的价格收购农民手中的大米，反对党指控其导致国家财政巨额损失。5月，陆军司令巴育宣布发布军事政变，英拉被迫下台。随后，一项针对她的弹劾案使她5年内不得参政。民主选举的政权被推翻，国家政权掌握在军人巴育手中，泰国政局依然不稳定。

四、政局动荡的原因分析

泰国持续不断的政局动荡阻碍了经济的发展，反映出泰国工业化进程中经济社会发展结构的不平衡，各地区、各阶层之间发展差异、贫富差距的拉大，由于政治结构不能适应经济发展的潮流,不能反应社会各阶层的利益诉求,所以最终酿成持续不断的政局动荡。下面从经济、政治两个方面分析泰国局势动荡的成因:

首先,从经济上看,是各地区、各阶层间的发展极不平衡。虽然泰国自上世纪60年代以来经济迅速发展,取得显著成果,但是约有500万泰国人依然生活在官方划定的贫困线以下,他们每月收入仅约合230元人民币。大部分贫困人口居住在泰国北部和东北的农村地区,那里的贫困人口达到130万。1980年,泰国70%的劳动力都在农村。现如今这个数字骤降到了40%。然而,快速的城市化进程并没有带来稳定的工作和有组织的劳工运动。泰国城市1/3劳动力在所谓非正式部门工作,换句话说,他们不签署合同,没有稳定的工作,没有固定的薪水,没有社会保障。泰国劳工中没有社会保险者约占65%。

在农村,情况也大致相同。2003年,有580万拥有农业用地的农户,其中140万拥有的土地少于0.8公顷。这些农村家庭往往依赖于贷款或城市亲戚的救济过日子。此外,广大农村基础设施和通信条件较差,教育体制和保健服务也不健全。

根据联合国开发计划署(UNDP)的一项调查,仅占总人口20%的泰国富裕阶层,手里握有全国财富的56%;而生活在社会底层的60%的民众,他们的收入只占财富的25%。社会财富过多地集中在少数人手里。这种区域之间、城乡之间、阶层之间发展的不平衡,悬殊的贫富矛盾导致"精英阶层"和"草根阶层"之间产生不可调和的矛盾。这两个阶层为了各自的利益,你争我夺,互不相让,最终形成了"红衫军"与"黄衫军"街头对峙的局面。

其次,变形的君主立宪制。泰国1932年实行君主立宪制,但是这种从西方移植而来的制度在泰国的土壤中已经发生了变形,不如英国、荷兰、比利时这三个国家成熟,同时,泰国又不如日本经济水平高、社会稳定性强。因此,当泰国新的政治力量崛起时,这种政治结构就会受到强烈冲击而产生严重扭曲。代表新兴产业集团、城市贫民、农民等草根阶层的为泰党和代表传统城市阶层的民主党等党派之间不是进行协商,整合各方利益,作出各方都能接受的决策,而是一上台就修改宪法,以期在任期内能一党独大,长期执政。双方都不尊重民主选举的结果,而是在选举结果未能满足本党派利益时,采取"街头政治"的形式,甚至不惜借助军队的力量,通过军事政变来达到自身目的。

这种不成熟的民主制度极容易在各方利益的影响下演变成民粹主义。民众不能自觉遵守民主的游戏规则,而只有反复制定的宪法和制度以及周而复始的街头暴力。在大选中,上层政客借助金钱向下层民众施恩,下层民众自然要知恩图报,于是选举变成利益与权力的交换,而不是选民独立意志的表达,民主由此变质。

五、总结

泰国如果不能消除城市与农村、中产阶级与中下层群众间的巨大鸿沟,有效地逐步改善底层人民的生活,缩小贫富差距,那么,社会阶层间的种种矛盾将会再次爆发,造成政治局势的再次动荡。

因此,随着泰国社会民主意识进一步提高,新兴阶层政治觉悟的觉醒,以及底层人民对自身利益的诉求呼声越来越大,如何协调好各方面利益,调整泰国经济发展结构,使得经济发展的成果能被广大人民一同分享,泰国还需要经历一个较长而坎坷的过程。

(夏方杰、林　珏)

【讨论题】

1. 泰国政局为什么动荡不已？
2. 泰国应当采取什么措施来消除各地区、阶层间发展不平衡的现象？
3. 如何评价泰式民主？这种政治体制是阻碍还是推进了泰国的经济发展？

【参考资料】

1. 彭一伶：《泰国政局动荡的理性思考》，载《传承》2010 年第 1 期。
2. 张宇炎：《泰国政局变动的深层次原因分析》，载《亚非纵横》2009 年第 3 期。
3. 雷著宁、余海秋：《2007 年的泰国政治经济形势》，载《东南亚》2008 年第 1 期。
4. 汪慕恒：《金融危机后的泰国经济》，载《东南亚纵横》2004 年第 2 期。

【案例 1-25】 科技与印度农业发展

印度是一个文明古国，1757 年后逐渐沦为英国的殖民地。在近 200 年的殖民统治中，印度是西方殖民者的原料产地和工业品倾销市场，农业遭到严重破坏，接连不断的粮食危机，使得数千万人因饥饿丧生。1950 年印度独立后，为了增加粮食生产，解决吃饭问题，国内掀起了粮食增产运动，并进行了土地改革，但因种种原因，成效不大。随着人口迅速增加，印度的粮食进口不断扩大，进口量甚至超过千万吨，从而引起对外贸易逆差增加，国际收支赤字扩大，最终导致印度货币卢比贬值。

20 世纪 60 年代中期起，在世界银行等国际机构的帮助下，印度开始注重农业新技术的运用，开展起绿色革命、白色革命和蓝色革命，并把这些革命不断引向深入。印度的农业面貌发生了深刻的变化，进而促进经济发展。印度的农业科技进步具体表现在以下几个方面：

（1）培育和推广高产优良品种。农作物的品种与作物产量关系极大，20 世纪 60 年代初期，印度从墨西哥引进优良小麦品种，在国内的气候条件下进行培育，培育出适合印度种植的优良小麦品种。印度选定自然条件较好的旁遮普邦、哈里亚纳邦及北方邦西部等地区播种，取得良好成效后，扩大种植面积。1966—1967 年度，良种播种面积为 200 万公顷；1980—1981 年度，增加到 4,470 万公顷。在培育和种植良种小麦的同时，印度还培育出良种水稻、良种玉米等，并逐渐推广。印度也培育出转基因作物品种，并开始试种。同时，还从国外引进优良畜种和鱼种，经过培育逐渐推广。比如，利用本地丰富的水牛资源，培育出以青草为饲料的奶牛等。

（2）增加化肥和农药的施用。优良作物品种的高产需要有化肥和农药的密切配合，为了提高农作物的产量，印度不断增加化肥的施用。1960—1961 年度，印度化肥消费量为 29.2 万吨，1970—1971 年度增加到 217.7 万吨，1980—1981 年度达到 551.6 万吨，1998—1999 年度增加到 1617.1 万吨。对氮肥的施用量，1965—1966 年度 60 万吨，1981—1982 年度 410 万吨，16 年间增加近 6 倍。20 世纪 50 年代，印度的氮肥施用量年均增长 14%，60 年代年均增长提高到 24%，70 年代年均增长更提高到 132%。同时，为提高农作物产量，印度还不断增加农药及除草剂等的施用，加强对农作物的保护。1967—1968 年度，印度受到保护的农作物面积为 640 万公顷，1977—1978 年度增加到 7500 万公顷，10 年间增加了 11 倍。

（3）扩大灌溉面积，改进灌溉方法。为了充分发挥农业新技术的作用，印度大兴水利，除修筑大型综合水利工程外，还修建了中小水库、池塘、管井等水利基础设施，促进了灌溉面积的扩大。水稻、小麦、玉米、豆类、杂粮及甘蔗、棉花和油菜等农作物的灌溉面积从 1970—1971 年度的 3380 万公顷增加到 1980—1981 年度的 4430 万公顷，1990—1991 年度达到 5620 万公顷，1995—1996 年度增加到 6,390 万公顷。在扩大灌溉面积的同时，印度还不断改进灌溉方法，长期以来，农业中普遍采用的耗水量极大的水漫灌法逐渐被喷灌和滴灌等节水灌溉的方法替代。

（4）增加农业新技术的使用，提高农业机械化水平。在农业中，印度也推广拖拉机、抽水机、收割机等农业机械的使用。1965—1966年度，印度农业中使用的电动抽水机和柴油抽水机仅50万台，1978年增加到390万台，增加6倍多。1960—1961年度，印度农业中使用的拖拉机仅3.1万辆，1978年增加到40万辆，增加12倍多。同时，播种机、除草机、联合收割机等的使用也大幅度增加。

此外，一些农作物生长剂，如人工根瘤菌和耐旱化肥等，也逐渐在印度农业中使用，一些新的农作物种植方法及保护方法在印度农业中逐渐推广。

农业科技的进步对印度经济发展产生积极影响，表现为：

（1）增加了粮食生产，解决了吃饭问题。印度独立后很长一段时间里是一个吃粮靠进口的国家，每年进口的粮食都在数百万吨以上，最高时超过千万吨。农业科技进步的显著成效首先是提高了粮食产量，增加了农业生产，解决了数亿人的吃饭问题。由于农业科技进步，农作物年单位面积产量大大提高。1960—1961年度，印度每公顷土地产粮710公斤，1970—1971年度增加到872公斤，1980—1981年度又达到1023公斤，1990—1991年度增加到1380公斤，1996—1997年度则达到1614公斤，增加了127%。同期，每公顷水稻的产量也从1013公斤增加到1123公斤、1336公斤、1740公斤、1882公斤，增加了85%；每公顷小麦的产量从851公斤增加为1307公斤、1630公斤、2281公斤和2679公斤，增加214%。农作物单产的提高，有力地促进了印度农作物总产的增加。在1960—1961年度至1996—1997年度期间，印度的粮食产量从8200万吨增加到1.99亿吨，增加143%。从70年代末期起，印度终于达到粮食基本自给，解决了长期困扰的吃饭问题。

（2）促进农林牧副渔业发展，推动农村产业结构调整。农业科技进步，不仅增加了粮食生产，而且促进了种植业、林业、畜牧业、渔业和副业的综合发展。到1979—1980年度，印度采伐的木材达到2400万立方米，价值约33.3亿卢比。到80年代初，印度淡水养殖面积达到60万公顷，年产鱼70多万吨，从而使印度的鱼产量从1950—1951年度的75万吨增加到1990—1991年度的382万吨。印度拥有的牛超过2亿头，绵羊和山羊的拥有量也在1亿只以上，印度成为畜牧业生产大国。90年代初，印度年生产奶5000多万吨，人均约60公斤。特别突出的是乡村工业的发展，与农村传统工业主要属于家庭手工业不同，印度乡村工业主要包括农业基础工业、农业生产资料工业、林产品工业及其他消费品工业，如皮毛加工、油料加工、木材加工、农具生产、石灰生产、棉麻加工等。其产值从1955—1956年度的1.09亿卢比增加到1984—1985年度的75.9亿卢比，增加了70多倍。林业、牧业、渔业及乡村工业的发展，推动了印度农村产业结构的调整。种植业在印度农业生产中的地位逐渐下降，林牧副渔业在印度农业生产中的地位有所上升。

（3）扩大农村基础设施建设，增强农业发展后劲。农业科技进步，一方面要求增加水坝、池塘等蓄水设施和抽水机、提灌站等提水设施，有效扩大灌溉面积；另一方面也要求建立乡村电网及乡村公路等基础设施，以提高农业机械化水平，改善农村运输条件，保证农作物良种、农药、化肥和农业机具等现代农业投入物及时运到农村，加速把粮食及其他农副产品运到其消费地。为此，独立后特别是20世纪60年代中期以后，印度加紧水坝、蓄水池、提灌站、乡村电网及乡村公路等基础设施的建设，使印度乡村各种基础设施不断增加。由于农业科技进步要求农民掌握一定的科学文化知识，因此科技的进步也推动了农村教育和农村卫生事业的发展，这一切都为印度农业发展增强了后劲。

(4) 刺激工业外贸的发展,增强经济发展的潜力。农业科技进步,不仅增加了粮食产量,解决了人们的吃饭问题,而且还促进了农林牧副渔全面发展,农民收入增加。农民收入的增加及农业生产投入物的扩大,为印度工业的发展提供了广阔的市场,一定程度上刺激了工业的发展。而农业科技进步、农林牧副渔业的全面发展,则有力地推动了印度对外贸易的发展。一方面,水果、黄麻、香料、茶叶、棉花、鱼、木材等农产品及其制成品,在印度出口贸易中占有相当比重;另一方面,农作物新品种、禽畜新品种、先进农业机具、化肥、农药等现代农业投入物的进口不断增加。1979—1980 年度,印度的农业进口额达到 130 亿卢比,约占当年印度进口总额的 14%。此外,农业科技进步也促进了农村商品货币关系的发展,加速了农村政治民主化的进程。

不过,值得注意的是,在印度社会经济条件下,农业科技进步在推动了社会经济发展的同时,也产生一些问题:

首先,加剧地区之间发展的不平衡,造成劳动力跨地区流动。印度农业科技进步的显著特征之一是,小麦等农作物产量急剧增加,直到 20 世纪 80 年代初期,油菜、棉花、黄麻、豆类及其他农作物产量增长缓慢,难以满足人民生活需要,因而需要耗费稀缺的外汇进口食油及豆类。80 年代以后,印度把绿色革命发展到油菜等经济作物,90 年代初期,印度一度停止了食油进口,但是科技进步不久就被迅速增长的人口所吞噬,印度的食油年进口量高达 200 万吨,豆类的年进口量超过 100 万吨。另外,小麦生产主要集中在自然条件较好的旁遮普邦、哈里亚纳邦和北方邦西部等印度西北少数地区,印度小麦增产也主要来自这个地区,这个地区与印度其他地区在发展方面的差距拉大。1960—1961 年度,旁遮普邦和哈里亚纳邦的人均国内生产总值分别为 383 卢比和 359 卢比(按现行价格计算,下同),在全印各邦中分别占第 3 位和第 6 位。到 1970—1971 年度,人均国内生产总值分别提高到 1121 卢比和 960 卢比,分别增加 2 倍和 1.7 倍,在全印各邦中的地位也分别提高到第 1 位和第 2 位。同时,这个地区在小麦播种和收割时劳动力需求大增,从而引起印度东部、中部和南部等其他地区的劳动力大量流向这个地区,一方面进一步加快了这个地区的发展,从而加剧了地区之间发展的不平衡及地区之间的种种矛盾;另一方面,劳动力大量跨地区流动,也常常引起民工盲流潮,加重铁路、公路等运输部门的负担,使得已经紧张的运输更加紧张。此外,农业科技进步虽然使得粮食产量迅速增加,但政府对这些地区的粮食收购也大幅度上升,从 1966 年的 401 万吨增加到 1981 年的 1291 万吨,又进一步加剧了铁路和公路运输的紧张形势。

其次,加剧农村贫富两极分化,引起新的社会政治矛盾。长期以来,印度社会贫富两极分化就十分严重。在印度农村,土地主要掌握在少数富农手中,如 1970—1971 年度,印度每户拥有土地仅 0.4 公顷的边际农占全印农户总数的比例高达 50.9%,每户拥有土地 1.44 公顷的小农占全印农户总数的 18.9%,每户拥有土地 6.08 公顷的半中农占全印农户的 11.4%,而每户拥有土地 10 公顷以上的大农占全印农户总数的 3.8%。由于大农占有大量土地等生产资料,他们有能力购买和使用农作物优良品种、化肥、农药、现代农业机具等现代农业投入物,因此他们首先享受农业科技进步的好处;而占有土地较少的许多小农和边际农由于没有能力大量购买和使用现代农业投入物,因而不能分享农业科技进步的好处。这一方面进一步加剧了农村贫富两极分化,扩大了富农与贫雇农之间的矛盾;另一方面又在印度农村形成一个庞大的富农阶级,从而给印度社会政治造成深刻影响。富农经济势力增大,经济地位提高,必然要求提高政治地位,要求更大的政治权力。20 世纪 70 年代以后,代表富农利益的人民党势力越来越大,并最终打破了国大党长期一党执政的局面,于 70 年代末期在印度中央政府执政，从而使得印度政局复杂多变。

最后，产生环境污染等问题，引发新的社会政治矛盾。农业科技进步特别是农作物新品种、化肥、农药等，在大幅度提高农作物产量的同时，也产生了食品卫生和环境污染等问题。由于大量使用农药，各种农产品特别是蔬菜上残存着大量农药，使消费者为食品卫生担忧。同时，化肥和农药等大量使用，也对印度的自然环境特别是水资源造成严重污染，这不仅影响到水生动植物的生长，甚至造成其灭绝，也影响到人们饮用水的卫生与安全。

20 世纪 90 年代，由于转基因技术获得突破性进展，转基因植物和转基因动物相继产生，并不断进入人们的食品范围，人们对食品卫生的担忧加深。在印度，人们不时地发起反对使用农业新技术特别是使用农药和种植转基因作物的运动，从而引起新的社会冲突。为了引进优良农作物品种，印度利用外资在建立种籽农场，生产农作物良种并向农民推广时，引起一些农民的激烈反对，他们举行示威游行，冲击外资农场。

然而，印度政府非常重视转基因技术的研究，一方面打算使生物技术和信息技术一样，走在世界前列，另一方面希望通过转基因工程，培育用水少、抗旱、抗病虫害、营养价值和产量都高的农作物品种。但在 1999 年，当政府打算在几个邦进行转基因棉花大田实验时，又遭到反对派的反对，他们将政府告到最高法院，指控政府妨碍公共利益，迫使政府停止对外签发转基因新产品的进口许可证。

可见，发展中国家在强调农业科技进步的同时，必须十分重视其负面影响，真正做到既促进农业生产发展，又认真考虑人们的身体健康和生态平衡，从而坚持走可持续发展的道路。

（陈欣烨）

【讨论题】

1. 印度的农业科技进步表现在哪些方面？印度政府在促进农业科技进步方面采取了哪些政策和措施？

2. 农业科技进步在推动社会经济发展的同时产生了哪些问题？如何解决？

3. 印度农业科技进步给发展中国家以什么启示？

【参考资料】

1. Matin Qaim, Bt Cotton in India: Field Trial Results and Economic Projections, World development, 2004, Vol. 31, No. 12.

2. Matin Qaim & David Zilberman, Yield Effects of Genetically Modified Crops in Developing Countries, Science, 2003, No. 2.

3. 范存会、黄季焜：《生物技术经济影响的分析方法与应用》，载《农业技术经济》2004 年第 1 期。

4. 闫新甫：《全球商业化转基因作物的现状及展望》，载《世界农业》2003 年第 6 期。

5. 安国章：《印度用转基因解决吃饭问题（关注转基因）》，人民网。

6. 敖永胜：《转基因农业的困惑及对策初探》，载《农业经济问题》2001 年第 8 期。

【案例 1-26】 宁夏西海固地区人口问题与可持续发展

西海固地区位于宁夏回族自治区南部山区，包括固原、海原、西吉、泾源、隆德、彭阳、同心和盐池 8 个县，总面积 3.05 万平方公里。1998 年年末总人口达 253 万人，占宁夏总人口的 44%，其中回族人口约为 126 万，占西海固地区总人口的 49.8%，是中国回族集居最集中的地区。该区生态环境恶劣、自然资源短缺、经济文化落后、人口问题突出，是全国著名的老、少、边、穷地区。

一、西海固地区的人口问题

1. 贫困人口比重高

1994 年《国家八七扶贫攻坚计划》中，以农村人均纯收入 300 元作为贫困线计算，宁夏回族自治区有 98 个贫困乡、597 个贫困村，贫困人口达 139.8 万人。其中，西海固地区有贫困乡 84 个，占宁夏回族自治区贫困乡的 85.7%；贫困村 498 个，占全区贫困村 82%；贫困人口 114.5 万人，占总贫困人口的 81%。经过数年国家大力扶持，反贫困取得一定的成绩，但到 1998 年底仍有 28 万人生活在温饱线以下，即人均收入低于 630 元。当地贫困人口的贫困类型以“生存型”为主，人们靠天吃饭，一遇自然灾害，一部分人饱而复饥，温而复寒，脱贫难度大，返贫率高。

这一地区的贫困落后是全面的。首先，物质生活贫困。该地区经济落后，自然资源贫乏，水资源和森林资源尤为短缺，年降水量 250—500mm，且 60%—70%左右为暴雨，人畜饮水困难；林地覆盖率仅 3.54%，而垦殖率却高达 31.80%。人均耕地虽为 3.9 亩，但水土流失严重，约达 2.58 万平方公里，占区域土地总面积 84.6%；土地有机质含量少、亩产低。区内经济以自给自足的自然经济为主，产业结构为“一、三、二”型，各种经济指标均低于宁夏平均水平，财政赤字严重。人均社会销售零售额低，消费结构层次低，人民生活质量差，食品消费占总消费的 68%，其后衣着占 6.2%，教育占 5.5%，医疗占 4.6%，居住占 10.4%，家庭设施占 4.1%。

其次，社会文化贫乏。西海固地区位于宁夏南部山区，远离宁夏政治、经济、文化中心，封闭的地理环境与落后的经济使这里的人们长期束缚于单一的自然经济，思想观念落后、市场竞争意识淡薄、人口文化素质低下。第四次人口普查数据显示，西海固地区 15 岁以上的文盲、半文盲率高达 51.76%，女性文盲率更是高达到 69.75%，大大高于全国平均水平。适龄儿童入学率低，辍学率高，中小学辍学率高达 60%以上。高素质人才奇缺，西海固地区每万人中普通高等学校在校学生为 4.16 人，中等专业学校在校学生为 13.05 人，普通中学在校学生为 420.59 人。落后保守的小生产意识和因循守旧的落后观念严重制约地区社会文化和经济的发展。

2. 人口出生率高

受宗教和传统思想的影响，西海固地区的人口出生率一直居高不下，是全国生育率较高的地区之一。西海固地区的人口增长状况处于“高出生率、低死亡率、高增长率”阶段，一个家庭生三胎及三胎以上的比重占43%，四胎及四胎以上的比重占22%。回族妇女终生生育率高达6.54个，远高于全国平均水平。如此“越生越穷，越穷越生”，陷入“贫穷——愚昧——高人口增长率——贫穷”的恶性循环。

3. 农村剩余劳动力多

西海固地区人口年龄构成以“年轻型”为主，根据第四次人口普查资料，该区适龄人口(15—64岁)的比重为54.23%，少年儿童(1—14岁)比重为41.34%，老年人口(60岁以上)仅占4.43%。劳动适龄人口比重过高，经济落后，城镇规模小，无法满足就业要求，大量的劳动人口滞留在农村，造成第一产业的从业人员占三大产业从业人员总数的75%以上，农村存在大量的剩余劳动力。据宁夏统计局农调队预算，1994年，西海固地区种植业仅需48.7万人，而当年实际滞留在种植业的劳动力达71.9万人，绝对剩余23.3万人，绝对剩余人口占农村总劳动力的30%。

二、人口问题对经济可持续发展的影响

1. 掠夺性开发加剧生态环境的恶化

西海固地处黄土高原向风沙区、季风区向非季风区、半干旱区向干旱区的过渡地带，生态环境先天脆弱。人类又过度开发利用，加剧这种脆弱性，致使生态环境日益恶化。为了解决温饱问题，大量的坡地被开垦，挖甘草、拾发菜造成水土流失、沙漠化、草场退化等环境问题进一步恶化。据1983年普查，同心、盐池两县每挖60斤甘草，可毁坏一亩草场，因拾发菜、挖甘草，该区土地沙化面积比50年代增长了三到四倍。生态环境的先天脆弱性和超负荷的人口对这一地区生态环境构成双重压力，造成该区每个县的生态环境恶化指数均超过0.5，而且彭阳、固原、泾源、西吉、同心五个县生态平衡系数均为负数。

2. 人口与经济发展不协调制约地区经济发展

该区人口与地区经济发展不协调。首先表现在人口素质低下、观念落后，影响了产业结构的调整和生产力的发展。文盲、半文盲比重过大，劳动者难以适应层次较高的复杂劳动，从而成为剩余劳动力。科技人员缺乏，给以高新技术为特征的现代农业的实施和产业结构调整带来很大困难。其次，滞后的经济不能满足人口对粮食、就业和脱贫的需求，致使人口问题更趋恶化。该区每年增加的粮食不够新增人口消费，人均占有粮食少，1998年人均粮食是1952年的1.07倍，而人口却是1952年的3.6倍，经济发展赶不上人口增长。城镇发展水平低，二、三产业落后，无法实现剩余劳动力的结构型转移，使得大量劳动力滞留在农村，制约农业生产效率的提高和地区经济的发展。

3. 人们的传统守旧观念制约社会稳定发展

西海固地区经济落后，地理环境封闭，传统观念根深蒂固，给地区稳定发展埋下隐患。首先，对女子受教育的影响。许多回族人认为，女孩子不应在外“抛头露面”，而应主持家务、生儿育女，其结果是女子受教育程度低、比例小，早婚、早育现象严重。其次，对出生率的影响。不少回族人认为，孩子生多生少是真主的“前定”，不应人为控制，致使出生率过高。

三、西海固地区人口问题的解决之策

“人口问题本质上是个发展问题”，经济发展必须与人口发展相适应，这种适应是双方的、相互的，而不是单方的。因此，解决西海固地区的人口问题，不能仅仅通过降低人口增长

率、减轻人口压力、提高人口素质等策略使人口尽可能适应经济发展的需要,更要大力发展经济,提高经济人口容量,使经济与本区人口协调发展。

1. 提高回族妇女的文化水平,控制人口数量

有人分析认为,育龄妇女的总和生育率随文化程度的降低而呈阶梯式上升,文化程度每降低一个档次,则总和生育率平均约升高0.36,即文盲的总和生育率比小学的高0.36,比初中的高0.83,比高中的高1.47,比大学的高1.57。妇女的文化程度每提高一个档次,则每一个育龄妇女一生可以少生0.36个孩子。从以上数据分析得知,提高本区回族妇女的知识文化水平,改善她们的社会地位,增加她们的就业机会,实现她们的自我价值,对改变回族妇女的生育观念和控制本区人口都具有重要意义。另外,建立利益驱动性的计划生育政策和完善社会保障体系,也是控制本区人口增长的重要措施。

2. 加大人力资源投资,全面提高人口素质

可持续发展的核心是人的全面发展,而人的全面发展又以人力资源的投资为依托,即对教育、职业培训、医疗保健等方面的投资。第一,加大对基础教育的投资。政府应加大对西海固地区教育基础设施和师资力量的投资力度,确保"国家贫困地区义务教育工程"的实施。同时,改变农民自身对教育投资的观念,调动其积极性。使农民认识到教育是一种投资期长、见效慢、高回报、高保险的产业。第二,发展多种形式职业技术教育和对农民进行多种形式的实用技术培训,如农田基本建设、农村家庭经营(果树养殖)、乡镇企业技术培训等,扫除壮年文盲,使其掌握科技致富的知识,培养技能型的劳动者。第三,提高"权利人口"素质。权利人口是指掌握大小权利的人们构成的社会阶层或集团。这一地区的权利人口虽处于权利金字塔的塔基,但他们是广大人民群众的领路人,他们的文化素质、思想观念、道德修养等对地区经济和社会发展的作用是不可忽视的。

3. 大力发展特色经济,提高人民生活水平

西部大开发战略的首要目标是提高人民收入,改善人民生活。西海固地区人民生活质量低下,1998年农民家庭人均纯收入仅为1040元(全国农民人均纯收入为2205元),人均消费为913元。大力发展特色经济、增强人民群众的自我发展能力是解决这一地区人口、生态、环境的关键。该地区有特色资源,如生物医药领域的枸杞、甘草、苦豆子、山药、牛黄、羊胎盘等,清真绿色食品、旅游资源、生态农业、民族贸易等特色资源。把丰富而独特的特色资源转变为特色经济,首先应制订优惠政策,多渠道增加投入。其次,培养和扶持龙头企业开拓国内外市场,发展生物医药业、畜产品加工业、清真食品工业等产业,进行深加工,提取枸杞多糖、枸杞籽油、甘草酸、羊胎盘素制品,积极开发生产苦参素、苦参碱、克泻灵等苦豆子系列产品,高效、无毒、无副作用的特色系列药品和保健品。

地方政府应实行更优惠的经济发展政策调动回族人民的经商积极性。如在同心发展"商品流通实验区"等使回族人民能与外界联系,活跃他们的思想、转变他们的观念。

4. 大力发展西海固地区的小城镇

城镇是社会经济发展的必然产物,是地区经济的核心。西海固地区城镇化水平低下,城镇化水平为9.6%,城镇人口密度为8.7万/平方公里。大力发展小城镇不仅可以解决农村剩余劳动力,减少对土地的压力;而且可以发挥其集聚性和辐射性的特点,带动周边农村地区经济的发展。回族本是一个城镇化水平高的民族(仅次于满族),但西海固地区城镇建设规模小、功能弱,城镇化水平仅为全国平均水平的1/3。坚持合理布局、科学规划的原则,应采取"点轴开发模式"选取地区"发展级"。固原是这一地区具有文化旅游、商贸流通、要素市

场交汇的城市，可选择固原作为西海固地区的"发展级"，沿银平（银川—平凉）公路分布的串珠状城镇为发展轴，如同心、三营、泾源、李旺等，将城市化水平提高到15%。

5. 采取有力措施，促进人口合理迁移流动

西海固地区生态环境先天脆弱，现有人口已超过环境承载能力，致使水土流失、土地沙化、草场退化等环境问题日益严重，阻碍区域经济的发展，因此，进行合理的人口迁移与流动是缓解人口压力的重要举措。在国家的大力支持下，宁夏回族自治区已制定了10年反贫困规划——吊庄建设规划，从1983—1992年，从西海固地区移民20万人到宁夏北部新开发灌区，取得了显著的成就。但是，以往都是以农业开发为导向的低层次移民，今后政府应采取有力措施，通过产品加工、中转基地建设、城镇建设等形式，进行产业导向性移民，实现山区贫困人口向有开发潜力的地区进行横向移动，推动人口合理再分布，减轻西海固地区的人口压力。另外，西海固地区农村有大量的剩余劳动力，占农村总劳动力的30%。据统计，1995年，西海固地区劳务输出45万人次，劳务净收入3.1亿元，劳务输出总额占本区农民当年纯收入的25%。有组织地进行劳务输出（特别是冬季），不仅可以"以工补农"，而且可以转变观念，带回致富经验。在西部大开发实施中，应充分利用西安、兰州、银川三省会城市三角中心的区位优势和民族优势有组织地进行劳务输出。

（赵　栋）

【后续】

宁夏回族自治区地处中国西部黄河上游地区，南北相距约456公里，东西相距约250公里，全区面积6.64万平方公里。2015年，该区辖5个地级市、9个市辖区、2个县级市、11个县级区划。年末常住人口667.88万人，其中回族人口占35.6%（2013年）。该年人均地区生产总值43597元，居民人均可支配收入约17329元，其中城镇居民人均可支配收入25186元，农村常住居民人均可支配收入9119元，分别比上年增长8.2%和8.4%。

表1-26-1显示的是五个地级市的土地面积、人口和民族构成。从中可见，吴忠市和固原市回族人口比重在区内比较高。

表1-26-1　2013年宁夏回族自治区行政区划面积、人口和民族构成

行政区划		面积（平方公里）	人口			
地级市	包括的县、区、市		合计（万）	比重（%）		
				汉族	回族	其他
银川市	兴庆区、西夏区、金凤区、永宁县、贺兰县、灵武市	8874.36	208.27	74.30	24.06	1.64
石嘴山市	大武口区、惠农区、平罗县	5207.98	75.93	77.88	21.13	0.99
吴忠市	利通区、红寺堡区、盐池县、同心县、青铜峡市	21419.55	133.10	47.07	52.61	0.32
固原市	原州区、西吉县、隆德县、泾源县、彭阳县	13450.23	124.41	54.23	45.70	0.07
中卫市	沙坡头区、中宁县、海原县	17447.61	112.48	64.31	35.45	0.24
全区	5个地级市、9个市辖区、2个县级市、11个县级区划	66399.73	654.19	63.64	35.60	0.76

资料来源：根据宁夏回族自治区统计局、国家统计局宁夏调查总队编《宁夏统计年鉴2014》表1-1、4-7、4-9数据制表。

2014年10月17日是中国首个“扶贫日”。根据国务院扶贫开发小组办公室网站公布的贫困县名单,全国贫困县共有592个,其中中部217个、西部375个、民族8省区232个。在各省区贫困县数目上,云南省最多,达到73个。相比之下,宁夏只有8个,它们是盐池县、同心县、原州区、西吉县、隆德县、泾源县、彭阳县、海原县。这些区县位于宁夏回族自治区东南部和南部的山区。其中,生态条件恶劣的固原市五个区县都是贫困县。

表1-26-2将8个贫困县区与该自治区比较发达的区——银川市兴庆区作了比较,从中可见,第一,人口出生率高的少数民族集聚地区(如泾源县、海原县、同心县)往往收入很低;第二,自然条件对经济发展的影响是不分民族的,比如以汉族人口为主、地处山区的盐池县,比之处于平原、少数民族相对多些的银川市兴庆区,前者的人均纯收入要比后者低很多,虽然其在八个贫困县区内人均纯收入最高,人口出生率最低。显然,人口与经济发展存在一定的相关性,但影响经济发展的自然地理因素不可忽视。这一地区沟壑纵横,植被稀疏,交通不便,常年干旱少雨,影响到农业生产和当地经济发展。

表1-26-2 2013年宁夏回族自治区贫困县情况

行政区划		少数民族比重		人口变动		人均收入		
地级市	贫困县区	回族(%)	其他(%)	出生率(‰)	自然增长率(‰)	人均可支配收入(元)	增长(%)	人均纯收入(元)
吴忠市	盐池县	2.18	0.29	12.89	6.52	17854.00	10.0	5520.68
	同心县	88.88	0.06	17.02	12.15	16112.60	11.7	5171.86
固原市	原州区	47.75	0.16	15.55	10.57	20629.60	11.8	5463.97
	西吉县	57.40	0.03	17.05	10.76	17192.70	12.5	5303.14
	隆德县	11.97	0.05	12.36	7.70	16214.80	11.3	5350.00
	泾源县	78.78	0.03	16.28	9.35	16858.80	12.1	4931.80
	彭阳县	31.02	0.01	14.83	8.90	16621.30	11.5	5517.77
中卫市	海原县	73.58	0.24	17.24	13.01	16810.70	13.1	4838.07
银川市	兴庆区	19.30	1.99	9.41	6.87	25971.40	10.0	9876.34
全区平均		35.60	0.76	13.12	8.62	21833.30	10.1	6930.97

数据来源:根据宁夏回族自治区统计局、国家统计局宁夏调查总队编《宁夏统计年鉴2014》表4-9、4-11、10-17、10-18数据制表。

1972年,宁夏西海固地区被联合国粮食开发署确定为最不适宜人类生存的地区之一。20世纪80年代,实行土地联产承包制,很多农民为尽快致富,发展起养殖业。90年代,随着世界市场羊绒价格的上涨,放牧山羊变得有利可图。但是,当地因过度放养,山坡青草、草根很快被山羊吃光,造成严重的水土流失。90年代,在西部大开发战略的推动下,当地政府制订退耕还林、退坡换草政策,鼓励农民在山坡上种植耐旱的杏树、沙棘,进行水土保护。植被的修复带来了气候的改变,山变得绿了,空气变得清新了,雨水也多了。

进入21世纪以来,政府号召农户发展特色经济,在山区较为平整的地方温棚种植蔬菜和水果;发展农产品加工业,将当地生产的无污染的荞麦、土豆深加工后销往西安、兰州等;挖掘当地历史,发展红色旅游等。此外,支教队伍在减少当地文盲、提高入学率、促进当地教育事业方面做出贡献。如此,经过多年的发展,该地区人民生活总体有所提高。

表1-26-3显示的是2013年这些贫困县(区)农村居民家庭平均每百户耐用消费品拥有量情况,从中可见,现代城市家庭所拥有的家用电器、摩托车、移动电话(手机)在当地已经很普遍了。剩下的贫困县更多地表现为县内自然条件极端恶劣,人畜饮水都困难的村落大多

偏远闭塞、交通不便。对于一个连人畜饮水都困难的干旱地区，采取传统的脱贫方法难以奏效，较好的做法就是移民，即将这些村民易地搬迁到经济条件相对好的地方居住、工作，使其脱贫致富。固原市原州区开城镇上青石村的易地搬迁扶贫做法就非常成功。

表 1-26-3　2013 年宁夏回族自治区农村居民家庭平均每百户耐用消费品拥有量

贫困县区	洗衣机（台）	电冰箱（台）	微波炉（台）	摩托车（辆）	电话机（部）	移动电话（部）	彩电（台）	照相机（台）	计算机（台）
盐池县	90.25	78.80	—	88.14	11.92	268.84	109.18	5.11	18.04
同心县	80.25	62.02	0.86	93.99	6.92	241.39	98.86	—	9.61
原州区	88.86	56.18	4.78	90.42	28.87	256.17	113.16	1.52	19.39
西吉县	83.93	47.07	7.00	94.98	26.14	238.25	106.85	3.80	15.31
隆德县	91.68	41.46	6.78	59.26	30.45	287.86	127.67	4.60	16.65
泾源县	89.14	28.26	0.36	53.82	21.44	222.83	99.39	3.33	5.90
彭阳县	78.46	27.60	4.65	80.89	16.45	230.55	101.02	3.93	9.95
海原县	90.89	80.24	1.02	87.26	9.72	259.06	115.48	2.07	9.04
自治区	90.66	64.86	7.65	90.71	20.53	263.52	117.54	3.09	19.75

数据来源：宁夏回族自治区统计局、国家统计局宁夏调查总队编：《宁夏统计年鉴 2014》，第 10—21 页。

2012 年 1 月，国务院李克强总理到宁夏考察，去固原市原州区开城镇看望了上青石村的村民。在村民马西亮家中，仔细察看了旧窑洞受损情况。李总理走后，自治区领导十分重视该村乡亲的脱贫问题，采取了搬迁脱贫的措施，即将上青石村 67 户 300 多口人搬迁到条件较好的永宁县闽宁镇原隆村。

2016 年 2 月，李总理再次去宁夏考察，惦记着上青石村村民搬迁安置后的生活情况，叮嘱宁夏领导同志一定要去老马家看看。自治区领导受托来看望老马，老马很是高兴，委托区里领导带给李总理一封信，汇报了搬迁后的幸福生活。

马西亮写道：过去在青石村走的是山路，吃水要到很远的地方拉，种田靠天吃饭，20 亩地、2 头牛、10 多只羊，辛苦一年也刚够维持生活。如今搬迁到原隆村，交通便利了，道路是柏油路，用上了自来水；村子周围新工厂很多，搬迁来的村民或去厂里打工，或从事光伏发电事业，或养牛，或种草莓。只要人勤快，每天都能挣点钱，比过去好多了。不少人还买了小汽车，而这在过去是想也不敢想的事。现在，村里的环境很干净，大家搬来都奔着好日子，心情都很好，邻居关系也好。平日如果手里缺钱，要周转一下，随便问谁借都没问题。

老马也谈到他现在的收入状况：在一个养牛场干活，每月工资 2700 元；政府给的两头牛托管了，每年能分红 4000 元；分的 3 亩地流转出去，每年收入 1500 元；妻子在附近葡萄园打零工，一年干七八个月，每月 1000 元。如此计算，一年至少收入 4.49 万元，比过去翻了三番。三个儿子都在读书：一个上中专，快毕业，正在实习，已经挣钱；一个念高中，国家每天给 6 块补贴；一个在上大专，获得助学金。老马开心地写道，儿子将来毕业了，日子将越过越好。

马西亮没想到总理会给他回信，2 月 16 日由银川市委书记亲自送来。李克强总理由衷地为老马和乡亲们生活的巨大变化感到高兴，希望乡亲们在新环境中日子越过越红火。

（林　珏）

【讨论题】

1. 根据该案例谈谈人口因素、自然地理因素与经济发展之间的关系。

2. 你认为固原市原州区开城镇上青石村的"异地搬迁脱贫"做法是否具有普遍意义?为什么?

3. 你认为民族地区脱贫的关节点在哪里?宁夏回族自治区政府下一步扶贫工作还应该关注哪些?采取什么措施?

【参考资料】

1. 宁夏回族自治区统计局编:《宁夏统计年鉴》,中国统计出版社 1999 年版。

2. 王乃斌、沈洪泉、赵存兴:《黄土高原地区资源与环境调查数据集》,西安地图出版社 1991 年版。

3. 李绿胜:《固原地区经济与人口协调发展及今后人口控制的对策》,载《西北人口》1998 年第 1 期。

4. 米文宝、王梅兰:《西海固区域文化与可持续发展研究》,载《人文地理》2000 年第 4 期。

5. 桑敏兰:《宁夏南部脱贫致富与环境人口承载力的提高》,载《西北人口》1999 年第 2 期。

6. 束锡红、何海:《试论宁南山区环境资源人口协调的扶贫开发政策选择》,载《人文地理》2000 年第 4 期。

7. 李陇堂、米文宝:《黄土高原地区劳动力资源的开发与区域发展——以宁夏西海固地区为例》,载《宁夏大学学报(自然版)》1999 年第 2 期。

8. 翟仁春:《论中国人力资源开发及对策》,载《人口学刊》1996 年第 6 期。

9. 穆光宗:《"权力人口"和社会的可持续发展——基于中国农民的考察》,载《科技导报》2000 年第 6 期。

10. 宁夏回族自治区统计局:《宁夏回族自治区 2015 年国民经济和社会发展统计公报》。

11.《2014 最新 592 个国家级贫困县名单一览表》,中商情报网,http://www.askci.com/news/data/2014/10/17/143156r55g_all.shtml。

12. 宁夏回族自治区统计局、国家统计局宁夏调查总队编:《宁夏统计年鉴 2014》,http://www.nxtj.gov.cn/nxtjjxbww/tjsj/ndsj/2014/indexch.htm。

13. 马凤鸣:《西海固的变化》,http://blog.sina.com.cn/s/blog_5f14ad 550100motq.html。

14.《一个西海固移民的意外惊喜:总理给他回信了》,http://www.gov.cn/xinwen/2016-02/18/content_5043436.htm。

【案例1-27】 难民危机撕裂欧洲

2015年,欧洲面临第二次世界大战以来最大的移民危机。成千上万受到战火摧残的中东难民偷渡到欧洲,其中最大的难民群体来自叙利亚。

2011年3月,叙利亚有15名学生因在学校墙上涂写反政府内容遭到逮捕。其后有信息说这些学生受到非人对待,尽管当局后来释放了这些学生,但引起民众大规模游行。4月,要求扩大民主的抗议活动蔓延到全国,并演变成骚乱。5月,政府派军队到处平定,出现流血冲突,很多人被逮捕,也有人死亡。包括美国等西方国家纷纷表态,宣称叙利亚总统巴沙尔已经失去政权的合法性,要求其交权下台;并且对叙利亚实行制裁,此外支持和武装叙利亚反对派,包括秘密派出军事顾问,直接指挥作战。叙利亚内战一打数年,无数百姓家园被毁。2012年5月,胡拉镇发生针对平民的大屠杀,包括49名儿童在内的108人遇难。2013年3月,叙利亚战场又出现毒气攻击。为了躲避战火,成千上万的叙利亚难民逃到黎巴嫩、土耳其等国。

2013年,"伊斯兰国"组织(ISIS)介入叙利亚内战中,认为这是扩大组织力量的好时机。ISIS从伊拉克抽调部分主力挺进叙利亚,试图将叙利亚内战演化成伊斯兰圣战。他们重创叙利亚政府军和世俗反政府武装,针对百姓发动恐怖袭击,控制了叙利亚北部和东北部。2014年7月,又占领叙利亚霍姆斯省沙尔天然气田,将270名政府军官兵集体处死。ISIS势力的扩张使得叙利亚内战变得复杂,美国等西方国家开始将遏制ISIS扩张放在推翻巴沙尔政权目标之先。2014年8月7日,美国前总统奥巴马宣布对ISIS在伊拉克目标展开空袭;9月11日,又宣布将空袭范围扩大到叙利亚。空袭无疑牵带ISIS占领地大量平民的伤亡。

战争导致中东地区难民日益增多,大量难民从叙利亚、伊拉克、阿富汗、巴基斯坦等地出发,或横渡地中海进入欧洲,或从陆地偷渡进入欧洲。其中,叙利亚难民进入欧洲的路线主要有两条:(1)南路:避开"伊斯兰国"组织盘踞的叙利亚中北部,从南部国境前往约旦,然后转战到埃及亚历山大港,跨越地中海到意大利兰佩杜萨难民营。一些人继续北上,到达西欧。(2)北路:沿土耳其境内到爱琴海的西海岸,然后从土耳其沿岸乘船到希腊科斯岛,其后北上到盖夫盖利亚,乘坐火车到塞尔维亚的贝尔格莱德,最后穿过匈牙利,折转进奥地利,进而入西欧。

根据欧盟边境机构Frontex统计,2014年有28万难民进入欧洲,2015年前7个月难民进入欧洲的人数就达34万。意大利和希腊是难民涌入欧洲的主要地区,其中意大利前7个月约有7.5万难民入境,希腊则约达15.8万人。这些国家本身经济危机后复苏缓慢,失业严重,难民的到来不仅给接待工作带来困难,而且还带来一系列社会问题。为此,这些国家的政府不得不采取防、堵、疏等措施,以缓解难民潮带来的压力。

2015年8月15日,一艘偷渡难民船在地中海发生事故,40多人遇难;26日,在距离利比亚海岸约50公里的海域上又有50人遇难;同月下旬,奥地利公路上发现的一辆卡车里装载着71具疑为偷渡客难民的尸体……接二连三的噩耗,唤起了欧洲民众对难民的同情。当然,最让无数人动容的是3岁的Aylan伏尸沙滩的照片。他和父母及5岁的哥哥乘坐的难民船沉没,只有父亲存活下来。不少欧洲人看了这张照片,走向街头,要求政府接纳难民。

欧洲在移民问题上的种种分歧充分体现在街头的游行上。在伦敦,数万人走上街头游行,高举"开放边境"等标语牌,要求卡梅伦政府对难民实行更慷慨的接待政策;在丹麦哥本哈根,3万人游行支持难民;在欧洲其他城市,如马德里、斯德哥尔摩、赫尔辛基、里斯本,都有数千人举行游行,呼吁帮助难民。与此同时,也有数千人在华沙和布拉格等地反对政府接纳移民。比如,在波兰首都华沙,数千人举着写有"伊斯兰等于欧洲灭亡"的标语牌游行;德国极右组织在海德瑙难民营组织暴力示威,反对政府接纳难民;在意大利罗马和特雷维索,居民举行抗议活动,反对政府在城市中安置难民的举措,一些人还向运送难民的车辆投掷饮料瓶等物体,甚至冲破警戒线与警察发生冲突。

尽管如此,要求给予难民人道主义帮助的民众呼声更为强烈,由此推动欧洲政治家们作出决定。2015年8月25日,德国联邦和难民署宣布,将不再按照"都柏林规则"把入境的叙利亚籍避难申请者遣送至他们进入的第一个欧盟国家。[①]德国总理默克尔宣布欢迎难民到来,一时间默克尔成为阿拉伯人心中的女英雄。成千上万的难民穿越匈牙利和奥地利边境,向德国进发,他们大声欢呼"默克尔是我们的母亲"的口号。默克尔的肖像淹没了社交网络,被捧上"神坛"。对此,英国政治家安东尼·格勒斯认为,德国决定接纳所有抵达匈牙利的难民违背了欧盟有关规定。在德国广播电台,他批评道:"如果德国不遵守规则,那么整个欧盟就会分崩离析。"

不过,德国总理的态度和政府的决定受到欧盟委员会的赞赏和支持。欧盟委员会宣布,将在匈牙利开设一个接待中心,处理从希腊方向进入的越境者的避难申请。进而,欧盟委员会要求各国分摊安置难民以缓解意大利和希腊的压力,因为后者承受了不公平的负担。

9月,法国总统奥朗德前往巴黎附近的叙利亚人避难申请接待中心探访,承诺到2016年法国将接受2.4万名难民。波兰也同意接受2000名难民,但拒绝接受各国分配定额的方式;西班牙表示接受1.5万;奥地利宣布接受1.2万;英国前首相卡梅伦表示在未来5年接受2万难民。德国接受难民的人数最多。前几年,该国已经每年接受50万难民,根据欧盟的计划,德国还需要接收3.1万名。结果是该年德国实际上接纳了110万难民,其中大多数来自叙利亚。当然,并不是欧盟国家都表示愿意接受和安置难民,部分东欧和中欧国家拒绝接受和安置这些难民。

在欧盟为接受难民争论不休、苦恼不堪之时,世界人民也将目光放到美国身上。叙利亚冲突导致难民危机,美国这个最大的移民国家是否也应该为安置难民作出贡献。自叙利亚内战爆发4年来,美国共收容了约1500名叙利亚难民,联合国难民署希望美国能够接纳1.5万名。9月10日,美国白宫发言人欧内斯特表示,美国计划接受至少1万名叙利亚难民作为合法难民入境。美国共和党人一直反对接纳中东难民,担心一些极端圣战分子通过这一渠道进入美国。11月,美国得克萨斯州等24个州的州长宣布,他们不会接受来自叙利亚的难民。得克萨斯州州长甚至表示,为安全第一,他会号召全美国不接受叙利亚难民。

---

① 欧盟《都柏林公约》规定,所有难民必须留在第一个入境国家,并在该国申请难民庇护身份。根据该规定,这些跑到德国的叙利亚非法移民应被遣送到他们进入的第一个欧盟国家,即希腊或意大利。《都柏林公约》的规定给这些欧洲门户国家的难民接待工作很大的压力。

2015 年 12 月底至 2016 年 1 月 1 日跨年夜，德国科隆火车站站前广场发生大规模性侵事件。此外，其他城市（汉堡、慕尼黑、斯图加特、杜塞尔、法兰克福、柏林和弗莱堡）也都发生同类事件。报警者均称犯罪嫌疑人“长得像南欧人或阿拉伯人”或“中东或北非人”。性侵案成为德国一场政治地震，民众开始反省政府的难民接受政策，要求政府修改政治立场。一些人指出，这些文化迥异的外国难民大量涌入德国，改变和冲击了德国很多城市和人民的生活。2016 年 1 月，新的民调显示，66％的德国人认为已经没有能力接受更多的难民，而在 2015 年年底前，只有 46％的德国人这样认为。

1 月 9 日，约 1700 名反伊斯兰极右翼势力“欧洲爱国者抵制西方伊斯兰化运动”在科隆组织集会，高喊“默克尔下台”等口号，高举“强奸犯难民不受欢迎”的标语。一些当地的团伙在社交网上相约要搞“大扫除”，并在街上攻击巴基斯坦和叙利亚人。面对这些抗议活动，德国总理默克尔宣布任何获刑的难民——即使是缓刑——都将被驱逐出境。她承诺将完善法律，采取措施保护德国公民，保护无辜难民。

1 月 27 日，瑞典宣布将驱逐 8 万移民。2015 年，瑞典共收到 16.3 万避难申请，处理了 5.88 万份避难申请，55％被受理。基于这个数据，将有 8 万名寻求庇护失败的难民将被驱逐出境。28 日，丹麦通过《没收难民财产法案》，该法案规定，没收避难申请者随身携带的超过 1340 欧元的现金或贵重物品，但不包括戒指等个人具有特殊意义的物品。没收的财物将用于难民的相关开支。丹麦外交大臣在联合国人权理事会就该政策的解释是：“丹麦福利制度的基本原则是，国家将向那些无法照顾自己的人提供资金支持，而不是向那些能够照顾自己的人提供资金支持。”2 月，北约成员国一致同意派出军舰应对难民和移民危机，加强对爱琴海附近海域的监控，遏制人贩集团的行动。

这些限制没有制止住大量难民和非法移民横渡地中海来到欧洲。根据意大利政府数据，2016 年初以来，抵达意大利的难民已经达到 8.4 万人，与前一年同期持平。根据国际移民组织 2016 年 7 月披露，2016 年以来大约有 3000 名移民和难民葬身地中海，是 4 年前欧洲爆发难民危机以来在如此短的时间内出现的最高数字，与 2015 年前 10 个月、2014 年前 9 个月死亡人数相当。这些难民 90％出现在利比亚和意大利之间的海域，几乎所有的遇难者都来自撒哈拉沙漠以南非洲国家。

难民潮的爆发，难民接受配额制的推行，促进了欧盟内部的分裂，英国国内要求脱离欧盟的呼声高涨。2016 年 6 月 23 日，英国提前举行“脱欧公投”，24 日公布结果：选择脱离欧盟的票数 1741.0742 万张，占 51.9％；支持留在欧盟的票数 1614.1241 万张，占 48.1％。次日，英国前首相卡梅伦宣布辞职。

（林　珏）

【讨论题】

1. 叙利亚的难民潮是怎么发生的？
2. 2015 年难民潮对欧洲具有哪些影响？
3. 根据这个案例，谈谈政治因素在一国经济发展中的影响或作用。

【参考资料】

1. 董漫远：《“伊斯兰国”崛起的影响及前景》，载《国际问题研究》2014 年第 5 期。

2.《欧洲陷难民危机 大量偷渡客死亡 欧盟尚无对策》,环球网,http://news.southcn.com/international/content/2015-08/29/content_131796583.htm。

3.《外媒:欧洲多国民众游行 接受难民态度现分歧》,载《参考消息》2015 年 9 月 14 日。

4.《难民潮 欧洲难以承受之重》,载《广州日报》2015 年 8 月 23 日。

5. 杜晓菲:《默克尔:欧盟强制性难民配额计划需要“灵活性”》,载《环球时报》2015 年 9 月 9 日。

6.《美国 24 州州长:我们拒绝接受叙利亚难民》,新浪财经网,http://finance.sina.com.cn/roll/20151117/140323788120.shtml。

7.《丹麦通过没收难民财产法案》,载西班牙《阿贝赛报》2016 年 1 月 26 日。

8.《今年已有三千难民葬身地中海》,载《参考消息》2016 年 7 月 24 日第 6 版。

【案例 1-28】 中等收入陷阱:委内瑞拉的资源诅咒

“中等收入陷阱”是指当一个国家的人均收入达到中等水平后,由于不能顺利实现经济发展方式的转变,导致经济增长动力不足,出现经济停滞的一种状态。陷入“中等收入陷阱”的国家常伴有以下十个方面的特征:经济增长回落或停滞、民主乱象、贫富分化、腐败多发、过度城市化、社会公共服务短缺、就业困难、社会动荡、信仰缺失、金融体系脆弱等。

国际上公认的成功跨越“中等收入陷阱”的国家和地区有日本和“亚洲四小龙”,但就比较大规模的经济体而言,仅有日本和韩国实现了由低收入国家向高收入国家的转变。而拉美地区和东南亚一些国家则是陷入“中等收入陷阱”的典型代表,如菲律宾人均 GDP 由 1980 年的 684.6 美元增长到 2014 年的 2865 美元,若考虑通货膨胀因素,人均收入则无太大变化。阿根廷在 1964 年时人均 GDP 就已超过 1000 美元,在上世纪 90 年代末上升到 8000 多美元,但 2002 年又下降到 2000 多美元,2014 年又回升到 12873 美元。拉美地区还有许多类似的国家,虽然经过了二三十年的努力,几经反复,但一直没能跨过 15000 美元的发达国家门槛。委内瑞拉近年来的经济、政治发展过程中的波动为我们提供了最新的案例。

一、委内瑞拉概况

委内瑞拉玻利瓦尔共和国,简称“委内瑞拉”,是一个位于南美洲北部的热带国家,为南美洲国家联盟的成员国,首都为加拉加斯,西与哥伦比亚接壤,东与圭亚那毗邻,南与巴西交界。委内瑞拉国土面积达到 91 万平方公里,总人口 2929 万人,2015 年 GDP 为 2395.72 亿美元,人均 GDP 为 7744 美元。

委内瑞拉为石油输出国组织(OPEC)成员,是世界主要的产油国之一,已探明石油储量为 3008 亿桶。该国的经济结构严重依赖石油加工及出口,2015 年石油出口收入 358 亿美元,占该国出口总收入的 95%,占全年 GDP 的 15%和政府财政收入的 50%以上。

委内瑞拉实行联邦总统制,总统是国家元首和政府首脑,现任总统是尼古拉斯·马杜罗·莫罗斯,来自于委内瑞拉统一社会主义党。国会是由 165 席组成的一院制立法机关,目前国会中最大的政党是民主团结圆桌会议,马杜罗总统所在的委内瑞拉统一社会主义党是国会内最主要的反对党派。

二、委内瑞拉的“光辉岁月”

委内瑞拉拥有庞大的石油蕴藏量,曾经是世界领先的经济强国。第二次世界大战后,委内瑞拉的人均国民生产总值位列全球第四高,仅次于美国、瑞士及新西兰,更是战后德国的近两倍、日本的四倍。即使到了 20 世纪 80 年代,委内瑞拉的人均 GDP 仍达到 4671 美元,远高于当时的新兴经济体和发展中国家数据。

在西方人眼里,当时的委内瑞拉不只是一个经济较为发达的国家,更是拉美最稳定的“民主国家”,是拉美各国争相学习的榜样。1958 年,委内瑞拉的民主行动党与中间偏左的基督教民主党两大政党签署了《彭托费合协议》(PuntoFijo Pact),同意尊重选举程序,并按选举结果分配政治权力。根据该协议精神,当选的政党不能滥用权力,应确保落败政党仍有政治生存空间。该协议使得落败政党愿意接受选举结果,而不是诉诸武力推翻结果,因此《彭托费合协议》开启了委内瑞拉民主政治的时代。而当巴西、阿根廷、智利等其他拉美国家在60至70年代相继落入军事独裁统治的时候,委内瑞拉的民主政治并没有中断。

70年代末至80年代初,标普(S&P)给予委内瑞拉的主权债务评级,都是最高级别的AAA;但如今,委内瑞拉已濒临破产边缘,主权债务评级亦早被降至"垃圾级"。

三、资源诅咒和庞大的福利支出

昔日的辉煌,更反衬出委内瑞拉今日政治、经济的乱局。很多人认为,1999年政治强人查韦斯(Hugo Rafael Chávez Frías)上台,是委内瑞拉由盛转衰的时候,但哈佛肯尼迪政府学院国际发展研究中心主任豪斯曼(Ricardo Hausmann)在其编著的《查韦斯之前的委内瑞拉:关于一个经济体崩溃的解剖》中指出,委内瑞拉经济其实早在70年代末已开始走下坡。其中一个最主要的原因,是委内瑞拉对石油业的过度依赖。委内瑞拉出口多样性指标远高于世界平均水平(指标越高,多样性越差)。即使与同为原油出口国的OPEC国家比较,2011—2015年,OPEC国家出口原油产值占总出口值的平均水平为59.5%,而委内瑞拉5年平均值为95.2%。石油工业技术不能转移到其他行业,石油部门的强势也导致国内货币升值,打击了其他出口行业的发展。同时,由于石油行业利润较高,吸引了绝大多数的公共与私人投资,委内瑞拉国内的食品与日用商品的生产均受到影响,近90%以上依赖进口。一旦作为支柱产业的石油业受到冲击,其国内的正常经济发展必然陷入停滞乃至崩溃的状态。这正是经济学上"资源诅咒"的典型例子。

西方人认为,以查韦斯及其继承者马杜罗为代表的左翼政府推行的经济全盘国有化和所谓的"玻利瓦尔革命"(Bolivarian Revolution)等举措,是加速委内瑞拉经济自由落体过程,使委内瑞拉走进今天死胡同的原因。

1999年查韦斯上台执政后,大力推行"21世纪社会主义"(socialism of the 21st century),增加国家在经济中的干预,通过征收最高95%的石油暴利税等手段,将外资石油生产公司赶出该国市场,逐步将土地及石油资源等主要经济产业收归国有。委内瑞拉国家石油公司(PDVSA)的经营管理人员换成查韦斯所信任的人员,各种政治决定不断削弱该公司的独立性及经营能力,当权者的亲信们乐于将钱从公司中取出,但是却没有足够的资金返回公司,以至于公司无法将多余的石油转为精炼油,1999—2013年公司产量减少25%。

同时,石油国有化后腐败横行。国际反腐机构透明国际曾将委内瑞拉排为全球第九严重腐败国家。委内瑞拉两位前官员估计,过去十年高达3000亿美元被侵吞,但由于国际石油价格自40美元最高上涨至150美元,掩盖了"玻利瓦尔革命"后国内存在的问题。查韦斯政府把出口石油赚来的外汇大量花费在社会项目上,注重民众的福利诉求,如为贫困人口修建免费住房、制定超过正常限度的福利措施等。以委内瑞拉的《劳动法》为例,除常规的各类社会保险和住房公积金外,每人每月还有150玻利瓦尔(约合24美元)城市补贴、每年30天的带薪休假加55天的休假补贴等名目繁多的福利补助。这些举措大大增加了政府经常性开支,但却受到广大底层人民的支持。查韦斯在历次竞选中,尽管遭到城市精英阶层的反对,却总能以高支持率当选。2013年,查韦斯去世,时任副总统马杜罗以50.66%对49.07%优势击败反对派,当选新一任总统。

由于福利补助过多，影响到国家对工业建设的投入以及企业的创新和发展，这也成为委内瑞拉出口石油却缺少工业尤其是重工业的原因，只能靠卖石油过日子。一旦国际石油价格走低，委内瑞拉的经济就深陷资源诅咒泥潭中难以脱身。

四、目前的困境与未来的发展

2015 年以来，国际原油价格从近 100 美元每桶暴跌至最低 26 美元每桶，不断下降的油价加剧了委内瑞拉的经济困境，其 2016 年国内生产总值（GDP）预计将收缩 10%。官方统计的失业率为 20%，但实际可能要高得多。国际货币基金组织（IMF）的数据显示，委内瑞拉的通胀率达到 700%，而且还在上升。进口商品极度短缺，包括基本食品和药品，部分民众只能跨境到哥伦比亚境内购买基本的食物和厕所用品等生活必需品。经济崩溃导致社会环境急剧恶化，骚乱频发，各种哄抢事件层出不穷，首都加拉加斯 2015 年发生 3946 起谋杀，成为全球谋杀率最高的城市。

同时，油价下跌导致委内瑞拉的石油产量也进一步下滑，2016 年 6 月的产量为 210 万桶/天，预计到年底可能进一步下滑至仅 170 万桶/天，是 30 年来的最低水平。导致石油产量下降的原因包括投资不足、影响整个委内瑞拉的长期电力短缺，以及一些大型国际石油服务企业在面临累计高达数十亿美元的未偿债务之际决定削减业务。

经济乱局使很多传统上支持查韦斯主义（Chavismo）的人，都转向支持反对派。自从查韦斯上台，查韦斯主义曾一直所向披靡，从未输过任何总统或国会选举。但 2015 年 12 月的国会改选，反对派历史性地获得逾 2/3 的议席，标志着查韦斯主义在委内瑞拉开始没落。

2013 年，接替查韦斯出任总统的马杜罗仍想要坚守阵地，但却拿不出什么办法扭转经济局面，他指出委内瑞拉国内高企的物价是资本主义颠覆政府的阴谋，宣布一周休三天以节省用电，并将汇率调整为 6.3 玻利瓦尔兑换 1 美元。2016 年 4 月 26 日，委内瑞拉国家选举委员会批准了反对党联盟要求启动公投程序罢免总统马杜罗的申请。根据委内瑞拉宪法，总统任期过半后若有 20%选民签字申请，即可举行全民公投决定是否罢免现任总统。但根据委内瑞拉宪法，如果总统在任期最后两年被罢免，将由副总统担任总统职务，直至下届选举。因此，马杜罗正想尽一切办法拖延罢免选举，从而继续执政党　　统 ·社会主义党的统治或等待石油价格回升，使政府再次有钱推行社会政策，恢复民众的支持度。

在经济失败的重压下，委内瑞拉政权似乎比以往任何时候都更加接近崩溃。但根据最新的消息，委内瑞拉的罢免选举及随后的中期选举已被拖延至 2017 年年中，若国际油价出现反弹，这个国家是否又会重回政治老路，何时又能够走出资源诅咒设下的陷阱呢？

（夏方杰）

【讨论题】

1. 中等收入陷阱为何多发在拉美和东南亚国家？
2. 你认为委内瑞拉有什么办法走出目前的困境？
3. 为何部分资源丰富的发展中国家反而经济发展缓慢？

【参考资料】

1. 王鹏:《可怕的骚乱:委内瑞拉政局将何去何从》,载《中国社会科学报》2014 年第 588 期。

2. 尼克·巴特勒:《委内瑞拉还能撑多久?》,载英国《金融时报》2016 年 8 月 15 日。

3. 蔡婷贻:《自由落体中的委内瑞拉?》,载《财经》2016 年第 51 期。

4. 任丹妮:《委内瑞拉正在失控:食物匮乏货币贬值,"资源诅咒"露出狰狞》,澎湃新闻,http://www.thepaper.cn/ newsDetail_forward_1470092。

5. See IMF, World Economic Outlook Database, Oct. 2016, http://www.imf.org/external/pubs/ft/weo/2016/ 02/weodata/index.aspx.

6. See OPEC, OPEC-Annual Statistical Bulletin 2016, https://www.statista.com/study/36664/opec-s- annual-global-oil-market-report-2016/.

第二部分

经济发展的理论与目标

【案例 2-1】 秘境不丹:贫困而自在的土地

不丹王国,位于喜马拉雅山脉南麓,国土面积 4.6 万平方公里。全国地势北高南低,境内多山,高山终年积雪,中部河谷宽阔。工业不发达,主要产品为生活日用品,如木器、竹器、编织、肥皂、地毯等。主要矿产有白云石、石膏、云母、铜、煤等。农产品为稻米、玉米、麦类。不丹人口 2000 年 80 万,80%是不丹族,其余为尼泊尔等民族。大乘佛为国教。不丹人自称"竺城""竺原",即"龙"的意思,所以不丹也被称为"神龙之国"。全国 71%的土地为森林覆盖,因此又有森林之国、花卉之国的美誉。

不丹是一个内陆国家,北部与中国接壤,西南部与斯里兰卡和印度毗邻。18 世纪中叶盘踞在印度的英国人入侵不丹,将不丹变为英帝国的殖民地。1949 年 8 月,印度与不丹签订条约,规定不丹对外关系接受印度指导。尽管 1961 年 1 月,不丹国王曾表示:"不丹是一个独立自主的国家,有权处理它自己的外交事务",并于 1971 年 9 月以独立国家的身份加入联合国。但无论在经济上,还是在国际政治上,不丹对印度的依赖性都很大。

从经济看,不丹政府的财政收入主要来自三个部分:印度的援助、发达国家的援助和自主创造,各占 1/3。财政支出中免费教育和医疗占相当比重。不丹全国实行免费教育,21 世纪初各类学校 512 所,在校学生 19 万余名。适龄儿童入学率为 96%,国民识字率约 60%。不丹用借来的钱修建发电站,用喜马拉雅山的水发电,然后再将电卖给印度。卖电是不丹最大的外汇收入,不丹国王甚至亲自率团到印度参加电价的谈判。在国际政治方面,印度是不丹的后盾,帕罗机场和干线道路是在印度的支援下建造的。印度曾在不丹驻扎过军队。

不过,就是这样一个小王国,向国际社会提出了一个衡量人的幸福程度的新基准,即"幸福度"(GNH)的思想。1980 年,不丹深受民众爱戴的国王吉格梅·辛格·旺楚克根据藏传佛教思想,提出人的"幸福度"的想法和概念。他认为,对发展中国家来说,国家建设靠开发和援助未必是万能的,人即便是贫穷,只要内心充实,也可以建立一个幸福社会。衡量幸福程度指标包括医疗、教育、管理和幸福感等。该国的国策是公民的 GNH 要重于 GDP。这一概念或标准的提出,一定程度上引起那些生活物质条件虽丰富却感到寂寞难耐的西方人士的共鸣,并吸引不少人来不丹寻找"真经"。

乘机去不丹空中大门帕罗,从高空往下看,透过云雾,看到的是翠绿的青山。由于国家采取环境保护政策,不丹的植被覆盖率达到 72%。飞机在机场降落,踏上不丹的国土,农耕时代生活的气息和藏传佛教密宗社会的神秘扑面而来,最先映入眼前的是写有佛教经文在强风中迎风招展的长长的旗帜。其次就是远处那些随便放养、自由自在在山坡上吃草的牛羊。不丹海拔上下差距很大,从海拔 3000 米到 7000 米,既有亚热带的温暖,也有冻土地带的严寒,北部高山区海拔都在 4000 米以上,气候十分寒冷。高山之国交通不便,牦牛和骡马成为重要的交通工具。

在翻山越岭去首都廷布的途中,重要的路口都设有检查站,木材是检查的重点内容。司机告诉外国旅游者:不丹所有的树木都是国家财产,不经许可不得砍伐,不丹禁止原木出口。

在东南亚和拉美，一些新兴工业国将成片的热带雨林砍伐已尽，赚取外汇，提高人均收入水平。而不丹，这个以人均GDP衡量属于世界极度贫困的国家，却守着聚宝盆不用，确实让参观者感叹万分。

当然，国外现代化的进程不可能不对不丹产生影响。1999年，不丹有了电视，此后有了互联网。不丹正在逐渐告别骑在马牦牛的时代，进入四轮驱动汽车的时代。2000年，不丹全国已有汽车1.2万辆，在首都廷布，汽车正在急剧增加。这一状况引起政府的警惕，因为邻国尼泊尔首都加德满由于大量进口燃烧柴油的旧车，给城市带来了严重的空气污染，最后不得不禁止使用柴油车。不丹不想重蹈覆辙，为此宣布禁止进口旧车。1999年6月，不丹有关政府部门还发布针对销售部门使用尼龙袋的禁令，规定一旦发现仍在使用尼龙袋，第一次罚款，第二次倍增罚款，第三次吊销营业执照。禁令发布一年后，集市和商店再也看不见尼龙袋的踪影，市场或商店里出售的食品与物品都改用布袋、纸袋、树叶、竹筐来盛装。

不丹的垃圾又是如何处理的呢？首都廷布人口只有3万，由于人们过着简朴的生活，没有其他国家那么多的现代生活的垃圾，因此目前还不需要垃圾焚烧炉。厨房的垃圾用卡车收集后，拉到山谷里填埋。国民吃的食物是自己种的或饲养的；穿的民族服装是用手织布缝制的；住的传统藏族风格的房子是用土坯、木头和石头建造的。衣食住方面自给自足，加上虔诚的宗教信仰，相互帮助，国内没有人挨饿，人们和平相处。政府在教育、卫生方面实行免费制度，其开支占到国家财政预算的1/4。此外，为了帮助贫困阶层，政府兴建了许多小型公共设施。因此，在不丹看不到那种绝对贫困的现象，险峻的地形造成与世隔绝般的生活，这儿的国民远离邻国之间的纷争和现代生活的污浊。小国无秘密，由于彼此都认识，因此这里无行为不轨之徒，无人偷窃，无人毁林，社会治安良好。

当许多发展中国家热衷开发旅游观光业、确立旅游立国之时，不丹则声称这不是自己发展经济的重点。不丹旅游局一位负责人对此解释是，不丹想保持自己的传统文化、价值观和生活方式。

尽管不丹经济落后，但幸福指数却高。根据联合国2004年全球人类发展报告，不丹在192个国家中位居134位。但在2006年联合国发表的《全球快乐排行榜》中，不丹却名列第8位，亚洲第1位。

21世纪初以来，不丹开始进行现代化建设和政体改革。2003年6月，不丹皇家大学成立，这是不丹第一所大学。2006年，吉格梅·辛格·旺楚克国王宣布退位计划，年轻的儿子、在牛津大学受过教育的吉格梅·凯萨尔·纳姆耶尔·旺楚克(Jigme Khesar Namgyal Wangchuck)于2008年11月6日加冕继位，新国王的登基大典在首都廷布举行。28岁的新国王旺楚克是不丹国的第5位国王，也是世界上现任国王中最年轻的一位，他曾先后留学美英，并在牛津大学修读对外事务研究，取得政治学硕士学位。他身高180公分、五官俊美，被封为"不丹吴彦祖"。因为外表俊朗且温文尔雅，极受国民欢迎，还曾获得"魅力王子"称号。老国王的退位，标志着皇家对全国60万老百姓的绝对统治结束。2008年3月24日，不丹举行议会下院选举，将世袭君主制改为议会民主制。国王虽然仍担任国家元首，但与选举产生的议会和独立的司法系统分享权力。

根据媒体报道，许多不丹人对老国王决定退位和把这个国家变成一个民主国家感到困惑不解。不丹出现的变化是：越来越多的人移居到城市，快速都市化导致许多传统网络分崩离析，失业率和滥用药物事件直线上升。在这一背景下，自杀率居高不下，英国记者安德鲁·本库姆撰文《云中快乐王国怎么失去了微笑》，指出有迹象显示，在不丹王国，人们其实并不是那么幸福快乐。几个世纪以来，不丹人都与世隔绝。随着人们必须要跟上时代变化的加速脚步，自杀事件日益成为家常便饭。不丹媒体指出："在部分村落，轻生几乎已成为常态。"

不丹首位民选首相吉格梅·廷莱发现，现代化趋势打破了传统家庭和社区凝聚力，从而导致自杀案例激增。他说："我不认为我们开放的速度太快，然而改变正在发生，许多人开始陷入迷惘。不丹再也不是快乐的国度——人们有许多不快乐的原因，从精神到肉体。"

尽管官方强调幸福指数，但大约 1/4 的不丹人生活在贫困线下，教育和医疗资源仍然非常欠缺，特别是乡村地区，幸福指数下降。

（林　珏）

【讨论题】

1. 你是否同意不丹国王提出的衡量幸福程度这一新基准？为什么？

2. 你认为经济发展的最终目标是否就是为了追求这一境界？

3. 民主化进程给不丹带来什么后果？还会带来什么影响？你认为是否有必要进行这样的进程？

4. 你对人均 GDP 指标与经济发展内涵是如何理解的？

【参考资料】

1. 〔日〕青木公：《注重"幸福度"的秘境不丹》，载《外交论坛》2000 年 9 月 27 日。

【案例 2-2】 上海的城乡一体化

上海是中国最大的经济中心城市，拥有常住人口 2400 多万，2015 年人均生产总值达到 16553 美元，居民消费水平高，综合经济实力达到上中等收入国家水平，素有“东方纽约”之称。

一、上海的土地面积和行政区域

上海全市面积 6340.5 平方公里，占全国总面积的 0.06%，南北长约 120 公里，东西宽约 100 公里。其中区域面积 5299.29 平方公里，县域面积 1041.21 平方公里。境内辖有崇明、长兴、横沙三个岛屿，其中崇明岛面积 1041.21 平方公里，是中国的第三大岛。

至 2014 年末，上海共有 16 个区、1 个县，共 117 个镇，2 个乡，100 个街道办事处，4122 个居民委员会和 1605 个村民委员会。各区县的土地面积和人口数见表 2-2-1：

表 2-2-1 2014 年各区、县土地面积、户数、人口及人口密度

地区	土地面积（平方公里）	人口（万人）		人口密度（人/平方公里）
		年末	其中：外来	
全市	6340.50	2425.68	996.42	3826
浦东新区	1210.41	545.12	235.65	4504
黄浦区	20.46	68.20	18.08	33333
徐汇区	54.76	110.97	28.55	20265
长宁区	38.30	69.86	17.41	18240
静安区	7.62	24.86	5.89	32625
普陀区	54.83	129.61	34.75	23639
闸北区	29.26	84.85	21.03	28999
虹口区	23.48	83.82	18.22	35698
杨浦区	60.73	132.37	26.75	21796
闵行区	370.75	253.95	128.60	6850
宝山区	270.99	202.40	85.56	7469
嘉定区	464.20	156.62	91.40	3374
金山区	586.05	79.71	26.96	1360
松江区	605.64	175.59	109.08	2899
青浦区	670.14	120.83	72.49	1803
奉贤区	687.39	116.76	60.81	1699
崇明县	1185.49	70.16	15.19	592

注释：2016 年，崇明县改为崇明区。

资料来源：上海市统计局：《2015 上海统计年鉴》，中国统计出版社 2015 年版，表 2.2“各区、县土地面积、常住人口及人口密度(2014)”。

上海郊区是上海市社会经济发展的一个重要板块。从某种意义上讲，没有上海郊区的经济发展、社会稳定和现代化，也就没有上海整体的发展、稳定和现代化。这种观念和思想认识并不是一开始提出时就得到大家的认同，而是随着上海经济的发展和城乡一体化进程一步步地统一，最终提到了战略化高度。

二、上海城乡一体化的进程

新中国成立以来，上海城乡一体化进程经历了两个阶段：

（1）第一阶段：新中国成立初到党的十一届三中全会。这段时间，中国的经济结构是典型的“二元经济”，即现代化的工业与传统的农业并存，现代化的城市和传统的农村并存；并且通过城乡分割的农产品购销制度、户籍制度、资源分配制度、价格管理制度，使得“二元经济”的运行机制制度化、凝固化。由此，形成“城市——搞工业，农村——搞农业”的“二元社会”模式。这种模式与当时的国情是相适应的。因为新中国成立初期，旧中国一穷二白，工业很不发达，极需要农业在一段时间内提供积累来实现工业化，从而便形成了工业连同农副产品加工业集中在城市，农副产品的提供集中在农村，城市与农村绝对分割，城市经济为主、农村经济为辅的经济模式。在大的宏观背景下，上海基本上也处于这种二元社会经济发展格局之中。

（2）第二阶段：党的十一届三中全会以来。随着商品经济的发展和城乡改革的深入，原有体制的弊端日益显露。城市化的过度发展和农业发展滞后两者所带来的后果，不仅使国内两部门的贸易联系萎缩，而且还使城乡二元经济结构在这种畸形的发展中得到进一步的强化，造成了恶性循环。农业尽管初期对中国实现工业化起到扶持性作用，但是农业的落后、农村的落后日益成为工业扩张和国民经济发展的制约因素。另外，城市居民和农民社会地位的不平等，城乡收入差距的扩大，城乡之间要素配置低效率等现象，引起人们对城乡经济分割这一经济格局的思索。探索城乡协调发展的新路子，成为改革开放的重要课题。从1984年开始，上海政府研究城乡一体化问题。1986年，市委、市政府正式把城乡一体化作为全市经济和社会发展的战略思想和指导方针，从此上海城乡关系出现了新变化。“农村搞农业、城市搞工业”的传统格局被打破，初步形成了城乡经济相互渗透、互相推动、协调发展的新局面。

三、上海城乡一体化的表现

（1）对郊区定位发生变化。80年代，郊区定位主要坚持郊区农民口粮立足自给、城市鲜活副食品供应立足郊区的方针，建设农副产品生产、城市工业扩散、科技试点和出口创汇“四个基地”。90年代以后，上海郊区功能定位调整为城市鲜活食品供应的基地、城市大工业转移的腹地、市民休闲度假的绿地。定位的变化带来了人们对郊区经济的日益重视，郊区经济发展逐渐提上日程。但是这时对城乡一体化的研究仍停留在城市经济如何发展上，乡村经济只是作为发展城市经济的工具。主流观点仍然是，上海经济要全面发展必须依靠城乡经济的拉动作用，乡村经济也只有在城市经济的拉动下才有可能发展。郊区在全市经济发展中的地位，从“一个增长点”“组成部分”提升到“重要区域”。

（2）城乡经济联系得越来越紧密。首先，乡镇企业的迅速发展，大大增加了全市工业品的供给能力。还在1989年，市郊乡镇工业就向市场提供240多亿元的工业品。

其次，城乡之间的经济联系从流通领域的商品买卖关系扩大到生产领域的内部协作关系。开始郊区经济只是作为城市工业的配套行业，是城市工业的延伸，是全市工业的一个重要组成部分。如80年代初,郊区乡镇工业中有60%左右是为城市工业服务的。但是,随着城乡一体化方针的出台,郊区工业逐步被纳入全市工业的计划体系中。

再次,物资、资金、人才、信息和劳动力等生产要素在城乡之间合理流动,优化组合。1979年以后,结合城市工业改造,城乡工业联营企业(即工农联营企业)得到蓬勃发展,到1989年,这种联营企业已发展到2108家,实现产值83.86亿元,占全市乡镇工业总产值的39.12%。这种城乡合作的方式,使得城乡工业和乡镇工业在"血缘"上更加亲近了。另外,随着上海新兴制造业中心加速向郊区转移,即都市型高效农业的培育不断形成新的投资机会,上海分流至郊区的外商投资额自2002年以来创造了历史最高水平,新增合同外资就突破70亿美元,占全市合同外资额的2/3,到位外资22.9亿美元。郊区工业化和城市化进程的加快,也为第三产业的发展开拓了广阔的空间,见表2-2-2:

表2-2-2 1980—2015年上海市产业结构变化 (单位:%)

产业	1980	1985	1990	1995	2000	2005	2010	2015
第一产业	3.2	4.2	4.4	2.4	1.6	1.0	0.7	0.4
第二产业	75.7	69.8	64.7	56.8	46.3	47.4	42.0	31.8
第三产业	21.1	26.0	30.9	40.8	52.1	51.6	57.3	67.8

资料来源:根据上海市统计局《2014上海统计年鉴》(中国统计出版社2014年版)表4.4"上海市生产总值构成(1978—2013)"和《2015上海统计年鉴》(中国统计出版社2015年版)表4.4"上海市生产总值构成(1978—2014)",以及《2015年上海市国民经济和社会发展统计公报》有关数据计算制表。

最后,城乡相互支援,相互促进。郊区一方面稳住了粮食、油料等农业生产,副食品基地建设取得显著成效;另一方面大力发展各郊区的特强产业,进一步突出郊区城镇的专业化产业特色,并扶持沪郊设施农业、观光农业、休闲农业的发展。同时,市政府制定的公共财政政策改变以往倾向城市的观念,体现为倾向郊区,增加对经济薄弱地区公共财力的支持,使郊区农民在基础设施、教育、医疗、救助、保障等社会公共服务事业方面充分享受到上海改革开放的成果,进而逐步缩小城乡差距。比如,对郊区13个人均收入4000元以下的低收入乡镇(约30万人),采取区际结队帮扶,使其经济在3—5年达到郊区中等乡镇水平。为加快城乡一体化的进程,上海城市基础设施建设更注重枢纽型、网络性、功能性,郊区的基础设施建设纳入全市总格局中。通过逐步制定并且落实户籍制度改革政策,逐步解决新生农民子女和16岁以下农业人口的"农转非"问题,推进农民市民化。全市2001年1月1日后出生的农民子女在出生登记时,已统一登记为非农户口。2002年,全市共有2万多人申请了城镇户口,近8000农民申请办理了"农转非"手续。

(3) 郊区经济社会取得快速、健康、持续的发展,其经济总量在全市经济总量中的份额逐年上升,发展战略地位日益重要。2002年底,郊区增加值1680亿元,工业总产值4170亿元,分别是1989年的9.5倍和14.2倍。郊区城市化水平目前达到51%,比1990年提高了22个百分点。同期,郊区GDP和工业总产值分别占全市的1/3和1/2,郊区财政收入占全市的1/5,见图2-2-1。

郊区经济发展的增长率高于全市的平均增长水平,1990—1999年全市GDP总增长4.3倍,年均增长率为18.2%;而郊区的农村增加值总增长率为9.5倍,年平均增长率为26.5%,分别高出520和8.3个百分点;全市工业总产值总增长率为1.3倍,年平均增长率为8.6%,而郊区工业总产值总增长率为3.6倍,年平均增长率为16.6%,分别高出230和8个百分点。

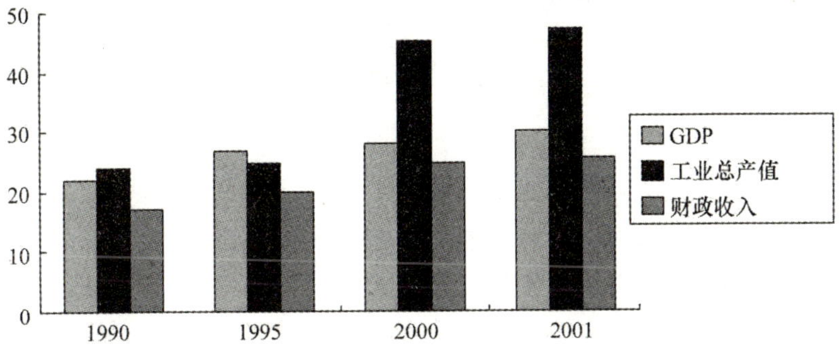

图 2-2-1　1990—2001 年上海郊区 GDP、工业总产值、区县财政收入占全市比重图

数据来源：上海统计网，http://www.stats-sh.gov.cn。

四、2003 年后上海城乡一体化的展望

《今日上海》2003 年第 12 期发表了一则简讯：上海将全面实施"城乡一体化战略"。根据简讯内容，上海寻求全市 6300 平方公里的整体协调发展，经过几年建设，A4 公路、A30 公路、共和新路高架、沪闵高架二期、轨道交通五号线等高速交通设施先后通车或即将通车；沪崇苏越江通道即将启动，这将增添崇明的投资魅力。由于上海市郊地处上海中心城区与长江三角洲腹地的中间地带，通过土地、产业及人口等要素的集中布局和集约发展，将成为上海经济拓展最主要的新空间。该简讯显示出上海的城乡一体化步入新的发展阶段：依靠郊区城市化拉动经济发展。

上海郊区总面积 5700 平方公里，是中心城区面积的 10 倍，辖区内有 9 个区县和浦东新区农村部分，以及 15 个国有农场，9 个世纪工业区都坐落在郊区，它们是上海"1＋3＋9"工业新布局的重要组成部分（"1"是指浦东新区，"3"是指漕河泾、虹桥、闵行三个国家级开发区，"9"是指 9 个市级工业区，包括莘庄、康桥、嘉定、奉浦、松江、金山嘴、宝山和崇明工业区，分别位于郊区的 9 个区县）。这表明进入 21 世纪，上海的发展重心从城区向郊区转移。

按照市委市政府规划的新的产业布局，到 2005 年前，上海将建成的东西南北四大产业基地全部都在郊区。其中，在东部临海临江地区，依托张江、金桥、外高桥园区等建设上海微电子产业基地，依托航空港与深水港建设，加快临空、临海产业带和现代物流产业基地建设；在杭州湾北岸，依托上海化学工业区，形成石化工业带；在北部地区，依托宝钢集团，重点发展钢铁及配套延伸产业带；在西北部地区，依托上海大众汽车生产基地，重点发展集生产、展示、销售等功能于一体的综合性汽车产业基地；在西南部地区，依托试点城镇建设，重点发展出口加工产业基地和佘山—淀山湖休闲度假旅游区。同时，各农村为适应大都市的具体环境，大力发展都市型农业，即以源头农业、创汇农业、生态农业、设施农业为基础，以现代农业科技武装的园艺化、设施化、工厂化生产为主要手段，包括农产品生产、加工、营销、服务等相互配套的大农业系统。

按照上海市总体规划，郊区都市层将建成一个由新城—中心镇——般集镇—中心村组成的多层次城镇体系。到 2020 年，上海将建成 11 个具备中等城市规模的新城和 22 个左右的中心镇，形成沿江、沿海、沿沪宁和沪杭等高速公路组团式发展的新兴城镇群，使上海整个城镇化水平达到 75％。同时，建设环城绿带、人造森林、绿色长廊、沿海沿江绿色屏障为主的都市森林体系，把上海中心城区发展所需的生态空间延伸到郊区，使其成为国内外客商投

资创业、城市居民度假居住的理想场所。

（黄彩林　林　珏）

【讨论题】

1. 上海是如何通过城乡一体化战略来改变传统社会“二元经济结构”格局的？

2. 为什么说城乡一体化对农村和城市来讲是一个“双赢”格局？

3. 上海城乡一体化进程对中国其他省市的城乡一体化有何参考价值？

【参考资料】

1. 尹继佐:《2003 年上海经济发展蓝皮书:现代化国际大都市建设》,上海社会科学院出版社 2003 年版。

2.《实现中心城区与郊区互动发展》,载《解放日报》2004 年 5 月 18 日。

3. 城乡一体化课题组:《上海城乡一体化研究综合报告》,载《上海农村经济》1991 年第 2—3 期。

4. 张国骥:《美国城市化的发展实践及基本经验》,载《湖南商学院学报》2004 年第 1 期。

5. 宸星:《大上海的新概念——申城推进城乡一体化战略实录》,载《今日上海》2003 年第 5 期。

6.《今日上海》2002 年第 1 期至 2004 年第 4 期。

7. 上海统计网,http://www.stats-sh.gov.cn。

【案例2-3】 河西走廊的城市化之路

永登号称“河西第一城”，是向西进入河西走廊的“第一门户”。2001年，永登GDP超过25亿人民币，在甘肃80多个县中居于首位。

一、借工资县改市

据官方人士说，永登已经达到设立县级市的“国标”，一套繁复的撤县设市方案已经上报甘肃省与国家相关部委。有关部门称，永登2002年就可以通过国家复查验收，正式撤县设市。

但是，永登县城街道狭窄，路面不整，居住拥挤，财力不支，撤县设市显然中气不足。于是，滥觞于东部各地的“经营城市”和“以城兴城”的概念在这个西部农业大县浮上水面。永登县成立了城市经营中心，行使政府经营城市的职能。随之，该县出台了《关于加快县城基础设施建设的决定》，称为了加快城市化进程，实现“十五”期间撤县设市的目标，县委、县政府决定筹资亿元以上，用3到5年的时间，改造旧城，建设新区。县里的领导信誓旦旦:瞄准一流，超前规划，决不干低标准的事，更不干今天建明天拆的事。

除了在“盘活”国有土地上做文章，县领导班子还决定，向全县干部职工借一个月的工资，作为县城基础设施建设的担保基金，等3到5年之后县财政收入状况有所好转，再逐步归还。在未经任何协商和听证的情况下，他们扣发了全县(包括乡镇)干部职工(包括离退休人员)2002年3月份的全部工资。

“城市经营”概念的核心本应是“市场化”，将城市公共资源由政府主导转向市场主导，形成符合现代法治规范的城市治理结构。但永登的城市经营思路，其实仅仅是一条政府的生财之道。此举受到舆论广泛批评，但当地政府我行我素，不为所动。

二、河西走廊城市化

甘肃的计划是，“十五”期间完成平凉、庆阳、武威、张掖、酒泉5个地区的地改市工作，平凉、武威、张掖3市进入或接近中等城市规模。到2010年，天水市要成为大城市，白银市要接近大城市规模，而酒泉市、临夏市则要接近或达到中等城市规模。甘肃省政府认为，积极发展县城，将为甘肃的城市成长提供持久的基础动力，以此提高经济和人口的空间集中程度，计划到2010年新增永登、安西等10个县级市。

城市化被设计成西部开发中的一大动力源泉。在所有制结构调整中进退两难的甘肃，指望通过城市扩张“以存量换增量”，用增量减轻国企转制与消亡带来的痛苦。但要实现这个目标，以上计划还远远不够。于是，他们把目光投向永登以西的河西走廊。

中央政府明确提出西部开发要明确重点，要把西陇海经济带的建设摆在第一位，而它将穿越河西走廊以及甘肃全省，这使得已经变得狭长而贫瘠的甘肃似乎又拥有了复兴的希望。

甘肃地形犹如一条娃娃鱼，而河西走廊就是这只娃娃鱼的脊骨。这条衰老的脊骨周边，如今集中了甘肃70%以上的人口与耕地、80%以上的GDP、90%以上的工业能力和科研力量。人们期待陇海线全线改造完毕,河西走廊经济带迅速崛起。

在甘肃,官员依然把国家"一五"和"二五"期间在西陇海沿线部署的16个重点项目看得很重。这些项目是甘肃经济的基础,因为这些项目,河西走廊在"四郡"之外产生了更多的城市:"铜城"白银、"镍都"金昌、"钢城"嘉峪关等。虽然它们都已经进入资源的后开采期,在管理体制和利益机制上存在突出矛盾,但依然举足轻重。

现在,从乌鞘岭向西,直到玉门,在钢蓝色的祁连山和北方红色沙漠之间,是一条让人怦然心动的城市走廊。"西部""城市""铁路",三个大开发中的主题词在河西自动对接,用河西走廊的城市化带动甘肃乃至西部经济,只是这些城市都面临着永登的困境。

三、中游下游:围绕水的自戕与他伤

武威与张掖,河西的心脏,祁连雪水哺育了这两座神秘的城市。在海运兴起之前的汉唐时期,它们是"威宣中外"的国际中心城市,大批西方商人聚居于此。开放的国际贸易使它们富甲天下。如今,虽然还能看到城外大片芦苇,但祁连山雪线正在快速上升、后退、消失,此地已经变成了风之头、水之尾。

以张掖与武威为主的河西绿洲,是我国重要的商品粮基地,也一直是甘肃移民安置开发的主要区域,仅在20世纪80年代初到2001年18年间就安置了甘肃中南贫困地区的13万移民。人口增加,垦殖过度,过牧超载,已经使河西走廊变成中国新的沙尘源地。

这是两座如同一张复写纸印出的粗糙城廓。已经拆到了根部的古城墙,粗劣的建筑和日用品,3元钱的出租车起步价,远离城区的火车站,构成了一副萧条的景象。酿酒业是经济支柱,从生产到消费都集中在本地狭小的区域内,循环往复,却无法带动更多的产业发展。地改市已经完成,但50万人的"中等城市"如影子杳不可寻。

即便如此隐忍、内敛的小城市,也已经使从祁连山下来的黑河与石羊河变得气若游丝,一日三厥。以张掖与武威为中心的城市走廊,位于两河中游,拦腰截断了下游的水源。而两河下游正是隔离我国三大沙漠(新疆的库姆塔格沙漠、内蒙古的巴丹吉林沙漠与腾格里沙漠)的绿色走廊。没有地表水,地下水位也在逐步下降。到20世纪90年代末,这条绿色走廊在消失,三大沙漠连在一起,危及北京,并直面整个中国北方。

作为中国第二大内陆河的黑河,早已无力抵达方圆曾达数千公里的居延海绿洲。张掖人在黑河沿岸修了88个闸口。1961年,西居延海消失;1992年,东居延海消失。内蒙古的额济纳旗孤悬戈壁沙海。中游的生存以下游绿洲的消亡为代价,而今风起额济纳,反扑张掖,下游中游唇亡齿寒。

在国务院协调下,黑河从2000年跨省区分水,流域管理趋向正规。张掖叫苦连天,自己除了黑河别无指靠,而不给下游放水,张掖很快就会变成又一个居延海。这碗水实在难以端平。同样,武威横挡在石羊河中游,致使位于下游的民勤县沙漠化进度惊人,比黑河下游还要严重,调水已经难以解决问题。在这里,到处可以看到废弃的村落与抛荒的耕地。在此情势之下,武威与张掖的城市扩张计划,如果不是自戕,就必然要借助伤害更多的公共资源来减小伤害自己的程度。

那么,为什么要扩大这些城市,又以什么作为支撑?官方说:旅游。但旅游业仅仅是一个符号,几乎不可能成为当地的财源。9月的一天,在出土著名的铜奔马(马踏飞燕)的武威雷台汉墓,只有一人购票钻进这个穹形墓室,其间始终担心有人会突然熄灭本来就很幽暗的

灯光，把墓室的铁门锁闭。

四、“嘉酒”合并，水在何方？

“嘉酒”是嘉峪关与酒泉的合称。这是两座相距只有24公里的城市，原本一体。1955年祁连山发现镜铁山大型铁矿，1958年酒泉钢铁公司筹建，当时就成立了地级酒泉市，辖嘉峪关工业区。十多年间，酒钢几上几下，来回折腾，直到1970年才炼出第一炉铁水。为了减轻酒泉地区农副产品供给负担，1971年底成立了完全政企合一的地级嘉峪关市。又过了10年，嘉市政企分开。

嘉酒两市为争夺水源地曾进行许多年的争执及上访。由于争执不定，酒泉卫星发射中心基地动迁和铁路改线计划被迫搁浅。后来，已经衰微的玉门油田重新取得勘探突破，而且准备“下山”，两市又开始争夺油田的选址。但玉门油田最终考虑到城市的科技聚发能力，将其管理、科研以及后勤生活基地举迁兰州。

玉门油田弃嘉酒而去，使当地许多人叹惋不已。他们认为，长期的计划经济造成西部大城市首位度过高，限制了嘉酒地区的要素聚集；而在兰州—乌鲁木齐之间2000公里的广大区域内，缺少一个有效传递的次级区域经济中心，若嘉酒合力为之，将提升河西走廊的经济价值，并整合嘉峪关—敦煌旅游资源，使之真正成为西部开发的纽带。甘肃高层对此极为赞同。吐哈油田的徐高级工程师认为，钢铁产业不同于单纵向产业链的石油、煤炭等资源型产业，它涉及冶金、化工、能源、电力等宽领域的现代工业体系，物料及产品吞吐量大、平衡能力及本地化匹配程度高、自身内部聚集专业多且高度集成，具有“一业多延、聚带多业”的产业特征，很容易实现转型发展，所以，嘉峪关扩张无虞。

似乎没有人担心水会成为真正的问题。与武威和张掖一样，“嘉酒”的设计者也把来水的希望寄托在不确定的引水工程之上。但是，要用多少水才能维系未来的“嘉（峪关）酒（泉）—金昌—张掖—武威”城市走廊？从全局看，这条城市走廊又将阻隔多少雪水，带来多少沙漠？

五、甘肃城市化遇到的问题

城市化在贫穷的甘肃省遇到以下问题：

首先，城市化发展过程中对资源环境的影响估计不足。将城市化简单视为摆脱贫困的方法，而没有意识到城市化本身是一个综合性的大工程，它不是简单的人口增加，工业增长的累加。在河西走廊城市化的过程中带来的是土地沙化，水资源减少。如何合理使用有限的水资源，已经成为国家宏观调控的一部分。河西走廊在自身水资源不足的情况下，还要服从国家的统一调控。这无疑会成为河西走廊进行城市化发展的阻碍。

其次，政府在河西走廊城市化发展中的定位存在问题。永登县委、县政府用强制手段来搞城市化，甚至通过扣取老百姓的工资变相增加财政，从而达到撤县改市的目的，是与国家的大计方针相违背的。此外，政府在城市化发展中手段单一，因为肩负安置移民的任务，该地区城市化的发展走了形，变了样。在这个发展过程中，最佳方式是以市场为主导，政府起辅导的作用。

再次，城市化的布局结构存在问题。在兰州和乌鲁木齐之间建立次级城市的构想是否合理？虽然以点带面的成功范例很多，比如，由上海带动周边江浙地区的发展，以上海为龙头，以长江三角洲为依托，一个国际大都市，两个省会城市，及一些小卫星城市构成了一个城市化的网，在这期间，城市和城市之间由农村相连，而这些农村也逐渐变成了城市的一部分，农村城市化非常普遍；再如，北京带动近郊形成了一个大北京地区。但是在兰州和乌鲁木齐之间长达 2000 多公里，这种长距离的带状分布很难有像上海和北京那样的带动效应。而且这些中小城市又都处在一个水资源分布带上，普遍存在水资源缺乏问题，如果这些城市一起发展，只会让水资源更紧张。

最后，没有及时解决历史遗留问题。嘉峪关和酒泉相距只有 24 公里，当初在城市规划中政府存在短期行为，结果造成今天两个城市分割而治，二者没有互相带动，反而成为对方发展的障碍。

还有其他一些因素造成河西走廊城市化到现在也没有见到曙光。这里就不一一分析了。那么，河西走廊可以走城市化道路吗？答案是肯定的，但这个过程是漫长的。

首先，要解决水资源紧缺问题，在城市实现水的再生利用，在农村开展新技术节水。现在在张掖地区已经有大规模的试验田，采用以色列先进的滴灌技术来培养和种植水果与反季节蔬菜。

其次，要确定城市化发展的战略步骤。发展河西走廊各个城市，要考虑其特点，不能单纯地依靠发展工业。虽然武威的旅游策略是失败的，但并不代表整个河西走廊没有旅游价值。河西走廊曾是古代丝绸之路最重要的一部分，前人为我们留下了宝贵的历史遗产，敦徨就是其中一颗耀眼的明珠。月牙泉、亚丹地貌、胡杨林这些被屡屡搬上影片的地方无一不是人们向往参观的地方，所以大力发展旅游业是河西走廊城市化的一个重要途径。河西地区又是传统的商品粮基地，可以在原有基础上大力发展具有高科技含量的农业产品。

最后，要充分发挥市场的作用，政府只提供公共产品，而不要过分进行干预，不能再像过去那样只依靠单纯的行政手段，否则只会在河西走廊城市化的变革中起负作用。

只有这样，我们才会看到从兰州到乌鲁木齐串起的一条闪闪发光的珍珠项链！

（姚　莉）

【讨论题】

1. 城市化对资源环境产生什么影响？
2. 河西走廊的城市化道路不成功的原因是什么？
3. 应该采取什么样的城市化形式才能更好地适应河西走廊的发展？
4. 在目前“一带一路”战略下，河西走廊应该如何焕发历史上曾有的辉煌？

【参考文献】

1.《城市化覆盖绿洲》，载《经济观察报》2002 年 9 月 30 日。

2. 杨建军：《浙江省城市化战略探研》，载《经济地理》2000 年第 6 期。

3. 许庆明、吴红瑛：《论城市化和产业调整》，载《浙江大学学报》(人文社会科学版)2000 年第 10 期。

4. 曹淑英：《小城镇、城市化在西部大开发中的地位和作用》《青海民族研究》(社会科学版)2000 年第 4 期。

【案例 2-4】 开发怒江:保护环境和发展经济的取舍

2004 年 3 月 26 日,与怒江州政府所在地六库镇仅有 5 公里之隔的小沙坝村的江面上,机器轰鸣,10 多个工人正在一艘基建船上忙碌地施工。村民们面临着可能为了修坝而不得不拆除房屋和搬迁的命运。就在同年 2 月底,作为怒江水电十三级梯级开发的第一个工程——六库水电站已基本上通过了国家有关部门的审批。这意味着从源头到流出尚无一处工程的"处女江"——怒江,也被列入开发规划当中。

一、因争论被搁浅的水电项目

怒江,发源于青藏高原的青海唐古拉山麓,有东方大峡谷之称。它是联合国确认的世界文化遗产,也是中国仅有的两条没有修建大型水坝的河流之一(另外一条是雅鲁藏布江)。然而,就在 2003 年,怒江的平静开始被打破。

2003 年 8 月 14 日,由云南省怒江州完成的《怒江中下游流域水电规划报告》通过国家发展与改革委员会主持评审。该报告是以松塔和马吉为龙头水库,由丙中洛、鹿马登、福贡、碧江、亚碧罗、泸水、六库、石头寨、赛格、岩桑树和光坡等梯级组成的两库十三级开发方案,全梯级总装机容量可达 2132 万千瓦,比三峡大坝的装机容量还要多 300 多万千瓦。

报告指出,众多的专家学者及环保人士强烈反对此规划,引起了有关部门的重视。2003 年 9 月 3 日、10 月 20—21 日,国家环保总局分别在北京和昆明就怒江水电开发问题召开了两次"专家座谈会"。其间,9 月 29 日、10 月 10 日,云南省环保局也相应召开了两次专家座谈会,反对者——来自云南本土个别学者和主要来自北京的一些专家及重庆的一些环保人士,也参加了座谈会。

这场"突如其来"的争论打乱了云南省怒江州政府的计划。按照当地政府的计划,六库水电站要在 2003 年 6 月,最晚也要在当年年底动工。在第一次座谈中,赞成的云南专家占绝对优势。而在第二次座谈会中,支持者与反对者互不相让,以云南本地专家为主的支持派和以北京专家为主的反对派在会上针锋相对。支持者在总结发言中言辞激烈地认为应该既要讲"兽道",也要讲"人道";只有发展才能摆脱贫困,不管人道和人的生存权利,那么这种保护对于人类又有什么意义?

在几次会议上,争论的焦点是,怒江水电开发对陆生生物多样性的影响、对水生生物的影响、对三江并流世界自然遗产地的影响等问题。

二、怒江经济发展的"华山一条道"

怒江是全国唯一的傈僳族自治州,98%以上的土地为高山峡谷,全州人口 49 万,约一半为傈僳族,此外还有怒族、独龙族、普米族等少数民族。全州 2003 年财政收入只有 1 个亿,仅比 15 年前增加 3000 多万元。该州下辖贡山、福贡、兰坪、泸水四县均为国家扶贫开发重点扶持县,农民人均纯收入仅为 935 元,处在贫困线以下的人口达 12.7 万。

州政府即泸水县政府所在地六库镇,拥有6万人口,是怒江州最大的人口集居地。六库镇小沙坝村处在河谷地带,这个在怒江还算生存条件较好的村庄,几乎很难找到一块平整的地,所有的地都是"挂"在山坡上。这里坡度约60度的土地就算是最好的土地。2003年,该村通了公路,用上了自来水,但在邻近村庄至今仍以马作为主要的运输工具。

由于怒江属于极为特殊的深切割峡谷农业区,全州有76.3%的耕地坡度大于25度,靠农业为主的当地村民不可能实现脱贫致富。以前,木材是当地主要经济来源之一,但是近几年来,国家开始在这个地区实施天然林保护工程,怒江58.3%的区域面积纳入自然保护范围,丰富的木材资源和矿产资源不能开发。至2003年,怒江还没有建立起支撑地方经济增长的支柱产业,财政自给率仅为14.7%。

怒江大峡谷被称为"东方第一大峡谷"。一些人提出可以利用大峡谷开发旅游业,可是怒江的地理条件难以承受太多的游客进入,于是水电开发似乎就成为当地经济发展的"华山一条道"。

在当地政府看来,如果规划通过,怒江就可以引进1000多亿元的水电开发资金,加上建成后每年10个亿的税收,可以使当地百姓迅速脱贫致富。为此,怒江州政府邀请专家到怒江考察,了解当地的困境,一些人回去之后改变态度,由开始的反对变为沉默。

三、水能丰富地区的缺电难题

怒江是我国西南的一条国际河流,河谷与山巅的海拔相差3000米,其干流中下游河段色邑达至中缅边界全长742千米,天然落差1578米,是我国重要的水电资源之一。怒江流域还有天然的动物王国、植物基因库之称,仅国家重点保护的一级动植物就有40多种。

当地的民谣称怒江是"一滩接一滩,一滩高十丈"。怒江州共有240多条支流,一级支流就有180多条,其中仅怒江上就有83条一级支流。干流上可开发的装机容量近2000万千瓦,支流上的可装机容量达160多万千瓦。

由于还是枯水期,桀骜不驯的怒江现在很平静。当地的农民说,丰水期的水量至少是现在几十倍甚至100倍。然而,这个水能蕴藏极为丰富的地区,怒江干流的水能开发仍处于原始状态,而支流上的49座中小型水电站的发电量只有6万多千瓦,这一数字只占整个怒江地区可开发水能的0.03%。就是这一微小的开发,也让水电公司成为当地最大的劳动就业部门和纳税大户。怒江州水电局的一位工作人员介绍,目前水电行业就有2000多人就业,每年纳税在1000万以上。

一边是极其丰富的水能资源,一边却是水能白白流失以及当地电力资源的严重不足。由于水能资源尚未充分开发,在小沙坝村的村民家里,一些家电都成了摆设。水电只能用于生活照明,连一些小型的电磨等机器都带不动。

目前,怒江州政府对于境内的支流有了更多的自主开发权,但是怒江干流的开发权却属于国家。怒江州水电局农电科科长李云飞向记者介绍,该州已制定了目标,到2010年为止,要"保三争四",即至少要达到30万千瓦,争取达到40万千瓦的发电量。李云飞说,目前的开发量连一些大一点的工业用电都无法保障,这为交通不便及经济落后的怒江的发展增加了瓶颈。2005年就要完工的兰坪县铅锌矿每年的用电量就达到14万千瓦,如果不加紧建设的话,这个项目即使建起来了也无电可用。

四、出台折中方案

按照计划，只要通过国家环保部门的审批，六库水电站早在 2003 年 6 月份，迟在年底就可以动工。但目前仍悬而未决。如何让怒江人民尽快脱贫成为当地政府最大的“政治”。于是，一场涉及 49 万怒江人的水电开发就成为一场争取更多支持者的行动。

早报记者在怒江采访期间，适逢当地正在开两会，州政府办公室的工作人员介绍，水电开发是这次会议最重要的议题之一，他说：“我们要倾全州人民之力，争取项目尽快上马。”为了争取国家有关部门的支持，当地政府至少组织三次队伍到北京“游说”。在 2003 年 10 月 21 日座谈结束的第二天，有关政府官员率队进京，就怒江水电开发与环境保护问题再次向国家发展与改革委员会、环境保护总局、水利部、水利规划总院、交通部和国家民委作了汇报，并与国电北京院、华电集团全面交换了意见，一周后才返回云南。这样做的直接效果是 2003 年 11 月 12 日，国家环保总局再次组织工作组深入怒江调研。此次赴滇一个专家都没有带，只是听取地方政府及云南省政府的想法，对于一些细节提出修改意见。

记者从怒江环保局及水电局了解到，怒江水电开发已基本上得到了国家有关部门的同意。但是，规划作了一些细节上的改动。其中两个影响野生稻和瀑布的项目缓建，马吉龙头水库大坝高度从 400 米降低到 300 多米，以尽量不破坏怒江第一湾的风景。另外，为了保护水中的鱼类，还将特设鱼道。一些地方还在进一步考察、研究和调整。

五、脆弱生态与评估的漏洞

一系列因开发带来的难题并未因此而化解。曾任怒江州农牧局局长及云南省生态经济学会副理事长的高应新对于怒江脆弱的生态深有感触。他说：“由于坡度陡，当地的种植有‘壁耕’之称。加上人口的增长及过度开发，怒江的生态环境十分脆弱，滑坡、崖裂、山洪、泥石流等昔日罕见的灾害及旱灾也日趋频繁。雨季是泥石流，旱季是‘土流’。”

在怒江峡谷，2500 米以下的居民区成片的森林几乎荡然无存。而现今从头到脚都光秃秃的山坡 20 年前曾生长着围不拢的大树。专家认为，当地脆弱的生态经不起这样的瞎折腾。而这场始于 2003 年 8 月份的争吵声，在以 49 万怒江人民生存发展为名义的充分理由的支持下逐渐平息，反对者阵营逐步被分化，反对的声音也在减弱。

有学者认为，水电开发未必能够给当地百姓带来实实在在的好处。对漫江水电站开发后老百姓的生活状况进行考察，发现这些人的生活水平没有提高，反而下降了。这是因为原本要移居库区外的人有相当一部分就地安置，从山下搬到山上，山上的条件比山下差很多，所以造成这一部分人仍处于贫困状态。

现实是水电开发将使当地农民失去原有的土地。而怒江的土地本来就很稀少，移民安置将是一个很难解决的问题。一些专家认为，大坝建设估计会导致产生 10 多万的移民，由于已没有河谷地带可供搬迁，这些人将不得不继续“往上走”，这样可能会导致进一步破坏当地的生态环境。

国家环保总局对于怒江的水电开发也持相当慎重的态度。当地的一些官员认为，必须找到一个环境保护与经济发展的结合点。然而，这一结合点究竟在哪里，州政府经济研究室的一位工作人员对此也无从回答。一些支持者也承认，有开发就必然会有破坏，必须由相关部门作出一个整体的开发规划，尽可能避免边发展边破坏的局面。而反对者则认为，目前的水电开发主要是由电力部门及当地政府一手操办，这样的规划很难做到科学合理。

尽管有环保部门在“把关”,但是水电开发中还是存有不少的漏洞。怒江州环保局的一位工作人员在向外地来投资中小水电建设的投资者介绍环境评估“捷径”时,一语道破天机:“在作环境评估的时候,请省环境科学研究所来进行就没有很大的问题,他们有一套较为成熟的科学方法,对于评审的专家也很熟,费用贵些但容易通过。”

怒江州环保局污控科的相关干部也承认,目前在怒江,投资7000万以下的中小项目只需通过省环保部门的评审就可上马。而干流开发的立项则属于国家环保部门的直接管理,因此这次引来了一大堆的“麻烦”。

(姚　莉)

【讨论题】

1. 怒江傈僳族自治州有没有最佳的第三条发展之路?
2. 政府在贫困地区发展经济时应该承担何种角色和作用?
3. 根据这一案例分析经济发展与环境保护之间的关系。

【参考资料】

1. 何学民:《美国的水电开发与环保》,中国农村水电及电气化信息网。
2. 简光洲:《怒江水电项目》,载《东方早报》2004年4月2日。
3. 汪莉娟:《怒江坝喊卡,环保人扳倒地方官》,载《联合报》2004年4月5日。

【案例 2-5】 黄河首曲的生态环境

我们的母亲河——黄河流经玛曲大草原时，突然一个回湾，形成了秀美绝伦的“天下黄河九曲十八湾”之首曲景观。黄河在玛曲草原上流势平缓，支流众多。沿黄河两岸草地平坦，孕育了卓格尼玛滩、乔科滩、扎西滩以及被誉为花和鸟的“海洋”的西梅朵合滩等甘南有名的优质滩地草原。在黄河首区还散布着景色秀美的峡谷、森林、草原、湖泊、溶洞、温泉以及丰富的动植物资源。大草原玛曲被测定为“超洁净无污染地区”，黄河首曲所在地玛曲县还是整个黄河流域唯一一个以“黄河”命名的县城（玛曲，藏语即黄河）。钟灵毓秀的玛曲草原孕育了藏族牧民淳朴、开朗、热情的民风，至今仍然保留着古老的游牧部落的某些生产、生活方式以及民俗风情。

随着近年来全球气候的转暖、风蚀作用的加剧、草原鼠害以及过度放牧的影响，不同程度的沙化现象已经在黄河首曲两岸显现，牧民的天然草场正在被风沙一点一点地侵蚀，而更重要的是，黄河首曲的沙化给黄河中下游带来的生态危机不可估量。2016 年，沙化土地总面积 7136.77 公顷，与 1999 年相比增加了 1056.77 公顷，总增长率 17.38%，年均增长率为 4.35%。目前，玛曲县 90%的天然草原不同程度地出现退化，草场上沙丘分布正由斑点状分布的半固定、半沙漠，向集中连片分布的全沙化和流动沙丘演变，草原沙化面积还在以每年 3000 亩的速度递增。

2002 年底，西北师范大学环保志愿者走进母亲河的臂弯时，发现草原并不如他们想象的那么美好：首曲沙化、草场退化、湖泊干涸……大学生们不禁愕然。一个月后，他们在新华网甘肃频道接受记者的专访，说起黄河首曲的生态状况，依然是那么刻骨铭心。

肖玲是 2000 级环境科学专业的学生，她说，在我们赶往玛曲的路边，经常能够看到大片大片美丽的野花。正当我们赞叹的时候，带队的老师却告诉我们，这些野花叫狼毒，是草场退化的标志。狼毒大量出现后，不出 5 年，整个草场就会失去畜牧价值。如果不加以控制，后果将会是十分可怕的。越是野花烂漫的地方，草场退化就越严重。

张海是 2001 级地理科学专业学生，他说，在当地牧民心中被奉为“圣湖”“仙女湖”的尕海湖，从 1996 年到现在已经干涸了 5 次！当地人说，在 1997 年干涸最严重的时候，尕海湖里堆积了十几吨死鱼苗。当地的地下水位严重下降，很多人家的井都抽不上水来。

周铭补充道，不光是干涸，湖边的污染也很严重。在湖周围的草地上，我们看到了许多塑料袋、啤酒瓶和饮料瓶。尕海湖边的草地，遍布着游人遗弃的报纸、食品袋和打碎的啤酒瓶。仅仅隔湖几百米的采矿场处，烧沥青的炉子冒出滚滚浓烟。度假村使用的化学洗涤剂和肥皂水等污水未经处理就排进了溪流中，未竣工的公路正在吞噬着草原的植被。

新华社记者专程到黄河首曲采访，了解到这片天然草场近年来出现了局部草场退化和沙化问题。为保护黄河源生态环境，玛曲人正在打响一场生态保卫战。记者在距玛曲县城东南不到 10 公里的黄河大桥两岸看到，几大片裸露的黄沙在周边绿草如茵的草原相衬下显得极不协调。仔细观察就可以发现，沿河两岸的绿草根部已经堆积了清晰可辨的沙砾。据当地的一位藏族大妈介绍,沙子是从黄河河床上吹入草场的,春天最为严重。

造成这一现状的根源在于掠夺式的,重开发轻保护,以牺牲环境为代价换取经济发展的不合理开发建设活动。长期以来,人们一味追求牲畜数量,而不是少养精养,结果造成超载。牲畜数量的不断增加,加大了对草场的压力。草原上挤满了牲畜,无法休养生息,草一长出来就被牲畜吃个精光。首曲草地几十年来得不到休息。牲畜超载直接导致草场退化、草场质量下降,造成生态环境失衡,加速草原生态的恶化。此外,在经济利益驱使之下,人们竞相猎杀鹰、熊和狐狸,出售皮毛以获取收入。人类的大量捕杀造成生态链被破坏,鼠类繁殖失去控制,使草原几乎成为鼠类的乐园。鼠害加速了草地荒漠化的进程,严重威胁着整个草地的生态环境,使草地生产能力丧失殆尽,加剧草原的生态恶化。20 世纪 90 年代玛曲开采金矿以来,每年近万人在矿带地区频繁活动,加上低水平的开采技术,综合利用等程度不高,采收率低,优材劣用、有料不用等掠夺式的生产方式,不仅破坏了矿产资源,而且也污染了生态环境。

水生态平衡失调进一步促使草原出现沙化。近年来,有 11 条黄河支流常年干涸,未干枯的几条也时断时流,变成季节河,仅有少数几个湖泊有积水。水资源减少与水源涵养林近年受到严重破坏直接有关。当地居民在生活中过度砍伐,乱采滥挖药用淄木和人为的破坏,加之降水量减少,使水源涵养林保留面积急剧缩减。植被遭到破坏导致的直接结果就是水土流失。水土流失向纵向发展,泥石、泥沙灾害不断,危害着黄河沿岸及下游地区的人民生活和经济发展。

此外,玛曲县野生生物的种类也在急剧减少,过度的采伐捕猎,生态环境的恶化,使得许多珍稀野生生物的生存环境遭到破坏,国家级保护动物越来越少,不少已经濒临灭绝。

总之,黄河首曲的草原生态恶化状况危及沿黄河九省区,危及整个中华民族的生存发展,面对黄河首曲的草原生态危机,全社会要高度重视黄河首曲生态的功能和作用,不断调整当地的产业结构,大力发展生态经济,切实保证牧民生活不断提高,保证区内人口密度合理,文化素质得到提高,生态环境意识明显增强。只有这样,黄河首曲的环境恶化现象才能得到有效治理,生态功能才能得到恢复与重建。也只有这样,黄河首曲才能在生态系统向良性循环方向发展的同时,得到经济的持续发展。

(唐　娜)

【讨论题】

1. 导致黄河首曲生态环境破坏的主要原因是什么?

2. 如何解决黄河首曲经济发展与生态环境之间的矛盾?

3. 经济发展过程中,生态环境的破坏是否总是不可避免的? 在中国西部如何建立起环境保护的机制? 政府在这方面应该做些什么工作?

【参考资料】

1. 霍峰:《关于黄河首区(玛曲县)生态环境保护形式与对策》,载《甘肃环境研究与监测》2001 年第 4 期。

2. 苏海琴:《黄河首曲生态系统亟待修复》,每日甘肃网,2017 年 2 月 9 日。

【案例 2-6】 开发都江堰的紫坪铺工程

都江堰,是中国农业灌溉文明的产物,历经 2256 年,至今不废不衰,是人类历史遗产宝库中一颗璀璨的明珠。其构思、设计、选址独具匠心,乘势利导、因时制宜,不与水敌,兼有排洪、灌溉、航运、漂木等多种功能,被公认为是自然生态、科学文化、人与自然紧密结和的最佳工程。两千多年来,都江堰一直对四川经济发展乃至整个中国经济的协调发展起着至关重要的作用,助蜀地赢得了"天府之国"的美誉。

然而,随着社会经济和人口的快速增长,水资源的供需矛盾越来越突出。尽管都江堰灌区的水资源得到了最大的利用,供水压力仍然不断增加。四川水利部门的资料表明,半个世纪以来,都江堰灌区的面积从 260 万亩增加到 1200 万亩,枯水期已经无法满足下游上千万人口的生活、环保和工业用水需求。因此,需要上马岷江水源调节工程和都江堰渠首枢纽控制工程。

在四川省"先提速后增效,在提速中增效"的发展思路以及西部大开发的推动下,紫坪铺及其鱼嘴反调节工程规划"应运而生"。整个紫坪铺水利枢纽工程计划于 2006 年完工,届时,一道高度为 156 米的拦江大坝横空出世,一个总容量为 11.12 亿立方米的巨型水库将出现在群山怀抱之中。官方说,水库将"给农业灌溉,城市水供应,防洪、发电、环境保护和旅游带来巨大的价值"。过去,每年 12 月至次年 5 月,都江堰向成都市提供工业和生活水量只有每秒 28 立方米,而紫坪铺建成后,都江堰将把这一数字提高到每秒 50 立方米。同时,保证在枯水期向成都市提供 20 立方米每秒的环境用水。

2002 年 11 月 23 日,紫坪铺大坝作为西部开发的标志性工程、四川省"一号工程"完成截流,一座"现代化水利枢纽"即将出现在作为农业灌溉文明产业的都江堰面前。

中国西部地区水利发展关系到国家实施西部大开发战略的全局,紫坪铺水库的建设能够解决西部建设供水不足的燃眉之急,带来的利益也极为诱人。然而,亦有不少专家提出了反对的意见。他们指出,紫坪铺工程建起以后,都江堰的功能将被大大削弱,或者丧失,甚至将整个被断送。他们认为都江堰是凝聚着"天人合一"思想的系统工程,"深淘滩,低作堰",无坝引水。而紫坪铺是大坝拦水,综合开发。用紫坪铺大坝取代都江堰的无坝引水、泻洪、排沙功能是在得不偿失。紫坪铺大坝工程的设计灌溉面积为 1134 万亩,而都江堰目前实际灌溉面积已经突破 1100 万亩。设计实际上是把都江堰的效益改换成紫坪铺大坝工程的效益,实际工程绩效并不高。

除此外,防洪能力也十分有限。决定大坝水库防洪能力的最重要的技术指标,是水库库容和年轻流量之比,数值越大,防洪能力越强。紫坪铺水库的容量为 11.12 亿立方米,而岷江年均径流量为 900 亿立方米,前者仅为后者的 12%。水库的实际寿命也令人担忧,由于岷江上游森林植被毁坏严重,致使岷江泥沙容量连年增多;并且,岷江之中多卵石砾石,容易加重淤积。据专家估计,紫坪铺水库寿命为 200 年,一些专家甚至认为该水库的寿命不过几十年。有专家指出,紫坪铺工程预算为 69.76 亿元,而整个都江堰的工程造价不过几十万元。

抛开工程技术性的优劣利弊之争,都江堰与紫坪铺的对峙实际上是中国经济在发展中遇到的怎样发展和如何贯彻可持续发展战略的问题。都江堰的供水能力,由持续两千多年的丰沛富裕到今天的供不敷求,再一次明明白白地告诉我们:水资源,已经从曾看似取之不尽、用之不竭的大自然慷慨馈赠,变成了绝对稀缺资源。

随着经济的发展,人口的迅速增加,淡水资源变得越来越稀缺,甚至成为阻碍经济进一步发展的瓶颈。合理开发利用大江大河资源,提高用水效率,必须引入完善的市场价格机制。水资源的日渐稀缺,产生了新的用水制度的需求,而建立新制度,政府作用不可或缺。在这里,政府应当致力于明晰与水资源相关的产权,引入市场价格机制,发挥市场供求规律作用,缓解经济增长与水资源稀缺的矛盾。同时,相关制度创新还应当以政府立法加以保证。另外,水利工程属于政府提供的公共品。在决策时,政府应当考虑到经济的长远发展和工程的永续利用,不应盲目搞大工程的上马,追求"形象工程"建设。

(张沁悦)

【讨论题】

1. 经济发展一定伴随着资源稀缺吗?

2. 你如何看待紫坪铺工程?你认为其结果将会使社会成本大于收益还是收益大于成本?

3. 在经济发展中应当如何更好地利用诸如淡水等自然资源?在这方面,采取什么政策或措施是行之有效的?

【参考资料】

1. 仲伟志:《废黜都江堰?》,载《经济观察报》2002 年 12 月 16 日。

2. 冯金华:《敲开希望的大门——发展经济学》,当代中国出版社 2002 年版。

【案例 2-7】 阜新的第二次创业

辽宁省阜新市海州露天煤矿是全国著名的煤矿基地，中国能源工业的功臣，它在中国工业化初期时的地位从钱币和邮票的背景图案上可见一斑。人民币旧币 5 元背面图案和 50 年代邮票，都以海州矿区繁忙景象为背景。阜新因煤而兴，因煤而名，因煤而荣，但是进入 20 世纪 90 年代后期它却又因煤而穷。

一、阜新面临的困境与出路

50 年代，苏联专家对该基地采煤量的设计是年产 300 万吨，但基地实际年产量达到 420 万吨，最多时 1988 年达到 680 万吨。很快，地下的煤炭资源由于过度开采而面临枯竭，14 个矿山因资源不足而倒闭，下岗职工达到 20%，全市特困户人口达到 20 万。

80 年代至 90 年代，一些人已经意识到随着不断开采，煤炭资源日益枯竭的问题，但没有抓住发展机会。后来，阜新也试图通过发展非煤炭工业来解决面临的问题，但都不成功。2000 年，国务院将阜新市确定为资源转型试点地区。资源转型，往什么方向转？国外有些成功的案例可以借鉴，比如美国休斯顿市，因石油兴起，后因石油枯竭而不得不转型，休斯顿利用其区位优势，转向发展航运业和航天业，成为美国重要的进出口贸易港和国家航天中心。国外的经验值得思索。

阜新转型的方向是什么？阜新决策者们经过深入研究和分析，将转型方向瞄准了现代农业和生态农业。由一个工业城市转向农业城市，是否是倒退？原阜新市委书记王琼不这么认为，他说："让国家把资金向资源枯竭型城市大量靠拢，既不现实，也不可能。阜新的经济转型必须立足自力更生，立足本地资源和优势，从阜新的实际出发，从有利于社会稳定的大局出发来确定转型方向，创造一条有中国特色、符合阜新特点的转型之路。"选择现代农业和生态农业作为阜新的第二次创业目标，主要依据下述考虑：

（1）阜新工业总量小，基础弱，现有工业规模远不能解决因资源枯竭而带来的就业、保障等一系列社会问题；而新上项目投资多、周期长、风险大，也无法解决大量下岗职工。相反，重点发展现代农业则有独到的优势。阜新人均占有土地 15 亩、耕地 6 亩，居辽宁省之首，百里矿区也有大量适宜农作的废弃地。这为大规模开展现代农业提供了可能。此外，根据国家有关部门监测，阜新的气候土壤光照适合发展绿色农业，潜力很大。

（2）发展农业投资少、见效快，安排人员多。工业项目安排每个劳动力的固定资产投入为 20 万元以上，而建个大棚，发展养猪业、蔬菜业、花卉业，每个农业劳动力只需 3 万至 5 万元的投入，并且当年就可见效。

（3）阜新生态环境破坏严重，急需通过发展生态农业加以恢复。单阜新县一个县水土流失面积就达 706.2 万亩，占全县总土地面积的 75.4%，脆弱的生态已成为困绕当地经济发展、吸引外商投资的重要原因。

因此，当地政府希望通过发展现代农业和生态农业促使传统农业转换，改善生态环境。

二、阜新的经济转型

经过几年的打造,阜新已成为现代农业的实验基地。大量下岗的职工转入现代农业产业中就业。这种转型通过以下三种模式:(1)由村里出资包建棚舍,让下岗职工租赁;(2)由民营大户出资,为下岗职工提供就业岗位;(3)由下岗职工自己出资,自建自营,实现就业。

2002年底,阜新市周边建成14个现代农业园区,提供了上万个就业岗位。老李原是位矿工,矿山破产后在家待业,现代农业园区建成后,他到食用菌大棚里学种蘑菇。对于丢弃原来多年的技术到这里重新学习一门新技术,他并未有什么微言。"现在的生活比下岗时要好得多,而且收入也比原来在矿井工作时多得多",他说,"我觉得挺高兴的"。在他那个园区,有507人是下岗职工。

不过,也有矿工仍然留恋老本行。阜新在发展现代农业和生态农业中,并未停止煤炭采掘业,为了发掘煤矿的最后潜力,阜新允许民营企业进入。这样,一些原来在国有企业工作的下岗职工现在跑到民营企业工作了,他们表示并不在乎企业属于谁,私人的还是公家的,只要能够继续从事本行,他们就感到很高兴。

值得一提的是,建立现代农业并不仅仅意味着采用现代的生产方式发展种植业或畜养业,还意味着在农产品深加工上拓展,这将吸纳大量剩余劳动力。

阜新市的经济转型为周边广大农村的发展带来了契机。阜新市拥有阜新、彰武两个县和海州、太平、细河、新邱、清河五个区,另外还有阜新经济技术开发区与国家农业科技园区。其中,阜新县是蒙古族自治县,全国有名的粮食生产大县。但是,多年来由于历史和区位的原因,单一生产粮食并未给阜新蒙古族自治县带来富裕,县里财政困难,农民收入很低,加之生态环境破坏带来的连续多年的自然灾害,这里的农民生活十分贫困。

阜新市被国务院确定为资源转型试点地区后,阜新蒙古族自治县的县委和县政府认真分析本县实际情况,确立"结构调整,林业先行",由"粮食生产大县向林业大县转移"的发展战略,提出"只有绿起来才能富起来"的口号。经过几年大规模地植树造林、退耕还林,阜新县的面貌发生很大的改观。2003年4月,本人应邀去阜新讲学,只见公路两旁田地里一片片林带,若不是偶尔掠入眼内"住宿5元/天"旅店招牌的提醒,根本不会感到已经进入一个贫困县。

不过,对阜新农业而言,光有绿色还不够,县政府提出在此前提下,进行农业结构的再调整,如基地建设、产业化建设和龙头企业建设等。阜新县正在建设的有林草、畜牧和绿色食品三大基地和速生杨、优质牧草、水果、油料、烤烟等十大产业化链及十个龙头企业。政府希望通过企业化和产业化提升农业,实现农业的增产和农民的增收。县计委负责人介绍,到"十五"末,全县农民人均纯收入将从2002年的1800元左右增加到3600元以上。到2005年阜新县将建立起初具规模的现代农业,2010年形成设施农业、有机农业、创汇农业、生态农业为基本特征的现代农业发展格局。时任县长说,阜新县要"寻强县之基,求兴县之策,固立县之本,走富县之路"。他认为,对阜新县而言,坚持改革开放,是强县之基;加强生态环境和产业化建设,是立县之本;推进科技和管理进步,是兴县之策;加快二、三产业发展,是富县之路。

2002年8月9日,前国务院总理朱镕基对阜新的经济转型作了重要批示:"看来阜新的发展方向找对了。"这一批示给阜新领导班子以极大的鼓舞。2003年,新一任中央政府提出振兴东北老工业基地的口号。除夕，前国务院总理温家宝到阜新看望矿工，他深入矿区，与矿工一起吃年夜饭，令工人们大为感动。

有理由相信，在中央政府的直接关心和正确政策的指引下，一个民富市(县)强的新阜新将会出现在辽西大地上。

三、阜新经济转型的成果

阜新市的资源转型试点已经过去十多年，从2015年该县统计公报看，工业在产业结构中的比重进一步下降，第一产业中林业、畜牧业发展势头良好，第三产业服务业有很大发展。

2015年，阜新市地区生产总值542.1亿元，三次产业生产总值比重是：21.8∶39.2∶39.0。与2014年相比，2015年，第一产业和第三产业的比重分别提高了2.1个百分点和3.4个百分点，第二产业下降5.5个百分点。2015年，第一产业中林业产值达到15.2亿元，比上年增长23.6%。该年，人工造林作业面积16.9万亩，有林地总面积507.0万亩，林木绿化率达到32.46%。此外，第一产业中畜牧业也有很大发展，2015年全年肉类总产量60.9万吨，比上年增长12.2%，其中猪肉、羊肉、禽肉等都有所增加。从图2-7-1可见2010年至2015年三次产业产值在地区生产总值中比重变化情况，图2-7-2是该市居民人均可支配收入变化情况，显然逐年提高。

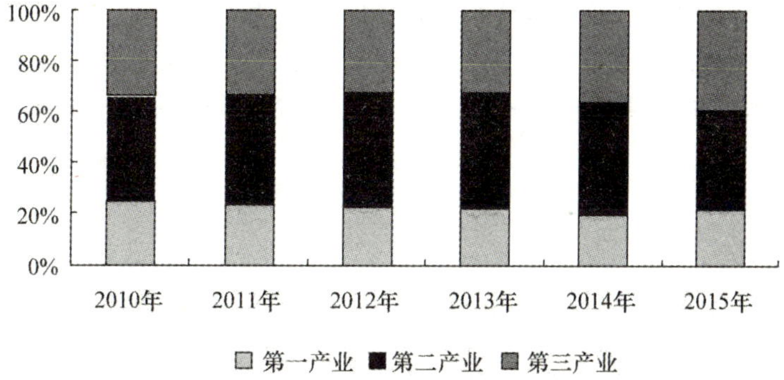

图2-7-1　2010—2015年辽宁省阜新市产业结构变化情况

资料来源：阜新市统计局：《二〇一五年阜新市国民经济和社会发展统计公报》，http://tjj.fuxin.gov.cn/tjj/zwgk/tjgb/content/ff80808151c7772d01537960b7e65aec.html。

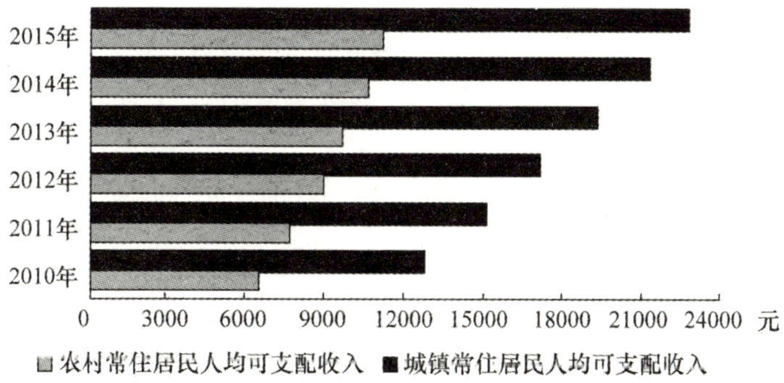

图2-7-2　2010—2015年辽宁省阜新市城镇、农村常住居民人均可支配收入变化情况

资料来源：同上图。

阜新市统计公报中令人瞩目的是新能源数据。首先是风力发电。2015年风电产量

28.96 亿千瓦小时,比上年同期增长 15.8%,在发电量中风电占到 26.2%。其次是煤层气,该年产量达到 1816.3 万立方米。显然,阜新市利用新能源技术,正在设法走出一条绿色发展之路。

(林 珏)

【讨论题】

1. 阜新是如何进行第二次创业的?
2. 阜新市为什么将现代农业作为其经济转型的方向?
3. 阜新市的这种由工业向农业的转型是否意味着一种倒退?
4. 阜新市为什么要发展新能源? 作者说的"绿色发展之路"指的是什么路?

【参考资料】

1. 孟宪江、望学仁、高路:《辽宁阜新县:"盘点"盘出经济新格局》,载《经济日报》2002 年 7 月 16 日。
2. 郑有义、张毅:《"枯竭"的阜新如何复兴?》,载《阜新日报》2002 年 8 月 28 日。
3. 中央电视台(CCTV 10)2004 年 4 月 13 日报道。
4. 阜新县政协会议县长政府工作报告,2002 年 11 月 27 日。
5. 阜新市统计局:《二〇一五年阜新市国民经济和社会发展统计公报》,http:// tjj.fuxin.gov.cn/tjj/zwgk/tjgb/content/ff80808151c7772d01537960b7e65aec.html。

【案例 2-8】 20 世纪 90 年代印度尼西亚的可持续发展战略

作为一个中低收入国家和世界最大的群岛国家，印度尼西亚是全球最早提出可持续发展战略的国家之一，也是最早签署《生物多样性公约》(CBD)、《气候变化框架公约》(FCCC)的几个国家之一。早在 1982 年，印尼环境保护国务部就制定了《环境管理原则》，要求把环境管理和资源的适度利用作为经济发展的一部分来考虑。1990 年又成立了环境影响管理署，对环境影响实行控制管理。1992 年，里约环境与发展大会采纳印尼关于人口、经济发展与环境保护三者之间关系的概念。

1993 年，印尼国家政策规定中出现“可持续发展”的概念。该规定指出：“自然资源的利用应采取有计划、按比例、优化合理、负责任的方式，应考虑到环境的承载能力，力求使人民获得最大利益，达成同环境之间的平衡协调关系，从而达到可持续发展的目的。”也就是，“国家的发展必须处理好人与人之间，人与社会之间，人与环境之间的关系”。该规定的出台，表明印尼政府将环境问题与发展问题联系起来，认为要使经济可持续发展，必须解决好人与环境之间的关系。出自这样的认识，印尼对生物多样性、气候变化、森林管理等全球性环境问题采取了一系列对策和措施，取得了一定的进展。其中在保护生物多样性管理方面所提出的建立保护区体系对策、建立国家湿地名录对策、实施生态标志管理对策等，很值得发展中国家借鉴。

1994 年，印尼又成立了地方环境影响管理署，完善了机构设施，其后又建立了专门的印尼的国际可持续发展委员会、国家可持续发展管理委员会，进行相应的规划工作，评估监督和管理工作。印尼在实施可持续发展战略的过程中，着重做了四方面的工作：第一，促进社会人文状况的改善；第二，开展污染防治与废弃物管理；第三，加强土地资源管理；第四，其他资源管理。

此外，印尼还加强人口控制、污染控制、农药控制等工作。下面就这三方面以及存在的问题作一介绍。

一、人口控制：实施计划生育政策

大约 30 多年前，印尼政府就曾指出，人口控制将会成为其经济发展的关键影响因素。人口问题是在印尼前总统苏加诺时期留下来的遗产，在苏哈托执政时期，大部分居民都是穆斯林，信仰伊斯兰教，出于宗教立场的需要，苏哈托开始推行计划生育政策。尽管面临种种不利的初始条件，但计划生育工作还是坚持下来，并取得巨大的成功。

1970 年，印尼每妇女婴儿的生育数为 5.6，1991 年下降到 3.0 个，下降率为 45%。其后 15 年内，印尼政府的目标是使人口出生率下降到 2.1%，并最终实现零人口增长率。印尼计划生育政策的推行手段，不是通过强制的措施，而是通过公共劝说的方式。第一，开展大量的多媒体的公共宣传活动，提倡建立一个“和谐、幸福和富裕的小家庭”，吸引社会中有影响力的人,特别是穆斯林牧师;然后通过他们去影响信教群众。第二,通过妇女就业或入学来推迟新家庭的组建时间,或者晚育,年轻夫妇在生第一胎、承担家庭负担之前,被鼓励去度"蜜年"(类似于"蜜月"的延长)。由于这一措施的推行,妇女的结婚年龄从18岁上升到22岁。从1994年开始,最低受教育年限从6年上升到9年。第三,扩大助产护士的人数,助产护士扮演着多重角色:主要协助产科医生工作,但同时也是推行家庭计划生育政策的建议者和促进者。她们的存在消除了产妇和产科医生交流的禁忌,因为大多数产科医生都是男性。第四,给予计划生育的公民一定的物质奖励。第五,利用一系列避孕工具。

当然,这一计划的推行也存在一些漏洞。首先,在印尼使用安全套的流行程度与其他推行计划生育的国家相比要低,这主要是因为社会对安全套存在一种歧视,认为它意味着违法的性行为和卖淫。其次,这一计划的重点是家庭的计划生育,但在对青少年健康的性教育和艾滋病的预防问题上没有给予足够的重视,当然这些问题逐渐得到关注。最后,与中国的情况截然相反的是,流产在印尼被认为是非法的(除非威胁到怀孕妇女的身体健康)。尽管如此,每年还是有大约近百万的流产事件发生。

二、控制污染:PPCER计划的出台

即便在工业国,通过许可证、监督和执法的手段来管理环境的传统方法也常常是缓慢的、争论不休的和高成本的。因此,工业国和发展中国家都在试图采用新的措施,更为有效地管理环境。1995年,印尼实施污染控制、评估与评级计划(Program for Pollution Control, Evaluation and Rating, 简称PPCER计划),当地的社区和市场力量在反对工业污染的斗争中成为有力的同盟。

PPCER计划首先对水污染的破坏作出反应,认为这一破坏是正规的管理条例执法不力和工业的迅速发展导致的。根据该计划,将以不同的颜色来表示工厂在环境保护方面的等级,这一等级建立在政府对工厂的环境保护状况进行评估的基础上。符合管理规定的工厂被评为蓝色等级,排放量达到并大大超过标准的则被评为绿色等级,或多或少达不到标准的工厂被评为红色等级,没有为控制污染作出努力和导致严重的环境破坏的工厂被评为黑色等级,而达到世界级环境保护水平的工厂则给予金色等级,但尚无一家工厂获得这一等级。

当地社区看到企业的颜色,便可得到有关环境保护的信息,可以与附近的工厂就污染排放量进行谈判。控制污染方面表现好的企业能够在市场上获得良好的回报,因为投资者能更为精确地评估企业的环境负债,并愿意投资环保好的企业。环境保护的监督人员则能把有限的资源用来对付那些在环境保护方面表现最差的企业。在PPCER计划实施的前两年,该计划在迫使表现不佳的企业遵从环保法方面相当得力。在第一批定级的187个工厂中,30%的工厂在15个月的时间内就从红色或黑色的等级上升到蓝色等级。

三、农药控制:一体化虫害管理

依赖于广泛使用化学农药的耕作方法常常出现一些负面的环境影响,如直接的大众健康风险、害虫抗药性以及土壤污染和水污染。一体化虫害管理(Integrated Pest Management,简称IPM)是一种有利于环保的替代农药的方法。它鼓励用自然控制的方法来对付害虫,如害虫的天敌、使用抗虫的植物品种、采用栽培管理方法,以及在不得不使用农药时采用谨慎使用的方法等。

1986年以前，在印尼由于大量使用杀虫剂，经常发生一种被称为“褐飞虱”(brown plant hopper)的灾害影响水稻生产，经过研究发现这种害虫实际可用当地的昆虫即生物的方法加以控制。当年总统行政令禁止在水稻上使用57种杀虫剂，并要求根据IPM计划，在培训政府的基层工作人员和农民方面作出努力。其后两年内，印尼完全停止使用杀虫剂，这使政府每年节省了1.2亿美元。

1989年，印尼政府实施了一个最为宏大的IPM计划，该计划得到美国国际开发署和粮农组织的支持，后来又得到世界银行的支持。1993年，该计划增加培训内容，提出培训80万个农民和培训人员，并在强化农药的管制和环境管理方面提供政策支持。到1997年，该计划已培训60多万个农民，其中包括2.1万个农民培训人员。受到培训的农民自己查看农田的虫害，同时依赖于当地的知识和传统的知识，将IPM中一般化的概念和做法与当地条件相结合，利用各社区建立的机制传播知识，支持其他农民根据自己的情况采用IPM的做法。

IPM是一种信息密集性技术，需要从研究和其他途径中给予不断的资金或技术投入，以便在农场层面维系其活力。现在IPM有更多的参与者：地方政府、农民组织、非政府组织和捐助者。它面临的挑战是如何通过一个农民向另一个农民传播知识、组织农民协会、发展信息媒体和促进参与计划与计划的实施，确保农民始终关注他们遇到的问题。

四、印尼环境保护方面存在的问题

印尼为保证经济可持续发展在维持生态平衡发展方面作出很大努力，但仍存在一些问题。比如，印尼热带自然风光旖旎万种，但在拥挤的大城市，却鲜见公园之类的公共绿地。茂物植物园给雅加达的居民(包括长驻该国的外国人)以欣赏热带植物和呼吸新鲜空气的机会，然而，美中不足的是植物园维护得并不好，垃圾充斥园内，流经植物园的河流与两岸是破败的各种公害。

此外，印尼是世界上第二大“土地出空”(land-clearing)国家。所谓“土地出空”是指对森林的开采与破坏。植被(特别是森林)是大地的毛发，土地出空就是把大地剃了光头，属于重大的环境破坏活动。土地如何能被出空？除直接砍伐森林，以及城市化与人口膨胀外，在印尼，矿山的开发也是一个重要的方面。例如，美国几大石油跨国公司均在苏门答腊和苏拉威西等拥有油气田；而在伊里安查亚省，美国跨国公司在那里建立起世界上最大的金、铜等稀有金属公司，其占地面积广大，让沉睡亿万年的绿色大地变成一片片赤裸的红土。等着开发热带雨林下面矿藏的公司还很多。批准开矿的大权握在印尼能源与矿山资源部手中，印尼地方自治后，权力将下放，因此地方政府与有关公司为之兴奋，后者可以不必再求雅加达，而直接到当地打通“关节”即可获得开采权。但不少印尼内外环境主义者和广大民众则担心此后热带雨林消失速度会加快。

印尼有着世界上最大的热带雨林，它是世界特别是太平洋的一个“绿肺”，对缓解全球气候恶化起着重要作用，但不幸的是，“印尼的森林正在以每天4000—9000公顷的速度消失，政府似乎对此无能为力，情势在持续恶化”。印尼5大森林业公司不断从事非法砍伐，据印尼有关政府部门统计，仅2000年2月到8月的半年中，这些公司属下非法森林砍伐就高达160万公顷。

印尼是石油输出国组织的成员，其主要的经济基础是石油天然气、热带森林(包括橡胶等经济类树)、非油气类矿产以及其他原材料开发，这些产业都是以环境为代价的产业。

印尼已经对自身环境问题的严重性有所意识,20 世纪 90 年代提出经济可持续发展战略,并成立相关组织或机构,但环境保护措施往往与经济增长目标相冲突,所需要做的工作还很多。

(张　璐)

【讨论题】

1. 印尼政府以劝说和沟通的方式来改变人们的生育观念,这与新古典主义范式的假设是否不同? 为什么?

2. 印尼政府在协调环境、人口和经济发展三者关系上作了哪些努力? 还存在哪些问题? 如何去解决?

3. 查阅资料,进入 21 世纪以后,印度尼西亚政府在经济可持续发展方面出台了什么政策? 实施如何?

【参考资料】

1. 〔美〕卡斯里渥:《发展经济学》,东北财经大学出版社 1998 年版。

2. 世界银行世界发展报告编写组:《1998/99 世界发展报告——知识与发展》,蔡秋生译,中国财政经济出版社 1999 年版。

3. 庞中英:《转型还是混乱:印度尼西亚考察报告——印尼作为今日世界的例子》,载《东南亚研究》2001 年第 1 期。

【案例2-9】 记永善县的“精准扶贫”工作

2016年7月24日至29日，我带领10名学生在云南省昭通市永善县进行农村创业问题的问卷调查。在县政府办公室接洽工作时，中国南方电网大楼（县政府临时租七楼）一侧的县政府政务公开栏吸引了我，走近一看，原来是该县的精准扶贫规划和脱贫攻坚组织指挥系统图。非常惊讶，一个县竟有如此之多的贫困乡镇、村：66.7%的贫困乡镇，66.2%的贫困村，385个特困自然村。更为吃惊的是：该县政府计划在4年内将其全部脱贫摘帽。这是何等艰巨的工作！

在其后下乡镇入村调研的日子里，除了带领学生通过问卷形式调查农村创业状况外，我也就该县正在开展的“精准扶贫”行动采访了负责接待工作的乡镇长、书记以及下村工作队干部。我看到贫困乡镇政府大楼、村（社区）委会门前都有类似的“脱贫攻坚作战图”，以及干部挂钩帮扶贫困户的名单。永善县的“精准扶贫”工作正在大张旗鼓地开展，各项政策措施若能落实到位，10年后这里将发生很大改观。下面就该县的基本情况、“精准扶贫”的背景以及县委政府的具体规划和做法作一考察。

一、永善县的行政区划与贫困状况

云南省昭通市永善县位于云南省东北部，处于金沙江下游东南岸的五莲峰山系段上，东与盐津、大关县毗邻，南连昭阳区，西隔四川省雷波、金阳两县相望。全县最高海拔3199.5米，最低340米。县城距昭通市200公里，距省会昆明市580公里，距四川宜宾市177公里。

追溯永善县历史可至约290年前。1727年即清朝雍正五年，云贵总督鄂尔泰平定乌蒙，改隶云南，设昭通府。次年又在米贴设一知县、教谕、典史。米贴土目禄永忠死后，其妻伙同他人谋反，被鄂尔泰派大军平定，出于善念，钦命县名为永善。1950年，永善解放，隶属昭通地区。1951年，因县城莲峰地处高寒，物产枯竭，严重缺水，迁到井底，即溪洛渡镇。目前全县面积2789平方公里，辖8镇7乡、142个行政村（28个居委会）、2739个村民小组。

永善县属国家级贫困县，2015年人均地区生产总值17429元，虽然比之前一年增长了9.9%，但依然低于云南全省人均水平（29015元），且大大低于全国人均水平（49351元）。2015年末，全县总人口15.2万户46.7万人（常住人口41.2万），10个贫困乡镇，90个贫困村，385个特困自然村，116224名贫困人口；农村D级危房51750户，720个村民小组未通公路，2300个村民小组未通硬化户间道，1.4万户未实施农网改造。全县基础设施脆弱、农村危房面广量大，产业结构单一、规模小，社会事业滞后，贫困面大、贫困程度深，脱贫攻坚任务艰巨。

2012年12月，习近平总书记在河北省阜平县考察扶贫工作时指出：“帮助困难乡亲脱贫致富要有针对性，要一家一户摸情况，做到心中有数”。2013年11月，他在湘西调研扶贫工作时又进一步提出，扶贫工作“要科学规划、因地制宜、抓住重点，不断提高精准性、有效性和持续性”，“要实事求是，因地制宜”，“要精准扶贫，切忌喊大口号，也不要定好高骛远的目标”。根据习主席“精准扶贫”的思想，2013年12月，中共中央办公厅、国务院办公厅联合印发《关于创新机制扎实推进农村扶贫开发工作的意见》的通知(中办发[2013]25号),明确提出改进贫困县考核机制,建立精准扶贫工作机制,健全干部驻村帮扶机制,改革财政专项扶贫资金管理机制,完善金融服务机制,创新社会创新机制等创新扶贫开发工作机制;要求注重实效,扎实解决突出问题;加强领导,确保各项措施落到实处。

自习近平总书记提出脱贫攻坚战略思想以及25号通知下发以来,永善县委、县政府认真学习,提出按照中央、省、市扶贫工作的总体部署,把脱贫攻坚作为头等大事和第一民生工程,坚持区域扶贫和精准扶贫相结合、突出重点和整体推进相结合,紧扣“两不愁、三保障”要求,严格按照中央提出的“五个一批”(即发展生产脱贫一批、异地搬迁脱贫一批、发展教育脱贫一批、生态补偿脱贫一批、社会保障兜底一批)分类,结合该县实际,增加实施“三个一批”(移民后扶脱贫一批、劳动转移脱贫一批、恢复重建脱贫一批)工程,以安居工程为基础,以产业培育为重点,以素质提升为根本,狠抓项目支撑和责任落实,充分调动社会各方力量,发挥广大群众的主体作用,形成脱贫攻坚的强大合力,确保2019年全县实现脱贫摘帽,2020年与全国同步建成小康社会。

二、永善县的脱贫任务和具体措施

永善县的扶贫攻坚工作部署设定了“七步走”的路线:第一步,根据识别标准,确定对象;第二步,编制方案,实地调研,规划设计,组织评审,批复确定;第三步,实施项目,整合资金,落实责任,加强指导,强化管理;第四步,评估绩效,制定办法,实地查看,充分论证,认定成果;第五步,审查验收,村级自查,乡镇复核,县级验收;第六步,脱贫出列;第七步,巩固提升,查缺补漏,巩固脱贫成效,促进群众增收,提升生活质量。

1. 识别贫困户、贫困村、贫困乡镇

“精准扶贫”,首先需要对贫困户、贫困户、贫困乡镇进行识别。2013年,国家的扶贫标准是农民人均纯收入2736元,2014年提高到2800元,2015年又上升到2855元。根据25号文件精神,对于贫困户、村、乡镇的确认,除了根据人均收入外,还要综合考虑住房、教育、健康和致贫等因素,即居住地有无相对完备的水、电、路、网等基本生产生活,以及教育、卫生、文化等公共服务设施。据此,永善县政府公布了以下贫困识别标准:

(1) 贫困户。识别标准为“三无”,即无安居住房、无致富技能、无稳定收入(2013年农民人均纯收入低于2736元)。

(2) 贫困村。识别标准为“一高一低一无”,即行政村贫困发生率高于35.6%,2013年农民人均纯收入低于3685元,无集体经济收入;未达到“四通四有”。“四通”指通硬化公路、通电、通卫生清洁安全饮用水、通广播电视及通讯;“四有”指有卫生室、有文化活动场所、有小超市、有学校。

(3) 贫困乡镇。识别标准为“一高一低”,即乡镇贫困发生率高于35.6%,2013年农民人均纯收入低于3685元。

(4) 特困自然村。识别标准为未“五通一有”,即未通公路、通电、通卫生清洁安全饮用水、通广播电视及通讯、通硬化户间道,没有文化活动场所。

据此识别标准,永善县在15乡镇中识别出10个贫困乡镇、90个贫困村、385个特困村、116224名贫困人口。

2. 提出脱贫任务与脱贫出列标准

根据各贫困乡镇具体情况,永善县政府提出“四年全力攻坚、一年巩固提升”的总体要求和分阶段实现脱贫规划。即从2016年起，以乡镇为单位，分年度制订行政村、特困自然村脱贫攻坚计划，到2019年实现全县脱贫摘帽。

具体说，2016年实现水竹、务基2个乡镇脱贫摘帽，36个村社区、92个特困自然村脱贫出列，完成2.5万名贫困人口脱贫；2017年实现伍寨、马楠、青胜、码口4个乡镇脱贫摘帽，44个村社区、121个特困自然村脱贫出列，完成3.2万名贫困人口脱贫；2018年实现茂林、团结、桧溪、细纱4个乡镇脱贫摘帽，34个村社区、106个特困自然村脱贫出列，完成3.5万名贫困人口脱贫；2019年实现大兴、莲峰、墨翰、黄华、溪洛渡5个乡镇脱贫摘帽，22个村社区、66个特困自然村脱贫出列，完成2.4万名贫困人口脱贫；2020年全面巩固提升，见表2-9-1：

表2-9-1　全县乡镇、村脱贫出列时间表（2016—2019年）

	乡镇	行政村	贫困乡镇脱贫摘帽时间				2016—2019年贫困村脱贫出列时间
			2016	2017	2018	2019	
分年度脱贫摘帽出列任务	水竹镇	5	水竹乡				2016年出列：沙坪村、黄河村、水竹社区（贫）、双旋村（贫）、塘坝村（贫），含16个特困自然村
	务基镇	8	务基镇（贫）				2016年出列：务基社区、青龙社区、锦屏村、八角村（贫） 自然村（贫）、凉台村（贫）、回龙村（贫）、捏池村（贫），含26个特困自然村
	伍寨乡	5		伍寨乡			2016年出列：伍寨社区，含3个特困自然村；2017年出列：中寨村、白云村（贫）、长海村（贫），含13个特困自然村
	马楠乡	6		马楠乡			2016年出列：马楠村、兴隆社区（贫），含8个特困自然村；2017年出列：坪场村、冷水村、虹口村（贫）、桃山村（贫），含13个特困自然村
	青胜乡	4		青胜乡（贫）			2016年出列：青胜社区（贫），含4个特困自然村；2017年出列：江北村、民胜村（贫）、玉盘村（贫），含10个特困自然村
	码口镇	10		码口镇（贫）			2016年出列：码口社区、雪金村（贫），含6个特困自然村；2017年出列：黑甲村、犀牛村、玉马村（贫）、黑武村（贫）、烟坪村（贫）、新营村（贫）、利其村（贫）、新民村（贫），含25个特困自然村
	茂林镇	7			茂林镇（贫）		2016年出列：甘杉村（贫）、新林村（贫），含5个特困自然村；2017年出列：茂林社区、松林村（贫），含6个特困自然村；2018年出列：冷米村、文山村、永安村（贫），含12个特困自然村
	团结乡	9			团结乡（贫）		2016年出列：团结社区（贫），含1个特困自然村；2017年出列：大毛村（贫）、苏田村（贫），含4个特困自然村；2018年出列：东胜村、新田村、联合村（贫）、双河村（贫）、向阳村（贫）、花石村（贫），含17个特困自然村

(续表)

	乡镇	行政村	贫困乡镇脱贫摘帽时间				2016—2019 年贫困村脱贫出列时间
			2016	2017	2018	2019	
分年度脱贫摘帽出列任务	桧溪镇	6			桧溪镇(贫)		2016 年出列:桧溪社区、强胜村(贫),含 4 个特困自然村;2017 年出列:源胜村(贫)、簸箕村(贫),含 7 个特困自然村;2018 年出列:永胜村(贫)、得胜村(贫),含 8 个特困自然村
	细沙乡	7			细沙乡(贫)		2016 年出列:细沙社区、阳堡村(贫),含 4 个特困自然村;2017 年出列:大同村(贫),含 4 个特困自然村;2018 年出列:石坪村、三堡村(贫)、黄金村(贫)、凉水村(贫),含 14 个特困自然村
	大兴镇	10				大兴镇(贫)	2016 年出列:老街社区、鲁机村(贫),含 3 个特困自然村;2017 年出列:新街社区、核桃村、滨江社区、梨园村(贫),含 6 个特困自然村;2018 年出列:金沙村(贫)、河口村(贫),含 4 个特困自然村;2019 年出列:骆丘村(贫)、马坡村(贫),含 5 个特困自然村
	莲峰镇	14				莲峰镇(贫)	2016 年出列:莲峰社区(贫),含 3 个特困自然村;2017 年出列:狮田村(贫)、和平村(贫)、官寨村(贫),含 10 个特困自然村;2018 年出列:后山村、松田村(贫)、南林村(贫)、新店村(贫),含 13 个特困自然村;2019 年出列:六井村、黑寨村、米田村(贫)、万和村(贫)、大荡村(贫)、文潭村(贫),含 17 个特困自然村
	墨翰乡	10				墨翰乡(贫)	2016 年出列:墨翰社区、花园村(贫),含 3 个特困自然村;2017 年出列:响水村(贫)、干溪村(贫),含 6 个特困自然村;2018 年出列:金竹村、富民村(贫)、荆坪村(贫),含 10 个特困自然村;2019 年出列:大寨村、箐林村(贫)、柏林村(贫),含 9 个特困自然村
	黄花镇	14				黄华镇	2016 年出列:朝阳社区;2017 年出列:黄葛社区、黄华社区、鲁溪村、甘田村(贫)、黄坪村(贫),含 12 个特困自然村;2018 年出列:黑铁村(贫)、三合村(贫)、椿坪村(贫)、任坝村(贫),含 14 个特困自然村;2019 年出列:凤凰村、米贴村(贫)、金寨村(贫)、新坪村(贫),含 12 个特困自然村
	溪洛渡镇	21				溪洛渡镇	2016 年出列:溪洛渡社区、三坪村、明子村(贫)、水田村(贫),含 6 个特困自然村;2017 年出列:农场社区、佛滩社区、玉笋村(贫)、白沙村(贫),含 5 个特困自然村;2018 年出列:桐堡村、干河村、双凤村(贫)、田坝村(贫)、雪柏村(贫)、马路村(贫),含 14 个特困自然村;2019 年出列:富庆村、新春村、双屯村(贫)、吞都村(贫)、新拉村(贫)、顺河村(贫)、云荞村(贫),含 23 个特困自然村

（续表）

	乡镇	行政村	贫困乡镇脱贫摘帽时间				2016—2019年贫困村脱贫出列时间
			2016	2017	2018	2019	
合计	行政区划	136村	2乡镇	4乡镇	4乡镇	5乡镇	
	贫困		1镇	2乡镇	4乡镇	3乡镇	90个贫困村、385个特困自然村

资料来源：永善县人民政府政务公开栏，2016年7月24日。

县政府也制定了脱贫出列的标准：

（1）贫困户："一高一有一无"。即贫困户农村居民人均可支配收入高于（或等于）当年国家贫困人口进退标准，实现人均有20平方米以上的安居住房，家庭无因贫困辍学的学生。户均有1项以上主导增收产业；户均有1人以上劳动力掌握1—2门致富技能；房前屋后至少有5丛竹或10棵树；确保环境卫生干净整洁，总体上达到"十有一保障"。

（2）贫困村："一低一高一有"。即贫困发生率下降到7%以下，贫困村农村常住居民人均可支配收入增幅高于所在乡镇农村常住居民人均可支配收入增幅，有集体经济收入。实现"四通四有"（通硬化公路、通电、通卫生清洁安全饮用水、通广播电视及通讯，有卫生室、有文化活动场所、有小超市、有学校）。

（3）贫困乡镇："一降一高"。即贫困发生率下降到5%以下，农村常住居民人均可支配收入增幅高于全县农村常住居民人均可支配收入增幅。

（4）特困自然村："五通一有"。即通公路、通电、通卫生清洁安全饮用水、通广播电视及通讯、通硬化户间道，有文化活动场所。

3. 干部挂钩帮扶到户

"精准扶贫"是中央提出的，永善县政府将其作为中心工作来抓，为了将工作落实到位，做细做深，该县实行"县级领导挂乡、部门包村、干部包户、乡镇党委政府履行工作主体责任抓落实"的工作机制，将扶贫工作落地。具体来说：

（1）成立领导小组。县委、县政府联合成立由6人组成的脱贫攻坚领导小组，县委书记和县长2人担任组长，县委副书记、副县长4人担任副组长。领导班子除了分工负责日常层面上的工作，如领导扶贫办、易迁办、联席办、规划指导组、资金整合组、环境建设组、社会事业组、统计认定组、督察考核组工作外，两名县委副书记和一名常务副县长分管3个片区的扶贫攻坚工作。比如，第一片区由县委副书记担任指挥长，负责指导溪洛渡镇、桧溪镇、细沙乡、团结乡、青胜乡、务基镇5个乡镇脱贫攻坚组织工作；第二片区由常务副县长负责指导黄华镇、马楠乡、水竹乡、墨翰乡、莲峰镇5个乡镇工作；第三片区由常务副县长负责指导茂林镇、伍寨乡、码口镇、大兴镇4个乡镇工作。每个片区相应建立3个专项小组（即规划指导组、督察组、考核组），落实脱贫攻坚从实施到验收的全过程。

（2）实现干部包户责任制。将脱贫摘帽工作压力层层传递，落实到位。县四班子主要领导带队深入一线调研现场办公，为脱贫摘帽把脉开方，同时也将压力传导到乡镇、部门、干部。县级领导挂乡，乡镇部门领导挂村挂组，实现干部包户责任制。

（3）建立严格的考核制度。中央25号文件明确指出："改进贫困县考核机制。由主要考核地区生产总值向主要考核扶贫开发工作成效转变"，"把提高贫困人口生活水平和减少贫困人口数量作为主要指标"。永善县根据该文件精神制定脱贫攻坚工作专项考核办法，把脱贫任务的完成情况同干部的评先评优、考核考评、奖励激励、选拔任用等挂钩；实行一月一督察、一通报、一考核、一点评；对完不成任务的，予以追纪追责。

(4) 整合资金,对扶贫攻坚项目进行投资。从 2016 年度扶贫攻坚项目投资规划表看,县政府对务基镇和水竹乡 2 个乡镇、36 个村(社区)、92 个特困自然村,计划脱贫 2.5 万人,投入总资金 11.7893 亿元,其中异地搬迁 7.6558 亿元,行政脱贫规划 1.7608 亿元,特困自然村脱贫规划 2.0889 亿元。资金来源多渠道,有来自上级专项、县级预算、部门资金整合的,也有来自债券、信贷以及群众自筹的。这些投资主要用于安居工程、基础设施、产业建设和技能培训上。(见表 2-9-2)

表 2-9-2　2016 年永善县脱贫攻坚项目投资规划表　(单位:万元)

项目类别	项目规划资金				资金来源					
	总投资	其中			上级专项	县级预算	整合部门	债券	信贷	群众自筹
		异地搬迁	行政村脱贫	特困自然村脱贫						
合计	117893	76559	17609	20889	4985	10300	19924	3719	56169	22798
基础设施	19750	15812	2254	1684		2592	4908		12250	
安居工程	89626	57654	14506	17466	3844	4871	10992	3719	43919	22281
产业建设	5596	3063	820	1714	1141		3939			516
技能培训	85	30	29	25			85			
县级预算其他经费	2837					2837				
1. 教育扶贫	1000					1000				
2. 村集体经济	570					570				
3. 规划设计费	840					840				
4. 驻村工作队经费	267					267				
5. 宣传经费	160					160				

注释:资金作四舍五入处理。

数据来源:永善县人民政府政务公开栏,2016 年 7 月 24 日。

(5)组建工作队进驻贫困村。目前,全县已经组建驻村扶贫工作队 105 支,选派工作队员 591 名。驻村的工作队员一般每人负责 10 户左右贫困户的帮扶工作(县机关部门干部挂钩扶贫一般每人包保 4—8 个贫困户),包括建房经费的下拨、贷款经费申请、产业指导、致富途径的寻找等。要求工作队员每月驻村 20 天以上。2016 年,县政府按每个贫困村 20 万元、非贫困村 10 万元,为 21 个贫困村(社区)、15 个非贫困村(社区)安排资金 570 万元用于发展村级集体经济,其中帮扶工作队员帮助协调解决项目资金 1.06 亿元。

4. 脱贫规划要求

“精准扶贫”规划的目标是实现贫困乡镇、贫困村、贫困户的脱贫摘帽,规划的实施要求有:

(1) 对象职别到村到户。完善贫困村、贫困户信息档案,确保户有卡、村有册、县乡两级有精准扶贫电子信息系统。

(2) 结对帮扶到村到户。实行处级领导挂乡镇联村、部门包村联组、职工结对帮户制度。组建驻村扶贫工作队,确保实现贫困村、贫困户挂钩帮扶全覆盖。

（3）调研规划到村到户。深入村组农户开展调研，分类制定行政村、特困自然村脱贫出列规划和异地扶贫搬迁安置点建设方案，做到乡镇有脱贫规划、村有脱贫方案、户有脱贫计划。

（4）项目资金到村到户。集中专项资金、整合部门资金和社会帮扶资金精准投向贫困村、贫困户，确保实现贫困村、贫困户稳定脱贫。

（5）跟踪管理到村到户。建立挂钩帮扶到村到户台账，强化挂钩帮扶实施效果监测，实行动态管理。

三、永善县的易地扶贫搬迁"三年行动计划"

在永善县扶贫工作中，有一项非常艰巨，这就是易地扶贫搬迁工作，简称"易迁"。政府在"精准扶贫"中提出贫困地区的"五通一有"，即通水、通电、通路、通网、通电视，有住房。永善是一个冰雹、地震、泥石流多灾、少数民族聚集的地区，不少贫困村民居住在破烂不堪、不抗震的土坯危房里，为此，"脱贫摘帽"一项重要的任务就是改善村民的住房状况，保障住房，而这个需求数量大得惊人。

1. 易地扶贫搬迁"三年行动计划"

政府易地扶贫搬迁"三年行动计划"的目标任务是：易迁安置点85个，安置农户6900户26130人（建档立卡贫困人口4250户16240人）。2016年，实施安置点建设42个，安置户3775户14090人（建档立卡贫困人口2145户8050人）；县级示范点19个，安置农户2043户7483人（建档立卡贫困人口1277户4624人）。2017年，实施安置点建设32个，安置农户2310户8860人（建档立卡贫困人口1580户6050人）。2018年，实施安置点建设11个，安置农户815户3180人（建档立卡贫困人口525户2140人）。见表2-9-3：

表2-9-3　永善县易地扶贫搬迁"三年行动计划"

年份	全县易迁安置点建设					县级示范点				
	安置建设			贫困建档立卡		安置建设			贫困建档立卡	
	点数	户数	人数	户数	人数	点数	户数	人数	户数	人数
2016	42	3775	14090	2145	8050	19	2043	7483	1277	4624
2017	32	2310	8860	1580	6050					
2018	11	815	3180	525	2140					
合计	85	6900	26130	4250	16240					

注释：2016年实施易地扶贫搬迁安置点42个，涉及3745户13660人已经全部启动。

资料来源：根据永善县人民政府政务公开栏2016年7月24日数据制表。

政府的基本做法是动员危房、破房的村民搬迁到有抗震圈梁的钢筋混凝土的统一风貌的房屋里。在永善农村购买80平方米房子需要10多万元，对于人均年收入低于2855元的贫困户，政府拿出6万给予建房补贴，其余的向银行贷款；对于非贫困户，政府补贴4万元。

县政府易迁"三年行动计划"的总体原则是，整个项目建设要坚持"规划引领、群众主体，资源整合、产业支撑，干部帮扶、党建保障"原则。要求村庄规划建设坚持"依山就势、错落有致，功能完善、规模适度，人畜分离、厨卫入户，特色鲜明、宜居宜业"原则。突出"规划引领、产业支撑、基础配套、功能完善"等作用，充分体现和谐自然和"院落式、田园化"的乡村风貌。

在项目实施中，严格按照"乡村主责、群众主体，质量可靠、安全保障，民居先行、统筹基建,风貌统一、舒适宜居,严格规程、讲究方式,把握节点、推进建设”的原则,合理安排工程,抢抓工作进度。

通过实施“三年行动计划”,确保群众“搬得出、稳得住、有事做、能致富”,实现“户有新房、房衬新村、村展新貌”。

县政府易迁“三年行动计划”具体落实到各乡镇、村。在团结乡政府大楼政务公开栏上,我看到该乡易迁项目规划,见表2-9-4。团结乡在2016—2017年两年时间里将搬迁户数405个,人数达1766人,显然任务艰巨。

表2-9-4 永善县团结乡易地扶贫搬迁项目“三年行动计划”搬迁名单

序号	行政村	迁出地（村民小组可多个）	安置区		实施年度	安置点用地面积（亩）	搬迁规模		其中：建档立卡	
			村民小组	安置点名称（1个）			户数	人数	户数	人数
1	联合村	马家院（马家院、白家坪、丁坪）	马家院	下坪	2016	12	82	369	43	193
2	东胜村	二坪、槐花	二坪	学校背后	2016	11	88	478	44	224
3	苏田村	潘家山（潘家山、奇龙杠）	潘家山	杨家屋基	2017	8	78	311	55	179
4	花石村	和平（上厂、何家湾、下厂）	上厂	杨家坪子	2017	10	89	365	39	144
5	新田村	二坪、岩湾	二坪	王家屋基	2017	10	68	243	39	156
合计		12	5	5	2016—2017	51	405	1766	220	896

资料来源:永善县团结乡政府政务公开栏,2016年7月27日。

2. 国家工程移民返迁问题的解决

在“精准扶贫”工作中,县政府也面临着安置因国家“西电东输”工程三峡溪洛渡水电站(也称“金沙江溪洛渡水电站”)建设而带来的移民返迁住房和就业问题。

1985年,成都勘察设计研究院正式进场,开展溪洛渡水电站预可行研究。确定该地建设水电站,主要在于其自然地理环境条件优越,电站建成后不仅可增加下游三峡、葛洲坝电站的发电和枯水期电量,也可进一步提高长江防洪标准。金沙江中游是长江主要产沙区之一,修筑溪洛渡水库还可以起到拦沙作用,减少三峡库区入库沙量34.1%,从而减轻重庆港的沙土淤积。但这一工程的建设,需要大量移民。

2002年10月,溪洛渡水电站经国家发展计划委员会批准立项,次年三峡总公司金沙江开发有限责任公司筹建处成立。2004年1月,首批54户230名移民外迁,4月溪洛渡施工区移民搬迁工作完成。2007年4月,大坝主体工程开工,11月启动截流工程。2013年,第一台机组安装发电。2014年5月,水电站水库蓄水安全鉴定工作结束。2015年,工程全部完工。

根据曾经在永善县移民办工作的李力(现任县民政局副局长,正挂职马楠乡任乡党委副书记)介绍,永善县移民人数达到1.7万多。邻近的昭阳区和四川省雷波县也有大量人口搬迁。由于施工提前,短时间内动员移民搬迁工作十分困难。当时,搬迁补贴政策还没下来,政府只能采取“临时控制指标”的做法。县机关许多干部的家就在施工区,为了保证国家这一重大项目的实施,县政府号召机关干部、职工返回家乡,动员自己的家属或亲属顾全大局,易地搬迁。“基本上是电站建设推着移民走。”回忆当时的移民工作，李力感叹地说。

当时，对移民的安置采取了几种途径：一是自行安置，分为自行货币安置（政府给钱，不管其他）；自己联系安置地点，政府协调；投亲靠友。二是集中内安，政府联系本县乡镇，集中安置在某个乡镇，比如大桥旁的桧溪镇安置了大量的施工区移民。内安的，一般每人分半亩以上土地。三是集中外迁安置。比如，思茅地区孟连县勐马镇，共接迁溪洛渡水电站施工区移民 444 户 1863 人。勐马镇是一个少数民族地区，主要为傣族、拉祜族、佤族，当地居民根据省里的任务，为每位外迁来的移民提供一亩水田、半亩荒山，移民一到，新房子已盖好，生活设施购置齐全。永善外迁移民大都是汉族，他们在当地安置下来，除了从事农业外，一些人也从事起商业、运输业。一些移民（根据勐马镇报道有 19 户）还与当地群众通婚。不过，这种状况持续的时间并不长久。目前，除了少部分人仍然留在当地外，大部分外迁者重新返回到永善，即出现移民“返迁”现象。究其原因，李力的解释是：“可能永善人的意识比之当地的人更超前吧，当地就是种植橡胶，永善人在那里生活不下去。”我想，近年永善城区的发展、道路的修筑也是一个重要原因。看看目前永善县城的发展规模，从山下到山顶，一幢幢高楼盖起，街道两边商场、宾馆、饭店林立，电站的建立、国家扶贫战略的实施给该地区带来了生机。这种变化吸引着曾经祖祖辈辈生活在这里的人们重返故乡。

最初，为解决外迁者与当地的关系，永善县政府专门选派干部到当地担任镇干部、村干部，但无济于事。返迁人员不断地到省里、到北京信访，后来省政府对此进行了调研，最终同意他们返迁。根据李力的数据，永善县返迁的人口大约有 4000 人。给我们调研组开车的李师傅，原先家住水库施工区，他家选择的是内安方式，用完政府一次性补偿后，因为没有土地，不得不滞留在县城开起车。他说，自己也在争取补偿。

可见，解决水电站建设带来的移民后续问题成为永善县政府的一项工作。县政府计划把这些返迁户安置在溪洛渡镇木仰小区，并设建材市场，使他们可用住房的门面经营商业。

四、永善县委探索党建工作新模式

永善县无论是易迁安置，还是攻坚脱贫工作，均离不开县委的领导。县委聚焦脱贫攻坚中心工作，提出“党建扶贫双推进，脱贫摘帽奔小康”。即“依托‘金江课堂’，聚焦脱贫攻坚，开启党建新模式，将党性教育、感恩教育、技能技术培训等课堂设立在脱贫攻坚第一线”。

“金江课堂”是永善县委工作的一大特点，其内容包括法制宣传、感恩教育、技术培训、文化教育等多方面。课堂不只是设在教室里、报告厅内，很多时候设在田间、校园、乡村、庄稼地、施工现场。比如，“金江课堂”将产业技术课程开到贫困农户种植地、果园内；将法制宣传暨感恩教育开到校园、乡村；将文化扶贫课程开到村社；将质量安全培训开设到易迁点建房现场。驻村第一书记深入群众家中访民情，挂钩联系单位党支部到扶贫点开展产业扶贫。这种实地调查、现场指导、进入群众的课堂深受广大百姓欢迎。

根据县委的数据，截止到 2016 年 6 月，永善县开设金江党建课堂、法制课堂 153 场次，受益群众 1.37 万余人次；开展感恩教育 16 场次 4500 余人；开展技能技术培训 397 期次，培训群众 2.04 万余人次。“金江课堂”促进基层党建和脱贫攻坚工作双向融入，良性互动，齐推共进。

除了“金江课堂”外，网格员制度也引起我的关注。该县团结乡大毛村（贫困村）党支部建立了“网格员民情恳谈制度”，恳谈范围及对象包括党员干部群众，重点恳谈对象是贫困户、受灾户、老上访户、产业大户、老党员、军烈属、退伍军人、离退休干部、辖区内的党代表、人大代表、政协委员和村民代表。一般每个月集中开展一次。该制度要求提前将“民意恳谈会”主题、时间、地点，通过电话、广播、张贴公示等形式通知恳谈对象；对民情恳谈中群众反映的每个问题，认真做好记录，以便召开协调会议时交流；及时将群众反映的问题和诉求的解决落实情况反馈给群众，并做好回访工作。大毛村党支部还建立网格员走访巡查制度，巡查的内容包括社情民意；矛盾纠纷、安全隐患及各类不稳定因素排查；社区矫正、易肇事肇祸精神病人等特殊人群服务管理事项排查；上级交办的其他排查任务。根据要求，普通家庭每年必访，困难群众、残疾家庭、暂住人口、失业人口、重点帮扶人员每季度必访，留守老人、留守妇女、留守儿童每月必访。

县委要求参加“精准扶贫”工作的党员干部真抓实干，起模范作用。在马楠乡兴隆社区，我看到张贴在社区政务公开栏内的该社区全部党员的基本信息，兴隆社区党委以这样的形式接受群众的监督。

五、结束语

在永善县调研的日子里，我一直处于激动和感动的心境中。在马楠乡马楠村，我遇到驻村工作队的县团委副书记沈李娟，该村工作队就她一人，承担着11个贫困户长期帮扶任务。看着这位比我儿子小一岁的清秀女孩，扳着手指在那里热情地向我介绍11个贫困户目前贷款建房落实状况、已经开展的教育扶贫情况，以及目前遇到的难题、年末的考核标准等，我真是非常感动。她和我在团结乡见到的乡党委副书记罗炜、马楠乡党委副书记李力一样，都是永善人。这批年轻人大学毕业或部队复员后没有留恋城市生活，毅然选择重返家乡建设的人生道路，在他们身上我看到永善县经济发展的希望。

与其说该县各级干部正在脚踏实地地落实中央“精准扶贫”精神，不如说他们正在抓住中央“精准扶贫”的政策契机，充满热情地为改变家乡的贫困面貌而努力工作，设法克服不良的生态环境，积极探索适合于当地的脱贫致富路子，他们的工作和努力让我看到全国贫困地区脱贫致富的希望，虽然前进的道路曲折而艰辛。

（林　珏）

【讨论题】

1. “精准扶贫”出台的背景是什么？为什么中央扶贫工作强调“精准”二字？

2. 永善县政府是如何贯彻落实“精准扶贫”精神的？已经开展了哪些工作？

3. 你认为通过“精准扶贫”工作，当地是否能够实现脱贫摘帽？为什么作者说“前进的道路曲折而艰辛”？存在哪些困难？

【资料来源】

1.《永善县2015年国民经济和社会发展统计公报》，永善县统计局2016年4月发布。

2. 永善县人民政府网，http://www.ynys.gov.cn/wMcms_govShowArticle.asp?/4023.html。

3. 中华人民共和国国家统计局：《2015国民经济和社会发展统计公报》，http://www.stats.gov.cn/tjsj/zxfb/201602/t20160229_1323991.html。

4. 云南省统计局：《2015年云南主要经济指标数据》，云南省政府信息公开门户网站，http://www.stats.yn.gov.cn/TJJMH_Model/newsview.aspx?id=3998855。

【案例2-10】 马楠苗族彝族乡的精准扶贫与专业合作社

云南省昭通市永善县是一个国家级贫困县,马楠苗族彝族乡是该县的一个贫困乡。2016年7月25日至28日,我带领学生对该县3镇10村进行有关农村创业问题的调研,包括马楠乡的马楠村、兴隆社区和桃花村。马楠村的高坎子养殖专业合作社引起我浓厚的兴趣,让人联想起20世纪50年代的农村合作社,但是此合作社不同于彼合作社,马楠合作社是专业化股份制合作社,乡政府、村委会对合作社进行设计、指导、管理和监督,实行的是"支部＋技术员＋群众"模式,这与如今其他地区正在推动的"企业＋金融＋农户"模式不同,马楠合作社创建的理念就是实现农户的共同富裕。

马楠村高坎子养殖专业合作社创建于2014年,与其一起成立的还有半边街、黎家沟专业合作社,其后又有合作社成立。现在已过去两年多,合作社经济已初见成效,在永善县政府开展"精准扶贫"工作的推动下,马楠乡政府正在将这一合作社形式在全乡推开。乡政府希望通过专业合作社,实现农村专业化生产,并通过发展民族文化和旅游项目,促进地方经济的发展,使当地百姓致富。

"协会＋支部＋农户"的马楠模式是马楠乡政府的创举,这一模式2015年以来已经引起新闻媒体的关注。这一模式是怎么产生的?为什么当地要采用这种模式?合作社的成立对马楠乡经济发展起到什么作用?该乡的经济发展还应该怎么做?下面对此作一考察。

一、马楠乡的经济自然地理条件

马楠的地名由来可以追溯到1876年(光绪二年),相传有个名叫袁英亮的外地人在此地居住,开了个马店,用木桩拦马,该地被称为"马栏",久而之久称谓雅化成"马楠"。

马楠乡是一个高寒的少数民族地区,其地理方位处于永善县的南面,辖马楠、坪厂、冷水、虹口、兴隆、桃山6个村民委员会,134个村民小组,苗族、彝族村有3个。乡国土面积209.71平方公里,90%以上为山地,2015年全乡人口16820人,其中苗、彝、白、回、布依等少数民族人口5652人,占全部人口的33.6%。

这是一个自然条件恶劣、冷涝灾害频繁的山区。全乡最高海拔3020米,最低海拔780米。由于地势落差大,气候立体,全年最高气温21.7℃,最低气温零下12.3℃,平均气温12.3℃,年降雨885.9毫米。大部分地区气候寒冷,5—9月阴雨绵绵,云雾缭绕,一场暴雨就可能引起疏松的砂石山体滑坡、公路塌方,甚至带来泥石流,将整个村庄淹没。10月至次年2月,是降雪季节,积雪深厚,滴水成冰,路面打滑,车辆行走困难。一些村民小组无小学,学生不得不去其他村组小学读书,因为小学无住宿,学生每天需要往返步行四小时山路。学校根据天气上课,一般连续上10天课,放4天假;冬季气候恶劣,提前放寒假。

马楠自然灾害中不仅有暴雨、洪灾、泥石流,还有地震和冰雹。2014年4月7日永善地震,8月3日鲁甸地震,都波及马楠,导致出现了很多危房。2015年,马楠乡又遭到冰雹,农户种植的水果等作物全部遭殃。"无灾不成年"是当地干部用来描述马楠生态环境恶劣的词语。生态环境恶劣部分来自立体气候带来的自然灾害,部分也来自人类生态破坏自尝苦果。

据说百年前这里曾是一片茂密的原始森林,随着居住人口的增多,乱砍滥伐,待到意识到应该加强环境保护时,大部分山坡树木被砍伐已尽,只剩下部分原始森林。近些年,当地政府鼓励农户发展养殖业、果树业,很多山地成为草场或种植果树。

马楠乡是一个寒冷、贫穷、落后的少数民族地区。2016年和2017年计划脱贫出列的贫困村有6个,特困自然村有21个,显然扶贫脱贫任务十分艰巨。来到这里,首先感觉交通不便,县道、省道、国道都不抵达乡政府。马楠村是原乡驻地,海拔2700多米,距县城45公里,现乡政府所在兴隆社区,离县城66公里多,县道都不直达那里,抵达那些地点最后都只能走乡道。这些乡道不仅路面狭窄、满是碎石,到处是塌方,而且泥泞不堪,坑洼很多,车子行驶起来非常颠簸。我们13人(包括两名驾驶员)乘坐两张面包车从县城出发,沿245号县道在群山里盘旋,一路上几乎没有超过10米长度的直道,尽是弯道,车子越爬越高,进入一片云海中。一进入马楠乡,道路就由柏油路的县道变为路面狭窄的乡道。从马楠村到现乡政府所在地只有036乡道(被称为“兴隆公路”),经过当地人称之为“12个大拐拐”后,来到兴隆村。从兴隆村到桃山村,乡道更难行走,前一晚的暴雨导致不少地方塌方,路上形成大小不等积水的坑洼。学生乘坐的面包车被陷到大水洼里,不得不下来推车,最后求助于被堵在后面的大卡车帮助拉车。

其次,当地不通网络。车子一进马楠,手机就无法联网了,这对于生活在现代化城市且喜欢随时报道所见所闻的我来说,一下子有与世隔绝之感。

最后,缺水缺电。在马楠村,我见到驻马楠村工作组沈李娟①。7月夏季,这里气温不到20度,根据她的介绍,该村生存条件很差,尤其是水资源缺乏,村民使用的水通过一条水管从山上接下来。一到冬天,漫山遍野是冰凌,水龙头一开就会被冻住。因为用水困难,工作队队员的洗澡问题只能去乡政府所在地兴隆社区解决。此外,马楠村还有两个村民小组至今没有通电。一些贫困居民还居住在土坯房和茅草房里。

为此,永善县政府在“精准扶贫”规划中提出贫困村脱贫摘帽的“四通四有”指标:通硬化公路、通电、通卫生清洁安全饮用水、通广播电视及通讯,有卫生室、有文化活动场所、有小超市、有学校。

马楠村反映出马楠乡自然条件恶劣的一面,但认真分析,马楠乡也有其优势的一面:首先,该乡人均拥有土地面积大。全乡拥有国土面积达209.71平方公里,但人口只有1.68万,每平方公里人口密度80人。这里草场资源丰富,草场面积达18万亩,因此发展养殖业具有优势。其次,立体气候适合种植不同的作物。海拔较高的高寒地区适合种植无公害的高寒冷冻蔬菜;海拔较低、气候较为温润的地区可以种植玉米、荞麦、洋芋、果树;最低海拔地区可以种植水稻等。最后,浓厚的民族风俗文化特色和高山云海景色,适宜发展旅游业。

二、永善县“精准扶贫”给马楠乡贫困村带来的希望

2013年12月,中办、国办联合下发25号文件,提出改进贫困县考核机制、建立精准扶贫工作机制、健全干部驻村帮扶机制、创新社会创新机制等创新扶贫开发工作机制。永善县委、县政府认真学习文件精神,把扶贫摘帽工作作为该县重中之重。县委、政府部门抽调部分机关干部组成工作队驻扎乡村,帮助村民脱贫。

以马楠村为例,工作队来后首先帮助当地人寻找水源。现准备建立蓄水池,将水接到各

① 沈李娟,女,1985年生,永善县团委副书记,此时在马楠乡驻村工作组工作。

家各户。其次，根据县里“易地搬迁”扶贫计划，动员居住在危房、土坯房或茅草房的村民搬迁到新宅地，并建造起统一格局的新房子。这里建造 80 平方米房子需要 10 多万元，对于人均年收入低于 2855 元的贫困户，政府拿出 6 万给予建房补贴，其余的自己向银行贷款；对于非贫困户，政府补贴 4 万元。2008 年汶川大地震以及 2014 年永善、鲁甸地震后，当地政府已经利用中央政府的拨款将乡里一半村民的危房更换，大部分村民居住的土坯房、茅草房已经变为抗震的砖房。目前，剩下未搬进新房的是最为困难的村民，他们或者因病返贫，贷款后无法归还，或者因年纪大了，银行不给贷款。

我询问驻村工作队沈李鹃副书记：目前遇到的最大困难是什么？她说：“村民说无钱支付需贷款的那笔款项。不说是否借到钱，即使借到了，最后他们也无钱偿还。”她负责该乡 11 户村民的建房工作，其中有 1 户老夫妻家中有一个女儿，27 岁了，患肾衰竭住院；以前女儿没病时，父亲外出打工，现在回家照顾女儿，无现金收入，而每天都在用钱，新农保不少药报不了，为此欠债一大堆。沈掰着手指和我一一诉说她负责的这些需盖房的村民，还有 3 户是集镇上的，建房无多大问题，已经落实；1 户在马楠村，家中因为有肾衰竭病人，每天维持病情的药费就几百，已经负债累累，拿不出钱来盖房；1 户是位老人，准备砌砖了，但因为年满 60 岁贷不了款而停工，目前在联系他的儿子，看看能否通过他的儿子贷款，帮助把房子盖起来；还有 2 户在白草坪，因为道路问题，建房材料进不去；还有 1 户经营遇到问题，原家中有车，现已过户给别人……

“对于那些贷不到款的村民，最后怎么办？”我问。“由政府统借，低息贷款，建房者先要支付利息，三年后银行返还利息。”无论如何，根据县里的规划，2016 年马楠乡必须脱贫出列，而一个最基本的指标就是所有贫困户必须离开危房，住上砖房。

从产业发展来看，马楠乡没有工业，经济收入主要来自农业，包括种植业、林业和畜牧业。贫困山区要想致富，必须打破一家一户小农的自给自足的经济模式，走专业化、商品化的发展道路。马楠村的气候不适宜种植水果，但当地适宜发展绵羊、牛、马等养殖业。马楠村将养殖业主要放在半细羊毛专业化生产上。此外，工作队也引导村民种植蔬菜和杂粮，如大白菜、土豆和荞麦；还设法发展当地民族手工业，如蜡染业，但目前的蜡染产量还不成规模，并且销售也存在问题。

三、马楠村高坎子养殖专业合作社的建立

还在 20 世纪 90 年代，马楠乡就开始规划当地优势产业的基地建设了，乡政府帮助马楠村申请到全国半细羊毛基地项目。其后，县政府利用资金为该村每户发送 3—5 只绵羊，帮助每家修建羊圈。根据李力介绍，[①]最初基地一直无法形成规模生产，这是因为当地苗族居多，比较安于现状，加上村民十分贫困，这些羊或者因为生活拮据被卖了，或者因为主人好客被杀待客了。结果上面下来验收基地时，羊看上去不少，但验收过后，羊就不剩几只了，基地建立多年没有任何发展。

2013 年，乡政府分析后认为，以这样的方式发展基地肯定不行，时任乡党委鲁朝富书记[②]提出“抱团合作，助力群众脱贫致富”的思路，即通过入股形式建立由普通群众组成的合作社来推动专业基地建设。为了防止羊群较多的大户侵占羊群较少的小户的利益，设定专业合作社以自愿方式组成，并且必须是普通群众。各户用自家的羊、草场入股，年终按股分配，扶贫项目资金直接入股到合作社。乡党委帮助合作社制定章程，在生产、财务、理事会职权等方面作出规定。比如，规定由合作社集体管理国家扶植基地的钱，用于购买可繁殖的适

① 李力，男，汉族，1979 年生，复员军人，永善县民政局党委副书记，此时挂职马楠乡，任乡党委副书记。

② 鲁朝富，男，马楠乡党委书记，汉族，2016 年时 42 岁，云南农业大学本科毕业，永善县溪洛渡镇人。

龄母羊;各户以草场、羊数入股,按股分配;卖羊必须通过理事会的批准;自愿入社,自愿退社等。乡党委派出包村工作组、村支部、畜牧兽医直接参与管理,指导选举理事会,派驻监事会,对理事会职能履行进行监督,防止理事会成员个人利益化或将集体利益私分,保证合作社朝着共同致富的道路前进。可见,这种由乡党委进行顶层设计,村支部参与监督管理,由普通群众组成合作社的"支部+技术员+群众"模式,是民族地区脱贫新模式。

不过,最初组建专业合作社的想法并不被村民接受,当地人习惯落后、安逸、年复一年接受上面扶贫款的生活,不愿改变旧有的生活方式,尤其是不愿意将羊群和草山归到合作社集体中。时任马楠乡副乡长、包村工作组组长吴启超[①]召开村民大会进行动员,说不通,便带领工作组成员挨家挨户上门做工作。一次不行,两次,两次不行,三次,最终感动村民,大多数群众同意加入。由此,马楠村高坎子自然村4个村民小组86户人家273人组成高坎子养殖专业合作社,入股草山1.8万亩,半细毛羊866只,村集体入股草山4500亩、羊25只,个人入股15只羊。与此同时,半边街、黎家沟另两个养殖专业合作社也成立了。

养殖专业合作社的建立推动了半细羊毛基地的发展:首先,草场得到充分利用。草场入股,统一管理,便于实现轮放制,由此使得草场得到很好的保护。其次,畜牧兽医参与管理,便于畜病疫情的控制。再次,有利于共同致富。由于参加合作社的社员都是普通群众,无领导,无专业大户,合作社的利益均等,从而避免了养殖大户侵占小户草场资源。最后,解放了劳动力。养殖专业合作社只需部分人从事养羊业,其他人可以经营种植业。比如,马楠村适合种植无污染的高寒冷冻蔬菜,如白菜、萝卜、葱蒜苗、青菜、莲花白等30多种产品,专业化生产使得产品商品化。根据吴启超副书记的介绍,这些蔬菜主要面向永善县城和川南大中城市,如宜宾、自贡、泸州。

根据李力的介绍,2014年高坎子合作社建立,在其后两年里不算政府扶植资金(还未使用),合作社经营已经创造了70万至80万元的利润,仅种植蔬菜每亩收入就达2万元。冷凉无公害蔬菜销往云南昆明、贵州贵阳、四川成都和重庆等地。

马楠专业合作社经验鼓励了乡政府准备将合作社模式推广到全乡,乡政府现在正动员更多的人建立起产业类别的专业合作社,推动农业专业化发展。根据报道,截至2015年1月,马楠乡养殖专业合作社已建立4个,入社群众216户,入股草场3万亩,入股黄牛119头,半细毛羊1590只。到4月,马楠乡种植、养殖农民专业合作社已经发展到9个,覆盖6个村30多个村民小组,入社群众达到1300户4700人。专业合作社的发展推动了农产品产量的提高。

表2-10-1显示的是自2009到2015年马楠乡羊存栏、出栏情况和在全县的比重,从中可见,2015年全乡羊存栏已经达到2.7万只,同比增长4.6%;出栏1.8万只,同比增长9.9%,均高于2014年和2013年同比增长。2011年,马楠乡羊出栏数超过伍寨乡,2012年,马楠乡羊存栏数又超过茂林镇,均在全县名列前茅,2013至2015年一直保持这一规模优势,并且对第二名的优势逐年扩大。

马楠乡养殖专业合作社不仅养羊业有所发展,其他牲畜、家禽产量也有所提高。表2-10-2显示的是该乡2009年以来牲畜、家禽的产量,十分明显,牛、羊、猪出栏以及禽蛋、肉类产量年均都呈两位数增长。

① 吴启超,男,苗族,2016年时45岁,云南农业大学畜牧专业大专学历,2008年担任马楠乡副乡长,2016年4月调至永善县政府所在地溪洛渡镇任镇党委副书记。本人在2016年7月26日采访了他。

表 2-10-1 2009—2015 年马楠乡羊存栏、出栏数变化、比重及在全县的排名

乡镇		2009		2010		2011		2012		2013		2014		2015	
		存栏	出栏	存栏	出栏	存栏	出栏	存栏	出栏	存栏	出栏	存栏	出栏	存栏	出栏
马楠乡		19187	9118	19884	11246	21981	12631	24188	14520	25207	15651	25937	16436	27130	18070
团结乡		4525	2632	4866	2519	5370	2920	5654	3069	5880	3164	6075	3244	6241	3328
溪洛渡镇		7343	4148	9606	5616	10202	6285	11314	7256	12376	7977	12806	8452	13325	9290
茂林镇		19924	8939	20671	9327	22419	10405	23006	10707	23938	11708	24280	11891	24832	12031
伍寨乡		16503	10662	16864	11850	17450	12260	17942	12657	18674	13820	19293	14285	19912	14967
全县		104862	51699	113680	61223	121000	68854	128006	75566	133930	81864	137351	85654	146289	91560
马楠乡	占比	18.3%	17.6%	17.5%	18.4%	18.2%	18.3%	18.9%	19.2%	18.8%	19.1%	18.9%	19.2%	18.5%	19.7%
	排名	2	2	2	2	2	1	1	1	1	1	1	1	1	1

注释：(1) 永善县有 15 个乡镇，2016 年 7 月在永善县调研时，本人挑选了该县经济状况相对好的溪洛渡镇、状况一般的团结乡以及较差的马楠乡。(2)“占比”指马楠乡羊的存栏或出栏数在全县羊的存栏或出栏总数中所占比重；“排名”指马楠乡羊的存栏或出栏数量在全县乡镇中的排名。

数据来源：根据永善县统计局编《永善县国民经济和社会发展统计资料》(2010—2015 年历年)数据计算制表。

表 2-10-2 2009—2015 年马楠乡养殖业产量

类别 \ 年份		2009	2010	2011	2012	2013	2014	2015		增长率	
								产量	同比	六年	年均
大牲畜	存栏(头)	5646	5670	6418	7060	7404	7500	7725	3.0%	36.8%	5.4%
	出栏(头)	770	1436	939	1092	1199	1262	1367	8.3%	77.5%	10.0%
其中 牛	存栏(头)	1776	1961	2152	2367	2509	2550	2625	2.9%	47.8%	6.7%
	出栏(头)	370	450	495	572	652	700	756	8.0%	104.3%	12.6%
其中 马	存栏(匹)	3870	3709	4266	4693	4895	4950	5100	3.0%	31.8%	4.7%
	出栏(匹)	400	986	444	520	547	562	611	8.7%	52.8%	7.3%
羊	存栏(只)	19187	19884	21981	24188	25207	25937	27130	4.6%	41.4%	5.9%
	出栏(只)	9118	11246	12631	14520	15651	16436	18070	9.9%	98.2%	12.1%
生猪	存栏(头)	8600	10909	13061	14371	14733	15000	15748	5.0%	83.1%	10.6%
肥猪	出栏(头)	8904	9792	14350	25471	26557	27992	28426	1.6%	219.2%	21.3%
猪肉产量(吨)		713	762	1145	1972	2102	2310	2264	−2.0%	217.5%	21.2%
家禽	存栏(只)	20197	20914	22566	24119	26351	27006	28080	4.0%	39.0%	5.6%
	出栏(只)	10820	11681	13128	15030	15839	18296	19476	6.4%	80.0%	10.3%
禽蛋产量(吨)		25	27	30	35	40	48	50	4.2%	100.0%	12.2%
肉类产量(吨)		918	985	1347	2327	2485	2722	2712	−0.4%	195.4%	19.8%

数据来源:根据永善县统计局编《永善县国民经济和社会发展统计资料》(2010—2015 年历年)数据计算制表。

马楠乡专业合作社的发展离不开县委、乡镇党委的支持。2014 年,永善县委全面贯彻落实中央精神,实行"精准扶贫",县、乡镇各级政府机构与贫困乡镇、贫困村、贫困户对接,派出工作组入乡入村定点扶贫,推动马楠乡合作社制度的规范和发展。比如,县里为解决合作社资金不足问题,从扶贫基金中拨出资金 100 万元,给每个合作社 20 万元,用于草料、药物等临时应急采购周转资金;县民政局帮助制定和完善合作社管理制度,包括合作社议事决策程序、放牧员管理、社员入股和退股等规定;县畜牧局对马楠乡 18 万亩草场进行统一规划;乡财政定期对股份收益进行测算,保障群众红利等。面对多家企业主动上门洽谈合作,乡党委决定将产品、市场研发、品牌打造交由企业去做,但草山、羊群股份攥紧在村民手中,乡级建立专业合作社联社,党委政府做后盾,降低群众交易风险。

四、马楠专业合作社的扩大

从上可见,"支部+技术员+群众"专业股份化合作社模式有利于马楠乡脱贫致富。乡党委决定将这种专业合作社扩大到全乡范围,即将所有的非专业户的普通群众组织起来,成立各类专业合作社。

根据县统计数据,2010 年永善县地区生产总值 26.89 亿元,人均 GDP 6664 元,2015 年分别增加到 71.2 亿元和 17429 元。同期,根据报道和李力的估计,马楠乡农民人均纯收入从 1390 元增加到 3003 元,虽然这个收入数字依然很低,但比之过去却提高了 1.2 倍。

在溪洛渡镇,我见到马楠乡原副书记吴启超,他告诉我马楠村是马楠乡最贫困的村,乡政府所在地兴隆社区则是该乡最富裕的村。不过,到马楠乡后,在兴隆社区政务公开栏上,我看到的是 2015 年兴隆社区农村经济总收入 1233.4 万元,人均纯收入只有 2900 元;该社区有农户 1160 户 4185 人,其中建档立卡特困自然村 4 个,建档立户贫困户 222 户 921 人。换言之,该社区贫困户占到全社区农户的 19%,贫困人口占到全社区人口的 22%。

再翻阅 2015 年 2 月人民网转发的一篇报道，参加高坎子养殖专业合作社的农户正在摆脱贫困。根据乡党委书记鲁朝富的估算，约 900 只羊入社后，2015 年可发展到 1500 只，2016 年将达到 3000 只，滚动发展 3 年后每年可出栏 1000 只，红利 100 万元以上，村集体可以分红 6 万元，每户群众可分红 1 万元以上。村民安学德告诉记者：现在他不仅每月能拿到合作社 1500 元的工资，年底还有入股分红。

分析上述信息偏差，每个村都是由多个村组或自然村组成，无论是马楠村还是兴隆社区都有经济相对好的自然村和特困自然村。高坎子是马楠村的一个自然村，位于 245 县道上，交通条件比其他村落要好，2014 年，4 个村民小组抱团成立专业合作社，村民收入在增多。根据县里"脱贫出列"计划，兴隆社区和马楠村各有 4 个特困自然村，要求 2016 年必须脱贫出列。此外，2017 年马楠乡还有 4 个贫困村、13 个特困自然村必须"脱贫出列"。任务艰巨，马楠乡委希望通过成立专业合作社的途径来实现。那么，马楠乡还可成立什么专业合作社呢？分析马楠乡的产业，该乡几乎没有工业，经济收入主要来自农业，包括种植业、林业和畜牧业。

图 2-10-2 显示的是 2009—2015 年该乡粮食(包括稻谷、玉米、豆类、薯类、洋芋)产量情况，近 6 年除小麦产量有所下降外，其他农作物产量都有所增加。粮食播种面积除个别年份外，总体也在扩大，单位产量也在增加，见图 2-10-3。

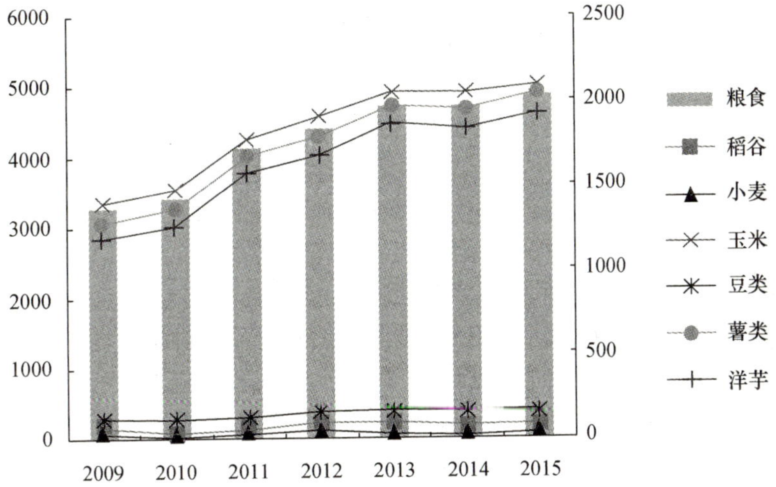

图 2-10-2　2009—2015 年马楠乡农业产量变化状况(单位:吨)

注释：2014 年开始，农业年报制度规定薯类产量不按折粮计算，而按原粮计算，但计入粮食合计时要按折粮(5：1)计算；这里的 2014 年和 2015 年薯类、洋芋及粮食合计数据均为折粮。

数据来源：根据永善县统计局编《永善县国民经济和社会发展统计资料》(2010—2015 年历年)数据计算制图。

由于地处高寒地区，不少经济作物(如油菜籽、甘蔗、烤烟等)在马楠乡都无法栽种，这里的经济作物主要有花生、魔芋、药材。2009 年，马楠乡花生播种面积只有 4 公顷，2015 年扩大到 13 公顷，不过产量提高的幅度不大，仅从 1.57 万公斤提高到 1.73 万公斤。魔芋的栽种面积也在扩大，2009 年 27 公顷，2011 年猛增到 87 公顷，2015 年达到 102 公顷；产量从 4 万多公斤增加到 13 万公斤，进而超过 15 万公斤。药材规模性的栽种是从 2012 年开始的，当年全乡药材栽种面积为 33 公顷，到 2015 年面积已经扩大到 49 公顷，产量也从 1 万公斤增加到 1.8 万公斤。见图 2-10-4：

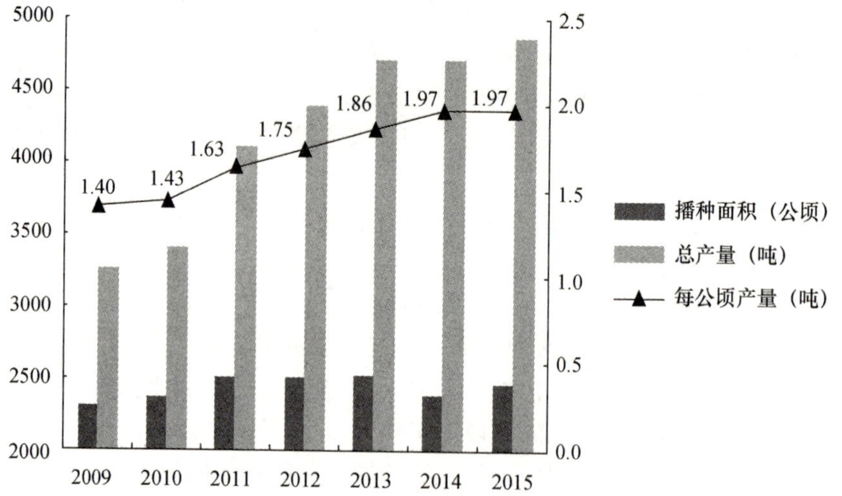

图 2-10-3 2009—2015 年马楠乡粮食播种面积与产量

数据来源:根据永善县统计局编《永善县国民经济和社会发展统计资料》(2010—2015 年历年)数据计算制图。

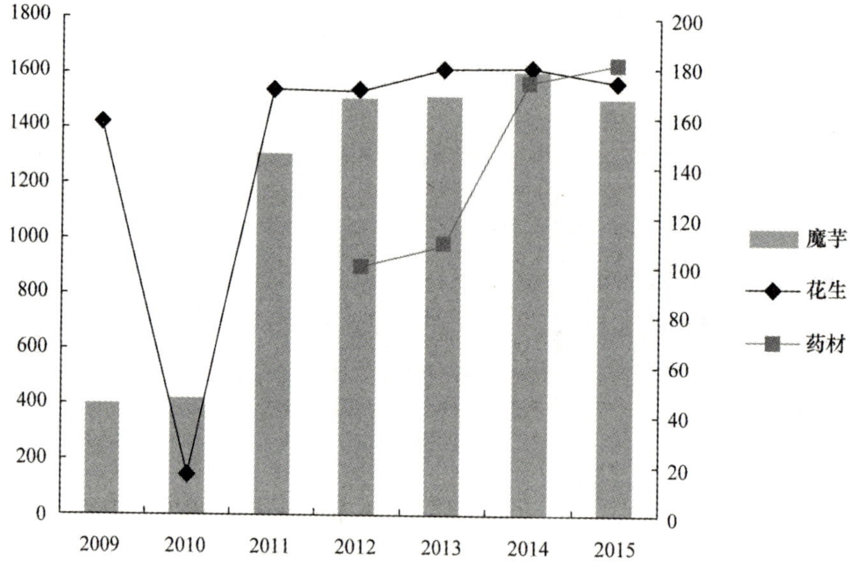

图 2-10-4 2009—2015 年马楠乡经济作物产量(单位:百公斤)

注释:马楠乡油料作物就是花生。

数据来源:根据永善县统计局编《永善县国民经济和社会发展统计资料》(2010—2015 年历年)数据计算制图。

马楠乡地处山区,盛产梨、桃、板栗、核桃等水果和林产品,近些年,花椒种植面积也在不断扩大,产量不断增加。表 2-10-3 显示的是该乡水果和林产品产量,从中可见,2009 年以来,马楠乡除了桃产量下降外,其他都有所增长,其中 2014 年和 2015 年林产业中的核桃、花椒、板栗产量增长非常显著。

表 2-10-3　2009—2015 年马楠乡水果、林产品产量　（单位：百公斤）

类别＼年份		2009	2010	2011	2012	2013	2014	2015	年均增长
水果合计		2485	3705	3535	3535	3551	3548	3548	6.1%
其中	梨	1265	2485	2400	2400	2410	2408	2408	11.3%
	桃	140	140	130	130	131	132	132	−0.98%
林产品合计		395	1154	1160	1610	1615	5729	5717	56.1%
其中	板栗	76	64	72	142	145	147	146	11.5%
	核桃	277	1050	1048	1425	1426	5356	5348	63.8%
	花椒	42	40	40	43	44	226	223	32.1%

数据来源：根据永善县统计局编《永善县国民经济和社会发展统计资料》（2010—2015 年历年）数据计算制图。

除了鼓励贫困户、普通群众组成专业合作社外，该乡也鼓励有技术、有能力的种植大户实行专业化生产。在桃山村，我见到该村花椒种植专业户，据乡党委副书记李力介绍，该农户也是全乡花椒种植大户。2015 年，他家的花椒收入达到每年 10 万元。他的经营成功吸引了不少农户投资花椒种植业。李力对他说：最近听说有些农户为了让花椒看上去好看，采用碱水泡的做法，"这是自毁品牌的做法！希望你一定要和大家说，不能这么干，否则马楠乡的花椒品牌就给毁了。你作为花椒生产大户，一定要带好头"！该农户很严肃地听着，不断点头，承诺回去后一定会同大家说，阻止碱水泡花椒的做法。我在一旁看着他们对话，很是感动，在这里我看到了党组织在引导农村专业户勤劳致富、监督生产质量工作上的细致。

显然，马楠乡除了发展养殖专业合作社外，还可发展水果、林产品、种植专业合作社。此外，打造乡村旅游、民族村落、蜡染刺绣、芦笙歌舞等品牌，发展旅游服务业，包括旅游产品的开发与生产、当地特产的生产与加工、民俗文化的整理与研究、艺术长廊与会展业的开发等。

马楠乡少数民族中人口最多的是苗族和彝族，分别占全部人口的 17%和 16.4%，其中苗族有花山节（6 月），彝族有火把节（8 月）。目前，马楠乡正在利用该地的民族风俗、自然风景，发展旅游业。2016 年，马楠的花山节吸引了众多游客前来观光，花山节已经被国务院批准列为第四批国家级非物质文化遗产名录，马楠也已经成为省级苗族芦笙舞之乡。

毫无疑问，马楠乡的专业合作社模式正在引起人们的关注，该模式崇尚的共同致富理念正在为人们所接受，马楠乡党委政府的一系列扶贫创新工作和措施正在改变当地的贫困面貌，让我们看到民族地区脱贫致富、赶上全国经济发展步伐的希望。

（林　珏）

（该文部分发表在经济网，即：林珏：《"精准扶贫"给贫困乡马楠带来生机》，http://www.jingji.com.cn/html/news/gsxw/51602.html。）

【讨论题】

1. 马楠模式的特点是什么？为什么说它不同于 20 世纪 50 年代的农村合作社？

2. 马楠乡脱贫致富之路何在？你认为该乡的专业合作社是否有助于当地经济发生根本性的变化？为什么？

3. 在精准扶贫方面，马楠乡党委政府是怎么做的？还应该做些什么？

4. 马楠模式对于民族地区的脱贫致富是否具有普遍意义？为什么？

【参考资料】

1. 永善县统计局编:《永善县国民经济和社会发展统计资料》(2010—2015 年历年)。

2.《马楠苗族彝族乡概况》,http://mudedi.59706.com/XZ034535.html。

3. 杨之辉、田明:《马楠模式:云南永善县精准扶贫的样本》,云南网,http://society.yunnan.cn/html/2015-01/15/content_3554925.htm。

4. 付菊明、吴昌鹏:《永善马楠乡专业合作社成为农民群众增收致富的大舞台》,中国网"中国视窗",http://zgsc.china.com.cn/difang/2015-04-28/338495.html。

5. 李发兴、田明:《云南永善县:建专业养殖合作社 助农民脱贫致富》,人民网"云南频道",http://yn.people.com.cn/original/n/2015/0215/ c229982-23920685.html。

【案例 2-11】 印度农业的改革和发展

印度是一个以农业为主的发展中国家，2014 年，72％的人口以农业为生，农业（包括林业、牧业、渔业）的净产值占国内净产值的 34.9％，在国民经济中具有举足轻重的地位。

一、印度农业的基本情况

印度农业的社会经济结构的特点是封建的、个体的和资本主义的经济成分并存，小农经济占绝对优势，每个农户的经营规模较小。印度独立后就开始进行“土地改革”，公布了名目繁多的法令，但大多未认真执行，成效不大，在长达 40 年的“土地改革”后，土地占有状况并未发生根本性变化，土地所有权仍集中在少数人手里，封建和半封建的经济成分占有优势。据印度官方抽样调查，1985/1986 年度占农户总数 1.3％的最富有的大农拥有 14％的土地，23％的农户是佃农与半自耕农的混合，而占总数 50％的最穷的小农只拥有 1％的土地。

印度传统农业的特点是农业对气候和雨水等自然条件的依赖性很大，抗御自然灾害的能力较差，经常遭受季风的危害，造成水旱灾害。据统计，1951—1983 年的 32 年间，因旱涝灾害而造成农业减产的就有 13 次之多。此外，以传统的生产工具和手工劳动为主，现代技术投入较少，85％的耕地依靠人畜力耕作，70％的耕地无灌溉设施，靠雨水灌溉。在农业投入物总值中，1955/1956 年度，现代技术投入仅占 9.66％，20 世纪 70 年代中期上升到 61.98％。农业先进技术大都局限于小麦和水稻，而对豆类和油料作物没有重大影响，造成这些作物产量低下，每年需进口大量食油才能满足国内需要。由此，印度农业生产率和农民收入都较低，全国 2/3 的劳动力从事农业生产，但每个农业劳动力创造的价值为非农业劳动力的 1/3。例如，1988/1989 年度，每个农业工人每年的实际收入是 420.5 卢比，而非农业工人为 783.8 卢比，高出 83.6％。这还表现在，印度农作物的单产水平较低。一些作物的单产水平低于东南亚许多国家。例如，根据粮农组织的资料，每公顷稻谷和小麦的产量，印度分别为 2817 公斤和 2420 公斤，中国则分别是 5869 公斤和 3318 公斤。

印度各地的自然条件不同，经济社会环境条件不同，采用现代技术的程度不同，造成农业生产和农村发展在地区之间很不平衡。印度北部和西部地区（特别是旁遮普邦和哈里亚纳邦）生产水平高，粮食产量和农民收入较高；南部和东部地区（如比哈尔邦、奥里萨邦、中央邦）生产水平和粮食产量较低，边际农、小农与大农之间的收入差距不断扩大。随着经济的发展，地区发展不平衡和收入差距扩大的问题并未减轻，而且有加重的趋势，从 20 世纪 70 年代中期起，印度政府逐渐重视发展与公平问题，并制定和实施了各种计划，但收效似乎不大，总的说来，目前印度农村社会和经济生活仍然是以农业（主要是种植业）为中心运转。村社仍然是社会关系和经济活动的基础，传统的管理系统以及亲属、家庭和种姓制度仍然是社会经济关系的决定因素。但 90 年代末以来，许多地区逐渐发生变化，涌现出少数现代的农村社会。

二、印度农业的“绿色革命”

1965/1966年度和1966/1967年度,印度东部地区发生严重旱灾,造成农业大幅度减产,粮食危机空前严重,粮食供应非常困难,不得不火速进口500万吨粮食以解燃眉之急,整个国家靠进口粮过日子。在这种情况下,印度政府开始实施一项被称为“绿色革命”的农业发展战略。

“绿色革命”是一项庞大的、以科技为导向的农业综合发展工程,其核心思想是通过推广高产优良品种、扩大灌溉面积以及发展农业机械等一系列措施,促进农业现代化、集约化发展,实现作物特别是粮食生产的稳产高产。科技开发、推广和普及是“绿色革命”取得成功的关键。

从60年代中期开始,印度政府着手建立从中央到地方的多层次的农业科教和技术推广网络。在中央一级,农业部下设两个专门负责农业教育与科研的机构,一个是作为政府职能机构的农业研究与教育局,另一个是印度农业研究委员会。前者负责协调农、牧、渔业各科研院所的研究、教育活动及国内外合作事项,后者则从事基础技术和实用技术的研究与开发,同时负责农业教育及高新技术的鉴定和推广。印度各级政府对农业科研和教育非常重视,各邦农业部门领导的60多个研究机构组成了地方农业科研系统,邦属大学的校长全部由邦长兼任,经费由地方和中央两级划拨,在税收和用地等许多方面享有种种优惠。

印度农业科研首先从培育优良种子开始。闻名全国的旁遮普农业大学位于素有“粮仓”美称的旁遮普,该大学自1962年成立以来共培育出200多个农作物优良品种,90年代中期培育的一种高产春小麦在当地小麦种植区的推广率超过了90%。

农业科学技术要转化为生产力离不开推广。几乎每一所农业大学里都设置了推广部,学校还与成千上万的农户建立了固定的联系,并在这些农户的土地上进行试验。许多农民把学校看作是“庄稼医院”或“兽医站”,生产过程中只要遇到难题马上就会想到找学校。

以科技为导向的“绿色革命”在印度的农业发展中取得很大成效,高产品种面积扩大数十倍,小麦、水稻等农作物的高产品种面积占总面积的比例均超过半数以上。

除了科技兴农发挥了主导作用外,印度历届政府对农业的扶持倾斜政策也发挥了不可忽视的作用。“绿色革命”开始后,一系列鼓励农业发展的政策法规也相继出台并得到贯彻落实:

一是从事农业生产基本不需纳税。印度法律规定,耕种面积不超过8英亩(约48.6亩)、年收入在10万卢比(约合2300美元)以内的农户,免交包括所得税在内的各项税收。当然,这一政策在具体实施时常常被人“钻空子”,如许多拥有几十甚至上百英亩土地的大户用“化整为零”的办法,使申报的耕种面积和年收入都低于法律标准,从而达到免税的目的。不过,当局出于减轻农业生产者负担的考虑,对此一直采取睁一只眼闭一只眼的态度。

二是柴油、电力免费或优惠。被称为“印度粮仓”的旁遮普邦规定,农民购买柴油的款项可在出售农产品之后支付。农业用电则采取区别对待的办法:生活在贫困线以下的农民免费用电,一般农户可免费使用灌溉用电,其他用电则享受优惠价。从2002年4月开始,印度一些地区已经废止农业用电完全免费的政策,但在收费方面还是向农民倾斜。

三是对化肥、农机等生产资料实行价格补贴。化肥是印度农业补贴中最大的项目,政府把化肥列入基本商品,对其生产、进口、运输等实行严格控制,价格由政府统一规定并实行补贴。不管是进口还是国产化肥,售价普遍低于生产成本,运输费也完全由政府来承担。

四是政府出资修建农村基础设施。农村的电力、道路等基础设施建设全部由邦政府出资，农民不用从兜里掏出甚至一个卢比。

在粮食销售方面，印度政府也想农民之所想。据当地农业官员介绍，印度农业成本和价格委员会每年都要对各种农作物的生产成本和有关要素进行分析后确定其最低的支持价格。然后政府以该支持价格为基础，根据储存补充的需要，公布当年的粮食收购价格，使之成为该年度的粮食底价。这种做法可有效地防止在丰收年景粮价出现暴跌，避免谷贱伤农和打击农民种粮的积极性。

此外，印度的农村社会保障制度对农村地区的稳定和发展也起到重要的作用。根据这项保障制度，政府对丧失劳动能力的老年农民发放津贴，向无房的贫困农民提供建房补助，中央和邦政府还对贫困子女的教育给予补贴，对贫困人口购买粮食实行低价政策。虽然农业补贴有违世贸组织的某些规则，但印度计划委员会高级顾问普拉纳布·森认为，对于印度这样的发展中国家来说，短期内完全取消补贴是不可能的，后果也是可怕的。

经过第一次绿色革命，印度粮食年产量从独立之初的1500万吨增加到2003年的2.2亿吨，2016年达到2.64亿吨。不过，印度政府意识到，由于从60年代兴起的"绿色革命"对农业增长的推动已有所减慢，近年来粮食生产1.7%的年增长速度已经低于1.9%的人口增长速度，这一势头如果不能尽快得到扭转，必将威胁到国家的粮食安全形势。

印度前总理瓦杰帕伊指出，"提高农业产量和收益是政府促进农村繁荣战略的核心"。他强调，现在需要发动以提高农业的总体效益为中心的"第二次绿色革命"。为此，印度政府推出了一系列政策和措施。例如，中央储备银行向农业部门提供信贷资金，明确规定从开垦荒地、选育良种到改造农业基础设施、增加灌溉面积、提高粮食加工储藏能力、完善粮食市场流通环节以及鼓励在农业生产中应用新科技等具体环节中的投资导向；政府通过向农民提供低息贷款的方式，指导农民进行产业升级。政府还设立了一个专门委员会，完成向全国农民发放专用信贷卡的任务。

大力推广和采用农业现代科学技术是推行"第二次绿色革命"的内容之一，而其成败的关键在于人才。印度总统卡拉姆说，印度每年有300万大学毕业生及数量相当的中等职业人才，他们是"第二次绿色革命"宝贵的依靠力量，政府应当鼓励他们到农村去，用他们的知识为改变农村落后面貌建功立业。这样不仅可以解决他们的就业问题，而且对推动基层农业科技队伍成长、促进农村科技成果推广十分有利。

三、印度农业的最新发展

印度农业在国民经济中占有非常重要的地位。2007年，农业产值占国内生产总值的16.6%，农业劳动力占全国劳动力总量的60%，农场总数达到1.155亿个。印度目前是仅次于中国的世界第二大小麦和大米生产国，是仅次于美国、中国和巴西的世界第四大粗粮生产国，具备扩大农业生产的巨大潜力。

近50年来，印度政府十分重视农业生产，为农业发展提供强有力的财政支持，以确保国内粮食安全。印度农业生产发展迅速，粮食供应基本实现自给。

（石金海）

【讨论题】

1. 20世纪60年代到70年代,第三世界的农业相对停滞的主要原因是什么?印度是如何摆脱这一困境的?

2. 在传统农业社会进行农业创新或推广农业技术时,一般认为会遭到小农的反对,印度是否也遭遇到这种情况?如果是,那么它是如何解决这一问题的?如果不是,那么又是为什么?在开展"绿色革命"中,政府采取了哪些相应措施?

3. 为什么在分析发展中国家经济发展问题时将关注点放在农村部门和农业制度特别是小农农业制度的研究上?

【参考资料】

1. 文富德:《印度农业发展浅析——兼谈对我国农业发展的启示》,载《南亚研究季刊》1995年第2期。

2. 文富德:《印度农业新政策的主要内容及简要评价》,载《南亚研究季刊》1999年第2期。

3. 文富德:《印度农业的世贸对策及其启示》,载《南亚研究季刊》2001年增刊。

4. 张淑兰:《WTO与印度的农业发展——全球化背景下印度的农业战略对策》,载《南亚研究季刊》2002年第2期。

5. 黄洁、丁士军、陈传波:《印度的农业风险及应对策略》,载《世界农业》2003年第1期。

6. 任大鹏:《印度的农业和农村发展政策》,载《世界农业》2002年第11期。

7. 向元均:《印度农业科技进步浅析》,载《南亚研究季刊》2002年第1期。

8. 朱会义、刘高焕:《印度农业研究系统发展的现状、问题与对策》,载《中国农业科技导报》,2002年第4期。

9. 朱行:《印度农业现状概述》,载《国内外农业》,豆丁网,2011年12月14日。

【案例 2-12】 蒙古国的改革开放

蒙古国位于亚洲中部，是世界上面积最大的内陆国家，北部与俄罗斯相连，东、南、西部和中国相连。蒙古国属典型的大陆性气候，冬季最低气温可达－40℃，夏季最高气温达35℃。蒙古国面积 156.65 万平方公里，2014 年总人口 296 万，每平方公里人口密度只有 1.9 人。蒙古首都乌兰巴托，主要语言是喀尔喀蒙古语，主要宗教为喇嘛教（规定为国教）、黄教和伊斯兰教。蒙古国总人口中的 4/5 左右是喀尔喀科蒙古族，余下的有哈萨克等族。大约 44％人口居住在首都，其余的居住在城市或广袤的草原上。蒙古是一个年轻化的国家，总人口 70％—80％为 35 岁以下。

表 2-12-1　1918—2014 年蒙古总人口及人口密度

年份	1918	1935	1990	1995	1999	2000	2001	2002	2014
总人口（万人）	64.8	73.8	75.9	84.6	119.8	204.4	209.6	225.1	296.0
人口密度（人/平方公里）	0.4	0.5	1.3	1.4	1.5	1.5	1.6	1.6	1.9

数据来源：National Statistical Office（NSO），Mongolian Statistical Yearbook，1989—2002；外交部：《蒙古国家概况》，http://www.fmprc.gov.cn/web/gjhdq_676201/gj_676203/yz_676205/1206_676740/1206x0_676742/。

蒙古国原来称为"蒙古人民共和国"，成立于 1924 年 11 月，是继苏联之后的第二个社会主义国家。1990 年经济转型，1992 年更名为"蒙古国"。

蒙古国经济以畜牧业和采矿业为主，天然牧场面积 23.5 万平方公里，居世界第 6 位，森林面积占国土面积的 15％，戈壁沙漠占国土面积的 1/3 左右。蒙古地下矿产资源丰富，在 80 多种矿藏中，主要有煤、石油、金、钨砂、铜等，大部分没有被充分开发利用，有些还处于待勘测状态。

与其他发展中国家相比，蒙古国可谓是识字率很高的国家，计划经济提供的免费教育使其在 1960 年就已基本扫除文盲。1994 年，15 岁以上人口识字率达到 96％，在各种教育程度上，男女比例也很平均。就成人而言，3/4 以上的人口接受了非完全中等以上的教育。改革后，教育不再无偿提供，失学问题开始显现，在蒙古国一个奇特的现象是男童失学要比女童高，这是因为在蒙古家庭中男孩子是进行牧业的重要劳动力。

考察蒙古的经济发展，可以以 1990 年的改革作为分界线：在 1990 年以前，蒙古国是纯粹的计划经济体制，之后开始向市场经济转型。

在前一阶段，蒙古紧跟苏联，实行的是高度的计划经济体制，除农牧民拥有牲畜数量由政府规定外，整个国民经济都是由全民所有制和集体所有制构成的。在经济建设中，很大程度依赖苏联的援助，不能独立发展经济，产业发展很慢，有的部门甚至是空白。在作为第一产业的农牧业内部，尽管蒙古国有条件种植农作物，可种植业的真正起步是在 50 年代，虽说这改变了以前单一的游牧经济，但在第一产业中所占比重不大，农作物的品种也比较单一，并且采取粗放型耕作,产量很低。直到1966年,蒙古才开始重视工业。

蒙古人民革命党"十五"大提出进一步加快"使蒙古成为工业—农牧业国"步伐的总建设方针,蒙古的工业化才开始有很大进展。到1990年,工业部门总劳动人数比1960年增加59.1%,排在农牧业劳动人数之后,居第2位。不过,经过将近30年的建设,只建立起基础工业体系。

蒙古的工业结构很不合理,在加速发展工业化阶段,由于只重视电力、建材、纺织等工业的发展,其他发展缓慢或没有发展,如作为工业血液的能源工业发展非常有限,而冶金、机器制造、电子、石油化工等工业,可以说是空白,很多工厂企业的机器设备零件和日用品都要从国外引进。在第三产业内部,发展也不平衡,由于服务质量、劳动生产率不高,第三产业产值和所创造的收入在蒙古社会总产值和国民收入中的比重1990年与1960年相比均有明显下降。在对外贸易中,蒙古国对外经济贸易关系深受"经互会"经济一体化的影响,至1988年蒙古对社会主义国家的贸易额占其对外贸易总额的96.9%。其中,对经互会成员国的贸易额占94.2%,而对苏联的贸易占81.8%。进出口商品结构也不合理,进口的主要是一些机器设备,出口的是初级产品。虽说依靠苏联和经互会各国经济一体化的扶持,蒙古国逐步摆脱了贫困和落后,但是随着东欧和苏联的剧变,苏联援助贷款终止,经互会解散,支撑蒙古经济的支柱崩溃,导致蒙古经济大滑坡,改革势在必行。

蒙古提出改革开放设想最早是在1987年,但真正开始行动是在1990年,和前苏联一样,它采取的也是激进的休克疗法。蒙古改革实行物价开放、国有财产私有化、汇率开放,在不完善的经济结构下,其结果导致物资缺乏、物价暴涨、失业率上升、贫困加剧、贫富差距拉大、教育滑坡、犯罪上升等一系列经济和社会问题。国民生产总值在1990年到1994年出现负增长,其中1991年和1992年的负增长率都超过9%以上(见表2-12-2),到了1994年才有所回升,但是直到2002年,回升的速度都很慢。加上人口增长因素,从1994年到2002年部分年份中,人均国民生产总值增长率是负的。统计数据显示,经济转型开始后,蒙古的通货膨胀率一直很高,1992年甚至达到了325.5%,经过多方努力,直到2002年才被控制到1.6%,见表2-12-3。

表2-12-2　1989—1998年蒙古国GDP增长率　　(单位:%)

年份	1989	1990	1991	1992	1993	1994	1995	1996	1997	1998	1999	2000	2001	2002
增长率	4.2	−2.5	−9.2	−9.5	−3.0	2.3	6.3	2.4	4.0	3.5	3.2	1.1	1.0	4.0

数据来源:National Statistical Office(NSO), Mongolian Statistical Yearbook, 1989—2002.

表2-12-3　1991—1999年蒙古国通货膨胀率　　(单位:%)

年份	1991	1992	1993	1994	1995	1996	1997	1998	1999	2000	2001	2002
通胀率	52.7	325.5	183.0	66.3	53.1	44.6	20.5	6.0	10.0	8.1	8.0	1.6

数据来源:NSO, Mongolian Statistical Yearbook, 1997,1999,2000 and 2002.

经济的急剧下滑,使人民的生活大受影响,由于产业链的薄弱和一系列改革,许多工厂企业、国营农牧场停产、转产、减员,一大批人失去工作。蒙古严酷的自然环境也加剧了失业率的上升,漫长而寒冷的冬季导致了普遍的季节性失业。据2000年和2003年《蒙古国人类发展报告》数据显示,1991年失业人口为5.5万,占劳动力人口的6.5%,1993年增加到7.19万,占劳动力人口的8.5%,1997年是7.8%,直到2002年才下降到3.4%。不过,需要指出的是，蒙古国的实际失业人口远远超出统计部门提供的数字，上述数据是根据在劳动力市场登记寻找工作的人数统计的，没有登记的失业人员和从事农牧业生产的失业人员都没有包括在内。在失业人口中，青年和妇女的比重很大，这值得重视。蒙古国的一些经济学家认为，从1998年进行的生活水平抽查情况来看，全国的平均失业率为19%，其中乡村为12%，城镇为30%。

在私有化过程中，国有资产流失问题也很严重，部分企业尤其是大型企业以低于价值售出，从而流失到少数人手中，不规范的操作拉大了国民的贫富差距。

表 2-12-4　1990—2015 年蒙古人类发展指数(HDI)

年份	1990	1992	1995	1998	1999	2000	2001	2002	2014
HDI 指数	0.652	0.626	0.635	0.651	0.661	0.669	0.674	0.669	0.698

数据来源：Human Development Report，2003。

在对外贸易上，突出的变化是改变了以前主要与经互会成员国的贸易往来，开始全面的贸易自由化，与美国、中国、日本等都开始加深贸易往来，积极引进外国的投资和援助，并在1997年成功加入世界贸易组织。政府制定了一系列政策改善投资环境，加大与美国、中国、俄罗斯、澳大利亚、日本、加拿大等国的合作，开发石油、金、铜、钼、煤、铁等矿产。国际组织和一些国家如日本、美国、韩国、中国等还积极参与对蒙古国的经济援助，通过无偿的或者优惠贷款项目帮助蒙古发展经济。纵观这些年蒙古的进出口商品构成，出口是以矿产品、纺织品、畜牧产品为主，进口主要是矿产品、机器设备、食品等。

改革后，由于贫富分化和经济动荡，蒙古国贫困人口的比重从1991年开始迅速上升，1994年，政府制定了《国家扶贫纲要》，希望通过政府的努力和其他国家的援助，改善本国的贫困状况，争取到2015年贫困人口下降到18%。据2003年《蒙古国人类发展报告》数据显示，贫困人口占总人口的比重在1995年达到36.2%，1998年下降到35.6%。

蒙古国外债负担严重，信贷债务一度占GDP的90%，债务负担排在世界第5位，远远超过国民经济60%的安全警戒线，而且还贷能力也有很大问题。蒙古国政府将获得的外国信贷中81%的款项贷给国内企业，然而在发放这笔巨额信贷时，没有任何规则，也没有签订任何贷款合同，由此导致赖账、拒不还债现象频频发生。蒙古国财经部部长Q·乌兰称，约有80%的债务人无影无踪。2013年，蒙古中央财政预算收入和受援额约5.9万亿图格里克(1美元=1818图格里克)，总支出和偿还外债总额约6.2万亿图格里克，财政赤字达到3000亿图格里克。由于国民收入高度依赖矿产品的出口，当矿产品国际价格下跌时，蒙古国的国民收入便受到影响。2016年，蒙古货币大幅贬值，政府债务占GDP比重预计达到78%。

给蒙古国经济雪上加霜的是自然灾害，蒙古的农牧业产值占国内生产总值1/3左右，其中畜牧业占农牧业总产值大部分。20世纪90年代中期后，蒙古畜牧业连续遭受雪灾，加上口蹄疫蔓延，严重影响蒙古国经济的发展。2000年冬季遭遇雪灾，牲畜损失达330万头，7364牧户变为无牲畜户，占总牧户的3.8%，直接经济损失达到1000亿图格里克，约占国内生产总值的9.6%。2001年的雪灾，造成420万头牲畜死亡，损失达1400亿图格里克，约占国内生产总值的10%。仅库苏古尔省就损失了牛羊总数的80%。2002年，蒙古国又发生雪灾，损失牲畜达150万头。

蒙古从经济区位上看，属于东北亚经济圈，周边有中国、俄罗斯，还有韩国和日本，它们都是经济实力有相对优势的国家。随着整个东北亚经济前景的看好,如何利用好自身的资源与周边这些国家进行经济互补,发展本国经济,摆到蒙古国的发展日程上。作为没有出海口的内陆国,蒙古国需要加强同邻国——中俄的联系,并充分利用好图们江地区开放的契机。

2011 年,蒙古国家大呼拉尔通过新《对外政策构想》,确立"开放、不结盟"的外交政策,也明确对外政策首要任务是发展同俄罗斯、中国两大邻国之间的友好关系,同时也发展与美国、日本、欧盟、印度、韩国、土耳其等西方国家和联盟的关系。同年,蒙古与中国建立战略伙伴关系,2014 年,中蒙发表联合宣言,将双边关系提升为全面战略伙伴关系。2015 年 9 月 29 日,蒙古国总统额勒贝格道尔吉在第 70 届联合国大会演讲时宣布,蒙古国将实行"永久中立政策"。

(魏明珠　林　珏)

【讨论题】

1. 外部援助和贷款在蒙古国经济发展中一直占有重要地位,改革前主要来自前苏联,改革后来自若干国际组织和日、美、中等国,请问,这种依赖对蒙古国经济发展有益吗?是否会对蒙古国的国家安全产生影响?

2. 出口促进和进口替代的贸易战略适合蒙古国吗?针对蒙古不完善的产业结构,你认为它应该制定什么样的贸易战略?

3. 回顾蒙古国 10 多年经济改革的道路,你觉得苏联"休克式"(或"激进式")改革方式是否适合蒙古国,如果蒙古国采取"渐进式"改革方式又会怎样?失业和贫困问题有没有减轻的可能?

4. 为什么蒙古国最后选择了"永久中立政策"立场,这与其已经加入欧洲安全与合作组织并与北约建立"全球伙伴关系"以及与中国确定"全面战略伙伴关系"是否有矛盾?

【参考资料】

1. 包红霞:《蒙古国劳动力资源及其就业状况浅析》,载《内蒙古大学学报》(人文社会科学版)2001 年第 11 期。

2. 巴特尔:《近年蒙古国经济形势分析》,载《当代亚太》2002 年第 10 期。

3.《蒙古国人类发展报告》(2000)。

4. 外交部:《蒙古国家概况》,http://www.fmprc.gov.cn/web/gjhdq_676201/gj_676203/yz_676205/1206_676740/1206x0_676742/。

【案例 2-13】“新经济”浪潮及对中国经济的影响

1996 年 12 月 30 日，美国《商业周刊》经济编辑迈克尔·小曼德尔在提出“新经济”一词，指出新经济是“以信息革命和市场全球化为基础的经济”，美国已经进入新经济时代，20 世纪 90 年代美国出现的经济繁荣，是“新经济的胜利”。一时间，有关“新经济”的争论风起云涌，“网络经济”“信息经济”“知识经济”“高科技经济”“全球化经济”“创新经济”“数字经济”等概念随之出现，成为“新经济”的另一注释或内容的扩充。

一些学者认为，“新经济”概念有别于“知识经济”“信息经济”等概念，它只是一个经济增长范畴的概念，不过是对 20 世纪 90 年代中期以来美国经济强劲表现的一种描述。另一些学者指出，新经济不是具体指哪个行业，而是指经济的新运行形态，建立新机制是新经济带来的最大挑战。

例如，美国前财政部长、哈佛大学校长劳伦斯·萨默斯和前助理财政部长、伯克利加利福尼亚大学经济学教授布拉德福德·德朗指出，电脑引发种种变化，最大的变化是，新经济最为重要的产物信息不具有“对立性”，即某人使用信息并不影响他人使用；某人得到的信息或有权使用的软件，他人也可得到或使用，新经济的产品具有“网络效益”。例如，单个传真机只是一块废铜烂铁，但是 10 万台传真机就有可能连接起 100 亿个不同的对象，这就是梅特卡夫法则：联系的数量以及网络的功用不是成正比增长，而是呈指数递增。萨默斯和德朗认为，新经济最为重大的革新来自基础科学方面的进步和广泛传播，知识的传播能够提高研究与发展的效率，但知识产权的强大保护在赋予创新者高额垄断利润的同时，由于产品定价远远高于它们的边际成本，又可能会危及科学知识的传播。由此，政府需在此发挥作用，比如制定这样一种政策与机制：既鼓励企业发展和拥有创新动力，又确保边际成本的价格定位和科学研究的积累过程。此外，非营利性的教育机构在解决新经济的革新和矛盾中也应起到作用。显然，建立新机制是新经济带来的最大挑战。经济繁荣发展需要法律和机制的变革，新经济带来新规则和新矛盾。

还有学者探讨了新经济对经济结构和产业结构变化带来的影响，认为新经济通常是由于新兴产业的兴起与壮大，带来经济结构和经济运行状态发生变化，生产效率迅速提高，从而使传统经济过渡到新经济。所谓新兴产业，主要有数字信息、电子技术、航空航天、生物工程、新材料和新能源等新兴高技术产业。由于电子信息技术在各领域的广泛运用，不仅加快了高新技术的发展，推动了传统部门的改造，而且也加强了各国之间的联系。新经济对世界的推动不只是某些新兴产业的快速发展，传统产业的脱胎换骨，它还促进了世界经济一体化趋势。新经济推动了发达国家特别是美国经济持续 8 年的增长，也将加快发展中国家的工业化与现代化进程。

由于新经济最先出现在美国，因此美国制定的规则成为许多国家的模本或参照，故有人认为所谓新经济实质上就是“全球化经济”，而全球化经济就是“美国化经济”。

在美国的倡导和推动下，不少发展中国家，尤其是拉美国家对美国的经济增长模式和经济政策进行了效仿,2001 年 3 月开始,美国、欧盟等发达国家经济相继出现衰退,一些国家也呈现出经济发展速度减缓、失业率增长、收入日益集中、脱贫遥遥无期的状态。2001 年,诺贝尔经济学奖获得者施蒂格利茨在其著作《咆哮的九十年代》(The Roaring Nineties)中提出"抛弃'新经济'神话"的观点。他指出,美国 20 世纪 90 年代取得的一系列经济成就被认为是经济界神话,而现在到了抛弃这些神话的时候了。美国式的经济政策在大多数发展中国家实施已带来负面效应,人们不应该继续迷信这些神话,而应该从美国政府和私营企业所犯的错误中汲取教训,未来的经济不会再有像 90 年代那样的好运气了。施蒂格利茨列举了新经济神话的种种表现形式,比如"全球化给每个国家都带来发展和经济增长"的神话,指出全球化本身不是坏事,但操作方式决定了受益的只能是发达国家。全球化要求金融全球化和市场全球化,金融领域的开放既带来机遇,也带来风险。由于发展中国家是在美国的要求下开放市场的,并且是不对等的开放,即美国农牧业等行业仍然紧闭且享受着高额补贴,因此这种开放或全球化给发展中国家带来的是低速经济增长、更严重的不平等割据、失业以及贫困,全球化的好处都给了华尔街,而风险留给了发展中国家。美国人总是相信市场经济模式,迷信美国式的生活方式,总是认为凡是对美国有好处的,给全世界各国都能带来好处,因此将各种改革措施强加给发展中国家,完全不管实际情况是否允许,而实际上市场经济模式或资本主义运行模式也有多种,比如美国模式不同于日本,也不同于欧洲。美国守着自己的经济神话不放,以自己的利益为出发点,左右全球化格局,毫不考虑全世界特别是发展中国家的心声,因此落后的国家不仅应抛弃所谓的新自由主义神话,更应该迈开大步去寻找适合自己的发展道路。

早在 1994 年,美国经济学家克鲁格曼(Paul R. Krugman)就在书中忧心忡忡地指出,目前几乎每个国家的政府都准备通过高技术产业的发展来刺激经济增长,这种努力很可能带来生产能力的过剩和失望。

不管怎么说,学术界有关新经济的争论和探讨进一步推动了从 90 年代中期以来的各国产业政策的调整,尤其是加大对信息产业的支持。1993 年,美国政府为面对即将到来的 21 世纪信息社会,放弃了已经花费 300 亿美元的星球大战计划,作出建立"国家信息高速公路"(national information infrastructure)的重大决策,投入巨资建设国家信息基础设施,包括信息设备、网络、人员培训。几年后,又推动全球信息产品贸易自由化进程。许多国家纷纷将信息业的发展列为本国优先发展产业或刺激经济增长产业。在欧洲,英国内阁建立起电子交易委员会,全面推动电子商务。在亚洲,日本政府在 9 次扩大内需失败后,推出信息化战略,支出巨额公共预算来建设信息基础设施。在中国,政府明确提出"十五"信息化框架,以信息化带动工业化,实现国民经济跨越式增长。具体指标是:国家信息化综合指数要求达到 90%以上;网络规模和容量在未来几年达到世界第一;电话普及率从 18%提高到 35%;信息产业在 GDP 中比重超过 7%。2001 年,在中国召开的 APEC 会议上,数字经济问题成为各国领导讨论的热点话题,与会者呼吁采取共同行动,缩小数字化鸿沟,促进全球信息化进程。

各国鼓励信息产业发展的政策,使社会产生巨大的变化。以中国为例,从居民家庭电话的普及到电视机的普及,从电视的国产化到电视数字化;从电子计算机在各部门的应用到对外贸易电子商务的无纸化通关,从卫星商业性发射到载人航天飞机的上天与回收,无不反映新经济给百姓生活、企业发展和社会进步带来的巨大影响。2002 年 7 月底,中国固定电话用户数突破 2 亿,手机用户数达到 1.8 亿户,均居世界第一位。2003 年 11 月,中国固定电话用户数又超过 5 亿,固定电话普及率达到 20.3 部/百人;移动电话的普及率达到 19.5 部/

百人。2003 年，中国互联网用户达到 7950 万，居世界第二。

当然，新经济也带来了国家之间、地区之间差距的扩大。2003 年，世界知识产权组织收到的专利申请数量超过 11 万件，其中排在最前的五个国家分别为美、日、德、英、法，合计 8 万多件，占总数 73.4%，其中单美国就申请了 3.9 万多件，占 35.7%。而发展中国家与上述国家差距很大，排在发展中国家前五位的国家分别为中国、印度、南非、巴西、墨西哥，专利申请合计数目为 2536 件，只占 2%强。

从中国国内情况看，2003 年，中国全国软件产业统计局联合开展 2002 年全国软件产业统计调查，结果显示：2002 年中国软件行业完成软件及系统集成收入 1100 亿元，同比增长 46.5%，出口创汇 15 亿美元，同比增长 100%；全国年销售额在 1 亿元以上的企业有 214 家，占全部软件企业的 4.5%；软件业主要集中在东部地区。软件产业比较发达的北京、广东、江苏、上海、浙江和山东六个省市软件及系统集成收入占到全国的 70%以上，中西部地区整体上软件产业发展水平很低，除陕西、四川、湖南外，其他地区所占比重均在 1%以下。

2003 年，中国现代化战略研究课题组研究了中国各地区工业化状况，提出第一次工业化与第二次工业化指标体系。所谓"第一次现代化"是指从农业时代向工业时代、农业经济向工业经济、农业社会向工业社会、农业文明向工业文明的转变；其特点是工业化、城市化、福利化、民主化、法治化、世俗化等。而"第二次现代化"是指从工业化时代向知识时代、工业经济向知识经济、工业社会向知识社会、工业文明向知识文明的转变过程及其深刻变化；其特点是知识化、分散化、网络化、全球化、创新化、个性化、生态化、信息化等。

研究表明，如果从工业化和现代化为主要特征的第一次现代化实现程度看，上海居首；如果以知识化、信息化为主要特征，北京居首。2000 年，第一次现代化水平前五名省市为上海、北京、天津、辽宁、江苏；第二次现代化水平前五名为北京、上海、天津、辽宁、陕西。研究表明，包括港、澳、台在内的中国 34 个行政区中，6 个现代化较发达地区为京、津、沪、港、澳、台，它们第一次现代化实现程度和第二次现代化指数都超过世界平均值，其中香港、北京、上海第二次现代化指数达到发达国家水平；11 个初等发达地区为辽宁、浙江、江苏、黑龙江、广东、吉林、湖北、陕西、福建、山东、山西；17 个欠发达地区为重庆、河北、新疆、宁夏、内蒙古、湖南、青海、四川、海南、安徽、江西、广西、河南、甘肃、贵州、云南、西藏，这些地区无一个进入第二次现代化。在中国各地区之间，第一次现代化的差距在缩小，1970 年最大差距为 40%；2000 年降为 38%；但是第二次现代化的差距却在拉大，2000 年与 1970 年相比，知识创新最大差距从 27%上升到 52%，知识传播从 30%上升到 53%，生活质量从 49%上升到 61%。

显然，信息技术的发展，知识的创新，促进了世界经济包括中国经济的发展，同时也拉大了发达国家与发展中国家之间的差距以及发展中大国国内地区之间的差距。为了推动中国和亚洲地区数字化发展进程，缩小中国与发达国家之间的数字鸿沟，以及中国中西部与东部的差距，中国国内近百家 IT、金融、媒体企业组成非政府、非营利民间社团组织"数字中国"联合会。2002 年 10 月，联合会在宁夏海原启动西部计算机实用人才培训计划，对长期服务中西部贫困地区的志愿者、受援学校和受援学校附近具备受训条件的中小学校的师资和学生进行计算机和网络应用知识的培训，计划用三年左右的时间为西部培训 100 万人。该组织还号召企业和学校向这些地区捐赠计算机。到 2003 年 2 月，全国的企业、高校等单位和个人共向 105 个受援学校捐赠了近 2000 台计算机，接受培训的学生和群众超过 20 万人。

不管怎么说，新经济浪潮，推动了中国的信息化和数字化进程，各个行业之间新的关系出现。高校与企业的科研、信息和知识产权的买卖，对科技成果的市场运作，所有这一切融合成一个“知识产业”,这个产业正在逐渐改变整个国家的命运,推动中国经济持续地发展。

(林 珏)

【讨论题】

1. 什么是新经济?新经济有什么特点?它给中国经济带来哪些变化?

2. 新经济又会给一国的对外贸易结构带来哪些变化?

3. 你认为政府应该如何去制定这样一种政策和机制:既鼓励企业技术创新,又确保边际成本的价格定位,以及科学的广泛传播?教育机构在解决新经济的革新和矛盾中能起到什么样的作用?

4. 2003 年 5 月,曾任《哈佛商业评论》编辑和企业评论家的尼古拉斯·卡尔在该杂志上撰文提出:“信息技术不算什么!”他认为,科技投资的泡沫化证明了 IT 产业建构已经接近尾声,IT 产业已经步入夕阳。你是否同意这一看法?你认为信息技术与新经济的关系如何?

【参考资料】

1. Paul R. Krugman, Rethinking International Trade, The MIT Press, Massachusetts, 1994.

2. 〔墨西哥〕德梅特里奥·索迪:《新自由主义的神话》,载《宇宙报》2004 年 2 月 28 日。

3. 张国云:《新经济好戏在后头》,载《中国民航报》2001 年 12 月 31 日。

【案例 2-14】 农村经济发展思路的转变

——梨峪口村的转型发展

梨峪口村位于淄博市淄川区西河镇张庄乡，距离淄川区城区 17 公里，四周环山，远离城市工业污染，风景秀美。但由于交通不便，耕地少而分散，耕作成本高，梨峪口村村民长期以来挣扎在贫困线附近，而且随着农村青壮年劳动力向城市转移，土地抛荒现象比较严重，梨峪口村的经济发展遭遇了更大的瓶颈。但是近几年，梨峪口村的经济发展获得了令人瞩目的成就，以兴办“开心农场”和高质量的有机蔬果闻名整个淄博市，现在已经是一个富有特色并逐步走向富裕的农村了。梨峪口村之所以取得今天的发展成果，有赖于梨峪口村村民关于农村经济发展思路的转变，他们积极开发旅游资源，以市场需求为导向，建立农产品生产基地和合作社，利用自身的优势和特色发展有机农业、都市农业、经济林业。面对这一方富饶的土地，梨峪口村村民们也曾一筹莫展：如何才能既保留旅游这个新兴产业，又能发展农业这个支柱产业带动经济？村委领导经过多方考察，并结合当地农作物多种多样、野生资源丰厚、风景秀美的特点，决定发展农场观光项目，将这片土地建成一个集生态观光、野生采集和有机作物种植、生态养殖于一体的高标准生态观光园区。

一、美化环境，建立现实版“开心农场”

梨峪口村山清水秀，远离城市的喧嚣和污染，具有丰富的旅游资源，但是长期以来交通不便，河道被垃圾阻塞，街道上垃圾乱放，原有的自然环境优势没有得到发挥。开发旅游项目首先需改变肮脏的环境，在村委领导班子的带领下，梨峪口村筹资 40 万元，实施流域综合治理工程，将辖区内全部河道进行清淤。同时，积极与淄博商厦联姻，发展旅游产业，投资 2000 余万元建设生态旅游景区，完成植树造林 4000 余亩，种植各类绿化苗木 60 个品种 200 余万株。由于梨峪口村的资源开发长期受到交通不便的影响，梨峪口村投资 300 万元加强景区主次干道的建设，修建桥梁，进一步完善基础设施。

在完成村容村貌的建设和基础设施的完善后，梨峪口村通过举办野生椿芽采摘、樱桃采摘、有机蔬菜采摘和观光赏花、果树认养等活动，吸引周边城区的大量游客，满足都市人周末休闲、农事体验及绿色生活需求，有效地实现了农业增收、农民增收。梨峪口村也与多家旅游公司达成合作，加快“摘星山”景区（水利风景区）的开发力度。

为了进一步增加梨峪口村的知名度，梨峪口村村民创新思路，将网络上的“开心农场”游戏如法炮制，建立了现实版的“开心农场”。这种改变传统农业的种植—运输—销售模式，通过农活体验式的农家乐方式，让人们能够真正感受自然、收获自然。

开心农场是最近几年网络十分红火的一个游戏，人们经过一段的时间播种、施肥和土地管理后，根据作物成熟所需时间来收获作物，其中作物成熟到收获期间好友可以“偷菜”。受这一个网络游戏的启发，梨峪口村利用自身发展生态农业的优势与《鲁中晨报》联合推出“我的土地在张庄，乡下有我一分地”的“开心农场”认领项目。

梨峪口村村民将一整块土地平整划分成若干块,标上号码,每一个认领成员交纳 800 元就可以拥有自己的专属种植土地。之后,200 余名城市居民参加了土地认领,在自己的专属土地上耕种各类蔬菜,直到作物收获,都有专门的技术人员指导和管理整个种植过程,在此期间,可以去别人的土地里限量偷菜。2010 年,以“开心农场”为核心的“农场观光园”项目实现农产品年销售收入 1500 万元,每亩收益 3000 余元,人均增收 1000 余元,并成功安排农村大龄闲散剩余劳动力 42 名实现再就业。

近年来,越来越多的生态庄园如雨后春笋般出现,开心农场可以说既顺应了生态观光农业发展的趋势,又提高了梨峪口村的媒体曝光率,从而为梨峪口村进一步的经济发展和招商引资提供良好的舆论基础。但是,观光园的建立也不是一蹴而就的,村民曾经因为 600 万的巨额款项望而却步,但淄川区农村信用社得知情况后,立即成立了项目考察小组,经过缜密分析之后,决定以“大联保体”的形式为 8 位村民提供 100 万元的贷款,从而解决了村民的燃眉之急,也才有了今日梨峪口村趣味横生的“开心农场”。

二、生产天然无公害蔬果,创建农产品特色品牌

近年来,食品安全问题此起彼伏,诸如“绝育黄瓜”“爆炸西瓜”等骇人听闻的食品不安全事件,使得人们越来越渴望市场能够提供纯天然无公害水果和蔬菜。根据消费者的愿望,梨峪口村村民以还原农业的原生态特色为基准,抓住食品安全的市场缺口,大面积耕种茄子、黄瓜、樱桃、黄金梨等备受城区人民青睐的无污染蔬菜和水果,使用农村禽畜粪便有机肥,从而保证了蔬果的营养价值和质量安全。

除了对蔬果质量的保证,梨峪口村村民还找到了一个特色的销售渠道,他们以淄博商厦为销售平台,向其专门供售有机蔬菜和水果,这样老百姓足不出户就可以将生产的农产品卖掉。同时,梨峪口村村民将农产品注入品牌元素提高农产品附加值,积极进行无公害、绿色食品和有机食品认证,建立了蔬菜农业标准化生产基地,降低了农业成本,提高了经营利润。“远方”牌山芸豆、茄子等 7 种 14 个农产品获得了有机食品认证,认证种植面积 1.2 万亩。随着这些广受欢迎的有机蔬菜在市场上销量大幅度增加,农业实现了大幅度增收,农民生活水平逐渐提高。

三、建立“公司(合作社)+基地+农户”模式的生产基地

梨峪口村村民在大力发展观光农业和有机农业的同时,大力推广林产品和副产品产业标准化,建立有机椿芽基地和养殖业基地,发展乡镇企业。

梨峪口村春季盛产的香椿芽枝肥叶茂,久负盛名,但由于交通不便,这一资源很难得到开发。于是,梨峪口村村民引进资金与淄博商厦联合成立了淄博远方有机食品开发公司,在当地开发香椿产品。该公司在创立之初面临三难,即“上档次难、搞认证难、创品牌难”。在政府的帮助下,淄川质监局及时派出标准化工作人员到公司驻点,在当地无偿推广农业标准化种植,并帮助申报了国家级农业标准化种植示范区,如今在示范区的种植面积已经达到 1.2 万亩。由于在示范区内对香椿树采用了严格的标准化管理,椿芽的质量得到了提高。在广交会上,椿芽得到了国内外大量的订单,我国台湾客商就把香椿叶原浆买去了近一半,美国客商也订购了“辣味香椿”“风味香椿”等系列产品,北京、上海、广州等地的客商也纷纷与其签署协议做产品代理,实现了农产品的出口创汇。

梨峪口村素有散养笨鸡的传统,每家都能养个二三十只。随着村民致富愿望的增强,梨

峪口村村民想到了将散养笨鸡规模化经营的致富方式。他们成立了淄川锦鸡岭农业发展有限公司和淄川摘星山散养山鸡专业合作社养殖基地，将笨鸡散养户聚集，建立合作社。合作社共投资三套孵化设备，聘请专业人员进行技术指导，每次孵化的鸡苗在 45 日龄后才提供给社员，期间进行 7 次疫苗免疫，由此保证鸡苗成活率。

社员按照成本价每只 6 元登记领取鸡苗自行养殖(村民可先行赊欠，等年终合作社分红时一起结算)，登记本详细注明鸡蛋收购时间、交易量、盈利分配等。登记一方面方便村民及时将成活率、产蛋率等情况反馈给合作社，便于统一管理，另一方面当鸡蛋质量出现问题时可及时追溯到个人。合作社每 5 天回收一次鸡蛋，对社员合格鸡蛋实行至少高于市场 1 元钱的保护价收购。合作社对社员的鸡蛋实行定期抽检，并建立了"黄牌"机制，一次抽检不合格或售后出现质量问题，就记 1 张黄牌，累计 3 张黄牌，将直接取消社员资格，以此对鸡蛋质量进行监督。

现在合作社在实现散养蛋鸡品种的多样化下，通过固定的销售渠道，经过包装以每箱 100 元以上的价格，走向中高端市场。合作社经营规模已经辐射到周边 4 个镇近百个村，社员达 1570 多户，散养笨鸡 4 万多只，年产鸡蛋 20 多万公斤。合作社被评为全国首批农民专业合作社示范社，合作社重视经济的循环可持续发展，将发展"绿色鸡蛋(笨鸡)—有机鸡粪—无公害蔬菜"的循环经济模式作为未来的发展方向。

到 2010 年，梨峪口村有机椿芽基地已发展到 3000 亩，年可生产有机椿芽 300 余吨，实现年销售收入近 200 万元。锦鸡岭散养山鸡基地，鸡舍、仓库、办公室、育雏室、道路、水池等基础设施建设基本完成，已通过省级规范化验收。同时，山鸡养殖基地采取"公司(合作社)＋基地＋农户"的模式发展养殖户，不断延伸产业链，入会社员已达 1500 余人，同时带动周边村发展户下散养山鸡 2 万只。农副产品的生产成为特色旅游产品的一部分。

可见，梨峪口村致富之路首先通过完善基础设施，加强自身旅游资源的挖掘开始；其后通过建立"开心农场"等生态观光农业吸引资本的进入和经销商的兴趣；最后通过引进技术，与企业和旅游公司合作，规模化经营，为自己的有机蔬果和副产品打开利润大门。由此，打造出集观光农业、生态旅游、休闲度假等多功能为一体的特色生态旅游村。梨峪口村通过解放思想，利用当地优势，探求出一条发展之路，该村的经验值得其他贫困山区借鉴。

(范晓旭　林　珏)

【讨论题】

1. 梨峪口村是如何走上致富之路的？
2. "公司(合作社)＋基地＋农户"的模式是否适合其他地区？为什么？
3. 环境与经济发展之间的关系是什么？

【参考文献】

1.《摘星山开心农场观光园》，http://www.zbny.gov.cn/ content/? 4435.html。

2. 山东省农村信用社：《"开心农场"建成记》，http://www.sdnxs.com/Info/ 1763991。

3. 长城质量保证中心：《淄川香椿香台湾》，http://www.isocgw.net/Disp.jsp? id=15405。

4. 张在杰、闫盛霆、翟慎安：《每斤鸡蛋多赚 1 元钱——淄川摘星山散养山鸡专业合作社让社员鼓起腰包》，载《科技致富向导》2012 年第 7 期。

【案例 2-15】 “荷兰病”:丰富的自然资源禀赋导致经济停滞

一、何谓“荷兰病”

二战后,荷兰在每个经济领域都出现了令人瞩目的繁荣,通货膨胀率很少超过 3%,GDP 增长率极少低于 5%,失业率也只在 1%左右,这一数字远低于同期美国的失业率。20 世纪 60 年代,荷兰发现蕴藏量丰富的天然气,随着开采量和出口量的上升,天然气出口收入快速增长,1976 年达 20 亿美元,经常项目从 1967—1971 年的年均 1.3 亿美元赤字变为 1972—1976 年的年均 20 亿美元顺差。但是,天然气带来的不仅仅是源源不断的财富,而且还有一系列不利于国民经济结构正常运转的副作用:天然气出口收入的急剧增长提高了荷兰货币(盾)的外汇率,70 年代中期的外汇率比 70 年代初期高出 16.4%,从而使制造业部门在面对外部竞争时处于十分不利的地位;而工业生产的下降又导致失业率上升,从 70 年代初的 1.1%提高到 70 年代后期的 5%以上。这种由初级产品出口收入的剧增所导致的不良后果后来被称为“荷兰病”。它表明初级产品出口部门的繁荣能够改善国际收支地位和提高国民收入,但有时也能导致国民经济结构发生某些不利的变化。

二、“荷兰病”的病例

出现“荷兰病”病例不只有荷兰这一发达国家,还有不少发展中国家。

1. 尼日利亚

在第一次石油危机到来以前,尼日利亚经济是非洲最繁荣的经济之一。尼日利亚的经济结构以农业为主,该国在可可、棉花和橡胶方面出口实力强大,农村收入增长率仅次于巴西。同时,制造业部门的增长也很迅速。在整个 20 世纪 60 年代,尼日利亚国内通货膨胀率都保持在 3%的水平以下,政府开支的增加也牢牢地受到控制。

由于尼日利亚是一个主要的石油出口国,石油工业是其经济支柱,因此这个国家在两次石油危机之间的石油繁荣中获益颇丰。石油出口收入从 1974 年的 89 亿美元上升到 1980 年的 256 亿美元。同其他发展中国家一样,尼日利亚实行固定汇率,但是由于增加的石油收入绝大部分用在不切实际的发展项目与政府开支上,过量的有效需求导致了通货膨胀,国内价格水平增长得比国际价格水平快,实际汇率明显高于官方的固定汇率。1980 年与 1973 年相比,实际汇率提高了 110%。

因而,生产非石油贸易品的部门,尤其是农业,遭到严重损害。据世界银行统计,1965—1973 年,尼日利亚的农业增长率为 2.8%,1973—1984 年变为−0.5%。农业在国内生产总值中的比重从 60 年代中期的 60%左右下降到 70 年代末的 20%多。在农村,村庄荒芜,城市贫民窟里挤满了想在服务业部门寻找就业机会的迁移者。政府建设大规模的资本密集型的产业使这个过程更加恶化。这些产业是以大量的石油收入和在石油价格继续高涨的预期下被尼日利亚的高偿还能力所吸引的外国投资为基础的。1981 年,第二次石油繁荣衰退之后，留给尼日利亚的是农村里村庄荒芜，劳动力短缺，而城市里充满失业工人。

石油繁荣也影响到主要由农业构成的落后部门的出口。1970 年，非石油出口产品在国内生产总值中的比重占 5%。70 年代中期与后期，这一比重降到不足 2%，1981 年和 1982 年只有 0.7%和 0.2%。因此可以说，“荷兰病”导致尼日利亚“非农业化”。石油繁荣之前，尼日利亚是可可、棕榈油、橡胶和棉花的主要出口国之一，但在 70 年代后期，尼日利亚不仅减少了农产品出口量，反而还从国外进口某些农产品。

2. 墨西哥

1960 年到 1970 年间，墨西哥所有经济部门一直都呈振动式增长，观察家们曾以赞赏的口吻称之为“墨西哥模式”。这一时期，农业年增长率 3.9%，工业年增长率 9.3%，实际 GDP 每年以超过 7%的速度递增。1976 年，GDP 减慢为 5.5%。由于公共开支大幅度增加，导致财政赤字出现和通货膨胀发生，通货膨胀从 60 年代的 4%上扬到 1971 年至 1976 年期间约 20%，这些趋势使得墨西哥比索在 1976 年大约贬值 50%。此后不久，在墨西哥塔巴斯科(Tabasco)和恰帕斯(Chiapas)地区发现丰富的石油资源，1978 年，墨西哥石油出口在其出口总额中的比重由 1973 年的 1%上升到 30%以上，1982 年达到 70%。当时在世人看来，墨西哥正进入经济充分发展的大好时期，其发展的动力就是石油。

然而，实际情况并非如此。由于多数国有企业不受石油出口收益的财政支持，而是靠外汇借贷维持，墨西哥的官方债务从 1976 年的 156 亿美元(人均 251 美元)上升到 1982 年的 667 亿美元(人均 1146 美元)，成为那个时期发展中国家中外债负担最重的国家。1980 年，通货膨胀超过 30%。1981 年，墨西哥经常项目赤字达 130 亿美元，占当年墨西哥国内生产总值的 7%。1982 年，墨西哥政府将比索贬值 30%，其后，在 8 月及 9 月份再次贬值，年末墨西哥政府向国际货币基金组织寻求紧急援助。到了 1985 年，墨西哥的局势仍每况愈下。随着富有的墨西哥人将其财富转向美国和其他地方，资本外流呈加速态势。尽管墨西哥政府将比索贬值一半，但此举的绝大部分有益效应都被那年 64%的国内通胀率抵消了，政府赤字明显失控，墨西哥陷入更加凄凉的处境。到了 1986 年 3 月，墨西哥求助于大量的外界援助，一方面从世界银行那里靠巨额贷款的形式进行经济重建，另一方面靠长期负债的方式和外国银行重新谈判。墨西哥从那种经济和自然灾难中复苏经过了相当长一段时间，1994 年再次爆发金融危机。

3. 哥伦比亚

咖啡是哥伦比亚的主要出口产品。1975 年，世界主要咖啡产区的一系列不利因素(如巴西的霜冻灾害、安哥拉的内战加剧以及危地马拉的地震等)严重影响世界咖啡产量，从而使咖啡价格大幅度上升。哥伦比亚积极利用这一有利条件，大力发展咖啡种植业，咖啡出口收入从 1974 年的 6.24 亿美元上升到 1980 年的 23.6 亿美元。急剧增加的外汇收入使哥伦比亚中央银行的外汇储备从 1974 年的 4.5 亿美元提高到 1980 年的 54.2 亿美元。

然而，70 年代后半期快速增加的外汇收入却使哥伦比亚患上了“荷兰病”，其主要症状有：第一，非贸易产品价格上升，实际利率提高。1970—1972 年，哥伦比亚的非贸易产品价格基本上固定不变，但在 1975 年后则大幅上升。汇率方面，1975 年以前相对平稳，而在 1975—1980 年的咖啡繁荣时期，比索与美元的实际汇率以及贸易额加权的实际汇率却分别提高了 16%和 12%。第二，非传统出口产品(或称“非繁荣产品”)发展缓慢。60 年代初，咖啡在哥伦比亚出口收入中的比重高达 75%，政府为减少对咖啡的依赖和发展出口多样化作出巨大努力，从而使咖啡出口比重下跌到 1974 年的 44%。但是，1975 年后咖啡繁荣导致比索升值,给咖啡以外的出口产品带来严重的不良影响。1967—1974 年,咖啡以外的出口产品年均增长率为 14.3%,1975—1980 年只有 6.8%,其中制成品出口从同期的 27.1%减少到 10.5%。因此,非传统出口的不景气使咖啡出口收入在出口总收入中的比重从 1974 年的 44%提高到 1980 年的 60%,60 年代中期以后采取的出口多样化努力付诸东流。

4. 印度尼西亚

印度尼西亚是一个"荷兰病"的例外。在两次石油繁荣期间,许多石油出口国的情形都同尼日利亚和墨西哥相似,但是印尼则与此不同。

同尼日利亚一样,印尼政府的收入和出口收益以高度依赖石油为特征。第一次石油高峰,印尼显示出强劲经济增长势头,但经济增长的质量不高。通货膨胀率在第一次石油振荡后的 6 个月里蹦跳到 40%,1974 年通过实施一项稳定的经济计划,通胀率返回到 10%。1978 年,面对印尼制造业部门闲置生产能力的继续扩大,11 月印尼政府决定将货币罗皮亚(rapiah)贬值 50%,以鼓励劳动密集型制成品和农产品的出口。这种措施达到预期效果,制成品出口连续两年出现大幅度增长,其中一些出口产品以 30%—50%的速度增长,印尼经济增长率达到 7.6%,1980 年和 1981 年通货膨胀下跌到世界平均水平之下。1982 年,印尼外债为墨西哥外债的 1/3,而且培育了一定规模的经济缓冲,用 100 多亿美元的外汇储备对付世界石油市场上可能发生的任何低迷局势。1982 年后,石油价格连续 15 个月衰减,次年印尼的决策者决定实施六项经济改革措施,包括货币贬值,全面推行税收和金融改革。这些措施取得相当大的成功,通货膨胀保持在可控范围内,非石油产品出口急剧扩大,1984 年,实际经济增长率复苏到 5%。

在两次石油繁荣期间,印度尼西亚政府通过投资水利灌溉设施和农业研究,补贴肥料和农业生产,增加对农业的支持,加强国内农业的生产基础,粮食实现了自给。有序的财政政策也制止了恶性通货膨胀。汇率的数次贬值(1978、1983、1986 年)同国际贸易及外国直接投资自由化政策结合在一起,支持了劳动密集型制造业的发展。

表 2-15-1 反映的是尼日利亚、墨西哥和印度尼西亚经济增长的绩效,从中可见,它们之间存在显著差异,这些差异表明,自然资源禀赋并不总是支持经济发展的必要条件,有时可能反过来成为发展的障碍;它还清楚地显示,只要采用适宜的政策就可以使资源丰富的国家避免落入这样的陷阱。

表 2-15-1 尼日利亚、印度尼西亚、墨西哥经济增长业绩比较

国别	人均 GDP		GDP 份额(%)				制造业占出口份额(%)		外债总额与出口比率		年平均通货膨胀率(%)
	美元	年增长率	农业		工业						
	1990	1965—1990	1965	1990	1965	1990	1965	1990	1980	1990	1980—1990
尼日利亚	290	0.1%	46	59	14	12	13	11	0.3	2.4	18
印尼	570	4.5%	51	22	13	40	4	35	0.9	2.3	8
墨西哥	2490	2.8%	14	9	27	30	16	44	2.6	2.2	70

数据来源:世界银行《世界发展报告》(1990 年,1991 年,1992 年)。

(许 芳)

【讨论题】

1. "荷兰病"的主要特征是什么?它为什么会发生?

2. 根据印度尼西亚的经验，如何防止“荷兰病”的发生？

3. 除上述几个国家外，你能举出其他“荷兰病”案例来作进一步分析吗？

【参考文献】

1. Malcolm Gillis, Economics of Development, 1987。

2. 〔日〕速水佑次郎：《发展经济学——从贫困到富裕》，李周译，社会科学文献出版社2003年版。

3. 江时学：《“荷兰病”与发展中国家的初级产品出口》，载《世界经济》1994年第4期。

【案例 2-16】 印度的对外贸易

印度的对外贸易在独立前是典型的殖民地模式，是英国的粮食和原材料的供应国以及制成品的进口国。印度独立后，中央政府直接统管对外贸易。此后 50 多年里，特别是 90 年代初，印度推行经济改革和对外开放，印度的对外贸易在进出口政策、对外贸易关系、商品结构及贸易额等各方面经历了重大演变。

一、对外贸易政策

1. 进口政策的演变

印度的进口政策的演变大体经过三个阶段：

第一个阶段：从 20 世纪 50 年代到 70 年代中期，严格限制进口，实行进口替代政策。在 1956 年以前，印度进口政策缺乏持续性，在限制进口与放松进口方面摆动。独立初期，印度实行自由进口政策，这是二战后释放出的进口需求的反应。但自由进口很快造成严重的贸易逆差。印度政府被迫对进口实现限制政策。1956/1957 年度，即第二个五年计划开始，由于外汇危机以及工业化的需要，急需将有限的外汇资源用到进口资本货物及其维持品、原料、部件和技术上，对进口替代工业实行保护政策。于是，政府实行严格限制进口的政策，在关税限制的同时，加强外汇管制，并把商品分为禁止进口品、限制进口品、由政府部门经营三类，严格限制除粮食以外的消费品进口。这一政策延续了整整 20 年。这时期进出口贸易政策的重点都放在进口替代上，严格限制国内能够生产或与国内能生产相竞争的物品的进口。

第二个阶段：1975—1991 年，实行放松进口限制，出口导向型的政策。1975/1976 年度开始，印度政府放松进口限制，采取促进出口生产的进口政策，高度重视维持性进口，以提高生产能力的利用率，通过进口达到鼓励出口的目的。1977/1978 年度到 1985 年的进口政策措施主要为扩大可进口的商品种类。从 1985 年起，印度政府开始实行 3 个三年进出口政策，其共同特征都是使进出口更加自由化，其主要措施有：资本货物进口政策；原料进口政策；为注册出口商提供便利，出口公司和贸易公司的进口政策；技术进口政策等。

第三个阶段：1991 年以来，实行自由化政策。1991 年以来，印度政府大大降低进口关税，减少对国内工业的保护，加强进口政策的出口导向性质，准许出口更多的产品，印度的进口政策更加自由化。整个阶段的主要进口政策和措施是：简化资本货物的进口过程，降低甚至免征进口关税；扩大可自由进口商品种类；减少专门由政府进口的商品种类；为外贸公司和出口商提供各种进口优惠，发给一些许可证，如特别进口商品许可证。

2. 出口政策的演变

1961 年以前，即第三个五年计划开始实施前，印度的出口政策基本上是消极的。这一时期政府不但没有采取促进出口的有力政策，而且还限制出口，对出口产品普遍征收出口税，实行出口许可证制度。到 50 年代后期，随着对资本货物进口量的大大增加，外贸逆差扩大，国内出现严重的外汇危机，国际收支恶化，迫使印度政府对出口政策作出调整，从第三个五年计划开始，采取了一些出口促进政策。印度的出口政策由此转入鼓励扩大出口时期，即1961—1990年。80年代中期以来，印度的进出口政策都强调出口增长的自由化进程。1991年6月，拉奥政府执政，更是大刀阔斧地推进自由化的新经济政策，采取进一步刺激出口的措施。主要有：为鼓励出口，将出口限制降到最低程度；将出口税变成促进出口的措施；积极支持私商集团扩大出口贸易；给出口加工区和100%的出口导向型企业新的优惠，使它们更容易进口原料部件和资本货物，扩大经营范围；政府确认的出口优势产品可享受免税方案和退税方案提供的好处，可免除货物税和特别许可证；提高进口占出口的比率。

二、对外贸易关系与商品结构

独立后，印度的对外贸易一直保持增长势头，对外贸易总额不断增加。尤其是自1991年实行改革开放以来，印度政府重视开展新的贸易关系，对外贸易呈现出多极化势态，改变了独立前主要和英美等少数几个发达国家进行贸易的局面。今天，印度与世界上许多国家和地区有贸易往来，向19个国家出口7500种商品，从140个国家进口6000多种商品。

从出口方面看，20世纪50年代到60年代，英美是印度商品的最大买主，从70年代到80年代中期，东欧国家和苏联从印度进口的商品大量增加，并且亚洲发展中国家从印度进口的商品也增加了。尽管目前印度的商品出口到西欧和北美最多，但总的趋势是印度商品的出口地区和国家不断扩大，不再只依赖于少数几国。另外，印度也在发展与拉美及非洲国家之间的贸易。

总的来说，独立后印度迅速增加的出口商品是珠宝、成衣、化学类产品、机器等重工业产品，而传统的皮革制品、黄麻制品、茶叶农业及其相关产品的出口地位日益下降。另外，特别值得注意的是印度软件业近十几年来的迅猛发展。1988/1989年度印度软件业总收入不到5000万美元，到1998/1999年度和1999/2000年度分别增加到39亿美元和57亿美元。1998/1999年度软件39亿美元总收入中有68.84%是出口收入。软件服务出口收入至1999/2000年度的5年中，年增长52.5%；2000/2001年度增长57%，达63亿美元；2001/2002年度为77.6亿美元。

在进口商品中，大宗品是石油和石油产品，由此印度的经济常常受到石油价格波动的影响。印度进出口商品结构的弱点是：出口中缺少拳头产品，一般制成品缺乏竞争力以及严重依赖进口石油。印度把希望寄托在软件出口上，印度全国软件业协会和政府共同制定2008年规划，设立软件业总收入达870亿美元的目标，其中出口收入要达到500亿美元。

三、对外贸易的特点

印度的对外贸易基本上处于逆差状态中，甚至出口额只有进口额的一半。从独立到2003年，只有5个年度出现过贸易顺差，即1947/1948年度、1948/1949年度、1972/1973年度、1976/1977年度和2003/2004年度。

第一，印度对外贸易增长率长期低于世界平均水平。1948—1970年，世界出口增长5倍，印度只增长50%。印度的对外贸易额占世界对外贸易总额的比重不断下降，1951年为2.2%，1960年为1.2%，1970年为0.7%，1984年为0.5%，90年代外贸改革后，也不到0.8%。2003年，印度出口额550亿美元，在全球出口总额中只维持约0.8%的份额。

第二，印度对外贸易额在GDP中的比例始终很低。1950/1951年度，印度的出口额占GDP的8.0%，进口额则占到.708%，外贸总额占1508%；1960/1961年度，相应的数据为

5.6%、8.9%和14.5%;1970/1971年度,上述数据降到4.2%、4.5%和8.9%;1980/1981年度为5.9%、11%和16.4%;1990/1991年度,外贸总额是GDP的14.5%;1992/1993年度是16.9%,比世界上的多数国家低。数字表明,印度经济的内向型特征很突出。

第三,印度进出口商品值的增长比之进出口商品量的增长快。这表明,印度实际出口的东西和从世界进口的东西并没有实际那么多,对外贸易量的扩大很大程度上是物价上涨造成的。

表2-16-1 1950/1951—2001/2002年度印度进出口贸易额 (单位:亿美元)

年度	总额		出口		进口		平衡
	金额	同比上年增长(%)	金额	同比上年增长(%)	金额	同比上年增长(%)	
1950/1951	15.35	—	7.66	—	7.69	—	−0.03
1960/1961	36.99	16.10	13.46	0.30	23.53	16.70	−10.07
1970/1971	41.93	6.00	20.31	8.80	21.62	3.50	−1.31
1980/1981	243.54	26.40	84.85	6.80	158.69	41.60	−73.84
1985/1986	249.72	2.80	89.05	−9.90	160.67	11.50	−71.62
1990/1991	422.16	11.40	181.43	9.12	240.73	13.20	−59.30
1991/1992	372.35	−11.80	178.40	−1.70	193.95	−19.40	−15.55
1992/1993	404.19	8.40	185.37	3.80	218.82	12.70	−33.45
1993/1994	453.85	12.30	221.73	19.60	232.12	6.10	−10.39
1994/1995	549.84	21.20	263.30	18.80	286.54	23.40	−23.24
1995/1996	685.55	24.70	317.97	20.80	367.58	28.30	−49.61
1996/1997	726.02	5.90	334.70	5.30	391.32	6.50	−55.62
1997/1998	747.59	3.00	339.80	1.50	407.79	4.20	−67.99
2001/2002	946.52	1.02	439.98	−0.08	506.54	1.08	−66.55

二战后50多年,印度的外贸政策受忽视出口的内向型经济发展战略影响,防碍了它从比较利益出发参与国际竞争,并利用国际资源和技术加快经济发展,以致对外贸易占国民生产总值比重很小,贸易逆差连年不断,印度在国际贸易中的地位不断下降,经济发展日益落后于出口导向国家。

四、21世纪以来的发展

进入21世纪以来,印度经济较快增长,成为"金砖四国"中的一国。不过,近些年,受世界经济形势和卢比贬值影响,对外贸易增长一度缓慢,甚至负增长,贸易逆差较大。表2-16-2显示的是2011/2012—2014/2015年度的进出口贸易情况,从中可见,外贸总额有所减少。

表2-16-2 2011/2012—2014/2015年度印度进出口贸易额 (单位:亿美元)

年度	总额		出口		进口		平衡
	金额	同比上年增长(%)	金额	同比上年增长(%)	金额	同比上年增长(%)	
2011/2012	6343.00	—	2428.00	—	3915.00	—	−1305.93
2012/2013	7911.38	24.7	3004.01	23.7	4907.37	25.3	−1903.36

（续表）

年度	总额		出口		进口		平衡
	金额	同比上年增长(%)	金额	同比上年增长(%)	金额	同比上年增长(%)	
2013/2014	7626.78	－3.6	3126.10	4.1	4500.68	－8.3	－1374.58
2014/2015	7583.71	－0.6	3103.38	－0.7	4480.33	－0.5	－1376.95

数据来源:《印度国家概况》,http://www.fmprc.gov.cn/web/gjhdq_676201/ gj_676203/yz_676205/1206_677220/1206x0_677222/。

根据印度财政部公布的2014/2015财年经济调查数据,该年度GDP为105.52万卢比(约合1.73万亿美元),人均GDP为86879卢比(约合1420美元);截至2015年12月,外汇储备为3503.81亿美元。

（杨 柳、林 珏）

【讨论题】

1. 结合印度对外贸易的发展情况,谈谈政府在对外贸易发展中的的作用和影响。

2. 结合印度对外贸易的发展过程和情况,谈谈进口替代和出口鼓励战略的优点和缺点。

3. 分析目前印度的进出口商品结构对其贸易竞争地位的影响。

【参考资料】

1. 彭福永主编:《国际贸易》,上海财经大学出版社2002年版。

2. 孙培钧:《中印经济发展比较研究》,北京大学出版社1990年版。

3. 孙培钧、华碧云:《印度经济改革成就与问题分析》(上、下),载《世界经济导刊》2003年第9期。

4. 孙培钧:《快速发展的印度软件业》,载《当代亚太》2000年第9期。

【案例 2-17】 发展中国家的金融危机及危机的风险防范

20 世纪 70 年代以来，国际金融危机的频繁出现愈来愈引起各国政府的关注。这种危机在 90 年代中期以前似乎总是出现在发达国家货币汇率上：美元汇率一落千丈，逼迫日元扶摇直上；或者西德马克坚挺，欧洲其他货币疲软不堪。不过，自 90 年代中期开始，危机的爆发地转移到新兴经济体国家。最先出现危机的国家是墨西哥。

一、墨西哥金融风波与泰铢贬值

近十多年，墨西哥政府为发展经济实行鼓励外资流入政策，大量资金在墨西哥政府高利率国债的诱引下不断缓缓涌入。到 1994 年，墨西哥的外债已达到 1400 亿美元。在投资者们看好这个国家时，并未意识到事实上其已陷入巨大的债务泥潭中。由于外资利用的低效益以及经济结构的不合理，墨西哥的出口已远远不能弥补它逐年扩大的债息，国际收支出现逆差，1994 年上半年，贸易逆差额达到 88 亿美元。为了支付债息，墨西哥不得不通过继续维持高利率来吸引更多的外资流入。这一虚假繁荣的泡沫经济终于在 1994 年 12 月大选期间爆发。大选中政局的动荡，使得投资者们对这一国家政府领导经济的能力产生怀疑，大量资金开始外逃，在投机商的推波助澜下，墨西哥比索汇率出现暴跌。

墨西哥的金融恐慌很快影响到北美，并蔓延到拉美及欧洲，导致许多国家或地区货币相继贬值，金融体制遭受沉重打击，金融市场一片混乱。金融市场的混乱对正在走出经济低谷的西方国家的经济复苏构成威胁，为了抑制可能引发的更严重后果，美国不得不出面向它的邻国墨西哥提供包括约 500 亿美元紧急援助款项在内的一揽子援助计划。

墨西哥金融危机后来平息了。然而，它所暴露出来的全球金融体制不堪一击的脆弱性却发人深省。学者们指出，墨西哥金融危机以及带来的冲击波是墨西哥政局不稳、经济混乱、美国紧缩金融政策对国外融资依赖、全球化趋势与资本市场、资本流动的现代化技术，以及投机性衍生金融商品出现综合的结果。也有学者指出，富国货币结算的国际贸易体制也是导致发展中国家金融危机的原因之一。

不管怎么说，墨西哥金融动荡暴露出发展中国家普遍存在的问题：第一，经济增长的外生变量中投入(外资引进)与产出(偿债能力)存在失衡；第二，外资投资结构中短期的、投机性的游资过多，由此当投资方向出现逆转即外资撤走时，混乱便不可避免地到来。而在市场开放的条件下，一国经济混乱所带来的影响已不仅仅局限在本国，会波及本地区甚至更远地区。1997 年 7 月泰铢贬值引发的亚洲货币动荡使我们再次看到这点。

有关 1997 年亚洲金融危机发生的原因，学术界争论不休，各持己见，但有一点是达成共识的：经济发展中结构性矛盾的存在与积累，是一国可能产生金融混乱的内在原因，其中以泰国最为典型。例如，房地产投资过大，大量资金套在地产，贷款无力偿还；另一方面，劳动力成本在增长，一些出口品难以与低工资的邻国竞争，出口量下降；一些投资者转而将资金投向工资更低的国家；加上基础设施缺乏，企业债台高筑，所有这一切都放慢了泰国经济增长的步伐。1995 年，泰国经济增长率为 8%，1996 年下降到 7%，到 1997 年 6 月危机爆发前夕，官方估计 5.6%，7 月 4.6%，但某些学者估计实际可能只有 3.5%，甚至更低为 1—2%。而外债有增无减，到 1997 年 6 月达到 900 亿美元，大部分债务来自私营部门贷款，在其后 5 年内必须偿还 500 亿美元，泰国银行和外国投资者似乎对收回投资所抱的希望越来越小。当投资者和投机者对当局失去信心后，货币市场上的混乱便开始。大量股票、债券、泰铢的抛售，使得泰国政府不得不放松对泰铢的保护，泰铢对美元的比价一跌再跌，大幅度贬值。

泰铢崩溃对邻国造成很大影响。在很短的时间里，菲律宾、印度尼西亚、马来西亚、新加坡等国货币汇率都出现下降；其后像病毒似的又袭击到拉美国家，造成该地区股市指数普遍下跌；并且这一动荡又波及欧洲与亚洲其他地区，迫使一些国家和地区中央银行采取提高银行利率或放宽外汇浮动率，争取国际组织资金援助等大规模干预行动来阻碍币值继续下跌。泰国也不得不向日本求援，要求日本提供 200 亿美元紧急援助。

泰铢贬值对一味追求外资引进数量而忽视外资结构和投资效应的发展中国家来说是一个很大的教训，使它们意识到外资的进入并不总是带来福音，当然教训还不仅仅在于此。

二、发展中国家金融危机的原因

这些年，东南亚、拉美一直是全球经济增长最快的地区，由于外资的大量进入掩盖了这些国家内部经济结构不合理的一面，当这种不合理达到一定程度时，经济发展便出现失衡：房地产过热、贸易逆差、企业破产、债台高筑……而银行为维持经济运转又以更高利率来吸引外资进入，于是内在失衡不断积累，当外资突然大批抽走时，原有依赖外在因素注入活力的经济体便陷入混乱。这种混乱通过与其经济结构相似的邻国的同步反应很快扩散到区域内，导致一国内部的失衡变为区域性失衡，继而进一步通过国际贸易的渠道，蔓延到其他地区，最后扩散到更广泛的地带。

金融危机的频繁爆发显示出我们的社会似乎已变得不堪一击。信息技术的发展在提供迅速而准确的市场结果信息的同时，也加剧了市场的动荡，使传统的中介及全球性机构衰落，一国的经济混乱不受阻碍地扩散并影响到邻国、本地区和他地区。根据亚洲银行《亚洲发展展望报告》预测，1997 年泰铢贬值导致的亚洲金融危机将使 1998 年全球经济增长率下降约一个百分点，使贸易额下降半个百分点。其中，东盟经济将全面萎缩，印尼经济在 2001 年之前不会复苏；美国、欧盟国家的增长率下降幅度在 1 个百分点之内；日本将下降 1.5 个百分点。拉美经济委员会官员估计拉美的经济增长率将下降 5.3%。

为什么发展中国家在短短的 3 至 4 年时间中爆发两次金融危机，并且在未来还有可能出现 3 次、4 次甚至更多次？分析起来，主要有以下几个原因：

(1) 冷战结束后，市场经济和西方民主制度在国际社会的普遍推行，使得我们的社会具有更多的不稳定因素。市场经济使得人们更加注重短期利益得失，投机心态加强。分析亚洲金融危机，不少人将泰铢贬值的原因归咎于美国金融投机家乔治·绍罗什，事实上后者的做法非常简单，他只是利用了人们的投机心理。他在公开场合散布泰铢可能贬值的谣言，其后报刊媒体转载了这一大投机家的预言，于是乎各金融市场出现抛售泰铢、卖掉泰国股票风潮。短短几天后，泰国政府便被迫宣布放开泰铢汇率，泰铢汇率跌至大半。而当泰国银行系统发生混乱，尤其是韩国银行系统也出现问题时，亚洲其他国家银行系统间的差别便变得模糊不清，人们预计这些国家的银行系统也会遭遇类似问题，于是短期基金纷纷从这些国家撤走，单在 7 月 16 日至 23 日一周内，美国投资者从亚洲撤走的基金净流出额就达 1.6 亿美元。

分析金融市场上的这种投机心态,美国学者雅克·阿塔利认为来自市场经济和西方的民主制度。市场经济和民主偏爱短暂的和不稳定的东西,它们鼓励信奉它们的人走追求眼前私利而不是长远的共同利益的道路,它们鼓励一些可能严重破坏稳定的心态,这种心态加剧困难,引起市场上的抢购和金融机构的挤兑,甚至引发政治危机。而信息技术通过提供迅速而准确的市场结果和调查数据又加剧了这种自我动摇和自我毁灭的趋势。现代社会存在的这种易变性的破坏性后果是严重的,它使签订长期合同或进行长期投资的余地变小。在愈来愈精于揣测公众观点和躲避责任的经理和政客的领导下,社会变得似乎越来越不能对付长期的严重挑战。

作为亿万富翁的绍罗什曾根据自身的投机经历谈了他对现存市场的看法,认为无节制的资本主义是自由人类的最大威胁,"我只能一再对盲目信任市场的魔力发出警告",他说,"市场中留有投机的空间是各国政府的错误"。

(2) 信息技术的发展,互联网络的开通,大大便利了投资者根据风险评估变化而调整投资组合的行为,同时也使世界资本市场动荡的频率增加。现在,客户只需在计算机键盘上敲几个键,就可了解全世界资本市场交易的情况,再敲几个键,就可以将自己的大笔资金从一地转移到另一地。用一家咨询公司董事长的话来说,"资本正以光的速度流动"。1995 年 10 月,国际货币基金组织在华盛顿年会上提出一项计划,要求从世界资本市场借款的 180 个成员国中每个国家都提供更多的金融和经济信息,将这些信息迅速输入互联网络,以便放款人和其他任何人都可以阅读。该计划的目的旨在提高各金融市场的透明度,但同时也意味着只要投资者分析债务国经济情况不好或拖欠贷款,就会出现由局部股票和债券的抛售到大规模抛售的投机行为,从而给债务国经济带来很大震动。再看发展中国家的外资结构,较大部分来自外国私有投资者对本国市场股票和债券的购买:1990 年在流入发展中国家不足 1000 亿美元的资本中,近 60%是外国政府援助债券,而到 1997 年流入外资达到 3000 亿美元,但其中 85%则来自私人资本,包括银行贷款、债券出售、对工厂及设备的直接投资。当投机性资本或短期资本大规模撤走时,危机便不可避免地爆发。

(3) 衍生性金融商品的产生与其交易规模的日益扩大,在减少投资者市场信贷风险的同时,也加大了货币市场动荡的敏感性和可能破坏的规模。90 年代初以来,美国银行业、东南亚国家银行业各种衍生金融商品相继登场,衍生性金融商品高度的流动性扩大了证券、期货、外汇市场的交易。据统计,1985 年,美国、日本等 7 个工业大国之间的股票和债券交易为 2000 亿美元,到 1993 年猛增到 7640 亿美元;1988 年,全世界期货交易所交易总额为 4820 亿美元,但到 1994 年则达至 1.4 万亿美元;1989 年,全世界每天外汇交易市场额大约为 6200 亿美元,但到 1995 年则达到 1 万亿美元左右。1992 年,巴塞尔 10 国中央银行在联合报告中警告:衍生工具交易活动高度集中,只要某一家大自营商发生信贷问题或技术失误,就有可能波及整个金融体系。

(4) 资本市场全球化趋势使得各国经济相互影响,一国经济政策的制定和调整往往会对其他国家产生影响。英国报刊曾批评美国联邦储备委员会长期以来只根据国内经济需要制定货币政策,而全然不顾可能对他国的影响,为鼓励出口,听任通货膨胀下的低利率,结果美对墨出现了贸易顺差,而墨西哥在贸易条件恶化下却难以支付对美债息,最后反过来导致美元贬值。

在亚洲金融危机中,一些国家人士也批评美国、欧盟、日本参与平息危机的援助行动过晚、过于迟钝。这种迟钝客观上听任了危机的蔓延与扩大，而其结果是反过来影响这些发达国家自身利益。例如，危机已给美国在亚洲的农产品销售带来影响，即苹果、牛肉、棉花需求量都有所减少；在高科技产品和武器出口上，经营额也在减少，许多买主推迟了原来的购买计划。这一状况促使美国防部长不得不于 1998 年 1 月访问亚洲 7 国，声明美国愿意在包括经济在内的各个方面提供援助，并专门拨款以确保美国同这一地区的军事关系不受危机的影响。危机后，亚洲商品变得便宜，美进口扩大，从而贸易逆差扩大。根据美商务部公布的数字，1 月份美国贸易赤字猛增到 120 亿美元，达到 10 年来的最高水平。由于国内企业利润增长幅度不大，美国实际 GDP 增长幅度可能下降。专家们估计这场危机可能使 1998 年美国经济增长速度放慢 0.5 至 1 个百分点。

（5）缺乏地区内各经济体之间政策的协调机制，从而导致一国的失衡扩大到整个地区的失衡。当一国由于经济政策失误，平衡打破，失衡积累，最终产生混乱，影响到邻国及可能波及其他经济体时，各经济体应迅速采取合作政策，稳定局面，从各自所在处将危机蔓延的速度减缓、势头趋向收敛，而不是推波助澜、火上浇油。然而，无论是墨西哥比索贬值，还是泰铢贬值，我们看到的都是许多经济体货币的竞相贬值，包括那些外汇储备雄厚的国家或地区都未利用其实力来稳定本国的币值，而是与泰国的货币贬值保持同步，允许本国币值下滑。例如，当泰铢贬值 35%，国际货币基金组织（IMF）提出援助，危机开始出现转机时，经济结构上不如泰国那么糟的马来西亚和印尼为求得货币和财政上的稳定，放弃了与美元的挂钩，10 月在没有任何金融市场压力下，拥有 900 亿美元的中国台湾地区也决定让它的货币贬值 10%，新台币 9 年来第一次降到 28 元兑换 1 美元的比值之下。台湾地区的单方面行动给香港股市带来厄运，香港股市出现历史上最严重的下跌，由此波及纽约、圣保罗等世界各地的股市。而香港金融市场的波动及其后带来的香港增长速度放慢后果，反过来又对台湾地区经济产生影响。据报道，1998 年一季度台湾地区出现贸易逆差，出口呈现出负增长。

有学者批评，危机中有能力刺激亚洲经济复苏的日本直到 1998 年 2 月几乎没有介入，当美国和亚洲国家要求日本从出口为导向转向内需、多从亚洲邻国进口时，日本首相桥本的回答则是："日本需要为自己的私利担忧。我们当然没有傲慢到认为我们能扮演亚洲火车头角色的地步。"结果，东南亚货币贬值、经济速度减慢使日本经济更难振兴。而日本经济不振兴，亚洲负债累累的市场也不可能恢复元气。

（6）国际制度结构的真空。亚洲内部各国政策相互不协调、缺乏合作的状况从一个侧面反映出国际制度结构的不完善。与美元挂钩的汇率制度和现有的国际货币结算制度愈来愈使发展中国家感到在国际贸易中的不平等交换和经济上的被掠夺，而金融体系国际化的进程又使它们时时可能遭遇金融市场风波的袭击，从而使已有增长的成果付之东流。亚洲金融风暴中东盟各国为了节约外汇，曾建立起一种净清算制度，各成员国用本国货币支付彼此间贸易所欠余额。日本曾提出成立一个亚洲货币基金的设想，这一设想得到东盟国家的支持，但却遭到美国的反对，美国担心这一基金的建立将与国际货币基金组织（IMF）形成竞争。事实上，从金融市场风险增多和区域金融一体化趋势看，建立一个区域性的货币基金组织，并将其作为协调各国金融政策的杠杆很有必要，进而建立亚洲的单一货币很有必要。不过，区域金融一体化的实施，有待于亚太经济合作组织（APEC）经济一体化目标的实现、各成员经济的发展程度与国际化进程。

不管怎么说，区域金融一体化趋势对国际货币体系将是一个冲击，如何建立一种既允许资本自由流动又不打乱多元化货币体系的国际货币体制,正成为21世纪国际金融机构面临的课题。无疑,国际金融体系结构面临着改革,IMF的职能需要完善。

三、金融危机的防范

发展中国家金融危机的爆发向人们显示出:经济发展中出现的很多问题是不分国界的。例如,印尼的森林大火发生在婆罗洲和苏门答腊一带,但其燃烧的烟雾却将邻国天空密密笼罩,尤其是使新加坡国民深受其害,城市污染指数一度达到161点,许多居民患上气管疾病;亚洲国家工业化目标使得这一地区面临迅速增多的酸雨威胁和跨越国界的空气污染;而全球气候变暖又使得白令冰川不断缩小,北极森林害虫泛滥,阿拉斯加约50万公倾森林遭到害虫云杉八齿小蠹的毁坏,等等。

显然,人类生活在一个彼此相互依存的社会,不少问题需要采取地区性或全球性措施来解决,将危害蔓延的可能性杜绝在萌芽中,防止势态扩大而给地区或全球造成毁灭性的灾难。比如,将各国纳入限制温室气体排放量的条约中,并通过共同研究,技术攻关,相互合作、相互帮助、相互监督来保证条约的实施:发展中国家限制温室气体的排放量,发达国家不要将洋垃圾"出口"到发展中国家。中国山东省、日本山口县、韩国庆尚南道三边的研究机构已携手合作,对酸雨的原因等问题进行调查研究,通过一致的步骤、协调的对策,解决困扰这一地区的酸雨问题。国际社会需要这样的合作,也只有通过这样的合作才可能解决各国面临的共同问题。

减少发展中国家的金融风险也需要各经济体间的这种合作。亚洲金融风暴中,中国承诺人民币不贬值,维护港元对美元的比价,以及提供基金的表现,得到国际社会的赞赏。当然,危机中不是所有的经济体都有实力或条件作出这样的承诺,但是如果各国联合行动,相互合作,共同干预,那么局部的动荡就不会迅猛放大并扩散到全局。值得强调的是,相互合作不仅仅表现在经济援助上,更重要的是表现在各国反危机政策的协调上。危机中,通过货币贬值扩大出口来向他国转嫁危机,或者"各家自扫门前雪",采取贸易保护主义的措施,都不是对付危机的积极态度。WTO总干事鲁杰罗在世界经济论坛年会上指出:为提高贸易竞争力而普遍贬值货币"将会酿成悲剧,使我们重蹈30年代经济危机的覆辙";而现在也不是采取贸易保护主义的时候,"欧洲和美国应当站在打击贸易保护主义的最前线,因为它们应当知道,它们越是开放市场,这场金融危机的解决就会越加迅速"。

金融风波的频繁发生促使人们思考这样的问题:(1) 如何建立一种监督机制,使得一国长期奉行的错误政策难以继续下去;(2) 如何建立一种使得一国的错误较难影响到其他国家的机制。现有的措施有四:第一,加强各国金融体系的透明度;第二,完善IMF职能,建立从国际货币基金组织到地区银行再到各国金融机构的监督体系;第三,调整发展中国家的融资结构;第四,加强国家宏观政策的干预。

这需要加强各国政策的透明度,调整各国金融政策。具体说:

(1) 透明度。一国的国际义务是与其利益相对称的,地区的合作需要建立在各国利益的基础上。加强各国金融体系、政策的透明度,不仅有利于投资者作出正确的投资决策,有利于国际货币组织监督各经济体的金融运作状况,对不良情况事先发出警告,而且也有利于每个成员在制定政策前认真分析本国政策与他国政策的相互影响,真正了解自己的利益所在,以便作出正确判断。

(2) IMF 的职能。IMF 从建立起一直将协调成员国的货币金融政策，提供中长期贷款帮助成员国以克服国际收支困难，稳定国际汇兑作为其宗旨，而在监督和控制各地区金融市场的风险、预先发出警告方面相对滞后。随着金融市场的风险增多，IMF 在监督方面的职能日益得到强调。为了掌握各成员国金融部门的规则、运作情况，外债的组成与期限结构，以便加强成员国软弱无力的银行规则，监督评估其易受潜在冲击破坏的程度，IMF 已要求各国有关当局提供涉及政府和私营部门短期资产和负债状况的信息，并由 IMF 定期公布各国金融健康状况数据，通过监督、技术援助和项目设计帮助成员国增加财政上的透明度。1998 年 4 月，IMF 通过了一个旨在提供更完整的各国金融健康状况信息的《良好行为准则》，新准则为各国提供了一系列重要的经济指数，包括外债额、贸易逆差和货币储备量等，作为各国检查本国经济增长的质量和时效的依据。这些措施将有利于协调、监督各国的金融市场。

(3) 发展中国家的融资政策。国际金融机构固然需要改革，但发展中国家的融资结构也需要调整。发展中国家的融资政策存在着一些普遍问题，比如外资引进政策，外国直接投资一般说不会造成储备不平衡和货币贬值，但如果这种投资以短期贷款方式出现的话，就可能会对汇率产生不稳定影响。而一些国家的政策客观上在鼓励短期的、投机性的资本进入，例如，韩国实行控制长期投资的政策，客观上鼓励了短期资本的大量进入。另一些国家不考虑偿债能力的资金引进政策，造成银行债台高筑，例如，泰国外资赋税的减免政策、墨西哥的高利率吸引外资政策，使得这些国家的银行利息负担沉重，大批企业倒闭。据日本《每日新闻》报道，1998 年 1 月亚洲国家和地区对外债务累计已达到 6290 亿美元，其中一年期内短期债务就达 1583 亿美元，占 1/4。而在金融风暴中撤走的主要就是短期资本。显然，发展中国家在利用外资为本国经济发展服务中，不能不考虑投资结构的合理性和贷款的偿还能力。制定鼓励直接的、较为稳定的、长期的投资政策，提高资金利用率，是防范金融风险的最基本教诲。

(4) 国家宏观政策的干预。发展中国家中经济增长速度最快的两个地区先后爆发金融危机，已引起学者们对循序渐进开放金融市场和加强外资引进的宏观管理与监督的重视。首先，加强对资本流入的控制。金融危机爆发后，很多学者注意到智利政府在外资流入控制方面的经验。1991 年年中，当资本流入量突然猛增时，智利实行了一项旨在限制资本流入的国家计划，建立起对贸易信贷等形式的资本流入不付利息的准备金制度，该制度规定进入智利所有非外国直接投资资金的 30%必须存入智利中央银行一年，在这一年内，这些资金得不到任何利息。智利当局希望通过这项计划减少短期资本流入，引导外资进行长期投资，从而使外资投资结构朝着更加长期的方向完善。由于智利较为合理的外资投资结构，对外贸易的顺差，国际收支的良好，因此在 1995 年墨西哥金融危机中冲击较小。另外，对资金的撤离加以控制。智利的做法是交易所对短期内撤走的投资课征税收。沙特阿拉伯则是实行审批制度，对未经获准的投资基金向国外转移资金的活动实行重罚，违法者将被处以两年监禁，并在服刑期间交纳 5000 里亚尔(1333 美元)的罚款。

当然，一国币值稳定的基础最终还在于该国的经济基础，在资金流动电子化时代，当邻国出现问题货币的市场价格下跌时，促使投机者大量抛售的往往是那些表面上看起来经济状况相似国家的货币与证券，从而波及该国、他国，导致经济发展中"厄尔尼诺"现象的产生。因此，完善国内经济结构、保持经济平衡发展则是最有效的药方。

(林　珏)

(注释：该文发表于《上海经济研究》1998 年第 6 期。)

【讨论题】

1. 为什么发展中国家频繁地发生金融危机?其原因是什么?

2. 联系中国实际,分析发展中国家融资政策中存在的问题、教训或经验。

3. 你是否同意文中有关金融危机原因的分析,你认为发展中国家在规避金融风险时应注意哪些问题?采取哪些措施?

【参考资料】

1. 〔美〕雅克·阿塔利:《西方文明的冲突》,载《外交政策》(季刊)1998 年夏季号。

2. 〔美〕理查德·哈洛伦:《中国可能拥有摆脱亚洲危机的救生艇》,载《波士顿星期日环球报》1998 年 2 月 1 日。

3. 〔德〕《今日焦点人物》,载《图片报》1997 年 7 月 3 日。

4. 《使资本不断地流动》,载《商业日报》1998 年 4 月 13 日。

5. 《衍生工具衍生祸水?》,载《亚洲周刊》1995 年 1 月 1 日。

【案例 2-18】 货币发行局制度在阿根廷的崩溃

2001 年 12 月 23 日，圣诞节的前一天，阿根廷代总统萨阿就职后立即宣布暂停偿付阿根廷外债。这意味着拉丁美洲第三大经济国将拖欠 1550 亿美元的国债。这是全球最大的一次债务拖欠，也是阿根廷在 19 世纪 20 年代拒付巴林兄弟公司债务近 180 年以来的第一次。

阿根廷的许多宏观经济指标，按照传统经济学标准以及经验看，都不应该成为大问题。比如，2000 年阿根廷外贸盈余为 33 亿美元，2001 年继续保持此势头，第一季度盈余 2.3 亿美元，阿根廷经济发展似乎很有潜力。2001 年，阿根廷政府的债务虽然高达国民生产总值的 50%，但预算财政赤字仅为国内生产总值的 3.2%，按照国际标准，不是特别高，也低于邻国。

那么，为什么市场要对总体经济状况虽不太好但也过得去的阿根廷经济另眼相看，并最终导致其在外债问题上彻底破产呢？答案在阿根廷的货币制度上。

一、比索兑美元 1∶1 的时代

阿根廷是世界上少数实行货币局制度的国家之一。20 世纪 80 年代，阿根廷经济连年衰退，货币贬值，通货膨胀高涨，1989 年，通货膨胀率高达 3000%。1991 年，为了控制通货膨胀，将经济引入正常的发展轨道，阿根廷开始实行货币局制度，称为"可兑换制度"(convertibility system)，实际上，它与中国香港地区实行的联系汇率制是一样的。

一般来说，一个国家中央政府发行货币时，主要根据一国的宏观经济指标，比如国民经济增长速度、通货膨胀、就业情况及国际收支平衡等。简单地说，当一国的经济增长速度不足、失业率高，而通货膨胀又不严重甚至是通货紧缩时，中央银行无需关注外汇储备情况，通过适当降低利率，增加货币的供给量，来刺激经济增长，就像美联储曾在一年内连续 11 次下调利率一样。外汇储备与货币发行没有直接、唯一的联系。

但是，阿根廷不然，其中央银行每发行一个比索，就要有一美元的外汇储备做基础。在货币发行局制度下，本土货币发行额只与外汇储备量有关，按照固定汇率。比如，阿根廷是 1 美元兑 1 比索，香港是 1 美元兑 7.8 港元，这是货币发行局制度的第一个基本要素。第二个基本要素是自动兑换制度，即中央银行必须无条件地按照固定的汇率接受市场对美元的买卖要求。由此，形成货币发行局制度的第三要素，中央银行只能被动地因市场对本土货币需求的变动，扩张或收缩本国货币的供给，不能主动创造国内的信贷，因而无法主动去影响本土的经济发展。货币局制度一旦形成，不能轻易改变，往往要以法律的形式固定下来。因为货币发行局的主要目的之一就是提高市场的信心及本土货币的稳定，如果轻言更改，稳定性与信心就无从谈起。这最后一点是货币发行局制度的第四个要素。

货币发行局制度对付恶性通货膨胀是奏效的。因为在恶性通货膨胀时期，经济进入恶性循环，公众对货币信心不足，使货币贬值；而货币贬值，加剧市场及公众对货币信心的崩溃。阿根廷在1991年引进货币发行局制度之前,由于担心货币贬值,公众每个月拿到工资就尽快购买商品,一轮轮的抢购不断推高物价。引进货币发行局制度后,本国货币与美元的关系以法律的形式固定下来,拥有本国货币如同拥有美元,公众信心得到增强,愿意接受并持有本国货币,也就有对本国货币的需要,于是跳出原来的恶性循环,通货膨胀迅速得到控制。阿根廷自1991年、保加利亚自1997年开始的货币发行局制度实践说明,货币发行局制度在消除恶性通货膨胀上是很有效的。

但是,一种体制在解决旧矛盾的同时,也在酝酿着新的矛盾,一国经济要增长,货币的供给量必须不断增加。但在货币发行局制度下,中央银行无法自主增加本国货币供应量。因此,阿根廷的比索流通量要增加,就必须有外国的资本流进本国,而要吸引外国资本流进阿根廷,比索的利率就应该等于国际利率加上风险溢价。高于国际利率的溢价程度,取决于阿根廷经济的发展前景以及国际投资者对此前景的判断和对该国政府资信的信任程度。经济发展前景明朗,整体经济的基本面良好,利率的溢价就会比较高;反之,溢价就低。

二、金融危机的发生

在各个方面条件都非常顺利且配合的情况下,阿根廷经济得到发展,外国资本流入,货币供应增加,资本的流动性促进阿根廷经济进一步增长,进而吸引更多的外国资本。但是,货币发行局制度下的经济发展格局僵硬,容不得大的意外发生。即使各方面条件都具备且发展均衡,这种增长的潜力也是有限的。由于比索利率及国内资本的成本始终高于国际资本,阿根廷的产品在国际市场上要具有竞争力,其产品必须具有天然垄断性,或者其企业的生产效率比国际同类企业高,或其劳动力的成本比国际上同类劳动力的成本低。阿根廷多年来保持经常项目下账户的赤字,证明这些条件不易达到。

1997年的亚洲金融危机冲击了阿根廷经济原本就不稳固的平衡。亚洲金融危机之后,国际资本认为新兴市场的投资风险增加了,也提高了流入阿根廷资本的风险溢价。阿根廷的美元贷款利率增加了200个基点(一个基点相当于1个百分点的1%)以上,比索对美元的溢价增加了100个基点以上。资金成本的提高抑制了阿根廷国内的投资需求。国内总投资水平从1998年的19.9%下降到1999年的17.7%、2000年的16%、2001年的15%。其中来自国内的投资率1998年为15%,到1999年、2000年及2001年分别下降到13.5%、12.7%和12.15%。也就是说,整个国家投资率的下降主要是由于国内投资率下降引起的。虽然利用外资的投资仍维持在稳定的水平,但整个经济投资的不足,造成国民经济的衰退。阿根廷的GDP从1998年的增长3.8%,一下子掉头下降到1999年的3.4%,2000年的0.5%。

在此期间,阿根廷经济还受到了另一个意外冲击。1999年,巴西为了增加其出口产品的竞争力,将其货币贬值40%,这使阿根廷比索的真实有效汇率在1999年上升10%以上,这个冲击对阿根廷的出口是非常明显的。当年出口额从上一年的264亿美元下降到233亿美元,比1998年减少31亿美元。

经济不景气,政府财政收入必然减少,同时面临更大的支出压力。经济衰退,失业人数增加,政府既要增加福利支出,以稳定社会,同时也要增加投资支出,以刺激经济复苏。特别是在货币发行局制度下,由于中央银行根本无法下调利率与汇率,扩大财政支出可能成为唯一的反衰退手段。阿根廷的联邦政府赤字从1998年的38亿比索增加到1999年的72亿比索,比1998年增加了将近一倍。预算赤字的增加,结果是政府债务增加,既有外债,也有内债。

更糟糕的是，在货币发行局制度下，政府增加债务的成本急剧上升。非货币发行局制度下的国家，经济衰退，社会需求下降，利率一般也会随之下降，政府融资以刺激经济发展的成本也下降，这是一般国家经济的自动调节机制。理论上说，货币发行局制度也有一个调节机制，能够自动对外汇的流进与流出进行调节，即外资流出，货币供给减少，利率提高；利率提高，吸引外资流入，增加货币供给，并通过这种机制自动地调节生产与就业。这也是货币发行局制度的倡导者在推销时所描绘的。但这一构图忽略了实际市场上投资者在决定投资时所考虑的多种因素。

在货币发行局制度下，阿根廷的资金成本受限于国际的资金成本及外国投资者对阿根廷经济前景与风险的预测。经济衰退与政府赤字增加，会使投资人认为阿根廷的投资风险增加，因而增加了资金的风险溢价，使阿根廷的资金成本不但未能随经济下落，反而进一步上升。阿根廷的政府债券相对于美国国债的息差在1998年前基本上在300个基点左右，但进入1999年之后，都在500个基点以上。这样，阿根廷政府一方面要通过借债扩大支出，同时还要以更高的成本来借新债，偿还成本较低的旧债。尽管阿根廷全国1550亿美元的外资中只有百分之十几是短期的，即约200亿美元是短期的，但由于融资成本越来越高，每次外债到期，就会引发市场对阿根廷政府筹借新债偿还旧债能力的怀疑。这种怀疑更加剧阿根廷政府筹资的困难与成本，也使筹资一次比一次更难，使投资者认为阿根廷政府拖欠债务的风险加大，因而利率溢价迅速上升。

2001年3月，在一批外债到期前，被认为是阿根廷货币发行局设计师的多明戈·卡瓦诺(Domingo Cavallo)重任经济部长。他上任后，提出一揽子改革措施，主要是削减政府开支，减少赤字。部分是市场对他的改革措施可能还寄予一线希望，部分是凭借着他在市场上的声誉，同时还有IMF的资金支持，阿根廷成功地与外国债权人达成协议，将42亿美元的短期外债转成中长期外债，暂时避过了第一次危机。

三、美元化或比索贬值

然而，阿根廷的根本问题并没有解决。此后，市场人士不断透露要阿根廷实行美元化或将比索贬值的言论。部分分析员认为，美元化之后，阿根廷将消除汇率风险。但美元化所产生的问题可能比要解决的问题多。实际上，实行货币发行局制度以来，阿根廷的金融体系越来越美元化。由于美元利率长期低于比索利率，阿根廷的家庭和企业都愿意向银行借贷美元。大量的家庭购物时，愿意持有以美元计价的按揭贷款，每月再将比索收入通过银行换成美元偿还贷款。由于银行大量美元的借贷行为，使得美元在阿根廷境内不断派生，通过这种机制，阿根廷境内的美元资产与负债不断扩大。

在个人与企业的存款中，外币存款所占的比重从1996年的57%，上升到1999年的62%，2001年进一步上升到67%。也就是说，一个人每3元钱的存款中有2元是美元，1元是本国货币。更严重的是，这些美元大部分是内生的。现代金融体系的特点是，1元的外部美元能够放大出几元钱的内生美元，放大的倍数取决于阿根廷内部的金融体系的状况。比如放大的倍数是3，那么，1元的美元从外部流入阿根廷，就会在阿根廷产生3元钱的美元资产。在阿根廷人看来，他们已经拥有了3元的资产，实际上这3美元不是实实在在的。而外国投资者每抽回1美元，阿根廷的美元资产就会减少3美元，紧缩的效应也会成倍增加。如果政府实行完全的美元化，那只会加剧这种扩张与紧缩的倍数效应，会使阿根廷的经济承受多倍于国际资本市场的波动,使阿根廷经济完全受制于国际资本。

阿根廷的另外一个选择是将比索大幅贬值。由于很多家庭和中小企业从银行贷的是美元,收入是比索,如果将比索直接大幅贬值,这些家庭和企业的债务负担将会大大增加,会引起成千上万家庭和企业的破产。阿根廷政府无法承受其社会代价和政治代价。

美元化不能,贬值不能,国际资本市场筹不到资,年中又有一批外债到期,阿根廷政府只有进一步求助于国际货币基金组织,危机是否爆发似乎就系于IMF是否愿意进一步提高援助资金。而IMF在援助前都会评估过去的改革措施实施的效果,并提出新的改革要求,其中重要的一项就是要求阿根廷政府削减财政开支,减少赤字。

阿根廷的美元在流失,外汇储备在减少。由于货币流通的倍数效应,阿根廷经济中的货币头寸变得异常紧张,无论是美元还是比索的流动性都显得极为紧缺。2001年,比索的流通量就减少了30%。现金短缺,迫使许多地方省份开始自行印制债券,用以支付员工的工资及供货商的货款。不久,大部分省份都发行了自己的债券。此时,阿根廷政府也知道,IMF鉴于阿根廷不能有效地控制财政支付,已拒绝向其提供进一步的资金援助。阿根廷到期兑付外债的希望完全破灭,拖欠外债不可避免。

为了避免地方各省债券发行失控,临时政府决定,通过联邦政府发债来换取各省的债券。在12月23日的政策宣布会上,代总统萨阿还决定扩大这些债券的流通范围,将该债券发展成阿根廷新的货币——阿根廷元(argentino)。也就是说,在阿根廷除了美元和原来的比索,还将会有第三种货币并存。

这是10年来阿根廷政府首次可以按照自己的需要印制货币来支付账单,也意味着货币发行局制度在阿根廷的崩溃。

(庄珂献)

【讨论题】

1. 为什么说阿根廷外债破产的答案在其货币制度上?

2. 阿根廷为什么要建立货币发行局?为什么后来货币发行局制度崩溃了?

3. 根据这一案例,谈谈发展中国家债务危机发生的原因,并分析究竟应该由谁来承担债务危机的主要责任,是发达国家,还是发展中国家,还是现有的国际货币体系?

【案例 2-19】 民族地区的农村劳务输出与经济发展：入村调查

中国的经济改革首先从农村开始，从 20 世纪 80 年代的包产到户、联产承包制、乡镇企业拔地而起，到 90 年代市场经济的推行，农村劳动力大规模地进城务工，再到 21 世纪以来的城镇化进程的加快，大量农村剩余劳动力向非农部门、城镇转移，在促进城市工业、服务业发展的同时，也改变着农村的面貌，包括农村的产业结构以及农民的收入、生活水平、家庭规模、思想观念等。为了对 21 世纪初以来我国农村劳动力城乡转移及对农村经济的影响程度有一个基本的了解，2013 年 7 月至 8 月，上海财经大学千村调查项目组成了 30 个调查小组，奔赴全国 25 个省、市、自治区的 30 个乡镇，进入 120 个村及 6000 户农家进行实地调查。本人带队的一行 10 人调查的地点是辽宁省丹东市宽甸满族自治县永甸镇。该调查分为"入村调查"和"入户调查"两个部分。感谢宽甸县统计局和永甸镇政府在本人收集全县统计数据以及联系样本村干部进行调研时给予的大力协助和帮助。

一、宽甸满族自治县的基本情况与发展中的问题

1. 地理环境

宽甸满族自治县(下面简称"宽甸县")位于鸭绿江畔，东与朝鲜毗邻，南与丹东市区相接，西与凤城市(古称"凤凰城")和本溪满族自治县毗邻，北与桓仁满族自治县和集安市(属吉林省)相连。自 1876 年清光绪二年设县以来，宽甸县已有 137 年的历史。1989 年，设立宽甸满族自治县。2012 年，全县共计 178 个村，2115 个村民组，总人口 432,971 人，其中乡村户数 97,344 户，人口 344,353 人。满族等少数民族人口占到总人口一半以上。[①]除满、汉民族外，还有朝鲜、蒙古、回、壮、锡伯、达斡尔、苗、瑶、彝、土家、侗、藏、维吾尔、布依、黎、柯尔柯孜等总计 18 个民族。各民族杂居生活，和睦相处，文化交融，共同建设这一美丽的家园。

宽甸县为全国最大的边境县，该县东面及东南面与朝鲜隔江相望，边境线长达 216.5 公里。全县 19 个镇 3 个乡，总面积 6193.7 平方公里。从地貌看，该县地处辽东断块山地丘陵区，为长白山脉与千山山脉过渡地带，平均海拔 400—500 米，山地最高为 1336.1 米。山地丘陵约占总面积的 85%，山间谷地和河流约占 15%，山、水、田大体构成"九山半水半分田"。山地不适合种水稻，因此这里的粮食作物主要为玉米、高粱、谷子、大麦、小麦、荞麦。新中国成立初期，该县水田 1.4 万亩，1956 年在农业合作化高潮中，通过找水源、打深井、筑河坝，曾开发出 10.3 万亩水田。后来终因不少地区缺水，水稻低产，自 1970 年后大面积改种旱田。到 2012 年全县只剩 8805 亩水田，沿河两岸种植水稻，平均亩产 370 公斤。

---

① 1953 年第一次人口普查时，该县汉族占 94.2%。1983 年，落实党的民族政策，三代中有满族血统的汉族可申请改回满族，当地掀起一阵"改民族"浪潮，不少户籍为"汉族"的家庭成为"满族"家庭。1985 年，全县汉族人口比重下降到 58.19%，2002 年第五次人口普查时进一步下降到 44.93%。

受经纬度和地貌的影响,宽甸县境内系东北暴雨中心区,暴雨中常伴有大风和冰雹,每年平均9次大风,连续最大风日三天,次数虽少,成灾严重。1953—1985年,全县发生雹灾88次,平均每年2.8次,最多达9次。本次所调查的四个村本世纪或近些年自然灾害频频。比如红旗村,干部声称这里年年有风灾,还有水灾(2008年)、雹灾(2012年);磙子沟村和永甸村则是旱灾(2003年)、雹灾(2004年)、风灾(2011、2012年);坦甸村有旱灾(2011年)、风灾(2012年)。各类灾害给地里的庄稼及收成带来很大的影响。

虽然,上趟子村的硼酸厂正在对下游造成污染,但是这里的生态环境看上去总体良好,蓝天白云,青山绿叶,空气清新,风景优美。根据当地网站信息,宽甸县已经被联合国环境开发署认定为"世界六大无污染地区"之一。全县森林茂盛,林地面积741万亩,活立木蓄积量2445万立方米,森林覆盖率76.1%,位列全国前茅。

靠山吃山,这里的土特产主要有板栗、木耳、蚕丝,以及辽细辛、辽五味、人参等名贵药材。药用植物境内有122科、960多种,约占东北地区药用植物种类的70%。其中,宽甸县白石砬子国家自然保护区有高等植物90余科近千种。为此,宽甸县又有"天然中草药库"之称。利用花果林木,宽甸县近年发展起蜂蜜、蛙类等新兴产业。此外,农民也经营柞蚕业,这一季节有林地的农户上山放蚕,在入村入户调查中,我们数次遭遇农户大门紧锁的状况。

从交通状况看,宽甸县公路基本上实现"村村通"。该县主要公路有:南北走向的201国道(鹤岗—抚顺口);铁长线(铁岭—长甸)省道;宽碑线(宽甸—碑沟)省道;丹通线(丹东—通化)高速公路。铁路则有凤上线(凤凰城—上河口)。应该说,交通便利。一些村干部、镇干部拥有私家小汽车。

风景优美和道路便利为旅游业的发展带来契机,不过在我们调查的8月份即全国旅游旺季,这里几乎看不到什么旅游者,黄椅山森林公园、虎口长城等景点游客稀少。一方面,农村干部声称农民收入不高,无更多赚钱路径;另一方面,当地的旅游资源规划和开发明显不足。

从矿产资源看,这里地质成矿条件优越,全县已探明储量矿藏57种,开发利用28个矿种,主要蕴藏硼、镁、硅、铁、铅、锌、铜、金、钼、煤、白云石、石灰石、滑石、玄武岩、方解石等矿藏,储量8亿吨以上、可供开采储量5.7亿吨。其中,硼矿储量1500万吨,占全国资源总量的33%以上,产量占全国60%以上,故宽甸县又有"硼都"之称。钼矿初步探明储量在3000万吨左右。此外,还蕴藏用做阻燃材料的水镁石。一些村子通过引进外来资金开采当地的矿产,由此也引发环境污染问题和群访事件。

2. 经济发展状况

根据《中国区域经济统计年鉴2011》数据显示,2010年宽甸县农村居民人均纯收入达到7537元,在本次调查的全国30个随机样本区县中,位于中上水平。换言之,从统计数据上看,宽甸县不算贫困之地。

宽甸县隶属辽宁省丹东市辖,是一个典型的农业县,2006年,全县人口43.9万,76.14%居住在农村,2012年,这一比重下降到74.31%,非农业人口从23.86%上升到25.69%。城镇化进程不仅带来非农人口的增多,而且也使从业结构发生变化:劳动力在农业部门的比重从66.3%下降到63.13%,服务业从9.89%上升到10.30%,建筑业由5.05%提高到6.08%,工业部门微有下降,从7.89%下降到7.84%。从地区生产总值和人均收入看,宽甸县在丹东市辖行政区内,农户人均纯收入最低。

不过，近年宽甸县的经济，无论是全县地区生产总值、人均生产总值，还是农村居民人均纯收入，都有显著提高。根据宽甸县统计局数据，2007—2012年，宽甸县总人口从43.9万下降到43.3万，但实际地区生产总值从85.3万元提高179.4万元，实际人均生产总值从1.9万元提高到4.1万元，农村居民人均收入从6002元提高到10445元。分析地区生产总值的增加，很大程度上来自第二产业的快速增长。2006—2012年，该县三大产业年均增长率分别为：第一产业12.7%；第二产业18.1%；第三产业16.6%，由此实际地区生产总值年均增长达到16.9%。（见表2-19-1）从各部门增长情况看，工业生产总值增长显著。2006—2012年，工业生产总值从31.1亿元增加到89.4亿元，年均增长19.3%，增幅超过其他所有部门。

表2-19-1　2006—2012年宽甸县实际地区生产总值、结构及增长率

年份	实际地区生产总值		其中					
			第一产业		第二产业		第三产业	
	总值（万元）	增长率（%）	产值（万元）	增长率（%）	产值（万元）	增长率（%）	产值（万元）	增长率（%）
2006	703,391	—	99,986	—	364,371	—	239,034	—
2007	841,925	19.70	109,451	9.47	455,671	25.06	276,803	15.80
2008	879,284	4.44	118,845	8.58	438,016	−3.75	322,423	16.48
2009	1,085,036	23.40	130,848	10.10	568,638	29.82	385,550	19.58
2010	1,418,561	30.74	182,192	39.24	752,736	32.37	483,633	25.44
2011	1,620,697	14.25	194,752	6.89	871,435	15.77	554,510	14.66
2012	1,793,732	10.68	204,805	5.16	989,435	13.54	599,492	8.11
2006—2012	＋703,391	16.88	＋104,819	12.69	＋625,064	18.11	＋360,458	16.56

注释：(1) 按2005年可比价格计算，除2012年数据外，各年数据为最终统计数据。(2) “＋”表示增加。

数据来源：宽甸满族自治县统计局：《国民经济统计年鉴》(2008—2012年)。

农民收入的提高主要来自家庭经营收入中第一产业农业和牧业纯收入的增加；此外，还来自工资性收入项目中在本乡地域和外出从业收入的增加，后两者在工资性收入中的比重占到75%，其中外出从业收入在全年纯收入中的比重从2008年的8.99%增加到2012年的9.30%，在工资性收入中占到22.49%。

观察该县农民外出打工的去向，本县、本省、外省甚至国外从业都有，其中以乡外本省内就业为主。2012年，在外出从业收入中，来自乡外县内从业的收入占到户均收入的40.1%，县外省内从业收入占到38.3%，省外从业收入占13.2%，国外从业收入占8.4%。（见表2-19-2）

表2-19-2　2008—2012年宽甸县农村住户全年纯收入中外出从业收入及来源　（单位：元）

年份	户均收入	其中				均收入	其中			
		在乡外县内从业	在县外省内从业	在省外国内从业	在国外从业		在乡外县内从业	在县外省内从业	在省外国内从业	在国外从业
2008	1,774.4	341.7	1,195.2	237.5	—	539.8	104.1	363.5	72.2	—
2009	1,921.7	534.2	1,127.6	260.0	—	600.5	166.9	352.4	81.3	—
2010	2,243.5	852.3	1,123.7	267.5	—	703.8	267.4	352.5	83.9	—
2011	2,993.8	1,225.0	1,292.3	476.5	—	855.4	350.0	369.2	136.2	—
2012	3,374.0	1,353.6	1,293.7	443.8	282.9	970.9	389.5	372.3	127.7	81.4

注释：2008—2011年的统计年鉴中无“在国外从业”栏目。

数据来源：宽甸满族自治县统计局：《国民经济统计年鉴》(2008—2012)。

在县统计年鉴中，2008—2011年的“在国外从业”一栏无统计数据，不过根据该县其他资料，早先出国务工主要通过非正规渠道，直到20世纪90年代初才出现通过正规渠道走出国门的对外劳务输出。经过20年的发展，该县的对外劳务输出工作已完全走上正轨。目前，县政府部门设有专门的职业介绍所，指定经贸局负责对外协调工作，以保障出国劳务人员的安全和报酬。根据2011年1月4日不完全统计，全县通过各种渠道出国劳务的人员平均每年200多人，主要去向为日本、韩国、马来西亚等国，从事的行业有渔工、建筑和加工业。对外劳务输出不仅拓展了农村剩余劳动力的就业渠道，也增加了农户的家庭收入。

此外，因公出国人数逐年增多，经贸考察、旅游促销、基础教育、经济管理培训、出国留学等，涉及的国家扩展到美国、日本、德国、法国、韩国等20多个国家。1998年11月，宽甸县与朝鲜平安北道朔州郡结为友好城市，其后两地每年组织人员进行互访。从宽甸县与朝鲜经贸合作中的劳务输出看，表现为单向性，即引进朝鲜廉价的人力资源。

二、永甸镇样本村劳动力的转移及原因分析

永甸镇位于宽甸镇南部，距离县城28公里。该镇建于明万历初年，当初叫永奠堡，清代设驿站，为历代交通要塞。1956年设立永甸乡，1961年建镇。现全镇12个村128个组，土地面积约299平方公里。2012年，全镇人口24818，男性占51.4%左右，女性占48.6%左右，全镇总人口占全县人口的5.7%。随着外出务工人员的逐步增多，城镇化步伐缓慢地推进，全镇2007年以来总人口数、2009年以来总户数均在下降，2009年以后非农业人口增加。(见表2-19-3)

表 2-19-3　2007—2012年宽甸县永甸镇人口结构

年份	总户数(户)	年末总人口(人)			总人口中非农业(人)	自然增长	
		合计	男性	女性		出生	死亡
2007	7,224	25,863	13,273	12,590	2,821	177	165
2008	7,326	25,704	13,198	12,506	2,747	178	162
2009	7,425	25,402	13,035	12,367	2,708	162	354
2010	7,338	24,923	12,805	12,118	2,802	186	497
2011	7,332	24,816	12,755	12,061	2,935	156	103
2012	7,256	24,818	12,753	12,065	3,074	165	79

数据来源：宽甸满族自治县统计局:《国民经济统计年鉴》(2007—2012)。

永甸镇辖管永甸街、老车站两个居委会，以及窑场、碑沟、湾沟、红旗、坦甸、太平、永甸、牛皮闸、幸福、军民、上趟子、磙子沟12个村。该镇中南部地区为烟叶种植区，全镇区域蕴藏着丰富的矿产:东北部盛产镁矿，东南部铁矿，西南部硅石矿，西北部滑石矿。

从农业的情况看，2012年，全镇人均耕地1.1亩，农作物播种面积27690亩，其中粮食作物播种面积23625亩，占全部面积的85.3%;经济作物播种面积4065亩，占全部面积的14.7%。粮食作物有玉米、谷子、高粱和薯类等。经济作物有烟叶、蔬菜、药材类、瓜果类和油料。从农业生产率状况看，主要的粮食作物和经济作物的单产高于全县平均水平。不过，高粱和其他谷物产量较低，近年播种面积不断缩小;薯类中马铃薯单产高于全县平均单产，但其他薯类单产大大低于全县平均单产;豆类近年的单产也在下降，2011年和2012年低于

全县平均水平。永甸镇某些粮食作物与经济作物产量下降，一与自然灾害有关，二与农村青壮劳动力外出就业相关。

为了对该镇外出务工情况以及对农业经济的影响有一个深入了解，根据出发前的随机抽样，我们对永甸镇的永甸村、碾子沟村、红旗村和坦甸村村委及 200 户人家进行了“入村调查”和“入户调查”。“入村调查”的方式包括问卷调查及对干部的访谈；“入户调查”的方式则是采取入户问卷调查和集中某组样本村民逐一问卷调查相结合的方式。[①]

《入村问卷》共计 12 个部分 86 个问题，调查的主题是“农村劳动力城乡转移状况”，内容涉及人口、劳动力转移、经济、土地、教育、基本公共服务、生态环境、交通运输通信、住房、政治法律、文化情况以及开放性等众多问题。从各村会计提供的数据看，四村合计外出务工者 1518 人，占四村常住人口的 17.7%。具体看，各村劳动力转移状况规模大小不一。（见表 2-19-4）

表 2-19-4　2013 年样本村劳动力转移状况　（单位：人）

村名	常住人口		劳动力转移状况					
	人数	户数	村外乡内	乡外县内	县外省内	省外国内	合计	占人口比重
永甸村	3,820	1,049	200	390	170	40	800	20.94%
碾子沟村	2,015	587	60	80	160	20	320	15.88%
红旗村	1,086	249	2	2	2	14	20	1.84%
坦甸村	1,671	440	3	165	168	42	378	22.62%
合计	8,592	2,325	265	637	500	116	1,518	17.66%

位于永甸镇的永甸村外出务工的人数最多，达到 800 人，在本村全部人口中所占比重占 22.6%；其次是坦甸村 378 人，约占本村人口 21%；位于第三的是碾子沟村，320 人，约占 15.9%；红旗村外出务工者最少，仅 20 人，占 1.8%。分析农民外出务工的原因、流向以及各村劳动力转移规模差异，主要受到以下几个因素的影响：

（1）人均耕地面积。人均耕地面积不足，是农村劳动力转移到城镇就业的最主要原因。从四个村的情况看，永甸村人均耕地面积最少，仅 0.45 亩。相比之下，红旗村比其多两倍，达到 1.38 亩。（见表 2-19-5）这是永甸村劳动力较大规模转移的主要原因。

表 2-19-5　样本村耕地、林地及水面滩涂面积

村名	户籍人口（人）	耕地（亩）		林地（亩）		水面滩涂（亩）	
		面积	人均耕地	面积	人均	面积	人均
永甸村	3,820	1,715	0.45	26,340	6.89	50	0.01
碾子沟村	2,005	2,145	1.07	42,555	21.22	0	0
红旗村	1,086	1,500	1.38	30,000	27.62	0	0
坦甸村	1,641	2,028	1.24	18,500	11.27	1,000	0.61

（2）交通便利程度。这一因素不仅影响农村劳动力转移成本，也影响流向（就业地点的选择）。永甸村位于永甸镇，是 202 省道和 319 省道交汇之要道，离县城 25 公里。此外，也

① 两种问卷调查表内容不一样，“入户调查”见下一个案例。

是凤上线(辽宁省凤城市至宽甸县上河口镇)铁路所经之处。从永甸村去县城务工,可以坐公交车,也可坐火车,还可自驾车,交通十分便利。而直接在本镇打工更是方便,白天在镇上打工,晚上返回村里休息,"离土不离乡"。为此,该村外出从业者中近74%的劳动力流向镇内、县内务工。(见表2-19-6)

表2-19-6 样本村交通与外出务工流向的关系

村名	交通状况			外出务工比重		人均纯收入(元)
	距县城里程	公路	铁路	县内	县外	
永甸村	25公里	省道:铁长线、丹集线	凤上线	73.75%	26.25%	5000
碳子沟村	28公里	临近同上省道	临近凤上线	43.75%	56.25%	6000
红旗村	48公里	乡道	无	20.00%	80.00%	3000
坦甸村	14公里	省道:铁长线	凤上线	44.44%	55.56%	7500

注释:(1)上述里程根据自驾车卫星导航里程计算。(2)调查中,坦甸村会计说,人均纯收入2012年上报县里是9011元,但实际只有6000元。(3)铁长线即202省道,丹集线即319省道。

坦甸村位于县城和永甸镇之间的202铁长线省道上,与县、镇距离均为14公里。往北可到县城坐火车直达沈阳,往南可坐汽车经永甸镇到丹东市,出行便利。因此该村44%以上的外出务工者去丹东和沈阳打工,此外另有11%的人去山东济南和广东深圳打工。

相比之下,红旗村的公路建设比较落后,交通不便,没有省级公路,一条乡村公路据说是在1945年修筑的。该村6组、7组与8组通往外界的乡村道路十分简陋。雨天河水上涨,无桥可行,村里道路泥泞,出行十分不便。该村距离最近的火车站有20公里,距离最近的码头有22公里。从外出务工工作途径看,除坦甸村是"自己出去"外,其他三个村都主要是通过"亲友和老乡带出去"的。因此,红旗村的大部分外出务工者一旦走出山沟沟,就直接去省外从业了,其主要流向是黑龙江,务工领域为建筑业。①

从碳子沟村看,与坦甸村接壤,从永甸镇绕道202省道去县城48公里,因为距离319省道更近,因此外出劳动力去县外省内从业者比例更大些。

显然,"离土不离乡"模式的选择,主要取决于就业概率与机会成本。在就业概率为一定的条件下,如果机会成本很大,比如因为工作地点较远,务工者不得不在城里租房,而收入又不足以维持生活,则农民宁可留在土地上不流动,或索性到路途更远但可能更为赚钱的地方去寻找工作。反之,只要在当地能找到工作,即使收入不高,但只要不增加生活费用支出,大部分农民还是愿意留在当地务工。

(3)教育程度。教育程度局限了外出务工者的从业领域。从表2-19-7可见,四个村中永甸村高中以上学历者达到31.4%,其中大学及以上学历者在全部人口中的比重近达13.1%。该村读书氛围比较浓厚,初中毕业生首先的流向选择是"升学",高中毕业考不上大学,才选择"外出务工"。

---

① 值得一提的是,为了让红旗村6组、7组和8组近百名居民彻底告别出行难问题,2013年年初,永甸镇政府承诺当年将投资220万元修路,改造路基4.75公里,修建漫水桥3座。该工程8月开工,10月竣工。

表 2-19-7　样本村教育程度对外出务工领域的影响

村名	教育程度（人）					毕业主要流向		打工行业	流向省份（排序）
	文盲	小学	初中	高中	大学及以上	初中	高中		
永甸村	700	920	1000	700	500	升学	外出务工	建筑业（修道筑桥）	本省、山东、内蒙
	68.59%			18.32%	13.09%				
碾子沟村	485	440	500	500	80	外出务工	外出务工	建筑业（修道筑桥）	本省、吉林、广东
	71.07%			24.94%	3.99%				
红旗村	10	1046	20	10	0	外出务工	务农	建筑业	黑龙江
	99.08%			0.92%	0				
坦甸村	0	801	800	30	10	外出务工	外出务工	建筑业	本省、广东、山东
	97.56%			1.83%	0.61%				

注释：(1) 由于红旗村各教育程度人口相加不等于该村户籍人口，这里将少算的 25 人加到小学学历上。(2)“流向省份”，流向广东的，在深圳；流向山东的，在济南；流向本省，除了本县外，主要在丹东和沈阳。

而碾子沟村则不一样，尽管高中以上学历者 28.9%，其中大学及以上者近 4%。不过，无论初中毕业生，还是高中毕业生，主要流向选择都是“外出务工”。分析原因，可能来自外出务工者的示范效应。从表 2-19-6 可见，该村人均纯收入高于位于镇上的永甸村，而其 56%以上的外出务工者是在本县外打工。对于人均耕地不足 1.1 亩的碾子沟村民来说，外出务工尤其是到广东、深圳等大城市赚钱，增加收入，有着很大的诱惑。

红旗村和坦甸村教育程度比之上两个村要低得多，97%—99%的村民为初中及以上学历。红旗村初中与高中毕业生主要毕业流向是“外出务工”和“务农”；坦甸村则都是“外出务工”。外出务工人员的教育程度局限了其就业领域，四个村外出务工人员主要从事建筑、修道筑桥。

(4) 多种经营状况。在询问“最近五年本村是否出现过劳动力大规模流入或流出”时，除了坦甸村作了肯定的回答外，三个村都作了否定的回答。换言之，这些村的劳动力转移并非从近五年才开始的。“外出务工的主要原因”是什么？“农业收入少”是四个村的一致回答。除此外，永甸村和坦甸村还选择了“地少无活干”。值得注意的是，虽然这一地区自然灾害频频，如水灾、风灾、雹灾，但四个村的干部一致否认自然灾害是外出务工的重要原因。(见表 2-19-8)

表 2-19-8　样本村多种经营状况及外出务工原因

村名	留守劳动力从事的行业					外出务工的主要原因			
	农业		畜牧业		副业				
	主要粮食/经济作物	农业产值（万元）	种类	产值（万元）	类别	农业收入低	附近没有合适的就业机会	地少无活干	自然灾害
永甸村	玉米	600	猪/鸡	50	柞蚕	√		√	×
碾子沟村	烟草	480	畜牧	100		√			×
红旗村	烟草	100	—	—	柞蚕	√	√		×
坦甸村	玉米大豆	500	猪/鸡	400		√		√	×

与东部沿海地区村办企业红红火火不同,这四个村都没有村办集体企业,只有外来投资建立的私营矿业公司(除红旗村外),农民只能通过发展特色农业增加收入。近年,宽甸县开展"一县一业、一乡一特、一村一品"的产业发展战略,发展林地经济,推进农业特色基地建设,红旗村成为烟草种植基地。农民大面积地种植烟草,粗加工后,卖到县城烟草收购站,此外发展柞蚕业。由于有了新的创收渠道,该村村民外出打工人员比之其他三个村要少很多,在全部人口中,仅占 1.84%。

三、宽甸县经济发展中出现的问题及思考

调查发现,当地的经济发展中面临着以下一些急待解决或值得思考的问题:

1. 经济开发与生态环境保护之间的矛盾

宽甸县风景优美,矿产资源丰富,但却不是一个富裕的县。四个村的干部认为本村发展最缺的就是资金、人才、技术和好的项目。(见表 2-19-9)除了红旗村外,另三个村都有村外人投资的公司:永甸村有三家矿业公司(圣宝矿业、昌兴矿业和津源镁业);碾子沟村和坦甸村各有一家矿业公司(津港矿业、玉龙镁业)。矿业、石材及加工业的开发或生产带来了废气、污水等环境污染问题。

表 2-19-9 样本四村干部对本村优势与劣势的分析

村名	本村发展经济、增加农民收入的优势						本村经济发展的主要薄弱环节						
	劳动力丰富/村民勤劳	外出打工	资源丰富			交通便利	缺乏资金	地少人多	缺乏人才/无技术	百姓对政策不认可	无好的带头人	找不到好项目	无企业
			矿产	森林(土特产)	土地丰富或肥沃								
永甸村	√	√					√	√					
碾子沟村			√	√		√	√	√	√	√			
红旗村	√				√		√		√		√	√	
坦甸村		√						√	√				√

在所调查的四个村里,村干部对当地生态环境的基本判断一致为"有些污染"。他们认为,主要污染来自:"企业污染",占 50%;"生活污染",占 50%;"农药污染",占 25%。从"企业污染"看,认为源自镁矿开采与深加工、化工厂(硼酸厂)严重污染、水泥厂污染等。而"农业污染"来自农药污染,比如部分除草剂(24TJ、2 钾 4 氯)对瓜果损害很大,一家农户使用该除草剂,直接影响到不使用农药的邻家的瓜果生长。当地人坦言:农户自己吃的菜和瓜果不打农药,但卖到市场的就不管了。

在入户调查的四个村,合计被调查的农户中 59.7%认为当地"几乎无污染",其中无企业的红旗村高达 88%的比重,而永甸村和坦甸村只有 40%—43%的村民认可。认为"有点污染"的,四个村合计占比达到 32.7%,其中永甸村高达 62%。农民认为,这些污染主要来自空气污染、废水污染、土壤污染、固体污染、牲畜粪便污染、白色塑料污染、农药污染以及噪音污染。坦甸村 53%被调查的村民认为在这些污染中,废水污染是当地面临的最为严峻的环境问题,其中 65%的人认为已造成"严重污染"。(见表 2-19-10)村干部说,有关污染问题已经多次与上级反映,但一直得不到治理。由此,也带来群访问题。①

① 坦甸村的书记为县人大代表,他曾就硼酸厂造成的水污染在人大会上作为议案多次提出,但一直得不到解决。

表 2-19-10 样本户对环境评价的选择

村名	几乎无污染	有些污染									严重污染（废水）	样本数（户）
		空气污染	废水污染	土壤污染	固体污染	牲畜污染	白色污染	农药污染	其他	合计		
永甸村	20	11	7	4	1	3	3	1	1	31	0	50
碾子沟村	32	8	1	4	1	0	0	0	2	16	0	47
红旗村	44	1	2	1	1	0	0	0	1	6	0	50
坦甸村	21	1	9	0	1	0	0	0	0	11	17	49
合计	117	21	19	9	4	3	3	1	4	64	17	196

注释：(1) 对那些选择“几乎无污染”，但指出存在“空气污染”等的样本都归到“有些污染”栏目中；“其他”污染，如噪音污染等。(2) 因为对“有些污染”的说明存在多项选择，故合计不等于样本总数。

2. 群访现象

为了发展经济，一些村将山林租给个体老板开矿，而联产承包后村里的山林早已划分给村民个人使用，为此征用山林开矿遭到村民反对。一些干部认为：国土资源归国家所有，村民个人只拥有山林地皮的使用权，山地的所有权仍在集体。在坦甸村调查时，我们遇到一群村民徒步去县里告状，被陪同我们调查组的镇干部阻拦在村委会门口进行调解。根据村干部介绍：这个山林已经卖给矿老板，后者要在这里开石材，村民不同意，去镇上咨询。村干部的意见是：从开采的利润中分一些给农民作为补偿。镇政府对上访村民的答复是：将找矿老板谈，进行协调。但农民无耐心，聚集在一起要去县里告状。过去，该村从未出现过上访事件，但从今年开始上访现象出现了，而且一上访就是群体上访。“都是从电视上看的，学的。”干部无奈地说。抽样调查中也遇到因抽到“上访组”而换组调查的情况。“该组是这里有名的‘上访组’，我担心你们进屋后几个小时都出不来。”村主任说。为了保证本次调查工作顺利进行，只能重新抽样，换成另一组。

“村干部”是中国行政区划干部级别中最基层的“芝麻官”，每天遇到的、处理的事宜直接关系到村民的切身利益。因为这一群体主要来自本乡本土，村民们对其既熟悉，又少了拘谨。“村干部”的威信主要来自其工作的业绩及本族人在当地的实力。随着电视的普及，村民维权意识日益增强，大事小事都要“讨个说法”，让村干部心力交瘁。

坦甸村书记认为，如今干部的工作很难做，当地村民“遇事首先看对己是否有利，无利就反对”。他认为，农村基层干部工资低(600元/月)，任职期间大部分时间处理村内各类事务，无暇顾及自家耕地，年老后生活无保障，陷入贫困；工作期间，易与村民造成摩擦，退下来以后生活处于中低下水平。他建议，关心这部分群体，建立起农村基层干部的保障体制。

永甸村村主任认为，目前国家给农民补这补那，都不起什么作用，比如粮食自补。永甸村人均就三分地，给的钱还打了折，有的只分到几块钱，百姓对干部有意见。其实，这些补贴都可取消，将钱集中在农民保险上。

3. 贿选问题

2013年，宽甸县各村进行村委会换届选举，某村支书认为换届后人与人之间的关系反而变得不和谐了。从形式上看，干部由民主选举产生，实际上根据《村民自治法》进行的村委会选举工作在一些地方是失败的。选举中，家族势力、贿选(花重金买选票)、拉党结派，乱象丛生，上级党委、村委会往往失控。他认为，在目前的制度下，还是应该强调在党委的领导下进行村委会选举，不能完全都下放给百姓，民主应与集中相结合。此外，他认为，三年一任期的村委会干部任职制度制约了村里发展，因为时间太短，无法实施长远规划。可以延长任期，但同时建立干部的考评机制，每年由村民来考评干部，不称职者随时都可换下。

关于村委会选举中出现的贿选问题，后来我们也从当地司机口中得到证实。该司机曾受雇去省城和丹东将那些外出务工者拉回来投票。“一下车就有人发钱，让其去投指定人选”，他说，“否则谁老远跑回来投票啊”。

不过，从对样本村200户(有效样本199户)调查的实际情况看，2013年，村委会选举总体得到村民的肯定，认为村委会的选举是“非常公平、公正”的，占到74.37%；认为候选人的家族影响力对选举影响“很大”的，占7.04%；认为“不大”和“一般”的，占74.87%。(见表2-19-11和图2-19-1)抽样调查的结果表明，大部分村民对换届选举工作还是满意的。某村支书的反映显然是指全县各地村委会在换届中出现的问题，而不是特指本村。

表 2-19-11　样本户对村庄治理问题的回答(1)

村名	选举过程是否公开、公正				当村上村委会干部由谁决定				村里主要事务由谁决定					
	非常公平公正	一般	不公平不公正	不知道	村民选举	上面定好	我的一票不起作用	没想过不重要	支书村主任	村干部	干部与村民	村民代表	全村表决	不太清楚
永甸村	43	5	0	2	44	2	1	3	25	0	9	2	8	6
碾子沟村	37	9	2	2	44	0	4	2	22	9	3	2	4	10
红旗村	35	8	5	2	41	4	3	2	17	11	7	4	3	8
坦甸村	33	10	4	2	41	3	3	2	25	5	6	4	3	6
合计	148	32	11	8	170	9	11	9	89	25	25	12	18	30
比重(%)	74.4	16.1	5.5	4.0	85.4	4.5	5.5	4.5	44.7	12.6	12.6	6.0	9.0	15.1

注释：(1)“上面定好”指“上面都定好了，选也白选”；“没想过不重要”指“没想过，选举对我来说不重要”。(2)“支书村主任”该栏为“支部书记”“村主任”“支部书记和村主任共同决定”三种选择的合计，其中选择“支部书记和村主任共同决定”上述各村依次为22、18、8、9户；“村干部”指“村干部讨论决定”；“干部与村民”指“村干部和村民代表讨论决定”；“全村表决”指“全村人表决决定”。(3)因问卷印刷装订缺页，坦甸村有份废卷，因此各问题合计样本户为199户，而不是200户(每村样本50户)。

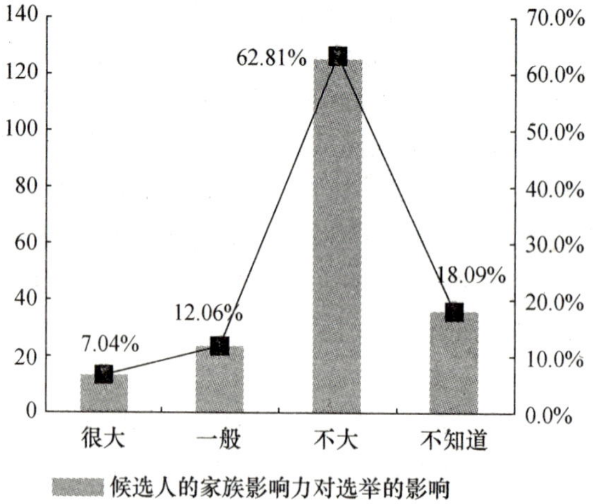

图 2-19-1　样本户对“候选人的家族影响力对选举的影响”问题的回答

村委会民主选举工作在中国已经推行多年，基层民主选举工作是中国民主化、法制化进程的一部分。让基层百姓通过直接投票的方式选举出值得信任的基层干部，从而实现自我管理、自我教育、自我服务，对我们探索在更高层次上推进民主选举制度有着积极的意义。目前，村委会选举中出现的乱象丛生问题，可以通过完善《村民自治法》加以监督或规避。

四个村的村民对现任村干部的满意程度如何？调查中发现，“很满意”近达55%，“比较满意”36.7%，两者相加，满意度达到91%以上。而不满意者只占4.53%。（见图2-19-2）

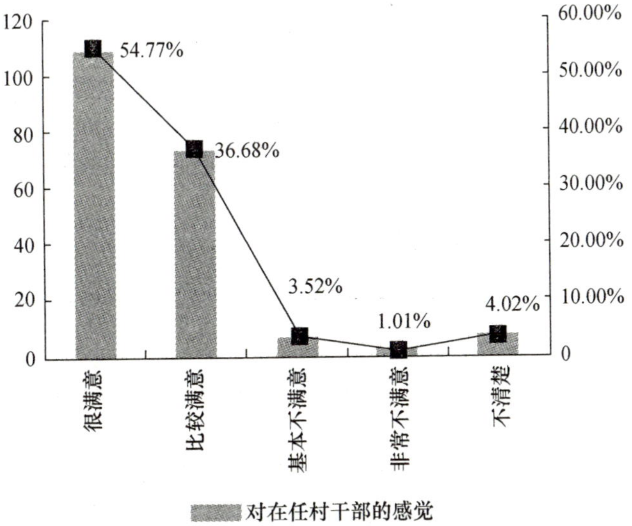

图2-19-2　样本户对目前在任“村干部”的感觉

值得注意的是，那些对村干部表示“很满意”的被调查者，其中大部分对村委会的财务支出不清楚，199个样本户中“不清楚”“不关心”村委会财务支出的占到78%以上，对村委会的财务支出是否合理，“不清楚”“不关心”者占到73%以上。（见表2-19-12）

表2-19-12　样本户对村庄治理问题的回答(2)

村名	对村委会财务支出都清楚吗				村委会的财务支出是否合理				
	非常清楚	基本清楚	不清楚	不关心	非常合理	基本合理	不合理	不清楚	不关心
永甸村	10	11	25	4	11	13	0	24	2
磙子沟村	3	2	40	5	4	7	0	34	5
红旗村	7	3	36	4	7	4	1	34	4
坦甸村	4	3	40	2	3	3	0	41	2
合计	24	19	141	15	25	27	1	133	13
比重(%)	12.06	9.55	70.85	7.54	12.56	13.57	0.50	66.83	6.53

联系村民对干部的高比率的满意度，这一矛盾现象可以用以下理由加以解释：第一，包产到户、农业税取消后，农户更关注的是自身发家致富，只要村委会不从自家小院里或地里取走什么，就是好干部；第二，近年从中央到地方一系列惠农政策的实施，如粮种补贴或粮食自补、低保补助、养老院建立、新农村基本养老保险制度的建立等好政策，都是通过一名名村干部走户进院具体落实下去的，干部的工作得到了村民的充分肯定；第三，在缺乏乡镇企业的村集体经济中，不少村子收支处于赤字状态，只要村里不向村民摊派点什么，不少村民懒得问及村里那些开支。表2-19-13是入村调查中四个村会计提供的2012年本村公共收支

情况,从中可见,四个村中永甸村和红旗村收支平衡,碾子沟村连村干部的工资或补贴都发不出,而坦甸村则是赤字 4.05 万元。

表 2-19-13 2012 年样本村公共收支状况

村名	公共收入(万元)			公共支出(万元)					集体财务收支平衡(万元)
	集体财务收入合计	中央财政补贴(转移支付)	上级政府拨款(粮种贴补)	集体财务支出合计	其中				
					教育事业	村组干部工资/补贴	村行政管理	公路维修事业	
永甸村	1.5	4.86	12.82	1.5	0.15	0.8	0.1	0.45	0
碾子沟村	0.28	4.86	17.12	0.28	0.05	0	0	0.23	0
红旗村	3.9	0	11.22	3.9	0	2.1	1.8	0	0
坦甸村	0.4	1.96	15.17	4.45	0	2.15	2.3	0	−4.05
合计	6.08	11.68	56.33	10.13	0.2	5.05	4.2	0.68	−4.05

4. 缺乏团结的领导班子

调查中,我们深切地感到,当地缺资金、缺技术,缺人才,更缺团结的领导班子。红旗村在四个村中相对贫困,2012 年人均年收入 5000 多元,至今连个村委会办公的地点都没有,"有工作就拿回家去做",妇女组长解释说。该村全年家庭纯收入最高户为矿老板,200 万元,最低户只有 3000 元。2013 年,村民们将最富裕的矿老板选为村支书,显然是希望其带领全村人致富。我们入户调查时,该村支书一直在忙碌地打电话,处理自己矿上的业务,连对其家庭的调查都交付给热心的妇女组长来回答。该村无"村规民约",干部之间的关系似乎也不融洽。有干部认为,该村土地肥沃、资源丰富,村民勤劳是发展经济的优势;但"无好的带头人""缺乏人才、资金、好的项目"是该村经济发展的主要薄弱环节。本人认为,还缺一个团结、相互协作的好的领导班子。

5. 文化程度普遍较低,局限了就业领域

宽甸县农村人均耕地 1.4 亩,[①]其中一些村不足 1 亩。农村大量劳动力需要通过外出务工来解决生计。根据宽甸县统计局每年对本县 8 个乡镇 80 户农村住户人口及劳动力就业状况的随机抽样调查结果,2012 年样本农户中每两户就有 1 人外出就业,外出就业人口占到劳动力 17.62%,比之 2010 年的 13.72%有所提高。(见表 2-19-14)

表 2-19-14 2010—2012 年宽甸县统计局对农村住户人口与劳动力就业状况抽样调查结果

年份	抽样人数			劳动力文化程度						外出就业劳动力人数		
	总计	其中		文盲	小学	初中	高中	中专	大专及以上	外出就业人数	户均外出就业人数	占劳动力比重(%)
		整半劳力	整劳力									
2010	255	194	109	3	59	97	25	5	5	35	0.4375	13.72
2011	280	228	126	1	68	120	24	9	3	—	—	—
2012	278	227	116	2	67	120	25	9	3	40	0.5	17.62

数据来源:宽甸满族自治县统计局:《国民经济统计年鉴》(2010—2012)。

① 按 1985 年全县农业耕地 48.8 万亩,2012 年乡村人口 344353 人计算。前一数据来自宽甸满族自治县政府门户网站:"走进宽甸",http://gaikuang.lnkd.gov.cn/view.jsp? u=F57B375D31C50BB9,后一数据来自该县统计局:《国民经济统计年鉴》(2012),第 9 页。

从外出劳动力受教育程度看，初中及以下文化程度者占 80%，由此决定了外出就业领域主要为第三产业（占 62.5%），并且主要是为生活提供服务的服务业和建筑业；其次是第二产业，主要是制造与采矿业（占 22.5%）；最后是农业（占 15%）。（见表 2-19-15）

表 2-19-15　2012 年宽甸县农村外出就业劳动力教育程度及就业领域

劳动力文化程度构成（%）				外出劳动力就业领域（%）									
小学	初中	高中	中专	农业	采矿	制造	电气水	建筑	运输	批零售	餐宿	房地产	其他
15.0	65.0	17.5	2.5	15.0	10.0	12.5	2.5	27.5	2.5	5.0	10.0	7.5	7.5

注释："农业"指农、林、牧、渔业；"电气水"指电力、燃气及水生产和供应业；"运输"指交通运输、仓储和邮政业；"批零售"指批发和零售业；"餐宿"指住宿和餐饮业；"其他"指居民服务和其他服务业。

数据来源：宽甸满族自治县统计局：《国民经济统计年鉴》（2012），第 114—119 页。

一些村子有重教的传统，村民通过读大学走出农村或转移到非农业领域就业。其中，永甸村户籍人口中拥有大学学历及以上者占 13%。为了让孩子接受更好的教育，一些村民将孩子送到外村或镇上小学，由此也带来教育资源的浪费。坦甸村支书反映，当地存在小学资源严重浪费的现象。村里小学有 30 名学生；下面偏远点的居民小学 2 名学生配置 4 名教师，每月需开支教师工资 3000—4000 元。居民小学学生少的原因在于生源流失到其他地区教学质量较好的学校。为什么不可以将附近各村的学生合并在一个学校呢？他建议，整合资源，合并小学，通过专车接送学生。

五、总结与建议

综上所述，宽甸县经济发展既存在得天独厚的自然资源、人文环境等优势，也存在自然灾害频繁、经济发展各要素相对稀缺、资金积累受限以及周边国家政局变化等影响经济发展的劣势。不过，东北地区的大开发、全国城镇居民生活水平的提高、中央及地方政府的惠农政策以及县政府的产业发展战略，既为农村剩余劳动力转移到城镇提供了就业岗位，同时也为滞留或返回到农村的劳动力提供了发展的机遇。值得注意的是，像其他地区那样，宽甸农村也出现了经济发展与环境保护之间的冲突，出现了非农产业发展与农业发展之间的矛盾。（见表 2-19-16）

表 2-19-16　宽甸县农村经济发展的 SWOT 分析

<table>
<tr><th colspan="3">优势</th><th colspan="2">劣势</th></tr>
<tr><td rowspan="3">自然资源丰富</td><td>土特产</td><td>板栗、木耳、蚕丝</td><td>自然灾害频繁</td><td>风灾、水灾、雹灾、旱灾等交替发生</td></tr>
<tr><td>天然中草药库</td><td>辽细辛、辽五味、人参等名贵药材</td><td rowspan="4">经济发展的基本要素不足</td><td>户均文化程度较低</td></tr>
<tr><td>特色产业</td><td>蜂蜜、蛙类、柞蚕业</td><td>缺资金、缺投资</td></tr>
<tr><td rowspan="2">交通运输便利</td><td>公路</td><td>"村村通"：201 国道、铁长线、宽碑线、丹通线</td><td>缺技术、缺好的项目</td></tr>
<tr><td>铁路</td><td>凤上线</td><td>缺创新性人才、缺开拓性带头人</td></tr>
<tr><td rowspan="2">环境优美</td><td>森林覆盖率</td><td>76%，位列全国前茅</td><td rowspan="2">资金积累程度受限</td><td rowspan="2">农村年人均纯收入 10445 元，相当于 1685 美元，村委会财政积累不足，村民之间存在较大的贫富差别，一些农户负债压力较大</td></tr>
<tr><td>景点</td><td>黄椅山森林公园、虎口长城、鸭绿江等</td></tr>
</table>

(续表)

<table>
<tr><th colspan="3">优势</th><th colspan="2">劣势</th></tr>
<tr><td rowspan="2">人文环境</td><td>少数民族地区</td><td>满族、朝鲜族集居地以及多民族融合地</td><td rowspan="3">周边国家政局变化</td><td rowspan="3">朝鲜局势的不稳定直接影响到双边投资、贸易、旅游等经济合作活动的开展</td></tr>
<tr><td>边境地</td><td>与朝鲜隔江相望</td></tr>
<tr><td>劳动力丰富</td><td colspan="2">村民勤劳、朴实，外出务工较多</td></tr>
<tr><th colspan="3">机遇</th><th colspan="2">挑战</th></tr>
<tr><td colspan="2">东北地区的大开发</td><td>带来建筑业、服务业、加工业就业岗位的增多</td><td rowspan="2">环境问题</td><td rowspan="2">矿产资源开发产生的水污染；农药的使用产生的蔬果污染；家禽业的发展产生的粪便污染和空气污染；加工业的发展产生的空气污染等，带来群访事件的出现</td></tr>
<tr><td colspan="2">全国城镇居民生活水平的提高</td><td>增加了农副产品的需求</td></tr>
<tr><td colspan="2">中央及地方政府的惠农政策</td><td>包括粮种补贴，农民最低保障制度、新农村基本养老保险制度以及乡镇敬老院或养老院的建立等</td><td rowspan="2">农业发展后劲问题</td><td rowspan="2">大部分青壮年外出务工，农村主要留下妇、老、病、残、幼，影响到农业生产的发展</td></tr>
<tr><td colspan="2">县政府的产业发展战略</td><td>“一县一业、一乡一特、一村一品”产业发展战略的提出，为农业特色基地，如玉米、柞蚕、烟草种植基地的建立提供了政策支持</td></tr>
</table>

永甸镇农户市场化的选择证明了“离土不离乡”或者“离土不离县”“离—返交替”模式适合一些地区剩余劳动力的转移。小城镇的发展有利于支撑这一模式的建立。发展小城镇不仅有利于在当地创造非农就业岗位，吸引部分农村剩余劳动力离土就业，为一些农户所渴望的“离土不离乡(县)”及“离—返交替”的半农半工模式创造条件，还可缓解城市的就业压力，克服因大量青壮劳力离开农田带来农业生产发展滞后的问题。此外，小城镇的建设也将推动当地农产品市场的形成以及“一村一品”产业发展战略的实施。不过，目前宽甸县城镇发展速度还比较缓慢，其原因在于缺乏主导产业，为此本人建议以旅游业为主导产业，拉动特色农业的发展和加工业的发展：

(1) 开发生态旅游和民族特色旅游。目前，宽甸的旅游仅停留在网页上，许多人不知道东北有这么一个美丽的地方。建议通过“扶贫广告”形式在主流媒体加以宣传。同时，规划好旅游景区的硬件建设，包括农村厕所改造、旅游产品开发、旅游景点建设等。现在，这里的景点都较小，不成片，应该很好地策划几条线路，比如“志愿军赴朝之路”“一村一品农家乐”“满族—朝鲜族村落两日游”“东北特产(山珍)采购游”等。同时，不局限在宽甸地区，与丹东的景点结合在一起。通过发展旅游业，带动当地土特产、民族工艺品的生产和销售。

(2) 推动一村一品、特色农业和农产品加工业的发展。目前，无论是烤烟种植基地、柞蚕基地，还是矿产开发，都只是原料生产基地，县里企业统一收购，或做一些粗加工，附加值低，农民收益也少。建议宽甸县与先进地区企业合作，建立基地农民参股开发模式，通过合作，引进技术人员、先进设备，进行深加工。

(3) 划定投资范围，加强环境监督。在引进投资项目中，为保护当地环境，地方政府可出台投资“负面清单”，严格监控加工业、采矿业可能带来的废水、废气、废渣问题。在环境监督上，可设立村民环境监督员，发生问题及时汇报、及时处理、及时整改，建立污染赔偿制度。

此外，将环境保护作为考核各级干部业绩的首要指标，以此实现可持续发展。

（林　珏）

（说明：上海财经大学2013年度"千村调查项目"宽甸调查组，领队为林珏，副领队为芮放梅，队员包括谢汶莉、徐吟川、陈曦临、蓝紫文、赵静美、苏博、郑芳、庆洋。）

【讨论题】

1. 宽甸满族自治县永甸镇四个调查样本村经济发展程度如何？存在的问题有哪些？解决的途径何在？

2. 吸引当地农村劳动力外出务工的因素有哪些？农村剩余劳动力外出打工给农村经济带来哪些变化？

3. 该少数民族地区经济发展中遇到的问题是具有特殊性还是具有普遍性？

【参考资料】

1. 宽甸满族自治县统计局：《国民经济统计年鉴》(2007—2012)。

2. 宽甸满族自治县政府门户网站：走进宽甸，http://gaikuang. lnkd. gov. cn/view. jsp? u=F57B375D31C50BB9。

【案例 2-20】 民族地区的农村劳务输出与经济发展:入户调查

为了对 21 世纪初以来我国农村劳动力城乡转移以及对农村经济的影响程度有一个基本的了解,2013 年 7 月至 8 月,上海财经大学“千村调查项目”组成 30 个调查小组,奔赴全国 25 个省、自治区、直辖市的 30 个乡镇,进入 120 个村及 6000 户农家进行了实地调查。本人带队一行 10 人调查的地点是辽宁省丹东市宽甸满族自治县永甸镇。

一、样本户外出务工的基本状况

宽甸县为全国最大的边境县,该县东面及东南面与朝鲜隔江相望,边境线长达 216.5 公里。全县 19 个镇,3 个乡,总面积为 6193.7 平方公里。我们调查的永甸镇位于宽甸县南部,距离县城 28 公里。(见表 2-20-1)

表 2-20-1 宽甸县乡镇、村、组及距县城公里数

乡镇	村委会	村民组	距县城(公里)	乡镇	村委会	村民组	距县城(公里)
宽甸镇	4	24	—	杨木川镇	8	88	50
石湖沟乡	13	98	2.5	太平哨镇	11	129	55
大川头镇	7	79	17	八河川镇	5	69	65
青椅山镇	9	105	20	古楼子乡	5	60	68
硼海镇	7	84	26	大西岔镇	9	114	75
永甸镇	**12**	**128**	**28**	青山沟镇	4	76	75
灌水镇	9	142	31	虎山镇	9	79	89
毛甸子镇	10	110	31	振江镇	6	79	93
长甸镇	9	170	35	步达远镇	11	103	108
红石镇	9	130	41	下露河朝鲜族乡	6	79	117
双山子镇	8	92	44				
牛毛坞镇	7	77	50	合计	178	2115	—

资料来源:宽甸满族自治县党史县志办公室编绘:《宽甸概览》(地图),2010。

永甸镇辖管永甸街、老车站两个居委会,以及窑场、碑沟、湾沟、红旗、坦甸、太平、永甸、牛皮闸、幸福、军民、上趟子、磙子沟 12 个村。我们在永甸镇调查的四个村为永甸村、磙子沟村、红旗村、坦甸村,每村抽取二组 50 户,四村 200 户,共计 823 人,进行“入户调查”。“入户问卷”内容涉及家庭成员基本情况、就业经历、健康和社会保障、子女教育、公共服务、家庭收支及资产情况六个部分148个问题(不少问题中还有若干小问题)。①

根据调查样本,四个村外出务工的户数在所调查的户数中占61%。其中,坦甸、永甸、碾子沟三个村66%—70%的家庭都有成员外出务工,红旗村占40%。(见表2-20-2)2012年,他们务工的时间从1个月到12个月不等,74%的人外出打工时间为半年及以上,全年平均务工时间为8.3个月。(见表2-20-3)

表2-20-2　样本户外出务工状况

村名	被调查的户数		被调查的人数		2013年仍在外打工				被调查户的耕地			全村人均耕地(亩)
	数量(户)	占该村比重(%)	数量(人)	占该村比重(%)	户数		人数		总数(亩)	人均(亩)	务工家庭人均(亩)	
					数量(户)	占比(%)	人数(人)	占比(%)				
永甸村	50	4.77	215	5.63	34	68	52	24.18	111.5	0.52	0.550	0.450
碾子沟村	50	8.52	189	9.38	33	66	41	21.69	140.7	0.83	0.820	1.070
红旗村	50	20.08	202	18.60	20	40	29	14.36	341.5	1.97	1.890	1.380
坦甸村	50	11.36	217	12.99	35	70	56	25.81	261.4	1.20	1.130	1.240
合计	200	8.60	823	9.58	122	61	178	21.63	855.1	1.10	0.997	0.864

注:(1)外出务工人数包括常年在外打工以及一年打几个月零工者。(2)人均耕地的计算,碾子沟村和红旗村分别按45户和44户计算,因为分别有5张和6张问卷调查表中亩数信息遗漏(缺失),相应地,该栏合计按189户计算,而务工家庭人均耕地的计算则将缺失耕地信息的家庭人口剔除。

表2-20-3　2012年样本户外出务工时间长短统计

村名	2012年样本户外出务工人员打工时间、人数合计(人)												平均务工时间		
	1个月	2个月	3个月	4个月	5个月	6个月	7个月	8个月	9个月	10个月	11个月	12个月	样本数	务工月数合计	人均(月)
永甸村	1	1	7	4	4	15	2	12	1	3	5	15	70	525	7.5
碾子沟村	1	3	5	4	0	13	1	2	3	2	0	13	47	335	7.1
红旗村	0	0	1	2	4	0	2	3	2	1	1	16	32	300	9.4
坦甸村	0	0	0	2	4	5	3	4	0	9	4	24	55	533	9.5
合计	2	4	13	12	12	33	8	21	6	15	10	68	204	1,693	8.3

观察就业时间的长短、地点与从业领域的关系,可以发现一般务工时间达到全年(即12个月)的,其务工地点往往在南方城市,或者从事的行业为非建筑行业。表2-20-4显示的是四个村外出务工流向和主要从事的行业。从中可见,85%左右的务工者选择在本省内打工,从事的行业主要为建筑业和服务业,而在制造业等需一定技能的部门从业者很少。

① 由于一些问卷或因调查人员的忽略,或因被访问者不愿意透露相关信息,或因被访问者年岁较大不清楚家庭内外出人员、收入、支出等准确信息,本节各部分的统计分析基于实际有效问卷。

表 2-20-4　2012 年样本户外出务工流向及主要从事的行业　　(单位:人)

村名	项目名称		村外县内		县外省内		省外国内		合计	
			人数	比重	人数	比重	人数	比重	人数	比重
永甸村	外出务工人数(人)		22	30.6%	42	58.3%	8	11.1%	72	100.0%
	主要从事的行业	建筑业	11	31.4%	21	69.0%	3	8.6%	35	48.6%
		服务业	4	26.7%	10	66.7%	1	6.7%	15	20.8%
		制造业	3	60.0%	1	20.0%	1	20.0%	5	6.9%
碳子沟村	外出务工人数(人)		22	42.3%	22	42.3%	8	15.4%	52	100.0%
	主要从事的行业	建筑业	3	20.0%	4	26.7%	8	53.3%	15	28.8%
		服务业	4	44.4%	4	44.4%	1	11.1%	9	17.3%
		采矿业	4	80.0%	0	0	1	20.0%	5	9.6%
红旗村	外出务工人数(人)		11	28.9%	22	57.9%	5	13.2%	38	100.0%
	主要从事的行业	服务业	6	46.2%	7	53.8%	0	0	13	34.2%
		建筑业	2	25.0%	4	50.0%	2	25.0%	8	21.1%
		制造业	0	0	3	60.0%	2	40.0%	5	13.2%
坦甸村	外出务工人数(人)		22	37.9%	29	50.0%	7	12.1%	58	100.0%
	主要从事的行业	服务业	7	43.8%	6	37.5%	3	18.8%	16	27.6%
		建筑业	4	30.8%	6	46.2%	3	23.1%	13	22.4%
		运输业	4	50.0%	4	50.0%	0	0	8	13.8%
合计	外出务工人数(人)		77	35.0%	115	52.3%	28	12.7%	220	100.0%
	主要从事的行业	建筑业	20	28.2%	35	49.3%	16	22.5%	71	32.4%
		服务业	21	39.6%	27	50.9%	5	9.4%	53	24.1%

注:“建筑业”包括建筑、修路、修桥;“服务业”包括餐饮、售货、影楼、旅店、保安、打更等;“运输业”包括运输、司机;“制造业”指制造生产企业。

这不仅因为打工者的文化程度较低(90%左右为初中及以下学历),限制了其从事的行业(见表 2-20-5),也因为近些年无论是新农村建设还是刺激经济需要,各地大兴土木,开发建设住宅,修筑公路、铁路、桥梁,使得建筑业劳动力需求剧增。不过,由于东北地区的建筑业(包括修桥、修路)受到寒冷天气的影响①,因此在该行业的务工时间一般为半年。

表 2-20-5　样本户外出务工人员的文化程度　　(单位:人)

村名	小学以下		小学		初中		高中、中专		大专、大学		合计
	人数	比重	人数	比重	人数	比重	人数	比重	人数	比重	
永甸村	5	6.7%	10	13.3%	52	69.3%	6	8.0%	2	2.7%	75
碳子沟村	5	10.4%	12	25.0%	28	58.3%	2	4.2%	1	2.1%	48
红旗村	2	4.9%	22	53.7%	11	26.8%	4	9.8%	2	4.8%	41
坦甸村	0	0	23	37.7%	31	50.8%	4	6.6%	3	4.9%	61
合计	12	5.3%	67	29.8%	122	54.2%	16	7.1%	8	3.6%	225

二、样本户外出务工的原因分析

样本村将农村劳动力“推”往城市的力量主要来自:

① 就丹东来说,当年 11 月至次年 3 月,有 5 个月平均气温在摄氏 5 度至零下 10 度。沈阳更冷。

(1) 耕地不足。考察人均耕地状况及务工家庭人均耕地状况(见图 2-20-1)，永甸、碳子沟、坦甸村人均耕地较少，这显然是促使村民外出务工的一个重要推力。相比之下，红旗村人均耕地面积较为丰裕，近达 2 亩，若再算上山林(人均 27.6 亩，见表 2-20-2)，自家地里有干不完的活，因此该村外出务工的家庭和人数比之前三个村要相对少一些。

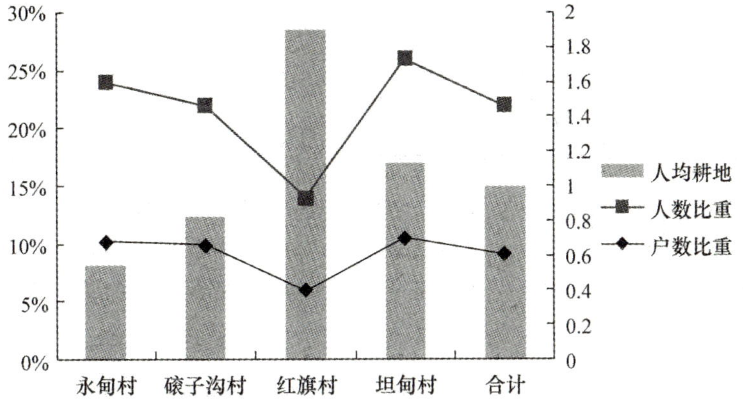

图 2-20-1　样本户户均和人均外出务工及人均耕地面积

注:"人数比重"指样本人口中仍在外打工者所占比重;"户数比重"指样本户数中仍有成员在外打工家庭的比重;"人均耕地"指样本户人均耕地面积(单位:亩)。

红旗村非务工人员在回答有关"为什么不外出务工"时，基本答案就是"照看本地生意"。

(2) 农业收入低。在有关"外出务工原因"问题上，85%左右的外出务工家庭的回答是"增加收入";其后就是"在家无事做"，占 10.5%;此外，"想留在城市"，占 4.2%;"创业"，占 2.1%;"子女教育"，占 1.4%。(见表 2-20-6)

表 2-20-6　样本户外出务工原因选择

村名	增加收入		在家无事做		想留在城市		创业		子女教育	
	选择人数	占比	选择人数	占比	选择人数	占比	选择人数	占比	选择人数	占比
永甸村	48	84.2%	9	15.8%	0	0	2	3.5%	2	3.5%
碳子沟村	26	89.7%	1	3.4%	1	3.4%	0	0	0	0
红旗村	15	88.2%	1	5.9%	0	0	1	5.9%	0	0
坦甸村	32	80.0%	4	10.0%	5	12.5%	0	0	0	0
合计	121	84.6%	15	10.5%	6	4.2%	3	2.1%	2	1.4%

注:(1) 因为一些问卷信息的缺失，表内各选择的"占比"根据实际回答问题的总人数计算，被调查人数中外出务工人员对"原因"作出选择的合计为 143 人，四个村分别为:57 人、29 人、17 人、40 人。(2) 因为是多项选择题，所以合计"占比"相加不等于 100%。

(3) 家庭负债压力大。大部分被采访者不愿意告知存款信息，却十分乐意提供负债情况。从调查的情况看，样本户中大约有 33%左右的家庭负债，户均负债约为 3.5 万元。其中，外出务工家庭在负债户中占到 70%以上，户均负债额为 3.3 万元。(见表 2-20-7)

表 2-20-7 样本户债务状况

村名	家庭负债			其中负债户		外出务工家庭负债		
	合计(元)	样本户(户)	户均(元)	占样本户比重(%)	户均负债(元)	占总负债户比重(%)	总负债额(元)	户均负债(元)
永甸村	330,500	45	7,344	33.33	22,033	86.67	322,000	24,769
磙子沟村	1,060,000	45	23,555	31.11	75,714	78.57	680,000	61,818
红旗村	250,000	44	5,682	34.09	16,667	53.33	125,000	15,625
坦甸村	484,000	47	10,298	36.17	28,471	64.71	293,000	26,636
合计	2,124,500	181	11,738	33.70	34,828	70.49	1,420,000	33,023

负债的原因有多种，如住房贷款、生病、盖房、教育、买车、养老保险，甚至还有家庭借款送礼。从贷款的形式看，除了农业及工商业贷款外，大部分来自民间借款。为了还债，不少家庭选择了外出务工的挣钱方法。可以说，负债是推动农村劳动力进入城镇务工的又一因素。

从城市吸引农村劳动力的“拉”力看，主要来自：

(1) 城市较高收入报酬的预期。无疑，吸引农村人口的一大动力来自农民对城市非农部门较高收入报酬的预期。图 2-20-2 显示的是辽宁省城镇居民与农村居民在收入与消费水平方面的差距，从中可见，城镇居民无论是收入还是消费水平均远高于农村。图 2-20-3 显示的是辽宁省城镇在岗职工的平均工资，从中可见，这一数据逐年上升。

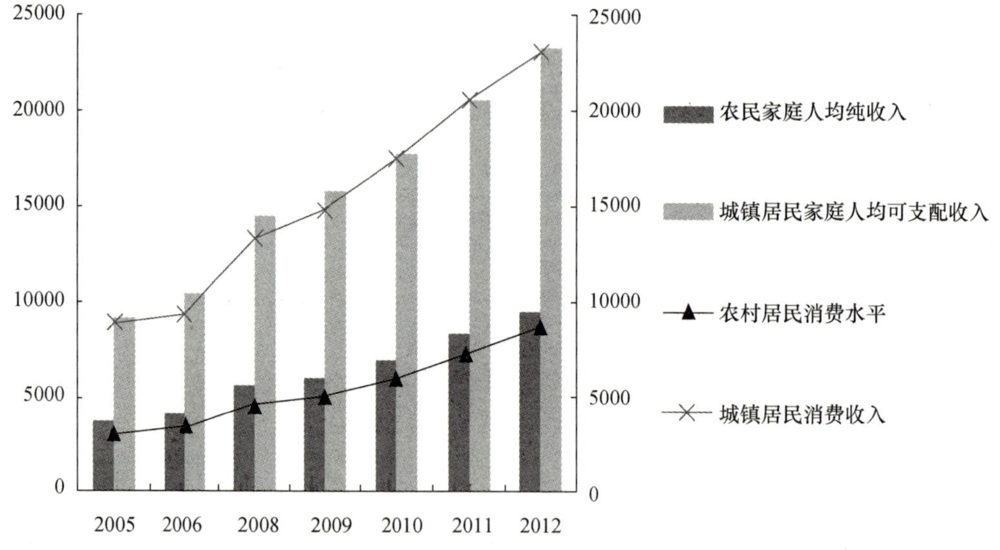

图 2-20-2 2005—2012 年辽宁省城镇居民与农村居民收入与消费比较(单位:元)

数据来源:根据辽宁省统计局编《2013 辽宁统计年鉴》“10-1 人民物质文化生活提高情况”(中国统计出版社 2013 年版)数据计算制图。

(2) 城市就业机会的增多。2003 年，中共中央提出“振兴东北老工业基地”战略。中共十六大明确提出“支持东北地区等老工业基地加快调整和改造”，国家从国企改革、基础设施建设、金融政策、高技术以及可持续发展五个方面采取措施，支持东北老工业基地的转型。哈大客运专线的建设，各省、市高速公路的修建，为农村剩余劳动力提供了大量的就业岗位。

(3) 城市就业环境的改善。在回答务工中是否有歧视时，有效回答 150 人，80.6%的人认为“无歧视”；14.7%的人认为“偶尔会受到歧视”；4%的人认为“不介意”；仅 1 人，即

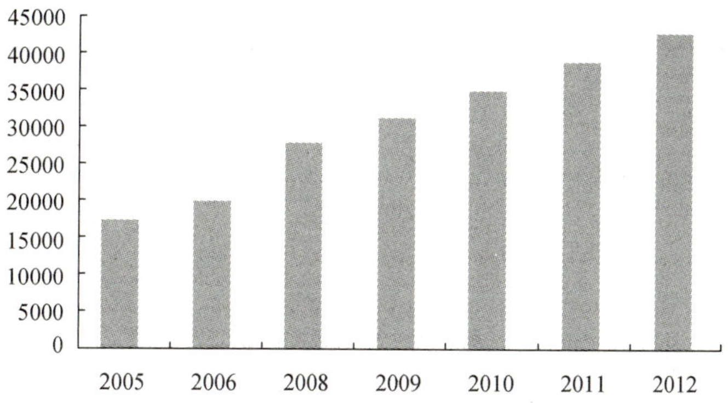

图 2-20-3　2005—2012 年辽宁省城镇在岗职工平均工资(单位:元)

数据来源:同图 2-20-2。

0.7%的人认为存在“严重歧视”。显然,随着社会对农民工弱势群体的关注,城市居民对外来务工者的歧视在减少,社会变得友好和包容。这也是吸引农村年轻人进入城市务工的动力因素之一。

总之,城市的预期收入、生活环境、就业机会、子女教育等因素对农村劳动力产生了巨大的“拉力”;农村人多地少的矛盾、农业收入的低下、家庭负债的压力等因素又对农村劳动力流向城市产生了强大的“推力”。这促使农村劳动力(永甸镇样本四村的劳动力)流入城镇务工。

值得注意的是,近年从城市返回农村的务工者以及离土不离乡(镇)的务工者为数不少。分析其原因可以发现,无论是城市还是农村,都存在着将农民工“推回”或“拉回”农村的力量。

三、城市与农村的“推力”与“拉力”

分析城市将样本村农民工“推回”农村的力量,主要来自:

(1) 城市较高的失业率和由此压低的工资水平及福利待遇。东北三省是 20 世纪 50—80 年代中国主要的工业基地,曾为国家提供大量的钢铁、煤炭和石化制品,国有资产比重占 2/3 以上。但是,自 1992 年中国步入市场经济以来,东部沿海地区对外开放步伐加快,东北地区受国家产业结构转换的冲击,创造的价值与拥有的国有资产越来越不成比例。例如,21 世纪初,黑龙江省工业中地方规模以上国有资产占全省 1/2,但创造的利税只占全省 1/10。重工业色彩最为浓厚的辽宁省,当时 300 万人口下岗,近 500 家企业倒闭,需要注销或低价出售的债务总额超过 100 亿美元。人口 700 万的沈阳市,生活保障受保人员达到 20 万,年支出金额为 6.5 亿元,中央政府每年要向该市提供 10 亿元补贴退休人员的养老金。为此,当东部沿海地区农村劳动力大量向当地乡镇企业、城市工业企业转移时,东北农村地区的劳动力或滞留在当地,或到南方城市务工,甚至远渡重洋或跨境务工。

近年来,随着国家振兴东北战略的实施,私营经济的发展,这一地区出现了改观,尤其是辽宁省失业率出现显著下降。从图 2-20-4 可见,辽宁省城镇登记失业人员从 2002 年的 75.6 万人下降到 2011 年的 39.4 万人,由此失业率从 6.5%下降到 3.7%;吉林省从 2003 年失业人员最高峰的 28.4 万人下降到 22.2 万人,失业率由 4.3%降到 3.7%;黑龙江失业人员从 2002 年的 41.6 万人下降到 35 万人,失业率从 4.9%降到 4.1%。

不过,值得注意的是,国有企业就业人数在全部就业人数中的比重在不断下降。从图 2-20-5 可见,辽宁省无论是城镇还是乡村,国有企业和集体单位的就业人数在不断下降,

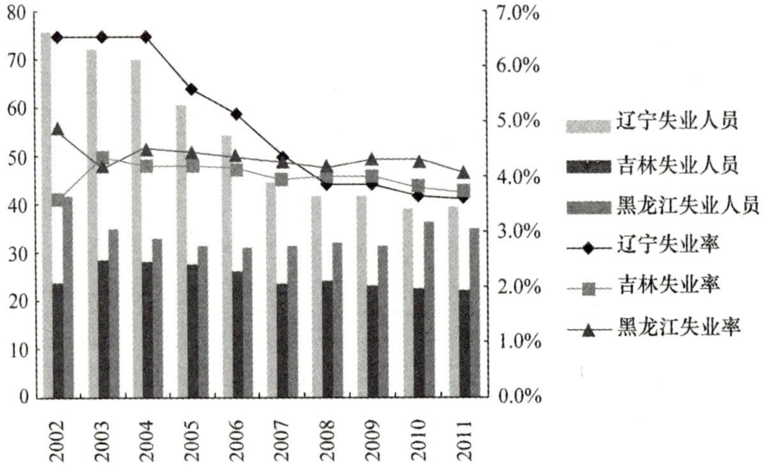

图 2-20-4　2002—2011 年东北三省城镇登记失业人员及失业率(单位:万人、%)

数据来源:根据中华人民共和国国家统计局编《中国统计年鉴》“城镇登记失业人员及失业率”2003—2012 历年数据制图。

而私营企业或其他单位的就业人数在不断上升。私营企业的发展,使得低文化程度的农村外出务工者主要集中在低工资、无任何社会保障的劳动密集部门的城镇私营企业,如建筑业、服务业。由此,务工者工资比较低。一些返回农村的农民工解释返回家乡的主要原因是“工资太低”“老板拖欠工资”。

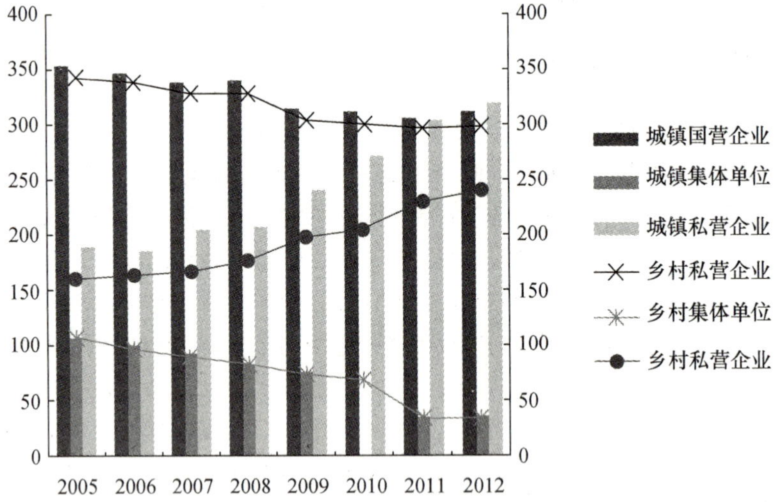

图 2-20-5　2005—2012 年辽宁省按所有制划分的城镇与乡村就业人数变动状况(万人)

数据来源:根据辽宁省统计局编《2013 辽宁统计年鉴》“5-1 就业基本情况”(中国统计出版社 2013 年版)数据计算制图。

总体上,与东部地区相比,东北地区在人均可支配收入和人均年支出方面,依然处于较低状态。2005—2011 年东北地区人均可支配收入和人均支出逐年增加,但与其他地区,尤其是东部地区相比存在一定差距。虽然人均可支配收入从 2006 年开始、人均支出从 2007 年开始超过西部地区,但在考察期(2005—2011 年)各年大大低于东部地区,也微低于中部地区。(见图 2-20-6)

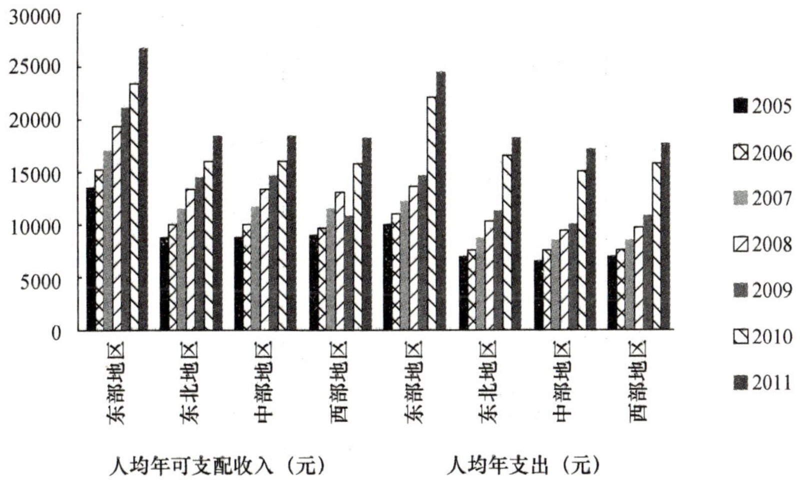

图 2-20-6　2005—2011 年中国东北地区与其他地区人均年可支配收入和人均年支出比较

注释：这里的“人均年支出”在统计年鉴上 2010—2011 年称为“平均每人总支出（元）”，2005—2009 年称为“平均每人消费性支出（元）”。

数据来源：根据中华人民共和国国家统计局编《中国统计年鉴》“东、中、西部及东北地区城镇居民家庭基本情况”2006—2012 历年数据制图。

务工者在私营企业享受的社会保障福利水平普遍很低。我们调查的样本户对有关“务工地看病是否有医疗费用报销”方面的回答是：约 90％的务工者“无医疗费用报销”，其中永甸、碳子沟、坦甸三个村约 91％—94％的务工者“无医疗费用报销”；红旗村因为有数人在国营企业工作，故该数据为 79.17％。（见图 2-20-7）

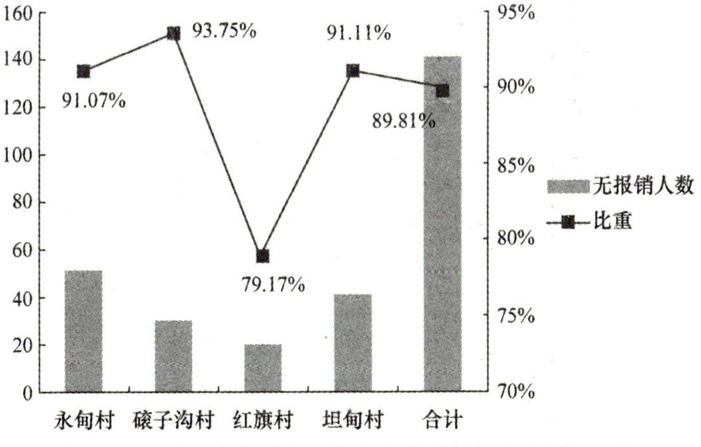

图 2-20-7　样本户外出务工者医疗费用报销状况（单位：人）

（2）就业领域的局限。由于外出务工者文化程度不高，局限了其从业的领域，大部分劳力集中在建筑业和服务业，并且主要滞留在本县或就在本省就业。同时，东北地区漫长的寒冷气候局限了劳动者从业的时间，尤其是建筑业具有季节性的特点，因此打短工、打零工成为这一地区外出务工人员的主要特点。

（3）生活成本的比较。在“外出务工遇到的主要困难”问题上，有 9 项选择，从回答的情况看，排在第一位的是“工作不好”，占 62.0％；其次是“生活费用高”，占 20.4％；再者是“生活不习惯”，占 11.7％；其后是“没有医疗养老”，占 10.2％；“老人无照顾”，占 6.6％；“户口问题”，占 4.4％；“不想失去土地”，占 4.4％；“子女教育”，占 3.6％；“工作的季节性，天冷不能务工了”，占 3.6％。（见表 2-20-8）

表 2-20-8　样本户外出务工者遇到的主要困难

村名	工作不好		生活费用高		生活不习惯		没有医疗养老		老人无照顾		户口问题		不想失去土地	
	选择人数	占比(%)	选择人数	占比(%)	选择人数	占比(%)	选择人数	占比(%)	选择人数	占比(%)	选择人数	占比(%)	选择人数	占比(%)
永甸村	36	69.2	10	19.2	11	21.2	7	13.5	5	9.6	3	5.8	0	0
磙子沟村	17	60.7	6	21.4	2	7.1	3	10.7	0	0	0	0	0	0
红旗村	16	80.0	6	30.0	1	5.0	3	15.0	2	10.0	1	5.0	1	5.0
坦甸村	16	43.2	6	16.2	2	5.4	1	2.7	2	5.4	2	5.4	5	13.5
合计	85	62.0	28	20.4	16	11.7	14	10.2	9	6.6	6	4.4	6	4.4

注:(1)“工作不好”指工资低、工作时间长、拖欠工资、不安全等;“没有医疗养老”指没有医疗养老等社会保障。(2)因为一些问卷信息的遗漏(缺失),表内各选择的“占比”根据实际回答问题的总人数计算。接受调查的外出务工人员中,对“主要困难”作答的实际人数分别为52、28、20、37,合计137人。(3)因为是多项选择题,所以合计“占比”相加不等于100%。

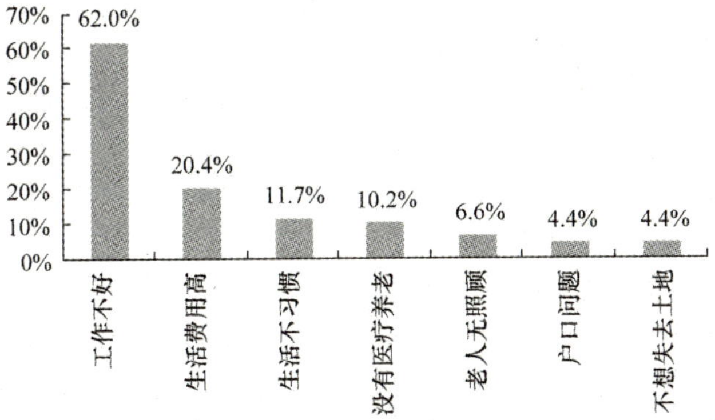

图 2-20-8　样本户外出务工者面临的问题

“生活费用高”是使不少外出务工者最后选择离土不离乡务工的重要原因。将样本户外出务工者与样本农户的人均月支出状况进行比较，可以看出尽管外出务工者消费非常节约，但每月人均支出还是高于生活在农村者许多，后者支出中还包括人情费，倘若扣除人情费，则人均月消费更低。（见表 2-20-9）

表 2-20-9　2012 年进城打工者与农村生活者人均月支出费用比较

村名	外出务工者人均月支出（元）			务农者和本镇务工者人均月支出（元）				
	样本（人）	合计月支出	人均月支出	样本（人）	合计年支出	人均月支出	全年户均人情费	扣除人情费后人均月支出
永甸村	49	41,550	848	152	1,031,097	565	4,182	451
碳子沟村	28	44,670	988	158	1,275,478	673	8,249	634
红旗村	21	27,500	1,310	163	1,308,834	669	7,344	489
坦甸村	39	40,050	1,027	164	1,565,906	796	4,926	671
合计	137	153,770	1,122	637	5,181,315	678	6,153	519

注释：(1) 计算碳子沟村外出务工者月支出时，剔除了因全家众多人口住在一起的最高支出者支出(1.7 万元)；红旗村有两户该内容缺乏信息。(2) 各村“务农者月支出”中的样本人数扣除了去本镇以外务工人员的数目，人均月支出＝全年支出÷样本数÷12 个月，户均支出＝全年支出÷调查户数÷12 个月。

事实上，在当地务工，早出晚归，甚至中午就在家吃饭，既节约生活费用，也不必担心因年纪大而找不到工作，更可照顾家中父母和孩子，显然比外出到人生地不熟的省城或外省风险更小，成本也更小。因此，离土不离乡或不离县，打短工，成为当地一些农户的选择。尤其对于那些位于镇所在地（如永甸村）或位于交通要道（如坦甸村）的农户而言，去镇上或县上务工，是明智的选择。

(4) 经济周期与宏观经济政策的变动，也会给外来务工者带来影响，比如，经济不景气时期或国家宏观政策紧缩时期，大量农民工被城市“推”回农村；而经济复苏、繁荣时期或政府采取经济刺激政策时期，企业的扩张又会将农民工“拉”到城市就业。

分析样本村对外出务工者或当地农民的“拉力”，主要来自：

(1) 当地的就业机会与农村的多种经营。在询问那些留在当地就业者不离开本镇或本县外出打工的原因时，大部分农民的回答是：实际上“本地就业机会很多”。那些从事多种经营，比如种植烟草、从事柞蚕经营、开采矿山的农民尤其这么认为。这一现象表明，通过发展农村经济，推动小城镇建设，有利于缓解农村人口流动与城市就业压力的矛盾。

(2) 对土地的眷恋。问卷中"不想失去土地"的回答占比为4.4%,选择者主要为中老年打工者,这部分人不像年轻人那样进城打工后渴望获得城市户口,他们不想失去土地,但为了寻找生计或偿还债务,不得不离开土地外出务工。随着当地农村经济的改善,在政府的政策引导下,本村农户通过多种经营致富的示范作用,对这部分务工者会产生一定的"返拉力"。在调查中,我们既访问了因全家人外出务工或仅留老人看守家园且将部分或全部土地出租给他人耕种的农户;也访问了为从事烟草等经济作物种植而大量租入土地的农户;更访问了在外打工数年,如今突然重返家乡,从事起多种经营的农户。

(3) 为照顾老人和孩子。一些重返农村的打工仔指出,"老人(或儿童)无法照顾"是其返回家乡或不去外镇务工的主要原因。深入这一民族地区调查,可以看到当地纯朴的尊老爱幼民风。比如,这里基本上看不到其他地区的"留守儿童"问题,四个村的干部对是否有"留守儿童"的问题均给予否定回答。我们入户调查也未发现存在这方面的问题。这里外出打工的夫妇或带着孩子一起外出,或总有一方留在农村照看孩子或老人。那些单身而有老人负担的农户就只有选择务农或在当地务工之路。此外,每月只挣2000—3000元工资的外出务工者,要将工资的42%或一半寄回或带回家里。

从上可见,与预期不同的工资水平、城市生活费用的高企、寻找工作的概率、低文化程度对就业领域的局限、季节性因素、宏观政策、经济不景气等因素,是将农村务工者"推"回农村的动力;而农村多种经营致富的诱惑、对土地的眷恋、为照顾老人和孩子等因素,又是将外出务工者"拉"回农村的动力。为了解决"挣钱"与"降低生活成本"或"照顾家庭"之间的矛盾,一些务工者选择了离土不离乡,在镇上打工或"农闲外出、农忙或冬天返回"打短工的方式。

四、样本户外出务工收入状况及分析

从外出务工收入看,人均月工资2500元左右,其中永甸村外出务工人员的人均工资最低,而红旗村最高。(见表2-20-10)分析其原因,主要在于前者大量劳动力在本镇、本县私人部门打工,主要从事建筑业和服务业;而后者一些务工人员去省城或外省打工,或进入国营企业,从事有技术要求的工作,工资相对高些。(见图2-20-9)

表2-20-10　四个村抽样调查外出务工收入状况

村名	月工资				月消费				月寄钱回家		
	样本(人)	总计(元)	人均(元)	调整人均(元)	样本(人)	总计(元)	人均(元)	调整人均(元)	样本(人)	人均(元)	寄钱人均(元)
永甸村	56	120,425	2,150	2,150	49	41,550	848	848	50	1,248	1,600
碾子沟村	30	78,433	2,614	2,437	30	44,670	1,489	988	29	1,103	1,683
红旗村	25	76,700	3,068	2,779	21	27,500	1,310	1,310	20	752	1,034
坦甸村	48	131,267	2,735	2,735	39	40,050	1,027	1,027	42	940	2,079
合计	159	406,825	2,558	2,478	139	153,770	1,106	998	141	1,067	1,617

注:(1)"月工资"中"调整人均"指去掉个别高工资(1万元/月)和极低工资(200元/月)后的人均收入。(2)"月消费"中"调整人均"指去掉高工资全家消费(1700元/月)和"吃住不花费"(0元/月)样本后的人均消费。(3)"月寄钱回家"中"人均"按回答问题的全部务工人员计算,"寄钱人均"按实际寄钱者人均寄钱数额计算。

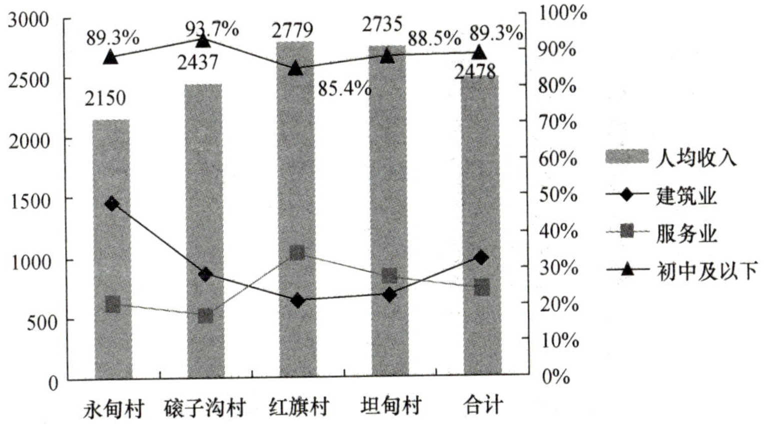

图 2-20-9　样本户外出务工从业领域、人均收入及文化程度

观察外出务工人员的月消费和给家里汇款的情况，在人均工资不足 2500 元的收入水平上，他们平均每月的消费不到 1000 元，拿出 1000 多元寄给家里。尽可能地节约开支，多寄些钱回去成为大部分打工者的心愿。

将对农户的"入户调查"的收入统计与对干部的"入村调查"的收入统计进行对比（见表 2-20-11、图 2-20-10 和图 2-20-11），可以看到：第一，外出务工人员的年工资虽然较低，但却大大高于在村人均纯收入，城乡收入差别是吸引劳动力向城市流动的重要"拉力"。第二，外出务工人员寄回家的钱大大提高了农村人均纯收入，若没有这笔钱，单纯依赖农业收入，则人均纯收入很低。虽然剩余劳动力的边际生产率并非为零，留在农村能够增加一些收入，但根据本次问卷调查，大多数被调查人员对"如果您没有外出打工，您预计您在家乡平均每月收入多少元"这一问题的回答是"0"。

表 2-20-11　外出务工人均年工资与农民人均年纯收入比较

村名	外出务工人均工资		2012 年农民人均年纯收入					
			入村调查数据（元）	入户调查数据				
				样本数		人均纯收入（元）	其中人均外出成员寄回家（元）	扣除后当年人均纯收入（元）
	月工资（元）	年工资（元）		户数	人数			
永甸村	2,150	25,800	5,000	49	208	5,729	2,747	2,982
碳子沟村	2,437	29,244	6,000	49	186	7,502	2,073	5,429
红旗村	2,779	33,348	3,000	49	198	6,424	778	5,647
坦甸村	2,735	32,820	7,500	50	217	5,138	1,382	3,755
合计	2,478	29,736	5,250	197	809	6,148	1,744	4,404

注：(1) "入村调查"是向会计、村支书等干部了解的数据，而"入户调查"是对村民进行询问的数据，两张表设计的栏目有所差别。(2) 为了反映各村人均年纯收入较真实的数据，在统计计算红旗村"入户调查"数据时，去掉了矿老板（村支书）过高的年收入（200 多万元）样本，否则该村 2012 年人均收入达到 1.6 万多元。

不知道是因为农民不愿意告诉调查员家庭有多少储蓄，还是因为确实没有储蓄，大部分问卷在储蓄这项上的答案为"0"。不过，观察"有储蓄及金额"农户的信息，多为外出务工家庭。这也从一个侧面说明，农村剩余劳动力在城镇从业，一定程度上提高了农村家庭的收入水平。

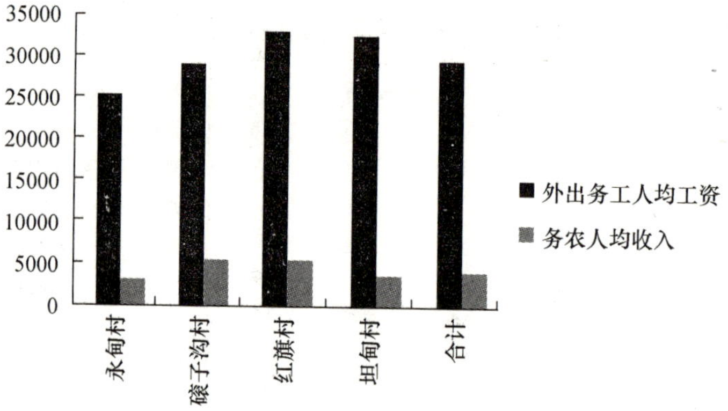

图 2-20-10 样本户外出务工人均工资与务农人均纯收入相比(单位:元)

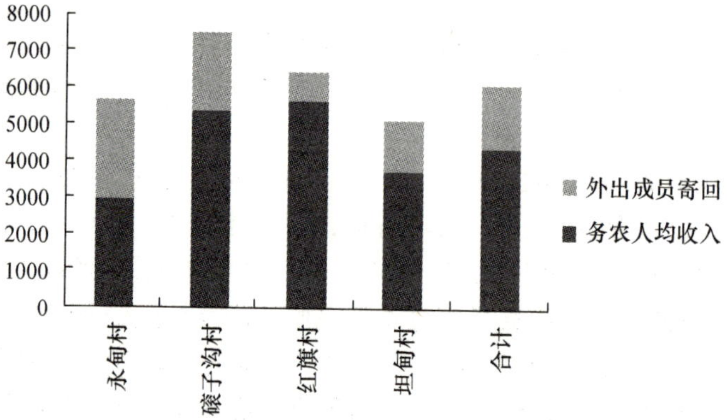

图 2-20-11 样本户因外出务工寄钱年人均纯收入增加(单位:元)

五、结论

张培刚先生曾在其博士论文(1949 年英文版)第 5 章指出:“当工业化进程到一定阶段,农业或农村的剩余劳动力就将受到城市的吸引而转移到城市工业或其他行业。”这一转移“是以市场机制的作用为基础或前提的”。“农村剩余劳动力向城市的转移有两方面的力量作用:一为城市工业或其他行业‘拉’的作用;另一为农业或农村‘推’的作用。”①

总结宽甸县永甸镇样本村外出劳务的原因,城镇化建设,基础设施建设(国道、省道公路、铁路的修筑),城市房地产的开发,对劳动力需求的增加,城市务工环境的改善,子女可获得良好教育的期盼等,是吸引民族地区农民外出务工的主要“拉力”;而农村人均耕地的减少、务农收入的低下、自然灾害的频发、家庭的负债则是将农民从农地“推”出务工的主要动力。不过,在调查中,我们也发现农村还存在一种将外出务工者拽回来的“拉力”或吸引农户滞留在土地上或当地就业的“拉力”,以及城市将外来务工者“推”回农村的“推力”。上述四种“动力”及动力来源如表 2-20-12 所示:

① 张培刚:《农业与工业化》,中信出版社 2012 年版,第 61 页。

表 2-20-12　劳动力转移过程中的“推力”和“拉力”分析

农村的“推力”与“拉力”	动力来源	城市的“拉力”与“推力”	动力来源
Ⅰ. 农村劳动力转移到城市的“推力”	耕地不足	Ⅱ. 城市吸引农村劳动力的“拉力”	城市较高收入报酬的预期
	农业收入低		城镇化、基础设施建设带来的就业机会增多
	家庭负债压力大		
	自然灾害频繁		城市就业环境的改善
	找不到就业门路		子女可获得良好教育的期盼
Ⅲ. 农村吸引劳动力的“拉力”	小城镇建设带来农村就业机会的增多	Ⅳ. 城市对农村务工者的“推力”	城市较高的失业率和由此压低的工资水平及福利待遇
	农村的多种经营		就业领域的局限
	对土地的眷恋情感		生活成本的比较
	照顾老人和孩子的责任		经济周期
	“一村一品”运动		宏观经济政策的变动

在上述四个象限中，最令人感兴趣的还是“Ⅲ. 农村吸引劳动力的‘拉力’”中的一些动力因素，如小城镇的发展、农村多种经营、“一村一品”运动等，给农村劳动力转移带来的“拉力”。它反映出发展经济学家托达罗(Michael P. Todro)所倡导的“通过发展农村经济，对劳动力产生一种‘拉力’以缓解城市失业率过高”的主张。

本次调查进一步证实，农村剩余劳动力在城镇从业，一定程度上提高了农村家庭的收入水平。在民族地区发展小城镇具有重要意义，不仅可创造就业岗位，吸引部分农村剩余劳动力在当地非农部门就业，从而缓解城市的就业压力，也可克服因大量青壮劳力离开农田带来农业生产发展滞后的问题。同时，通过小城镇的建设，可推动当地农产品市场的形成以及“一村一品”产业发展战略的实施；也为一些农户所渴望的“离土不离乡”或“离土不离县”以及“离—返交替”的半农半工等模式创造了条件。

为此，对于民族地区，可以通过大力发展小城镇，解决农村剩余劳动力问题；通过“一村一品”的特色农业，实现农产品商品化；通过税收优惠政策吸引城市企业到民族地区投资，以“农民以土地参股公司”或“农企产销一体化”模式，解决农户资金、技术不足瓶颈；通过农业的企业化、农村的工业化和现代化，促进民族地区收入的增长。

（林　珏）

注：(1) 全文由林珏撰写。宽甸调查组领队林珏，副领队芮放梅，队员有博士生谢汶莉和徐吟川，硕士生陈曦临，本科生蓝紫文、赵静美、苏博、郑芳、庆洋，共计 10 人。(2) 该文经修改后发表，即：林珏：《农村剩余劳动力转移的正反“拉力”与“推力”研究——对宽甸满族自治县“入户调查”资料的分析与思考》，载《西部论坛》2014 年第 5 期，第 1—12 页。

【讨论题】

1. 谈谈农村剩余劳动力流入城市的“推力”与“拉力”，并分析中国农村剩余劳动力转移中出现的“离土不离乡”“离土不离县”“离—返交替”的半农半工模式产生的原因。

2. 你是否赞成托达罗所倡导的“通过发展农村经济，对劳动力产生一种‘拉力’以缓解城市失业率过高”的主张？为什么？

3. 农村剩余劳动力转移到城市,会给农民家庭乃至地方经济带来什么样的变化?

【资料来源】

1. 张培刚:《农业与工业化》,中信出版社 2012 年版。

2. 〔美〕迈克尔·P. 托达罗:《经济发展》(第六版),黄卫平、彭刚等译,中国经济出版社 1999 年版。

【案例 2-21】 中国与东盟的一体化进程

1967 年 8 月 8 日，东南亚联盟国家（ASEAN，简称“东盟”）成立。到 2014 年，东盟已拥有 10 个成员国：印尼、新加坡、泰国、菲律宾、马来西亚、文莱、缅甸、越南、老挝和柬埔寨；10 个对话伙伴国：澳大利亚、加拿大、中国、欧盟、印度、日本、新西兰、俄罗斯、韩国和美国。

一、东盟一体化进程

在东盟建立一个自由贸易区的设想最早由菲律宾于 20 世纪 60 年代提出，直到 1990 年 10 月，东盟第 22 届经济部长会议才由泰国正式提出。1991 年 10 月，东盟第 23 届经济部长会议召开，会议达成一致意见，准备用 15 年的时间建立一个区域性的自由贸易区。1992 年，在新加坡第四次东盟领导人会议上，各成员国签署了《东盟经济合作框架协议》和《共同有效普惠关税协定》两个协定，计划从 1993 年至 2008 年 15 年内建成东盟自由贸易区（AFTA）。1994 年 7 月，东盟将 AFTA 建成时间表提前了 5 年，即于 2003 年建成，届时所有产品关税为 0—5%。

1995 年，在泰国曼谷举行了第五次东盟领导人会议，发表了《促进东盟一体化和形成东盟一体化实施方案》和《关于加强东盟经济合作框架议定书》。1997 年，在马来西亚吉隆坡举行的第二次东盟非正式领导人会议上，决定在 2010 年建成东盟投资区，在 2020 年实现东盟内部投资自由化，并通过了《东盟 2020 远景目标》。1998 年，在越南河内举行的第六次东盟领导人会议上，又通过了《河内行动纲领》和《大胆措施声明》，决定加快 AFTA 和东盟投资区的进程，将 AFTA 建成时间表再提前一年，即老东盟国家 2002 年建成 AFTA，关税水平为 0—5%；新东盟国家中，越南 2003 年，老挝和缅甸 2005 年，柬埔寨 2010 年达到 0—5% 的关税目标。1999 年，东盟第三届非正式首脑会议宣布：6 个原创国即文莱、印尼、马来西亚、菲律宾、新加坡和泰国于 2010 年之前完成贸易自由化，越南、老挝、柬埔寨和缅甸于 2015 年达成贸易自由化的目标。

随着东盟自由贸易区计划的逐步实施，东盟国家间的平均关税已从 1993 年的 12.76% 降至 2001 年的 3.85%。其中，东盟 6 个老成员国已将 4.4 万种进口产品的平均关税降至 3.21%，而 4 个新成员国也已将 1.2 万种进口商品的平均关税降低到 7.45%。在自由贸易区计划的推动下，东盟区域内出口额稳定增长，已从 1993 年的 432.6 亿美元增至 2000 年的 877 亿美元。在此期间，东盟国家的总出口额从 3740 亿美元增至 6960 亿美元。

在 2002 年元旦欧元启动的同时，东南亚国家踏上经济的新里程，东盟 10 国中的 6 国正式成立自由贸易区。这个贸易区期望达到货物、资金和人员的自由流动，继而在 2010 年全面拆除进口壁垒，向零关税目标迈进。经过长达 10 年的筹备，《东盟自由贸易区协定》终于自 2002 年 4 月 1 日开始实施，6 个老成员国 90% 的产品出口到东盟成员国时，只要具备本国工业局所发的使用东盟原材料 40% 的证明，即可获得免税或只付 5% 进口税的优惠。其他 4 国在 2006 年加入该协定，并于 2015 年取消关税。

二、中国—东盟自由贸易区的建立

1991 年,中国与东盟成员国建立或恢复了外交关系。1996 年,中国成为东盟全面对话伙伴国。1997 年 7 月,东南亚爆发了波及全球的金融危机。同年 12 月,中国与东盟签订了《建立面向 21 世纪睦邻互信伙伴关系的联合声明》,并多次强调中国永远是东南亚的好邻居、好朋友、好伙伴。在东南亚最困难的时期,中国顶住压力,确保人民币不贬值。

2000 年 11 月,东盟与中国领导人"10＋1"会议上,双方领导人决定成立经济合作专家组,探讨包括在中国与东盟间建立自由贸易区的可行性等问题,进一步加强了中国与东盟经济贸易关系。2001 年 11 月,在文莱举行的第五次"10＋1"会议上,双方领导人达成共识,一致同意在 10 年内建立中国—东盟自由贸易区,并授权经济部长和高官尽早启动自由贸易区协议谈判。2002 年 9 月 13 日,第一次中国—东盟经济部长会议在文莱举行,双方就自由贸易区建成的时间框架等问题达成共识,最终确定了《中国—东盟全面经济合作框架协议》的文本。

2002 年 11 月 4 日,时任中国总理朱镕基与东盟 10 国领导人签署了《中国—东盟全面经济合作框架协议》,决定到 2010 年建成中国—东盟自由贸易区。该协议是中国与东盟全面经济合作的里程碑,它的签署标志着中国与东盟的经贸合作进入崭新的历史阶段。

中国与东盟由于地缘上的临近,进入 20 世纪 90 年代以来,贸易往来日益加强。自 1995 年以来,中国与东盟的贸易额年增长速度超过 15%。双边贸易额 2000 年达到 395 亿美元,2001 年进一步增加到 416 亿美元。(见表 2-21-1)中国成为东盟的第六大贸易伙伴,东盟成为中国的第五大贸易伙伴。更为重要的是,中国与东盟之间的经贸关系存在着巨大的发展空间。

表 2-21-1 2001 年中国与东南亚进出口商品构成表 (单位:亿美元)

商品构成(SITC)	出口	进口	进出口
总值	183.81	232.29	416.10
初级产品	27.73	68.40	96.13
工业制成品	156.08	163.90	319.98

建立中国—东盟自由贸易区顺应了经济全球化和一体化的客观趋势。如今,区域经济集团几乎遍及全球各个地区,并正在向大洲及跨洲域扩展。随着欧元的正式使用以及欧盟向全欧洲的扩张,欧洲一体化进入一个全新的阶段;美洲 34 个国家在 2005 年成立全美洲自由贸易区;非洲国家已计划分阶段建成全非共同市场;亚太经合组织经过近十年的发展,已使环太平洋许多国家的经济合作更加紧密。东盟是包括东南亚几乎所有国家在内的区域性组织,它不仅在这个地区,而且在东亚乃至亚太地区的经济合作都有着举足轻重的地位。中国则是世界上最大的发展中国家,有着巨大的经济发展和市场潜力。这一贸易区一旦建立,将成为发展中国家间最大的自由贸易区,它不仅会提高本地区的整体竞争力,也将有利于应对美、欧区域一体化所带来的贸易保护主义。中国与东盟建立自由贸易区可以更好地分享经济全球化和区域一体化所带来的利益。

中国—东盟自由贸易区的建立带来的不仅仅是经济上的好处,它在政治层面上的作用也不可估量。中国的中心任务是在相当长的时间内集中发展经济,提高人民的生活水平。为了实现这一目标,中国需要有一个稳定的周边国际环境。正如曾任外经贸部副部长的龙永图所指出的：亚洲金融危机以及亚洲和世界经济下滑的局面，更凸显了中国与东盟进一步加强经济联系的必要性和紧迫性。中国与东盟各国签订了《南海各方行为宣言》以及《中国—东盟关于非传统安全领域合作的联合声明》，明确表达了本地区各国完全可以通过对话妥善处理相互间存在的分歧，通过合作维护南海地区和平稳定的意愿，从而有利于改善双方地缘政治环境，促进南海主权纷争的解决，开展打击跨国犯罪活动、遏制非法移民以及国际毒品走私活动等方面的非经济合作。

此外，中国—东盟自由贸易区的建立将会促进东亚经济合作的发展。1997 年至今，各国在东盟与中、日、韩之间的“10＋3”机制下，多次召开领导人会议，就建立地区货币互换体制，加强金融、经贸、科技等领域的合作等一系列问题取得了共识。但是，从总体上看，由于东亚各国在政治、文化、经济等方面的差异，其进一步合作发展面临重重困难，一时难以取得实质性突破。在这种情况下，中国—东盟自由贸易区的建立，促使日本、韩国等东亚地区的其他经济大国也不甘落后，纷纷把目光再度转向东盟，和东盟或其成员国商讨建立自由贸易体制的可能性，从而极大地促进了东亚区域经济一体化的发展。

2010 年 1 月 1 日，中国—东盟自由贸易区正式全面启动。这是一个涵盖 11 个国家、19 亿人口、GDP 达 6 万亿美元的经济体，是目前世界人口最多的自贸区，也是发展中国家之间最大的自贸区。自贸区建成后，东盟与中国的贸易占到世界贸易的 13％。

根据中方统计，2006 年，中国对东盟出口 713.2 亿美元，进口 895.3 亿美元，东盟是中国第五大贸易伙伴。2010 年，自贸区启动，当年中国对东盟出口增加到 1382.1 亿美元，进口增加到 1545.7 亿美元，东盟成为中国第四大贸易伙伴。2015 年，中国对东盟出口进一步增加，约达 2767 亿美元，进口 1904.1 亿美元。

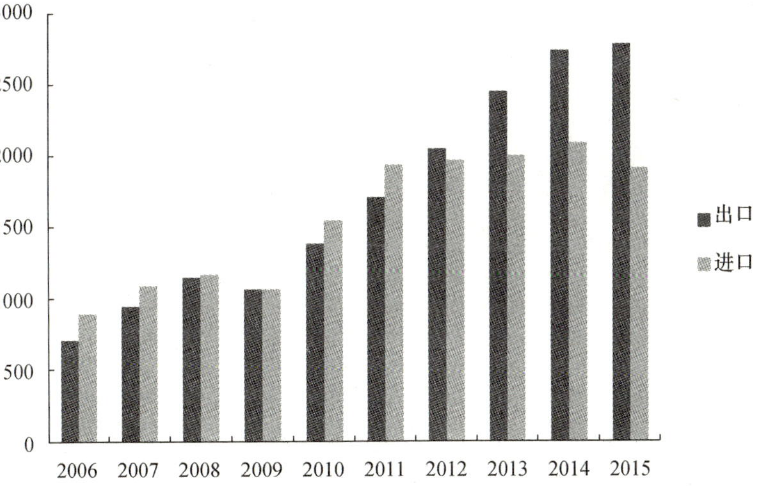

图 2-21-1　2006—2015 年中国—东盟双边贸易变化情况（单位：亿美元）

注：“出口”指中国对东盟出口，“进口”指中国从东盟进口。

数据来源：根据中华人民共和国海关总署，海关统计，统计快讯，2006—2015 年进出口商品主要国别（地区）总值表，http://www.customs.gov.cn/publish/portal0/tab49666/数据制图。

从图 2-21-1 可见，中国—东盟双边贸易规模在不断扩大。从 2012 年开始，中国对东盟的进出口贸易由最初的逆差转变为顺差。2015 年，东盟依然保持着中国第四大贸易伙伴的地位，并且是中国第四大出口市场和第二大进口来源地。

（李鸿飞、林　珏）

【讨论题】

1. 中国与东盟各国存在哪些优势与贸易互补性?

2. 中国与东盟建立自由贸易区对双方的经济发展有何意义?其前景如何?

3. 中国—东盟自由贸易区与亚太经济自由贸易区的关系是什么?“10+1”模式对南南合作有何意义?

【参考资料】

1. 许宁宁:《来自东南亚的商机报告》,华夏出版社 2002 年版。

2. 赵仁康:《建立中国—东盟自由贸易区的制约因素及前景》,载《世界经济与政治论坛》2002 年第 3 期。

3. 胡少聪:《东亚产业发展的新变化及其影响》,载《国际问题研究》2002 年第 5 期。

4. 中华人民共和国海关总署网站,http://www.customs.gov.cn/publish/portal0/。

【案例 2-22】 20 世纪末 21 世纪初印度新经济的发展

“新经济”一词，最早出现于美国《商业周刊》1996 年底发表的一组文章中。最初，它被用来指 20 世纪 90 年代初美国经济表现出的一种新现象：自 1991 年 4 月以来，美国一直保持失业率与通货膨胀双走低，财政赤字同步缩小，呈现出低失业、低通胀、低财政赤字和经济快速增长这样一种所谓的“一高三低”现象。文章指出，“新经济”的基础是市场全球化和信息革命，美国经济经历了一次根本性的结构性调整。1997 年 11 月 17 日，该周刊又载文重申在美国确实存在“新经济”，并指出“新经济同传统经济的主要区别在于：产业结构进一步高级化，经济增长的主要动力是高技术产业，特别是信息产业”。由此，人们称美国为新经济的发源地和风向标。

一、新经济的含义与特点

对于新经济的确切含义，理论界是“仁者见仁、智者见智”，至今没有一个统一的认识。归纳各方面的不同说法，对新经济含义的理解主要包括狭义和广义两个方面。狭义的新经济是指美国经济 20 世纪 90 年代的持续增长。广义的新经济是指兴起于美国、扩展于世界的新技术革命引起的经济增长方式、经济结构以及经济运行规则的变化。即新经济是指以信息技术为主导，以多门类高科技产业为支柱，在经济结构、组织、体制和运行上带有新特点的经济。新经济属于知识经济的范畴，是当代发达国家在高科技革命条件下发生的一次经济调整。

新经济的特点主要体现在：

(1) 信息技术是新经济的物质基础。新经济虽不是社会基本制度的变化，但的确发生了经济结构、组织、体制和运行方式的变化，这些变化都是以物质生产力的变化为基础的。现代物质生产力的首要因素是科技。科技是第一生产力，高科技更是最强大、最先进的物质生产力，它必然会对经济、社会以及人的思想、行为带来即期变革和深远影响。只要不是闭目塞听，人们可以看见一场前所未有的高科技革命已经对传统工业生产方式及其经济结构、组织、体制、运行以及生活方式起着重组作用。新经济则是技术进步的经济重组功能的表现和结果。

(2) 产业结构的新变化。这表现为：以汽车、化工、石油、机械等为代表的传统产业增长放慢，而使用信息、网络技术和其他高科技的新产业迅速崛起，成为国民经济的支柱和增长极。信息产业迅速发展，成为国民经济的一大产业，其他高科技产业也不断发展，其中生物工程的开发紧锣密鼓。在发达国家，正在进行以信息产业为龙头，以其他高科技产业为骨干的一场产业结构的重组和升级。信息化和网络化推动了电子商务、电子金融的迅速发展，由此产生一系列新兴服务业和改组后的传统服务业，服务业成为就业中高比重(在美国达 75%)的产业。高科技和服务业的地位显著，成为新经济的一项特征。

(3) 企业组织的新变化。信息与网络技术的使用,引起企业组织的变化,在一些领域出现小型化趋势。网络化促使"大而全"的大企业把许多业务进行分解和向外承包,企业组织变小,电子商务使企业销售组织精干化,网络化使管理组织扁平化,特别是产生了不追求机器设备多而以知识资产为主体的新兴企业。网络化还促成在网上组织生产和交换的虚拟公司,以及没有主要厂房、厂址、经营场所的半虚拟公司的出现。借助于网络化的扩大市场开拓功能,有特色的小企业也重新获得生命力。

高科技型小公司的迅速扩张是新经济的特征。一批利润预期好的高科技企业,借助于虚拟资本市值扩大机制迅速增长,并借助企业兼并,把传统大企业纳入自己的旗下,实现了"以快吃慢",迅速成长,成为重量级的大企业。人们称上述情况为"南美比拉鱼"现象,即"以小胜大"的新竞争法则。

总的来说,新的技术革命改变了企业组织片面大型化的发展状况,出现了企业组织的精干化、小型化、多样化的趋势,产生了更多的"小而优""快而优"的企业和"以小博大"的市场竞争新格局。

(4) 经济体制上的新变化。适应于科技创新和高科技转化为生产力的要求,经济体制也出现了可以称为进一步市场化的新变化。这表现为:科技园区的民营、小型企业的空前活跃;为科技创新提供金融支撑的风险投资制度的发展;便于科技型企业筹资和转移风险的二板市场的出现和发展;经营者和科技人员的持股制度,特别是购股期权制的普遍采用;知识产权保护的加强和知识产权的流动化,更容易转让给企业;技术人员和职工就业多流动,跳槽成为常规,以及工资上的随行就市;政府管制的松动,如适应信息化和网络化的发展需要,通常由政府兴办的电信业的放开和引入竞争机制等。

上述变化表现出个人、企业活动和政府管理的更加松动灵活,具体地说:主体的自主性更强,市场更加放开,科技创新的激励更强,科技成果、知识产权交换的自由度更大,信用金融更宽松,政府对微观领域更少干预。上述变化可以说是适应于当代高科技创新的市场体制的进一步调整。

二、崛起的印度新经济

印度历史悠久,是南亚最大的国家,从人口来说是世界第二大国,按土地面积计算是世界第七大国。独立以来,印度致力于民族经济的发展,经济面貌有了明显的变化,已具有相当的工业基础,并且在原子能、航天等尖端工业中达到世界较先进水平。2015 年,印度 GDP 增速为 7.5%,2016 年为 6.6%,总量 2.09 万亿美元,全球排名第七。除此之外,印度有一支人数仅次于美国、居世界第二位的科技队伍,有仅次于美国和日本、居世界第三的股民队伍。这些成就都与印度积极发展信息技术产业等新经济产业的政策密不可分。

从印度《商业标准报》公布的印度大公司排名榜也可看出,近年来,新经济产业,特别是信息技术业在印度经济结构中占有突出地位。1997 年,印度 50 家最大公司中没有一家属于信息技术产业。1998 年,有三家信息技术产业公司进入 50 家最大公司行列,它们是威普罗公司、信息系统技术公司和全国信息技术研究有限公司。2000 年,这三家公司全部进入印度 10 大公司之列。以生产计算机软件为主的威普罗公司市值现已达到 230 亿美元。该公司和印度信息系统技术公司也在 2000 年首次跨入《福布斯》杂志评选的全球 500 家大公司行列。

1. 软件业

印度新经济产业主要包括信息技术业、电子传媒业、电信业和生物技术等。印度的软件外包行业在全球占有领先地位，在国际外包市场中，具有很强竞争力。2009 年，印度在全球软件外包市场中的份额为 51%，2012 年进一步提高到 58%，软件产业价值链不断升级。

在全球软件市场中，印度越来越引起世界瞩目，全球 500 家大公司中有 200 多家采用印度软件。世界银行对各国软件出口能力的调查结果显示，印度软件的出口规模、质量和成本三项综合指标居世界首位，印度已成为一个软件超级大国。

以下一些数据充分证明印度软件业在该国的地位及对世界软件业的影响：(1) 2009 年，印度软件业的出口额为 596 亿美元。(2) 印度的综合类大学每年约向社会输送工程类毕业生 12.2 万名。(3) 2008 年，印度的 IT 产业新增知识工人 220 万。(4) 在已取得软件工程师协会熟练能力模型(SEICMM)国际质量认证五级证书的全球 34 家公司中，印度一国占到 18 家。(5) NASSCOM 称，印度以技术股领头的股市上仅一年内就翻了 10 倍，达到 550 亿美元。(6) 印度软件公司尤其得到包括美国在内的不少国外股票市场的认可。2000 年 9 月，包括印度信息系统技术公司在内的几家重要的印度信息技术公司，已在包括纳斯达克和纽约证券交易所等几家著名的证券交易所上市。2014 年，在全世界获得美国 CMM5 级认证的 50 多家软件企业中，印度占了绝大多数。

2. 电信业

印度是世界上最早拥有电报和电话的国家之一。现在，印度电信网络已成为亚洲最大的电信网络之一。在蜂窝通信领域，每一个邦都将增加两个以上的电信运营者，其中有一家必须是 BSNL 或 MTNL 公司(它们都是印度电信部新组建的电信公司)。印度的国营、私营电信公司都在大幅度增加投资。例如，国营的 VSNL 公司在 5 年内投资 15 亿至 20 亿美元，电信部(DOT)1997—2007 年总投资达到 500 亿美元。外国公司也加大了在印度的投资力度。新加坡电信(Sing Tel)进军印度国内长途市场，并铺设了一条总容量为 7.6Tbit/s 的光缆，为当今世界之最。另一个积极打入印度电信市场的是美国的 AT&T，在印度电信业已投资数亿美元。

除此之外，计算机网络在印度也迅速发展。截至 2015 年 12 月，印度的移动互联网用户已超过 3.06 亿，2016 年 12 月，进一步增加至 3.71 亿。根据法国里昂证券(CLSA)最新调查报告，2018 年印度 3G/4G 用户将增长至 3 亿。根据国际数据公司印度分公司对部分城市所作的调查，在出入网吧和网亭的人中，13—18 岁的占 8.2%，19—25 岁的占 49.1%，26—35 岁的占 32.1%，35—50 岁的占 8.2%。

信息革命也给印度的传统产业“插上了翅膀”，给它们带来巨大的发展活力。例如，印度一些著名汽车制造公司通过内部互联网，加强内部管理，减少中间环节，提高劳动生产效率，并通过网上商店销售汽车。

3. IT 人才生产基地和 IT 工业园

印度新经济发展的动力来自 IT 人才生产基地和别具一格的 IT 工业园。印度政府正在构建一个伟大的梦想，那就是培养世界上最优秀的 IT 技术人才，靠 IT 技术强国。印度每年约培养出 7.35 万名 IT 技术人才，而美国每年只有约 3.5 万名。印度的 IT 人才不仅人数多，而且质量高，拥有一大批最顶尖的软件工程师。

为了实现软件大国的梦想，印度政府放开政府对教育的控制，允许私人合作办学，使得学生有更多的机会得到 IT 技术培训，从而形成联邦政府、地方政府、学术研究机构和私营企业等多种办学方式,为培养更多的IT人才提供条件。印度政府对IT产业的资金投入也更趋广泛:在6个国家级“印度理工学院”的基础上,在各邦设立“印度信息技术学院”。另外,英特尔公司出资帮助印度培养出数十万名信息技术教师,进一步普及信息教育。当前,印度在IT领域的教育已做到了“从小抓起”,全国2500多所中学均开设了电脑课,400多所大专院校开设了计算机及电脑软件专业。这一切均使印度建成世界上最大的多媒体教育设施体系。庞大的教育体系,为印度创造了无数支从基础实际应用到尖端科技研发的梯形人才队伍。

印度技术学院(IIT)是印度最负盛名的6所培养IT人才的机构之一,培养出了Infosys、McKinsey & Company、Sun微系统等世界知名大公司领导人这样的优秀人才。IIT学院属于联邦直属学院,只有那些十分优秀且非常勤奋的学生才有机会进入这样的一流学院学习,进入后的学习生活也异常艰苦。IIT的目的就是培养世界上最优秀的IT人才,为建立“印度的硅谷”输送人才。印度信息技术学院(IIIT)是由地方政府和苹果、IBM、微软、ASP等大公司联合建立的,政府提供土地和基础建设,公司提供办学资金、教材和技术。除了专门的IT技术学院以外,印度还有IT技术普及学校,NIIT是其中最成功的一所。NIIT成立于1982年,迄今已在20多个国家建立了千余所IT技术培训中心,为公司和个人提供技能培训。此外,NIIT还有一个非常伟大的构想,那就是让所有印度人都有平等的机会学习IT技术。NIIT员工甚至在大街上安装起电脑,免费让路人上网,感受IT技术的魅力。

印度的IT工业园区别具一格,主要建设在城市的外面,远离城市拥挤的街道、污浊的空气和落后的市政设施。它不仅仅是一个高科技办公园区,而且包括一应俱全的生活和娱乐设施,形成一个相对隔绝的办公和生活区。园区内不仅有可靠的电力和通信设施、清洁的饮水和便利的交通,而且提供娱乐、购物、医疗保健等服务,还有现代化的住宅设施。印度的软件公司主要分布于这些园区内。如今,印度政府信息部为了促进计算机软件工业的出口,在各主要城市逐步设立了15个软件园区(Software Technology Parks of Indian,STPI),分布在班加罗尔(Bangalore)、加尔各答(Calcutta)、莫哈利(Mohali)、德里(Delhi)、诺伊达(Noida)、斋普尔(Jaipur)、甘地讷格尔(Gandhinagar)、布巴内斯瓦尔(Bhubaneswar)、马姆伯(Mumbai)、浦那(Pune)、海德拉巴(Hyderabad)、马尼帕(Manipal)、切纳埃(Chennai)、迈索尔(Mysore)、特里凡得琅(Trivandurm)等城市。此外,各邦也设立了一些省级软件技术园,比如:

(1) 班加罗尔。这是印度享誉全球的软件工业园区,被人们称为“印度的硅谷”。它兴建于20世纪80年代,初步完工于1998年,也是印度最早建设的高科技工业园之一,目前仍在扩大。80年代后期,国际卫星通讯的普及使得西方公司普遍青睐印度庞大而廉价的人才市场,纷纷采用异地雇用印度人才开发应用软件的生产模式,将资金大量投入印度,而班加罗尔就是它们最初选择的目的地。仅1998年,班加罗尔就吸引外资11.4亿美元。迄今为止,在这个“硅谷”创立的高科技企业达到四五千家,其中1000多家是与外资合作的企业。班加罗尔工业园的主要业主是Infosys技术公司,它是印度最负盛名的软件供应商和班加罗尔雇人最多的公司之一。Infosys公司的总部设在园区内,共有3500名员工。整个园区像一所大学校园,除了办公大楼外,还有室内体育场、篮球场、网球场、祷告中心,甚至有高尔夫球场;有3个大型食堂,提供早午餐和咖啡;有音乐室、剧场、舞厅和寝室。Infosys公司还为员工提供巴士交通。

(2) 海德拉巴。它位于班加罗尔北部，设立于 1995 年。美国微软公司本土以外的第一个软件开发中心就在此设立。IBM、爱立信、通用电气等大公司也都视海德巴拉为其海外发展的桥头堡。目前，海德巴拉集中了全球 40 多家著名的 IT 公司，正集中开发世界三大热门软件：网络通信、服务器和加密软件。在海德拉巴，有两个大型工业园项目正在建设：一个是由软件出口名列印度第 4 位的萨提姆(Satyam)电脑服务公司建立的萨提姆技术中心，共占地 120 公顷，包括独立供电和供水、高尔夫球场、游泳池、娱乐中心、可供 1200 人居住的住宅，目前已有近千名萨提姆员工工作和生活在园区内。另一个园区是海德拉巴信息技术工程咨询中心城(HITEC City)，由 L&T Infocity 开发和管理，占地 158 公顷，工程造价 3.75 亿美元。它包括一个 58 万平方英尺的 10 层办公大厦，大厦内有银行、餐馆、旅行社、商店和电力供水设施，目前已有通用电气、微软等公司入住大楼。除此之外，还包括一个 86.6 万平方英尺的弧形办公大厦，采用玻璃幕墙，内设花园、独立供电供水、光纤接入互联网；当前，还有大片空地等待开发商来开发，开发商可享受园区内基础设施的便利。HITEC 中心城还将修建酒店、会议中心以及其他城市配套设施。

三、印度新经济崛起的原因

1. 政府的长远战略决策

印度信息软件业的发展，主要得益于政府的长远战略决策。早在 20 世纪 80 年代，印度就注意到自己在发展计算机软件业方面具有潜能，意识到软件业有可能成为印度经济中发展最快的部门。1980 年，英迪拉·甘地重新上台，在制订“六五”计划(1980—1985 年)时，特别强调印度应重点发展电子工业。1984 年，印度政府又提出，要通过优先发展计算机软件业，“把印度带入 21 世纪”。其后的几任政府也都把软件业确立为国家优先发展的重点产业。90 年代初以来，印度政府根据现代信息技术的潮流，特别是美国信息高速公路发展的趋势，制定了重点开发计算机软件的长远战略。与此同时，印度政府还建立了软件发展促进局，以协调软件业的发展。1999 年 3 月，印度政府又具体提出在“10 年内使印度成为软件超级大国”的目标，并组建了一个由电子部牵头的电子工业开发委员会，及时解决软硬件业发展中出现的问题。7 月，印度政府又通过支持“软件超级大国目标”的 108 条措施。

2. 大力兴建软件技术园区

软件技术园区为印度信息软件业的腾飞插上了翅膀。自 1991 年起，印度政府开始实施“软件技术园区计划(STP)”，并在电子部设立了名为“印度软件技术园区(STPI)”的自治机构，专门负责落实软件技术园区的发展计划。目的就是促进全国计算机软件产业的成长和软件的出口。印度各软件技术园区有以下特点：第一，园区可由中央政府、邦政府、公共部门或私营部门建立，或联合建立；第二，园区拥有相当先进和便捷的国际通信设施；第三，园区或入园单位可在印度的任何一个地方建立；第四，教育和研究界可以使用由园区建设的基础设施；第五，入园单位可免关税进口远程信息处理设备，无出口义务；第六，入园单位的一切进口都免税；第七，园区是免税和保税区；第八，允许建立独资软件企业；第九，允许入园单位的计算机系统用于单位内的培训等。园区内所创造的价值已占印度全国软件出口总值的 85%以上。

3. 建立世界软件人才库

印度软件业蓬勃发展有强大的软件人才库的支撑。美国享有盛誉的《福布斯》《商业周刊》两大杂志曾经这样报道：“印度有着无穷无尽的人才储备。”“当中国正在成为工业国廉价劳动力源泉时,印度已发展成为技术人才库。”印度软件业的崛起有其特定的历史文化背景。由于印度长期属英国殖民地,因此几乎人人会说英语,这是印度发展计算机软件业的独有优势,使得印度人在开发研制软件上如鱼得水,没有任何语言障碍,大大加快了科研开发的速度。目前,印度拥有的懂英语的科技人才储备仅次于美国,居世界第二位。

长期以来,封闭的体制压制了印度国内信息软件业的发展。20 世纪 60 年代起,数以万计的印度一流信息人才流向美国。90 年代,仅硅谷就有 750 家由印度人掌管的公司。正是这些印度人的良好表现,使美国公司发现了印度软件业的能力和潜力,从而使印度国内的软件公司赢得了众多的客户。由于没有语言隔阂,加上印度软件人员工资待遇较低,微软等公司都先后在印度设立了开发中心。互联网时代的到来,让不少在国外软件业有成的印度科技人员携带技术、资金和各种行销关系回流到印度创业,成为印度国内信息软件业的骨干。斯坦福大学的一位经济学家称,现在在硅谷的高科技公司工作的印度裔美国人多达 30 万,他们 2000 年的收入总计达到 600 亿美元。他说,这些印度人大多把赚来的钱用于投资印度,投资的速度为平均每人每年 20 万美元,投资项目也多是信息软件业。

印度拥有一大批理工科人才,其实力不断增加,使印度有条件成为世界性的软件开发基地。印度已拥有 140 多万软件编程人员,每年还有 5 万多名软件编程人员从技术学校及其他大学毕业,而且有众多的科技人才正源源不断地从国外赶到印度。在印度软件技术园区,有 300 多万专业技术人才服务于上千家公司。

4. 重视教育,培养和善待人才

第一,印度拥有世界上一流的高等教育体系,有 4000 多万学生在 7000 多所学院和 150 多所大学学习。政府每年都要向这些学校增加财政拨款,以保证更新必要的科研和教育设施。高水平的教学和一流的科研设施,保证了 IT 毕业生具有与世界公认的几所理工名牌大学毕业生相媲美的质量。

第二,坚持普及与提高相结合的方针。印度从小学开始便着力普及计算机教育,让小学生初步掌握计算机基础知识和操作技能。到中学和大学,计算机是必修课。特别是理工科学生,要熟练操作计算机,并能编制一些程序。

第三,改革教育体系。其目的是使教育变得更加务实和灵活,跟上信息产业的发展。一些著名的理工大学不断增加和更新课程。同时,学校还会根据软件公司的要求,随时修改教学大纲。为了保证软件业的可持续发展,印度很重视对技术人员的再培训。除了公司内部的培训体系外,学校还定期安排教师到公司工作,让他们接触信息产业的最新动向。此外,印度倡导信息技术企业与院校合作办学,企业不仅向院校进行大量投资,而且把最先进的信息技术及软件产品引入校园。政府对私办信息技术培训学院和公司实行严格管理,只有符合教学的全部要求才能得到政府颁发的办学认可证书。

第四,为软件人才创造良好的社会环境。软件业薪水高,工作条件富有吸引力,培训和旅游机会多,吸引了一些高素质的年轻人才与许多在海外(特别是在美国)工作的印度科学家和工程师回国创业,有些人宁愿放弃在美国的高薪。

5. 符合国情的信息软件行业政策

印度政府为发展信息软件业,在政策设计上有一整套优惠措施,主要包括:

第一,鼓励软件企业出口,放宽外资政策。凡是软件产品出口企业,可以选择缴纳关税的方式,保留出口收入的 50%。软件全部出口的企业不但可免缴营业所得税,免除进口软件的双重税赋,而且外资控股可达 75%—100%,这在印度外资政策上几乎是绝无仅有的。

这一措施刺激了外商的投资热情,促进了印度软件业的发展。

第二,放宽软件企业进口计算机的限制。计算机硬件和软件进口税从115%降至60%。另外,为出口软件而进口原配件以及在当地购买计算机系统的企业,允许有40%的折旧率。

第三,金融机构向软件出口公司提供使用外汇的便利。允许软件出口公司所获外汇收入中有30%的留成。同时,金融机构为软件开发和出口提供风险资金。印度政府正在考虑对有关立法进行修改,通过税收上的优惠鼓励风险投资。此外,软件业有银行贷款的"优先权"等。

第四,软件技术园区为其成员单位提供各类服务。这主要包括:提供单一窗口服务,快速审批成员单位;成员单位以优惠价格优先使用设备;在企业与政府之间建立桥梁和纽带;帮助软件开发和出口单位进行技术评估、市场调查和市场预测等,提供营销支持和信息资讯服务;提供技术标准服务等。

第五,不断扩大优惠政策范围。印度政府将原先针对印度100家出口型企业和出口加工区的优惠政策扩大到软件技术园区及电子硬件产业园区,如对出口软件产品和服务盈利实行减免税等。由于软件技术园区计划是由印度中央政府直接负责实施的,因此印度各个软件技术园区的优惠政策一致。

6. 千方百计开拓国际市场

印度软件企业为了加强它们在国际市场上的竞争力,纷纷向海外拓展,尤其是向美国拓展。2000年6月,印度软件技术园区在美国硅谷所在地加利福尼亚州的圣何塞设立了一个国际商务支持中心。一些印度软件企业还通过收购美国软件公司,或同美国公司建立合资企业,开拓美国市场。

欧洲是印度计算机软件企业海外发展的重点之一。由于印度20%以上的软件销往欧洲,加上电子商务的广泛应用,欧洲已成为印度软件的重要市场。目前,在欧洲国家中,英国已成为印度软件企业打进欧洲市场的跳板。例如,印度的潘特软件技术公司(属世界第三大动画片软件制作公司)已在伦敦建立了公司的欧洲总部,孟买兰星信息技术公司和海德拉巴海神应用软件公司等也在伦敦设立了欧洲总部。

印度软件企业海外发展的第三个重点是亚太地区。在亚太地区中,新加坡、马来西亚、日本、中国及中国香港特别行政区都是印度软件企业的重点目标。

7. 高度重视软件产品质量

印度政府部门对软件产品质量高度重视,始终坚持采用国际上最先进的技术进行高起点的软件开发。电子部建立了能够提供标准化、测试和质量认证的机构(STQC)。不少软件企业在建立之初就瞄准世界最高的技术水平,非常重视在产品开发设计标准方面与国际接轨。印度是世界上获ISO9000质量认证的软件企业最多的国家。在得到卡内基梅隆大学软件工程学会最高级别(即第五级)的全球19家计算机软件公司中,有14家是印度公司。

由于产品档次高,美国五角大楼和一些大公司以及英国航空、伦敦地铁、美国波音、法国空客等公司都常年购买印度软件企业的产品。据统计,全球500家大公司中有200多家采用印度生产的计算机软件。美国一座空军基地通信系统进行升级改造时,其全部计算机软件系统设计由印度软件公司承包。以从事高科技股交易为主的美国纳斯达克股市在欧洲和日本开辟交易市场,其全部交易软件是承包给一家印度著名计算机软件公司设计的。

8. 加强知识产权保护

在大力开发软件中,印度严厉打击盗版,为软件业发展提供知识产权保护。印度《版权法》明文规定对计算机盗版行为课以重罚，据称是世界上最严厉的版权法之一。法律保护为软件产业创造了良好的发展环境。

（汪凌云）

【讨论题】

1. 印度的新经济给该国带来了什么样的变化？发展中国家从印度软件业的崛起中可以借鉴些什么？

2. “当中国正在成为工业国廉价劳动力源泉时，印度已发展成为技术人才库。”你如何理解这一评论？你认为中印两国是否都在发挥本国潜在优势，其结果如何？

3. “印度擅长计算机软件开发，而中国擅长计算机硬件开发，两国利用各自所长，进行专业化分工，均能从国际贸易中获得好处。”你是否同意这一观点？

4. 该案例描述和分析的是20世纪90年代印度软件业发展的情况，进入21世纪以来，该国软件业的发展情况如何？尤其是2008—2009年金融危机后，该国软件业发展采取了哪些战略进行调整？

【参考资料】

1. 石培华、黄炎编著:《解读各国新经济政策》，贵州人民出版社2001年版。

2. 亦冬:《唯有源头活水来——印度软件业迅猛发展的原因》，载《云南科技管理》2001年第3期。

3. 杜涛、齐欢:《印度软件业的发展概况及其启示》，载《经济问题探索》2002年第12期。

4. 严正:《班加罗尔与印度的软件业》，载《福建师范大学学报》(哲学社会科学版)2002年第3期。

5. 虞学群:《中国与印度软件业比较研究》，载《南京邮电学院学报》(社会科学版)2003年第1期。

6. 周家高:《印度软件业迅速崛起的奥秘何在》，载《东南亚南亚信息》2001年第6期。

7.《2017年印度移动互联网用户将增至3.14亿》，新浪科技网，2015年7月24日。

8.《印度软件产业发展现状分析(二)》，中国经济网，2014年3月26日。

【案例 2-23】 苏州工业园区

苏州工业园区越来越令人感兴趣了。这不仅因为它是中国和新加坡最大的合作项目，还在于它开创了中国对外开放的一个新模式。

从 1992 年至今，新加坡总统王鼎昌、内阁资政李光耀曾先后三次为园区的筹建和建设访问苏州。园区启动以来，江泽民、朱镕基、荣毅仁、李岚清等我国领导人也相继来此视察，表现出格外的重视。

与国内各经济特区和其他开发区不同的是，苏州工业园区明确宣布将在开发建设中借鉴运用新加坡经济建设和公共管理经验。那么，究竟这里将向新加坡借鉴什么经验呢？有人猜测，苏州园区将是一个复制的“小新加坡”。有人疑虑，新加坡乃“弹丸小国”，即使有些成功经验，放到中国来能否行得通？情况究竟如何呢？

“我们的确从新加坡学到了很多东西！”原苏州工业园区管委会借鉴新加坡经验办公室负责人周志方坦率地肯定这一点。虽然距两国政府签署合作协议才一年半，但新加坡人的思维方式、工作方式在这里已产生了明显的影响。

新加坡人办事的长远眼光给园区中方职工留下了深刻印象。例如，在启动区平整土地，由于该地区属低洼地区，新方要求先挖掉上层的积水土，再填上干土，并垫高到超出平地一米。工程量大大超过一般平整土地，平均填一方土要花 5 美元。中方曾对此不理解，担心工期过长，成本过高。但是，新方坚持必须这样。事实证明，新方确有经验：后来苏州遭遇大水，其他地方都严重积水，不能施工建厂房，而全部启动区内则滴水未积，随时可以施工，变成了永久的工业用地。

类似的事情很多：绿化所用树木的尺寸，都用尺子量过；所用表面土壤，专门从东北运来。2.7 公里长的金鸡路绿化，新方用了半年时间作论证，整个工程耗资 900 万元。新方说，这样做的目的是保证所有树木全部成活，沿路将出现四季花开、浓荫蔽日的效果。埋设管道时，新方要求挖地 9 米深，而所有施工队伍的挖土机械都只能挖 5 米深，只得另换机械。新方解释，只有这样才能保证所有管线一次埋完，今后较长时期内不用开挖修补。这看起来费时费钱，实则一劳永逸。中方员工发现，平时斯斯文文的新加坡人，坚持这些“苛刻”标准时一点面子也不讲。

韩江是园区管委会经贸发展局工作人员，曾赴新加坡受训。他深有感触地对记者说：“新加坡给我印象最深的是管理规范、公开、透明。什么可以办，什么不能办，都很清楚，不会产生疑问。”他举例说，我们国内成立公司，审批过程太复杂，而开业以后却管得很松。新加坡则相反，开业以前手续简单，开业以后的管理则十分完备，有法必依。例如，各公司上一年的经营情况一定要在年初报给注册局，逾期不报，注册局可以起诉。所以，任何一家公司的详情，花几元新币就可以在注册局查询。他很感慨：“难道我们不能把这种方法拿过来，治一治国内的骗子公司吗？”

多年从事规划工作的顾荣泉到新加坡受训后，对那里既严肃又灵活的城市规划大为赞叹。在新加坡,随意修改城市规划是绝不允许的。若有单位确有特殊情况不能执行规划,可以向市区重建局提出违规申请,获准才可超出规划,但必须严格按修改后的新规划行事,擅自违规将受严惩。与新加坡人共事时间越久,中方工作人员理解:新加坡跻身"亚洲四小龙"绝非侥幸所致,他们在建设和管理国家的30多年中积累起来的丰富经验,的确值得我们认真研究,虚心借鉴。

借鉴并非照搬,因为中新两国毕竟国情不同。经过周密论证,苏州工业园区决定重点借鉴新加坡的一般经济管理经验,以及政府在管理裕廊工业园镇过程中调控市场经济、保证在经济活动中有序竞争和互相合作的做法。借鉴的前提是了解,了解首先需要沟通。早在2002年2月,两国政府在北京签约之时,就成立了以中国副总理李岚清、新加坡副总理李显龙为两主席的联合协调理事会,由双方政府高层人士参加,每年开一次例会,协调解决那些需要中央政府出面的问题。至于苏州市和新加坡裕廊镇,则成立了对口的双边工作委员会,每季度开一次会,就园区建设过程中出现的问题及时研究解决。

要把新加坡的成功经验运用到苏州工业园区建设的具体工作中,就必须让园区的干部全面系统地了解、领会新加坡经验。为此,从启动之日起,园区就陆续派出各部门负责人和工作人员前往新加坡接受培训;而新加坡则动员全国总结各方面的经验,集中200多名专家,向中方受训者传授。第一批受训者仅9名,而新方的"老师"却有60多位,他们表现出极大的热情。迄今为止,园区的中、高级管理人员中已有5批共51名人员去新加坡受过训。不仅如此,新加坡还多次派出专家团到苏州,向园区干部和苏州市有关部门人员"面授"其经验。

经过对新加坡的了解和分析,园区领导者们发现,新加坡发展经济和公共管理的主要做法大多体现在一系列大大小小的政策法规之中。这些政策法规凝聚着新加坡人30多年来结合东方文化背景,走向市场经济,走向国际化、现代化的探索和思考,有许多巧妙结合东西方文化、观念精华的得意之作。因此,结合中国国情,融合新加坡经验,编制一批苏州工业园区自己的政策法规便成为当务之急。于是,在新方人士的参与下,以中方一批曾赴新受训的人员为主,园区的概念规划、总体规划、首期开发区详细规划陆续被编写出来。此外,关于城市规划管理、建设项目环境保护、外商投资管理、劳动用工、人事、住房、公积金等的暂行办法也都相应制定了。这些被新方称为"软件"的新制度有的已经施行,有的正在审批过程中。

这些新制度是苏州工业园区目前的开发和将来的运行之政策、法律基础,也是苏州工业园区区别于国内其他开发区的重要标志。

与国内绝大多数开发区不同,苏州工业园区的"七通一平"不由政府包揽,甚至招商引资、厂房建设、区内各种基础设施也都由新方控股的中新苏州工业园区开发有限公司负责。这样,园区管委会便成了名副其实的"小政府":只有80人,12个局,其中还有4个局是两块牌子一套人马,平均每个局要与苏州市二三十个局对口,各项工作并没有因此而出现混乱。兼任管委会主任的前市长章新胜指出:"这本身就是借鉴新加坡经验的产物!"

到21世纪初,苏州工业园区已经发展到如此规模:40多家外资企业落户其中,总合同外资超过15亿美元;开发土地已超过3平方公里,区域内的土地平整和必备的道路、桥梁、供电、供水、供气、供热、排污、通信、绿化等基础设施建设已全部完成;多家企业已经开工,其产品已经出口。包括王鼎昌、李光耀在内的两国有关人士对此建设速度,尤其是建设质量深表满意。

有人说,这是借鉴新加坡经验的结果。事实上,双方都认识到,真正要做到新加坡经验的中国化，他们还有很长的路要走。新加坡同行不太理解，他们在坚持一些标准的时候，中方同行常常反问："有这个必要吗？"比如，施工的精度、工程的进度、对投资者的服务态度。他们抱怨，安装电话的所有手续都办完了，而电话却不一定马上就通；如数交了电费，办公室的空调却可能在最炎热的时候突然没了电。中方也确有不少为难之处。例如，有的新加坡同行提出园区河湖水要达到基本能饮用的程度，因为有的发达国家确能达到这种标准。但是，在目前的中国，这是不现实的。诸如此类的一些事，并不是东道主不与新方配合，而是确有许多客观困难。对中方合作者诚恳的解释，新加坡人也以坦诚相报。他们指出，中方还须树立牢固的"亲商"观念。何谓"亲商"？就是从政府到民间，都要不遗余力地为投资者提供优质的服务。

2002 年 8 月底，李光耀资政访问苏州时，对亲商作了多方解说。他讲道："关心照顾投资家，越周到越好。我们为他们提供的服务比别的地方好，就可以一传十，十传百。我们与邻国竞争，主要不是靠价格，而是靠优质服务取胜，这是我 30 多年来的主要经验！"尽管有这样那样的困难，但是李光耀坚定不移，他说："我们政府要以最大的决心支持搞好苏州项目！如果哪一天苏州搞得比新加坡还好，我即使长眠地下也要向你们脱帽致敬！"

此后，由园区管委会和新方控股的园区开发有限公司负责人参加的联合决策中心成立，一条快捷的彼此沟通及信息反馈渠道形成，双边一体化的、为投资者提供"一站式服务"的体系也构筑起来。此外，苏州市和裕廊镇双边工作会议从一季度召开一次缩短为两个月一次。

苏州工业园区的建设还在进行，中新两国的合作也在继续，不管怎么样，新加坡的一些科学管理的经验或做法值得借鉴与学习。

（邹晓东）

【讨论题】

1. 为什么中新要合作建立苏州工业园区？中方在与新方合作的过程中可以学到什么？有经验值得借鉴吗？

2. 苏州工业园区的成功合作是否为南南合作的典范？它给其他合作什么启迪？

3. 新加坡是发展中国家吗？根据该案例，分析发展中国家的多样化、结构和共同特征。

【案例 2-24】 亚洲硅谷:中国台湾地区新竹科学工业园区

20 世纪 90 年代,海外许多媒体都在关注中国台湾新竹,《经济学人》杂志、《纽约时报》以及《亚洲华尔街日报》等都对它进行过报道。1995 年 5 月,美国《商业周刊》称新竹为“亚洲硅谷”。美国一家有影响的杂志还把新竹科学工业园区选为近年来全球发展最快的十大园区的第一名。

一、园区的形成

新竹科学工业园区建立于 1980 年 12 月,90 年代占地面积扩大到 580 公顷,拥有 265 家大小高科技公司,其中有 103 家是海外留学人员回来建立的,共创造了 6.8 万多个就业机会,年产值高达 4000 亿台币。进入 21 世纪,园区已经扩大到 632 公顷,拥有 380 家高科技企业,约 10 万人在其中工作。

新竹科学工业园区的诞生,带动了台湾地区经济的蓬勃发展,还使当地许多科技产业名列世界前茅(仅次于美国、日本)。园区电子产品,像网络卡、影像扫描器、终端机、桌上电脑等的产值,均占台湾全岛 50%以上,在世界上也能排名前列。台湾地区集成电路(IC)产业的制造包括电路设计、集成电路等,也由该园区垄断。由于它的存在,台湾地区已经成为全世界第四大半导体工业制造者,仅次于美国、日本和韩国。

新竹科学工业园区的形成与台湾地区的产业结构转换有直接的关联。自 60 年代中期开始,台湾地区搞的主要是加工出口工业,当时共有三个主要加工出口区,均以大力引进技术、吸引外国公司投资、增加就业机会和赚取外汇为主要目标,每年都要创造出 100 多亿美元的进出口值。70 年代第一次能源危机爆发之后,台湾地区的经济便面临转型的问题,而转型的方向只能是发展高科技。经过数年的探索,台湾当局决定建立一个科学工业园区。

在地点的选择上,为了得到学校和研究机构的配合,新竹成了最好的候选地点,因为这里有以产业研发为主要课题的工业技术研究院(以下简称“工研院”)和两所著名的大学:(台湾)清华大学和(台湾)交通大学(以下简称“交大”和“清大”)。

众所周知,美国的硅谷之所以能取得举世瞩目的成就,就因为它靠近被喻为“硅谷创新心脏”的斯坦福大学等知名学府。同样,新竹科学工业园区后来之所以成为著名的科技重镇,创造了高科技产业传奇,也是由于借助了交大、清华和工研院的力量。

交大共有学生约 8500 人,教授约 600 人。该校不但提供丰富的、优秀的人力资源,还在人才培训上支援园区。学校与园区只有一墙之隔。园区创设以来,许多优秀的学生到园区创业。据统计,在园区的高科技公司中,大约有 70%为交大校友,他们有的从事研究工作,有的从事行政管理工作。

交大十分重视工程技术的研究,除了为园区培育出许多创业人才之外,还为园区培养在职的技术人才。交大每年举办对外培训班,参加学习的人员大多来自园区。因为靠得很近,园区的职工可以随时随地到交大校园,同那里的教师和学生交流。交大还设有毫微米实验室，并进行中央处理器(CPU)、次微米及深次微米、IC 静电保护等技术的开发，这对于提高园区的国际竞争能力也大有裨益。园区对交大的回报则是每年提供 2000 多万元的研究经费。

清大是一所综合性大学，共有 6 个学院，学生约 6800 人，教授约 700 人。清大着重科学理论的探索，它对园区产业的影响力虽不如交大，但在人才的培育方面发挥了不小的作用。例如，清大的校友们集资成立了一个机构——自强基金会，着重做园区在职人员的技术培训工作。清大很多教授担任园区的顾问，帮助园区制定研究发展计划。很多清大优秀的学生和研究人员都愿意把自己的成果用于园区，毕业后也愿意到园区工作。清大的电镜中心拥有高解析电子显微镜，可以清晰地观察 IC 面的结构，园区许多厂商都愿把自己的样品拿到那里去检验。清大还为园区的 IC 产品做了许多具体的把关工作。同样，园区给清大的回报也是每年提供 2000 多万元的研究经费。

工研院位于园区东面约 5 公里，有电子、光学、电脑与通信、材料、机械、化工、能源与资源、工业安全卫生、测量等 12 个研究单位，约 6000 名工程师。20 余年来，工研院已开发出许多技术，并在园区创建公司 31 家。工研院在园区还拥有多个实验室，分别为高速电脑中心、同步辐射研究中心以及太空计划室。其他研究机构包括精密仪器发展中心、机械设计制造中心、毫微米元件实验室等。

如果把交大的许多优秀学生和研究人员看作促成 IC 产业成长的基因，那么让这些基因成为产业的就是工研院，是交大的毕业生和工研院电子所的研究人员共同造就了举世闻名的、位居新竹科学工业园区的半导体产业。现在台湾地区尽人皆知的联华电子、台湾集成电路等与工研院的电子所都不无关联。工研院对 IC 产业的技术研究开发也起了极大的促进作用。

工研院每年都接受 4 亿元新台币的委托经费，用于研究电子、电脑与通信、光电、材料等技术，并把它们的研究成果及时移转到厂商那里，促进了资金与技术的有效结合。工研院除了转让技术，还协助园区厂商提高职工技术。譬如，工研院专门成立了开放实验室，供园区厂商使用。更值得称道的是，工研院建立了一个企业扶助中心，以极低的租金把办公室和实验室租给那些成立不久、房屋紧缺的高科技公司使用。

二、园区的政策法规优势

为了促进科学工业园区的建设，台湾决策层提供了一系列优惠条件。20 世纪 80 年代，世界上建立科学工业园区的国家和地区屈指可数，这些国家和地区的科学工业园区多是来自民间的自发力量，主要是学校和企业利用多余的资源建立的。拿美国的硅谷来说，就是以斯坦福大学的师生为中心，结合几个创业投资公司，利用他们的人才、技术和资金建立的。中国台湾地区的科学工业园区则是由地方政府主办的，带有较强的计划性。

台湾当局向园区厂商提供很多优惠政策。在土地的使用方面，采取只租不卖的政策，还在园区预先建筑了许多标准厂房，大大降低了厂商进入园区设厂的成本。当局规定，只要有创意，即使资金不足，也可进入园区。在进入园区设厂程序方面，当局还专门成立了一个管理局，在园区办公，设立单一窗口，使得进入园区设厂的手续非常简单。

台湾当局向园区厂商提供的优惠条件还有如下几条：第一，税收优惠，新设的科学工业项目 5 年内免征营利事业所得税，从它的产业销售产品或提供劳务开始之日起两年内，厂商自己选定 4 年内的任一会计年度的首日开始，连续免征营利事业所得税；第二，投资人权益保障,外国投资人享有与本地投资者相同的优惠条件及权利,外国人或海外华侨投资的盈余,资本项目可申请汇出;第三,政府参与投资,投资人可申请非民间机构参与投资,出资额可高达总资本额的49%;第四,专利权或专门技术作股,投资人可以专利权或专门技术作股,最高可达总投资的25%,二者合计不得超过资本额的25%;第五,低息贷款,科学工业可向交通银行以低于一般银行放款2%的利率申请贷款,支付购置机器设备的价款以及兴建厂房设施;第六,奖励办法,管理局提供创新技术研究资助金,每个获得核准的计划最高可获得新台币500万元的资助金。

到21世纪初,园区高科技公司达到272家,其中本地公司222家,外国公司50家。园内产业扩大到集成电路、电脑及通信、光电、精密机械和生物技术六类。园区整体营业额4550亿元,累计资本额5106亿元,本地资金占90.1%,外国资金占9.9%。

三、园区的企业文化优势

确立新的经营观念,排除家庭色彩,鼓励员工持股,是新竹科学工业园区形成的一种新的企业文化。

在以往的企业中,往往家庭色彩很浓厚,父亲任董事长,其他的职务不是由其子女担当,就是由其亲戚、朋友包揽。员工即使才华出众,也只有出力干大活的份儿,能够被提拔重用的只是凤毛麟角。在这样的企业中,业主和员工的关系是单纯的雇佣的关系。这样,员工工作的主动性和积极性就调动不起来,公司很难兴旺发达。

宏碁企业集团(Acer)的总裁施振荣初进园区设厂时,搞的就是这种具有家庭色彩的企业,凡事都是自己说了算,由于个人能力毕竟有限,出现了不少失误,不久就把厂子搞垮了。由此,他领悟到要使企业成功,必须建立一个拥有各种人才的领导班子,发挥众人之长,协助自己工作。对领导班子的选拔,只能是唯才是用,而绝不能任人唯亲。同时,他激励员工入股,公司利润与大家分享。后来,他按照这种想法东山再起,创办了Acer企业集团,成为台湾地区最大的电脑制造商。

如今的新竹科学工业园区,很多公司刚刚建立,职员就可以入股。等到公司开张,股票上市,股价上涨时,公司将它高价出卖,利润跟员工分享。这样,从眼前看虽是降低了投资人的收入,但在公司的广大员工中形成一种与公司"同命运"的心态,增强了公司的向心力和凝聚力,充分调动了员工工作的主动性和积极性,最终会给公司带来更多的经济效益。

现在,在新竹科学工业园区的土地上,坐落着台湾集成电路、联华电子、Acer企业集团、友讯科技、东讯公司、华邦电子等几百家大大小小的高科技企业,这些企业彼此纵横交错,在资金、人才、技术上互相支援、交流,形成了巨大的综合效应。

(宋 航)

【讨论题】

1. 为什么要建立新竹科学工业园区?与美国硅谷相比,该园区是否有自己的特点?

2. 为什么在新竹科学工业园区内会形成一种新的经营观,打破了家族色彩的企业文化?这种企业文化氛围对园区的建设有什么意义?

3. 新竹科学工业园区给予我们什么启示?

【案例 2-25】 越南的外商直接投资

越南是一个以农业为主、工业日渐发展的东南亚发展中国家，拥有丰富的农作物及矿产资源，经过越战后几十年的恢复，具备了一定的经济基础。

越南的经济改革开始于 1986 年。改革期间，越南积极推行市场经济，加大对外资源的利用，使经济上了一个台阶。与大多数发展中国家一样，越南利用外资主要通过三个渠道：外国援助、外商直接投资和举借外债。外国援助一般来说规模相对较小，优惠程度日益降低，且资金到位率低；而举借外债之后，债务压力增大。因此，越南政府较为重视吸收外商直接投资。过去的 30 多年来，外商直接投资在越南经济发展中起着举足轻重的作用。

一、越南的外商直接投资情况

20 世纪 90 年代的前半段是越南外资迅速增长时期。其后，随着亚洲金融危机的爆发，越南吸引外资一度跌入低谷，外商投资额由 1996 年最高峰时的 80 多亿美元骤降至 20 亿美元以下。2000 年，外资流入开始缓慢回升。据越南计划投资部统计，截至 2003 年 12 月 31 日，越南累计吸收有效外资项目 4324 个，协议金额 407.94 亿美元，法定注册资金 185.53 亿美元，实际到位资金 246 亿美元。

从投资领域看，外商直接投资主要集中在工业、建筑业，其次是服务业领域。（见表 2-25-1）

表 2-25-1　1987—2003 年越南外商投资领域分布比例

行业	项目（个）	协议金额（亿美元）	到位资金（亿美元）	协议金额占协议总投资（%）
工业、建筑业	2885	232.13	167.25	56.92
农林水产业	596	28.98	15.62	7.10
服务业	843	146.68	63.13	35.96

资料来源：越南计划投资部。转引自《2003 年越南吸引外商直接投资基本情况》，http://www.hi-beihai.com/51_show.asp? id=745。

从投资方式看，外商投资者以独资、合资、合作经营、BOT 四种方式在越南进行投资。合资经营方式虽仍是目前最主要的外商投资方式，但近年采用独资方式引进的外资不断增加。（见表 2-25-2）

表 2-25-2　1987—2003 年越南外商投资方式

投资方式	独资方式	合资方式	合作经营方式	BOT 方式
项目（个）	3007	1153	158	6
协议金额（亿美元）	172.85	182.65	38.73	13.7
占协议总投资额（%）	42.37	44.78	9.49	3.36

资料来源：越南计划投资部。转引自《2003 年越南吸引外商直接投资本情况》，http://www.hi-beihai.com/51_show.asp? id=745。

从投资来源看,外资项目分别来自 64 个国家和地区,其中东南亚、东亚各国和地区是越南的主要投资来源地,投资额占越南吸收外资总额的 80%以上。(见表 2-25-3)中国企业特别是民营企业近年来对越南的投资也大幅增加。2003 年,中国对越南投资首次突破 1 亿美元,在当年对越南投资的国家和地区中列第 4 位。截至 2003 年底,中国在越南累计投资已超过 5 亿美元,列第 16 位,其中投资项目 61 个,协议金额 1.38 亿美元。

表 2-25-3 1987—2003 年对越南投资总额排前十位的国家和地区

排名	国家/地区	项目(个)	投资金额(亿美元)	占总投资额(%)
1	新加坡	288	73.70	18.07
2	中国台湾	1086	59.97	14.70
3	日本	418	44.80	10.98
4	韩国	662	41.61	10.20
5	中国香港	288	29.74	7.29
6	法国	134	21.14	5.18
7	英属维尔京群岛	187	20.90	5.12
8	荷兰	51	17.68	4.33
9	泰国	119	14.08	3.45
10	英国	51	11.80	2.89

资料来源:越南计划投资部。转引自《2003 年越南吸引外商直接投资基本情况》,http://www.hibeihai.com/51_show.asp? id=745。

从投资地域看,越南吸收外资 10 亿美元以上的省市有 6 个,它们依次是:胡志明市(1367 个项目,107.55 亿美元)、河内市(482 个项目,75.63 亿美元)、同奈省(510 个项目,65.04 亿美元)、平阳省(752 个项目,33.78 亿美元)、巴地头顿省(96 个项目,20.64 亿美元)、海防市(144 个项目,金额 14.76 亿美元)。这六个省市吸收的外资占越南外资总额的 77.8%。

二、越南外商直接投资存在的问题

一是外商投资产业结构、地域分布不合理。从外资在越南各部门的投资分布来看,由于越南政府不断调整外资政策,引导外资投向,近年外资过多集中于工业领域。到 2003 年,有超过 60%的外商直接投资项目和超过 50%的资金投向工业领域,农业则没有得到足够的重视。投资的地域主要分布在基础设施较好和社会经济较发达的省市。有 53%的外商投资在东南地区,河内市和胡志明市占总投资的将近一半。广大的北部山区和西部贫困地区吸收的外资项目则很少。

二是外资主要来源于亚洲国家和地区,欧美跨国公司投资少。来自欧美的投资在外资项目总数和投资资本总额中所占比例均不足 1/4。发展中国家的投资项目一般规模比较小,技术水平不高,资金到位率比较低,许多项目甚至中途取消。因此,这样的投资来源不利于越南通过吸引外资弥补国内资源的不足,也不利于越南掌握先进的技术、管理方法和生产经营经验,增强竞争力。

三是基础设施落后,投资环境不够理想。在硬件方面,越南虽正努力改善国内基础设施条件,但总体情况不能令人满意,交通、电力、通信、绿化等基础设施的建设尚待加强。在法律体系和政策环境的建设方面,尽管越南已经颁布了一系列有关外商投资的法律,如外资法、避免双重征税法、国内投资法等，但是还存在相关法律不完备、不明确，政策执行缓慢、多变的问题，成为影响外商对越南投资的重要障碍。

四是外资企业的经营效益普遍较差。在越南投资的外资企业尽管享受一定的优惠措施，但是盈利的比例还比较低，甚至每年都有一批外资企业破产、撤资。导致外资企业经营效益差的原因有多方面，比如各种不公平的对内对外措施长期存在；合资、合作经营的双方在组织管理方面存在分歧；越方技术水平、劳动力素质低下，工人缺乏培训等。

三、越南吸引外资采取的决策

外商直接投资在越南经济发展中的作用日益重要，越南政府意识到吸引外资仅靠传统的优势，如自然资源充裕、劳动力充足且成本低、社会稳定、经济持续快速增长等已远远不够。为了更好地吸引外资和更有效地利用外资，越南政府出台了一系列新措施，内容主要包括三个方面：

一是减少外商投资者的成本开支，提高外资企业竞争力和经营效益。为了进一步为外商创造有力的投资环境，越南政府正对有关的引资政策及法律法规进行评估，努力加快实施内外统一的价格体制，以便从根本上消除把外企与国内企业区别对待的状况，使外企在诸如电力和交通等方面享受与国内企业相同的价格待遇，最终帮助外企降低生产成本，创造更大的利润空间。

二是简化外商投资者的申请投资手续。针对在越投资手续繁杂且拖延时间较长的问题，越南政府采取的措施包括简化行政审批、土地清理、拆迁手续等。在数年前，越南贸易部已作出决定，从 1999 年 9 月 16 日起，简化在越南的外资企业出口审批手续。除出口国家限制的商品，外资企业不必事先申报出口计划，只需出示投资许可证和经营许可证的复印件，就可直接在海关办理产品出口手续。

三是鼓励外商对以下领域进行投资：生产和加工出口产品的工业、为发展农业和农村经济服务的行业、信息技术、生物技术、石油与天然气、电子、新材料、通信和基础设施建设等领域；同时，对产品出口比例高、出口产品生产中使用越南原材料多和使用越南劳动力多的外资企业实行优惠政策。

为加快越南经济发展，政府全力投入，推动本国经济走向世界。为此，越南参加了众多的国际贸易和经济组织，现已加入 ASEAN，成为 CEPT 观察员，作为创始员参加亚洲、欧洲经济协作论坛，加入了 APEC。

越南的既定目标是从农业国发展成中等发达的工业国家，在 2020 年成为发达工业国家。引进外商直接投资的成效仍将是影响越南实现其工业化和现代化目标的重要因素。

四、入世后的发展

2006 年 11 月 7 日，在瑞士日内瓦召开的世界贸易组织（WTO）成员大会正式接纳越南成为该组织的第 150 个成员。从 1995 年开始申请加入 WTO 到最终加入，越南用了 11 个年头。WTO 总干事对越南的努力给予了积极评价。越南贸易部长张庭选表示，越南将抓住机遇，化解挑战，为多边贸易体制的发展做出贡献。

入世后，越南的经济和对外贸易以及外商直接投资得到较快增长。根据 WTO 和越南统计总局的统计数据，2015 年，越南对外出口额 1624 亿美元，比上年增长 8.1%，在世界出口中占 1%比重，世界排名第 27 位；进口 1656 亿美元，比上年增加 12%，占世界比重 1%，世界排名第28位。同年,越南GDP 1920亿美元,同比增长6.68%,超过预期的6.2%的预定目标,增速为近5年来最高,人均GDP 2109美元;实际利用外资145亿美元,同比增长17.4%。

显然,外商投资在推动越南经济增长中起到了积极作用。

(余北迪、林　珏)

【讨论题】

1. 越南政府为鼓励外商投资作了哪些努力?
2. 发展中国家应当积极创造哪些条件,才有利于增加对外资的吸引力?
3. 发展中国家在引进外资过程中可能遇到哪些问题?应如何积极应对?

【参考资料】

1. 〔美〕吉利斯等:《发展经济学》(第四版),黄卫平等译,中国人民大学出版社1998年版。

2. 谭崇台主编:《发展经济学》,山西经济出版社2000年版。

3. 许梅:《浅析外国直接投资在越南经济发展中的作用》,载《当代世界社会主义问题》2002年第1期。

4. 廖少廉:《越南外国直接投资:特点与问题》,载《亚太经济》2001年第5期。

5. 袁珠盈:《析越南的外资直接投资》,载《云南财贸学院学报》2003年第6期。

6. 汪慕恒、周明伟:《金融危机后越南的经济与外资投资》,载《东南亚》2002年第2期。

7. 崔玮祎:《6.68% 越南2015年经济增速创新高》,载《经济日报》2016年1月4日。

8. 《越南重视吸引外资》,载《经济参考报》2001年9月11日。

9. 《越南实施吸引外资新举措》,福建国际经济合作网,http://www.fjietc.gov.cn/aicondi/Asia/vietnam.htm。

10. 《越南强化吸引外资政策》,北海旅游商务会议网,http://www.hi-beihai.com/51_show.asp?id=592。

11. 中华人民共和国商务部:《越南正式加入世界贸易组织》,http://www.mofcom.gov.cn/aarticle/i/jyjl/j/200611/20061103671058.html。

12. World Trade Organization, World Trade Statistical Review 2016. Leading Exporters and Importers in World Merchandise Trade, 2015.

【案例 2-26】 特色产业扶贫
——安徽省岳西县瓜蒌产业的发展

安徽省岳西县是国家首批重点贫困县，近年来通过种植瓜蒌，打造特色产业，走出了一条脱贫开发之路。

岳西县位于大别山腹地、皖西南边陲，与湖北省相邻，地跨长江、淮河两大流域，总面积为 2398 平方公里，人口约 40.1 万，现辖 24 个乡镇。岳西县的森林覆盖率达 70%以上，蕴含丰富的自然资源，动物类有 79 种，矿物类有 33 种，全县现有植物类药材达 1000 多种，其中瓜蒌、石斛、杜仲等 30 种名贵药材在国内外久负盛名。岳西县地处北亚热带湿润性季风气候区，气候温凉，光照充足，雨热同期，四季分明。由于海拔高度不等，小区域气候差异大，土壤呈垂直带状分布。

瓜蒌喜肥、喜光、喜温暖潮湿，耐肥、耐阴、耐寒、耐高温，属旱性作物，常野生于阳光充足、通风条件好的田间、山坡、林间或山谷阴湿处。瓜蒌的经济价值极高，一般每亩地产值平均约为 4000 元。瓜蒌根的产值更高，可达每亩平均约 15000 元。岳西县的自然环境很适合瓜蒌的种植。

一、岳西县瓜蒌产业发展现状

岳西县于 1993 年开始从潜山县小面积引种栽培瓜蒌，获得成功，而后栽培面积逐步扩大。该项目投资少、周期短、见效快，深受群众欢迎。瓜蒌的药用价值较高，瓜篓子、瓜篓皮均有较好的市场价值，产品供不应求，市场前景广阔，故瓜蒌产业在该县发展迅猛，群众的生产积极性很高，自发相互引种栽培。岳西县瓜蒌产业在 2011 年达到高峰，栽培面积达到 1667 平方公里，产瓜蒌籽 375 万千克，创经济价值约 7500 万元；产瓜蒌皮 250 万千克，创经济价值 750 万元；产瓜蒌根 750 万千克，创经济价值约 1500 万元，三项合计创经济价值约 9750 万元以上。根据 2014 年的资料统计，每亩瓜蒌的平均收入是水稻的 3 到 4 倍，当年仅岳西县响肠镇就新建 7 个瓜蒌基地，种植瓜蒌面积达 3160 余亩，实现经济效益近 1000 万元，使过去不出名的野生草藤变为今天的"聚宝盆"。

二、岳西县瓜蒌种植经验

为提高瓜蒌的产量和质量，岳西县种植户经长期摸索，总结了一套种植瓜蒌的经验：

第一，园地选择。冬暖夏凉、通风条件好、日照在 8 小时以上、土层深厚且疏松、排灌方便、土壤潮湿且肥沃的沙质壤土田块，更有利于瓜蒌的栽培。

第二，枯死苗的防治。瓜蒌在种植过程中存在枯死苗问题，主要是因为瓜蒌布局不合理、施肥不当以及病虫害等问题造成的。加强病虫害的防控也是种植瓜蒌需要重点管控的，山区瓜蒌病虫害综合防治要贯彻"预防为主，综合防治"的方针。以农业防治为重点，以药剂防治为辅助，农业部门要开展瓜蒌病虫害预测预报工作，按照相关情报开展病虫害综合防治,其中病在于预防,虫在于适期防治。要减少用药次数,合理使用低毒高效农药,以达到绿色食品的标准。

第三,产量提高需轮作制。瓜蒌种植区与非葫芦科作物种植区实行3—6年轮作或水旱轮作,轮作间隔期不少于3年。瓜蒌喜肥、耐肥、喜温暖潮湿,属旱性作物,其种植需提前耕翻培肥。在前茬为水稻的稻田,需提前耕翻,培肥改良,使之达到适宜瓜蒌生长的旱地土壤的要求,然后再种植瓜蒌。在瓜蒌连作期,要实行年年翻栽,不同品种之间轮作,同一个品种不超过2年的连作。

第四,品种选择。岳西县有很多野生瓜蒌资源,从理论上说,从中能选育出抗枯萎病、高产优质、商品性很好的当家品种。岳西县农业有关部门、单位、企业和组织迅速着手新品种开发工作,加大研发投入,走“产、学、研”相结合的道路,进行技术升级与工艺革新,不断地研发新产品,选育出一系列适合本地种植的抗枯萎病新品种,从根本上保质保量。

三、岳西县瓜蒌产业的发展

为推动瓜蒌产业的发展壮大,岳西县很多乡成立了瓜蒌产业种植合作社,为群众提供种苗以及技术、销售等一系列服务。为切实维护好种植户利益,合作社与他们签订保护价收购合同,解决了他们的后顾之忧,推动了瓜蒌产业的快速健康发展。岳西县政府大力支持瓜蒌产业的发展,加大了农业招商的力度,充分利用土地资源优势,加快土地流转,通过现代农业招商扩大瓜蒌种植的规模和水平。政府在组织发展基地的同时,积极组织瓜蒌种植的技术培训,开办瓜蒌技术培训班,号召农技人才与种植大户结对帮扶,提供技术保障,为种植户解决后顾之忧。岳西县积极发展深加工,培育市场主体,通过招商引资组建配套企业,做大做强瓜蒌产业,使瓜蒌产业发展壮大成为全县主导产业之一。

岳西县瓜蒌产业的发展,带动了周边地区的经济,霍山、金寨、太湖、舒城、肥东和肥西等区县也纷纷效仿,种植瓜蒌,在当地获得很好的经济效益。

(胡贝贝)

【讨论题】

1. 瓜蒌产业是如何发展成为岳西县的主导产业的?
2. 岳西县发展瓜蒌产业的成功经验有哪些?
3. 扶植特色产业的发展是否有助于贫困地区走出困境?请列举这方面的案例以支撑自己的观点。

【参考资料】

1. 葛立明:《瓜蒌高产优质栽培技术》,载《安徽农学通报》2013年第3期。
2. 韩振球、胡应武:《岳西专业合作社为农村经济发展领航》,人民网,http://ah.people.com.cn/n/2014/0918/c351171-22358081.html。
3. 王长水:《瓜蒌高产优质栽培技术》,载《现代农业科技》2008年第4期。

【案例 2-27】 员工企业 互动共赢

——联想集团的人力资源管理

1984 年，联想公司诞生。创业初始只有 11 人、20 万元资金，到今天已发展到数万员工，几千亿营业收入，集贸、工、技一体化的中国民营高科技企业集团。

从 1996 年开始，联想的电脑销售量位居中国国内市场首位。2004 年，联想收购美国国际商业机器公司(IBM)事业部。2013 年，联想电脑销售量世界第一。2014 年，联想又收购美国摩托罗拉移动。2015 年，在中国民营企业 500 强中，联想以 2894.76 亿元的营业收入位居榜首。此时，联想已在全球拥有 2.7 万多名员工，研发中心分布在北京、上海、厦门、深圳、成都、日本东京、美国贝卡罗莱纳的罗利。回顾联想的发展，离不开集团内卓越的人力资源管理。

一、观念转变：从"蜡烛"到"蓄电池"

和每一个企业的成长历史相类似，联想也经历了从初创、成长到成熟几个阶段。在企业成长过程中，随着企业规模日益扩大，企业领导层越来越认识到人的作用。1995 年，联想将"人事部"改名为"人力资源部"，这种改变不仅是名称的变化，更是一种观念的更新。

蒋北麒先生说："过去的人才管理把人视作蜡烛，不停地燃烧，直至告别社会舞台。而现在，把人才看作资源，人好比蓄电池，可以不断地充电、放电。现在的管理强调人和岗位适配，强调人才的二次开发。对人才的管理不仅是让他为企业创造财富，同时也要让他寻找到最适合的岗位，最大地发挥自身潜能，体现个人价值，有利于自我成长。"

二、努力做好吸引人、激励人、留住人、发展人

首先，吸引人。联想提出员工价值承诺"EVP"：为员工创造发展空间，提升员工价值，倡导员工"将个人追求融入企业的长远发展之中"；制定有针对性的招聘策略——在人才渠道上加大猎头和内部举荐力度，并与全国 30 所重点高校合作，成立实验室，合作建设软件学院等；建立企业人才信息库，实现资源共享。

其次，激励人。联想建立了适合当前业务需要并不断发展的绩效评估机制，对员工的能力、态度、业绩三方面进行评估，并建立了有效的沟通反馈机制，以保证绩效评估的公正和透明。评估结果将用于员工的工资、奖金、晋升等方面，还特别作为轮岗、培训、个人发展的依据。在绩效评估的基础上，联想制定了适合不同岗位特点的薪酬体系，特别是通过认购股权计划，将员工与企业的长远利益紧密结合。

再次，留住人。联想的人才选拔以内部培养为主，以外部引进为辅，为内部人才提供广阔的发展机会和空间。联想建立了公平竞争的选拔机制，如关键岗位竞聘制度等。

最后，发展人。联想建立了技术职称体系，创立了研发、工程、技术支持三个体系，尝试建立行政升迁以外的发展路径；建立了研发、IT 咨询、产品经理、市场营销、职能管理资材等几十个专业序列,以此为员工提供多渠道的发展路径。

三、完善的培训体系和有序的培训流程运作

1. 建立完善的培训体系

联想细分员工类别,把全体员工作为培训对象;在培训方式方面,有在岗培训和脱岗培训,特别是采用新员工指导人、轮岗、网上远程教育方式,使培训效果更有效,范围更广泛。同时,联想根据各类岗位的能力要求,建立相应的课程体系,有公共课程体系(包括文化与战略发展类、职业技能类、管理技能类)和专业课程体系。联想的培训队伍也很强大,有一支包括总裁室、人力资源部、各部门培训专员、专兼职讲师队伍。除此之外,联想还建立了完备的培训设施和完善的培训制度,从而为其教育和培训提供了良好的环境。

2. 有序的培训流程

第一,有年度培训计划。联想于每财年初根据公司战略和年度重点工作,以及部门员工考核结果和员工个人发展计划,制订年度培训计划。

第二,培训项目运营也很完善。每个培训项目按管理方式运作,分四个环节:需求调查、项目策划、项目实施和效果评估,每个环节都有具体可行的实施步骤。

四、鼓励员工参与管理

联想提倡员工要做"发动机",而不是"螺丝钉"。具体而言,联想激励员工关心企业,参与管理,主动发现问题和解决问题,成为公司前进的推动者。为此,联想开展了多种形式的活动,如"创业之星"评比活动,鼓励全体员工参加评比,并表彰"创业之星"们。联想还开展职能部门满意度调查活动,从1999年开始进行,调查涉及所有职能部门,调查对象分为员工和部门管理者。对员工的调查突出员工需求导向,称为"员工满意度调查";对各部门管理者的调查突出解决问题导向。满意度调查已成为职能部门改进工作的好助手,也是员工参与管理的有效途径。

五、完善的激励机制

1. 建立绩效管理体系

这一体系包括公司、部门和员工三级绩效评估机制;优胜劣汰的管理机制;公平、公正的薪酬福利体系和评价体系。

2. 激励机制的组织结构、职责分工、方式方法方面有充分的保障

组织结构:人力资源部、企划部有专人负责,同时运用打包的方式,由人力资源部客户经理推广到各业务部门设置的接头人。

职责分工:对绩效激励管理体系中的人力资源部、各级经理、接头人以及员工的职责进行严格而细致的划分。例如,人力资源部的职责是制定政策、培训推广并检查监督;各级经理的职责是了解掌握公司的政策、流程,根据自身业务的特点灵活运用等。

方式方法:每季度、年度都对各部门进行绩效评估,从经营指标、业务进展、客户满意度调查等方面予以考评;对全体员工进行业绩评价,通过目标达成、能力评价表、自评和面谈方式确定考核结果。

3. 反馈与申诉渠道

例如,在绩效考核方面,员工除了可以在绩效面谈中发表自己的意见和建议外,如对上

级的评价有异议，可以向各级主管、部门总经理和人力资源部提出申诉。

联想把人力资源管理比喻为“珍珠项链”工程。这实际上是指传统的人事管理比较偏重于寻找更大、更亮的“珍珠”——人才，认为只要有了珍珠就能做出美丽的项链，企业才能发达。联想的人力资源管理更注重“串连线”的作用，如果没有这根“线”，再多的“珍珠”也只能是“大珠、小珠落玉盘”，如同一盘散沙。这就要求企业的人力资源管理部门做好人才的凝聚、管理、协调工作，在吸引人才、留住人才的同时，要培养人才的协同合作精神，合理安排好人才发挥作用的位置，做出一串最佳的“项链”来。

联想作为一个高科技企业，其人才结构是知识密集型、治理密集型。在这种人力资源配置下，联想在注重以待遇和福利留住人才的同时，注重满足知识型人才自我实现的高层次需要，采取了多项激励政策，为科技人员提供了广阔的发展空间。

纵观一般企业的发展状况，许多企业都是强人企业，即企业老板非凡的管理才能造就了企业的辉煌。强人企业具有浓厚的企业家个人色彩，企业的发展有很大的风险。目前，要有意识地致力于企业的持续发展能力的培育，变企业家行为为企业的内在机制。联想的人力资源管理，从管理的定位到内容的细化，从职工的培训制度到周密的薪酬制度的设计，都反映了管理的专业化和制度化。制度是管理的基石，现代企业的人力资源管理制度的建设要注重使运作流程和环节不断向规范化、制度化、科学化发展，努力变“明星企业”为“恒星企业”。

（贾利军、林　珏）

【讨论题】

1. 联想集团的人力资源管理的特色是什么？
2. 如何设计高科技企业的人才关怀激励机制？
3. 企业的人力资源管理如何才能走向现代化、科学化？

【参考资料】

1. 孟昭宇：《中外企业人力资源管理案例精选》，经济管理出版社2003年版。

【案例 2-28】 关于经济全球化及对发展中国家影响的不同看法

一般认为,"全球化"(globalization)一词最早由美国哈佛商学院教授西奥多·莱维特(Theodore Levitt)提出。在1983年发表的《市场全球化》(The Globalization of Markets)一文中,他指出,新技术"无产阶级化"(proletarianized)地传播、传递和扩散,导致一种新的商业实体——全球市场的出现;规模经济下产生了较低价格、标准化的消费产品,使得公司的销售方式发生变化,在可口可乐、凯洛格、麦当劳这样的公司中,变化尤其明显。他认为,全球化已经来临,未来将不属于多国公司(multinational corporation),而是属于全球公司(global corporation),后者将不会像前者那样根据当地消费者的不同偏好,以不同的方式提供商品和服务,而是将在世界的每一个角落以同样的方式销售它们的商品与服务。莱维特的论文发表后,在管理学界引起很大的争论,"全球化"一词其后又为经济学、政治学、法学、社会学、历史学界所接受。到了20世纪90年代,"经济全球化""全球化政治学""全球化法律""全球化社会学""全球化文化学""全球化国际关系学"等一系列新概念、新术语应运而生。其中,有关"经济全球化"概念和基本内容的讨论尤为热烈,文献也很多。下面首先就学术界有关经济全球化的定义、性质、动力问题的主要论点作一综述,以期对21世纪初兴起的反全球化运动的背景有一个理解。

一、经济全球化的定义

"经济全球化"概念的基础是"经济一体化"。"一体化"(integration)一词来源于拉丁语"integratio",其含义是:将部分结合为整体,或成为一个社会的平等的成员。基于这一解释,英国学者约翰·平德(John Pinder)在《欧洲共同体:联盟大厦》(European community, the building of a union,1991)一书中,从静态和动态两个角度解释了一体化。他认为,一体化是将各个部分合并成为一个整体,而联盟是指各个部分或成员联合起来而形成的一个整体。因此,一体化是达到一种联盟状态的过程。加拿大经济学家利普西(R. Lipsey)根据经济一体化程度的不同,将经济一体化分为六个类型:特惠关税区、自由贸易区、关税同盟、共同市场、货币与经济联盟、完全的经济一体化。这种分类法为人们广泛接受。一些学者认为,当经济一体化、区域经济一体化过程扩大到全球领域时,便出现了经济全球化的现象。学术界关于"经济全球化"概念的定义,主要有以下几种:

1. 经济全球化是一个历史过程

有人从生产力运动和发展的角度分析,认为经济全球化是一个历史过程:一方面,在世界范围内,各国、各地区的经济相互交织、相互影响、相互融合,成为统一整体,即形成"全球统一市场";另一方面,在世界范围内建立了规范经济行为的全球规则,并以此为基础建立了经济运行的全球机制。在这个过程中,市场经济一统天下,生产要素在全球范围内自由流动和优化配置。因此,经济全球化是指生产要素跨越国界,在全球范围内自由流动,各国、各地区相互融合而成为统一整体的历史过程。

也有人从生产关系的角度分析，认为“经济全球化”实际上是以美国为代表的发达国家和跨国公司利用科技进步，借“自由化”之名，行控制世界经济之实，使发达国家越来越富，发展中国家越来越穷的历史过程。例如，弗拉基米尔・米罗诺夫认为：“经济全球化进程实际上是一个大规模经济实力和政治权利再分配的过程。”

里斯本小组对经济全球化作了如下解释：“经济全球化涉及的是今天世界体系的众多国家和社会之间各种联系的多样性。它描述的是这样一个过程，在这个世界部分地区所发生的事件，所做出的决策和行动，可以对于遥远的世界其他地区的个人和团体产生意义巨大的后果。”安东尼・吉登斯认为：“一方面，经济全球化概念规定了一种普遍的过程，它产生了组成现代世界体系的国家和社会相互联系的多样性。……另一方面，全球化也蕴含着构成现代世界共同体的国家和社会之间的互动、相互联系和相互依赖的加强。因此，伴随‘扩展’的是‘深化’。”经济合作与发展组织也将经济全球化视为一种过程，认为“经济全球化可以被看作是一种过程。在这一过程中，经济市场、技术与通信形式都越来越具有‘全球性’的特征，民族性或地方性减少。”

2. 经济全球化是各种市场的一体化

市场一体化是一个过程，但各国和各地区卷入一体化的程度不同。换言之，如果将全球化理解为各种市场的一体化，那么其推进是不平衡的。为了衡量各种市场一体化的程度，德国学者舒尔泽和乌尔斯普隆认为，需要将各种不同的全球化说法简化为一个共同的衡量指标。由此，他们对全球化作出了自己的定义：如果说完全一体化的全球市场的特点是商品、服务和资本、劳动力、技术等生产要素的国际性流动完全没有障碍，那么我们就可以将全球化定义为“国际套利成本的减少”。

3. 经济全球化是世界经济体系结构的转变

比如，1998 年，德国社会哲学家尤尔根・哈贝马斯发表《超越民族国家？——论经济全球化的后果问题》一文，明确地把经济全球化界定为“世界经济体系的结构转变”。他认为，富裕社会的经济问题来自以“全球化”这个关键词所表达的世界经济制度的结构性转变，这一转变限制了民族国家的行动者的行动余地，留给他们的选择余地不足以充分地“缓解”跨国市场流通所产生的不受欢迎的社会和政治的副作用。他指出，对“市场全球化”的说法要进行区分，因为根本不存在一个全球性的世界市场。市场全球化指的是一个过程，主要有四项指标：第一，国际贸易，尤其是工业产品贸易在不同区域市场上的地理扩展和相互影响程度的加强，促使各国国民经济日益依赖于世界经济；第二，金融市场的全球网络化推动了短期投资，加速了资本流动，致使流动性增强的资本更容易摆脱各国税务部门的监控；第三，跨国公司的增多导致对外直接投资的增长；第四，新兴工业国家工业产品出口的急剧增长，加强了对经合组织国家的竞争压力，迫使后者大力改造经济，重视高技术产业。

4. 经济全球化是资本主义全球化

国际上，一些左翼人士将经济全球化与资本主义画等号，认为经济全球化意味着“资本主义的扩张”，“全球化是资本主义发展的一个阶段”。例如，1997 年，阿兰・杜兰指出：“重读 1848 年的《共产党宣言》，惊讶它的现实性，从最初的几页开始，只需将资产阶级换成全球化，就是当今的现实。70 年代全球化以来，我们正处于资本主义的第二个时期，全球化掩盖资本主义的本质，商品主义的统治，就是资本主义的统治。”1996 年，加拿大多伦多约克大学政治学教授埃伦・米克辛斯・伍德在其《现代主义，后现代主义，还是资本主义？》(Postmodernity, or Capitalism?)一文中写道:“资本主义第一次接近成为一种世界体系”,“资本主义已成为一种真正的全球现象”,资本主义本身正在普遍化,“它的社会关系、它的运动法则、它的矛盾正在普遍化——商品经济、资本积累和追求最大限度利润的逻辑已经渗透到我们生活的各个方面”。

5. 经济全球化是世界经济国际化的一种趋势

经济全球化是世界各国经济在生产、分配、交换和消费环节的全球趋同化,表现为:生产的全球化,跨国公司越来越成为世界经济的主导力量;市场的全球化,国际贸易迅速发展,成为世界经济的“火车头”;资金的全球化,国际金融迅速发展,巨额资金在各国之间自由流动;科技开发和应用的全球化;信息传播的全球化;国际直接投资迅速增长,并呈现多元化格局。

例如,联合国贸易和发展会议认为:“经济全球化是指生产者和投资者的行为日益国际化,世界经济由一个单一市场和生产区组成,而不是由各国经济通过贸易和投资流动连接而成,区域或国家只是分支单位而已。”国际货币基金组织指出:“经济全球化是指跨国商品与服务贸易及国际资本流动规模和形式的增加,以及技术的广泛迅速传播使世界各国经济的相互依赖性增强。”阿兰·鲁格曼把经济全球化定义为:“跨国公司跨越国界从事对外直接投资和建立商业网络来创造价值的活动。”

综上所述,经济全球化实际上是指随着贸易、投资、技术转让和高效工业组织的发展,生产者和投资者行为日益国际化,规范经济行为的全球规则正在世界范围内建立,各国经济相互交织、相互影响、相互融合,日益形成统一整体的一体化趋势。

二、经济全球化的性质

关于经济全球化的性质,不同政治倾向的人士有着不同的看法:

1. “国家权威消逝”论

持经济全球化导致“国际权威消逝”论点的主要是发达国家的一些政治家和学者。他们强调经济全球化的超国家、超阶级性,认为经济全球化的实质是“无国界经济”“经济地理的终结”“国界的消失”。例如,英国国际政治经济学家苏姗·斯特兰奇认为,经济全球化导致“国家权威的消逝”,“防务、货币、福利等这些国家维护社会经济秩序的基本职能都在消失”。贝特兰·巴蒂认为:“经济全球化毁灭主权国家,联通世界版图,滥用于已建立的政治共同体,过早地提出无用的国际保障概念……从此,主权再也不像过去一样是无可争辩的基本价值,尽管外界观念的渗入是缓慢的,但肯定改变者主权的内涵。”罗伯特·赖克也认为:“经济全球化对国家权威的影响,具体体现在随着经济全球化的发展,由于各国的协作而形成的国际组织和国际惯例或制度需要扩张,在某些领域和地域,开放的成员国赖以依存的经济结构发生取向国际化、取向利益集团化、取向区域化的变化,国家权威随之受到挑战。”赫尔伯特·迪特根归纳了民族国家终结的三种看法:(1) 经济全球化破坏了国家的经济自主性;(2) 社会的世界替代了国际的世界,夸大了国际机制、国际组织以及自组织的作用;(3) 东西方冲突的结束削弱了民族国家存在的价值。

2. “资本主义阶段”论

将经济全球化与资本主义画等号的主要是一些左翼人士。他们认为,经济全球化是“资本主义发展的一个阶段”。例如,阿兰·杜兰和埃伦·米克辛斯·伍德都持有这一观点。他们认为,自 20 世纪 70 年代全球化以来,世界进入资本主义的第二个时期;人们之所以如此关注全球化这个问题,其原因就在于“资本主义正在成为真正的全球性制度”。

3. “双刃剑”论

持此论者认为，经济全球化既给各国带来好处，也带来很大的不稳定性。例如，罗伯特·赛缪尔逊认为：“经济全球化是一把‘双刃剑’：它是加快经济增长速度、传播新技术、提高富国和穷国生活水平的有效途径，但也是一个侵犯国家主权、侵蚀当地文化和传统、威胁经济和社会稳定的一个很有争议的过程。”

4. “全球私有化趋势”论

持此论者认为，经济全球化的性质决定了其发展趋势，由于跨国公司的垄断竞争，资本集中速度加快，经济全球化的发展趋势将是全球私有化。例如，墨西哥《至上报》2001 年 5 月 25 日发表的文章称：“全球化，完全证实了马克思的理论：资本的集中越来越迅速，企业家们的世界秩序正在逐步迫近……”法国《人道报》2000 年 11 月发表的文章认为：“目前正在进行的全球化与进一步私有化以及某种文化统治的加强是同时并进的。……除此之外，还有信息的私有化、货币的私有化，甚至是人的私有化，这样发展下去，将会导致出现全球化的背面或者反面：全球的私有化。”

5. “西方经济秩序全球化”论

例如，吴易风教授认为，人们大都只从纯粹的经济和技术现象方面理解什么是全球化，却很少认识到“美国和其他西方发达国家推动和主导的全球化，不仅要使资本主义生产方式以及相适应的经济关系全球化，要使有利于美国和其他西方发达国家的经济秩序全球化，而且要使美国和其他西方发达国家的‘民主和人权’全球化。美国政府图谋垄断对全球化的解释权，他们在经济全球化和技术全球化之外，提出了‘第三种全球化’”。按美国国务院的解释，就是“由公私双方行为者共同编织而成的跨国人权网”。“美国自封为‘第三种全球化’的‘全球领导者’。… 美国政府解释的全球化，有助于提高发展中国家和社会主义国家的人们对全球化的认识。”吉登斯也指出：“美国深刻而突出地影响了新的全球秩序的形成。从某些方面看……它企图把美国的宪法条款推及全球。”

三、经济全球化的推动力

推动经济全球化进程的动力何在？理论界众说纷纭，各抒己见，归纳起来有以下几种观点：

1. 科学技术进步的推动

该观点认为，科学技术的进步推动了经济全球化的进展，尤其是现代交通的发展、电信技术的改善、电子计算机功能的增强、互联网的普及，使得空间和时间被大大地压缩和缩短，整个世界的各种活动越来越具有“全球性”。例如，艾德阿德·安尼南特指出：“经济全球化的推动力主要有三个：第一，技术进步，特别是交通和通信技术的进步；第二，人们有利用机会的动机，特别是在与其他国家进行贸易、移民、投资、知识的获取等相互活动的时候；第三，最近 20 年来，政策自由化程度提高以及因此而发生的国际贸易和投资壁垒的降低。”丹尼尔·贝尔则把经济全球化的动力理解为以工业文明的衍生形态——信息文明为基础的资本的集约化和技术的发展。李琮教授认为：“全球化的基本推动力产生于社会的物质生产活动和科学技术的发展，而并非产生于理念；其主要的动力来源于民间，而并非来源于主权国家。经济基础是第一性的，上层建筑只是第二性的；存在是第一性的，而意识只是第二性的。”

2. 资本扩张力的推动

马克思曾经指出，资产阶级除非使生产工具，从而使生产关系、全部社会关系不断地革命化,否则就不能生存下去。不断扩大产品销路的需要,促使资产阶级奔走于全球各地。它必须到处经营,到处落户,到处建立联系。资产阶级既然榨取全世界的市场,这就使一切国家的生产和消费都成为世界性的了。马克思还说:资本要力求摧毁交往及交换得以进行的地方限制,争夺整个地球作为它的市场。马克思的这些描述,构成了当代许多学者以资本扩张作为全球化动力的理论基石。

3. 资本主义或市场经济制度全球范围扩展的推动。例如,法国学者雅克·阿达认为:“资本主义在空间进行的拓展已经遍及世界的各个角落,而经济全球化既是这一空间拓展的表现,也是并且首先是一个改变、调整以至最后消除各国之间各种自然的和人为的疆界的过程。这种疆界是资本进行世界规模积累的障碍。”哈贝马斯认为:“在激烈竞争的全球化的经济框架中,民族国家要保持其国际竞争力,就不可能再继续福利国家的政策,而必然要采取有害于社会团结一致,使社会的民主稳定性面临严峻考验的‘消减’政策。”“只有把民主国家的社会福利国家职能转让给能够在一定程度上适应跨国经济的政治共同体,才能在迄今的水平上履行这种职能。”

4. 发达国家自由化主导的推动

该观点认为,以美国为主的发达国家倡导的全球贸易自由化、金融自由化,推动了经济全球化进程。例如,陈宝森研究员指出:“在这个全球化过程中起主导作用的是美国。……实际上,正在美国主持下对世界进行文明‘熨烫’。”

5. 国际组织和国际条约的推动

该观点认为,战后建立的联合国、世界银行(WB)、国际货币基金组织(IMF)、世界贸易组织(WTO)、世界知识产权组织(WIPO)、准国际组织关税与贸易总协定(GATT)等,以及一系列国际条约组织,在世界经济中的调节作用日益增强。例如,由 GATT 推动的八次多边贸易谈判,在取消或降低关税和非关税壁垒、实现贸易自由化等方面起到了积极作用。GATT 以及后来成立的 WTO 有关贸易、投资等方面的制度和规则,对规范全球经济运行,创造自由公平竞争环境与统一制度和规则发挥了积极作用。作为世界金融领域的重要国际组织,IMF 和 WB 也在国际金融全球化进程中扮演着重要的角色。在 1997 年的东南亚金融危机中,IMF 为泰国、印尼、韩国筹措了数以百亿美元的贷款,在一定程度上缓解了金融危机的蔓延。这些国际经济组织的成立,使得国际贸易和国际金融运行有了统一的规则,对成员国的经贸活动和经济行为起着协调和规范作用,对经济全球化的发展起到了制度保障作用。

6. 跨国公司经营活动的推动

该观点认为,跨国公司通过对外直接投资,使其分支机构遍及世界各个角落,一方面使跨国公司内部的经济资源的配置直接跨越国家和地区界限,实现了各国经济在产业、企业、产品、工艺层面的全面联系;另一方面,通过与各国民族企业的生产、加工和销售的联系,加深全球经济在国家层次上的依赖。例如,欧曼指出:“经济全球化不是国际组织设计出来的,也不是哪些国家领导人倡导的,它主要是由企业带来的,是从上而下的一种微观经济行为,有些人把它比喻成一种离心力运动。”

7. 运输、通信和信息技术的推动

1996 年,联合国贸发会议召开过一次题为“全球化和自由化”的讨论会,参加者有联合国直属机构的官员和专家,其文件中有关全球化的定义回答了经济全球化推力问题。该定义可以概括如下:全球化是世界各国在经济上跨国界联系和相互依存日益加强的过程,运输、通信和信息技术的迅速发展有力地促进了这一过程。

综上所述，推动经济全球化的主要动力来自：第一，贸易自由化的进程，其中GATT的八次多边贸易谈判功不可没；第二，一系列国家金融管制的放松；第三，科学技术的进步，尤其是运输、通信和信息技术惊人的发展；第四，国际组织的建立和国际条约的签订及实施。

四、经济全球化能否给发展中国家带来福音

肯定者认为，全球化使商品、服务、资金和信息的流通比过去更加自由，促进了全球资源的有效配置。事实证明，许多新兴工业国家和发展中国家已经从中得到好处。具体而言，通过开放经济，吸引了大量国外或境外资金；通过对外贸易，引进先进技术，实现经济起飞，并积累起大量外汇储备。例如，开放的环境使东亚地区的经济迅速融入世界经济增长大潮。20世纪80年代中期，这一地区开始大量吸引外资，实施出口导向政策，其出口在GDP中的比重到1996年已升至30%以上。1985—1995年，世界工业国国民收入年均增长2%，而东亚国家年均增长高达7%以上。东亚国家以前所未有的速度，基本实现了工业化和现代化。

否定者则认为，全球化绝非经济发展的“避风港”，它使发展中国家付出不小的代价。首先，它给发展中国家的原有产业和国内市场带来不同程度的冲击。其次，由于全球化使各国经济的相互依赖加深，经济危机的传染性空前增强，全球经济动荡成为一种常态。特别是货币、短期证券投资和短期贷款市场极易发生变化，进而影响社会经济的稳定，具有很大的破坏性。再次，全球性的经济机构为发达国家所控制，它们根据其既得利益调整全球化的游戏规则，确定全球化的日程，从而使发展中国家经济主权的独立性面临严俊考验。最后，全球化使世界范围内的贫富差距拉大了。美国《世界日报》曾列举了全球化带来的一系列不利影响，比如，为贫穷国家带来灾难；南北矛盾和贫富差距扩大；利用贷款和巨额债务进行不合理的国际分工；金融殖民；技术殖民；转嫁环境危机；侵犯国家主权；侵蚀当地文化和传统；威胁经济和社会稳定等。安东尼·麦克格鲁认为，随着商品货物、资本、人员、知识、影像的流动以及人员的交往，不仅各国文化、时尚以及信仰跨越民族国家疆界而流动，而且犯罪、污染物及毒品走私也在跨越民族国家疆界而流动。

在评价全球化时，反对者列举最多的就是全球化带来的贫富差距扩大问题。他们认为，在激烈的全球化竞争中，大国与小国、富国与穷国、技术拥有者与技术文盲，获得的受益或受害程度是不对称的。贫富差距不仅存在于国家之间，而且存在于国家内部。那些最不发达国家几乎与全球化所产生的“利益蛋糕”毫不相干。国际货币基金组织在2000年4月发表的《世界经济展望报告》中承认：“整个世界带着有史以来最悬殊的贫富差距进入了21世纪。”

2002年7月14日，西班牙《起义报》发表了埃斯特万·巴伦蒂的《两种全球化》一文，指出当前存在着两种全球化：“富裕国家的全球化”和“贫穷国家的全球化”，这两种全球化正被看得见的高墙越来越明显地分隔开来。在这个高墙里面，有不到30个国家，其强大核心是“七国集团”，在这里生活着占世界11%的人口，其国内生产总值占世界的70%。“全球化对他们来说有利可图，因此他们努力把这种全球化变成全人类的一种经济和政治信仰。如果可能的话，还要把它变成永世长存的东西。”高墙外面则是另一种全球化，是贫困全球化、落后全球化、不发达全球化。

在反全球化运动中，一些人提出了“另一种全球化”的概念。所谓“另一种全球化”，就是拒绝富国治理世界，主张建设“一个更公正、更人道的世界”。这些人声称自己并非反对全球

化本身,而是反对由美国主导的全球化。有专家认为,“另一种全球化”的提出,与“反全球化”相比,是“语义上的、历史性的进步”。

(林　珏)

【讨论题】

1. 什么是经济全球化?“另一种经济全球化”是什么?

2. 经济全球化是否能给发展中国家带来福音?

3. 为什么全球(不仅在发展中国家,而且在发达国家)反经济全球化运动愈演愈烈?

【参考资料】

1. 吴易风:《反全球化运动考察与分析》,载《江苏行政学院学报》2002 年第 4 期。

2. 郑羽主编:《独联体十年:现状·问题·前景》(1991—2001)(上、下),世界知识出版社 2002 年版。

3. 张谊浩、陈柳钦:《当代西方经济全球化理论解读》,http://www.66wen.com/02jjx/jingjixue/jingjixue/061113/29752.html,2006 年 11 月 13 日。

4. 王芳:《拒绝富国治理世界?反全球化运动变了调子》,载《环球时报》2003 年 6 月 9 日第 6 版。

第三部分

经济发展的战略与模型

【案例3-1】 马来西亚经济的发展历程

马来西亚位于东南亚，2014年拥有人口3019万人。马来西亚国土大部分在东南亚大陆内，部分处于婆逻边界，历年来较少发生重大的天灾，较少有政治动荡事件发生，国泰民安，很少成为媒体头条和世界关注的对象。这也是马来西亚能够吸引众多世界投资者前来发展的重要因素。马来西亚锡矿丰富，2015年锡储量为25万吨。石油仍为马来西亚经济命脉，2015年石油产量为31.89百万吨。此外，马来西亚还有铁、金、钨、煤、铝土、锰等矿产。马来西亚还盛产热带硬木。

一、概况

马来西亚农业发展只有一百多年历史。开发前，马来西亚人口稀少，热带植物种类繁多，终年均可采集，无须种植，粮食自给自足。马六甲海峡是世界海运交通要道，本地的丁香、豆蔻与胡椒吸引了西方殖民者的兴趣。19世纪20年代，马来西亚沦为英国殖民地，当时殖民经济主要是锡矿开采与香料、甘蔗、椰子种植。20世纪初，西方汽车工业发展，需要大量天然橡胶。由于本地气候与土壤非常适合种植橡胶，而且胶质优于南美野生胶，在英殖民者大力鼓励与投资下，1910年前后，马来西亚发展成为橡胶主产国，并招引来大批国外劳工。由于橡胶经济效益远高于其他经济作物和粮食作物（稻谷），造成马来西亚农业生产的单一化，甚至粮食不得不依靠从缅甸等国进口。根据历史数据，英殖马来西亚1929年曾是拥有最高人均GDP的亚洲国家。与此同时，大量来自中国和印度的劳动游民也开始迁移到此工作，给英殖马来亚政府提供了廉价的劳动资源。

1957年8月31日，马来西亚宣布独立。直到50年代末，马来西亚几乎完全是一个农业国和产锡国。60年代起，政府根据本国经济的特点，调整作物结构，推行农业多元化政策，根据国际市场变化的需要，积极鼓励油棕种植以及可可果和胡椒等经济农作物的生产，传统的出口贸易如香料贸易逐渐被橡胶出口替代。60年代，国际植物油脂供不应求，棕油价格上涨。为了适应国际市场变化，马来西亚改变过去单纯出口靠橡胶的局面，实行农业多样化，首先选择棕油作为重点发展对象，棕油成为其第二个大宗出口作物。60年代中期至70年代中期，马来西亚农业从橡胶业转型至油棕业，1966年成为当时世界上最大的棕油出产国。由于大量种植橡胶树，使马来西亚橡胶产量和出口量居世界首位。70年代，马来西亚又发展了第三个重要出口作物——可可。

70年代末至80年代，原油和天然气工业已经成为马来西亚最重要的经济发展产业。与此同时，众多制造业，如电子工业和纺织品工业的发展也给大马①郊区提供了许多就业机会。虽然马来西亚的经济发展还不及当时的“亚洲四小龙”，但是从60年代至90年代，马来

---

① 1963年9月16日，马来亚与新加坡、婆罗洲的沙巴和沙捞越组成马里西亚联邦（1965年8月9日，新加坡宣布退出马来西亚联邦，自行建国）。由于马来西亚联邦比之马来亚领土面积要大，所以简称为“大马”。

西亚持续保持5%到8%的平均经济增长率,并逐渐消除各民族间的贫富差异。

二、“新经济政策”

60年代末,马来西亚政府通过对稻米种植产业的补贴、市场价格的控制以及投入大量资金兴修水利灌溉,增加水稻灌溉面积,希望国内的稻米能够达到自给自足的层次,改善以马来人为主的稻农生活和收入水平。但是,由于此计划在实施中有种种限制,农民还是国内最贫穷的一个阶级。70年代和80年代,大量的农民子弟背井离乡,到城市找工作,造成农田里没有年轻人愿意从事农业劳动。此时,许多印尼人开始进入马来西亚,到其农田里工作,这为日后马来西亚国内各种社会问题的出现留下了后患。

马来西亚拥有许多种族,具有各种族生活在一起,彼此互相尊重、谅解和团结一致的传统。但是,1969年5月13日在首都吉隆坡发生的种族暴乱事件即“5·13事件”,使当时的国父、第一任首相东姑·阿都拉曼决意调整经济政策。1971—1991年,大马政府基于消除各民族之间的贫富差异和英殖民政府分而治之制度遗留的民族经济问题(马来人多为渔夫、农夫,华人多为商人,印度人多为英殖民书记、割胶员),开始实行马来西亚“新经济政策”。该政策的出发点是依靠国家政权的力量,提高马来西亚原土族(Bumiputera——马来人和少数原族民)与国内其他种族的经济竞争能力,全力扶植马来人向工商业领域发展,壮大原土族的资本,使原土族最终不仅在政治统治上占有优势地位,而且能在经济发展上占据主导地位。

具体来说,“新经济政策”的内容包括:(1) 不分种族,为穷人获得土地、资金和其他社会福利提供更多的机会,以增加他们的就业机会,提高他们的收入,并规定贫困家庭在全国总数所占的比重必须由49.3%下降到16.7%;(2) 利用行政手段,对各种族在国家经济中的资本占有率进行重新组合:马来西亚原土族由2.4%提高到30%,非原土族(主要指印度人和华人)只能占40%,外国资本不能超过30%,实行“各种族经济分配均衡”。同时,该政策也规定,在就业人口比率方面必须反映出种族人口的比率:马来西亚原土族占53%,华人占35%,印度人占10%,以改变原来不平衡的就业状态。

从80年代末到90年代中期,马来西亚经济取得大发展,此项政策使马来人占据了大马经济利益相当大的比重。比如,各企业的董事局主席必须是大马原土族,国有企业和产业多由大马原土族任职高层,建立土族银行发展基金,以及历年来备受争议的本地大学入学配额制(Local University Quota System),即原土族占据入学额70%的比重。

1982年2月,首相马哈迪尔医生向人民宣布“向东学习”政策,鼓励人民对当时的两个亚洲先进国家日本和韩国进行研究、观察和学习。马哈迪尔希望以此政策对国家的经济、工业技术、科学技术、管理经营模式、行政结构、人民工作和学习态度、组织结构等多方面进行改革。此外,大马政府派遣许多官员、企业人员和学生到两国去学习和交流。“向东学习”政策可以说是马来西亚具有影响力的对外政策,它奠定了大马日后经济发展的基础。

三、农业种植结构的调整

马来西亚政府对粮食生产比较重视。目前,马来西亚有五大作物,按其经济重要性与种植面积排列,依次为油棕、稻谷、橡胶、可可与椰子。这五大作物占已耕地的95%以上,其中橡胶与油棕就占耕地的72.4%。马来半岛是棕油的主产区,约占全国总产量的91%。油棕种植绝大部分分布在马来半岛,为147.5万公顷,而沙巴为18.2万公顷,沙捞越为2.9万公顷。油棕技术改进的目标是提高棕油产量，实现产品多样化、耕作机械化，同时也加强枝叶、果壳、油楂的综合利用。由于棕油国际市场需要量大、价格稳定（美中需求大增，其价格偏高），故仍作为扩大油脂市场的主要产品加以发展。为此，马来西亚加强科研开发，包括棕油的产后加工、油脂制品（如人造黄油）综合利用等。表3-1-1为马来西亚主要产业区域。

表3-1-1　马来西亚主要产业区域

马来西亚半岛（西马）	砂捞越（东马）	沙巴（东马）
农业，橡胶业，油棕开采和加工业，轻重工业，电子工业，开采（锡）矿业	农业，石油开采业，提炼矿业，伐木家具业	农业，伐木家具业，石油开采业

与上述五种作物相比，胡椒、菠萝与烟草是马来西亚经济意义较大的三种次要作物。胡椒亦是重要的出口农产品，大部分菠萝加工成罐头出口，烟草则主要由马来半岛沿海诸州生产。除菠萝外，马来西亚许多小果园还生产多种热带水果，主要供国内消费。不分季节供应的主要果品有香蕉、木瓜、番石榴、杨桃、西瓜、芒果。季节性的果品有榴莲果、红毛丹果、倒捻子等。蔬菜农场有高地与低地两种，高地蔬菜包括甘蓝、番茄、甜豌豆、韭葱等。在橡胶树和油棕树未成林前，常以蔬菜作为种植园的现金农作物。水稻田在雨水不足时，亦可种植蔬菜。蔬菜绝大部分内销，每年约有22%出口到新加坡。

马来西亚十分重视对农业科学技术的研究以及成果的运用。对农、林、牧、渔各部门以及一些重要的作物，都设有相应的科研机构，其中有政府办的，也有民间办的。一些大的种植园还有自己的技术研究开发部门和实验场，在农村设有农业技术站。这些机构分工明细，从种子、土壤到产品的加工利用乃至销售等都被列入研究范围。马来西亚，农业研究与开发所（MARDI）是全国综合农业研究中心，也是农业科技干部培训、信息和技术服务中心，主要研究除橡胶、油棕之外的其他作物及畜禽的生产、加工、利用等方面的科学技术，开发不同地区所特有的适用技术。

马来西亚已在种植业及其产品加工、饲养、医药等行业开始应用生物技术，如橡胶、棕油、藤、竹、水果和蔬菜等的增产、防治病虫害等，但其规模不大。这其中的主要原因是研究开发大都由国有部门承担，研究和应用人员相应不足。政府现已将生物技术列入重点发展的高技术领域，成立了一个工作小组，同时也成立了国家生物技术中心，协调所有相关领域的活动，并建立多种基金培训有关人员。政府希望通过国家生物技术项目提高研究水平。这些项目涉及分子生物技术、工业与环境及医药等领域。同时，政府也鼓励私人部门开展生物技术的研究与应用。

四、产业结构的变化

在很长一段时期内，马来西亚的农业以橡胶为主导，粮食不能自给。为了改变这种殖民地型的单一农业结构，大马政府提出农业生产多元化的方针，其主要内容是发展油棕、椰子、可可、胡椒等经济作物和稻米的生产。政府对这些作物的生产给予资金和技术方面的支持，而最突出的成绩就是油棕业的发展。政府专门成立了油棕研究所（PORIM），对油棕的种植、加工进行系统的研究和开发。此后，马来西亚迅速成为世界上最大的棕油生产国和出口国，棕油在80年代取代橡胶成为最大的出口农产品。

70年代以前，马来西亚政府对农村的发展支出主要用于提高产量，如橡胶的翻种更新，用高产品种取代老品种，发展灌溉系统等。1948年，马来西亚颁布了《合作社法》，政府从法律上鼓励和保护合作社的发展。马来西亚的农业生产专业化、区域化较强,相应地要求有较好的资金和物资流通能力,为此政府帮助建立了许多农业合作社,最初主要有两种形式:一是农民合作社,主要提供信贷服务,物资供应很少。另一种是农民协会,主要从事综合性商业活动,为农民提供生产生活资料,推销农作副产品等。这种形式的缺点是互相联系少,资金与物资供应脱节。

70年代执行"新经济政策"以后,政府发展支出的重点是进行土地开发和农村地区的公共设施建设,扩大耕地面积,解决农民无地或少地的问题,以及改善农村条件,提高农民的生活质量。新开发区的重要形式之一是农工商一体化的发展区,政府组织将林地开垦为农耕地,发展种植业、畜牧业、林业、商业和运输业等。1975年,政府成立了"农民组织管理局"和"渔民组织管理局",提供管理人才和资金援助,为农民的生产、生活各个方面提供综合服务。政府鼓励农业合作社的发展,合作社享有所得税率低于其他私营企业20%的优惠待遇。由于推行这个计划,合作社的总资产在4年里增加了一倍,社员股金增长近60%,社员人数增加26%。国家还制定了全国合作社发展规划。

在施行"新经济政策"的同时,大马政府推行了"马来西亚新兴工业政策",以3—4年内豁免收入所得税的优惠吸引本国和外国企业发展"新兴工业"。由于较好地利用了国内外资本,工业发展得很快。大马经济每年平均以7.8%的高速增长,GDP从1971年的52.8亿美元增至1980年的112.5亿美元,经济结构开始从农业和矿产业转向工业化。

经过30多年的努力,马来西亚国民经济已基本完成向工业化的转变。农业的地位相应下降,农业发展逐步让位于工业的发展,农业政策对国民经济的影响力也在下降。但是,不可否认,政府长期对农业保持高投入和不断支持农业的发展,是马来西亚经济发展的根基。马来西亚政府对农业投入的主要渠道是财政计划中的"发展支出"部分。农业投入50年代占发展支出总额的22.4%,60年代为21.9%,70年代为21%,80年代为14.9%。在1991—1995年马来西亚第六个五年发展计划中,农业发展支出的比重只有11.6%。80年代以前,农业一直是政府发展支出的最重要部门,长期的高投入使农业持续发展,维持着社会的稳定。在从事农业生产的人口中,马来族占60%左右。农业发展不仅是经济稳定的基础,而且是社会与政治稳定的基础。80年代以后,马来西亚政府加快了从外向型农业国向外向型工业国转变的步伐,同时引导马来人从农业转向非农业,农业的重要性下降,对农业的资金投入也逐步减少。

进入80年代以后,经济增长开始减速。到1985年,经济发展全面陷入困境,年增长率为−1%。经济衰退的根本原因是政府长期推行被认为带有种族歧视的"新经济政策",它所带来的弊病在80年代后期逐渐显现,大大限制了非原土族私人资本的发展。同时,国家花费巨资兴建的一批国有企业对某些行业实行垄断,限制了其他种族私人企业的进入。各企业亏损严重,成为政府的沉重包袱。在大量吸引外资的同时,本国的资本(主要是华人资本)却流向国外,甚至资金流出速度超过流入速度。1981—1985年,经济年平均增长率为5.8%,低于70年代的平均水平。私人投资年平均增长率只有1.8%,人均国内生产总值(按当年价格计算)年平均增长率为5%,低于70年代的12.9%。除此之外,80年代中期发达资本主义国家的经济危机对马来西亚也有一定的影响。

为了扭转经济困难的局面,大马政府在总结以往经验的基础上,采取了下列几个步骤:(1) 紧缩财政政策,放慢经济发展的速度。政府规定1986—1990年的经济增长速度为5%,低于"新经济政策"所规定的指标;同时,公共发展开支计划由1981—1985年实际开支803.31

亿马币减少到740亿马币。(2)调整不合理的经济结构。国家重点发展以出口导向为主的初级产品加工业和重化工业,减少对西方的依赖。(3)政府计划将一部分国营企业私有化,发挥私人资本的作用。为刺激外来投资,政府还采取放宽股权限制、放慢购股和改组步伐、允许外资购买农业用地等优惠措施。(4)对外贸易向多边化发展,开拓新的国际市场,缓解西方经济剧烈波动的冲击。

上述政策的实施使经济渐渐恢复。马来西亚1986年经济增长率为1.9%;1987年,因主要出口商品价格的上涨,出口增长幅度较大,经济增长率为4.7%;1988年,对外贸易的进一步发展和私人消费的增长推动着经济发展,这一年的增长速度达8%,国民经济开始走向全面复苏。从国民经济各部门的发展来看,制造业发展尤为迅速,在国内生产总值中所占的比重由1970年的13.4%上升到1980年的20.5%和1987年的22.2%;而农业在国内生产总值中所占的比重同期由30.8%下降到22.2%和21.1%。显然,马来西亚的经济已初步摆脱过分依赖农业的局面。马来西亚第二财长指出:2017年首季,制造业在国内生产总值中占20%比重,就业人数占比为17.8%,继续成为马来西亚经济的主要支支柱。马来西亚从世界最大的橡胶和锡矿生产国,变为半导体产品、电脑硬盘、电器产品和家庭空调机的重要出口国。

五、东南亚金融危机

马来西亚是第二代新兴工业国家。1997年,东南亚金融风暴由泰国蔓延开来,马来西亚是除印尼之外另一个受到严重波及的国家,其汇率大幅度贬值(超低估),股票市场受到重挫。就在金融危机逐渐扩大之时,马来西亚不但拒绝了国际货币基金组织(IMF)的资金援助,也不愿意(不信任)采取IMF所提出的调整与改革措施。当时,首相马哈迪尔坚决认为全体国民应该以自己的方式,同舟共济地走出国家经济阴影。为了应付国内日益恶化的金融与经济环境,大马政府提出了一连串的金融重整计划。此外,政府采取紧缩性的货币与财政政策,包括降低贷款成长率、提高利率与减少政府财政支出。

这些紧缩政策使得大马经济在1998年上半年出现严重衰退。为了防止经济的持续恶化,1998年7月,政府公布"振兴经济方案",企图以较宽松的货币政策以及扩张性的财政政策缓和国内需求的不振,并帮助私人企业走出阴霾。不过,这些政策似乎没有发挥应有的效力。1998年9月1日,大马政府突然宣布外汇管制,禁止兑换境外马币,规定外资投资大马股市必须一年后才可汇出,并将汇率固定在1美元兑换3.8马币的水平上。这些规定是要防止短期资金的自由流动,对一般从事直接投资的外商与生意上往来的交易并没有太大的影响,而众多的学者们在当时也抱着静观其变的态度,频频在各报刊上发表不同的言论。1998年,大马实质GDP严重衰退−7.4%,制造业产出衰退−10.2%,人均收入由1997年的4517美元下降到3208美元。(见表3-1-2)。直到1999年上半年,大马经济才有了复苏迹象,实质GDP略成长1.4%。

1997年东南亚金融危机暴露出各国产业结构的弱点,包括过度投资、企业负债比率过高、产业竞争力低落以及金融体系不健全等问题。鉴于金融危机所遗留下来的坏账,以及国内金融体系的未来发展,大马政府于2000年对国内银行体系作出重大改革,部分弱势的银行被迫与强势的银行进行合并,银行内部治理结构重新调整,这可以说是大马金融业一个历史性的创举。马来西亚2001年和2002年的GDP增长率各为3.7%和4.1%,近年来一直保持较高的增长率,2015年和2016年分别为5%和4.2%。

表 3-1-2 马来西亚总体经济指标值

项目	1997	1998	1999	2000	2001
实质 GDP 成长率(%)/1987 年基本价格	7.7	−7.4	6.1	8.3	0.4
制造业成长率(%)	12.5	−10.2	4.7	5.2	5.8
消费者物价上涨率(%)	2.7	5.3	3.3	3.0	2.0
出口总值(10 亿美元)	58.1	75.4	84.6	98.2	88.0
进口总值(10 亿美元)	58.1	60.0	65.4	82.0	73.9
经常账户(10 亿美元)	−5.0	9.2	12.6	8.5	7.3
外汇储备(10 亿美元)	15.6	26.2	30.9	29.9	30.9
国家外债(10 亿美元)	60.7	44.7	42.7	42.0	45.6
平均汇率(RM/US$)	2.813	3.923	3.800	3.800	3.800
主要进口种类	中间及最后产品,初级及加工工业原料,制成品的零件及硬件,工业运输用具,食品及饮料				
主要出口种类	制成品:电子,电器,机械,化学和塑胶品,家具,纺织品,服装和鞋子,石油类产品 初级产品:棕油,原油,原木料,橡胶,木材,化学原料,金属产品				

资料来源:《马来西亚国家统计局年鉴》,2002。

马来西亚人均 GDP 由 1999 年的 3238 美元上升至 2010 年的 8754 美元;农业从 1970 年占 GDP 的 42.7%下降到 2010 年的 7.3%,取而代之的制造业从 1970 年占 GDP 的 13.9% 上升至 2010 年的 27.9%。

从 90 年代开始,大马政府非常鼓励国外的直接投资。根据马来西亚投资发展局(Malaysian Investment Development Authority,MIDA)报告,这些投资主要是在化工业、电子和电器业。1999 年,美国在马来西亚的总投资超过 10 亿美元,60%投资于天然气、石油和化工产业。

马来西亚在经济蓬勃发展的过程中,面临的一个主要挑战是如何使国内各种族都能够分享经济成果,并融合包容在多元化的社会、文化和宗教之中。吸取 1969 年"513 事件"的教训,大马政府在处理经济发展问题时,也务求各民族能够参与其中。经过数十年的努力改革和社会文化政策的调整,目前各民族在社会、文化和宗教方面团结一致,互相包容。这种团结充分表现在 1997 年东南亚金融危机爆发时,国民完全信赖政府,全力配合政府的急救政策,协助国家渡过了难关。

六、"十年产业发展长期计划"

1986 年,马来西亚政府发表第一个"十年产业发展长期计划"(1986—1995),获得巨大成功,全国经济产业繁荣发展。1996 年,马来西亚政府发表第二个"十年产业发展长期计划"(1996—2005)。在这项为期十年的计划中,指出了马来西亚产业发展的两个重要方向:第一个是"制造++"(Manufacturing-Plus-Plus)方案,第二个是"产业群(Cluster-Based)发展"方案。所谓"制造++"方案,是指放弃原本只重视组装的概念,而追求增加附加值,也就是强化向上游或向下游的整合,提高产品开发设计能力,加强后勤支援和行销。所谓"产业群发展",是指放弃过去只以单一产业为基础的发展模式,而采取以产业群,也就是以相关产业为群体的发展模式,目的在于深化产业间的连锁,以强化后向和前向的整合。在这个计划下，政府预估在1996—2005年新计划期间，制造业每年的成长率为9.6%，以便到2005年时使制造业占整体经济的比率达38.4%。

在上述两个方向下，大马政府订立了五个制造业发展的策略，分别是：(1) 国际化取向：以国际市场为目标，发展国际规模及国际水准的企业；(2) 强化竞争力：通过产业群的发展，深化和扩大产业连锁，以提升生产力；(3) 改善产业基础：改善人力资源素质，加强技术吸收能力，改善基本建设等；(4) 培养本土企业：加强本国企业家在重点产业之参与；(5) 资讯知识产业发展：以资讯及知识为产业发展基础，强化研究与开发、行销及采购能力。

在上述发展策略下，大马政府选择了几个重点产业群。这些重点产业群分三类：(1) 国际化产业群：包括电子电机产业、化工业（含石化及制药）以及纺织成衣；(2) 策略性产业群：包括交通工具（机车、汽车）、材料（多元酯、金属）以及机械设备等；(3) 资源性产业群：包括木材、橡胶、棕油、可可果、农业及渔业产品等为基础之产业。

上述国际化产业群是以外商投资为主导的产业，这些产业以外销为导向。所谓策略性产业群，是以政策引导的投资，以内销为导向（如国民汽车计划）。至于资源性产业群，是指以马来西亚的天然资源为基础的产业。

随后，大马政府在1996年对全国宣布了“2020宏愿”，其目的是要在2020年以前把马来西亚发展成为一个民主、团结、各民族互相谅解和自信，拥有美德和爱心，拥有公平、前进、繁荣的人文社会，以及拥有充满竞争和活力经济发展的国家。

马来西亚“十一五”计划指出，将于2016年至2020年投入150亿马币用于绿色项目。在“2020宏愿”中，政府进一步明示国民：必须保护和不可浪费国家自然资源，土地必须保持肥沃，空气和水源必须不受污染，森林资源必须重新获得还原，而在发展国家经济时必须保持生态的平衡。

鉴于资讯电子业的主流产业地位和资讯社会的灿烂前景，马来西亚推出一项从1996年至2020年的长期计划即“多媒体超级走廊”(Multimedia Super Corridor, MSC)发展计划，引起国际社会广泛注目。多媒体超级走廊是一个长50公里、宽15公里的完整区域，总面积为750平方公里（略大于新加坡岛），从首都吉隆坡的国油双峰塔大楼开始，一直延伸到南部新建的吉隆坡国际机场。在此区域内，将铺设2.5—10Gbps的数码光纤电缆，以及622Mbps的次层光纤电缆。这项壮观庞大的尖端科技超级计划总投资额超过了500亿马币。大马政府希望将该走廊发展成为如同美国硅谷般的资讯科技生产、应用与研发重镇，而绝非只是产销资讯硬体产品的科技园区。多媒体超级走廊拥有三个基本的阶段目标，第一阶段是创建该走廊，第二阶段是在2010年前把该走廊与世界上网络技术发达的城市连接起来，第三阶段的目标是到2020年完成向知识型经济的转变。

据2005年10月11日公布的数据，入驻“多媒体超级走廊”的公司达1362家，比1997年的94家翻了14倍多。马来西亚希望能够在信息技术方面做地区的先锋，并逐步走向世界。政府采取了一系列措施，包括创造理想的多媒体环境以吸引世界一流公司进驻多媒体超级走廊，以促进马来西亚有竞争力的多媒体公司向世界水平看齐；给予从事科技工作的企业各种优惠待遇等。实践证明，这些措施带来了高附加值的工作机遇、出口型经济、更高的生产力和更强的竞争力。马来西亚欲利用其多元文化的特点与环境，使多媒体超级走廊成为国际科技资讯的亚太区域中心、新世纪电讯和传播新科技场所、鼓励全世界多媒体企业来投资及发展的园区，从而使自己在世界资讯业发展中占有一席之地。

21世纪，马来西亚的一切经济发展政策将重于实行知识经济，并大量投资于研究开发新科技领域。此外，大马政府将积极培养技术与知识兼备的人力资源，以便使大马经济从生产经济转向知识经济。

2010年，马来西亚公布以“经济繁荣与社会公平”为主题的第十个五年计划，推行“新经济模式”，以推动经济转型。根据马来西亚统计局的数据，2014年，马里西亚人口达到3000多万，GDP 3356亿美元，人均收入11039美元，对外贸易总额4547亿美元，外汇储备1160亿美元，外资流入量1121亿林吉特(相当于350亿美元)。马来西亚已经成为中高等收入国家。此外，马来西亚人类发展指数0.773，在世界上排第62位。

（叶德利、林　珏）

（注：叶德利系马来西亚留学生）

【讨论题】

1. 马来西亚是如何从英殖民遗留的传统农业国经济结构走向现代经济发展道路的?
2. 马来西亚是如何消除1997年东南亚金融危机的影响的?
3. 谈谈你对马来西亚产业调整政策未来意义的认识。

【参考资料】

1. 马来西亚统计局:《马来西亚国家统计局年鉴》(2002)。
2. 李皖南:《马来西亚“多媒体超级走廊”浅析》，www.docin.com，2017年6月18日。
3.《马来西亚在全球化发展趋势中走向繁荣富强的经济展望纲领》，载《第七届世界华商大会文集》，马来西亚中华工商联合会出版，2003。
4. Omar Abdul Rahman, Yew Kam Keong & Mihaela Y. Smith, The Smart Partnership Approach To Global Business in the K-economy in Malaysia, 2003.
5.《马来西亚第二财长:占GDP 20%比重　制造业续成经济支柱》，载《南洋商报》2017年7月28日。

【案例 3-2】 巴西的农牧业发展

巴西联邦共和国位于南美洲东部，东濒大西洋，国土面积 854.7 万平方公里，占南美洲总面积的 47.3%，为世界第五大国家；2014 年人口 2.02 亿，居拉美首位，世界第五位。巴西是发展中大国，经济实力约占南美国内生产总值的 47%，是世界第八大经济实体。巴西行政区划分为 26 个州和 1 个联邦区，70% 的人口集中在东南部和南部的五个州，城市人口占 75%，农村人口占 25%。巴西大部分地区地势平坦，海拔 200 米以下的国土面积占全国总面积的 2/5，世界著名的亚马孙平原约占全国面积的 1/3。境内从北到南分别为圭亚那高原、亚马孙平原、巴西高原和巴拉圭盆地，有亚马孙、巴拉那和圣弗兰西斯科三大河系。亚马孙河横贯巴西西北部，在巴流域面积达 390 万平方公里；巴拉那河系流经巴西西南，多激流和瀑布，有丰富的水利资源。圣弗兰西斯河流经干旱的东北部，是该地区主要的灌溉水源。巴西全境从北到南分属热带雨林、热带草原和亚热带森林气候，由于地处热带和亚热带，大部分地区年均降雨量在 2000—3000 毫米，但是东北部地区雨量很少，十年九旱。巴西年均气温为 22 摄氏度以上，9—12 月是雨季，3—8 月为旱季。

巴西有得天独厚的农业资源，农牧业在巴西经济中占有重要地位。巴西全国有 580 万个农场，农牧业总产值(包括与农牧业相关产业的产值)2014 年年达 1510 亿美元。农业以生产出口农产品为主，是世界第六大农产品出口国。巴西最大的城市圣保罗是咖啡、棉花、蔗糖、粮食、冻肉、蔬菜等农产品贸易的集散地。

一、巴西农牧业在经济发展中的地位

殖民地时期，经济主要是农牧业经济，巴西木、甘蔗、棉花、咖啡等农产品的出口是当时经济的支柱和创汇的主要途径。巴西农牧业经济始终按照国际市场的需求改变着生产结构，在某个时期发展一两种产品，使其成为国际市场上某种农产品的主要出口国，甚至垄断国际市场。

第二次世界大战后，巴西工业得到长足的发展，但农牧业在经济中的地位不仅没有削弱，反而有所加强。根据巴西 2002 年《四月年鉴》统计，1994—2000 年，巴西的农牧业年均增长 3.45%，是唯一超过 GDP 增长的产业。2000 年，巴西农产品产量为 8325 万吨，2001 年达到 9830 万吨，比 2000 年增长 18.8%，2002 年首次超过亿吨。2017 年将达 2.4 亿吨，比去年增长 30.1%。

2000 年，巴西农牧业产品的国际贸易顺差达到 114 亿美元 2007 年达到约 500 亿美元，比 2006 年增长约 17%。农牧业产品的国际贸易带来的顺差对巴西经济的发展起到举足轻重的作用。正是由于农牧业产品出口的贸易顺差才使巴西近年的外贸赤字、经常项日赤字和国际收支赤字有所减少，使巴西外债偿还能力得到加强，通货膨胀率保持在经济发展能够承受的水平上。

目前，巴西农业在世界上占有举足轻重的地位，是世界咖啡第一生产和出口大国，是世界大豆第二生产和出口大国,每年出口糖逾千万吨,橙汁出口占世界出口的80%。最重要的是巴西是世界上少有的具有农业发展潜力的国家,巴西最著名的低树草原带(塞拉杜群落)被誉为"世界未来的粮仓"。

畜牧业的发展与农业的发展相似。巴西是世界上主要的牛肉、猪肉和家禽肉的出口国,牛存栏数仅次于印度居世界第二位,猪和家禽居世界第三位,仅次于中国和美国(联合国粮农组织统计)。据巴西地理统计局1999年统计,巴西拥有1.646亿头牛、3080万头猪、860万只羊和8.046亿只家禽。2016年,巴西牛肉产量928万吨,占全球牛肉产量的15%。2016年第一季度,巴西家禽肉出口总量高达146万吨,比2015年同期上涨了15.4%。

二、巴西农牧业的特点

(1) 土地广阔,农业资源利用率低。巴西国土幅员辽阔,2016年每平方公里不足25人。人均可耕地面积达2.32公顷,农业开发潜力巨大。2008年,巴西GDP总值构成中,农牧业占比6.7%。

(2) 气候适宜,农业发展条件较好。巴西不仅拥有世界著名的起着调节气候作用的亚马孙热带雨林,还拥有占国土面积1/3、约300万平方公里的亚马孙平原。加上日照充足,雨水充沛,全国大部分地区年降雨量为1500—2000毫米,而且降水均衡,旱涝灾害少,适于各种农作物生长,是世界上适于农、林、牧、渔各业全面发展的少数国家之一。

(3) 耕作粗放,作物生产水平不高。巴西由于人少地多,耕作粗放,很多农作物都是广种薄收,水稻、小麦、玉米、棉花等主要农作物单产均低于世界平均水平,如2000年小麦单产,世界平均每公顷为2706公斤,巴西为1858公斤,仅为单产最高国荷兰8554公斤的21.7%;玉米单产,世界平均为每公顷4336公斤,巴西只有2746公斤,仅为单产最高国新西兰10115公斤的27.1%。因此,作物生产的潜力很大。

(4) 土地占有状况与区域经济发展极不均衡。巴西实行土地私有制,大庄园主和小农并存,全国的良田大部分掌握在大庄园主的手里,其规模大得惊人,最大的可以达到几万公顷,甚至几十万公顷。他们资金充足,财力雄厚,现代化的商业农场自办科研所或聘请大学教授指导农业生产,以生产大豆、甘蔗、咖啡等出口农产品为主。占农场总数85%的是自给小农,其土地规模在60公顷以下,以生产木薯、黑豆等为主,劳动生产率和经济收入都很低,是国家农业推广部门(CATI)的帮扶对象。此外,巴西还有1200万无地农民,他们生活在社会的底层。

巴西区域经济发展也很不均衡,在经济发达的南部、东南部地区,采用现代科学技术和经营管理方法,有大量的资本投入。东北部和中西部是巴西欠发达的地区,特别是东北部,虽有不少河流湖泊,但是没有灌溉系统,由于气候干旱,农业基本上是"靠天吃饭"。欠发达地区的小农主要依靠传统的耕作方式,经济收入低,对资源破坏相当严重。

三、农牧业发展存在的主要问题

巴西的农牧业发展迅速,并在世界占有重要地位,但仍存在不少难题:

第一,国际市场农牧产品的价格波动。巴西是世界农牧业大国之一,但并不具备左右国际市场价格的能力,受世界产品产量、市场需求、发达国家的垄断等因素影响,丰收并不意味着盈利。

第二，发达国家对本国农牧业的保护措施在短期内难以打破。巴西与美国和欧盟之间关于农牧产品出口问题的谈判已持续多年，但这些国家并没有让步，这势必影响巴西农牧产品对美国和欧盟的出口。

第三，农牧业信贷仍不足。虽然近10年来巴西提供的农牧业信贷逐年增加，但仍无法满足扩大农业边疆、实现农业现代化发展的需求。

（黄小苑）

【讨论题】

1. 在殖民地时期，巴西是靠什么策略成为国际市场上农产品的主要出口国的？
2. 农牧业在巴西经济中有着什么样的地位？巴西的农牧业是传统的还是现代的？
3. 巴西农牧业发展存在哪些问题？如何解决？

【参考资料】

1. 〔巴西〕《四月年鉴》(2002)。
2. 崔金虎、边少锋：《巴西的农业与可持续发展(一)》，载《吉林农业科学》2002年第4期。
3. 万毅成、杨镇、景希强、杨德忠：《巴西、智利农业考察报告》，载《杂粮作物》2003年第1期。
4. 吕银春：《农牧业在巴西经济发展中的地位及巴西的农牧业政策》，载《拉丁美洲研究》2002年第4期。
5. 青先国：《巴西的农业》，载《世界农业》2002年第1期。
6. 闫书鹏：《2014年巴西农产品贸易分析》，载《世界农业》2015年第6期。

【案例3-3】 阜新的生态立县战略

阜新蒙古族自治县位于辽宁省西北部，是全国著名的粮食生产县。这里属北温带季风大陆性气候，四季分明，雨热同季，降雨集中，日照充足。年平均气温7.9摄氏度，年平均降水量489毫米。地质结构属土石质低山丘陵区。境内地貌大体上是：南部山，北部沙，西部丘陵，东部洼。全境分为柳河、大凌河和绕阳河三大水系，323条小流域。全县23个乡镇，土地面积6246平方公里(936.9万亩)，人口73万。

阜新人喜欢向外人宣传他们拥有的两大优势，第一，土地资源优势，全县农民人均耕地面积6亩，居全省各县之首；第二，地下矿藏优势，金、银、铜、铁、煤、石灰石、麦饭石、玛瑙样样有。打开阜新县网站，最令人心跳的还是那些有关某农民在某地发现巨大玛瑙或玛瑙墙的新闻报道，似乎在阜新，随便挖下一锄头就会发现一块玛瑙。

中国的玛瑙产地主要分布在黑龙江、辽宁、湖北等地，阜新被称为中国的"玛瑙之乡"，从1636年起，就有当地群众采拾玛瑙的记载。现在阜新各乡共有数千人从事玛瑙的开采和加工，每年可采玛瑙500吨左右，年产值达1000万元以上。2003年8月，在阜新发现40吨重的玛瑙王。2004年8月，又在距离阜新市70多公里的紫都台乡宝合堂村和东营子村交界的深山里发现玛瑙墙，这一玛瑙墙据说厚约40厘米，中部最高处达5.2米，最低处也有2.8米高，就其质地讲属"黑白花"玛瑙的一种。不管怎么说，各种报道吸引了不少投资者和旅游者纷至沓来。此外，阜新县还出产黄金，1997年黄金产量为1000公斤，到2002年达到3500公斤，居全国第11位，全省第1位。

说起来，生活在聚宝盆的阜新人不应该贫困。然而，阜新过去却是一个贫困县，单一的粮食种植使得该县财政困难，人民收入很低。改革开放以来，随着产业结构转变，多种经营的开展，1998年阜新人均收入达到2350元。然而，随着连年旱灾，阜新的人均收入很快下跌，到2000年只有820元。2001年，人均收入830元，贫困人口却从1998年的3.2万扩大到53万。返贫现象的出现，给当地政府部门敲响了警钟，它说明阜新县多年来"雨养农业，靠天吃饭"的被动局面仍没有改变，农业与农村经济仍然无法抵御严重的自然灾害。恶劣的生态环境已经成为制约阜新县发展的重要障碍，它迫使当地政府进一步强调生态立县战略。

阜新生态环境的恶劣，是历史和区位造成的。多年东北地区重工业和采掘业的发展，带来生态环境的恶劣。特别是地下矿产开采、森林砍伐和山地垦殖，造成当地植被破坏、水土流失和沙化现象。

阜新县位于努鲁儿虎山余脉，科尔沁沙地南端，全县土地面积中低山面积35万亩，占3.6%；丘陵面积808万亩，占86.3%；平地只有95万亩，占10.1%。全县耕地按土地详查数统计，在356万亩耕地中，大于2度的坡耕地348.9万亩，占耕地面积的98%，其中大于6度的坡耕地198万亩，占耕地面积约55.6%。多年来，汛期降雨约占全年总量78%，且多是大雨、暴雨。年均径流深74毫米，年均径流总量4.6亿立方米。全县总土地面积936.9万亩(6246平方公里)，水土流失面积就达706.2万亩(5066.7平方公里)，占总面积的

75.4%。土壤侵蚀模数1700—5000吨/平方公里，年均流失土壤厚度1.3毫米，流失总量达1072万吨。此外，全县冬春季节6级以上大风日数达50余次，8级以上大风日数达30余次。北部和西北部的平安地、福兴地、旧庙、于寺、太平等11个乡镇边为风沙潜育区，沙化面积达到22万亩。全县多年平均降水量从500毫米左右降至460毫米左右，并呈递减趋势，旱灾已成为阜新县农业生产的主要灾害。

从新中国成立到1981年的32年里，阜新旱灾有20年。80年代以来，流域治理工作虽使旱灾情况有所减少，但从1982年到2002年20年里，有旱灾年份仍多达11年，尤其是1998—2002年5年中有4年发生特大旱灾，即使是降水较好的年份，旱灾也有不同程度的发生。“十年九旱，一年多旱”已成为阜新县的主要气候特点。

2002年10月，阜新县县委书记白义凤指出，尽管多年来，阜新县坚持生态立县战略，狠抓以水土流失综合治理和植树造林为重点的生态环境建设，取得显著成绩，但是近几年特大旱灾仍频繁发生，这说明我们虽然付出了多年的艰苦努力，但生态建设取得成效与发展要求还有很大差距，形势仍然严峻。因此，必须保持清醒头脑，进一步强化生态立县战略在阜新县的基础地位和作用，比任何时期都要更加重视生态环境建设。

阜新县着手生态环境保护措施，不是现在才开始的。早在20世纪60年代，阜新县就开始进行植树造林活动。当时，总结推广了以植树造林和水土保持为内容的“三沟经验”，即毛岭沟的封山育林、塔子沟的河边造林、招束沟的坡耕地治理经验。从80年代起，阜新县相继开始对柳河、大凌河和山建小流域进行治理，先后实施了国家“三北”防护林体系建设工程、国家水土保持重点治理区柳河流域治理区工程、大凌河流域治理工程和省内水土保持重点治理区(白石水库上游)忙牛河流域治理工程，以及农田基本建设“大禹杯”竞赛等。

1993年，阜新县开始了10年治柳、9年治凌行动。首先，对总面积为989平方公里的柳河流域进行全面治理，历经10年，共完成水土流失综合治理面积100万亩，涉及5个乡镇、53条小流域。治理带来的成效是：流域内森林覆盖率由1982年的17.7%提高到34.7%，林草覆盖率占宜林宜草面积达到80.5%；蓄水效率、保土效率、削峰效率分别达到60%、74%和31%；地下水位比治理前平均上升0.5—1米，年蓄水量由1245万立方米提高到3983万立方米；风速也由治理前的每秒3.4米减弱到2.9米；相对湿度增加12.5%，蒸发量减少39%，无霜期比治理前延长10—25天。

其次，着手大凌河流域的治理工作。该工程更大，涉及17个乡镇、129条小流域，总面积达2722平方公里，规划治理面积1600平方公里，规划治理年限为20年，分4期实施，每期5年。从1993年到2001年9月止，已完成规划面积的76.8%，水土保持生态建设面积达到42.92万亩，其中营造水保林9.61万亩，经济林6.79万亩，修建水平梯田6.99万亩，坡式梯田1.88万亩，牧场治理5.96万亩，封禁治理13.57万亩。治理带来的效果是：森林覆盖率从1993年的14.8%提高到2001年的36%，林草面积达宜林宜草面积80%以上；区内局部小气候已经形成。到2002年10月，该工程累计治理水土流失面积达到329平方公里，占全县总规划治理工程面积的20.6%，经测算每年可减少地表径流1285.9万立方米，减少土壤侵蚀量39.77万吨。

以上这些工程都是属于国家投资的重点工程。到2002年10月，全县已治理小流域70条，治理河流9条，修建堤防111公里，治理河道342公里，累计完成水土流失综合治理面积415.5万亩，治理程度达到58.8%。全县林地面积比新中国成立初期的10.5万亩增加25倍，森林覆盖率提高21%。流域治理工作的开展，一定程度上恢复和增加了林草植被，提高了土壤肥力,改善了生态,水土保持效果明显。比如,2002 年 7 月 19 日,紫都台乡温家小流域两小时降雨量达 90 毫米,治理工程全部蓄水,工程完好率达 95%。而未治理的二色小流域洪水暴涨,农田被淹,冲沟扩展,并造成人员伤亡。

那么,今后治理工作关节点是什么?时任县委书记白义凤认为,水是关键问题。他指出:"因缺水而干旱,因缺水而导致风沙,因风沙干旱而导致贫穷。因此,坚持生态立县战略必须围绕着'水'字作文章,要增加植被增雨水,流域工程拦截水,库塘井窖储蓄水,合理开发节约水。"阜新县委决定,第一,继续做好退耕还林、植树造林工作,用 5—8 年的时间,实现林面积 500 万亩,森林覆盖率 53%的目标;第二,以提高拦蓄地表水能力为目标,大力发展截水农业;第三,以人均一亩水浇地为目标,发展节水农业。此外,对现有宜林荒山实行"卖、送、补"政策,即对立地条件好、潜在效益较大的肥山、肥沟、肥滩进行公开拍卖;对立地条件一般的宜林"四荒"(荒山、荒地、荒沟、荒滩),可以无偿送给群众;对立地条件差、交通不便的"四荒",凡能挂靠林业工程项目的都要按政策补助苗木和资金,尽快使"四荒"绿起来。

当然,阜新蒙古族自治县的生态环境治理是一个长期而艰巨的工程,这项工程是国家水土保持重点治理工程中的一部分,不仅需要阜新县人民持之以恒,而且也需要其周边县、市、省和全国人民共同努力。虽然治理了那么些年,东北的干旱灾害依旧,但一片绿茵茵的树木正在逐渐地局部改变当地的小气候,阻止沙漠的挺进。阜新县生态立县战略产生的效果也在慢慢地显露:山坡上、公路边,果木成荫;生态农业的发展使得全县人均收入不断提高,2002 年阜新县人均纯收入增长 68.7%,达到 1400 元。阜新县一步步地为实现小康生活而迈进。

十多年过去,经过一系列生态文明建设措施的落实,2015 年阜新全县林地达到 301.5 万亩,森林覆盖率 32.3%,超过全国平均数(21.36%),河流水面 1.16 公顷,年均降水量 500 毫米左右。生态环境的改变带来旅游业的发展,2015 年全县接待游客突破 400 万人次,旅游综合收入达到 35 亿元。

(林 珏)

【讨论题】

1. 为什么阜新县将生态环境的治理作为立县之本?

2. 为什么阜新县经过多年的治理,仍在 20 世纪 90 年代末至 21 世纪处连续出现干旱?对阜新县政府而言,还应该做些什么?

3. 通过这一案例,谈谈生态环境保护与经济发展之间的关系。

【参考资料】

1. 阜新蒙古族自治县人民政府:《阜新蒙古族自治县水土保持生态建设情况汇报》。

2. 赵维国:《副县长述职报告》。

3. 白义凤:《发愤图强,真抓实干,为加快自治县的发展振兴而奋斗》(2002 年 1 月 14 日)。

4. 白义凤:《进一步强化生态立县战略的基础地位和作用》,载《阜新蒙古族自治县报》2002 年 10 月 31 日。

5. 吴志坚:《"因地制宜依托优势"做大做强"朝阳产业"》,阜新蒙古族自治县政府网,http://fmx.fuxin.gov.cn/fmx/zjmgz/jjfz/content/ff80808151c7772d 01520f94fa3b3338.html。

【案例 3-4】 江西赛维 LDK 的兴衰

2013 年，光伏巨头无锡尚德破产重整，2015 年底另一家巨头赛维 LDK 也走上这条道路。它们都经历了怎样的发展历程，是什么原因导致这一结局？当年高速激进的无锡尚德与赛维 LDK 先后陷入困境，无锡尚德是在行业"最冷"的时候作出的决定，赛维 LDK 则在"春天"的前夕作出这样的选择，赛维 LDK 这次破产重整背后有哪些故事值得关注？本案例对此作一研究。

一、"光伏神话"

1997 年，为应对全球变暖给人类社会和经济发展带来的不利影响，各国在日本京都签署了旨在全面控制二氧化碳等温室气体排放的《京都议定书》，其后节能减排、环保低碳便成为时代的主题。

我国 76%的国土日照充足，光能资源分布均匀，拥有丰富的太阳能资源，加之拥有丰富的硅矿石和劳动力资源，存在光伏应用的巨大潜在市场。"十二五规划"文件确定，发展绿色能源，提升光伏产业的战略地位。通过统筹制订产业、金融、财税、人才等扶持政策，积极促进我国光伏产业的健康发展。在这一背景下，很多省份都将光伏产业作为重点发展对象，江西更是将光伏产业列为战略新兴产业，于是江西赛维 LDK 太阳能高科技有限公司应运而生。

江西赛维 LDK 太阳能高科技有限公司（简称"赛维 LDK"）是一家于 2005 年 7 月成立的民营高科技企业，由香港流星实业有限公司和苏州柳新实业有限公司共同出资设立，两公司分别持股 72.41%和 27.59%，其核心业务是多晶硅片的研发、生产和销售。公司坐落在江西省新余市，在新余、南昌以及苏州等地都拥有制造基地，产品销往欧美市场及亚太地区。2006 年 4 月，公司正式投产，5 月 1 日出炉"亚洲第一大铸锭"。同年 8 月，公司入选"RED HERRING 亚洲百强企业"；10 月，硅片产能突破 200MW，成为亚洲最大的多晶硅片生产商。2007 年 6 月，公司在纽约交易所上市，股票代码"LDK"，首次融资额高达 4.69 亿美元，创下中国新能源领域的最大一次 IPO（首次公开募股）。同年 8 月，开始兴建马洪多晶硅生产厂，计划产能达 1.5 万公吨。2009 年 3 月，开始投产单晶硅片、硅锭。2010 年 2 月，收购 Best Solar 的硅晶组件生产厂；同年 4 月，硅片产能突破 2GW，继续稳坐全球最大多晶硅片制造商的宝座；同年 8 月，在合肥增设新的太阳能电池和组件生产厂；12 月，硅片产能达到 3GW，销售收入突破 200 亿大关。2011 年，继续融资，资产规模继续扩张，实现了创立 6 年营业额翻了 23 倍的"光伏神话"。

而这一神话的谱写主要归因于：

（1）资本市场运作带来宝贵的第一桶金。公司成立之初便拥有注册资金 2900 万美元。2007 年 6 月，公司在纽约交易所上市，首次融资额高达 4.69 亿美元，创下了中国新能源领域的最大一次 IPO。这为赛维 LDK 提供了充裕的启动资金，并为日后的运营扩张提供了充分的资金保障。

(2) 新余市政府的大力支持。赛维 LDK 受到当地政府的过度“溺爱”,成立之初,便获得新余市政府 2 亿元的启动资金以及 1.5 万亩的特批用地,此外,新余市政府还为赛维厂区配套建设了 4 座变电站,以超低的电价满足赛维常年生产“高能耗”的需求。

(3) 重视技术研发和工艺改进,不断削减成本。赛维 LDK 在硅生产提纯方面不断力求突破,先后投入大量的资金,并与众多高校及研究机构加强合作,引进人才,建立自己的研发中心,一定程度上突破核心技术瓶颈制约,降低了硅材料生产成本及光伏发电成本,打破了国际多晶硅技术垄断的局面。

二、对赌协议,债务高企

2011 年,赛维 LDK 原董事长彭小峰豪赌多晶硅,融资 2.4 亿并签订对赌协议,成为击倒赛维的导火线。2012 年,整个光伏产业遭遇产能过剩,赛维存货量达到历史最高的 6.5 亿美元,净利润亏损 54 亿美元,第三季度的财务报告显示,权益资本降到历史最低,负债率达到 227%的顶峰。赛维 LDK 多晶硅业务年底没能如愿在香港分拆上市,根据对赌协议必须在原 2.4 亿认购基础上追讨 23%内部回报率。

由于赛维 LDK 的营运资本长期处于负数状态,大部分长期资产由流动负债提供资金来源。现金及短期投资额虽然逐年增长,但增长额不能平衡其短期负债高额增长所带来的债务压力。然而这种激进的融资策略,成为压倒赛维 LDK 的最后一根稻草。2012 年底,赛维 LDK 的“短期贷款及即将到期的长期贷款”已经攀升到 15 亿美元,至此,赛维 LDK 陷入到处筹资偿还短期债的狼狈中,最终总投资 100 亿的多晶硅项目在沉重的负债下无法生产。

三、“双反”困境,政府兜底未能拯救赛维 LDK

2012、2013 年,北美、欧洲两大主要光伏市场对中国企业“双反”的举措对赛维 LDK 的经营更是雪上加霜。作为整个江西省最大的光伏企业和新余市的支柱企业之一,赛维 LDK 支撑着当地的经济和就业。因此,当地政府一直在调动新余市乃至整个江西省的力量,极力帮助赛维 LDK 走出困境。

2012 年 10 月 19 日,赛维 LDK 与恒瑞新能源有限公司达成股权收购协议,恒瑞新能源以 2300 万美元收购了赛维 LDK19.9%的股权。恒瑞新能源是一家具有国资背景的公司,其 40%的股权被江西省新余市国有资产经营有限公司拥有,这无疑是新余市政府以股权投资的形式救助赛维 LDK 的举措。

此前,江西省和新余市两级政府均在资金上对赛维 LDK 施以援手。江西省政府组织银团为赛维 LDK 提供 20 亿元的专项发展资金,新余市用政府财政为赛维 LDK 提供 5 亿元授信担保。不仅如此,在赛维 LDK 陷入困境后,地方政府还出台了众多救助措施,甚至成立了派驻赛维 LDK 的政府帮扶小组,全力帮助企业协调各金融机构。但单靠行政力量拯救赛维 LDK 显然力不从心。

四、破产还是重生

2014 年 2 月起,赛维 LDK 开始对包括 2.4 亿美元优先股在内的海外债务进行重组。2014 年 10 月 21 日,在美上市的赛维 LDK 正式向特拉华州威尔明顿的美国破产法院提交了破产申请。11 月 7 日,开曼群岛大法院批准了赛维 LDK 及其子公司赛维 LDK 硅化学科技有限公司的开曼群岛安排计划。11 月 18 日，中国香港高等法院批准了赛维 LDK 及其上述子公司的香港安排计划。重组过程涉及赛维 LDK 在开曼、中国香港及美国三地的公司，重组债务金额超过 7 亿美元(约合 44.7 亿元人民币)。一直到 2014 年 12 月交割，赛维 LDK 成功完成了总金额超过 40 亿元人民币的海外债务重组。

由于这一重组主要涉及开曼、美国和中国香港三个区域，在中国企业海外债务重组中完全找不到参考先例，具有极大难度。正因如此，2015 年 5 月，在第七届年度国际并购颁奖典礼上，赛维 LDK 海外债务重组被国际并购顾问机构授予"年度跨境交易奖(美国—亚洲地区)"。赛维 LDK 海外债务重组的成功令赛维 LDK 看到了重生的希望。

2015 年以来，尤其是从三季度开始，国内光伏行业回暖，市场对光伏组件的需求逐步增加，光伏制造企业几乎都是满负荷生产，其毛利润已经达到 15%—20%，其中硅片制造环节的利润率已经超过 20%。曾经停机的赛维 LDK 目前也已经恢复了生产运营，公司各项业务均实现正现金流。赛维 LDK 新闻发言人彭少敏表示，赛维 LDK 在 2015 年的前 10 个月已经实现了各项业务收入的同比增长。其中，硅片日产量达 160 万片，接近历史最高水平，产品供不应求。硅料生产通过 2014 年的冷氢化技术改造，产量、质量均大幅提升，生产成本大幅降低，市场竞争力显著增强。

但是，赛维 LDK 董事长刘志斌也表示："赛维公司背负巨大债务，负债将近 180%，尽管 2014 年化解了海外债务，但国内债务还有将近 300 亿元，如果不对国内债务进行处理，仅仅依靠生产经营来解决赛维的问题，让赛维摆脱困境是不可能的。"虽然背负巨大债务的赛维 LDK 迎来了 2015 年光伏行业的回暖，但是也只能维持公司的基本运转，至于偿还债务，基本上无法通过自身的发展去化解。而作为年财政收入不过 120 多亿元的新余市政府，靠行政力量拯救赛维 LDK 显然力不从心，因此，破产重整是赛维 LDK 唯一的出路。

2015 年 11 月 17 日，新余市中级人民法院接受新余市城东建设投资公司及国家电网江西省电力公司赣西供电分公司的重整申请，要求赛维 LDK 四家子公司——江西赛维 LDK 高科技有限公司、赛维 LDK 高科技(新余)有限公司、江西赛维 LDK 光伏硅科技有限公司和江西赛维 LDK 太阳能多晶硅有限公司，开始进入破产重整程序。

这次重整，是赛维 LDK 继 2014 年成功完成海外债务重整、化解 7 亿美元海外债务后，对国内债务的一次重整，主要目的是寻找让各方都能接受的方案，化解让赛维 LDK 负重难行的庞大债务，更是希望赛维 LDK 彻底走出困境的一个重要举措。

赛维 LDK 深陷困境主要有以下几方面原因：

(1) 激进的扩张策略，盲目投资，没有形成持续稳定的盈利能力。激进的扩张策略只有在产能充分实现并且产品销售顺畅时才能实现企业的盈利。而在 2008 年金融危机、2010 年欧洲主权债务危机以及 2012 年遭受"双反"的各种不利因素影响下，光伏市场急剧萎缩，光伏产业产能严重过剩，光伏产品严重滞销且价格大幅下降，大量固定资产闲置、报废，单位产品分摊的固定成本大幅增加，相应的销售成本率急剧上升，毛利水平显著恶化，盈利能力表现糟糕，直接导致赛维 LDK 2012 年惨不忍睹的业绩表现。

(2) 激进的筹资策略，负债结构不合理。由于赛维 LDK 的营运资本长期处于负数状态，大部分长期资产由流动负债提供资金来源。现金及短期投资额虽然逐年增长，但增长额不能平衡其短期负债高额增长所带来的债务压力，从而埋下了财务风险的巨大隐患。在产能过剩的环境下，存货迅速贬值，企业的资金链无法承受其严重的债务压力，2012 年底，赛维 LDK 的"短期贷款及即将到期的长期贷款"已经攀升到 15 亿美元，成为压倒赛维 LDK

的最后一根稻草。

(3) 赛维 LDK 目标市场的 90%均为发达国家,市场目标过于单一。随着经济全球化程度的加深,海外国际市场的微小变动都将影响到我国光伏行业的发展。在 2008 年金融危机、2010 年欧洲主权债务危机以及 2012 年遭受"双反"的影响下,发达国家需求急剧萎缩,光伏产业产能严重过剩,造成 2012 年赛维 LDK 存货量的历史新高,营运能力恶化。

赛维 LDK 在行业"回暖"前夕作出破产重整的选择是因为:

(1) 考虑到光伏市场回暖,整个形势都在好转。

(2) 考虑到赛维的生产经营逐步在恢复,产能已经达到了 70%左右,生产经营比较正常,企业比较稳定。在这种有利的情况下重整,才有机会让企业获得重生。如果像无锡尚德那样在行业"最冷"的时候作出破产重整的决定,那么赛维 LDK 将失去价值。

赛维 LDK 未来的发展方向为:

(1) 对于赛维 LDK 自身而言,应首先考虑开拓国内市场。除原有的以发达国家为主的国外市场外,应注重拓宽国内市场。我国光伏市场已于 2011 年逐渐开始打开,主要以大型地面电站为主,在日照充足的西部更是有着广大的市场。所以,赛维 LDK 应着眼于打开国内市场,降低对国外市场的依赖度。其次,应重视融资结构科学化,提高权益资本的比率,加强股权融资,保证企业财务结构的稳定,降低风险。由激进型负债政策转向配合型负债政策,尽可能贯彻筹资的匹配原则,即对于临时性流动资产,由流动负债筹集资金;对于永久性流动资产和固定资产,运用长期负债、自发性负债和权益资本筹集资金。最后,应提高资金的使用效率,增强企业自身的"造血"功能,增加以经营活动为主的现金净流量,同时加强对应收账款的管理,提高收现能力。

(2) 对于政府而言,政府对光伏的扶持应从面向企业转变为面向行业。过去政府对光伏扶持主要面向企业,赛维 LDK 创立初期,新余市政府为其融资 2 亿元,而两年后赛维 LDK 上市,新余市政府亦获得 2 亿元本息及巨额财政税收。这也成为当时许多地方政府效仿的举措,然而面向企业的政府支持只会催生"大而不强"的怪胎。在这次赛维 LDK 破产重组过程中,只有加强良性导向,剥离经营能力差的企业,才能让整个光伏行业良性发展。

(罗子嫄)

【讨论题】

1. 为什么曾"登顶"世界光伏珠峰的赛维 LDK 发展会陷入困境? 光伏企业未来的发展方向如何?

2. 无锡尚德是在行业"最冷"的时候作出破产重整决定,赛维 LDK 为什么会在"春天"的前夕作出这样的选择?

3. 新余市施救赛维 LDK 折射出地方政府与市场主体的利益捆绑关系,地方政府应如何在有限范围内合理扶持新能源企业?

【案例 3-5】 竞争中的策略性行为:以格兰仕为例

格兰仕原是一家乡镇企业,创立于 1978 年 9 月 28 日,开始从事纺织、印染、服装和羽绒制品生产,1991 年,产销过亿元,进入全国乡镇企业百强。1993 年,开始进入微波炉行业,当年产量 1 万台。2001 年,实现销量约 1200 万台,销售收入 68 亿元,在全国市场占有率高达 70%,全球市场占有率近 35%。2000 年,出口达到 1.5 亿美元,2001 年,突破 2 亿美元。2000 年初,企业无形资产已高达 101 亿元,格兰仕发展成为全球最大的专业化微波炉制造商。2016 年,格兰仕产品已经远销世界约 200 个国家和地区。

一家从事纺织、印染、服装和羽绒制品的企业,用短短的 10 年时间成长为全球最大的微波炉生产企业,这一现象值得我们思考。本案例从策略性行为这个角度对格兰仕的成长作一考察。

一、掠夺性定价策略

策略性行为是现代产业组织理论研究的重要内容,也是企业在竞争中常用的重要竞争手段。格兰仕在竞争中采用的策略性行为首先表现为掠夺性定价策略。

掠夺性定价是企业利用低价策略将竞争对手驱逐出市场,同时吓退潜在的进入者的策略行为。在早期的研究中,掠夺性定价的价格低于其成本,在将竞争对手挤出市场后,再提高价格,也就是说,企业通过承担短期的损失来获取长期的垄断利润。这样的策略往往很难成功,因为竞争对手也有可能采取此种策略,这在实力相当的竞争者中是存在的。或者竞争对手暂时退出行业,让实施者独自承担低价的损失,在价格提高时再次进入。后来,更多的假设是策略性行为的实施者为大企业,竞争对手是小企业,大企业比小企业能够承受得起更大的损失。然而,新的疑问又产生了:为什么其他大企业就不会进入?经济中不是充满着大企业与大企业之间的竞争吗?所以,掠夺性定价策略成功的关键是实施者要建立起强硬者的声誉。这种凌厉攻击者声誉的建立是有前提的,就是竞争过程是多阶段博弈过程,在这一前提下,这种声誉对策略实施者来说就是一种理性行为。在信息不对称的情况下,进入者并不知道策略实施者的类型和收益函数,这样,策略实施者就可以在开始时采取低价策略,进行凌厉的攻击,建立起强硬者的声誉,最终达到阻止进入者进入的目的。

这一策略要取得成功,须满足这样两个条件:一是企业要有能力承受低价期间的资金损失,二是企业要有相当规模的生产能力,能够满足因低价而扩大的整个市场需求。如果策略实施者不能够满足这两个条件,那么掠夺性定价的策略就很难取得成功。

格兰仕 1993 年进入微波炉行业,为首批进入该行业的国内企业,但是真正的转机出现在 1995 年。当时行业老大蚬华被一家外资企业惠尔浦收购,由于磨合不力而转入调整,已无力他顾。格兰仕抓住这一有利时机,突破蚬华对其的压制,当年产销 25 万台,市场占有率达 25%,跃居行业第一。但此时格兰仕的市场地位并不稳固。1995 年底,松下在业内急速窜起,市场占有率一度超过格兰仕 6 个百分点。对此,格兰仕的反应是主动出击,发动价格战来夺回市场,也就是说,格兰仕决定采取掠夺性价格策略。

这时的格兰仕还是微波炉行业的一个初进入者,虽然是百强乡镇企业之一,但与外资企业相比,只能算是小企业。在这种情况下,格兰仕是否有能力实施低价策略?其资金实力能否支撑足够长的时间?格兰仕所显示的是破釜沉舟、背水一战的勇气和魄力。格兰仕将当时盈利状况尚好的纺织企业全部清仓并降价出售,获得的资金源源不断地流入微波炉的生产之中,坚决将低价策略进行到底。1996 年,格兰仕将其产品大举降价 40%,市场占有率迅速升至 35%,超过松下 2 倍多,从而确立了其在微波炉行业的霸主地位。

第一战,格兰仕取得了成功。作为初入者和相对小的企业,格兰仕低价策略之所以能够成功,在于当时微波炉还属于奢侈品,对习惯于明火煎炒的中国家庭来说,其市场还没有培育起来,业内企业基于各自的判断,还不愿意为一个没有多大潜力的市场厮杀拼搏,给了格兰仕最初的机会,等到其他企业再来关注这个市场时,发现格兰仕已单骑绝尘而去。

在确定行业霸主地位后,格兰仕将价格策略当作微波炉行业的行规,先后七次发动价格战,直至今日依然是其主要的策略之一。格兰仕这样做的基础是其在市场上遥遥领先的产销规模。微波炉行业的最小有效工厂规模为 100 万台,格兰仕在 1997 年产量已远远超出此线,达到 198 万台,而业内其他企业,除 LG 外至今仍未达到这一门槛。规模经济意味着业内领先的低成本,而作为进入这一行业的先行企业,又可利用经验曲线不断地降低成本,从而使低成本的信息传递给竞争对手和潜在的进入者,使他们相信格兰仕是低成本生产者,放弃与之竞争的念头。

实际上,1996 年,格兰仕在微波炉行业已处于垄断地位。这时的格兰仕面临着选择:利用其领先于其他企业的低成本以相同的价格获取垄断利润,或者以较低的价格获得更大的市场份额,格兰仕选择了后者。这一选择对格兰仕后来的发展及一系列策略的实施都至关重要。一方面,使生产者剩余转向消费者,增加了社会福利,也使微波炉从高档消费品转变为寻常百姓家的日用消费品,培育了微波炉市场的成长。另一方面,不断压低的行业平均利润降低了对潜在进入者的吸引力,使其避免后来像其他家电行业那样惨烈的竞争,为其开拓国际市场并进一步成为微波炉行业的国际巨头腾出了精力。

格兰仕的国际化与其国内竞争的策略一样鲜明有力,依然是成本领先下的低价策略。与国内竞争所不同的是,开拓国际市场更多的是通过发挥中国劳动力低工资成本的比较优势来实现的。低成本形成低价格,但过低的价格易遭受进口国反倾销的制裁。格兰仕采取的对策是更多的做贴牌生产而不是打自有品牌的方式做出口。这样,既在低价上争夺市场,打击竞争对手,又绕过反倾销制裁。同时,贴牌生产还可以节约大量的营销费用,使低价策略得以更彻底地实施。这样的策略成效通过格兰仕在国际和国内微波炉市场上的占有率得到充分体现:2009 年,格兰仕微波炉国内市场占有率超过 50%,国际市场占有率接近 50%。

二、过剩生产力策略

过剩生产力策略主要是在位企业为阻止潜在的进入者进入该行业所采取的策略。在早期的阻止进入模型中,潜在的进入者相信新企业进入后,在位企业的产量水平保持不变,行业总产量等于新老企业现有产量之和。但这一模型存在缺陷,因为对于在位企业来说,进入发生后,产量水平保持不变并不是其最优的理性行为。后来,这一模型对生产能力和生产产量进行了区分,生产产量受在位企业在第一时期生产能力的限制。在位企业在第一时期将生产能力扩大到一定的规模水平上,其产量维持在生产能力之下。这样,一旦发生进入威胁，在位企业就将其产能充分利用起来，产量的扩大导致产品价格下降，直至进入者感到无利可图。这里的关键在于，在位企业具有先动优势。即作为先行进入者，有两种选择：一是选择固定的生产能力，在第一期获得较高的利润；二是选择可变的生产能力，使生产能力处于大于所需的产量之上。固定生产能力能够使其在短期内获得较高的利润，但较高的利润会导致其他企业迅速进入，从而使第二期利润水平降低。可变的生产能力虽然在初期会产生大量的沉淀成本，但却使以后阻止进入的策略行为具有极强的承诺作用，它表明进入威胁发生时在位企业会采取提高产量、降低价格的策略，而潜在进入者慑于进入发生后建立在行业总供给超过行业总需求基础上的破坏性竞争，就很有可能基于此预期而放弃进入。所以，过剩生产能力策略是具有极强承诺的阻止进入策略。

如果说格兰仕的低价策略主要是驱逐竞争对手，肃清微波炉市场，那么，过剩生产能力策略则使其他企业放弃对微波炉行业的觊觎之心，维护了格兰仕独一无二的地位（关于美的进入这里暂不讨论）。格兰仕的产能增长速度远远大于其销售规模，一直维持着供大于求的状况。加之中国在制造业上的优势及格兰仕成功的策略组合，使外国企业也无意进入该行业与之竞争。

三、降低生产成本策略

在寡占市场上，市场结果通常取决于竞争企业的各自成本。也就是说，市场环境决定企业之间竞争的结果，而每个企业的成本又是市场环境的构成部分，这样成本就成为各自企业赢得竞争的关键。而生产成本又是生产型企业总成本中最重要的构成部分，企业降低生产成本的投资或用其他手段降低自己的生产成本，在竞争中就会处于有利的地位。

格兰仕在 20 世纪 90 年代后期开始加强技术研发的能力。1997 年设立集团研发部门，1998 年在美国设立研发机构，标志着其走上自主研发的道路。格兰仕庞大的产销规模，使其技术开发有了强有力的消化和支撑平台。在美国的研究中心吸纳了众多国际优秀人才，开发出许多知识产权属于中国人自己的世界专利产品，例如，数码光波微波炉，带湿度控制的“数码双控”空调等。另外，格兰仕以买断的方式从日本人那里获得微波炉的核心技术——磁控管技术。强有力的研发实力，使格兰仕可以不断地提升其产品品质，也使其成本与其他企业相比处于优势地位，有效地阻止潜在的进入者。2014 年，“格兰仕 i 双变频微波炉”作为世界首台光波微波双变频微波炉，在全球 55 个国家的 4600 余件产品中脱颖而出，斩获德国工业设计顶级大奖——红点奖。

对微波炉的核心部件之一变压器的行业整合是格兰仕竞合的经典案例，也是格兰仕进一步降低生产成本并成为微波炉行业世界巨头的重要一步。1998 年前，格兰仕微波炉的变压器要从日本和欧洲进口，欧洲的要 30 多美元，日本的要 20 多美元，价格压不下来。于是，格兰仕与欧美企业谈判，建议后者将生产线、技术全部搬到格兰仕的生产基地里来，然后以每生产一台变压器返回 8 美元的方式偿还其设备价值。这样，格兰仕产品的成本大幅度下降，并进一步形成对日本企业的挤压之势，迫使日本企业以更低的价格将生产线也搬了过来。如此，格兰仕通过提高设备的利用效率，用一小部分机时返还设备价值，其他时间完全是自己生产，以较低费用把国内其他企业花费高昂外汇换来的生产线拿了过来。

四、提高对手成本策略

提高对手成本是企业在竞争中常采取的策略性行为之一。因为在寡占市场结构中，某一企业的利润取决于它与竞争对手的相对成本。如果这一企业能够提高其竞争对手的成本,那么在其他条件相同的情况下,该企业在竞争中必须处于优势地位,从而可以提高自己在市场上的支配地位,有利于阻止潜在竞争者进入。提高竞争对手相对成本的策略很多,如在位企业可以游说政府,通过政府的政策规定造成对手更高的成本,或使原料供应商对竞争对手采取歧视价格等。

实际上,提高对手成本与降低自己的生产成本有时是一个问题的两个方面。如上面提到的对变压器行业的整合,格兰仕极大地降低了自己的生产成本,仅变压器就由原来的二三十美元降为几美元。假如竞争对手依然保持原有的价格,无疑相对提高了成本。

五、多样化策略

多样化策略是指企业创造系列的产品或品牌塞满每一个产品空间来阻止新企业进入的策略。这一策略得以实施的基础是市场需求的多样化和可分性。在位企业依照市场的多样化需求对市场进行细分,针对细分的市场推出多种差别化的产品,同时用多种品牌的方式强化在消费者心目中的主观差别。在位企业依照品牌把整个市场分割成不同的销售空间,每个销售空间仅够一个或少数产品生存,从而使潜在进入者由于这种空间上的先占权很难找到可以切入的产品空间,使新品牌的进入变得无利可图,因为该行业已没有多余的市场空间接纳新产品的进入。

另外,在产品或品牌多元化的情况下,在位企业还可以利用不同细分市场产品之间的交叉补贴和低价格阻止其他企业进入某一个产品空间,潜在进入者要想获得与在位企业相同的优势,就必须进行与在位企业相同的全系列产品的投资,这也必将提高进入的成本。同时,在位企业在进行多样化投资时,必然会发生沉淀成本,这种大量存在的沉淀成本对于企图进入者具有极强的承诺作用。

品牌多元化、产品系列化是企业常采取的阻止进入策略,寻找某一行业产品细分的缺漏也是企业切入某一市场常用的进入策略。在微波炉市场上,格兰仕微波炉已拥有几十个系列600多款产品,仅在2002年交易会上就推出了200多款新品,使其产品几乎塞满所有的市场空间。同时,格兰仕还利用在研发上的优势,不断推出新的各种功能的微波炉,提升产品的技术含量和附加值,使竞争对手或追随者很难跟上其产品更新的速度,从而使自己在竞争中处于遥遥领先的地位。

六、可置信承诺

可置信承诺主要是指在位企业要让竞争对手相信,无论竞争对手如何反应,它都坚决地执行预定的策略。这一策略奏效的前提是在位企业必须取得竞争中的优势,即它有能力对竞争对手实施打击。如果是势均力敌的两家企业,如可口可乐与百事可乐之间则很难有可置信承诺,因为对一家企业的行为,另一家有足够的实力进行报复。所以,可置信承诺之所以可信,是因为大企业相对于小企业存在众多优势,如过剩生产力、低成本、研发等。这些优势存在时,小企业就会相信大企业的承诺是可信的。

可置信承诺还包括在长期竞争中在位企业所建立起来的市场对其行为判断的声誉。一方面,由于信息不对称,在位企业与潜在进入者和竞争对手之间存在着生产成本及其他企业信息的不对称,即使是高成本企业,在实施掠夺性定价时,由于其他企业并不知道它的真实生产成本,在位企业强有力的策略使其他企业相信它是个低成本企业,从而放弃与之进行竞争。另一方面，企业一贯的行为方式，甚至在某种程度上是非理性的行为，也是其声誉形成的原因之一。这种对其策略始终如一的不断坚持所形成的声誉往往是可置信的，对于潜在的进入者具有足够的承诺作用，使之放弃进入的企图。

格兰仕的市场声誉就是"价格屠夫"，即通过不间断的、残酷的价格战，将竞争者挤出微波炉市场，同时对潜在的进入者形成足够的威慑，使其不会贸然进入。过剩的产能和规模优势是格兰仕实施价格战的基础。从开始至今，格兰仕一直在打价格战，即使现在的市场占有率占到七八成的时候依然如故。格兰仕认为，打价格战的目的就是要摧毁竞争对手的投资者心态。

总之，策略性行为的成功实施是格兰仕成功的重要原因之一。格兰仕通过一系列成功的策略性行为，也保证了企业的经营安全，使微波炉行业没有出现其他家电行业过度竞争甚至是恶性竞争的局面，成为中国家电行业非常成功的一个案例。

当然，格兰仕最重要的成功因素还是不断进行技术创新和产品创新。"做 500 强重要，做 500 年更重要"，这是公司追求创新的动力。21 世纪以来，从微波炉到电蒸炉、蒸烤炉、微蒸烤一体机等一系列高端电器产品的开发，使公司的产品热销海内外。截至 2016 年，格兰仕累计申请国内、国际专利 2208 项；截至 2017 年 5 月，格兰仕已在全球 143 个国家和地区申请注册自主商标，产品和服务从广东供应到全国，乃至全球近 200 个国家和地区。

（薛军民、林　珏）

【讨论题】

1. 格兰仕成功的秘诀是什么？

2. 格兰仕通过贴牌生产的方式，将产品打入国际市场，请评价企业的这种营销方式对自身发展和民族工业发展的影响。

3. 格兰仕的成功给予我们的启示是什么？

【参考资料】

1. 金培：《产业组织经济学》，经济管理出版社 1999 年版。

2. 〔美〕丹尼斯·卡尔顿：《现代产业组织》，黄亚钧等译，上海三联书店 1998 年版。

3. 黄一义：《决胜"上游"》，载《经济管理文摘》2002 年第 2 期。

4.《2015 年中国微波炉行业产量分析》，中国产业信息网，2016 年 2 月 24 日。

【案例3-6】“上海后花园”
——启东的发展道路

一、启东概况

启东市位于江苏省东南端，长江入海口北岸，三面环水，拥有203公里的沿海岸线和60多万亩的江海滩涂，与上海隔江相望，语言相似，素有“北上海”“上海后花园”之称。2011年全市陆地总面积1208平方公里(181.2万亩)，耕地面积103万亩。2015年，启东市下辖12个镇。全市总人口112万人，其中非农业人口44.42万人。

启东成陆时间不长，是最年轻的沙地。由于历史因素和区位因素，启东具有独特的自然禀赋优势，主要表现在：

(1) 气温适宜。启东依江临海的特殊地理位置决定了其气候温和湿润，霜期较短，土地肥沃，宜耕作粮棉油料等作物，家禽家畜、水产养殖等资源也极为丰富。20世纪60和70年代，启东曾是全国第一个粮棉双超百万担的农业大县，有“粮棉故里，东疆乐土”之称。

(2) 资源丰富。启东位于长江入海口北侧，是全国闻名的海洋城市，不仅渔业资源丰富——吕四渔场是中国四大渔场之一，其海产品捕捞量占江苏省的1/3，而且拥有天然深水港——吕四港，建设旅游度假区、船舶修造基地等，开发潜力巨大。而不断增加的江海滩涂，以每年25米的速度向外延伸，为经济建设提供土地面积。

(3) 移民文化。启东具有典型的移民文化的社会特征，开拓精神与商业精神在这里汇聚。全市基础教育普及率高，劳动力资源丰富。

二、启东经济发展的主要特征

启东的经济发展真正开始于20世纪90年代后期。至21世纪初期，全市年度国民生产总值的增长率基本维持在10%以上。三次产业蓬勃发展，尤其是第二产业。以2004年为例，2004年全市第一产业增加值30.67亿元，增长5.2%；第二产业增加值84.87亿元，增长21.7%；第三产业增加值66.58亿元，增长13.4%。

启东经济是典型的“二元经济结构”，即传统农业与现代工业并存。启东经济发展的主要特征有：

(1) 农业特色明显。启东常住人口中，农村人口占据大多数。农业在启东经济中占有举足轻重的地位。启东市正全力加快农业规模化、产业化、现代化进程，并且大力发展生态农业和品牌农业，为农业发展开辟新的道路。

(2) 轻工制造业发展迅速。启东经济发展主要依赖于第二产业的发展，工业在启东经济中扮演着“主力军”和“火车头”的角色。其中，轻工制造业发展极为迅速，包括纺织服装业、机械电子业、医药化工业、食品加工业等。

纺织服装业：启东市是全国最早的纺织服装出口基地，全市拥有纺织、服装企业百余家，拥有世界一流的喷气织机、剑杆织机、宽幅提花织机等先进纺织设备，宽幅提花布、人造毛皮、服装衬布、羊毛衫、针织内衣等产品，出口20多个国家和地区，年出口额超1亿美元。

机械电子业：启东机电行业起步较早，技术管理和协作配套能力强，形成了较为完善的加工制造体系。电动工具、防爆电器、化工阀门、混合器、高压油泵、变压器、智能电表等产品驰名中外。

医药化工业：启东医药化工产品门类丰富，有化学药品、染料及其中间体、化学农药、合成树脂、食品添加剂、塑料助剂、化学试剂、涂料等。"盖天力""白加黑"是全国著名的医药品牌，具有很高的市场占有率。

（3）建筑业保持传统优势。启东是全国闻名的"建筑之乡"，全国建筑劳务基地，民间瓦木工匠较多，拥有十万建筑铁军，建筑市场遍布上海、北京、南京等大中城市，远征美国、日本、新加坡等国家和地区，曾多次获得中国建筑工程最高誉——鲁班奖。建筑业既安排了农村剩余劳动力，又为乡镇建设积累资金，更带动了乡镇工业的发展。

（4）海洋渔业发展迅速。依托海洋资源优势，启东海洋捕捞业和海洋食品加工业发展迅猛，拥有大马力远洋渔轮近百艘，海洋食品加工企业200多家，鱼类、虾仁、紫菜、甲壳素等特色产品深加工在国内占有重要地位。

（5）民营经济是启东经济的支柱力量。改革开放以来，启东的个体私营企业如雨后春笋般发展起来。2005年，国务院出台了《关于鼓励支持和引导个体私营等非公有制经济发展的若干意见》（即国发[2005]3号文件）后，启东市在实施江苏省委提出的实现"两个率先"的战略目标的进程中，响应南通市委、市政府关于开展全民创业"争创江苏省民营经济第一大市"的号召，民营经济取得了突飞猛进的大发展。井喷式发展的民营经济已成为启东市经济发展的支柱力量。

三、启东经济发展存在的问题及原因

对于一个拥有丰富自然资源和显著传统优势的启东来说，这种经济增长速度仍然不尽如人意，存在较多不合理的因素：

1. 产业结构不合理

这是制约地方经济发展的重要因素。以2004年为例，全市三次产业增加值比例为19.5∶51.2∶29.3。启东市第一产业比例仍然偏重，第三产业发展滞后。表现为：

（1）农业产业化经营水平不高。农产品加工相对滞后，农业增效、农民增收难度较大，部分群众生活比较困难。2004年，全市农村居民人均纯收入仅5453元，人均生活消费支出仅2895元，但这已是近十年来的最好水平。

农村基本以家庭为单位进行小规模分散经营，存在一定的趋同性和盲目性，难以适应农业产业化和规模化的要求。农业生产条件差，优质农作物播种面积仍然偏小，农产品科技含量低，科学种养推广不普遍，初级农产品多，名优品种少，农民收入低。农产品加工层次低，深加工精度不足，产品结构单一，龙头企业少，企业规模小，影响农产品加工业的技术进步和产品结构升级。

（2）工业基础较薄弱。工业投入周期长、产出率低，发展后劲不强；工业企业和产品的市场竞争力不强，速度与效益持续增长的基础不够牢固。工业企业规模偏小，处于无序竞争阶段，抗风险能力差；产业集中度低，不利于资源的合理配置与企业的分工协作；产品结构不合理，纺织与服装加工等劳动密集型产业仍是支柱产业，具有高附加值和高新技术含量的产品较少,科技含量高的新兴行业发展相对薄弱,科技创新能力还有待提高;企业自主创新能力和整体活力、研发和GDP水平仍显不足;高新技术产业对经济增长的贡献偏小。

(3) 第三产业内部结构不平衡。传统服务行业仍占主导地位;新兴服务行业发展不平衡,邮电通信业、房地产业发展较快,交通运输仓储业、金融保险业发展较慢。第三产业现代化程度较低、发展不够活跃是启东产业结构升级和城市化进程的制约因素。

由此,产业结构调整缓慢,经济结构性矛盾和经济体制深层次问题突出。

2. 招商引资力度不够

利用外资水平不高,对外开放程度低。法制环境不完善、市场秩序不规范以及服务配套体系缺乏都在很大程度上影响了招商引资的水平。此外,劳动力市场不成熟。高级技工占劳动力比例偏低;高校资源稀缺,高级人才培养机制滞后,无法有效服务于地方经济;人才吸引力不够,缺乏人才引进机制,人才外溢现象严重,少有卓越的企业家和战略家。

3. 人文环境尚需改善

人文环境是城市软实力和综合竞争力的一个重要组成部分。启东总体处于工业化后期,在从农业文明向工业文明转变的过程中,文化发展远远落后于工业发展,表现在:

(1) 公共文化设施建设滞后。因城市建设需要,市图书馆、文化馆被拆除,至今尚未完成重建任务。

(2) 整体文化消费品质低。日常娱乐活动尚处于粗放、无序、低层次阶段,文化消费水平起点低。

(3) 文明水平仍处于较低层次。公德意识、规则观念淡漠,在公共秩序、公共卫生、公共观赏、公共交往等方面文明礼仪意识淡薄。

4. 财政拮据

尤其是乡镇财政困难状况显著,财政收支矛盾有待缓解,社会保障水平有待进一步发展,经济外向度偏低;利用外资总量偏小,重大投资储备项目不多,经济发展后劲不足,整体经济实力较弱。

四、启东市在经济发展道路上可能会遇到的瓶颈

第一,资金问题。资金是市场的血液,而有限的地方财力与启东开发建设高额的投资需求必然会产生矛盾,资金问题是启东开发建设中的瓶颈。启东应加大鼓励外资投入的力度,适度实施政府举债并建立管理制约机制,实现资金渠道多样化和投资主体多元化的投融资机制。

第二,人才战略问题。21世纪的竞争是人才与科技的竞争。如何吸引高层次人才来启东就业、落户,为启东开发建设出谋划策,这是关系到启东发展层次和后劲的关键问题。江苏省重点中学——江苏省启东中学每年都向清华、北大及国内外著名高校输送大批优质生源,启东应利用基础教育的优势,吸引这部分人才回流。同时,注重当地产学研建设和"人才强市"战略的实施,吸引南京、上海等高校的人才流入启东。

第三,自主创新能力问题。创新是经济社会发展的不竭动力。启东应加大扶持力度,加快建设以企业为主体、市场为导向、人才为支撑、产学研结合的自主创新体系,引导企业加大研发投入,加快培育一批具有自主品牌、标准和专利的科技型和创新型企业,大力发展创业投资、风险投资,引导更多社会资金投向自主创新。

第四，生态环境问题。经济的发展不可避免地会以环境的破坏为代价，如何把对环境的破坏程度降到最低，是关系启东能否可持续发展、造福子孙的重要问题。过去几年，启东经济取得了显著的发展，也带来了严重的生态问题：毁林垦荒、毁牧开垦、填海种植，导致植被破坏，加剧了水土流失、土地减少、土壤退化、盐碱化；滥用化肥农药，导致土地功能衰退，植物无法生存。废水、废气、废渣不经有效达标治理的大量排放，破坏了整体环境的自然形态。矿业盲目开采，树木乱采滥伐，威胁了珍稀濒危野生动植物的生存，破坏了生物链，导致生物多样性无法得到保护。面对这些问题，启东必须落实科学发展观，注重县域经济与循环经济的协调发展，加强环境综合治理，走一条循环发展的新型工业化道路。

五、昆山市发展的成功经验

自改革开放以来，尤其是90年代后期，启东作为“农业大县”开始加快农业工业化的步伐，经济增长率持续攀升，造就了很多可喜的成绩，但与江苏发达地区，尤其是苏南地区的差距却越来越大，经济运行质量低；虽自称“上海的后花园”，但接收上海经济辐射的能力却不高。表3-6-1将这两个城市进行比较，从中可见启东市的差距。

表3-6-1 2005—2010年启东市与昆山市人均GDP比较

年份	启东市	昆山市	年份	启东市	昆山市
2005	1.77	6.89	2008	3.40	12.09
2006	2.42	9.16	2009	3.77	13.54
2007	2.92	10.10	2010	3.85	14.45

资料来源：中国国家统计局网站，http://www.stats.gov.cn/tjsj/。

江苏省昆山市与启东市一样，过去也是一个农业县，工业基础差。但改革开放以来，昆山市充分利用上海市的辐射效应，积极抓住机遇，加快结构调整，经济得到快速发展。究其经验，可以归结为以下几点：

(1) 充分发挥区位优势，大力发展乡镇工业，推动农业工业化进程；

(2) 注重基础设施的配套建设，发展经济技术开发区；

(3) 扩大招商引资规模，积极实现外向型经济；

(4) 产业结构分配合理，三次产业协调发展。

六、江苏省沿海开发战略

2009年6月，在国际金融危机尚未见底、实体经济增速放缓的宏观形势下，国务院通过了《江苏沿海地区发展规划》。江苏沿海开发上升至国家战略高度，意义重大而深远。启东作为沿海开发的重要组成部分，争当沿海开发排头兵，大力实施“江海联动、桥港互动、融入上海、走向世界”的发展战略，努力把启东建设成为江苏沿海开发的先导区、全面接轨上海的桥头堡。

(1) 发挥港口优势，重点开发吕四大港。在新一轮沿海开发中，启东最具竞争实力、最具发展潜力的就是吕四大港的开发建设，主要原因在于吕四港独特的资源禀赋。吕四港位于我国东部沿海的长江口北侧，长江与沿海“T”字形结构的沿海经济带和黄金水道的交汇处，东隔黄海与日本、韩国相望，南间长江与上海、苏南为邻，距国际主航道只有30多海里。

1989年10月，江苏省政府批准吕四港作为二类口岸正式对外开放。20年来，吕四港建设深水大港的研究论证脚步一直没有停顿过,先后完成的多项研究报告得出“吕四港区具备建设 10—30 万吨级以上深水泊位的条件”的结论。2006 年 5 月,国务院将吕四港作为南通港扩大对外开放的港区,列入国家“十一五”一类口岸开放计划。2008 年 10 月,吕四港两个 5 万吨级综合海运码头全面建成。2010 年 5 月,吕四港航道正式通航,国家交通运输部正式批复,吕四港区成为一类临时开放口岸。启东对吕四港战略布局的规划主要是“一区一岛两基地”,即吕四综合功能区、横沙远景发展岛、冷家沙转运基地和连兴港原油接卸基地。同时,划分四个作业区,即大洋港作业区、秦潭作业区、冷家沙作业区、连兴港作业区。吕四综合功能区重点发展五大临港主导产业,即炼化一体的石化产业、精品钢产业、临港重型装备制造业、能源产业和港口物流业。启东在国家、江苏省和南通市的大力支持下,加快吕四深水海港的开发,建设江苏沿海重要的重化工业基地,上海北翼工业拓展区,长三角地区大宗物资运输系统的组成部分和大型石化物流基地,以及集工业、物流、商贸、渔业、旅游等为一体的多功能综合性港口。

(2) 建设配套基础设施,支持沿海开发。启东市域范围内已经构建了“六纵六横两沿一环”交通网,全面实现信息网络化、传输数字化、通信全球化和引江区域供水全覆盖。打造“两园三区一带”吸引外商投资创业——江苏省启东经济开发区、江苏省吕四海洋经济开发区、启东滨海工业园、启东滨江精细化工园、江苏省启隆高科技生态产业园、启东沿江船舶工业带。水电供应充足、通信设施先进、配套功能完善,投资项目确定后可随时进场建设。

(3) 加大沿海农业开发力度,发展现代农业。根据江苏省提出的启东现代农业中长期发展规划,突出“一个中心”即增加农民收入为中心;加快“两个转变”即转变农业发展思维定式,转变农业增长方式;提高“三个水平”即设施农业发展水平、农产品质量水平、农业科技水平;形成“四个新格局”即形成高效农业规模化新格局、农业产业化经营新格局、发展与环境协调生态农业新格局、农业推广体系新格局。

2010 年,在江苏沿海开发战略的背景下,启东市实现了地区生产总值 430 亿元,按可比价计算,比上年增长 14.5%;全年新开工 1000 万元以上工业项目 277 个,其中超 5000 万元项目 103 个,亿元以上项目 30 个,10 亿元以上项目 3 个。三次产业结构调整为 12.7∶53∶34.3。

七、新的发展机遇——崇启大桥贯通

历时三年建设,连接上海崇明与江苏启东的中国东部沿海越江跨省“黄金通道”——崇启大桥于 2011 年 12 月 24 日正式通车。

崇启大桥是江苏与上海直接对接的首座特大型长江大桥。大桥全长约 51 公里,为双向 6 车道,设计时速 100 公里,按省界划分为江苏段和上海段,由两省市独立进行建设和运营管理。其中,跨江大桥长 6.84 公里,跨江大桥主桥采用六跨变截面连续钢箱梁桥,长 944 米,跨径和联长为国内同类型桥梁之最。崇启大桥由于地处长江入海口,是所有跨越长江大桥中最靠近大海的,被称为“长江入海第一桥”。

崇启大桥的贯通使得启东与上海首次实现了跨江陆路连通,两地长期由于长江阻隔,交通成本高、运输路径长的困局将被彻底打破,启东站在了接受上海辐射的第一线,站在了区域经济发展的最前沿。

长江天堑变通途,启东迎来了历史上最好的发展机遇。如何调整优化产业结构,如何健全制度环境,如何实施人才战略,如何转变发展理念,如何走一条可持续发展的道路等,这些都是启东经济在继续推进转型的路上所必须要解决的问题。

崇启大桥的贯通提升了启东在长三角城市群中的战略地位，使得启东的区位优势更加突显，如何把握机遇是每个启东人必须考虑的问题。

首先，必须转变对发展方式的认识，提高承接经济转移的效率。承接大城市资本、技术和产业转移，是推进新型工业化的有效途径，是快速融入国际市场、参与国际经济竞争、实施开放型战略不可逾越的发展阶段。要基于承接经济转移对促进经济发展具有特殊重要意义的认识，紧紧抓住上海加工贸易产业转移的机遇，将承接产业转移上升到事关经济发展全局的战略高度。要充分利用各种舆论宣传工具，突出宣传启东的产业特色、环境特色，增强经济辐射的吸纳力。

其次，改善投资环境，完善配套设施，健全服务体系。要通过各种渠道筹措资金，在加强园区基础设施建设中增强基地的承载能力；要围绕增强本地配套能力，大力发展加工贸易配套产业，培育产业集群，延伸产业链条，发挥集聚效应，培育壮大优势产业和特色产业专业市场、生产资料市场；要优化政府部门的公共服务环境，建立政府牵头、部门联动的协调配合机制，形成接受上海经济辐射、承接产业转移的工作合力，切实解决企业在投资建设、经营过程中遇到的困难和问题，营造服务优先、执法规范的和谐氛围。

再者，确立互补联动的理念，运用差异化发展的策略：

（1）启东与上海拥有各自的比较优势。启东拥有得天独厚的深水良港、充满活力的民营经济和丰富的江海滩涂资源等优势；而上海具备较强的综合经济实力、雄厚的现代工业基础、完善的资本市场体系、开放的国际化平台和丰富的科教人才资源等。

（2）启东与上海之间存在城市功能的分工与互补。上海已提出建设现代综合性国际化大都市战略目标，其基本框架是“一个龙头、四个中心”，即以浦东开发开放为龙头，把上海建成国际经济中心、国际金融中心、国际贸易中心和国际航运中心。就启东而言，要充分发挥深水良港的优势，努力将其建设成为上海国际航运中心的重要组成部分，成为长三角重要港口城市。这样，与上海目标定位不同，通过分工与互补，充分发挥各自的比较优势，从而达到共同发展的双赢目的。

（3）启东与上海的产业结构相似系数较低，启东可以有选择地承接上海产业转移，重点承接发展石化产业、船舶修造及配套、机械装备制造、电气机械及器材制造、通信及电子设备制造等先进制造业，从而有效地提升启东的产业能级，加快启东经济总量的扩张。

当然，“大桥效应”对启东也存在潜在的负面影响：

“虹吸效应”可能导致生产要素向发达地区集聚，从而进一步拉大启东与上海的差距。目前，上海仍处于规模扩张阶段，仍需要集聚各方优质资源；同时，上海在信息、金融、科技及开放度等方面的优势远甚于启东，可能引发部分规模企业和优秀人才流出启东。

此外，分流压力将进一步增大。随着交通设施的改善，周边县市都纷纷在积极增强本地区的吸引力，力图吸引上海的产业转移，区域竞争更趋激烈。如果启东缺乏足够的竞争力，那么崇启大桥的功能除增加交通流量之外，其他要素也将面临分流的压力，启东可能被排除出长三角地区产业分工协作体系之外，或者处于长三角地区产业垂直分工的末端，享受不到经济一体化和上海经济辐射的巨大利益，面临着被“边缘化”的潜在威胁。

2015 年，启东全市实现地区生产总值 803.14 亿元，比上年增长 9.8%。三次产业蓬勃发展，2015 年全市第一产业增加值 65.45 亿元，增长 2.6%；第二产业增加值 389.13 亿元，增长 10.2%；第三产业增加值 348.56 亿元，增长 10.8%。三个产业比例为 8.3∶49.9∶41.8，比之上年，第一、三产业比重进一步下降，第二产业比重上升。

（张陈娟）

【讨论题】

1. 启东经济发展中的制约因素有哪些?

2. 崇启大桥的贯通使启东迎来“大桥大港”时代,从根本上改善了启东的对外交通状况,提升了启东的战略地位,如何抓住这千载难逢的历史机遇?“大桥效应”对启东经济存在哪些潜在的风险因素?

3. 在继续推动农业工业化转型、大力发展地方经济的过程中,启东可能会面临哪些瓶颈?如何克服?

【参考资料】

1. 启东市第二调研组调研报告:《提升文化软实力,实现大桥时代新启东又好又快发展》,2008 年 4 月 30 日。

2. 施忠中:《启东市经济发展战略研究》,上海交通大学 2007 年 MBA 学位论文。

3. 张建国:《科学发展民营经济的历史性跨越——启东市改革开放三十年民营经济发展的实践与思考》,载《江海纵横》2008 年第 6 期。

4.《启东——勇当江苏沿海开发排头兵》,载《中国城市经济》2010 年第 2 期。

5. 袁圣菊:《加大沿海农业开发力度 引领启东现代农业再腾飞》,载《江苏农村经济》2009 年第 9 期。

6. 黄鹤群、陈长江、周威平:《崇启大桥贯通对启东经济发展的影响》,载《南通大学学报(社会科学版)》2011 年第 3 期。

7. 王素清、葛和平:《启东循环经济发展之我见》,载《辽宁农业职业技术学院学报》2008 年第 5 期。

【案例 3-7】 韩国现代汽车的跨国经营之道

20 世纪 70—80 年代，韩国经济突飞猛进，政府在经济发展过程中采取贸易立国政策，扶植本国公司发展海外业务，支持大型企业集团，尤其是大力发展本国的汽车工业，如现代、起亚等，成为经济起飞的主要动力。

美国是世界上最大的小轿车市场，小轿车保有量占世界 1/3 以上，更重要的是，它是世界上利润最高的小轿车市场，据分析，日本汽车制造商的利润大部分来自于美国市场。不难想象，世界各国的汽车商都想打入美国市场。在 80 年代中期，日本的铃木、韩国的现代和南斯拉夫的尤可三家汽车公司相继进入美国市场，但只有韩国的现代取得显著的成功，在美国市场站住了脚。下面我们看看现代汽车公司(Hyundai)是如何进行跨国经营的。

一、进入低价市场

韩国现代汽车公司创建于 1967 年，最初与美国福特汽车公司进行合作，由福特为其提供技术，生产哥蒂拉牌小汽车；70 年代独立开发技术，拥有自主所有权的轿车车型；80 年代垄断韩国市场；后与日本丰田公司分手，与三菱公司结盟，生产小马牌，进军国外市场；90 年代收购起亚—亚洲汽车，与 HPI 和 HMS 合并，使自身规模不断扩大并推出新款车型。

80 年代初期，美国陷入经济萧条，高失业、高通货膨胀使得汽车销售量大减，1982 年降到年销售 720 万辆的水平。1983 年，美国经济开始复苏，汽车销售量开始回升，到 1986 年汽车销售量达到 1100 万辆，创造美国新车年销售量的最高水平。80 年代中期，美国国内新贸易保护主义抬头，以种种关税和非关税形式对汽车进口进行限制。当时对美国出口汽车的主要国家是日本，因为受所谓的自动出口限制配额的影响，每年日本允许进入美国市场的车仅仅为 10 万辆，这就造成了对进口车需求和供给之间的巨大差距。一个日本本田车的美国经销商说："我可以毫不费力地在一个月之内卖出 60 辆本田车，但我只拿到 25 辆。"

表 3-7-1 日本、韩国、南斯拉夫三家公司进入美国市场的销售量

车牌	生产厂商	美国市场进入时间和销量(辆)		
		1984 年	1985 年	1986 年
现代	韩国现代	—	—	168822
尤可	南斯拉夫尤可	—	3895	35959
雪佛莱斯普林	日本铃木	10927	31267	60983

资料来源：根据有关汽车新闻数据制表。

由于日本对美的出口受到配额限制，而日元对美元的比价又从 1985 年开始大幅升值，日本汽车商纷纷采取向高档车转移的方针。根据统计，在韩国现代车打入美国市场的 1986

年,日本产的汽车在美国市场上平均销售价上涨 7%。

与此同时,美国国内的三大汽车商对低价车也不感兴趣。从自身利益出发,美国三大厂商觉得与其生产低利润的基本型轿车,不如趁日本汽车涨价的时机,相应提高美国车的价格。当年,美国同类汽车的售价上涨了 6.3%。克莱斯勒的总裁艾科卡认为,低档车(售价 5400 美元以下)的市场最多不过 10 万辆,低于最低经济批量 50 万辆的水平。艾科卡说:"等低价车市场超过 10 万辆,我再考虑。但不是现在。"

由于日本车向高级升级,而美国对低价市场又无动于衷,给韩国和其他汽车生产国创造了一个打入美国市场的战略窗口。根据美国汽车销售商联合会估计,当时 5000 美元以下的低档普通车的市场每年至少在 200 万辆。

二、产品价格战略

韩国现代公司早就瞄准美国市场,1980 年,当现代公司在本国只有 10 万辆汽车时,就建造设计规模为 60 万辆的现代化生产工厂,准备找机会进入美国市场。1986 年,时机成熟,现代公司为现代卓越牌汽车 4995 美元的定价准备就绪。公司知道,与日本汽车业相比,韩国的优势是低工资,尤其对于汽车低价位市场来说,劳工成本的差异很重要。当时,日本汽车行业工人平均每小时工资为 13 美元,而在韩国汽车业仅为 2 美元。不过,在实行低价位的同时,韩国现代极为小心地保持成本与质量之间合理的平衡,没有因为计划定价太低而损害产品质量。而南斯拉夫尤可汽车因为过分强调低价格战术,质量难以保证。(见表 3-7-2)

表 3-7-2 价格、质量比较

公司车牌	基本售价(美元)	品质评价		
		质量	驾驶性能	价质比
韩国现代"卓越"车	4995	B+	B	A
南斯拉夫"尤可"车	3995	C	C+	B-
* 雪佛莱"斯普林"	5380	A	A	A

注释:* "斯普林"系日本铃木汽车公司通过与美国通用汽车合营的方式,利用其销售网络,以通用公司"雪佛莱"的牌号推销。

资料来源:〔美〕《消费者报告》(1987)。

当时,同类日本车的基本售价为 6000 美元。从表 3-7-2 可以看出,这三家公司三种不同的产品战略:

(1) 尤可采取"南斯拉夫价格、南斯拉夫质量"的最低价格策略;价格低到不能再低的地步,产品质量和设计也简化到不能再简化的地步。美国《消费者报告》杂志(一家专门评比产品质量的月刊)评论说:"尤可几乎不够资格称为一辆汽车。"其驾驶性能极为糟糕,一位驾驶实验员说:"假如我每天必须开着'尤可'去上班,最终我一定会恨我的工作。"

(2) 与尤可策略相对的是铃木的"日本质量,日本价格"策略。《消费者报告》月刊的试验样车的驾驶员评论说:"这三种牌号汽车中,斯普林是唯一使人始终微笑的汽车,开起来真令人高兴。"同时,斯普林的油耗在当时所有汽车中最低,每加仑可在高速公路上行驶 50 英里。但是,其售价也高于同类车,比现代高约 400 美元,比尤可高约 1300 美元,对于低价车目标市场的顾客来说,这是不小的数目。

（3）韩国现代采取的是尤可和“斯普林”之间的结合点，即“日本车的质量，韩国车的价格”。韩国车的关键部件全是日本的：变速器和68匹马力的四缸引擎是日本三菱的。外观设计是由意大利的名牌设计商设计的，虽然不豪华，但却相当舒适。现代车的技术战略也独具特色，采用的是80年代初期的日本技术，并不是“最新，最先进”的，但在美国市场已经久经考验，其可靠性、备件可供性都很强。

显然，韩国现代公司的战略指导思想是，在质量保证的前提下，尽量采纳已被证明可靠的技术，以便减少产品的售后维修费用。因为维修费用的高低，对以价格为选购汽车主要标准的低档车购买者来说，是选购汽车时主要考虑的因素之一。

三、产品的形象策略

低价车的“形象”一般说来不是消费者选购的主要目标。但是，同样以低价取胜的战略，在产品形象上仍可以有很大的差别，处理得当，对今后的长期发展有很大的影响。尤可的形象是“二手车的替代产品”，质量虽差，总强于二手车，其广告主题是：“为什么买二手车？不如买尤可！”而汽车推销商更直截了当地把尤可称为“穷人车”。美国《大众机械》杂志曾指出，假如你买尤可车，其内部装潢的简陋，所有材料档次之低，时时刻刻都在提醒你是穷人。

现代车虽然也以售价低为主要竞争手段，却采取了完全不同的广告心理战略。不光要消费者省钱，还要消费者为之感到骄傲。现代的广告主题是：“现代车经济实惠，是聪明人的选择”。言外之意是，花大钱买高档车的人主要是势利眼，花冤枉钱；而买现代者，不是因为穷，而是因为更有主见，更聪明，更有内涵，不必靠摆阔取悦于人。显然，这样一种“廉而不贱”的策略对美国大量的中低收入家庭有很大的吸引力。

四、进入市场渠道策略

一般来说，首次进入美国市场的汽车商可以采取三种渠道策略。很有趣的是，这三家企业分别采取了三种不同的渠道策略：

（1）利用美国市场现有汽车公司的渠道，通过合营方式，利用合作伙伴的渠道销售。铃木采取的就是与美国通用汽车合营的办法，利用通用的销售网络，以通用公司“雪佛莱”的牌号推销。

（2）依靠美国独立销售商，二者之间是合同销售的市场关系，生产厂商向独立的经销商出口，由独立的经销商全权自主地在美销售。南斯拉夫尤可采取的就是这种形式。

（3）建立生产厂商百分之百独资控制的直属销售分部，直接控制美国市场上的销售组织工作。韩国现代采取了这一方式，建立了独资的“现代汽车加拿大公司”，后者进而独资控制“现代美国汽车销售公司”。

从上述三种进入市场渠道策略的实施看，尤可采取的独立经销商方式的效果不是很理想。由于尤可对销售活动没有任何控制权，种种产品质量问题引起销售疲软，使得尤可的经销商转而进口马来西亚生产的普林顿汽车，这使得尤可处境更难。

日本铃木的“斯普林”车虽然在质量、驾驶性能和价格质量比三方面都很优秀，在美国市场应当很有潜力，但是因为铃木的经销是通过通用汽车公司进行的，销量远未达到其潜力水平。对通用来说，答应经销斯普林主要是填补其自身产品的空缺，作为雪佛莱产品组合的一部分来考虑的，斯普林的作用主要是作为一种广告诱饵，以低价为号召，吸引顾客上门。但因为斯普林售价低、利润薄，通用公司经销商在陈列时，都把斯普林放在角落，非但不花力气推销,反而想方设法让那些看到斯普林广告而来到通用陈列室的顾客,转而购买价格更高、利润更大的其他通用品牌汽车。通用汽车公司的哲学是,顾客买车往往从低价车开始,然后随着其收入的上升,逐步向高档车进化。转而言之,斯普林是通用的敲门砖,但绝不是借以赢利的摇钱树,其推销不受到重视是理所当然的。通用与韩国大宇在合作时也遇到同样的问题:由于通用销售不力,双方已经解散合作了15年的企业,各自寻找新的伙伴。

对于现代来说,由于其采取了百分之百的独资销售公司管理的形式,保证了现代对于其现代车的美国营销方针拥有直接控制权,现代对在美国销售实施了其独特的单门立户促销制度:凡是希望经销韩国现代车的,必须建立单独的现代车陈列室,单独的售后服务部,以免遇到类似斯普林的待遇。

根据统计,建立独立门户的展厅和维修机构的投资大约为200—300万美元。这就迫使美国推销商下大力气推销现代车。这与尤可的经销商同时销售马来西亚车形成鲜明的对比。

五、伙伴政策

现代公司选择日本三菱公司作为其在生产环节的合作伙伴并不是出于偶然,一开始当韩国现代选择合作伙伴时,日本的丰田、本田、日产都表示了相当的兴趣。但是,由于现代车的市场早已经明确定在美国进口车市场,而上述三大汽车商都是美国进口汽车的主要供应商,现代着眼的又是市场份额,因此现代明白日本的这三大汽车商并不是真心愿意帮助自己打入美国市场。这种利害关系从表3-7-3可见一斑。

表3-7-3 1986年日本厂商汽车销售量因“现代”进入美国而下降估计数

厂商	美国销量(辆) (1)	占日本进口车的(%) (2)	预计损失 (3)=(2)×8500
日产	493549	24.3	20665
本田	405399	19.9	16915
丰田	640155	31.5	26775
马自达	222716	11.0	9350
斯巴鲁	183242	9.0	7650
三菱	49436	2.4	2040
五十铃	38910	1.9	1615
日本总计	2033407	100.0	85000

对于韩国现代打入美国市场来说,三菱在“整车市场”上所受的损失很小,而能从作为现代引擎和变速器的供货商的角度得到最大的好处,因为25%现代车配件来自三菱。当时,日本的主要厂商本田、丰田、日产都已经开始在美国市场设厂生产,韩国现代的进入,对它们的长期发展是一大威胁,而三菱因其在美国市场份额较小,当时没有在美国建厂的打算。

现代是韩国最大的汽车生产厂家,是韩国汽车工业向国外进军的头号主力,现代推出的汽车都能在世界市场上形成一次较大的冲击。在韩国汽车中,大宇比较欧化,起亚美国气息比较浓重,而现代汽车与日本的三菱合作,显露出日本化的倾向,但是这并不意味着韩国的汽车是别国汽车的翻版,它们有自己的特点,因此在国际市场上拥有自己的市场份额。

六、逐步发展的迂回战略

1984 年始，美国汽车市场复苏，韩国现代公司进入美国市场的准备工作就绪，现代没有采取直接进入方式，而是采取“先取加拿大”的迂回战略。这种策略大致出于以下考虑：(1) 加拿大市场与美国市场在很多方面相似。美国市场的所有汽车厂商：通用、福特、克莱斯勒；德国的大众；日本的丰田、日产、本田，均在加拿大市场销售，这是现代公司学习同行竞争策略的好地方。(2) 先进入加拿大市场与先进入美国市场相比，损失要小得多，在加拿大犯的错误，其影响和后果要比在美国小得多。后来，现代进入加拿大确实发现自身存在不少问题，如汽车的供暖系统、防锈涂料，现代对此作了相应改进。(3) 加拿大紧邻美国，美加之间双方旅行人数多而且频繁，在加拿大的成功经验，根据新产品流传普及的地理规律，会很快渗透美国。

现代汽车进入加拿大之后，取得很大的成功，1985 年成为加拿大市场上销量最高的进口车，占市场份额的 7%。由于加拿大市场与美国市场相邻，韩国现代车在美国得到了广泛的宣传，尚未进入美国市场就已经先声夺人，广为人知。当现代公司宣布进入美国市场，要选择 200 名经销商时，有 3000 多经销商报名。

与之相反的是南斯拉夫的尤可。尤可采取的是一步到位直接打入美国市场的策略，以为一切将会顺利展开，但由于缺乏实地营销经验，尤可车的变速器又屡次出现问题，尤可也没有办法找到高质量的营销商。虽然尤可进入美国市场比现代早一步，但尤可这种匆匆忙忙进入市场的损失很大，其第二年的销售量不到现代进入市场第一年的 1/5。

七、少数高产的营销方针

虽然现代采取全部独资的销售公司的进入方式，但是，股份控制本身并不能保证对经销商实际营销操作的控制。为此，现代采取少而精的经销商方针，辅之以百分之百的支持。

营销渠道的设计可以采取广种薄收的方式，以尽可能多的经销商覆盖尽可能广的市场区域，现代则采取了少数高产的方针，有意识地将经销商数量控制在很低的水平，在相当大的地区内，只有一个现代汽车经销商。由于现代采取的是低价格快速渗透的方式，这就要求不但成本要低，流通费用也必须低，而在汽车销售方面，经济规模的效益是很明显的。同样的展厅、维修费用，汽车销量越大，则每辆车的销售成本就越低。1986 年，现代的经销商数目在全美只有 161 名，而通用有 9000 多名，由此带来的结果是，现代车的每个销售点的销量都比美国任何其他厂商高，为行业平均数的 4 倍。这样做的好处是，顾客购买车的价格低，而经销商的总利润却很高。1986 年，现代车经销商的平均利润为 70 万美元，比行业平均额高出一倍。

八、零部件多用当地货

汽车工业在许多国家国民经济中占据相当比重，因此，汽车出口对目标国的宏观经济有着明显的影响，政治性很强。要想长期占有稳定的市场，必须当一个负责任的贸易伙伴，尽量避免给目标国造成不必要的经济冲击。

现代在打入美国市场的同时，也充分考虑了政治因素，把零部件采购纳入跨国经营的整体战略中，并尽可能多地采用美国部件，以保证其产品有相当高的美国成分。在加拿大，现代设有汽车工厂，所生产的汽车中加拿大成分是所有进口车中最高的。现代的总经理说，在今天的世界上,我们必须考虑双边的贸易。

韩国现代打入美国市场的过程,被美国报刊称为“亚洲最新的成功故事”。2000 年现代汽车公司的净利润比 1999 年增加 29%,销售量达到 151 万部,净利润接近 5.3 亿美元,这主要得益于韩国国内和海外市场上销量劲升。已经加盟现代的起亚在 2000 年的整车销售也取得了前所未有的好成绩,2000 年的销售量比 1999 年增加了 24%。

现代公司在海外投资设厂使其避开东道国贸易限制,取得与东道国汽车企业相同的待遇。现代不仅在美国拥有较大的市场份额,在亚洲的日本、中国、印度等国也拥有自己的生产线,占有当地市场一定份额。

跨国经营实际上是一把双刃剑,把握得好,可以获得丰厚的回报,如果失败,也会带来较大的损失。比如,2001 年,现代汽车公司在南非市场由于所选择的经营策略的失误而面临退出的困境。可见,企业跨国经营的成功受到多方面因素制约。

进入本世纪,韩国现代在中国市场越来越受到中国本土汽车公司的挑战。2006 年,已经成为现代汽车集团的现代和起亚两家公司销售量达到 376 万辆,位于全球汽车公司销量第 6 位。2015 年,现代汽车集团全球销量约 801 万辆,与前一年几乎持平,其中现代和起亚在欧洲销售 85.49 万辆。由于在中国市场销售量遭遇下滑、韩元走强导致企业利润下跌,以及新兴经济体市场增长放缓等因素,2015 年的原预期 820 万辆目标没有实现。经济增长的不确定性使得现代汽车集团将 2016 年全球销售量的目标调整为 813 万辆。但不管怎么说,与其他汽车公司相比,现代汽车集团的销售业绩应该算是很不错了。

(黄　伟、林　珏)

【讨论题】

1. 现代汽车公司的比较优势有哪些?

2. 现代汽车公司在打入美国市场和在美经营中主要采用哪些战略?现代汽车公司后来发展的情况如何?在整个经营过程中,有什么成功的经验和失败的教训?

3. 结合你所了解的韩国的实际情况和当时的时代背景,运用你所学的理论,分析一下现代汽车公司为什么要进行跨国经营?它给发展中国家企业的跨国经营以什么启示?

【参考资料】

1. 张洋:《因中国市场滑坡 现代起亚下调 2016 销量》,爱卡汽车网,http://info.xcar.com.cn/201601/news_1901395_1.html。

2.《现代起亚 2015 欧洲销量突破 80 万 创新高》,环球网,http://auto.huanqiu.com/globalnews/2016-01/8416753.html。

【案例 3-8】 三星公司发展历史

韩国三星公司创建于 1938 年，至今已有近 80 年的历史。三星的座右铭是“事业报国”“人才第一”和“合理追求”。

1938 年 3 月 1 日，李秉先生用 3 万韩元的资金在大丘开始了以“三星商会”为名的生意。在三星运营早期，公司主要出口韩国的鱼干、蔬菜和水果到中国的满洲里和北京。后来，三星建立了面粉加工厂和糖果厂。1948 年 11 月，李秉会长将三星的办公室移至汉城并成立了三星物产公司。这标志着三星开始进入全面化的国际贸易阶段。三星公司开始以其管理风格闻名遐迩，如让雇员参与投资和利润分成，对雇员的工作能力与业绩进行奖励等。

1945 年，韩国获得独立，但国内经济因政治和社会的动荡极不稳定。1950 年 6 月，朝鲜战争爆发，原先稳定增长的三星公司在战争中失去全部资产。虽然损失惨重，公司却没有泄气，相反，1951 年 1 月管理者将公司移至朝鲜半岛南端的主要港口釜山，成立了三星物产株式会社。1953 年，成立 CHEIL 糖厂（现在是第一制糖，一个独立经营的公司），以国内采购代替进口。三星也成立了第一毛织工厂，开始了韩国自产布料的时代。这些经营活动促进了韩国经济的重建。

直到 50 年代中期，大部分韩国公司基本上都是通过学校、家庭和亲戚中的关系雇用雇员，而三星则是现代企业经营的领导者。1957 年，三星成为韩国第一个以建立人事系统公开招聘雇员的公司，这个系统为招聘和开发高效劳动力而设计，实行提高雇员福利的政策。

60 年代，韩国社会动荡，先是 1960 年 4 月 19 日革命，其后又是 1961 年 5 月 16 日军事政变，虽然三星在这一动荡中经历了许多困难，但仍决心为重建韩国经济做贡献。1969 年，三星电子公司成立。李秉先生认为，这一时期从技术、劳动力、附加价值、出口展望等方面看，电子工业是最适合于韩国国情的产业。从后来三星电子在世界半导体领域的成功看，他当时的判断是非常正确的。

三星还成立了韩国化肥生产公司（现为“三星化学公司”），追求在几大主要工业领域的扩张，并雄心勃勃希望成为韩国企业的领导。这以后，三星不仅仅着重于企业经营，同时也着眼于韩国社会教育和文化的发展，公司投入大量资金到大丘和成均馆大学进行人才培养。为了以利润回报社会，1964 年 1 月，三星建立了三星奖学金。1965 年 4 月，又成立了三星文化财团，真正在韩国社会和文化发展中扮演起领导的角色。

70 年代，三星为几个未来战略性的工业领域即重化石油工业奠定了基础。1973 年 8 月，三星提出“第二个五年管理计划”，包括在重化工业领域的集中投资和设置造船部。为了加强韩国在国际纺织业领域的竞争力，三星实现从原料到最终产品生产过程的一体化。这一期间，三星建立了三星重工业公司（1974）、三星造船厂（1977 年收购大成重工业公司后）和三星精密（1977，现在为“三星航空工业公司”）。自 70 年代初期始，三星开始生产电视机、录像机等家用电器，并开始进入国际市场。1974 年收购韩国半导体公司 50％的股份后，三星电子在半导体领域的神话开始了。

1978年,三星半导体从三星电子中分离出来独立运营。至1983年,三星一直为国内市场生产半导体产品。1983年,通过对64K DRAM和VLSI芯片的成功开发,三星向世界范围推广众多新型的半导体产品并占据领导地位。

三星精密奠定了在另一高科技领域的基础,该公司1987年更名为三星航空工业公司后,正式进入航空领域。从那时起,三星以前所未有的速度在航空领域发展,并且准备进军未来的太空空间站,21世纪初发展月球与火星太空设备。

1985年,三星建立三星数据系统公司(现更名为"三星SDS公司"),开始进入系统发展阶段。三星经济研究所(1986年)和三星综合技术院(1987年)帮助三星进一步在电子、半导体、高聚合物化学、基因工程光学通信和航空工业等领域扩展,打下90年代公司的技术基础。

1987年11月19日,创始人李秉先生去世,他的儿子李健熙成为公司新的首席执行长官。在1988年三星建立50年庆典上,他宣布集团进行"二次创业",将三星的发展方向确定为21世纪世界级超一流企业。根据"第二次创业"设立的新目标,三星调整商业目标,进入新的工程领域。第一个目标是在韩国西海岸建造大规模石油化工工业。由于使用新的设备,石油化工成为韩国主要的工业。为了进军世界五大电子企业,1988年,三星电子、半导体及通信公司合并为三星电子。此次合并有助于优化技术资源,开发多功能、高附加值的产品。重复项目的整合降低了成本且有效利用资本以及劳动力,提高了三星的国际竞争力。80年代后期三星开始致力于电子和重工业。

90年代,三星继续向全球领先地位前进。这一时期,竞争、合并和公司间的联盟使得公司数量迅猛增长,日益更新的技术和服务不断扩张,整个工业进入国家与企业之间竞争的阶段。1993年,三星宣布进行"新经营",这是一场产品一流化、为顾客提供全方位服务以及树立优秀企业公民形象的企业经营革新运动,三星开始进行全方位品质经营和世界顶级的战略,其结果是三星有17种不同产品(包括半导体、电脑显示器、TFT-LCD屏幕和彩色显象管等)分别在不同领域占市场份额的前5位,12种其他产品占据市场首位。三星在1993年进入液晶领域后连续7年占据市场领先地位。三星重工的钻探船是海洋石油领域的先锋,并且占领60%的世界市场。

为了提高三星的服务质量,三星人力开发院为所有的三星客户服务人员提供客户服务讲座。同时,SHILLA饭店还为三星附属机构,如三星生命、三星证券和三星信用卡的雇员提供礼仪培训课。在服务方面,三星电子及电机实行"停线"机制,即若在生产流程中发现不良产品,整个生产线会停止,直到问题被解决。为了提高顾客的满意度,公司开展改进内部系统和外部服务的政策。例如,三星物产48小时家庭快速服务系统和三星信用卡服务保证制度。

从1990年开始,三星更多地参与到社会福利、环境保护、文化活动中,塑造起优秀企业公民的形象。三星还积极开展体育市场活动。1996年7月,李健熙会长被选为国际奥委会成员,三星作为世界体育主要赞助者的形象进一步增强。

1997年底,韩国经济遭受亚洲金融危机的重创,大部分企业的经营有所萎缩,各公司不得不通过结构调整减少附属机构、削减人员及健全财务机制。三星也忍痛割爱将其旗下子公司减至47个,将其10个事业部以15亿美元出售给海外财团,其中包括将三星重工业的建筑机械卖给瑞典沃尔沃,三星叉车卖给CLARK等。危机过后,三星重振旗鼓,为使自己成为21世纪名副其实的世界超一流企业,三星将电子、金融及服务业确定为其核心业务,三星正在成长为引导信息时代的“数字企业”。

1992年，中韩建交，三星进入中国市场并得到迅速发展。到2002年，三星已经在中国建立起31个企业和中心，员工人数达到3.8万人。这一期间，1999年，三星在国内外经营范围已经扩展到电子、化工、造船、造纸、制糖、纺织、通信、飞机、金融、保险、建筑、旅游、医疗、汽车、媒体等诸多领域。2005年，三星集团拥有子公司62个，其中3家公司为全球500强企业，总资产达到1070亿美元。

在诸公司中，三星电子发展最快。2009年，三星电子手机全年销售量达到2.35亿部，仅次于诺基亚手机的销售量。2010年度，三星电子在美国《商业周刊》“世界最具革新精神的企业”的排名中位居第11位。

不过，随着电子行业竞争的激烈以及人们对员工生产环境的强调，三星近些年也不断遭遇或陷入来自知识产权的纠纷、有关产品质量事故的投诉以及有关工作环境不佳的指责。比如，2011—2012年，三星与苹果之间爆发互指对方侵犯专利的官司；2012年，三星因工厂工作环境不佳导致女工患癌症死亡，韩国劳动者赔偿和福利局仲裁要求三星给予员工家属赔偿；2014年，三星与英伟达引发专利官司；2016年，中国华为公司起诉三星侵权；同年，三星手机起火事件导致三星电子决定暂停note7手机生产等。

（金健佑、林　珏）

（说明：金健佑系韩国留学生）

【讨论题】

1. 三星公司为什么能在电子行业独占鳌头？三星公司创业初期能够成功的主要原因是什么？

2. 三星公司的企业文化有何独特之处？三星的成功经营给发展中国家的企业以什么启示？

3. 21世纪初以来，三星公司在发展中遭遇什么困境？公司应该如何面对？

【案例 3-9】 京东方逆水行舟 斥巨资收购韩企

2003 年 2 月 12 日，京东方科技集团股份有限公司正式宣布，公司成功地以 3.8 亿美元收购韩国现代半导体株式会社(Hynix)属下韩国现代显示技术株式会社(HYDIS)的 TFT-LCD(薄膜晶体管液晶显示器件)业务，资产交割已于 2003 年 1 月 22 日全部完成。京东方成为中国第一家拥有 TFT-LCD 核心技术与业务的企业。此次收购是目前中国最大单宗高科技项目海外收购。

一、背景介绍

京东方科技集团股份有限公司创立于 1993 年，是一家民营股份上市公司，注册资本 5.5 亿元人民币，总资产 67.8 亿元人民币，2002 年集团营业额达 91.1 亿元人民币，名列“2003 中国电子信息百强企业”第 13 位。其前身是北京电子管厂。京东方自 70 年代，即还是北京电子管厂的时候开始研究 TFT-LCD 技术，此后一直致力于显示产品领域的发展，相关服务和产品线均围绕这一主营业务展开。同时，京东方也是一家具有多年丰富国际合作经验的企业，先后通过独资、合作以及与日本松下、韩国现代等国际大企业合资等各种形式，不断扩大自己的显示领域空间并取得成功。经过近 10 年的发展，京东方已初步形成了以显示技术为核心的产品业务链，拥有中国北方最大的 CRT(彩色显像管)显示器生产基地，而其旗下各主要显示产品均在相关领域保持国内或国际领先水平。随着国内市场对 TFT-LCD 面板需求的持续增加，以及 TFT-LCD 业务相关配套工作在公司的顺利进行，拓展 TFT-LCD 业务已成为京东方的下一步目标。

韩国现代半导体株式会社是全球主要芯片制造商之一，其前身现代电子产业株式会社创立于 1983 年，1996 年上市，主营业务包括半导体、通讯、LCD 三大部分。因债务原因，2000 年现代电子产业株式会社更名为“韩国 Hynix 半导体株式会社”，并对业务进行调整，决定将通讯(已出售给韩国公司)和 LCD 业务独立出来分别出售，只保留并专注于半导体业务发展。2001 年 7 月，Hynix 设立全资子公司韩国现代显示技术株式会社(专业从事 TFT-LCD 显示器件产品开发、生产制造和销售)，并将与 LCD 和 STN 相关的业务全部转至 Hydis(其中 STN-LCD 和 OLED 部分已于 2001 年被京东方和韩国半导体工程株式会社联合购并重组)。Hydis 的 TFT-LCD 生产线年生产能力达到 300 万片以上，全球市场占有率达到 3.5%，全球排名第 9 位。截至 2002 年 6 月 30 日，Hydis 实现销售收入 38877 万美元，实现税前利润 4599 万美元，但仍负债 50 亿美元，陷入亏损之中。TFT-LCD 目前广泛应用于台式显示器、笔记本电脑、液晶电视、车载导航系统、PDA 及移动电话等产业。

二、收购动因

在显示产业市场上，液晶显示器已取代旧式显示器而跃居成为未来显示器发展的主流，但由于价格等方面的因素，当时国内液晶显示器的销量不足 5%，然而据有关资料统计，液晶显示器在全球的销量已占显示器总销量的13%—14%,且使用范围也从单一电脑方向向多元化推进。国内彩电业巨头已明确提出将液晶电视作为具有战略意义的产业来发展。因此,生产液晶显示器关键部件——TFT屏的市场前景被普遍看好。然而,国内的TFT-LCD产业刚刚起步,各项技术尚不成熟,再加上液晶行业本身是一个资金、技术双密集型产业,市场风险较大,有能力介入者甚寡,无疑减少了竞争的压力。

尽管京东方居于显示器行业的龙头地位,然而在新型显示技术的夹击下,其固守的CRT显示市场已经日趋衰退,销售波动周期明显,投资收益受到威胁。该公司的显示器件业务在2000年到2001年对公司业绩的贡献不仅不增,反有下降的趋势。这也在一定程度上加速了京东方的收购之举。

90年代末以来,全球存储晶片需求量急剧下降,韩国现代显示技术株式会社猛遭重创,订单锐减,资金严重短缺。再加上韩国政府一手操办的现代电子和LG半导体工程公司联合重组行动最终使得Hynix背负大量债务。迫于亏损的压力,韩国现代半导体公司自2000年起就一直在进行产业、产品结构调整,出售旗下TFT-LCD的股权是其调整的举措之一。从两年前公司宣布出售TFT-LCD业务以来,已引起业内广泛关注,但一直未取得积极的进展。现代半导体公司2001年度销售额几乎减半至4.4亿兆韩元,亏损额38亿美元左右。因此,尽快出售该产品部门产权,缓解财务状况,成为HYDIS的首选。

三、收购过程

Hynix出售TFT业务历时已久,曾引发众多企业跃跃欲试和积极参与。台湾剑度、鸿海、精英、宝成、华映,春兰、京东方以及韩国的鲜京集团(SK group)等均有意向达成协议,更有剑度公司态度坚决,曾分别与春兰、京东方协商合作收购Hynix事宜,但终因经营理念、持股份额等原因而分道扬镳。之后,剑度欲以4亿美元单独收购,并达成协议,但也因剑度未按协议进度按时付款而于2002年5月终止。

京东方在此次收购中,一直持积极态度,曾与剑度进行合作,但因资金未及时到位等原因而使此项全球最大的收购案胎死腹中。

之后,京东方单刀赴会,不辞劳苦,继续进行收购洽谈,最后争取到韩国地方政府的支持,谈判之路才豁然开朗。与此同时,液晶价格回落,京东方借机压价,最终以3.8亿美元敲定。2002年9月,京东方发出公告宣称,公司拟出资3.8亿美元收购韩国现代显示技术株式会社(HYDIS)的TFT-LCD业务,双方已就收购事宜签署备忘录。为顺利进行收购、绕开政策壁垒、降低风险,京东方随后在韩国注册全资子公司BOE-Hydis技术株式会社,由其代表京东方进行本次收购,收购价格和设立子公司资本金之间的差额由子公司通过海外融资解决。

但由于双方收购价格的分歧,直至11月底,Hynix以获得资金偿还高达50亿美元的债务以及对设备进行升级改造的条件,与京东方签署资产收购正式协议,表示将其平面显示器子公司以3.8亿美元以上的价格出售给京东方。然而,京东方并未收到韩国银行为此笔交易所提供的2.1亿美元的贷款融资,该项交易没有实施。

路漫漫其修远兮,尽管北京市政府愿以无息贷款为此次收购提供占投资总额15%的资金,但由于标的庞大,尚有巨额资金需要借贷,因此Hynix债权方的抉择成为此次收购的焦点。2002年12月底,Hynix的主要债权银行因京东方科技能否符合其债务偿还的要求和收购对其自身将导致的影响等问题,与京东方融资产生意见分歧,致使京东方收购TFT-

LCD的业务困难重重,收购希望瞬转渺茫。

山重水复疑无路,柳暗花明又一村。终于,Hynix的主要债权人之一韩国外换银行同意向京东方安排近两亿美元的银团贷款,以完成对Hynix属下子公司业务的收购,Hynix的债权方通知京东方允许其进行收购行动。2003年1月17日,BOE-Hydis与Hynix、Hydis签署《关于"资产销售与购买协议"的补充协议》,确定资产交割日为2003年1月22日。

2003年1月22日,双方按计划顺利进行资产交割,京东方TFT-LCD韩国子公司BOE-Hydis技术株式会社正式成立,TFT-LCD业务也顺利实现由韩国现代显示技术株式会社向BOE-Hydis过渡。2003年2月12日,这宗中国最大的高科技并购案尘埃落定。

京东方此次收购采取"全部资产+营运资金"模式,全部标的包括三条完整的TFT-LCD生产线的生产设备、相关构筑物、厂房和其他机器设备、动力设备等固定资产,以及各项TFT-LCD技术、专利、工艺和其全球性的TFT-LCD营销网络等无形资产。

四、收购意义

综观本次收购,京东方及时抓住了全球IT业低迷的有利时机,巧妙利用资本杠杆,通过收购海外资深企业,掌握核心技术,成功造就TFT-LCD收购,这是迄今为止中国金额最大的一宗高科技产业海外收购,标志着中国大陆企业第一次掌握了TFT-LCD的核心技术,这将给全球液晶显示行业的竞争格局带来深远影响。

TFT-LCD的启动为内地发展TFT-LCD产业战略的实施奠定了坚实的基础,将大大推动中国微电子装备、半导体芯片、液晶材料等关键零部件与材料,以及新一代计算机、通信及系统整合产品的发展。业界普遍认为,京东方的巨大产能极有可能引发新的一场液晶风暴。收购成功后,京东方拟在北京建成具有世界先进水平与全球竞争力的TFT-LCD产业生产研发基地,此举将拉动上、下游产业可达50亿美元,从而推动北京现代制造业的发展。此举并购的动态效益将逐渐突显。

缘此收购,京东方成为中国第一家拥有TFT-LCD核心技术的企业,一步到位地拥有Hynix的专利、技术,节约了技术研发时间,短期内将在市场上占据领先地位。虽然京东方此次收购的生产线并不是技术最先进的第五代,但公司可以以合理的成本从源头上掌握TFT-LCD成套显示技术,此举将大大提升公司在显示领域,尤其是液晶显示领域的核心竞争力,为以后的TFT-LCD投资奠定技术基础。此次签约也是京东方正式向新一代数字平板显示技术领域的战略性转变,其以笔记本电脑和数码相机为代表的移动数码业务和显示器业务将从该项目中受益。Hynix的生产、市场规模和遍及全球的营销网络为京东方的进一步发展创造了契机,也将有助于其韩国乃至世界市场业务的开拓。此次收购完成后,除保留原HYDIS的营销市场外,京东方还将着力开拓国内市场,以完成TFT-LCD生产、技术向国内的逐步转移;TFT-LCD整体业务将成为京东方新的利润增长点,预计其主营业务收入年增长将达50亿元人民币以上。

此次收购对韩国现代半导体株式会社而言也可谓一箭双雕,不仅使其顺利筹集到巨额资金以偿还高额负债,解决了阻碍其发展的财务陷阱,而且将帮助韩国产业间接绕过中国的产业保护措施,实现资本进入中国市场。

这一并购堪称阳光举措,尽管风险不离京东方左右。京东方并购韩企,一举打破国内外资并购迟迟裹足不前的尴尬局面,展现出中国企业的"适市走出"战略,充分发挥资本的逐利本能和最优配置效应。该次并购不仅获得世界先进技术,而且充分利用海外金融机构的融资，这对于国内企业加大海外空间扩张力度、增强行业一体化效用，无疑是很好的借鉴。因此，该并购对中国企业"全球化"战略的影响意义与参考价值非同凡响。

此次并购开启了中国企业进军液晶显示屏的征程。2005 年，京东方在北京自主建成首条第 5 代 TFT-LCD 生产线，结束了中国大陆无液晶显示屏的历史。2010 年，实现量产的合肥第 6 代 TFT-LCD 生产线，结束了中国大陆没有液晶电视屏的历史。2011 年，在北京投产大陆地区首条第 8.5 代 TFT-LCD 生产线，实现了全系列液晶屏国产化。2013 年，在鄂尔多斯投产第 5.5 代 AMOLED 生产线，标志着我国拥有自主创新的 AMOLED 新型半导体显示技术。

成功的市场不仅要靠公司和企业精英们挥斥方遒，更需要金融服务界鼎力相助。然而在一个个成功的海外并购案中，中国的金融业让人不忍目卒，只能转而求助他方。如何让中国投资银行奋力直追，摆脱亏损局面，为中国企业营造真正的金融空间已不容忽视，亟待解决。然而，最终的成功取决于有效的整合。怎样迅速、有效地整合双方重组的资源是京东方面临的一个问题。回首近几年的全球并购，并购意向达成相对容易，而最终成功并购却不尽人意，将近 65%的购并失败案例，多归因于并购后企业不能迅速整合、吸收，无法实现购并企业的内在价值，国内并购更是如此。前车之鉴，后事之师。京东方如何整合，让我们拭目以待。

（李晓立）

【讨论题】

1. 试比较京东方斥巨资并购韩现代 TFT-LCD 与 TCL 收购德国百年名企施耐德公司的技巧异同。

2. 有人认为韩国现代半导体株式会社本意是借此次收购，绕过中国产业保护政策，使其资本进入中国市场，进而对中国形成资本控制，你对此有何看法？

3. 东方并购对 LCD 制造业将产生怎样的影响？请根据博弈原理分析业界其他制造商将采取的反应。

【参考资料】

1. 许冶：《京东方 3.8 亿美元收购韩国 Hynix 半导体资产》，载《上海证券报》2002 年 9 月 26 日。

2. 郭婷：《京东方"拿下"现代 HYDIS》，载《计算机世界》2003 年 2 月 17 日。

3. 冯戈：《京东方收购现代 TFT-LCD 部门》，载《国际金融报》2002 年 11 月 22 日。

4. 鄂志寰：《从购并浪潮的起伏看国际资本流动的结构性变化》，载《重组与并购》（周刊）2003 年 3 月 11 日。

5.《京东方是怎么悄悄把五个"世界第一"拿到手的》，新华社重庆 2016 年 1 月 24 日电。

【案例 3-10】 海航融资与并购的扩张战略

海南航空股份有限公司（简称“海航”），是中国民航第一家 A 股和 B 股上市的航空公司，1993 年 1 月由海南省航空公司经规范化股份制改造而成，5 月 2 日正式开航运营。注册地址为海口市机场西路 168 号。

一、海航融资与并购的过程

1993 年 5 月 2 日，海航开通第一条航线（海口至北京），同年 5 月 3 日，海南省股份试点领导小组办公室批准海航 9605.9448 万法人股按有关规定在全国证券交易自动报价系统（STAQ）上市交易，6 月 3 日正式上市交易。1995 年 9 月 26—27 日，查特基集团下属美国航空投资有限公司与海航签署协议，向海航投资 2500 万美元，海航成为国内首家中外合资航空运输企业。1997 年 6 月 26 日，公司 7100 万股 B 股正式在上海证券交易所挂牌上市。1998 年 8 月，海航入股美兰机场有限责任公司 2 亿元人民币，占注册资本金总额的 25%。1999 年 3 月 24 日，海航获得中国进出口商品质量认证中心颁发的 ISO9002 质量标准注册证书，成为中国民航第一家全面通过 ISO9002 质量标准认证的航空公司。1999 年 11 月 25 日，海航发行的 2.05 亿元 A 股在上海证券交易所正式挂牌交易。2000 年 7 月 1 日，海航在美国以私募方式发行外债 1.15 亿美元，融资利率创美国对外融资新低，这是继 1998 年在美国首次发行企业外债 1.5 亿美元后，第二次在美成功发债。海航在不断融资的同时，积极拓展国内、国际市场，国内航线不断增加，国际航线从无到有呈现出良好的发展态势。

海航从营业以来，先后引进包括公务机在内的波音、多尼尔、多美 23 等多种型号的飞机，以适应航空市场发展的需要。海航在具备飞机和资金两个要素的情况下，适时对公司进行战略调整，将眼光瞄准企业并购市场，以图在短期内将自己发展成为中国最大的航空企业之一，2000 年 8 月 8 日，海南航空股份有限公司以 4.05 亿元的出资占注册资本总额的 30%，成为第一大股东；海航控股（集团）有限公司出资 3.7929 亿元，占 28.1%，海航成功重组美兰机场。2000 年 8 月 23 日，海航与长安航空实业公司及海航集团有限公司共同签订协议，组建长安航空有限责任公司（简称“长安航空”），注册资本为人民币 7.54 亿元，海航以价值人民币 2000 万元的冲八飞机及航材设备出资，占注册资本的 26.51%。2001 年 10 月 30 日，海航与海航集团签订股权转让协议，受让给海航集团投资长安航空 47%的股权，合计 3.5 亿元。股权转让后，海航对长安航空的股权投资成本为人民币 5.5 亿元，共持有长安航空 73.51%的股权。2001 年 10 月 31 日，长安航空的资产总额为 11.2 亿元，净资产 7.4 亿元，即海航 73.51%股权比例应享有的净资产为 5.4 亿元。海航通过并购长安航空公司，顺利完成了新长安航空公司的现代企业制度改造，通过引入先进的多尼尔和冲八支线飞机，构建以西安为中心的西部支线航空网络，为海航进一步拓展全国市场、参与国内航空业的竞争，特别是为其发展支线航空市场的战略创造了有利的条件。通过这次并购，海航找到了一条快速壮大的道路，接下来海航在并购的道路上不断迈出新步伐。

2001年2月28日，海航与神华集团有限责任公司及海航集团有限公司共同签订投资协议，重组成立中国新华航空有限责任公司（简称“新华航空”）。新华航空的注册资本为18.3亿元，股份公司以现金1.25亿元和价值8.07亿元的飞机及航材设备共计9.3亿元出资，占注册资本的51%。截至2001年8月31日，各方股东均已缴足出资额，并办妥企业法人营业执照的变更手续。新华航空2001年8月31日的资产总额为32.8亿元，净资产16.9亿元。2001年7月6日，海航与山西航空实业公司及长安航空有限责任公司签订《山西航空有限责任公司出资协议书》。根据该协议书，新组建的山西航空有限责任公司注册资本3.2亿元，股份公司以飞机及部分航材等实物评估作价2.8亿元和500万元货币资金共计2.85亿元进行出资，占注册资金的89.06%；山西航空实业公司以净资产折股2000万元投资，占注册资本的6.25%；长安航空有限责任公司以现金1500万元出资，占注册资本的4.69%。

2003年，重组香港中富航空；2010年，并购澳大利亚AIICO集团航空租赁业务；2012年10月23日，成功收购法国蓝鹰航空48%的股权，成为该航空公司第二大股东，并开创了国内航空公司投资欧洲航企的先例。

通过这一系列的并购，海航已发展成为中国四大航空公司之一。如今，海航作为海航集团航空运输板块的龙头企业，对航空运输板块所辖的中国新华航空有限责任公司、长安航空有限责任公司、山西航空有限责任公司、金鹿公务机有限公司和扬子江快运航空有限公司实施行业管理。截至2017年8月，共运营飞机185架。2016年营业额为406.78亿元，同比增长15.48%。

二、海航融资与并购扩张的战略及经验

股权融资铺就了海航进入资本市场的快车道。航空业是资本密集型行业。资本短缺一直是制约海航发展的“瓶颈”。1992年，海航抓住企业改制的机遇，成功募集资金2.5亿元，迈出资本经营的第一步。1995年，海航向美国航空公司受让1亿多股外资股，成为境内唯一的中外合资航空公司。外资股的进入，铺平了海航进入国际资本市场的道路，加快了海航建立现代企业制度的步伐。在企业发展到一定规模后，海航适时地把公司转变为公众公司，1997年在上海证券交易所发行B股，1999年又在上海证券交易所发行A股，采取股权融资方式。

海航的债券融资包括两个部分：一是银行贷款；二是发行企业债券。在初次募股筹资2.5亿元后，海航以这笔资产作为抵押，从交通银行获得6.48亿元的贷款，购买了两架波音737客机，随后又以这两架飞机作抵押，从美国租购了两架波音737客机。由于经营业绩优良，海航在资本市场上树立了良好信誉，中国工商银行、中国农业银行、中国银行等金融机构纷纷向海航提供贷款。在债券融资方面，海航利用美国进出口银行的长期低利率贷款，1998年与中国银行纽约分行、美国大通银行合作，成功地在美国发行3.5亿美元企业债券，真正实现了与国际资本市场的对接。

海航之所以能在资本市场上取得成功，主要有以下几个方面的经验：

第一，海航将良好的企业信誉视为企业的生命，坚持诚信原则，秉承“至诚、至善、至精、至美”的企业理念。在企业理念的导向下，海航要求公司员工以诚待人、坦荡处世，在企业内外注重维护企业形象。

第二,海航在实际工作中严格贯彻企业理念,赢得资本市场的信任。如海航为了做到严格履行合同,在内部建立了履行合同的交叉监控机制。

第三,海航注重将资本经营建立在生产经营的坚实基础上。海航针对航空服务业的特点,对航空服务进行深层次开发,首次在航空运输业提出了航空产品的概念。航空系列产品涵盖了从产生购票愿望到到达目的地的全过程服务。海航通过航空产品创新,尽可能缩小服务空隙,让旅客无论走到哪里都有一种宾至如归的感觉,真正把“千方百计为旅客着想”的服务宗旨落到实处。

第四,海航注重自身的企业制度建设。海航基于多元产权结构,形成有效制衡的公司内部治理结构。在海航的治理结构中,各投资主体按股权比例实施对公司的所有权。投资者的所有权安排体现在海航董事会和监事会的构成上,一般按股权比例选派两会成员,代表投资者行使所有者权利。

1999 年底,中美两国签署关于中国加入世界贸易组织的协议,标志着中国长达 15 年的入关和入世谈判已进入尾声,中国将成为世界贸易组织的正式成员。面临激烈竞争的国际航空市场,中国航空界大有“山雨欲来风满楼”之感。由于中国航空业的规模、管理水平、市场化程度等因素的制约,中国航空业将在未来的国际竞争中面临十分不利的地位,海航也不例外。全球航空业的“五大联盟”瓜分了全球 60%多的航空客运市场。中国民航业到 1999 年底,共有 510 架运输飞机,分属 25 家航空公司,这还不如美国一家航空公司的飞机总量(美利坚航空公司在 1997 年就达到 990 架飞机的规模),海航的规模更是跟这些航空巨头没法相比。中国民航业和航空运输业与发达国家相比还存在较大的差距。入世后,中国民航业将面临逐步开放国内航空运输市场的压力。中国航空运输企业只能通过联合重组、兼并、收购等方式做大做强,实现规模经济,在巩固和维护国内航空运输市场的同时,积极拓展国际航空运输市场,参与国际竞争,在竞争中不断壮大自己。当时的海航就是在这样的国际背景下尝试并购其他航空公司。

在国内,海航同样面临着激烈的竞争,几乎在海航准备并购长安航空公司的同时,原属中国民航旗下的 10 家航空公司也在酝酿重组。海航为了使自己在竞争中处于有利地位,率先拉开了航空业并购与重组的序幕。海航在三大航空集团公司重组前参股美兰机场、并购长安航空公司就是为了首先赢得在国内航空市场上的主动权。从资本经营的角度看,海航进行企业并购实际上是通过购买其他企业的股权而达到控制该企业资产目标的金融活动。控股美兰机场公司和长安航空公司,是海航进行企业并购的两个经典案例。海航控股美兰机场,主要是通过扩大该公司股本金、提高新股认购比例的途径实现的。而对长安航空公司的控股,是在对原公司进行资产评估的基础上,原公司以现有净资产方式出资,海航以现金和实物方式出资,双方共同发起设立新的股份制企业,由海航拥有控股权。对这两个企业的控股,形成了海航航空和机场两大板块并举发展的生产经营格局,提高了海航的市场竞争优势。

三、对海航融资与并购扩张战略的思考

(1)分别利用国际国内两个资本市场,积极拓宽融资渠道。海航地处南海一隅,地理位置上并不占优势,远离中国经济中心,海航 20 世纪 90 年代初刚刚成立不久,就敢于到国际市场融资,并在美国取得成功,难能可贵。由此可见,只要企业树立信心,适时利用自身的优势,以积极的心态迎接困难与挑战,取得成功往往不像想象的那么困难,海航就是这方面的

一个例证。另外，做企业要有战略眼光和全球视角，敢于迎接挑战，充分掌握国际国内两个市场的信息，找到企业自身的切入点，这样才能更好地利用这两个市场，为企业服务。

(2) 企业要加强自身建设，不断取得资本市场的信赖。海航在不断从资本市场融资的同时，锲而不舍地加强企业自身的建设，从企业的理念、企业的经营到现代企业制度的建设方方面面不断完善自身，逐步获得资本市场的认可，为企业的进一步融资发展铺平道路。

(3) 企业应当未雨绸缪，以积极的心态迎接挑战和竞争。2000年，中国尚未加入世界贸易组织，国际航空运输业与中国航空运输业的竞争只是一种潜存的竞争，海航当时的经营状况相当好，并不存在直接的竞争压力，但海航未雨绸缪，决心通过并购进行扩张，以期在未来的航空运输业竞争中处于有利地位。

(4) 企业并购应当注重并购质量，注重市场化，做到优势互补。海航在并购过程中既有值得称道的一面，也有一些经验教训。例如，海航有相当充裕的资金、较高的知名度、先进的管理经验，长安航空公司则有航线资源，有发展支线航空的优势。通过并购，做到真正的优势互补。但另一方面，海航并购长安航空公司也有不尽如人意的一面，长安航空公司是因为经营困难才接受海航并购的，这说明长安航空公司在企业经营方面确实存在问题，需要减员增效，为了并购成功，海航同意长安航空公司干部职工保持稳定的要求，因此这种并购只是数量上的而不是质量上的，海航并购长安航空公司总体上仍然是粗放型的并购，并不是集约型、市场化的并购。海航并购长安航空公司存在市场化不足的问题。

(5) 并购企业应当重视资产质量，不可盲目扩张。海航在并购几家航空公司后面临着流动资金不足、资产负债率偏高等问题。另外，海航资产运营状况较以往有很大下滑，其综合财务状况排名在同行业中居后，偿债能力也存在着明显的不足，有不能偿还到期债务的较大风险。所以，选择合适的扩张速度及并购对象也是那些意图走并购扩张道路的企业必须审慎对待的一个重要课题，切不可搞盲目扩张。黎雪荣认为，“在经济向好的情况下，需要并购提升盈利；在经济走向低迷的情况下，也需要并购来增加盈利空间”。

（陈会平）

【讨论题】

1. 你对海航的融资与并购战略是如何评价的？
2. 你认为海航在并购过程中还存在哪些问题需要解决？如何解决？
3. 海航的融资与并购的扩张战略对搞好国有企业有何启示？

【参考资料】

1. 曹建伟：《尖锐分子》，载《IT经理世界》2001年第13期。
2. 董兆祥：《鲲鹏蓝天竞自由——海南航空股份有限公司资本经营调查》，载《求是》2002年第11期。
3. 蒋文革、汪珺：《海航“百变并购”揭秘》，载《中国证券报》2013年4月11日。

【案例 3-11】 上海贝尔阿尔卡特的发展历程

20 世纪 80 年代初,中国邮电部内有一个小团队叫 S1240 工程局。谁也不曾想到,这个小小的工程局今天会发展成一个有万名员工的大型企业——上海贝尔阿尔卡特股份有限公司(Alcatel Shanghai Bell Co,Ltd,ASB 公司)。

ASB 于 2002 年 5 月 8 日正式成立,是一家外商投资股份制企业,其中法国阿尔卡特持有 51%的股份,中方股东持有 49%的股份。ASB 的前身是上海贝尔有限公司,成立于 1984 年 3 月,是国内第一家合资的通信企业,由当时的中国邮电工业总公司和法国阿尔卡特以及比利时国王发展基金会共同投资组成。公司注册资本 2280 万美元,中方占 60%,贝尔占 32%,比利时国王发展基金会占 8%。当时引进的是代表世界先进水平的技术——全数字交换系统和年产 30 万门的生产线,S1240 技术转让由比方负责获准美国商业部的许可;同时引进大规模集成技术,技术转让由比方得到"巴黎统筹委员会"的许可;产品返销(年产量的 30%)补偿外汇平衡,由比方负责。上海贝尔曾经是中国通信业的一颗明珠,连续六年获得全国十佳企业称号。改革开放初期,上海贝尔带动了中国的通信产业,并由此诞生了巨(巨龙)、大(大唐)、中(中兴)、华(华为)。

1989 年是上海贝尔发展历史上不可忘记的一年,政治风波后,国外企业纷纷撤离中国大陆市场,尤其是高新技术产业。随着国外竞争对手的退出,上海贝尔的 S1240 交换机需求暴涨。可以说,1989 年是上海贝尔事业腾飞的一年,同时也是中国通信业腾飞的一年。

经过二十几年的发展,上海贝尔依靠国际化的管理理念、先进的程控技术以及遍及全国的营销网络,依托国内通信二十多年的高速发展,锐意进取,顽强拼搏,厚积薄发,成长为年销售额超过 10 亿美元的国内大型通信企业。同时,与阿尔卡特合资成立了上海贝尔阿尔卡特移动通信公司和业务通信公司,主营 GSM 移动通信和企业通信产品,与韩国三星公司合资成立上海贝尔三星移动通信公司主营 CDMA 移动通信产品。截止到合并前,公司注册资本由成立之初的 2280 万美元增长到 6 亿美元,员工 5000 人。公司累计实现销售超过 700 亿元,向国家上缴税收超过 50 亿元,实现利润近百亿元。累计生产 S12 程控交换机约 9000 万线,网上运行局数达 5500 多局;累计签订出口合同数十亿美元,产品遍及 30 多个国家和地区;形成年产 2100 万线的浦东生产基地;覆盖全国的营销服务网络并设有 8 个海外办事机构,1700 人的营销服务工程师队伍;1600 名研发工程师的研发队伍,占公司人员的 1/3。

随着 2001 年中国加入 WTO,通信业巨子阿尔卡特意识到中国通信市场的高速发展和巨大需求以及世界其他地区的低迷,从而将中国市场作为公司发展的重中之重。经过反复研究,阿尔卡特选择了上海贝尔和它的两个平台:销售平台和生产平台。先是收购上海贝尔公司中比利时政府所占的股份,然后再购买中方的部分股份,最后变成 50%+1 股,然后合并原上海贝尔阿尔卡特移动通信有限公司和阿尔卡特中国有限公司,将在华主要业务全部并入新公司 ASB,使其成为法国阿尔卡特在中国的窗口企业。在中国,这是第一家中外合资且由外商控股的通信企业,在中国 WTO 进程上写下了意义深远的一笔。

2007年，随着ASB完成对朗讯的收购，朗讯在中国的业务也全部整合到ASB。与2006年相比，2017年订单数同比增长25%，销售额同比增长16%。2008年1月1日起，ASB新的组织架构开始正式运营。调整后公司由五大业务单元重新划分为两大业务集团，即网络服务业务集团和通信网络集团。调整后的组织架构表明了ASB未来的方向。

作为中国最重要的电信设备和全面电信解决方案供应商之一，ASB提供端到端的解决方案，共计200多种产品，业务覆盖固定语音网络、移动通信网络、数据通信网络、智能光交换网络、多媒体终端和网络应用等。公司营销网络非常完善，遍及海内外，在全国各省都建有分公司或办事处，同时还在东南亚、南亚、欧洲、南美、北非、南非等海外地区建有六个办事处。客户涉及电信、广电以及电力、石化、轨道交通、银行等各个行业，其中在电信领域，客户更是涵盖了中国现有的所有运营商：中国电信、中国移动、中国网通、中国联通、中国铁通、中国卫通等。

在研发方面，ASB已成为阿尔卡特全球三大研发支柱之一，在中国相继建立了注重前瞻技术的研究与创新中心、光通信研发中心、光传输网络集成中心（NIC）以及3G网络应用中心等多个研发机构。共享阿尔卡特全球研发资源大大缩短了产品到市场的时间，与此同时，ASB已成为阿尔卡特全球技术研创的参与者。在某些领域，ASB已成为阿尔卡特全球研发项目的领导者，如研发管理项目PDM Alcatel在阿尔卡特全球得到推广；4G项目获得多项专利；由公司研发的16系列传输产品已经走向海外，并在新加坡等地部署；由公司自主研发的基于IP平台的宽带接入产品也将问世。

在业务方面，ASB良好的市场基础与阿尔卡特全系列产品的完美结合，进一步加强了公司在交换、宽带和移动等一些关键产品领域的市场领先地位：以1/3的市场份额占据全国骨干交换网络第一位；中国主要的DSL设备供应商，已向国内外累计供货DSL达700多万线；CDMA、GSM覆盖全国二十多个省份并占据CDMA交换市场30%的份额。在3G、NGN等新业务领域，阿尔卡特的全球经验将帮助中国运营商实现快速部署，ASB为中国电信部署首个NGN商用网络等。在海外，ASB与阿尔卡特在全球130多个国家的业务机构和销售网络充分合作，足迹已经遍布亚洲、欧洲、非洲、北美等几十个国家和地区。

在生产物流方面，ASB不仅服务于中国市场的需要，更是阿尔卡特全球主要的生产基地。ASB生产的DSL移动类产品已经远销欧洲、北美市场。9.6万平方米的生产基地是阿尔卡特集团最大的生产基地，也是全球最大的电信设备制造基地之一。该平台拥有先进的生产工艺和技术，公司在多种产品上已实现完全本地化生产，包括程控交换系统、ADSL宽带接入、BTS、LMDS、Litespan、宽带交换系统P3S等。

通信领域一直以日新月异的速度发展，竞争日趋激烈，但是ASB凭着坚定的信念、领先的技术及一流的人力资源，始终在市场上保持领先地位。以客户为中心是公司发展战略的核心和成功的关键。同时，通过遍布海内外的市场营销网络，与客户紧密合作、及时沟通并作出快速有效的反应，以满足客户多样化的需求。

（李庆利　杜宽澄）

【讨论题】

1. 上海贝尔阿尔卡特从一个小团队发展成一个大型企业的“秘诀”是什么？
2. 上海贝尔阿尔卡特的成立对于中国企业走出去有什么重要意义？
3. 随着通信领域竞争加剧，上海贝尔阿尔卡特该如何保持自己的领先地位？

【案例 3-12】 海尔的经营理念

30 多年前，青岛电冰箱总厂引进德国利勃海尔电冰箱生产线，随后，从那里传出震撼全国的“砸冰箱”事件。砸冰箱砸出海尔人的质量意识，走名牌战略的道路，企业摆脱濒临倒闭的命运起死回生。16 年后，外国人知道在中国有家企业海尔，产品已出口到世界 160 多个国家和地区，甚至把工厂办到了美国！

一、海尔的概况

海尔创立于 1984 年，在 30 多年的时间里创造了从无到有、从小到大、从弱到强、从国内到海外的卓越业绩。在中国，海尔每年有 1000 万台各种家用电器进入人们的家庭；在海外，到 2000 年，海尔已销售了 400 多万台家电。到 2008 年，海尔已经在全球建立起制造基地 29 个、综合研发中心 8 个、海外贸易公司 19 个。1984 年，企业职工只有 800 人，2000 年达到 3 万人，2016 年全球员工总数超过 7.3 万人，营业额已经从 1984 的 348 万元增加到 2016 年的 2016 亿元。

2017 年，海尔在《中国 500 最具有价值品牌》中以 2918.96 亿元的品牌价值居第 3 位，这也是海尔连续 14 年蝉联家电行业第一品牌；1984 年只有一个型号的冰箱产品，目前已拥有包括白色家电、黑色家电、米色家电在内的 69 大门类 10800 多个规格品种的产品群；如今海尔已在海外建立 3.8 万个营销网点，产品已销往世界 160 多个国家和地区，2015 年实现出口创汇 10.03 亿美元，是中国家电业出口创汇最多的企业。在山东省，海尔超过专业外贸公司成为进出口额第一的企业。2016 年 5 月，海尔被国务院确定为首批双创示范基地，为家电行业唯一一个入选企业。

30 多年间，海尔集团首席执行官张瑞敏以其在企业管理方面的创新引起世界范围内的高度评价和赞誉，从“日事日毕、日清日高”的 OEC 管理模式到建立“市场链”，海尔已经从学习借鉴国外先进管理方法发展到以自己的创新管理进入国际管理界的前沿。

1998 年 3 月 25 日，张瑞敏应邀登上哈佛大学讲坛，“海尔文化激活休克鱼”的案例正式写进哈佛大学教材，这是中国企业家第一次登上哈佛讲坛，中国企业以成功的业绩第一次被写入哈佛案例。

2000 年 10 月 7 日，张瑞敏在瑞士洛桑国际管理学院做关于海尔管理创新的演讲，再次引起国际管理界的强烈反响，成为首位登上瑞士国际管理学院讲台的亚洲企业家。

1999 年 12 月 7 日，英国《金融时报》公布“全球 30 位最受尊重的企业家”排名，张瑞敏荣居第 26 位，这是中国企业家在世界范围内获得的最高美誉。

从 1984 年至今的 30 多年间，家电市场竞争日趋激烈，而海尔却始终保持高速稳定发展的势头，奥秘就是海尔的经营理念有其可圈可点之处。经营理念是海尔文化的重要组成部分，海尔集团从实践中总结出来的具有较强的哲理性和实用性的新理念。

二、市场观念

面对中国家电市场的激烈竞争，张瑞敏没有选择死拼硬杀，而是另辟蹊径，谋求智慧，提出市场创新理论："市场唯一不变的法则就是永远在变"；"只有淡季的思想，没有淡季的市场"；"否定自我，创造市场"。

在市场销售中，不少企业有"淡旺季"论，由于存在这种思想，好多企业总是消极地等待旺季的到来，但海尔认为，淡旺季是相对的，如果认为目前是淡季，就认为产品销售不畅是正常的，无需动脑筋，所有的人都这样想，那么产品自然就积压。海尔针对这一思想，提出"只有淡季思想，没有淡季市场"的口号，越是淡季越应做好工作，越是淡季越能收到效果，只要开发出淡季可以销售的产品，就可以创造出一个没有淡季的市场。

1995 年以前，海尔也认为 6—9 月是洗衣机市场销售的淡季，不必作任何努力，所有销售人员都放假 3 个月。但 1995 年 7 月以后，海尔市场部分析认为，夏季洗衣机不好销售主要是因为现有 5 公斤容量太大，使用起来费水费电，不如手洗方便，为此，海尔技术人员开发研制了 1.5 公斤的"小小神童"洗衣机，产品出来后，先到天气炎热的上海销售，市场空前火爆，消费者排队购买。此后研制了"小小神通"的第六代产品，一直销售得很好，几条生产线都供不应求，产销量已突破 100 万台，并且大批出口日本、韩国和印度等国。

三、质量观念

(1) 有缺陷的产品就等于废品。80 年代初，中国不少企业将产品分为一等品、二等品、三等品和等外品，这些产品最终都出厂了。海尔认为，产品质量是赢得顾客的前提，是维持顾客的手段，是击败竞争对手的利器，是企业产品走向市场的通行证。所以，就有了闻名遐迩的"砸不合格冰箱"事件。海尔要的就是这样一个震撼人心的效应，海尔产品绝不能有"二等品"。多年来，海尔人坚持追求"质量压倒一切"的信念获得了丰厚的报酬。海尔优势逐年上升，稳坐中国家电行业的第一把交椅。国人喜欢海尔，洋人认识并接受海尔。美国、德国的经销商在自己的包装上赫然印上"海尔"两个大大的中国名字。

(2) 构造"零缺陷"管理机制。在海尔每一条流水线的最终端，都有一个特殊工人，流水线上下来的产品，在经过各个工序时，工人检查出上一工序留下的缺陷后就及时地记录在一张缺陷条上。这位特殊工人的任务，就是负责把修复这些缺陷所用的时间记录下来，作为向缺陷的责任人索赔的依据，他的工资就是索赔所得。那么，当产品合格率超过规定标准时，他还有一份奖金，合格率越高，奖金越高。这就是著名的"零缺陷"机制。这个特殊工人的存在，使"零缺陷"有了机制与制度上的保证。现在，这一机制有了更加系统、更加科学的形式，这就是海尔成为市场链机制的"sst"，即：索赔、索酬、跳闸。这一制度的推出，使海尔的产品、服务、内部各项工作有了更高的质量平台。

四、售后服务理念：用户永远是对的

许多企业都有"顾客是上帝"的提法，但是，在遇到企业利益与顾客利益发生矛盾时，还是毫不迟疑地舍弃"上帝"，做出令顾客"心寒"的事情。海尔绝对不允许这种现象发生，他要在每一位市场销售人员的心里，构筑起一道道堤坝，杜绝损害顾客利益的行为。于是，海尔提出了营销理念："顾客永远是对的""先卖信誉后卖产品""真诚到永远"，这些理念已经渗透到每一个员工的内心。海尔发现，四川农民用洗衣机洗地瓜时洗衣机的水管常常被堵住，于是立即从技术上加以改进,很快推出了可以洗地瓜的"洗地瓜机",此后,还为公共食堂开发了削土豆皮的"洗衣机",为青海和西藏地区人民开发了打酥油茶的"洗衣机",适应了用户的需求,受到用户的普遍欢迎,市场份额迅速扩大。海尔认为,真正为用户着想,开发生产出满足用户需求的产品,才能真正赢得市场,走在竞争对手的前面。

面对市场的供大于求,海尔提出,只有疲软的产品,没有疲软的市场,用户很多潜在需求没有得到满足,市场疲软是因为产品疲软所致,所以不能坐等市场复苏,而应该不断开发出满足用户多种需求的产品来保持市场的供销两旺。

海尔在前些年引进意大利梅洛尼公司的滚筒洗衣机,很快推出了中国第一代洗涤、脱水、烘干三合一滚筒洗衣机。当时,海尔认为,这个产品非常完美,消费者肯定满意。但投放市场后,消费者有很多意见,有的想要滚筒但不想带烘干;有的希望洗衣机体积再小一些;有的希望洗衣机上面加盖。针对消费者的这些需求,海尔强化了技术开发,在一年内就开发了19 种型号的滚筒洗衣机,推向市场后,各个层次的消费者都很高兴,销售十分红火。

五、品牌意识

品牌是帆,资本是船,海尔就是依照这样的原理,不断发展品牌,积累资本。还在大多数企业抓钱搞原始积累时,海尔就确定了"先某势,后谋利"的经营发展战略,以品牌经营的方式开拓市场。

海尔认为,处于资本营运向品牌营运的过程中,必须导入"先卖信誉后卖产品"的理念,树立品牌的美誉度。美誉度不同于知名度。产品有三个层次,第一是知名度,只要花钱就能打开知名度;第二是信誉度,说到要保修 3 年,就要做到保修 3 年;第三是美誉度,这是最重要的,就是要做到有口皆碑,能满足用户的潜在需求。做到这三点,才是真正的名牌。海尔的做法是把品牌的认同基础扩大到企业,即所谓"品牌就是企业"。这种品牌策略强调的是企业的属性,而不是产品或服务。"企业的属性"包括企业的创新能力如何、质量领先的声誉、研发机构与市场部门的密切协作情况等。

消费者对海尔 30 多年来艰苦卓绝树立的品牌具有深刻的形象认识,对同一品牌产生一致的认同,并以企业形象影响力作为购买依据,从而给海尔带来了综合的效益。

海尔创品牌的思路与其他企业不同,海尔的目标不是创汇,而是首先创国际名牌。用一个品牌带出一个品牌群,合理冲击世界品牌。关于品牌的空间扩张能力,海尔有一个著名的说法,叫做"国门之内无品牌",当年还曾引发不少争论。争论的焦点是,一些企业认为,创立品牌不一定非要到国际市场上去,在国内同样可以成为品牌;海尔却认为,按照国际市场一体化的概念,根本就不存在自我封闭的地理边界。有的企业觉得国内市场是块大"肥肉",不必到国际市场去"啃骨头",但现在的肥肉可能明天就不是了,市场总是这样,这是规律。将来市场版图就是按品牌版图的大小来划分。"纯国家品牌永远不可能成为强势品牌"。海尔制定了"先难后易"的品牌战略,即先出口到发达国家和地区,创出声誉,然后再以高屋建瓴之势进入发展中国家和地区。"先难后易"就是"在发达国家创牌子,在发展中国家扩牌子"。发达国家关税低,就采取当地建厂的方式,这样就摆脱了价格竞争,进入品牌竞争。对美国、德国、日本等发达国家的出口,不仅锻炼提高了企业各方面的素质,而且也产生了良好的示范作用,许多发展中国家客户纷纷找上门来,争取海尔产品的经销权。到 2000 年,海尔产品已出口到 106 个国家,其中欧美占 60%以上,进入 15 家世界级连锁集团,并在海外设厂 5 个,在建厂有 8 个。在美国,180 升以下的冰箱中海尔占 20%的市场份额。正如美国一位总经理伟克所说:“如果说世界上一个国家有巨大的创立国际品牌的潜力的话,那就是中国。”

六、与时俱进

时代在发展,消费模式发生变化,企业的生产、销售方式也要发生相应的改变,海尔紧追时代发展,生产和服务与时俱进。21世纪,面对共享经济、互联网兴起和发展,海尔建立起共享平台、创业平台和互联网金融平台。截至2016年底,海尔平台已有15家创新创业基地,整合3600家创业创新孵化资源;1333家合作风险投资机构,120亿创投基金;与开放的创业服务组织合作共建108家孵化器空间;200多个创业小微,3800多个节点小微和上百万微店。该创业平台为社会提供就业机会超过160万个,有超过100个小微年营业收入过亿元。海尔也探索互联网时代商业模式。B2B、B2C等互联网金融平台交易额达2727亿元。

这,就是海尔。30多年的创业之路浓缩了一个世界名牌的发展历史。名牌战略、多元化战略、国际化战略,每一步,都透着战略的超前,每一步,都写着拼搏的艰难。但是在“敬业报国、追求卓越”的海尔精神与“创新”的海尔文化激励下,每一步,都获得了令人瞩目的辉煌成就,不仅在国内,在国际上也受到了高度赞誉与评价:

1997年,美国《家电》杂志公布全世界范围内增长速度最快的家电企业,海尔超过GE、西门子等世界名牌,名列榜首。1998年11月30日,英国《金融时报》报道:在亚太地区声誉最佳的公司评比中,海尔位居第七,是唯一进入前十名的中国企业。2000年5月19日,美国科尔尼管理顾问公司、《财富》杂志集团等评选“全球最佳营运公司”,海尔是亚太地区企业唯一得主。2016年,中国品牌价值100强研究报告在美国波士顿揭晓,海尔依然稳坐龙头,蝉联榜首。

2017年3月,美国《财富》杂志公布2017年全球最伟大的领袖人物,海尔集团董事局主席张瑞敏上榜。对于张瑞敏入选的原因,《财富》是这么写的:“很多CEO称呼员工为同事,还有的叫搭档。而张瑞敏称他的7.3万名员工为‘创客’,而且他们是真正的创业者。这是张瑞敏让海尔这个世界第一大家电制造商转型的标志。在改变的过程中重构这个大经济体,其深远意义非世界上其他任何一个公司能比。”

(高鸣霞、林　珏)

【讨论题】

1. 海尔的销售理念有哪些独特之处?
2. 海尔为什么要走国际化道路?它又是如何开展国际化经营的?
3. 海尔认为“纯国家品牌永远不可能成为强势品牌”,你是否同意这一观点?为什么?

【案例 3-13】 虚拟经营之路:美特斯邦威演绎"空手道"

温州美特斯邦威有限公司(Meters/bonwe)成立于 1994 年,是以生产和销售休闲系列服饰为主导产品的服装企业,产品有九大系列,近千个品种。1995 年,全系统销售额 500 万元,到 2000 年销售额达 5.1 亿元。2001 年,集团在坚持"虚拟经营"、稳步发展的基础上,全面启动品质管理工程,从品牌形象、产品设计与质量、市场拓展、销售服务和信息化管理等全过程提升管理品质,2001 年销售额 8.7 亿元,2002 年突破 15 亿元,2003 年突破 20 亿元,美特斯邦威集团由此发展成为中国休闲服饰行业的龙头企业之一,1998 年以来连续第 6 年进入中国服装行业"产品销售收入""利润总额"两项指标的双百强企业名单。

从 1995 年 5 月第一家专卖店开业,到目前 900 多家连锁专卖店分布国内市场,美特斯邦威在杭州、上海、重庆、成都、北京、温州、中山、广州、沈阳、西安等地成立了 10 家分公司,以及祺格服饰有限公司,拥有休闲服品牌"美特斯邦威"和高档休闲服品牌"CH'IN 祺",在广东、上海等地有 200 多家工厂为其定牌生产的强大生产基地,美特斯邦威走出了一条不寻常的发展之路。

1997 年,美特斯邦威曾经面临近乎垮台的局面,员工走了一大半。其中一个重要原因是外部环境还不能接受其经营模式。美特斯邦威从创业初始,在温州就是一个有突出争议的企业,从 1995 年到 1998 年期间,大家认为这种模式就是一个皮包公司的模式,它没有自己的生产实体,所有都是社会的,如果社会不帮它加工,不帮它开店,美特斯邦威就没有了。在缺少资金、厂房和销售渠道的情况下,如何抓住休闲装市场的巨大商机?在经历了 1995 年到 1997 年最痛苦的探索期之后,2003 年,美特斯邦威的整个系统销售额超过了 20 亿元。创始人周成建饱受非议的"空手道"式的"虚拟经营"模式,开始为业界所认可。下面我们看看美特斯邦威是如何进行虚拟经营的。

一、"不走寻常路"——选择虚拟经营

虚拟经营是指企业在组织上突破有形的界限,虽有生产、营销、设计、财务等功能,但企业体内却没有完整地执行这些功能的组织。企业仅保留其中具有核心能力的功能,而把非核心能力、非竞争优势的部分剥离出去,集中有限的资源从事核心业务,将非核心业务虚拟化——通过各种方式借助外力进行整合弥补,外包给擅长这些业务的协作企业。

虚拟经营源于"虚拟企业"的概念。肯尼思·普瑞斯等美国学者于 1991 年提出"虚拟企业"概念后,一场虚拟化浪潮随之席卷国际企业界。虚拟企业是为了快速响应某一市场机会,通过管理信息系统网络,将产品涉及的不同企业临时组成没有围墙、跨越空间约束、靠计算机网络联系、统一指挥的协作联合体。典型的"虚拟企业"当属耐克,这个全球最大的运动鞋企业没有自己的工厂,生产全部外包,财富却滚滚而来。还有鳄鱼服装、波音飞机、福特汽车、盖洛葡萄酒等大批知名品牌企业,都在虚拟经营上超常运作,实现市场不断扩张,效益不断提高。

自20世纪90年代以来，休闲服饰在中国消费者中成为消费时尚。据不完全统计，中国专业的休闲装生产厂家已达万余家，国内休闲服装品牌多达2000多种，休闲装在中国服装产业中渐居主要地位。美特斯邦威为休闲装市场的巨大发展空间所吸引，自1994年进入该市场，企业在资源有限的情况下面临着如何发展的问题。当时，美特斯邦威资金实力不足，没有自己的服装厂，而市场规模却在急剧扩大，创始人周成建孤注一掷，让别人为他定牌生产，提出以创新求发展、借助外部力量求发展的思路，从而在国内服装业率先走出了虚拟经营的路子。

虚拟经营不同于传统经营方式。企业传统经营方式倾向于“大而全”“小而全”，往往包揽生产销售等业务的各个环节，投资大，资源分散。而虚拟经营要求企业将具有核心专长的业务与一般业务分开，集中有限的资源从事核心业务，而将非核心业务虚拟化，外包给擅长这些业务的协作企业。美国外包协会的统计表明，外包协议使得企业成本减少9%，而能力和质量则上升15%。越来越多的跨国公司开始采用虚拟经营模式，外包服务市场不断扩大。相关数据显示，全球外包服务市场的年复合增长率为12.2%。

虚拟经营专注于附加值高的核心业务。从服装行业价值链分析，附加值高的部分主要集中在品牌、设计环节。在摸索中，美特斯邦威将核心业务确定为品牌与设计。这样，美特斯邦威通过掌握核心环节，变成对协作群体起辐射作用的管理型企业。

二、“借鸡生蛋”——控制生产外包

美特斯邦威采用定牌生产的方式，将生产业务外包给实力雄厚的协作厂家，在短短的时间内集中资金投入到附加值里效益明显的产品设计和品牌经营上。中国是一个服装生产大国，年生产能力可达到约70亿件，在市场竞争的冲击下，国内许多服装企业生产能力过剩，这一状况为美特斯邦威的外包带来机会。美特斯邦威决定不再进行机器设备的投资，而采取定牌生产策略，利用外力来弥补自己企业生产能力的欠缺。

美特斯邦威先后与广东、江苏和上海等地的200多家具有一流生产设备、管理规范的国有、集体、外资、合资服装加工厂建立了长期合作关系，为公司进行定牌生产。如果这些企业都由美特斯邦威投资的话，则需近3亿元。一无厂房、二无设备的美特斯邦威，现在却在全国范围内拥有年产系列休闲服2000多万套的强大生产基地。“借鸡生蛋”使美特斯邦威节省了3亿元。

美特斯邦威对协作企业有严格的选择标准。质检部对候选厂家的技术、生产供应能力、管理、产品质量等进行全面考察，选择其中最好的厂家进行一段试合作期，最后确定它是否成为长期合作厂家。美特斯邦威选择的生产厂家基本是具有一流生产设备的大型服装加工厂，它们的共同特点是都通过ISO9000认证，有着严格的质量管理体系、科学的管理方法。

为了确保协作厂家质量达标，美特斯邦威对原料供应和生产工厂进行了严格的筛选，并在生产过程中随时进行跟踪控制，以确保产品的高品质。如制定生产流程与企业质量检验标准，根据标准及流程对关键点进行控制；完善质量管理制度等。这些措施使得美特斯邦威的产品经国家服装质量检验中心检测评定为一等品（最高等级），被中国服装协会和中国服装设计师协会授予“中国十大女装品牌”称号，2000年获浙江省名牌产品称号、浙江省著名商标。2002年，美特斯邦威质量管理部门受到全国服装标准化技术委员会的邀请，参与修订国家纺织行业《男女单服装》生产及产品品质标准。

随着人们生活水平的提高、服装时尚的变化，消费者对服装产品和销售服务提出新的要

求,美特斯邦威公司为适应市场变化,吸纳新的协作企业,调整原有的协作伙伴,对协作厂家实行绩效评估体系与筛选更新机制:(1) 由质检部与产品部、工艺中心人员组成小组对生产厂家年底绩效评估打分,确定是否继续合作;(2) 每月对生产厂家质量投诉情况进行排名通报,对重大的质量问题进行专题通报;(3) 对投诉率超过一定标准的厂家进行淘汰。

三、"借网捕鱼"——特许经营销售网络

为了扩大销售网络,美特斯邦威决定采取特许经营策略开设连锁店,利用社会闲散资金。美特斯邦威通过契约的方式,将特许权转让给加盟店。加盟店根据区域不同分别向美特斯邦威交纳5万至35万元的特许费。由此,美特斯邦威拥有了900多家专卖店。这些专卖店分为直营店和加盟店两种形式,直营店由各分公司直接经营管理,加盟店则由代理商负责经营,加盟店约占80%。如果这么多家专卖店都由美特斯邦威自己来投资的话,则需要近2亿元。现在通过对销售网络的虚拟化,公司大大降低了销售成本和市场开拓成本,聚集了一大笔发展资金,使其有更充裕的资金投入产品设计和品牌经营中去,公司也借此网罗了大批营销人才。"借网捕鱼"使美特斯邦威节省2亿元。

不少代理商希望加盟美特斯邦威,公司从申请到开店都有一整套的考察、评审和培训制度。首先,加盟美特斯邦威的代理商,必须具备以下三个基本条件才有申请资格:一是要有良好的沟通能力,具备一定的市场动作经验和服装零售技巧;二是店铺必须是当地最繁华的首层临街铺面,营业面积不得少于80平方米;三是必须有30万至300万元人民币的投资额。具备了这三个基本条件后,客户方可向邦威公司提出加盟申请。然后,公司会通过电话等方式,对客户的申请进行进一步的核实,达成初步意向后,公司拓展部才会派人前往进行实地考察。实地考察是整个过程中非常重要的一个环节,它实际上是对客户各方面条件的一个综合考察,其主要内容包括当地的经济环境、客户的基本素质、店铺的地理环境以及以后的发展潜力等。在收集完准确的第一手资料后,公司工作人员会将相关资料带回总部,由公司主管领导组成的评审小组进行评审。经评审同意后,公司才会与客户签订合同协议。

加盟之后接下来就是员工培训、店面装潢和配货了。对于店面装潢,美特斯邦威有着异常严格的要求,从其门面的形式设计、颜色搭配,到店内布局、广告宣传品的选用等,都必须由公司的员工进行现场指导,以期与公司的标识形象相一致。对员工的培训,是加盟店的必修课。对员工的培训,包括人员导购、服务用语、货品培训等多个方面,对此,美特斯邦威公司有一套成型的培训课程,只有参加培训并合格的人,才有资格成为美特威邦威连锁店的员工。为了塑造邦威服饰休闲、青春、动感的形象,公司对员工的性别、年龄、外形等都作出了一定的要求。

在店铺正常运作后,公司的商务支援还提供以下支持:(1) 在每季新品上市时提供新品上市的现场支援工作,并对店铺员工进行培训,使店铺能完全展示新品的气氛。(2) 在货品销售的期中,将根据店铺实际情况提供最新的货源、货品信息,并提供更多的参考和建议,使店铺业绩更突出。(3) 在商品销售的季末,将根据店铺的实际库存并结合当地的消费习惯给出促销意见和建议,以便合理优化库存结构,使店铺运作达到最佳状态。

美特斯邦威对所有加盟连锁店实行"复制式"管理,做到"五个统一",即统一形象、统一价格、统一宣传、统一配送、统一服务标准。公司总部成立现代化的配送中心,加强物流管理的科学化、合理化,尽量减少专卖店库存风险。还对加盟店进行包括货品管理、员工管理、服务管理、货场管理、资讯管理、形象管理等方面的培训,使其经营管理水平普遍得到提高,销

售业绩显著上升。

四、紧抓核心业务——品牌与设计

美特斯邦威认为服装的最大附加值就是品牌，品牌就是核心技术。美特斯邦威自创立开始，就一直在不遗余力地推进品牌战略，采取创意制胜的思路，成功地进行了许多品牌推广活动。1995 年 4 月 22 日，美特斯邦威的第一家店在温州开张时，周成建打出“我做衣，你出价”的招牌，后来又用 4 万元买来红地毯铺满温州市马路，消费者爆满。他还花几千元做了一件十几米长的“风衣王”，引来了央视“东方之子”的镜头。针对目标顾客群年龄在 18—25 岁的特点，公司不惜重金先后聘请郭富城和周杰伦担任品牌代言人，借助明星的魅力进行品牌宣传。为占领重点市场，公司在“中华第一街”上海南京路开起了 4 层近 2000 平方米的旗舰店，堪称国内服装品牌专卖店之最。此外，美特斯邦威也采用了许多常规的宣传方式，如媒体广告、办内部报纸、参加各种服装展示会和商品交易会等。

设计是服装品牌的灵魂，美特斯邦威于 1998 年在上海成立了设计中心，并与法国、意大利的知名设计师开展长期合作，把握流行趋势，形成了“设计师＋消费者”的独特设计理念。公司领导和设计人员每年都有 1—3 个月时间搞市场调查，每年两次召集各地代理商征求对产品开发的意见。在充分掌握市场信息的基础上每年开发出新款式约 1000 个，其中 50％正式投产上市。公司还利用广东中山等 5 家分公司的跟踪能力，不断调整产品结构组合，强化品牌的整体形象。

五、信息化管理——虚拟经营成功的基础

科学管理尤其是信息化管理是虚拟经营成功的重要手段。从 1996 年起，美特斯邦威投入大量资金、人力，根据企业实际需求自建计算机信息网络管理系统。周成建先后分期投巨资完善网络建设，实现工厂和专卖店远程管理，形成覆盖生产、管理、销售等各个环节的 ERP“信息高速公路”。不仅实现资源与信息共享，并且加快供应链上的物流速度。

现在，仅有 300 余人的美特斯邦威总部在 40 余人的计算机中心的支持下，从容地控制着全国 900 余家专卖店以及 200 余家远在江苏和广东的生产工厂。通过计算机网络，信息流通速度大大加快，使总部能及时发布新货信息，全国各地的专卖店可从电脑上查看实物照片，可快速完成订货业务；能实时考核每个专卖店销售业绩，快速、全面、准确地掌握各种进、销、存数据，对于整条供应链的进、销、存数据进行经营分析，以便及时作出促销、配货、调货的经营决策。

如今在温州，虚拟经营已成为多家服装企业的首选模式，美特斯邦威也成为率先经营的范本。周成建最大的心愿就是早日将美特斯邦威做成百年品牌。2012 年 8 月，中国最有价值品牌 100 强揭晓，美特斯邦威以 61.69 亿元位居第 52 位。

（程秦豫）

【讨论题】

1. 虚拟经营与传统方式有哪些不同？采用这种方式是否可以解决发展中国家办企业资金不足的问题？

2. 什么样的企业适宜采用虚拟经营方式？选择虚拟经营方式应注意哪些问题？

3. 美特斯邦威能在虚拟经营之路上取得成功的关键因素是什么?它的成功给予我们哪些启示?

【参考资料】

1. 熊文:《虚拟工厂之道》,载《每周电脑报》2002 年 9 月 3 日。
2. 周雷、张玫:《美特斯邦威演绎“空手道”》,载《经济日报》2002 年 12 月 17 日。
3. 浙江都市网,http://mba.zj.com/today。

【案例 3-14】 科利华身陷困境

2003 年 4 月 29 日，科利华股份有限公司公布了 2002 年年报，其主营业务收入 7708 万元，而净利润负值竟高达 1.15 亿元，同比净利润暴跌达 613%。2005 年 12 月 31 日曾经因推广《学习的革命》而名噪一时的中国教育软件开拓者科利华终止上市，宋朝弟“神话”终结。

一、辉煌一时

1991 年，宋朝弟一手创办了科利华公司，并以校长办公系统为突破口进入教育软件领域。当时，教育软件市场并不为大家所看好，几乎没有人相信科利华能打开市场，然而宋朝弟却采用买软件送硬件、买高考软件落榜赔款等营销方式创造了市场奇迹。

1995 年，科利华推出从小学到高中的全线教育软件，并采用直销模式，每次大型的直销活动都能完成上万份。科利华逐渐摸索出中国教育软件的市场规律并完成了比较丰厚的原始积累。此后，科利华进入黄金发展期，在中国教育软件领域，被公认为领头羊，掌门人宋朝弟的市场运作能力也得到了肯定。

1998 年中期，《学习的革命》成为宋朝弟最精明的一次商业炒作。凭借这次炒作，原本默默无名的科利华几乎在一夜之间声名鹊起。尽管并没有赚钱，但推广《学习的革命》可以看作是科利华对未来发展方向的探索，宋朝弟也希望这个领域成为科利华新的利润增长点。2000 年，科利华总裁宋朝弟被《福布斯》评为中国大陆富豪第十名。

二、借壳失败

1999 年 5 月，科利华以 49%的股份入主阿城钢铁(后更名“科利华”)借壳上市，开创了收购方以无形资产评估作价收购上市公司股权的先例，成为当年中国购并重组案例的楷模。宋朝弟曾表态：“我们要成为中国的微软，所谓‘中国的微软’，就是要在国内股市市值第一。”但他怎么也没想到，这却是科利华身陷困境的开始。

事实上，阿城钢铁这个“壳”质量很差，这是在中国钢铁业最景气的时候成立的一家乡镇企业，既没有规模也没有技术，重组时隐瞒了大量的债务。科利华借壳上市后即背上了 1 亿多元债务和将近 4000 名下岗职工再就业的包袱。上市后，科利华抛出了一份配股方案，到 1999 年年报，科利华再次提出修改过的巨额配股方案，融资计划超过 7 个亿，但两次都未获得监管部门认可。2001 年 5 月，该公司第三次提出增资配股方案，由于赶上市场大调整，科利华的增发计划再次搁浅。

2002 年 5 月 8 日，科利华因为 1999 年 8 月、1999 年年报和 2001 年 5 月的配股方案均未得到监管部门的认可而被立案调查，宋朝弟雄心勃勃的 7 亿融资计划也最终幻灭。同日，上海证券交易所对科利华公司的股票实行了特别处理，为了保持公司形象，股票改名为“ST 龙科”。

三、失意互联网

借壳上市后的几年里,科利华陆续从银行和投资机构得到总额约6亿元的贷款,将其大部分投资于网络业。但是,随着科利华接连在电子商务领域跨行业投资“购书网”和“运输网”失败之后,6亿元的贷款不但颗粒无收,而且变成更为沉重的债务。

在销售《学习的革命》过程中,科利华发现中国的图书发行市场有很大的利润空间。宋朝弟想通过电子商务这种模式来冲击这个领域,并设计了B2B的图书通道,这是科利华最早触网的模型。不过,实现这个模型需要将上千家出版商、书商等集合起来,科利华并不具备这样的实力。但是,宋朝弟不想完全放弃这个模式,于是推出一个过渡性的BBC模式,即成立一个购书网,并为此建设配送中心,但这个配送中心却一直闲置着。

科利华触网的第二个方向是“2188.COM”,这是一个空车配送系统,即为有货的人找空车,为有车的人找货,这在当时是一个很有希望的电子商务模式,并且已经成功地在上百个城市路演。科利华这个很高明的配送题材也受到了资本市场的追捧,当时关注这个项目的有许多亚洲和欧美的财团。不幸的是,此时全球的互联网发展却跌入谷底,在网络泡沫破灭的大背景下,投资商对网络的谨慎态度让科利华最终错过这笔投资。

四、拖欠事件

科利华在中国教育软件领域风光无限时,为了市场推广等原因设立了“科利华奖学金”,承诺从1995年8月起,北京科利华有限公司每年从使用“科利华电脑家庭教师”软件的所有用户中,评选若干名在高考中考取大学本科以上高等院校的优秀学生,分别给予奖励。2002年7月27日,成都市中药研究院的王女士向媒体投诉称,她在北京某大学就读的儿子是1999年“科利华奖学金”特等奖获得者,可至今他只收到该公司寄来的1000元现金。华中科技大学控制科学与工程系一名彭姓男生也称,科利华拖欠他的奖学金也已达3年之久。一连串科利华拖欠学生奖学金和落榜赔偿金的投诉,使得昔日风光无限的科利华声名狼藉。据知情人透露,科利华很长一段时间处于现金断流的状态,除了银行的欠款之外,在印刷、运输等方面也有欠款,虽然“科利华奖学金”每届只有200多万元,但这对于处于资金困境中的科利华却不是一个小数。

五、回天乏术

2002年8月,宋朝弟表示,已经将科利华重新定位于教育内容的提供商。除此之外,科利华正在将以前分散的业务体系整合在一起,这些业务包括互联网、图书、教育等各种产业。但是,宋朝弟是否还能挽救科利华,业内人士均表示怀疑。

尽管科利华至今仍是国内最大的教育软件公司,拥有18家国内分公司、2家美国分公司、1000余家全国销售代理机构,但即使在自己的根据地——教育软件领域,面对翰林汇、金洪恩的上升势头,科利华恐怕也只有眼睁睁地看着新入者们抢食自己的阵地。员工信心的丧失和流失是另一个很大的威胁。据传,科利华拖欠工资已成惯例。还有消息说,科利华的员工流失率高得惊人,离开科利华的中高层管理人员,已经远远超过了行业的正常水平。

此外,在2001年信永中和会计师事务所出具的审计报告中,曾提到科利华的母公司和各子公司缺乏可以信赖的内部控制制度,表明科利华的经营管理能力已成致命伤。科利华戴上ST的帽子之后,各个银行不再为其提供贷款,科利华从股市、银行融资的通道几乎被彻底切断,而其产品销售收入并不能保证公司的正常运转,急需资金的科利华不得不选择曾多次放弃的想法:引入风险投资。为了能生存下去,科利华多媒体公司、科利华网络公司等二级公司与国内几家风险投资商谈判。

2003 年 3 月 11 日,科利华下属的教育软件集团与深圳发展银行在上海共同商讨"存款购买"科利华教育软件事宜,并在全国 17 个主要城市开展这一销售活动。分析人士认为,此举是科利华化解现金流危机的最后一搏,但由于深陷多重困境,科利华的前行之路十分艰难。

2005 年 5 月,科利华股票被暂停上市;2005 年 12 月 31 日,科利华黯然退场。

分析科利华身陷困境的原因,有以下几方面:(1) 规模过于庞大,造成管理困难。科利华是国内最大的教育软件公司,要使资本、劳动力等资源在如此庞大的公司里进行合理而有效的配置绝不是件容易的事情,整个公司上下各种信息的流通存在困难。(2) 没有考虑现金流量在企业生存中的重要性。现金流量是企业的血脉,没有合理的现金流量,企业就很容易出现债务危机和融资渠道的堵塞现象,严重的则会破产倒闭。科利华收购阿城钢铁就背上了 1 亿多元的沉重债务包袱,又将 6 亿元的贷款投资于其并不熟悉的网络业,导致不仅颗粒无收,而且进一步加重债务负担,致使其从股市、银行的融资渠道几乎被彻底切断。(3) 缺乏合理有效的决策机制。科利华没有经过合理的论证,就贸然进入自己并不熟悉的网络和图书领域,结果一败涂地。(4) 营销策略不当。在科利华创业初期,宋朝第用买软件送硬件、买高考软件落榜赔款等营销方式创造了市场契机,但是在公司完成了丰厚的原始积累以后,仍采用这样的营销方式,结果一连串拖欠学生奖学金和落榜赔偿金的投诉使得科利华声名狼藉,风光不再。(5) 科利华没有以人为本创立品牌的意识。拖欠员工工资,不重视人才,使得员工对企业丧失了信心,工作缺乏积极性和创造性,员工大量流失。

面对困境,科利华应该如何振作?笔者认为有一些可行的解决方案:(1) 缩小公司规模,裁减人员,以减少开支,重新合理配置公司现有资源,减少投资,增加现金流量。(2) 加强企业的内部管理,建立合理健全的管理决策机制,保证企业内部信息的通畅。(3) 缩小业务范围,继续经营熟悉的教育软件业务,坚持打品牌战;改变营销策略,以产品的品质赢得市场的青睐,以良好的业绩打通股市和银行的融资通道。(4) 重视人才,提倡以人为本。为了充分发挥员工的积极性和创造性,可以考虑让员工持有适当比例的公司股票,同时在企业内部建立合理有效的奖惩制度。

2002—2004 年,科利华连续三年亏损。2005 年 5 月 20 日,该公司的股票被暂停上市。该年 9 月 7 日,科利华向上海证券交易所申请恢复股票上市,上证所不仅否决了申请,而且最终作出终止其股票上市的决定。其后,位于北京上地信息产业基地的科利华网络大厦以 7000 多万元的参考价被拍卖,最后流拍。科利华公司规模大大缩小,虽未申请破产注销,但再也没有昔日的辉煌。

（胡献莉）

【讨论题】

1. 企业通过购并、重组的手段形成规模,然而有了规模就一定能带来规模经济吗?请你结合科利华的例子谈谈看法。

2. 科利华所面临的困境是什么?该如何走出困境?

3. 谈谈你对"广种薄收"与"创建自己品牌"的精品经营思想的看法及其理由。

【参考资料】

1. 朱继东、王晓梅:《科利华连受重挫前景不明》,载《中外企业家》2003 年第 8 期。

【案例3-15】 中国网通收购亚洲环球电讯

一、收购背景

1. 中国网通

2001年底，中国公布电信体制改革方案，将原中国电信按地域切分为南北两部分，其中北方10省资产由网通公司、吉通公司重组为新网通集团，而原中国电信南方资产保留“中国电信集团公司”名称。在原中国电信基础上重组的两大固定电话运营商——中国网络通信集团公司和中国电信集团公司，于2002年5月16日正式成立。

自从与中国电信拆分重组后，中国网通已成为独立拥有国际海缆和登陆站的运营商，拥有中美与香港至内地的全电路。国际网络资源方面也形成了拥有上海南汇、山东青岛两个海缆登陆站，以北京、上海、广州三个国际出入口为节点，通达亚太、美洲、欧洲、非洲和大洋洲等各主要国家及地区的国际传输网，拥有超过70G的各类国际及港澳台传输容量。

2. 亚洲环球电讯

亚洲环球电讯的大股东是美国环球电讯，后者控制着亚洲环球电讯58.8%的股权，其他股东则包括美国微软和日本软银(SoftBank)。

总部设在百慕大汉弥尔顿市的美国环球电讯，是全球首家私营的海缆业者，自行筹资在全球布建海缆，提供国际主要城市点对点的通信服务。近年来，环球电讯公司建设了连接27个国家和地区的200多座城市的电信网络，举借数十亿美元的债务，由于光纤网络容量过剩，宽带通信市场需求不振，环球电讯公司经营连续出现亏损，2000年股价跌幅高达98%，2001年1月28日，按照《美国破产法》第十一章的规定，向纽约破产法院申请破产保护。

2001年，全球电信业跌入寒冬，瑟瑟寒风中亚洲环球电讯苦苦支撑。一方面，大股东美国环球电讯债台高筑，申请破产后被和记黄埔和新加坡科技电信媒体收购，导致亚环电期望从大股东那里得到4亿美元贷款的“美梦”落空。另一方面，它拖欠两个主要设备供应商日本电气公司与KDDI海底光缆系统公司大约3.47亿美元，同时还有总额高达4.08亿美元的高息债券需要偿付。尽管手头上还有2.54亿美元的现金，预计能维持到2003年4月，但没有预期盈利的坐吃山空，使得亚洲环球电讯急需找到新“婆家”救其于水火之中。

亚洲环球电讯给出的“嫁妆”很诱人：亚洲最大的海底电缆网络运营商之一，拥有资产总值17亿美元(但负债约13亿美元)，业务有海底电缆、陆上网络、城市光纤环和复合网站代管数据中心；旗下主要有两个连接亚洲16个国家和地区的200个城市的海底电缆网络，一个是太平洋电缆，另一个是东亚电缆，前者由日本至美国西岸网络，后者覆盖中国台湾、马来西亚、新加坡和菲律宾等地，同时又租用新加坡至澳洲，再通往美国西岸。

3. 中国网通收购亚洲环球电讯的意义

尽管亚洲环球电讯处于亏损状态，但相对健康的财务状况表明，该公司仍为竞争对手施加强大的压力，这些竞争对手也正受到海底电缆容量过剩的影响。这些对于2003年5月刚成立、急需拓展业务领域的中国网通来说，正是所需要的。对于中国网通来说，亚洲环球电讯最有吸引力的资产有可能是穿越太平洋连接亚洲和美国的电缆。当时，中国与海外网络相连的线路主要是由中国网通的重要对手中国电信所拥有。如果中国网通能够收购亚洲环球电讯，那么亚洲环球电讯的海底电缆资产必然可以减少其对中国电信的依赖性。同时，中国网通可以借此把业务扩展到中国周边地区，成为真正意义上的国际电讯商，并可提升国际长话和数据传输市场的竞争力，带来可观的业务收入。

二、收购过程

2001年1月，亚洲环球电讯宣布寻找新的投资者，随即成为各路资金角逐的目标，中国网通从3月开始探讨收购亚环的可行性，但包括和记电信、新加坡电信在内的活跃力量也都在试探亚洲环球电讯，尤其是和记还收购了亚洲环球电讯的控股股东环球电信。但从业务的协同效应、收购提案的设计以及收购方的策略资源等因素考虑，亚洲环球电信最终还是选择了以中国网通(香港)为首组建的亚洲网通。

其实，中国网通与亚洲环球电讯的"亲近"已有时日。2001年9月，中国网通就曾买下它从中国香港到洛杉矶的4条海底光缆，与国内的骨干网连起来；同时，亚洲环球电讯也借机在北京、上海、广州等地"上岸"。

2002年9月23日，就有传闻中国网通在一家美国投资公司的协助下，完成了对亚洲环球电讯的收购。尽管随后双方否定了这一说法，但业内人士已把中国网通视为亚洲环球电讯的第一收购人选，和黄、民盈电讯也从收购候选名单中淡出。

2002年11月18日，亚洲环球电讯正式公告，公司已与由中国网通(香港)公司和美国新桥投资、软银亚洲基金共同投资设立的亚洲网通公司签订协议，亚洲网通公司将以约8000万美元的价格，收购亚洲环球电讯公司账面价值约19亿美元的泛亚洲网络资产。收购具体内容还包括：中国网通将向亚洲环球电讯注入1.2亿美元的新资，同时中国工商银行将为其提供1.5亿美元的额外贷款作为未来亚洲环球电讯的运营之用。此次签署资产收购协议只是收购的开始，尚需较长的审批程序。

同时，为了避免今后潜在的风险，亚洲网通要求亚洲环球电信通过破产重组程序完成该项资产收购。因此，在宣布由亚洲网通收购之后，在美国上市的亚洲环球电信19日即向纽约破产法庭提交了破产重组申请。亚洲环球电信称，破产重组过程中，亚洲环球电信公司的各项业务及网络将继续正常运营，服务的质量将不会受到任何影响，"在重组后的股东结构和业务下，公司最早将在2003年晚期实现盈利，2005年实现现金流为正"。

伴随着亚洲环球电信申请破产，其所有股东的权益都将被归零。同时，亚洲网通可能会承担2.77亿至11.3亿美元的债务。2002年12月6日，在为此举行的美国破产法庭的聆讯上，亚洲网通公司与亚洲环球电讯债权人日本电气公司NEC等达成协议，以8980万美元的价格，完成对亚洲环球电讯的收购。亚洲环球电讯在2003年1月20日就资产出售问题再举行聆讯，最终法庭发出资产出售令，亚洲网通终于完成此项收购。

2003年3月17日，有关各方宣布收购已全面完成。至此，亚洲环球电讯正式换上亚洲网通的旗号开始运营。

三、收购的结果与意义

以8000万美元收进亚洲环球电讯账面价值约19亿美元资产的亚洲网通持有其51%的股份,而它背后的中国网通公司,才是真正的"大老板"。亚洲网通董事长兼总裁的职务,由中国网通公司总裁田溯宁亲自担任,而亚洲环球电讯原班管理人马将实现"直通车",负责管理亚洲网通的日常运作。

通过此项交易,中国网通在国内的网络将同亚洲环球电讯的网络连起来,形成以中国为中心的巨大扇形结构,抢占高速增长的亚太电信市场及数据流量。本次收购中,中国网通除了掌握覆盖遍及日本、韩国、中国香港、中国台湾等主要亚洲国家和地区的优质网络外,还获得亚洲各主要国家的登陆站以及进入当地电信服务市场的运营许可,这为中国网通进一步扩展海外市场打下坚实的基础,初步完成了中国网通集团走出国门、成为区域性或全球性电信公司的战略构想。

电信行业堪称2002年国内并购重组的主战场之一。中国电信和中国网通拆分后,二者真刀真枪的激烈竞争在所难免。中国网通此次通过低价并购实现快速扩张,对此前上市融资不顺的中国电信将了一军。此外,这是国内资本又一次勇敢走出国门,实在令国人瞩目。此次亚洲网通收购亚洲环球电信有颇多可圈可点的精彩之处。

首先,对电信资产的买方来说,没有比现在更好的了。在网络高潮时期铺设的光缆等固定投资在目前的市场环境下,已大幅贬值,正是收购的良机。2000年,新加坡电信要组建与亚洲环球电讯网络覆盖及规模相似的C2C海缆式,希望亚洲网通加入,价格是出资2000万美元获得4%股份,这个"昂贵的"交易在当时就被亚洲网通否决了。而现在亚洲网通以8000万的价格拿到了100%的控制权,购买亚洲环球电讯网络资产比租用光缆节省了60%的成本。

当然,没有价值的东西再便宜也是浪费。这项收购的所有环节都相当谨慎,不仅有会计师、审计师和投资银行提供财务支持,还有电信技术专家到每个登陆站考察,实地评测亚洲环球电讯网络的质量。亚洲环球电讯在泛亚洲地区的网络资源占到它所有网络容量的80%—90%。统计显示,亚洲各地区间的数据流量正在以123%的速率快速增长,所有亚洲国家的流量60%以上都来自于亚洲区内的国家,很多亚洲国家之间原先需要通过美国中转的数据传输流量所占比例开始下降,而亚洲各国监管方面的变化也改善了当地业务的成本结构,同时,亚洲区经济发展使得面向亚洲区的内容制作和存储正在向亚洲区转移。

其次,此次收购亚洲环球电讯的资本安排设计得相当巧妙。一是通过中国网通(香港)成立亚洲网通,再拉新桥、软银入伙,对中国网通而言,使得自己在此次收购中可进可退,同时还得到了两个有力的支持伙伴;二是并购前亚洲环球电讯先破产重组,既实现了亚洲网通的低价并购,而且意味着随后中国网通需要给付的1.2亿美元将直接投入亚洲网通的运营和发展。

但是,另一方面,本次并购过程也是险境重重。亚洲环球电讯表面很诱人,但细看之下,"刺"亦不少:巨大的债务、高息债券,每年高额的网络维护费、折旧费;最关键的是短期内还看不到任何盈利的希望。如果中国网通不尽快实现对其资产整合、改善业绩,那么无论多么便宜,收购一个需要连年巨大投入却没有任何收益的企业都是失败。中国网通自身还面临着新成立后的资产重组及如何上市的问题。原先各自独立经营的几家公司被捆绑到一个集团公司的大平台上,彼此之间的进退如何拿捏、如何保证己方利益最大化,彼此之间的整合必定颇多周折。同时，在未完成内部重组之前，以一个松散的控股公司形式去考验资本市场的耐心——没有投资人会对一个不掌握任何权益的帽子公司感兴趣。

（张　丽）

【讨论题】

1. 如何评判企业并购过程中的协同效应？
2. 企业并购有哪些方式？实际操作中如何选择适合的并购方式？
3. 中国企业在国际化过程中，有哪些可以选择的方式？需要注意什么问题？

【参考资料】

1.《网通收购亚洲环球电讯 轻取强大海底电缆网络》，载《北京青年报》2003 年 3 月 19 日。

2.《网通收购亚环电讯 昨天全部完成》，载《北京晨报》2003 年 3 月 18 日。

3.《网通收购亚洲环电 可能承担巨额债务》，载《南方都市报》2003 年 3 月 14 日。

4.《收购案获美国破产法庭最终裁决通过，亚洲环球电讯落定中国网通》，载《国际金融报》2003 年 3 月 12 日。

5.《网通买亚环电信 超低价布局海外》，载《经济观察报》2002 年 11 月 26 日。

6.《网通收购亚洲环电震动国内 阚凯力称这是创举》，载《北京晨报》2002 年 11 月 20 日。

7.《8000 万美元买进 19 亿美元网络 网通巧得亚洲环电》，载《北京晨报》2002 年 11 月 19 日。

8.《重组后的中国网通及中国电信将于 2 月成立》，中国财经信息网，2002 年 1 月 9 日。

【案例 3-16】 由农机修理部到“中国挂车生产基地”

——山东梁山农民创业的故事

梁山县地处山东省西部，是《水浒传》中“梁山水泊”所在地。20 世纪 80 年代和 90 年代初，经过多年改革开放政策的拉动，梁山县的农民富裕起来了。一些农民开始从事起拖拉机运输业务，而另一些农民则从事拖拉机的维修服务工作。于是，在拳铺镇的 220 国道附近慢慢聚集起几十家农机修理部。随着运输市场的扩大和延伸的需求，这些修理部门逐渐掌握了拖拉机拖斗的制造技能。与此同时，经营钢材的和生产三轮车的也加入拖拉机拖斗制造行列，拖斗制造作坊与拖拉机运输业初步形成了良性互动。

运输业的发展，使得运输工具由拖拉机向汽车过渡，而市场触觉灵敏的农民又一次抓住了机遇，实现了作坊升级。90 年代末，一些人开始为汽车生产全挂车和半挂车。虽然专业车改装是我国汽车行业当时的一个发展方向，但这些挂车生产作坊不在国家经贸委的生产目录里，是所谓的非法改装。据当时的交管部门统计，山东境内的超载车辆大多来自梁山，甚至为此上了中央电视台的“焦点访谈”节目。

这些在市场中野蛮生长的乡村企业家开始另辟蹊径，跨市跨省地寻找有资格的国有企业合作，为他们贴牌生产，从而间接地取得了挂车准生证。民营的经营优势在市场竞争中突显出来，梁山的挂车生产迅速增长。截止到 2004 年底，全县有挂车生产企业 55 家，相关配套企业 21 家。在这个过程中，很多作坊开始成长为企业，并为进一步的扩张完成了初步的资本积累。如通亚投资 600 万元上马挂车制造设备和建新厂，并很快增资 1000 万元扩大生产规模。另外，很多成功的企业开始了资本兼并之路，迅速进入国家正规军行列。如通亚汽车通过跨地区兼并，2000 年底成为全国首家进入生产目录的民营专用汽车制造企业。东岳制造厂于 2002 年重组长沙汽车改装厂获得了经贸委汽车产业目录公告，到 2004 年时，东岳已实现销售收入 3.1 亿元。1999 年之前还在为通亚、东岳等供应钢材的华宇，于 2000 年正式成立华宇挂车制造厂后，在不到两年的时间里通过重组湖北的机械厂而成功进入国家的汽车目录公告。

2004 年起，梁山的挂车产业进入一个新阶段。经济的高速增长拉动挂车需求，近乎爆炸式的销量进一步催生了梁山县挂车企业的成长，企业数量也因之剧增，梁山挂车产业已经初步显现产业集聚效应。2005 年，梁山县政府编制出台《梁山专用汽车产业发展规划》，设立发展基金，成立信用担保中心和法律服务中心，组建了专用车制造行业协会，为挂车产业提供有力的服务支撑。梁山县政府还制订了挂车产业的优惠政策，比如在企业立项、征地等方面简化程序，为挂车产业的发展创造优质的外部环境。这些政策措施不仅对梁山挂车及专用汽车产业的发展起到推波助澜的作用，也对其起到积极引导的作用。

2005 年 9 月，由中汽协、省汽协、济宁市人民政府主办的首届中国（梁山）专用汽车展览会在梁山开幕。展览会引来一汽、重汽、韩国希曼公司、韩国宝光药业株式会社、加拿大威利丹公司等，多家公司与该县企业签订合作协议。此次展览会期间，梁山县获得中国汽车工业协会颁发的“中国挂车(专用车)生产基地”称号。到 2015 年,中国梁山专用汽车展览会已成功举办了 11 届。

不止于此,梁山挂车产业的兴起,也拉动了相关配套产业的发展,并形成良性互动。2005 年,梁山县境内从车轿、钢圈、轮胎、板簧到螺丝、螺母等挂车配件、零部件等,相应的企业就多达几十家。一方面,挂车产业拉动了配套产业的兴起,而另一方面,配套产业的发展又有力支撑了挂车产业的发展壮大。挂车与配套产业的良性互动,使得梁山境内崛起一个国家级的挂车产业群。到 2010 年,全县从事挂车(专用车)产业的人员达到 3 万多人。同时,2015 年,国内汽车和零部件生产企业在梁山设有办事机构 200 多家,综合性零配件物流商贸企业发展到 60 多家,大型汽贸公司已达 21 家。另外,挂车产业的集聚惠及了餐饮业和住宿业,使其也得到发展和繁荣。

2015 年,梁山县政府规划的占地 50 平方公里的专用汽车产业园内,已经入驻专用汽车制造和零部件生产企业 360 余家,其中有中集东岳、通亚、华宇等 34 家国家公告目录企业,太岳弹簧、华泰型钢、金盛车桥、江铃华岳等 200 多家配件企业;拥有省级研发中心 5 家、市级研发中心 13 家,园区与 30 多家大专院校和科研院所建立了合作关系,哈工大在水泊焊割设立了院士工作站。至此,梁山县挂车产业群产品已有 7 个系列,1300 多个品种,年可生产专用汽车 15 万辆,拥有中国驰名商标 2 家,山东省著名商标 9 家,山东省名牌产品 8 家,销售覆盖全国 30 个省市自治区,专业汽车和零配件年销售收入达 170 亿元。其中,年产汽车零配件 650 万件(套),40 多家企业的产品远销至加拿大、俄罗斯、东南亚、南美、非洲、蒙古等多个国家和地区,年创汇近 1.8 亿美元。

以农民创业起家的梁山挂车(专用车)产业群的发展轨迹是一个令人惊叹的故事,而已经开始与现代科技结合、与国际市场拥抱的梁山挂车产业不知明天还会创造出什么样的奇迹。

(张宪房)

【讨论题】

1. 梁山县农民是如何建立起国家级挂车生产基地的?当地发展挂车产业具有什么优势?

2. 在本案例中,政府在挂车生产基地的发展中起着什么作用?采取了哪些政策措施?

3. 能否也列举一个产业与配套产业良性互动发展的典型案例?

【参考资料】

1. 李继保:《山东梁山专用汽车产业转型升级——记山东梁山专用汽车产业》,载《专用汽车》2015 年第 10 期。

2. 左伏桃:《梁山的昨天、今天和明天——梁山挂车(专用车)业发展调查》,载《专用汽车》2005 年第 6 期。

3. 肖雄建:《梁山半挂车(专用车)产业探访》,载《商用汽车》2010 年第 9 期。

【案例 3-17】 唐山曹妃甸自贸区建立优势及存在的问题

唐山是河北省经济最发达的城市，拥有河北钢铁、开滦集团等世界 500 强企业，经济总量常年位于全国城市 GDP 排名 20 强，河北省之首，是京津冀城市群的核心城市之一。近几年，随着曹妃甸港区的开发，唐山港货物吞吐量已成为世界十大港口之一，于 2013 年超越大连港在世界排名第八。

唐山也是河北省重工业城市、资源型城市、老工业城市，随着经济发展，也成为重污染城市。钢铁、煤炭、机械、纺织、水泥、化工、陶瓷各行业所占比重大，产能过剩、效益低下、结构不平衡现象日益明显。“十一五”期间，尽管在钢铁、化工等传统产业提升改造的基础上，也大力促进生物制药、新能源、新材料等新兴产业发展，但 2011 年钢铁产业在规模以上增加值中占比仍高达 42%。第三产业发展滞后，“十一五”末，唐山市第三产业比重占 32.4%，远低于 46%的全国平均水平。除此之外，节能减排、结构调整、对落后多余产能进行淘汰、环境保护都是经济发展中面临的要解决的突出问题。

以钢铁行业为例，“十二五”期间，唐山市先后关停了 200 多家乡镇级小钢厂，只保留了唐山钢铁、国丰钢铁、津西钢铁、建龙钢铁等为数不多的中型以上钢铁企业。产业调整不免带来经济增长率的下滑，唐山市 GDP 排名由历史时期最高位的第 18 名下降到 2014 年的第 20 名。

显然，唐山既有经济基础雄厚、属于沿海城市、背靠京津等发展优势，又有城市转型、破解城市发展困局、寻求新的发展思路的现实。由此，培育新的经济增长点成为唐山进一步发展的必然选择。为了加快经济转型，寻找发展的机遇和突破口，曹妃甸的开放开发逐步提上日程。

一、唐山市曹妃甸自贸区

曹妃甸的发展是随着唐山市海港开发、产业转型而发展起来的。唐山市产业转型的过程也是逐步由中心市区建设转向海港地区建设的过程，在淘汰落后产业的同时加快海港建设以及在海港地区招商引资的步伐。唐山港最早开发于 1989 年建设的京唐港，之后随着首钢的搬迁有了曹妃甸港以及后来的丰南港。曹妃甸港区成为该市开放开发的前沿。

曹妃甸区由曹妃甸工业区、南堡经济开发区、曹妃甸新城和唐海县四部分组成，规划面积 1943.72 平方公里，陆域海岸线约 80 公里。曹妃甸区北距唐山市区 80 公里、北京市 220 公里，西距天津 120 公里，东距秦皇岛 170 公里。2012 年 7 月，撤销唐海县，设立曹妃甸区。2012 年，曹妃甸（包括曹妃甸工业区和曹妃甸新城）经济总量（GDP）为 256 亿元，在唐山市 14 个区县中排名第八，人均 GDP 达到 2.23 万元，位居唐山市各区县之首。

二、曹妃甸保税区的发展进程

在京津冀一体化发展过程中，曹妃甸积极寻求自己的发展空间，充分利用港口、土地等资源和优势，承接京津产业和劳动力转移，发展相关配套产业，实现资源整合及发展特色产业，促使曹妃甸成为京津城市功能纾解的新空间、要素转移的新基地、大型国企布局的首选地。按照唐山市的发展思路，建设曹妃甸自由贸易区有助于充分发挥北京、天津两个直辖市的带动作用，进一步促进环渤海地区和京津冀地区经济协作和一体化发展。

2012 年 7 月 23 日，国务院正式批复设立曹妃甸综合保税区，这是河北省第一个综合保税区，也是我国目前除上海自由贸易试验区外，开放政策最为优惠的海关特殊监管区域。曹妃甸综合保税区规划面积 4.59 平方公里。2013 年 10 月 16 日，曹妃甸综合保税区正式通过国家验收，具备封关运作条件。在获知上海自贸区获得批准时，曹妃甸也提出了自己的自贸区方案，并于 2014 年 3 月上报国务院。

唐山申请建立自贸区有其原因：第一，唐山市有众多外向型企业。比如，作为唐山支柱行业的钢铁企业，如唐山钢铁、首钢京唐钢铁、国丰钢铁。这些企业和国外联系紧密，有着出关入关的通关便利化以及融资、外汇结算等金融便利化。第二，唐山需要转型和升级。依托自己的地理位置既需要加快对日韩等国招商引资的步伐，也需要加快实现将多余产能投资海外的步伐。

除了以上基于现实的原因外，曹妃甸自贸区建设也将有益于唐山市整体布局的改善，促进教育科研事业的发展。自贸区建设也有益于环渤海地区的资源整合及协同发展。具体说：

（1）有利于探索环渤海湾地区持续增长之路。环渤海湾经济圈相对于珠三角、长三角而言发展滞后。2014 年 2 月，在一次记者招待会上，华银集团董事长兼总经理庞文剑从国家发展战略出发提到，中国经过 30 多年的改革开放，第一次是珠三角，第二次是以长三角为主，当我们积累了大量财富的时候，也遇到了一些新的问题。我们需要寻找一个新的经济增长区域。这个新的经济增长热点就是京津冀一体化和打造环渤海湾地区。[①]

在质量上，“京津冀环渤海”总体产业结构落后，除了北京、天津有众多高科技新兴产业外，其他地区大部分还是以老国企为主，第三产业滞后于其他两个地区。增量上，无论经济总量还是地区，人均收入均低于其他两个地区。从经济总量看，长三角地区的江、浙、沪在全国排名分别为 2、4、12 名，京、津、冀排名分别为 13、17、6 名。从经济圈内城市经济实力来看，长三角地区的上海是中心城市，周边有南京、苏州、杭州、无锡、宁波等实力强劲的卫星城市星罗棋布。珠三角地区中心城市除广州、深圳外，还有佛山以及广东四小虎，并且背靠港澳地区。这两个地区不仅各个城市实力雄厚，并且彼此产业关联度高，能充分发挥城市间的聚集效应。反观京津冀连同环渤海湾地区，除北京、天津两个核心城市外，附近的唐山虽说实力可以，但产业转型慢、增长趋缓，大连和青岛已经处于这个经济圈的边缘地带，经济关联性较为松散。不仅地级城市发展而且县域经济发展也落后于长三角、珠三角地区。这样，京津冀环渤海地区需要新的增长极，曹妃甸处于环渤海的中心地带，是首都经济圈乃至环渤海经济圈的重要支点，和京津联系紧密。培植曹妃甸作为新的经济增长点并建设自贸区，对中国经济第三增长极的环渤海地区的发展有重要战略意义。

（2）有利于加强津京唐乃至津京冀地区经济一体化发展并带动周边发展。早在 2008 年，国务院就批准了《曹妃甸循环经济示范区产业发展总体规划》，把曹妃甸港区作为我国能源、矿石等大宗原燃料的集疏港。这在政策层面为有效承接京津产业转移、国企项目合理布

---

① 参见《业内：京津冀连同环渤海湾将成中国经济增长第 3 极》，载《京华时报》2014 年 4 月 4 日。

局等先行奠定了基础。2015 年 2 月 26 日,习近平同志在京主持召开京津冀协同发展座谈会时提出推进京津冀协同发展的指导思想和要求。曹妃甸不仅作为唐山经济发展的桥头堡,而且作为“环首都经济圈的重要支点”,促进京津地区产业升级换代。同时,自身着力发展相关配套产业,实现借力互动、错位发展,实现区内产业及资源整合,壮大区域实力。

空间运力的整合很重要,内蒙古、山西等地煤炭外运需要曹妃甸的高铁及重载铁路建设,也需要京津地区配套铁路与公路建设。为适应未来国际竞争力的需要,应加快集装箱码头建设。山海关作为至天津段的关外物资人员进入关内的主要通道,近些年天津滨海新区运输压力过重,加快曹妃甸的建设不仅可分担天津滨海新区压力,而且还可扩展与国外的联系。

所有这些不仅需要曹妃甸自身的基础设施建设,也需要与邻近地区的协调,共同构建合理高效的运输网络空间。在这里建设自由贸易区,对连接东西、贯通南北,促进本地区的经济合作以及产业的整合有重要意义。

(3) 有利于为我国经济均衡发展提供新的战略通道。曹妃甸处于东北亚经济区的中心地带,是新建欧亚大陆桥起点,为太平洋彼岸至欧亚内陆的主要陆路通道。国际海运交通便利,距韩国仁川港 400 海里,距日本长崎 680 海里、神户 935 海里,并有航线与澳大利亚、巴西等大宗矿产资源国家相连。在曹妃甸建设自由贸易试验区,有利于加强唐山市乃至本地区与俄罗斯、蒙古等周边国家的深度合作,利用在建连接蒙古、俄罗斯以及中亚、欧洲的新欧亚大陆桥,构建新的能源原材料战略通道;外连欧洲、中亚、东北亚,内接我国三北等广阔经济腹地,在更大范围、更高层次上利用国内外两种资源、两个市场;增强我国能源原材料供给能力,强化战略物资储备,提高我国经济发展的应急能力和抗干扰能力,更好地保障我国经济平稳、均衡、安全运行。

在此基础上,借助曹妃甸创建东北亚物流枢纽的优势,围绕能源、矿产品等商品深加工,形成此类商品货物集散地,逐步构建铁矿石、煤炭、石油、天然气、木材等能源资源商品的国际交易中心,建立起曹妃甸国际大宗商品价格体系。搭建国际交易平台的同时,争夺更多资源能源商品的话语权。

(4) 有利于引领唐山市教育科研事业的发展以及带动经济社会整体发展。任何一座城市的兴起和经济发展都与这座城市文化教育的兴起分不开,近代与唐山这座城市一起兴起的是唐山交通大学,该校建于 1896 年,曾经为这座城市的崛起乃至国家的发展培养了一代又一代人才。三线建设时期,唐山交大于 1972 年西迁至成都,改名为西南交通大学。名校的离去使唐山的色彩黯淡了许多。2009 年底,西南交通大学与唐山市政府签订《校市双方关于开展全面战略合作的框架协议》,西南交大在曹妃甸新区科教城内建立研究院,精心培育港口、能源、材料、环境、交通等曹妃甸建设急需的专业。有了西南交通大学在曹妃甸建设研究院的引领,唐山其他高校也纷纷迁移落户至曹妃甸新区,比如,2014 年 10 月,唐山工业职业技术学院迁至曹妃甸新校区,拥有 50 多年办学历史的华北理工大学也决定整体搬迁至曹妃甸区。

一个城市或地区的发展离不开人才,曹妃甸自贸区的开发建设既是吸纳人才的过程,也是培育人才的过程。自贸区的建设可使西南交通大学及当地高校在新的机遇下发挥各自的学科优势,提升办学水平及向实践转化的能力,提高自身竞争力。曹妃甸建设中需要科研队伍、管理人员、高级技术工人等各类人才,各高校的迁入将为曹妃甸这片热土的兴起培育人才、添砖加瓦,助力唐山领跑环渤海经济圈。曹妃甸自贸区将会与大学及科研院所之间相互借力、相得益彰。

三、天津滨海新区与曹妃甸区比较

谈到自贸区不得不说天津自贸区，天津自贸区临近曹妃甸区，两者不可避免地存在重复建设与竞争的问题，解决好两者的关系对双方的发展都有利。

天津滨海新区是2009年天津市调整部分行政区划，撤销天津市塘沽区、汉沽区、大港区，合并后设立的以开放、开发为主的行政区划。天津滨海新区包括先进制造业产业区、临空产业区、滨海高新技术产业开发区、临港工业区、南港工业区、海港物流区、滨海旅游区、中新天津生态城、中心商务区九大产业功能区。

天津滨海新区与唐山曹妃甸区都处于引领两市经济发展的前沿，同时又都承载着提升环渤海经济带的重任。如何协调好两个新区的关系，避免重复建设和盲目竞争问题？

（1）两者的特色产业。曹妃甸积聚钢铁业及相关产业。比如，钢铁业中有首钢京唐钢铁公司、海清源科技、文丰实业、隆辉钢板等；光伏产业中有中恒科技、宜能电光源等；造纸业中有海之林、国泰纸业、建通纸业等；此外还有其他装备制造、海运及服务、生物制药、化工等企业。此外，曹妃甸综合保税区还与中国船舶重工集团有限公司、华润集团、中国中化集团公司、北京建材经贸集团、北新建材集团等大型企业建立联系。相比之下，天津自贸区则是产业先进、科技含量高的产业，且企业数目众多，拥有航空航天、汽车制造、生物制药、新材料、电子信息等各色产业。曹妃甸定位于承接京津产业转移，为京津留出发展空间，这样二者在一定程度上实现错位发展，避免了同质性。

（2）经济发展态势。从2009年到2013年，滨海新区GDP稳步增长，一年一个台阶，从4000亿、5000亿，一直到2013年的8000亿。但曹妃甸这几年GDP增长大多靠基础建设推动，2011年和2012年GDP分别为347.1亿元和356亿元，增长率为2.6%；2014年上半年，同比增长4.2%，增速不高。由此可见，无论从经济总量上看，还是从经济增速上看，曹妃甸均弱于滨海新区。曹妃甸区有待于向滨海新区学习借鉴。

（3）港口地理位置。天津港位于滨海新区，拥有百年的历史，2014年世界港口繁忙程度排名第10位，货物吞吐量世界排名第4位。唐山港是近20多年兴起的港口，发展较快，2014年货物吞吐量世界排名第8位。

唐山紧挨着天津，唐山港也几乎紧挨着天津港，又属于平原地区，彼此交通便利。对于唐山港与天津港并存的问题，早在1989年唐山市决定建设港口时，时任国务院总理朱镕基即对此持保留意见，认为唐山北有秦皇岛，南有天津，无需另建港口。事实也证明，在建港之初确有二者功能重叠问题。随着京津产业转移，特别是首钢的搬迁，包括曹妃甸港在内的唐山港区显示出它应有的价值和独立性。曹妃甸港区为中国能源、矿石等大宗原燃料的集疏港；天津港为国际航运中心、物流中心和国内北方航运中心的地位不变。曹妃甸港目前主要承担首钢铁矿石的航运，已经发展成为国内最大的铁矿石进口港之一，并且在一定程度上可与秦皇岛港一起分担“北煤南运”的任务。由此可见，即使彼此存在一些同质同构问题，也会随着发展逐步得到解决。

（4）自贸区定位。在天津滨海新区与曹妃甸区均实现较好发展的时候，各自进一步提出了勾勒自贸区的构想。天津自贸区基本功能包括改革定位和自由贸易区六大功能定位，其中改革定位包括贸易自由化、便利化，投资自由化，国际金融化；自由贸易区六大功能定位包括国际投资规则的试验区、服务贸易创新的引导区、离岸产业体系的集聚区、对外投资服务的先导区、监管方式优化的先行区、政府管理创新的示范区。

曹妃甸保税区如今自身定位为:以保税仓储、国际中转、国际配送、国际采购、转口贸易、研发设计、出口加工、商品展示、检测维修、港行服务十大功能为依托,凭借国家赋予支持性优惠政策,重点发展具有"高附加值、高科技含量、高税收、大物流"特点的高端制造业、现代物流业及现代服务业。

从两者的功能定位上看有诸多重复,再加上两者地域临近,围绕资源、市场、技术和人才的竞争将十分激烈。在竞争中不免会有压缩社会成本、降低市场准入、降低环保标准、加大环境污染等不利于健康发展的一面,会造成资源的浪费、优势的抵消、收益的下降,而无法形成整体合力,甚至会出现 1+1<2 的尴尬境地,退回到自贸区之前的政策雷同、无序竞争、各自为政的低水平状态。由此,要求两个地区之间在政策上明确自己的定位,在规范的竞争环境中互相取长补短,相互促进。

四、自贸区建设存在的问题

曹妃甸建设中难免存在各种问题,主要包括:

(1) 举债经营效益低下问题。曹妃甸已经存在闲置土地问题,如烂尾楼现象、半拉子工程等似乎悄无声息地在这片区域出现并有蔓延之势。而藏在这背后的则是巨额的地方债务。到 2013 年底,曹妃甸累计实施亿元以上项目 352 个,总投资 5611.2 亿元,在建项目 217 个,总投资 2831.1 亿元。根据《第一财经》报道,2013 年底,河北省到期的地方政府融资平台贷款本息 700 多亿元,唐山市就有 100 多亿,这 100 多亿中有相当一部分在曹妃甸。[①]曹妃甸要继续建设,必须进一步融资。在此期间,唐山市政府给予曹妃甸大量低息贷款,无疑破坏了市场竞争,也加大了当地资本的寻租行为,对曹妃甸的建设尤为不利。巨额的地方债务、缓慢低微的收益,将使曹妃甸进一步开发举步维艰。

(2) 特色不太鲜明。曹妃甸发展最快的还是基础设施和房地产,其次是传统产业的引进,高新技术产业则发展缓慢。近几十年来,各地为拉动经济发展,建立各种形式的开发区,很多开发区都大同小异。如果保税区或者自贸区建设因循守旧,单纯依靠政府投资扩张,四处圈地盖楼,最终只会有华丽的外表,而实际上政府负债累累,难有后劲。

(3) 产业结构相对落后。曹妃甸自贸区内钢厂、造纸厂依然存在并且拥有一定数量。2015 年 12 月新近引入的项目中,石化炼油厂也是承接了津京地区的产业转移。这可能在短时间内无法吸引大量高精尖企业的投资,从而也就缺少区域彼此促进发展的产业链。这样不仅唐山市自己发展滞后,起不到地区辐射作用,还会拖区域经济发展的后腿。

值得注意的是,在谈到上海自贸区时,上海市委书记韩正多次在公开场合重申"核心是制度创新,而不是优惠政策"。金融贸易环境的改善是各方面发挥合力不断创新的过程。无论保税区还是未来的自贸区都需要有一个合理的规划方案、高效廉洁的政府、公平统一的竞争环境、区内运行规范的现代化企业,这样,好的金融贸易政策才能发挥作用。

(李立平)

① 参见聂伟柱、杜卿卿、李静瑕、董云峰:《媒体曝曹妃甸烂尾陷千亿级债务雪球》,载《第一财经日报》2013 年 6 月 19 日。

【讨论题】

1. 曹妃甸发展中出现的问题哪些可能是全国同类开发区所共有的？哪些可能是曹妃甸所特有的？

2. 相比于天津滨海新区，曹妃甸应该有哪些新的发展思路？其建立自贸区的意义何在？

3. 分析比较中国各地自贸试验区的特点、存在的问题和解决的途径。

【参考资料】

1. 陆军：《城市老工业区转型与再开发》，社会科学文献出版社 2011 年版。

2. 肖金成：《京津冀协同发展系列研究》，载《经济研究参考》2015 年第 2 期。

3. 李玉涛：《京津冀地区基础设施一体化研究》，载《经济研究参考》2015 年第 2 期。

4. 天津经济课题组(虞冬青、赵琳慧、孟力、张丽恒、曲宁、仲成春)：《起航——天津自贸区》，载《天津经济》2015 年第 2 期。

【案例 3-18】 沃尔玛在南美市场失利的竞争情报

在大多数地区和大多数人看来，沃尔玛是成功的全球大型零售业集团。2017 年 7 月发布的《财富》世界 500 强排行榜中，沃尔玛连续 4 年排名第 1 位。从它近年来的出色表现看，似乎不可战胜。在中国，它正如日中天，强劲发展，截至 2016 年 12 月 31 日，沃尔玛已在中国 189 个城市开设了 439 家商场，8 家千仓配送中心和 11 家鲜食配送中心。

沃尔玛在大多数地区都取得了成功，得益于其对当地市场情况的了解，对竞争情报的充分分析与掌握，但各地的竞争形势与竞争格局是不完全相同的，就像中国市场与美国市场的需求不一样，消费观念也不尽相同，消费层次、消费水平都存有差异。遗憾的是，沃尔玛在开拓南美市场上却未能作出全面的竞争情报分析，导致失利。

为了进一步加大沃尔玛国际业务的比重，沃尔玛向南美市场扩张，低价策略是沃尔玛占据市场一贯使用的撒手锏，但在南美，沃尔玛遇到了激烈的竞争，低价销售策略遭到了挑战。在占领巴西和阿根廷市场时，沃尔玛曾采用“每天低价”的策略，但这个策略用了两三次后就难以奏效。因为在这些市场中，当地大的零售商以及法国的家乐福早已占据主导地位。对南美消费者的消费习惯缺乏调查和研究也是沃尔玛销售策略制定失误的原因之一，沃尔玛在巴西某个中等城市建立的大型购物中心里，刚开业时，购买者几乎挤破大门疯狂购买低价的微波炉和电视机。然而，这种热情没有维持多久。在阿根廷布宜诺斯艾利斯市郊的一家沃尔玛购物中心里，就连星期天来购物的人都比较少。一位购物者试着解释这个原因，他说：“如果买鞋、衣服和日用品，沃尔玛和家乐福没有多大差别；如果买食品，他们更喜欢智利人在当地开的超市连锁店，在那里可以买到优质的产品和新鲜的肉。”

家乐福对竞争情报的重视使其在与南美沃尔玛的角逐中占据先机。家乐福先来到南美市场，它在阿根廷和巴西已经拥有相当规模的连锁店，家乐福希望用定价和促销的方式应对沃尔玛的低价销售方案，并试图将沃尔玛排挤出局。沃尔玛某个商店一打出某种低价商品的广告，几个小时内附近的家乐福就会作出反应，它会将稍低价格的同样商品的广告摆在通往沃尔玛停车场的路上，告知消费者它比沃尔玛有更多的优惠，这种竞争极其惨烈。

在分销问题上，沃尔玛也照搬了在美国的做法，实际上，它在这里与在美国的地位有天壤之别。在美国，沃尔玛拥有一个高度优化的存货管理系统以及自己的分销中心网络。但是在圣保罗，沃尔玛没有自己的分销系统，依靠供应商以及签约卡车直接将大多数商品配送到商店。这里的连锁店每天都会处理 300 次配送，而在美国每天只需要处理 7 次，而且这里配送的产品有时候会在码头和商店之间神秘地消失。

这还不是唯一的问题。在美国，沃尔玛让供货商对它的采购价值量睁大了眼睛，认同沃尔玛的价值取向，但在这里，11 家南美的供应商已经对沃尔玛攻击性的定价策略产生了不快，一度拒绝对这条供应链提供货物。这是不了解市场竞争情报的代价，对市场错误理解导致了不正确的决策，从而直接给沃尔玛带来了经营上的困难。

沃尔玛在南美的麻烦很大程度上是它缺乏对当地市场的早期调查，对竞争情报的分析。

最有说服力的例子便是公司最初引进像页式吹风机等南美人不用的东西。不了解导致学习进步较慢，如对巴西市场上早已变得流行而且已经是很稳定的延期支票支付的方式，沃尔玛适应比较慢，直到 2002 年 2 月才开始接受。

沃尔玛的竞争对手——当地一家特大超市从开始接受延期支票后就变得很受欢迎，该超市还在收银台安装了成熟的信用检查系统。而沃尔玛无法在这方面表现出自己的专长。对巴西市场信用文化的快速变化适应缓慢，是沃尔玛对竞争情报缺乏研究的最直接体现，正是由于不知道、不了解，才直接导致沃尔玛在这个问题上逶逸难行，坐失大好机会。

在美国，沃尔玛的会员制取得很大的成功，其前提是美国是生活节奏快的国家，美国的消费者为了节省购物时间，提高购物的效率和购物的经济效益，愿意为会员制支付一定费用，有为服务支付费用的习惯，并且美国家庭一般有足够的储藏空间来存放东西；而在南美，消费者不想为商店的会员制支付费用，而且他们的家里没有足够的空间来储藏大量的东西。在不了解地区差异的情况下，沃尔玛因循守旧地实行会员制，向会员大量出售货物的行为很难得到发展。

沃尔玛是个典型的依赖物流配送系统的企业。总结沃尔玛在南美失败的主要原因有如下几点：(1) 事先没有进行竞争情报研究；(2) 在策略上采取了照搬美国的模式；(3) 缺乏规模效益；(4) 规范死板，没能与供应商建立起诚信合作关系；(5) 货物缺乏本地化；(6) 不适应本地文化，包括付款方式。

作为南美市场的新进入者，沃尔玛实力还很小，不具备对供应商的控制和讨价还价能力。沃尔玛应该在初期更顾及供应商的利益，逐步与之建立稳定的合作关系，让供应商离不开沃尔玛的时候，再逐步实施自己在美国对供应商采取的控制策略。一味的低价策略也遭到了当地市场竞争对手的强烈反击，而沃尔玛并没有实现价格上的优势。在货物提供上，也没有很好地根据实际情况，提供更多当地人喜欢的商品。

物流管理策略和目标在不同市场中的调整是非常重要的，沃尔玛应根据不同的市场调整物流管理的策略，适应南美市场的需要，适应南美市场消费者的消费习惯和方式，以满足消费者个性化的需求。

（王　锋）

【讨论题】

1. 作为像沃尔玛这样的跨国零售企业，新进入一个地区最应该考虑的因素是什么？

2. 物流管理策略和目标在南美市场应该如何调整？如果你是沃尔玛的南美区总经理，你会通过哪些手段和措施与其他零售企业（如家乐福等）进行竞争？

3. 沃尔玛在南美的失利给中国的跨国投资以什么教训？

【参考资料】

1. 蔡来兴：《全球 500 强》，上海人民出版社 1999 年版。

2.《2016 年中国连锁百强：沃尔玛经营数据分析》，东方财富网，2017 年 6 月 24 日。

3. 杨树德：《大力推进商品流通行业的改革与发展》，载《铁道物资科学管理》1999 年第 2 期。

【案例 3-19】 友邦保险本土化使用人才的理念

1992 年无论对于中国保险业还是对于友邦保险都是一个具有象征意义的年份，这一年，美国友邦保险有限公司进驻中国上海，这意味着友邦的中国战略正式启动。

进入中国保险市场使友邦保险如鱼得水，将“授权代理人”等先进的营销机制带到中国，使中国的保险业迅速与国际惯例接轨。继上海分公司之后，10 年之内，广州、深圳、北京、苏州分公司和佛山、东莞、江门支公司先后开业。中国庞大的保险消费市场没有使友邦感到失望，特别是深圳市场的迅速发展更是让友邦感到喜出望外。

1999 年 10 月 19 日，美国友邦保险有限公司深圳分公司进驻深圳标志性建筑之一——地王大厦，这不仅是实力的检阅，更表明了一种信心。友邦深圳是友邦保险继上海、广州之后建构的第三家寿险分公司。友邦深圳不断致力于为客户提供更加优质的服务，设计结构更加合理、市场应对层面更加多元化、更贴近个性化消费的产品。

2017 年 6 月公布的《2017 年 Brand Z 最具价值全球品牌 100 强》中，友邦保险排名第 97 位。

在友邦保险工作了近 20 年的深圳分公司总经理鲍可维先生，1999 年 8 月仅带着两个助手从香港来到深圳，经过 3 年的打拼，友邦保险在深圳站稳了脚跟。谈起创业的风雨历程和企业的发展轨迹，鲍可维先生神采飞扬：“AIA 深圳分公司成长在南海之滨，3000 多名员工以自己的汗水述说着春天的故事，以不凡的业绩续写着 AIA70 多年保险业务的新篇章。”

友邦保险在深圳的成功是不争的事实，但鲍可维对如数家珍似的成绩罗列好像兴致不浓，倒是对创造友邦深圳奇迹的员工队伍称颂有加，说到友邦深圳的用人特色，他不禁眉飞色舞，他已经把目光聚焦在人才战略和用人之道等攸关企业长远发展的深层次因素上了。鲍可维认为，友邦深圳经营战略有三个支点：一是为客户提供个性化、多元化、结构合理的险种和专业服务；二是实现人才的本土化；三是为员工提供系统的培训。这三个支点中，后两个属于公司人力资源建设范畴。

鲍可维的理想就是通过培养一支本土化的人才团队来实现公司的经营战略目标。他的这一理想建立在一个逻辑严谨的理念基础之上：本土人才熟悉本土文化，不论是在业务拓展、市场推广，还是经营管理、企业文化建设等方面，本土人才都有着不可替代的优势。现在，他的这一理想实现了。如同他对公司业绩目标预期的达成一样，他对在深圳求职的内地人才的素质持肯定态度，他认为他们有抱负、有热情、有文化、有专长，有着很好的可塑性，是优质保险业的“毛坯人才”，但要使他们成为成熟的保险人才，则须经过系统的培训。

友邦深圳实施的是成长/成功型的人才本土化战略，即让本土员工与企业“一起成长，一起成功”。公司的经营管理工作高度透明，员工都知道公司的发展状况、发展方向和经营目标，知道自己的工作职责或任务指标，公司每天也会有新的信息通过电脑传达给员工，随着公司事业的发展又不断给他们提供培训或提升的机会。三年来，不少进入友邦深圳的年轻人都成长起来了，有些已成为部门主管，看到这些人在为社会、为企业做贡献的同时个人的价值也得到最大限度的发挥，鲍可维说他真的感到很欣慰。

诚如鲍可维所言，友邦深圳公司与员工的关系是对等、双向的。双方只有相互认同，才能擦出干事业的火花，才能和衷共济，融为一体。公司有责任培养员工，让员工不断进步，不断增值，不断承担起更多的责任。在友邦，员工的工作成绩和敬业精神会不折不扣地得到承认，兢兢业业工作的人会通过科学的分配制度分享到公司成功的喜悦，而同仁之间也乐于相互分享对方成功的喜悦，因为个体的成就必定惠及他人。在友邦，不存在发展受限问题，友邦的发展为员工提供了成长空间和发展机会。

友邦保险的员工分为两类：一类是保险代理人，另一类是职能管理人员。对保险代理人实行多劳多得的分配机制，收入上不封顶，绩效考核绝对透明；而对于职能管理人员的待遇则根据工作技能、岗位技术含量、职位、工作态度等因素考量。公司员工一同参加公司举办的各类活动，比如公司每年举办的"团队建设"活动，在活动中让大家感受到家庭般的温暖，相互团结合作；让大家树立企业主人的信念，对自己所从事的工作的社会价值充满自豪感，同时增强员工对企业的满意度和向心力。

鲍可维有一个观点：做公司不求最大，但要做到最好，让客户和员工共同分享企业成功所带来的丰厚回报和喜悦。公司鼓励员工与客户之间形成互信、轻松、和谐的朋友关系，愿意看到客户与员工一起奋斗，一起成长，一起享受生活的快乐时光。公司时时告诫员工，你不是为了赚取客户的钱而来到友邦做保险的，你应该时刻想着能为客户带来些什么，你是否尽了最大努力来帮他们实现自己的期待。

公司要求员工用心做事，因为员工只有把心思放在工作上，才会心无旁骛，相互之间的关系才会变得融洽，这样整体的工作效率和工作质量就会提高。友邦深圳还重视员工之间、部门之间的相互配合，一个企业正如一台机器，如果零件之间配合得好，机器就不会出故障，反之机器就难以运转。

友邦深圳员工流失率比较低，有些员工虽然离开了公司，但公司希望他们能工作、生活得更好。如果这些员工到别的城市发展，而这些城市有友邦保险的分公司，公司是非常乐意推荐他们的，而他们也非常乐意继续在友邦服务。这是因为友邦保险花了大笔的资金培养他们，如果改行，不论对于他们还是对于友邦保险来讲都是很大的损失。

鲍可维认为，做保险要有良好的工作(职业)习惯，要树立形象感和责任感，要清楚地了解服务对象及业务内容，每天须知道自己要做哪些事，用什么策略，按什么标准，花多长时间，做到什么程度，哪些工作需要改进。友邦深圳要求业务人员具备大专或大专以上学历，要求接受、领悟能力较强，性格外向，乐意与人沟通，有较强的心理承受能力、良好的个人习惯和个人魅力，认同公司，接受公司的培训，有团队意识和集体意识。管理人员在工作过程中要清楚地知道自己的工作职责，有提高工作效率和创造性地开展工作的能力，有管理协调能力和自我管控能力，愿意创造良好的工作氛围，要敢于进步，不断超越自我。

友邦深圳的商战制胜法宝，用鲍可维的话来讲就是："培训，培训，还是培训。"在友邦深圳，每天都有培训，培训对象包括新进公司的保险代理人和员工、需要培训的其他保险代理人和员工，以及各级主管；培训项目除产品培训、推销培训、个案分析内容外，其他培训项目也门类繁多，异彩纷呈，包括书法、化妆、插花等，从而让员工掌握各种管理工具和手段，提高专业技能和综合素质。

友邦深圳三年迈出三大步，一方面依赖于观念与机制的进步，另一方面是拥有一批综合素质高的代理人。正是因为有了这些勤奋、聪明、敬业、热爱生活的人们的加盟及其卓越的劳动,使友邦深圳分公司保持了稳健的发展态势,使人才、友邦保险和全社会得以共享进步与成功的幸福和喜悦。

作为一个在全球具有相当知名度的跨国保险公司,为了开发和拓展在中国的业务,实施了人才本土化战略,应该说这是一项非常成功的战略抉择。随着中国日益发展和壮大,大量的跨国公司纷纷落户中国,同时中国日益完善的教育体制正培养出一批又一批的精通业务、通晓国际惯例而又熟本国国情的高层次人才队伍,市场的竞争归根结底是人才的竞争,而对于一个公司而言,确定合理有效的人才战略是能否吸引人才、留住人才的关键。友邦保险公司既懂得最优化地使用本土人才,即降低人力成本,又在公司内部形成一整套的激励、约束机制,同时又加强员工的培训和再教育,使员工与时俱进,公司也十分重视培养员工与顾客之间的良好关系,这些都值得中国企业学习与借鉴。

(斯　文)

【讨论题】

1. 友邦保险公司在中国成功的秘诀有哪些?
2. 友邦保险公司实施人才本土化的战略有什么现实意义?
3. 中国保险公司从国际跨国保险公司那里可以学习到哪些经验?

【案例 3-20】 亳州中华药都与古城

亳州市位于安徽西北部，西、北与河南省接壤，全市总面积 8374 平方公里，截至 2016 年底，总人口 646.8 万人，辖 3 县一区，中心城区规划面积扩大到 218 平方公里。

一、亳州的资源概况

亳州市境内均为平原，地势平缓，适宜耕作，自然坡降为 1/7500，自西北向东南微倾，地面相对高差为 11.2 米。地貌类型主要由堆积地貌和剥蚀地貌组成，土壤质地较好，主要为古老的黄土性沉积物和近代黄返沉积物。主要土壤类型为黄潮土和砂姜黑土，其中黄潮土约占土地总面积 66.33%，砂姜黑土约占土地总面积 33.67%，是一个适宜以种植业为主的地区。

亳州市位于温暖半湿润季风气候区内，四季分明，气候温和，雨量适中，光照充足，雨热同季，生长期较长。年日照时数为 2527.6 小时，平均太阳辐射总量为 127.9 千卡/平方厘米；年均气温 14.5 度，无霜期 209 天，年均降水量 820 毫米，水热组合好，适生生物多。

水资源供需平衡。地下水总储量为 49—52 亿立方米。涡河是亳州市内的主干道，境内长度为 66 公里，流域面积占全市面积的 85%。

全市有林地 1.2 万公顷，各种树木 51 科，160 多种，5200 万株，森林覆盖率为 23.6%。野生动物有鸟类 20 科，50 多种。陆栖脊椎动物 147 种。中药材有 171 科，410 种，其中植物类 107 科，295 种，动物类药材 64 科，99 种，矿物类药材 13 种，其他种类 3 种。亳州的白芍、菊花药材在《中国药典》上被称为“亳芍”“亳菊”。

二、亳州的发展规划及成就

在改革开放前，亳州的社会和经济发展迟缓。1978 年，亳州市工农业总产值仅为 2.1 亿元，财政收入 2500 多万元，人民生活水平十分低下。党的十一届三中全会后，为了改变亳州贫困落后的面貌，提高人民群众的生活水平，亳州市委、市政府制定出一整套发展规划，提出发挥亳州“药都、酒乡、历史文化名城”三大优势，走突出地方特色的发展之路。

(1) 加快亳州“中华药都”建设。自 1985 年起，亳州在每年的 9 月 9 日神医华佗的诞辰日，都会兴办规模宏大的中药材交易大会，到 1999 年已经成功地举办了 13 届。1994 年，亳州建成全国最大的中药材交易中心，占地 3000 亩，投资 3 亿元人民币。2000 年，由安徽省人民政府和中国药材公司联合主办了(亳州)全国中医药交易会和全国中药交流会暨全国保健品交易博览会，吸引来自美国、韩国、德国、加拿大等 14 个国家及国内十几个省市和港、台地区近 400 名客商前来，在充分洽谈、考察论证的基础上，共签约 53 项，其中合同 38 项，协议 11 项，总投资额达 8.2 亿元，协议利用外资 3.95 亿元。

由于亳州的中药材等特色产品质优价廉，在国际市场上具有较强竞争力。亳州现已成为全国最大的中药材种植基地,种植面积达 100 万亩,200 多个品种。从事中药材种植、加工销售者已有近百万,出现 1000 多个药材专业村,年产中药材 100 多万担,年经营销售额逾百亿元,占全国总成交额的 1/3 左右,仅此一项就增加收入 5 亿多元,药业经济已成为亳州经济的重要支柱。

(2) 利用招商引资工作,改善投资环境,发展本地工商业。其中,广西中医药情报站和香港鸿基房地产开发公司投资 2.5 亿元兴建的中国国际中药材交易中心已于 2001 年全部投入使用,是目前国内规模最大、设施最好、档次最高的中药材专业交易市场。2016 年 11 月 16 日,亳州国祯生物质热电联产项目正式开工。亳州还先后与日本和中国东部城市建立友好城市,使得对外开放由单一的招商引资向多方面合作迈进。

近年来,全市工业以 13 家大中型企业为依托向集团化逐步发展,初步形成了烟草、金刚石、纺织、化工、医药、桐木、金王电池等实业集团。同时,加快中小企业技术进步和技术改造步伐,集中资金和力量确保一批重点项目的竣工和投产,开发出一批优新产品,形成一批新的骨干企业,取得显著的经济效益。其中,古井集团继成功发行 B 股和 A 股以及兼并萧县葡萄酒厂后,又兼并了阜阳雪地啤酒厂、蓬莱白酒厂,出现新的生机和活力。

(3) 加强教育,培养科技人才。2016 年,亳州全市有普通高校 2 所,在校学生 1.1 万人;各类中等职业学校(不含技工学校)29 所,在校生 7.3 万人;普通高中 26 所,在校生 8.0 万人,高中阶段毛入学率 93%,比 2015 年上升 0.9 个百分点;普通初中 265 所,在校生 20.4 万人,初中阶段适龄人口入学率 99.97%;小学 1122 所,在校生 49.7 万人,小学学龄儿童入学率 99.99%;各级各类成人学校毕业生 1.4 万人,全面实施免费义务教育,受益学生 70.2 万人。共有卫生机构 1625 个,卫生技术人员 15690 人。各类专业技术人员 5.1 万人,比 2015 年增长 3%。有省级以上工程(技术)研究中心 20 家,全市高新技术产业增加值 89.4 亿元,比 2015 年增长 15.8%。全年受理专利申请 3438 件,授权专利 1447 件。

(4) 利用人文资源,发展旅游事业。悠久的历史,众多的名人,灿烂的文化,给古都亳州留下了许多珍贵的名胜古迹,如汤陵、道德中宫、白衣律院、华祖庵、曹氏家族墓群、地下运兵道、花戏楼等。其中,国家级和省级重点文物保护单位 10 处,市级文物保护单位 36 处,一般文物古迹 150 处,丰富的人文景观成为亳州重要的旅游资源。90 年代建成的中国酒文化博物馆,展品丰富,陈列考究,充分表现出中国酒文化的源远流长和博大精深,已逐渐成为亳州一个高品位的旅游新景点。

辛勤的汗水终于培育出丰硕的果实。2016 年,全市国民生产总值达 1046.1 亿元,比全省平均水平高出 0.2 个百分点,一产增加值 206.3 亿元,增长 3.1%,二产增加值 404.9 亿元,增长 9.2%,三产增加值 434.9 亿元,增长 11.5%。经过几十年的艰苦创业,亳州市工业已基本形成以轻工业为骨干,具有一定生产能力和规模并拥有较先进生产工艺的工业体系。

开放的亳州交通便捷,通信发达。京九铁路纵贯南北,涡河水运直抵苏杭,604、105 国道交叉穿越,商丘、阜阳民用机场距亳州仅百里之遥,全市城乡开通程控电话,烟、酒、药、桐成为亳州的四大经济支柱。古井贡酒饮誉国内外。

(林　珏)

【讨论题】

1. 亳州是如何利用本地优势发展起来的?
2. 亳州经济发展的主要经验是什么?

3. 对那些既无历史遗产可继承，又无特产可利用的地方，是否经济发展就困难重重？有无成功发展的案例？列举一个，并与亳州的发展模式相比较，找出两者发展中的共同点和差异点。

【参考资料】

1. 亳州市统计局：《（安徽省）亳州市 2015 年国民经济和社会发展统计公报》，知县网，http://www.ahmhxc.com/tongjigongbao/3080_6.html。

2. 国家数据网。

【案例 3-21】 皖江城市带承接产业转移的产业规划

2010 年 1 月 12 日，国务院正式批准实施《皖江城市带承接产业转移示范区规划》（以下简称《规划》），这标志着皖江城市带承接产业转移示范区建设正式纳入国家发展战略。《规划》从国家战略层面，明确了皖江城市带承接产业转移示范区发展的总体思路、重点任务和政策措施，为今后一个时期皖江城市带加快发展指明了方向。

示范区规划范围为安徽省长江流域，包括合肥、芜湖、马鞍山、铜陵、安庆、池州、巢湖、滁州、宣城九市全境和六安市金安区、舒城县，共 59 个县（市、区），辐射安徽全省，对接长三角地区。2008 年，规划区年末总人口 3058 万人，地区生产总值 5818 亿元，分别占安徽省的 45％和 66％。规划期为 2010—2015 年，重大问题展望到 2020 年。

这是我国第一个为促进中西部地区承接东部沿海地区和国外产业转移而专门制定的规划，对于充分发挥中西部地区比较优势，挖掘发展潜力，探索承接产业转移新途径和新模式，在全国范围内推进形成更加合理的区域产业分工格局，加快转变经济发展方式，保持经济平稳较快发展，具有十分重大的意义。

一、规划背景

1. 宏观背景

过去，我国经济的高速增长基本上是以大量消耗资源为代价的数量扩张型的增长，中国每万元 GDP 所需的物质消耗是发达国家的 4—6 倍。经过 30 年的改革开放和快速发展，中国的产业升级已成为必然趋势，而在产业升级中产业转移则是重要的方式。

“产业转移”是产业区域转移的简称，属于市场经济条件下企业自发的行为，是在资源供给或产品需求条件发生变化后，某些产业从一个国家或地区转移到另一个国家或地区的经济过程。在亚洲，从 20 世纪 70 年代后半期的日本到 80 年代中期的亚洲四小龙，皆是通过产业转移来实现本国或地区经济的跨越式增长。可以说，产业转移推动了各国的产业分工，有效促进了东亚地区的经济一体化。

90 年代，随着中国经济的崛起，日本学者关口博夫敏感地指出，中国内部将出现以上海为雁首的“雁行发展模式”。由沿海发达地区的市场化企业向内陆地区进行产业区域转移，将有效地应对我国入世后的贸易自由化带来的冲击。对于长三角企业来说，向皖赣等邻近的内陆省转移生产线甚至建立新的研发基地已是大势所趋。

2. 自身基础

（1）毗邻长三角。长三角地区在经过多年的扩张和大发展之后，国有及国有控股企业、私营企业和三资企业等各类企业都达到相当多的数量和规模，生产要素、环境容量、发展空间已经达到相当紧张的程度，迫切需要大力推进产业结构升级和产品结构优化，建立有效的高新技术转移促进机制，提升经济运行的质量、效益和水平。这就需要营造一个更强的大后方作为支撑，其对能源、劳动力和各种初级加工产品形成了较大的市场需求。中部地区的安徽省虽然各类企业的数量和规模与东部长三角相比存在着较大的差距，但近年也有较大的发展，已基本具备提供能源、劳动力和各种初级加工产品的优良条件，区域内已经形成了广泛的经济技术合作基础。目前，安徽省外投资的一半以上来自于苏浙沪。当前，中部的安徽正成为长三角需要开辟的新腹地。安徽省已与长三角地区开展了多层次的交流与合作，合肥、马鞍山、芜湖、滁州、宣城、黄山等城市已不同程度地与长三角融为一体。

(2) 劳动力资源优势。安徽省的最大特征是劳动力资源丰富，但与长三角相比在技术、人才和资本等方面则比较稀缺，而要实行丰富资源与稀缺资源的置换，从分享苏浙沪经济繁荣中获取比较利益，只有参与到发达地区的市场分工中去，才能得以实现。苏浙沪具有向其他省区转移和扩散劳动密集型甚至技术、资本密集型加工业的要求，而安徽也具有接纳这种转移和扩散的需求和能力。同时，这种需求和能力正由被动式转向通过区域分工合作发挥各自比较优势、实现共同繁荣的主动创新方式。安徽省在泛长三角分工与合作中正在抢占先机，争取率先发展。

(3) 自然资源丰富。安徽省与东部的苏浙沪相比，在土地、森林、矿产、劳动力和水资源等方面具有着丰富的资源优势；苏浙沪自然资源禀赋缺乏，而其他生产要素，如技术、人才、资本等方面则具有相对优势。东部的苏浙沪与中部的安徽省在资源优势上有很大的互补性，这就奠定了泛长三角实现区域合作的经济基础，同时决定了各自在经济圈中不可或缺的战略地位。

(4) 产业基础初具。安徽省目前已经形成了以骨干企业为支撑的五大支柱产业：一是以马钢、海螺水泥、铜陵有色为代表的优质材料产业；二是以江汽、奇瑞为代表的汽车及零部件制造业；三是以淮南、淮北矿业集团和皖能集团为代表的能源产业；四是以丰原生化为代表的农副产品深加工产业；五是以安庆石化、佳通轮胎等为代表的化工产业。这些优势特色产业具有明显的产业聚集效应，为接纳长三角核心区的产业转移、进一步融入长三角奠定了良好的产业基础。从市场角度来看，安徽的人口将近7000万，为企业发展提供了广阔的消费市场；同时，中间产品需求和技术需求市场广阔。安徽的工业经济和固定资产投资规模大，以能源、原材料工业为主的产业结构优化升级不断加快，技术改造、引进新技术愿望迫切，技术市场潜力巨大。

3. 发展愿景

根据《规划》，到2015年，示范区经济总量大幅增长，产业结构进一步优化，现代产业体系基本建立，生态环境更加良好，人民生活水平显著提高，基本建成全面小康社会，在带动安徽发展、促进中部地区崛起中发挥更大作用。

(1) 综合实力明显提升。地区生产总值比2008年翻一番以上，人均地区生产总值超过全国平均水平。科技进步对经济增长的贡献率显著提高。城镇化率达到55%。

(2) 产业结构优化升级。三次产业协调发展，农业基础地位稳固，非农产业比重进一步提高。汽车、钢铁、有色、机械设备、化工、建材、家电、农产品加工八大优势产业在全国的地位进一步提升，高技术产业快速发展，现代服务业体系日趋完善。

(3) 开放合作不断加强。区域合作机制进一步健全，全方位对外开放格局基本形成，基础设施、市场体系、体制机制等与长三角全面对接，形成一批特色化、集约化发展的产业开发园区，外来投资、外贸进出口质量和水平稳步提高。

(4) 公共服务日趋完善。教育、卫生、文化、体育等社会事业加快发展,覆盖城乡的基本医疗、基本养老等社会保障体系基本形成,就业更加充分,城乡居民收入大幅增加,基本公共服务水平明显提高。

(5) 人居环境更加良好。资源利用效率持续提高,生态环境保持良好,节能减排效果明显,单位地区生产总值能耗、单位工业增加值用水量稳步下降,工业企业污染物达标排放率达到100%。巢湖整体水质得到改善,长江干流水质稳定在Ⅱ—Ⅲ类,出境断面水质保持现有水平。

表 3-21-1 皖江城市带承接产业转移示范区主要规划指标

指　标	单位	2008 年	2015 年
地区生产总值	亿元	5818	13500
财政收入	亿元	854	1700
城镇化率	%	46.4	55
非农产业增加值占地区生产总值比重	%	88	93
规模以上工业增加值中开发区所占比重	%	53.4	65
研发经费占地区生产点值比重	%	1.23	2.2
科技进步贡献率	%	55	≥60
城镇居民人均可支配收入	元	14012	28500
农村居民人均纯收入	元	4739	9900
每年城镇新增就业人数	万人	30	40
城镇职工基本养老保险参保人数	万人	217	285
职业教育在校学生规模	人	50	80
单位地区生产总值能耗下降	%	4.5	累计 20 年以上 (原则上优于"十二五"目标)
万元工业增加值用水量	吨	255	175
城市污水处理率	%	55	75
工业固体废物综合利用率	%	80%	90

资料来源:《皖江城市带承接产业转移示范区规划》。

表 3-21-2 皖江城市带承接产业转移示范区相关政策

2008 年 12 月	"皖江城市带"正式获国务院批准
2008 年 12 月 29 日	安徽省通知成立《皖江城市带承接产业转移示范区规划》编制领导小组
2009 年 1 月 5 日	省发展改革委专题研讨《皖江城市带承接产业转移示范区规划》提纲
2009 年 1 月 9 日	规划编制组分赴皖江城市带九市开展调研
2009 年 7 月 16—21 日	集结了 22 个部委、80 多名专家的国家部委联合调研组,深入皖江地区 10 个市的 146 个调研点,实地考察企业、园区、港口和重点建设项目,为《皖江城市带承接产业转移示范区规划》出谋划策
2009 年 9 月 25 日	国务院常务会议讨论并原则通过《促进中部地区崛起规划》,出台八项举措,力争到 2015 年使包括安徽在内的中部六省经济社会发展达到新高度
2010 年 1 月 12 日	国务院正式批复《皖江城市带承接产业转移示范区规划》
2010 年 8 月 13 日	皖江城市带示范区产业指导目录获得批准
2010 年 8 月 26 日	皖江示范区 24 条新政颁布实施

资料来源:根据公开信息制表。

到2020年,示范区整体经济实力大幅提升,以先进制造业和现代服务业为主的产业体系进一步完善,主导产业核心竞争力明显增强,自主创新能力居于全国前列,生态环境优美,社会文明和谐,人民生活富裕,与长三角分工合作、优势互补、一体化发展,成为在全国具有重要影响力的城市带。

二、产业承接规划

1. 产业空间布局

皖江城市带区位优越,与长三角地区相接,800里皖江一、二级岸线总长近600里,干流岸线利用率在10年只有11.3%,开发潜力巨大。应依托现有产业基础,发挥区位和资源优势,以沿长江一线为发展轴,合肥和芜湖为双核,滁州和宣城为两翼,形成"一轴双核两翼"产业分布格局。

沿江发展轴:包括安庆、池州、铜陵、巢湖、芜湖、马鞍山沿江六市,应依托长江黄金水道和良好的岸线资源,发挥产业各具特色、互补性强、联系紧密的优势,发展主导产业,培育产业集群,形成现代化大工业和物流业的重要集聚区域。

合肥、芜湖双核:合肥作为省会城市、全国科技创新型试点市、综合交通枢纽,芜湖作为皖江开发开放龙头和重要节点城市,进一步提升两市产业集聚和自主创新能力,继续增强两市的服务功能,发挥辐射作用,带动示范区产业加快发展。

滁州、宣城两翼:滁州和宣城两市毗邻长三角、民营经济活跃、矿产储量大、特色农产品资源丰富、开发空间广阔,可以培育壮大龙头企业,推进产业集群式发展,形成示范区承接产业转移的前沿。滁州应大力推进与南京一体化发展,重点承接发展化工、机械、家电、非金属材料、农产品加工等产业,建成重要的盐化工和硅产业基地。宣城应重点承接发展汽车零部件、机械设备、农产品加工、旅游等产业,建成重要的机械制造和畜禽产品生产加工基地。

东部沿海地区已基本进入工业化后期,产业转移不仅规模大,而且对承接地产业集群及其配套条件的要求越来越高,需要有较大面积的开发园区来承接。目前,虽然皖江城市带承接产业转移示范区内拥有5个国家级开发区和65个省级开发区,且每个县都有自己的特色产业园区,但从总体来看,皖江城市带内现有开发区面积过小,基本不具备承接大规模产业转移的条件。因此,依据《规划》要求,"适应产业大规模、集群式转移趋势,充分发挥长江黄金水道的作用,依托中心城市,突破行政区划制约,在皖江沿岸适宜开发地区高水平规划建设承接产业转移集中区,推进沿江城市跨江联动发展"。

2010年6月,安徽省政府正式成立了分别以巢湖市和县沈巷镇为核心的江北集中区和以池州市贵池区梅龙镇为核心的江南集中区两大省管集中区。两大集中区的建立和崛起,一方面将成为大规模承接产业转移的"主战场",可看作是皖江城市带承接产业转移示范区中的特区;另一方面还有望成为未来的两座滨江产业新城,是一个实践新型城市化和新型工业化的地区。两大集中区的工作有条不紊地进行着。

2. 重点发展产业

依据《规划》,装备制造业、原材料产业、轻纺产业、高技术产业、现代服务业和现代农业六大产业是皖江产业承接发展的重点,将迎来快速发展的大好机遇。

(1) 装备制造业。装备制造业主要针对汽车和机械设备两个重点发展领域,引进国内外优质产业资本和先进技术等要素,对接示范区内的骨干企业,进行企业改组改造,加强技术研发,掌握核心技术,形成系统集成能力。最终,发展壮大一批大型装备制造企业和工程公司。

表 3-21-3 装备制造业基地(集群)建设重点

基地名称	涉及区域	集群名称	涉及区域
汽车及零部件基地	芜湖、合肥、马鞍山等	汽车零部件产业集群	安庆、宣城、滁州、铜陵、巢湖、六安等
工程机械基地	合肥、马鞍山	电缆产业集群	无为、合肥、天长、芜湖等
		电器设备产业集群	合肥、芜湖等
		冶金设备产业集群	马鞍山、铜陵等
		水泥设备产业集群	合肥、芜湖
		环保设备产业集群	合肥、马鞍山、芜湖、铜陵等
		机床,沿江大型铸锻件产业集群	合肥、芜湖、马鞍山、安庆、池州等
		耐磨材料产业集群	宁国
造船及船用设备产业集群	沿江	轨道交通关键部件集群	铜陵、马鞍山等

资料来源:根据《皖江城市带承接产业转移示范区规划》专栏 3 制表。

(2) 原材料产业。原材料产业主要针对冶金、化工和非金属材料三个重点发展领域,引进战略投资,实施重大项目,淘汰落后产能,推进产业结构升级,扩大产业规模和资源保障,推进节能、降耗、环保技术改造,使高加工度、高技术含量和高附加值产品延伸产业链,得到进一步发展。

(3) 轻纺产业。轻纺产业主要针对家用电器、农产品加工和纺织服装三个重点发展领域,充分发挥农产品、劳动力资源和区位优势,立足现有的产业基础,引进知名品牌,采用高新技术和先进管理模式,加速轻纺产业扩张升级,农村富余劳动力就地转移就业可进一步推进发展。

(4) 高技术产业。高技术产业主要针对电子信息产业、生物产业和公共安全产业三个重点发展领域,充分开发科技资源和挖掘市场潜力,扩大合作与发展,可建设高技术产业基地和产业集群。

(5) 现代服务业。现代服务业主要针对现代物流业、金融服务业、文化产业和旅游业四个重点发展领域,强化承接产业转移配套服务,重点承接以长三角为重点的国内外高端服务业,优先联动发展物流业,进一步发展金融、文化、旅游等产业,可建成与长三角联系紧密的现代服务业基地。

(6) 现代农业。现代农业主要针对种植业、养殖业和林业三个重点发展领域,根据《全国优势农产品区域布局规划(2008—2015 年)》的要求,引进农业先进技术、管理经验和龙头企业,加强农技推广体系建设,推进农业规模化、机械化、集约化、标准化生产和产业化经营,打造成为面向长三角的农产品生产、加工和供应基地。

表 3-21-4　其他产业基地(集群)建设重点

产业基地	建设重点
原材料产业基地(集群)	马钢、合肥钢厂搬迁，六安、庐江铁矿采选；铜陵、芜湖等铜及铜材深加工产业，铜陵有色、马钢集团海外办矿工程
	安庆沿江石化产业基地，无为煤化工产业基地，定远、肥东煤化工盐化工园区；铜陵、宣城化肥，庐南硫基化工，铜陵硫磷化工，东至香隅硝基化工和精细化工，和县、广德、马鞍山慈湖精细化工，合肥轮胎，芜湖、合肥塑料制品产业基地(集群)
	沿江水泥塑料产业基地；凤阳、芜湖玻璃等硅产业集群；池州碳酸钙、白云石，滁州凹凸棒、绢云母，宣城碳酸钙，含山、定远石膏，庐江高岭土等非金属矿产业深加工集群
轻纺产业基地(集群)	合肥、芜湖、滁州家用电器基地，天长秦栏电子电器产业集群
	沿江粮油加工基地，合肥、马鞍山乳制品，马鞍山、宣城等畜禽肉类加工，沿江、环巢湖水产品加工基地
	安庆、芜湖、马鞍山、铜陵、六安等沿江纺织服装基地，安庆桐城、六安舒城羽绒制品，宣城箱包，芜湖鞋帽产业集群
高技术产业基地(集群)	合肥国家级新型平板显示基地，合肥、铜陵等集成电路产业链，合肥语音电子，芜湖、合肥汽车电子，铜陵电子材料，马鞍山、巢湖磁性材料等产业集群
	合肥、芜湖、马鞍山生物医药产业集群
	合肥公共安全产业集群

资料来源：根据《皖江城市带承接产业转移示范区规划》专栏 4、5、6 信息制表。

3. 区域联动规划

《规划》要求，要广泛开展全方位、多层次、宽领域区域合作，推进泛长三角区域发展分工合作，扩大与沿海地区的经济合作，密切与中西部地区的联系，辐射带动安徽省其他地区发展，形成区域联动发展格局。

(1) 推进泛长三角区域发展分工合作。首先，加强与长三角全面合作。按照优势互补、协同发展原则，构建示范区与长三角地区合理分工的产业体系，建设面向长三角的优质农产品基地、能源原材料基地、交通物流基地、旅游休闲基地和高素质劳动力供应基地。推进与长三角在交通、能源等基础设施建设以及科技、金融、信息平台、生态保护等重点领域的合作，加快构筑一体化的区域综合交通运输体系，建立相对稳定的能源供需关系。推进与长三角在科技要素、人力资源、信用体系、市场准入、质量互认和政府服务等方面的对接，构建统一开放的市场体系。加强皖沪、皖苏、皖浙双边合作。

其次，鼓励和支持长三角地区优先向示范区转移产业。长三角地区要立足于优化开发格局，加速推进产业升级，发挥高端服务业的辐射作用，缓解资源环境承载压力。重点支持纺织服装、农产品加工、鞋帽箱包、家用电器等劳动密集型和资源密集型产业，火电、化工、冶金、非金属材料等能源原材料产业，汽车和机械设备的基础件、配套件、零部件等配套产业，个人电脑、通信电器等高技术产业组装环节向示范区转移，着力促进金融、物流、旅游、创意、技术服务等现代服务业向示范区延伸辐射。

最后，完善区域合作机制。推进泛长三角区域合作，加强高层定期磋商，研究决定重大合作内容，协调落实重要合作事项。搭建合作交流平台，开展多种形式的经贸合作活动，定期举办泛长三角区域合作发展论坛。完善跨区域融资平台，支持示范区基础设施建设和转移企业发展。鼓励示范区内市、县、开发园区和科研院所等与长三角建立交流与合作机制。

(2) 加强与其他地区联动发展。首先,加强与沿海其他地区互动。进一步加强面向珠三角、京津冀、海峡西岸经济区等东部地区的招商引资和市场开拓,拓展合作领域,创新合作形式,提升合作层次。加强与港澳台地区的交流与合作,重点承接电子信息、橡塑化工、装备制造等产业,共同建设安徽台湾农民创业园和台资、港资、澳资产业园区。

其次,密切与中西部地区合作。利用"中部论坛"和"中国中部投资贸易博览会""中国东西部合作与投资贸易洽谈会""中国西部国际博览会"等经贸合作平台,促进示范区与中西部联动发展。鼓励成立商会,发展中介组织,推进企业跨地区合作。

(3) 带动安徽整体协调发展。统筹示范区内各市联系,打破行政壁垒,建立沟通协调机制。发挥示范区辐射带动作用,加强与省内其他地区的体制机制对接,加快交通、水利、通信等基础设施一体化建设,推进上下游产业和配套产业互动,促进示范区与其他地区优势互补、联动发展;支持省内其他地区加快发展,增强对示范区建设的支撑能力。

三、结语

承接产业转移即使在世界范围内也属于重要课题,对于广大发展中国家及地区的发展进度具有重要的借鉴意义。《皖江城市带承接产业转移示范区规划》更是我国第一个为促进中西部地区承接产业转移而专门制订的战略规划,是国家促进产业转移、加速中部崛起、协调区域发展的重大举措,不仅是安徽大地万千民众的福祉,也注定将要丰富发展经济学的内涵,在中国乃至世界经济发展史上占有一席之地。规划既出,翘首秋实。

(卫 青 林 珏)

【讨论题】

1. 从要素禀赋的动态变化角度分析安徽省承接东部地区产业转移的可行性。

2. 皖江城市带承接产业转移应当如何进行战略定位?为何确定装备制造业为产业承接的重点之一?

3. 区域联动的重要意义何在?

【案例 3-22】 新时代的民营企业:中国民生银行

中国民生银行于 1996 年 1 月 12 日在北京正式成立,这是中国首家主要由非公有制企业入股的全国性股份制商业银行。多种经济成分涉足中国金融业以及规范实施现代企业制度使得中国民生银行有别于国有银行和其他商业银行,为此,它的建立引得国内外经济界、金融界一片关注。

考察中国民生银行发展历程,经历了三个阶段:

(1) 1996—1999 年,起步阶段。这时期银行经营主要依靠外延型的发展模式,一步一个脚印,夯实基础,扩大资产规模。1999 年末,中国民生银行资产规模达到 366 亿元。

(2) 2000—2014 年,快速发展阶段。面对经济全球化、金融一体化发展趋势以及中国入世后市场竞争格局,中国民生银行制订发展规划,积极实施科技战略、人才战略、国际化战略、品牌战略、文化战略,逐步形成以沿海为弓、长江为箭,拉弓引箭射向海外的机构和网点布局。这时期,主要依靠内涵型发展模式,在控制风险的前提下实现资产规模低成本的快速扩张和经济效益的稳步增长。

2000 年 12 月,中国民生银行 A 股股票在上海证券交易所挂牌上市,标志着该银行跨入中国资本市场。2001 年 6 月末,银行资产规模达到 1003 亿元,税后利润 3.02 亿元,分别比 2000 年同期增长 107.2%和 89.9%;各项存款余额达到 748.2 亿元,比年初增长 41.9%;各项贷款余额达到 472.3 亿元,比年初增长 35.3%;不良贷款率由年初的 4.39%下降至 3.93%。2002 年,银行实现主营业务利润 12.2 亿元,净利润 8.9 亿元。2003 年第一季度末,中国民生银行总资产规模进一步达到 2544.79 亿元,存款总额 1916.73 亿元,贷款总额 1412.06 亿元,不良贷款率 2.04%。成立仅七年时间,民生银行总资产超过 2000 亿元,这是一个重大的里程碑。其后,中国民生银行业务不断拓展,规模不断扩大,效益逐年递增,并保持良好的资产质量。

2007 年,银行在长三角地区实施中小企业金融服务试点。2008 年,成立工商企业金融事业部,在上海、杭州、南京、宁波、苏州、温州等地专业化经营中小企业业务。2009 年,在上海成立首家离行式中小企业金融服务专营机构——中国民生银行中小企业金融事业部,并逐渐将中小企业金融服务专业化模式复制到全行,在全国建立了 30 余家分行。

(3) 2015 年以来,推动国际化、集团化发展阶段。2015 年 2 月,中国民生银行按照“做强公司业务、做大零售业务、做优市场业务、有序推动国际化和集团化发展”的经营思路,启动“凤凰计划”,加快战略转型和业务结构调整,努力成为服务民营企业和小微金融的银行、互联网金融和财富管理领先的银行。

正确定位、不断创新、追求卓越,使得中国民生银行不断做强。2016 年,中国民生银行已经从一家成立初始资本金 13.8 亿元的小银行,发展成为拥有核心资本 3200 亿元、资产总额 5.2 万亿元、分支机构近 3000 家、员工近 6 万人的大型商业银行。

总结民生银行发展因素,主要在于很好地发挥了自身优势,并采取以下举措:

第一,发挥体制优势,规范管理制度。民生银行拥有新银行、新机制的体制优势,并建立了规范的现代企业制度、拥有相对完善的法人治理结构和明晰的产权结构,董事会、监事会和行经营领导班子各司其职,独立运作,建立真正意义上的法人治理结构。

第二,加强科技创新,落实"科技兴行"方针。民生银行上市以后,将募集资金的20%投入到"新一代综合业务系统平台"开发上,该系统的开发不仅迅速提升民生银行整体的科技装备水平,推动个人理财、企业结算服务和中间业务服务整体的升级,而且还将有力地推动民生银行集约化、规范化经营迈上新台阶。2002年,民生银行成立了产品创新认定委员会,制定了相应的奖励措施和激励机制,强化对新产品的开发以及效益的评估和认定。

第三,坚持以人为本,加大员工培训力度。人才是立行之本、兴行之源。在激烈的市场竞争中,只有拥有一流的人才才能办成一流的银行。为此,民生银行一方面探索和建立岗位、薪资、保障和福利等多层次的人才激励机制,拓展人才的发展空间,让各类人才在不同的平台实现自身的价值。另一方面,建立完善的员工培训体系,加大对员工业务和服务技能的培训,例如,送到国外名牌大学、国外银行进行管理和业务培训等,全面提高员工的业务素质和创新意识。

第四,开展业务创新,支持中小企业。伴随中国经济快速、健康、持续的发展,中小企业的迅速发展和健康成长,已成为推动中国经济增长的重要力量。针对中小企业发展需求,民生银行开发出一大批业务品种,如微型贷款、公私联合贷款、企业组合贷款、创业贷款等,并主动与担保基金联系,参与组建担保基金,大力支持中小企业的发展。

第五,加强风险控制,优化资产质量。一是剥离各分行已有的不良资产,由总行统一运作,并建立健全内控机制,严防发生新的不良资产;二是完善审贷委员会制度,总行、各分行的正行长全部退出审贷委员会,成立由专家组成的审贷委员会为核心的审贷机制;三是健全风险管理体系,构建风险"防火墙"和贷款"安全港"。

第六,精简机构功能重组,撤销功能重叠的机构和部门,根据市场变化和需求设立一些新的业务部门,优化资源配置,提高资源的分配效率和运用效率。

为提高民生银行的核心竞争力,创造自身的品牌,办出民生银行的特色,多年来,民生银行不断加大产品创新的力度,努力创造具有核心竞争力的金融产品。全新的科技运行平台及管理体系更是为民生银行产品创新提供了强大技术支持,民生银行以不断满足客户更新、更高的需求为出发点,在银行同业中率先开发了民生集团网、买方付息票据贴现业务、保理业务、个人委托贷款业务、民生卡账户信息即时通等涉及公司业务、同业业务、个人业务等多方面的创新产品,对民生银行业务发展发挥着重要的推动作用。

中国民生银行奉行外延型与内涵型并举的发展策略,依靠外延求发展,依靠内涵求效益。从外延上讲,民生银行在现有机构和营业网点基础上,逐步在全国中心城市设立新的分支机构和营业网点,并通过加快分支机构的建设,以期实现规模效益。从内涵上讲,民生银行仍坚持以人为本、科技兴行的经营方针。一方面,继续加大科技创新力度,提高全行的科技装备水平;另一方面,继续加大对员工多层次的培训力度,提高全行员工的综合业务水平和整体素质,全面提高民生银行金融产品的科技含量和服务水平。

2016年7月,英国《银行家》杂志发布全球1000家银行排名,中国民生银行位居第33位;同月,在美国《财富》杂志发布的世界500强企业排名中,中国民生银行位居第221位。

(贺　琦、林　珏)

【讨论题】

1. 民生银行的发展分为哪几个阶段？各阶段有何特点？民生银行将来的发展策略是什么？有哪些具体措施？

2. 民生银行为获得后发优势采取了哪些措施？

3. 该案例给予其他民营企业的发展什么启示？

【参考资料】

1. 雷涛:《民生银行的客户方略——中国民生银行公司业务部总经理冯剑松访谈》,载《中国金融家》2003 年第 4 期。

2.《引领潮流》,载《金融时报》2003 年 6 月 19 日。

3.《民生银行在中国银行业中鹤立鸡群》,载《华尔街日报》2003 年 5 月 19 日。

4. 李守荣、孙芙蓉:《制度创新是高速发展的强大动力——访中国民生银行行长董文标》,载《中国金融》2002 年第 11 期。

【案例 3-23】 田间地头的物联网

在稻田里装上传感器，就能感知庄稼的生长环境如温度、湿度及光照指数；坐在家里，可以远程控制浇水、施肥；在鱼塘中放入传感器，就可以记录水体的溶氧量，农业物联网正在向我们走来。在 2015 年的两会上，李克强总理在政府工作报告中数十次提到“三农”问题。这不仅彰显了“三农”在国民经济中的分量，也体现了农业转型升级的紧迫性。

如果说互联网将全世界几十亿人连接在一起，那么眼下来势汹汹的物联网带来的更多的是人与物、物与物间的关联。当物联网的触角开始蔓延到农业领域，曾经田间地头全凭经验、靠感觉浇水、施肥、打药的农业劳作，变成了另外一番景象。原本看似又“土”又辛苦的农业生产因为物联网变得别有一番模样。

一、绍兴市水产养殖户

江苏省绍兴市水产养殖户邵宁伟，每天下午四点都会准时把搅拌好的饲料扛到船上，然后和老伴一起给河蟹投喂饲料。邵宁伟负责开船，老伴负责投料，3 个池塘 100 亩地，转一圈下来将近两个小时。看天气、看水质，还要随时观察吃料情况，夫妻俩丝毫不敢放松。邵宁伟说，养蟹靠天吃饭，溶解氧和水温就是水中的天气预报。这个溶解氧对螃蟹来说，就跟人呼吸空气一样，空气稀薄了，人感到不舒服，螃蟹也是一样，如果水中的溶解氧比较低，一来河蟹吃食不好，二来河蟹容易生病。螃蟹最适宜的生长温度是 27 度到 30 度左右，如果水温超过 32 度，对它生长将很不利。传统的水产养殖，池塘是否要增氧，增加多少量，全凭经验。为了防患于未然，一到晚上，不少渔民会把增氧泵打开，应对夜里突如其来的天气变化。可人算不如天算，就连经验丰富的邵宁伟也曾在这个事情上栽过跟头。

由于养殖户白天干活很累，所以晚上就不太可能再继续巡塘。夜间，为了保证池塘里的溶氧量，养殖户都会选择提前把增氧泵电源打开，也不管溶解氧高低，直接打开增氧泵，让设备一直工作到天亮。但是，遇到雷雨天气就可能出大问题。有一次，邵宁伟把这些增氧泵全部打开了，但是那天打雷以后跳闸了。邵宁伟原本以为跳闸以后它还会自动地开上去，就没有去管它。结果，第二天早上起来，靠近河边池塘里的螃蟹全都死了，这次意外让邵宁伟损失了五六万块钱。

吃一堑长一智，自此，邵宁伟更加谨慎地守着自己的池塘。勤巡塘、细观察，养蟹九年，不仅要时时刻刻留意夜里的风吹草动，甚至一两天的短途外出对他来说都是奢望。江苏省宜兴全市有淡水养殖面积 21 万亩，其中，螃蟹养殖面积就有 13 万亩。对于众多像邵宁伟一样的渔民来说，养蟹本是为了维持生计，但同时也把他们紧紧绑在了赖以生存的土地上。

让邵宁伟想都不敢想的是，就在他养蟹走进第十个年头的时候，一次偶然的尝试不仅改变了他的养殖方式，而且改变了他的生活方式。这次尝试就是农业物联网。所谓农业物联网，简单地说，就是运用各类传感器，采集土壤、作物、气象和产品信息，并通过数据传输和转换，实现信息的多尺度传输；农户可以通过手机、电脑等终端设备，实现灌溉、通风、降温等自动化的农业生产过程管理。

但开始时，邵宁伟不懂物联网。一个小探头，通过一根线连到岸上的主机，就能24小时实时监控水里的溶解氧和温度，除了觉得有些不可思议，他还有点怀疑。抱着试试看的心理，再加上政府的各种补贴，邵宁伟以每套400块的价钱买了三套智能水质监控设备，安装在自己的三个池塘里。在他的手机上，有这样一个客户端，登陆进去，就能实现3个池塘水温、溶解氧、PH值等水质参数的实时监测。这套设备可以实时传输数据，并且自动绘制数据的曲线图，让养殖户可以实时了解早中晚的水温、溶解氧、PH值等水质情况的变化。切换远程模式，养殖户还能通过手机实现随时开关机为养殖区域增氧。

经过一年多的试验，刚开始时的疑虑烟消云散。邵宁伟再也不用像从前那样24小时巡塘，抽空出去旅游也变得不那么遥远。增氧泵按需启动，一年下来，不仅省心、省事，还让他省下一大笔钱。邵宁伟估计2014年电费可节约一万多元。对邵宁伟来说，这套操作简单的系统不仅帮他节约了电费和人力成本，减轻了负担，而且还实现了远程疾病诊断，提高了对于病害的治疗和控制力，这样的高科技，让他养蟹越来越有底气了。物联网帮了邵宁伟的大忙，如今也成了他生活的一部分。

在宜兴，水产养殖物联网系统已经建成总面积3万亩的示范区，惠及全市2000余户河蟹养殖户，不仅改变了像邵宁伟这样的传统养殖户的养殖方式，而且农业生产中所需的水、热、气、肥、饲料等资源实现了按需供给，有效降低了生产成本。据测算，使用水产养殖物联网设备养殖河蟹，亩均增产10%以上，亩均节省电费80元，亩均可增收1000—1300元。而“智能水产养殖”还只是物联网应用于农业生产的冰山一角。畜禽养殖、大田作物、设施农业、质量追溯，农业与物联网的这次亲密接触深入到了农业生产的方方面面。

二、阿卡农庄的农业体验

阿卡农庄首席执行官江宇虹在北京的3个农场占地将近1000亩，在从事农业之前，江宇虹是一个带着剑桥博士头衔的外企高管，曾一手创办属于自己的云服务公司，IT从业经历丰富，农业相关经验却空白一片，她坦言自己曾经韭菜、麦子不分。从一个连麦苗都分不清楚的城市金领，摇身变成一个新农人，短短3年间，500强企业中有200家企业在她的农庄驻扎。江宇虹告诉记者，她的秘诀就在于利用互联网与物联网的结合，给消费者带来新型的农业体验。短短几年间，江宇虹把自己的农场做得风生水起。

俗话说，眼见为实，江宇虹相信，把通过物联网设备获取的实时数据公开透明地向消费者开放，无疑是一种更加有效地建立食品安全相互信任的手段。她设想，客户在家里，通过手机等实时看到地里发生的情况——什么时候播种，什么时候施肥，什么时候应该给大棚降温了，什么时候太干了，湿度太低了，二氧化碳的浓度如何等，客户可以了解到他们想知道的一切信息，让客户有机会参与到农业生产当中来。农业不再是很远而陌生的事情，不再是超市里摆放的不知道如何生产出来的瓜果蔬菜，而是可以和农民一起参与的田间劳作。周末，带着孩子和老人一起体验种植的方式，将是物联网农业和传统农业不一样的地方。

物联网技术使得一个大棚从原来的一亩地两万元的经济收益，提高到目前10万元的经济收益，这就是我们说的技术、思想和创新给传统农业带来的附加价值和增值空间。眼下，物联网技术正在给现代农业带来一股“智能化”浪潮，但要想真正实现农业物联网“测得出、传得快、算得灵、用得好”的目标，就要努力突破传感器、核心芯片、软件等共性技术，为即将到来的农业物联网技术产品批量生产、大规模应用提供技术支撑。

三、国家农业信息化工程技术研究中心课题组

现代农业“智能化”需要技术支撑,那么现有的技术能够支撑吗?实验室产品如何推广到田间地头?国家农业信息化工程技术研究中心张石锐博士给出了答案——产品要能在现场拆装方便,甚至能够直接拧开。张石锐课题组的一款土壤水分传感器在一个月后就要进入批量生产阶段。虽然正在研发的这款土壤水分传感器在技术上早已成熟,投入使用也已经一段时间,但安装和使用过程费事、费力的难题却一直是摆在团队面前急需解决的“头等大事”。在张石锐看来,其实有很多技术上的东西都是很成熟的,但是在应用上推广不起来,其中一个原因当然是成本。此外,就是现在的智能化产品做得像样机一样,用户使用起来很麻烦,不喜欢去用,因此很难推广。这也使得有些地方买智能化的产品只是做个形象工程,往那儿一放就完事。他说,我们要把这些东西做得更方便使用和维护,这样才能让大家真正喜欢去用。

目前,我国农业物联网设备研发多出自高校院所的实验室,概念性产品居多,不接地气,而且农用传感器种类不到世界的10%,在稳定性、适用性、使用寿命等方面都还有很大提升空间。做出一款真正面向需求而且农民接受的产品并不容易。经过反复讨论,张石锐和他的团队确定了最终方案。

在张石锐电脑上的一份工作计划里,密密麻麻地记录着未来3到5年他想要优化和研发的所有产品。面对激烈的市场竞争,张石锐和他的团队选择主动出击。物联网技术在农业领域的应用受制于恶劣的农业环境,高温、高湿,野外经常出现的雷击、降雨,对传感器的要求近乎苛刻。

传感器要埋到地下,农民本身缺乏相关的知识和技术,因此可能不会去主动维护这些设备。农民可能需要把传感器装在郊区,或者装在更远的地方。但是,如果这个时候传感器出问题,比如没电了,或者稳定性出了问题,数据发不上来,去维护是很费事的。这就需要提高传感器的稳定性,尽量让它不出问题,让它工作时间更长,最好一年才需要给传感器换一次电池。这样的话不仅可以降低工作量,也提高了数据安全性,让数据更完整。

为了能适应各个地区的环境特点和农民操作简便的要求,一款成熟的农业物联网系统,从实验室概念性产品到最终成熟的应用系统,优化、改进经常需要进行几十次甚至上百次。从研发到产业化,物联网在农业领域的应用,前进道路上的每一个脚步都充满挑战。江苏省农业物联网工程技术中心主任蒋永年,2009年在农业部的推荐下,开始与中国农业大学合作,在江苏省宜兴市进行水产物联网试点。从只筹了2万元,对农业物联网几乎一窍不通的门外汉,一步步做到19个省市的推广,市场占有率达70%以上,对于蒋永年来说,一路走来并不是一帆风顺的。他认为,农业物联网跟其他物联网的差异有两个,一是气候变化,面对大自然。例如,电视机放在家里看可能没有问题,但是如果夏天放在太阳底下看,可能半个小时就黑屏了。农业也有自己的特性,需要适应。二是农业物联网面对的是农民,这些农民基本上都是60岁以上、初中以下文化水平,不单单是操作设备上存在困难,更关键的是他们对于农业劳作根深蒂固的传统观念。不改变这些观念,农业现代化的推广之路仍然是漫长和艰难的。蒋永年还在继续努力在更大范围推广农业物联网。有了农业物联网,也许农民从此就真的不再被困在土地上,一部手机就可以遥控生产,保证丰收。

四、浙江省嘉兴市秀洲区信乐果园

浙江省嘉兴市秀洲区信乐果园虽然用上了物联网技术，但这两天，果园负责人林兴乐必须要亲自跑到基地里，查看大棚内的温度、湿度。原来，半个月前，一场突然来袭的狂风，把建在露天的天线设施全部摧毁了，果园里的机械化管理瞬间陷入瘫痪。林兴乐认为，极端天气会极大影响物联网技术产品的正常使用，而一次性的成本投入和日常的维护，也是一笔不菲的开支。在信乐果园，仅物联网设备的采购就投入 40 万元。而每年支出的维护费，少说也要 1 万多元。此外，设备还要不断经受考验。

嘉兴一些地方，如海宁马桥街道的民胜果蔬专业合作社是当地最早使用物联网技术的示范点，但现在走进基地，一批用于农业物联网的技术设备，已经被闲置在仓库里。合作社负责人童俊坦诚，合作社使用物联网有点盲目，使用过程中发现一些基础设施方面没有完全配套，很难发挥出这些设备的作用。童俊表示，在当初引进物联网时，自己的农业大棚还属于单体大棚，基础设施跟不上。这使得物联网技术不能发挥它的最佳效用。而物联网所提供的数据参数也与基地里果蔬种植的实际需求不匹配。在海宁，与民胜合作社一样，还有四家农业企业与合作社起初也都建起了农业物联网系统，但现在大部分都已停用。

无锡国家物联网展示中心，是中国物联网产业的发源地，汇聚了 900 多家物联网企业，每天吸引大批人前来参观、学习。该中心有一个专业馆，通过该专业馆上方的 360 度影片可以使观众了解物联网的概念。在这个物联网展示中心的 983 家企业中，农业物联网企业不过数十家，而所有物联网企业只有 15％能够盈利，70％都处于亏损状态。理想很丰满，现实很骨感。看似前途美好的农业物联网产业，为何会遭遇重重考验？无锡市富华科技有限公司潘海海认为，虽然中国农业物联网的发展和中国农业现实是相匹配的，但是这里面存在三个问题：第一，农业从业人口偏老龄化；第二，农业产业规模偏小型化；第三，农业现代化意识相对于发达国家来说还是比较落后。

国家农业信息化工程技术研究中心副主任杨信廷有着另外的看法。他认为，一方面，物联网技术本身是一个新兴事物，现在大范围进行推广成本确实比较高；另一方面，物联网技术本身不是一个直接的生产要素，不像化肥、种子、农药那样在农业增产上有显著的效果。我国农业面临资源紧缺与环境恶化的约束，需要通过农业物联网来解决我国在农业上存在的高资源投入与粗放式经营的矛盾，实施农业生产过程中的实时监测，提高精细化管理水平。

中国农业大学教授李民赞认为，农业要发展，农村要实现城镇化，就必须适度规范经营。而为了保证我们的食品安全，农业信息技术、农业物联网技术是必不可少的。在信息技术发展的洪流下，这些问题都会得到解决。大概三五年之内，农业物联网就会成为一个很成熟的产业。

虽然目前我国农业物联网产业需求刚刚起步，但从概念到推广运用，短短几年，农业物联网的发展势头就已经引人注目。物联网系统未来会更加广泛地应用到农业生产中，为农业注入“智慧因子”。

五、日本物联网在农业管理中的应用

在国外，早在 2004 年，日本总务省就提出了 U-Japan 计划，力求在未来形成一个互通互联、无处不在的网络社会，这其中就包括了农业物联网。2015 年 4 月 15 日，日本经产省又出台了加强物联网领域竞争力的举措,全国已经有一半以上的农户都在使用物联网技术。物联网技术首先有助于改善农业的播种控制、优质生产的问题。以日本熊本县的果实堂公司为例,下属550个蔬菜大棚每年都积累超过5000个生长周期的数据。上传到云存储后,由10个研究部门的工程师分析出一套包括温度、湿度、日照量、土壤水分等在内的最佳环境数据,甚至蔬菜生长到哪个阶段,浇水的数量都十分明确。按此操作,就可以把大棚调整到最适合蔬菜生长的状态。该公司的大棚种植正在拓展到全国。物联网应用可以根据每个大棚的情况进行个性化调控,无论什么土壤,什么环境,都能生产出符合统一标准的蔬菜产品。在物联网技术的支持下,果实堂的蔬菜生长周期大大缩短,平均一季仅需15天。蔬菜种植从过去一年只能种七八季增加到10季。可以按照客户的订单全年365天持续生产、随时出货。种菜不再是旧式农业的靠天吃饭,而是变成了工业化的流水线操作。生产效率和产量都大幅度提高。果实堂业务推进中心主任河野淳子提供了一组数据:原来公司一年产量也就是100多吨的规模,现在蔬菜种植增加到了10季,全年产量也扩大到了550多吨,都是依靠物联网将各部门联通形成一体化的结果。

2009年,日本政府发布了《农地法改正》,个人可以更方便地参加农业劳作。由于物联网技术通过云服务可以与各蔬菜大棚的电脑终端结合起来,即使完全没有农业经验的新手,仅凭手中一台平板电脑,也可以对蔬菜的生长实时监控。无论人在何处,都可以远程遥控大棚里的换气扇、天窗开关等,有助于解决日本农业劳动人口高龄化和劳动力不足等问题。日本富士通线段农业事业部部长佐藤彰彦认为,分析环境数据、统计种植记录、环境管理系统等这些物联网功能通过智能手机或电脑就能随时随地遥控,既节省时间,又便于操作。

不管怎么说,随着物联网的普遍使用,应用物联网技术将成为未来农业发展的主流,并将颠覆传统农业,开启物联网时代下新型农业的新发展。

(钟峥嵘)

【讨论题】

1. 2009年后什么原因促成农业物联网在中国兴起?农业物联网和中国农业生产分散化的现实是否相匹配?

2. 农业物联网在实际运用中面临的主要问题有哪些?什么原因使得在某些地方出现了农业物联网发展不进反退的现象?

3. 国外农业物联网的发展经验对于中国农业物联网的发展是否具有普遍的借鉴意义?

【参考资料】

1. 范守智:《国际贸易教学案例编写方法探讨》,载《重庆科技学院学报》2009年第1期。

2. 孙忠富、杜克明、尹首一:《物联网发展趋势与农业应用展望》,载《农业网络信息》2010年第5期。

3. 唐珂:《国外农业物联网技术发展及对我国的启示》,载《中国科学院院刊》2013年第6期。

4. 杨清:《浅析"时政"案例在发展经济学教学中的运用》,载《高教论坛》2015年第2期。

5. 张琛驰:《对我国农业物联网发展的思考》,载《现代农业科技》2012年第22期。

【案例 3-24】 甘肃省临夏回族自治州农村脱贫攻坚战纪实

在发展经济学中，经济增长和发展问题一直是研究的重点。所谓经济发展，是指随着一国或地区一定时期包括产出、劳务在内的产出量的提高，而出现的经济、社会和政治结构质的变化。贫困是影响一国发展的问题，包括人均收入低下和许多人文指标低下。中国是幅员辽阔的大国，人口众多，东西部贫富差距较大，在全面建成小康社会的进程中，西部欠发达地区的农村脱贫问题一直是中央政府所关切的。

以甘肃为例，虽然经过多年的扶贫开发，甘肃民族地区农村出现显著变化，但因地理环境和历史原因，农村贫困面广、贫困程度深，该地区农村在经济收入、受教育程度、思想观念、健康状况、家庭结构等方面，远远落后于东部沿海地区。根据《中国农村扶贫开发纲要(2011—2020)》确立的名单，甘肃有 58 个市县(区)被纳入六盘山区、秦巴山区和四省藏区等国家集中连片特殊困难地区，比原来的 43 个国家扶贫开发工作重点县增加了 15 个。"三西"资金覆盖县 6 个，需要重点扶持乡村的县 17 个。有扶贫任务的县 81 个，占全省 86 个市县(区)的 94.2%；重点乡 919 个，占全省乡镇数的 73.46%；重点村 8790 个，占全省行政村数的 53%。按照新出台的贫困标准(年人均纯收入 2300 元)，2012 年底全省 86 个县区农村贫困人口为 692.19 万人，占全省农村人口 2082.95 万人的 33.23%。全省贫困发生率位居全国第二，仅次于西藏。其中，国家三大连片特困地区的 58 个贫困县农村贫困人口为 621.69 万人，占全省农村贫困人口的 89.8%，占该地区农村人口的 37.71%。另一方面，贫困程度深。2012 年，全省农民人均纯收入为 4507 元，与全国平均水平相差 3410 元。在全省集中连片特困地区，民族地区的贫困尤为显著。2016 年以来，临夏回族自治州推动脱贫攻坚和双联行动融合联动，全力以赴加快脱贫致富和全面建成小康社会步伐。

第一，下派工作组。临夏州双联行动中，整合省州县机关处科级以上干部资源，在 124 个乡镇组建帮扶工作站，在 1150 个行政村建立帮扶工作队，下派 5400 多名干部到基层一线开展工作。双联单位重点对 560 个贫困村、9.57 万户贫困户、42 万贫困人口进行精准识别、建档立卡，建立了动态管理机制。

第二，推进项目。全州集中实施 110 个整村推进项目，解决了贫困村行路、吃水、用电、住房、上学、就医等困难，并依托金融惠农政策扶持发展富民产业，累计为 3.5 万户群众发放双联惠农贷款 33 亿元，为 2.6 万户群众发放妇女小额贷款 10 亿元，为 11.2 万户群众发放互助社借款 11 亿元，为 1.2 万户贫困户发放专项贷款 4.13 亿元。

第三，着力改善生产生活条件。坚持整流域开发与整村推进相结合、改善基础条件与改善生态环境相结合，完成农村危旧房改造 1.1 万户、易地搬迁 516 户。到 2016 年底，全州所有行政村将修通沥青或水泥路，所有贫困村通动力电，93%的农户吃上安全干净的自来水。

第四，着力促进增收致富。引导群众依托扶贫贷款发展特色种植、养殖、劳务、农家乐、小门店经营等致富项目，已累计发放扶贫专项贷款 24.6 亿元，1 至 5 月发放互助社借款 1.3 亿元，开展技能培训 1.2 万人，输转劳务 39.96 万人，实现劳务收入 35.95 亿元。

第五,着力提升公共服务。新开工建设农村幼儿园213所,临夏现代职业学院二期、临夏中学综合教学楼、积石山民族中学等项目进展顺利。大力实施乡镇卫生院、村卫生室改扩建项目,到年底可实现所有精准扶贫村卫生室全覆盖。

第六,持续推进农业结构调整。完成粮食作物播种面积230.5万亩,新增蔬菜种植面积1.71万亩、特色林果12.91万亩,中药材累计达到6.64万亩。新建标准化规模养殖场(小区)52个,发展规模养殖户420户。

临夏州脱贫攻坚和双联行动正在推动当地改变贫困面貌,跟上全国建成小康社会的步伐。

(李奇璘)

【讨论题】

1. 西部地区贫困的原因有哪些?贫困特征主要表现在哪些方面?

2. 地方政府采取了哪些具体措施推动当地经济发展?这些政策有哪些短期和长期成效?

3. 面对临夏这类贫困人口多,贫困面积大、程度深的地区,如何有效贯彻落实中央"精准扶贫"指示,使当地人民彻底摆脱贫困?

【参考资料】

1. 杨智:《甘肃民族地区农村待脱贫人口特征与思考——以临夏回族自治州Y镇贫困户为例》,载《西北人口》2014年第1期。

2. 赵万山:《我省逾三百万贫困人口纳入农村低保》,载《兰州日报》2013年6月9日第1版。

3. 国务院扶贫开发领导小组办公室:《〈中国农村扶贫开发纲要(2001—2010年)〉中期评估政策报告》。

4.《甘肃日报》2016年8月2日。

【案例 3-25】 美国外交政策的演变及对华政策

“9·11”事件发生初始，一些人士认为该事件的发生是美国长期以来在国际事务上实行霸权主义的结果，它将促使小布什政府放弃单边主义的外交政策，走向多边主义；一些人士担心该事件会粉碎美国对于独立性的信心，而这种信心正是美国政治独立性的核心，面对经济的严重衰退和恐怖主义的威胁，美国的外交可能会退回到门罗时期的孤立主义状态。然而，十多年过去了，从小布什宣布对伊拉克和阿富汗发动战争，到奥巴马宣称重返亚太地区，美国的外交政策确实出现了修正，不是朝着多边主义或孤立主义的方向转向，而是朝着少边主义的方向转向。

一、基本概念的界定

在国际关系中，所谓的多边主义（multilateralism），是指三个或三个以上的国家在广义的行动原则基础上进行协调的制度形式。多边主义强调的是，在处理国际事务中，各国应该相互尊重、平等协商、加强合作。

少边主义（minilateralism），是指少数国家为了“特定共同利益”，“本着追求集体行动效率的实用主义原则，在既有制度框架之内或之外，通过非正式组织的安排，就特定议题寻求协调政策、构建共识与解决问题的外交实践”。

在这里，多边主义与少边主义的根本区别不是在国家的数量上，而是在理念或行为准则、目标和组织形式上。多边主义倡导民主性、透明性、合作性、互惠性和普遍性，禁止排他性和歧视性。多边主义通过组织和协议规范集体行为，要求成员遵行相约的规则，其制度具有稳定性。联合国、世界贸易组织等国际组织采取的就是多边主义的制度形式。少边主义则是有选择的、排他性的同盟，往往因特定议题而临时安排，具有暂时性。结成战略联盟的目的是增加自身实力，以对付面临的挑战或实现某项战略目标。

孤立主义（isolationism），是避免对他国承担政治和军事义务，不以与他国结成同盟关系的方式维护和扩展本国利益，除自卫战争外，不主动卷入任何外部军事冲突，主张不干涉原则；在经济文化上，通过立法最大限度地限制与他国的贸易和文化交流。

全球干涉主义（global interventionism），往往表现为全球霸权主义，以强权政治的方式要求他国接受自己的价值观，任意干涉他国事务，通过发动侵略战争或策动政变颠覆他国政权，扶植亲己政府上台。

单边主义（unilateralism），是全球干涉主义的一种极端表现形式，指一国一意孤行，无礼对待他国的单独行动。这种单独行动是以自己的价值理念、评判标准、国家利益作为指南，而毫不顾及他国利益，甚至不惜以损害他国利益为代价；往往打着“人道主义”旗帜，撇开联合国采取单边行动。换言之，单边主义就是以本国的价值观、法律和全球战略为基点，以霸道的方式单方处理国际事务或与他国之间冲突的一种理论与主张，它建立在单极世界战略的基础上。新单边主义（new unilateralism）虽然本质上仍保留我行我素、独断专行的特征,但在单边目标实现的过程中,追求多边统一战线的建立,试图通过经济合作、政治压力、军事联盟、外交会晤等各种手段或途径,将单边追求的目标转化为多边目标,以确保自身利益的真正实现。

二、美国外交政策的演变与阶段划分

一般认为,美国在建国后较长的一段时间里采取对外孤立主义的政策。这种孤立主义的历史可以追溯到北美殖民地时期。早期的北美,自然条件恶劣,生活环境艰苦,害怕欧洲其他强国的入侵以及与印第安人连绵不断的战争,使得迁移者牢牢地聚集在一起。他们构筑共同居住的要塞、社区,建立整套民兵制度,保卫新建立的农场、家园和社区。那时,民兵的主要任务是保卫自己的社区,而不是奔赴战场,以职业军人的方式打仗,更不是充当什么人"大战略"中的"小卒子"。殖民地居民这种对印第安人袭击的恐惧感一直延续到西部最后边疆的消失、印第安人被驱赶到指定的保留地才消除。

丹尼尔·布尔斯廷曾在《美国人开拓历程》一书中对北美殖民地时期定居者的这种孤立主义作过生动的描写:"美国人对军事防务的想法,从一开始就非常直截了当,也非常简单。他们根本没有想到什么列队上战场,他们想到的就是紧握手中枪支,站在他邻居的身旁,打退袭击他们村庄的敌人。定居者乐意为自己的城镇修筑围栏、要塞或碉堡,但是要他们到远处去修筑一座碉堡,他们就不情愿——不管那个地方对他们本身的防务具有多么大的战略意义。"这种自管自的态度之下,当某一个殖民地遇到危险时,另一个殖民地选择隔岸观火,不愿支援。例如,1693 年,当弗吉尼亚收到纽约寻求支援的请求时,当地公民代表院竟责问:遥远的纽约防务与我们弗吉尼亚防务有何关联?这种"以本地区为堡垒"的孤立主义观点,成为美国建国后各州相对独立的联邦制政体的一个基础。

美国独立后,"以本地区为堡垒"的孤立主义观点在国家范畴内得到扩展,"不干涉欧洲政治事务""不与欧洲结盟"的原则成为美国对外政策的基调。1797 年,美国总统乔治·华盛顿在告别演说中指出:欧洲的基本利益与美国毫无或甚少关联;欧洲的争端与美国毫不相干,如果美国卷进欧洲事务,与它们的政治兴衰人为地联系在一起,无论是与它们结成同盟,或是发生冲突,都是不明智的。在这一孤立主义思想下,美国在建国后很长一段时间里实行孤立主义的外交政策,置身于欧洲各国的冲突之外,保持中立态度。

分析美国早期孤立主义思潮形成的原因,很大程度上来自恶劣的经济环境与复杂的地理条件。设想,在经济落后、交通设施不先进的时代,广袤的土地上分布着来自不同国度、文化、传统背景的移民,他们被茫茫的原野、河流、山川相互分隔,迅速形成其他地方需要几个世纪才能形成的差别。这样,各地不可避免地会形成自治的信念,要求按照当地的原则处理事务,反对外来干涉,并且既无兴趣也无能力对遥远地区(欧洲大陆)的事务加以干涉。这种特定的环境条件构成了建国前美国特有的政治文化与生活态度。换言之,当这种赖以生存的条件发生变化时,人们的孤立主义态度也就随之发生变化。

当然,并不是所有人都同意以上的看法。例如,美国政治学家杰里尔·A. 罗塞蒂就否定了通常人们所认为的美国的对外政策二战前是孤立主义、二战后是"国际主义"的论点,认为事实上在美国历史上从未有过孤立主义。他指出,欧洲列强虽然与美国在地理上相距遥远,但是在北美和整个西半球仍异常活跃,因此从 19 世纪初拿破仑崛起以来,美国从来就无法避免任何一场重大的欧洲战争。为此,根据一些特定的历史事件,罗赛蒂将建国以来美国的对外政策分为三个时期:大陆时期(1776 年—19 世纪 90 年代)、地区时期(19 世纪 90 年代—20 世纪 40 年代)与全球时期(20 世纪 40 年代至今),认为除了 20 世纪 20—30 年代外,各时期美国的对外政策都是寻求经济扩张,因此卷入世界政治事务中。

上述三个时期实际上是依据美国对外活动的地域进行划分的。从外交政策理念上看,美国建国后的外交政策可以划分为这样几个时期:

第一,孤立主义时期(1776—1823 年)。这一时期,美国的主要关注点放在建设一个周边安全、国民经济强大的独立国家的目标上。在政府看来,要实现这一目标,没有比掠夺土著美洲人的土地以提供更多的产出,实行大陆扩张以让欧洲殖民者远离东海岸,保护自己免遭潜在的敌对邻国之害更好的办法了。因此,政府对外政策的重大责任就是从印第安人与周边欧洲人手中获得较多的领土,并远离欧洲政治事务以发展经济。

第二,门罗主义时期(1823—1940 年)。1823 年 12 月,美国总统门罗提出"门罗主义",宣布任何欧洲强国不得干预南、北美洲事务,强调美洲由美洲人自己管理。从表面上看,"门罗主义"既主张不干预欧洲事务,又反对欧洲列强将其政治制度扩展到美洲大陆,是孤立主义在地区范围内的反映。但是,实际上,"门罗主义"的提出表明美国开始在本地区寻求自己的势力范围和霸权。正如美国经济史学家指出的那样:"门罗主义"反映出美国对美洲地区浓厚的兴趣,美国已开始它的财政扩张,并要求"把美洲留给美国人"自己。

这一时期,美国继续不断地驱赶印第安人,以武力攫取、廉价购买、兼并等手段,从土著人、欧洲人手中获得大片土地。美国先后从俄国人手中购得阿拉斯加,兼并、侵占波多黎各、古巴、巴拿马、海地和多米尼加等加勒比海国家,将许多国家降为保护国。与此同时,美国对拉美的输出也急剧增加。到 1913 年,美国在中美洲和加勒比地区的市场上已成功地排挤英国和德国的势力而占居首位。在欧洲政治事务上,美国政府仍恪守中立国立场,不与欧洲任一国家结盟,然而,一战中,欧洲的战火很快将美国卷入。一战改变了国际经济力量对比,美国由一个债务国变为债权国,欧洲许多地区变为美国商品的主要市场。一战后,面对债务国不愿归还债款的状况,美国国内孤立主义情绪重新抬头,并在 20 世纪 30 年代大危机时期达到顶峰。为了避免在以后的战争中本国的利益再次受损,美国于 1934 年出台了"债款拖欠法令",此后又颁布了三项"中立法令"。中立法令的出台反映了美国国会试图保持孤立的愿望。

20 世纪 30 年代,美国学术界及政府决策机构展开了一场大辩论,辩论涉及美国发展方向性的问题:美国是在经济和政治上孤立世界其他国家和地区,在西半球建立一个大体上自给自足的帝国,还是与世界进行完全的自由贸易,从而深深地置身世界政治事务中?一些学者认为,世界大战确定了美国的国际政治责任,而世界性萧条显示了美国和其他国家之间在经济上的相互依赖,美国不能成为一个闭关自守的国家。这一讨论为二战后美国对外政策的全球主义奠定了思想基础。

二战爆发后,美国修改了"中立法律",允许对交战国出售武器和军需品。1941 年,罗斯福总统要求对参战各民主国家进行"全面援助",将战争物资卖给、换给、借给或贷给任何一个总统认为该国防御与美国国防密切相关的国家。在经过美国国内两个月的辩论后,总统的要求得到立法。《租借法令》的出台表明"现金与自运"原则的放弃和 1934 年《债款拖欠法令》的取消,标志着美国外交政策从"门罗主义"向全球主义的转变。

第三,全球干预主义时期(1945 年至今)。二战结束后,无论是民主党人执政还是共和党人执政,全球干预主义一直是美国政府之倡导。虽然克林顿执政时期,共和党人的新孤立主义思潮曾经尘嚣甚上,但部分出于两党之争需要。具体分析,战后美国的全球干预主义又可以划分为三个阶段：

首先，杜鲁门主义阶段(1945—1991年)。战后世界形成两大阵营，为反对苏联推行社会主义制度，1947年3月，杜鲁门总统在致国会咨文中表示，美国支持自由国家抵御“极权政体”。该观点后来被称为“杜鲁门主义”。此后，无论是“马歇尔计划”，还是朝鲜战争、越南战争、海湾战争，美国政府实际上都是在该理念下开展外交活动。

其次，单边主义阶段(1992—2000年)。1991年12月，苏联解体，冷战结束，失去竞争对手的美国成为世界霸主。1993年，克林顿上台，提出以“扩展战略”替代“遏制战略”，以“全球民主化”的经济实力和军事实力确立美国在21世纪“独一无二的世界领导地位”的外交目标。随着经济重振，美国在外交政策上越发肆无忌惮，“硬实力”与“软实力”综合运用，手法多样化：(1) 强调“人权高于主权”，为滥用军事力量侵犯主权国家提供根据。1998年8月至1999年6月，美国无视联合国反对，先后对阿富汗、苏丹、伊拉克和南联盟滥施空中打击。(2) 声称联合国“不是维护和平的唯一途径”，要求改组联合国安理会。(3) 对不听使唤的国家频繁挥动经济制裁大棒。克林顿执政时期，美国对35个国家实行了61次制裁，占到自一战以来至2000年这段时间制裁总数的一半以上。这种霸权的单边主义行径以及因此给这些国家带来的贫困和痛苦，必然激起当地人民的愤恨。

最后，少边主义阶段(2001年至今)。2001年，共和党人小布什上台，声称将继续坚持全球主义理念。然而，不久，“9·11”事件发生。此后，美国的外交政策从全球干预主义的单边主义逐渐发展到少边主义。

三、美国全球干预主义下的少边主义的表现形式

2001年以来，美国全球干预主义逐渐由单边主义向少边主义转换，主要表现在以下几个方面：

第一，将反恐怖主义、建立全球安全机制列为外交工作的首位。在对阿富汗实施军事打击之前，小布什向全世界发出警告：谁不同美国站在一起，就是同恐怖分子站在一起。不少国家的领导人纷纷表示支持美国的行动。美国一改过去单一地与欧洲结成盟国，实施军事打击的做法，开始寻求与各反恐力量合作。2003财政年度，美国对外援助和国际事务预算达到254亿美元，其中提供给约旦、印度、巴基斯坦、也门、阿曼等国的军事和经济援助都有明显增长。此外，在“9·11”事件发生后的几年里，即小布什执政期间，美国也重视与中国、俄罗斯、法国等安理会常任理事国协调立场，进行双边会谈，高举“反恐”大旗，构筑统一阵线。

第二，扩充军备，增加军费，以军事技术上的绝对领先地位，确保美国国内的安全和在全球的利益，同时也要求战略联盟国家通过军购共同承担费用。美国一方面通过增加军事科研投入和军费开支的扩大，为其在国际事务中的独断专行提供军备保证；另一方面通过在东欧、亚太等地区部署导弹防御系统，建立针对俄罗斯和中国的战略联盟。2001年12月，小布什政府单方面宣布退出美俄签订的《反弹道导弹条约》，为美国不受约束地在东欧、亚太等地区部署导弹防御系统扫除障碍。为了“名正言顺”地在亚洲地区保持军事存在，美国不断强调这一地区局势的不稳定，声称南海存在“擦枪走火”的风险，美军需维护亚太地区安全与南海航行自由，并频繁地与澳、日、韩、菲、越、印等国举行各种军事演习。日本前外交官孙崎享在其《战后历史的真相》一书中指出，美国在该地区实施的政策是“离岸平衡战略”。在这个战略下，美国“鼓励像前原诚司(实施民族主义政策的官员)这样的政客采取行动反对中

国”,中国的邻国——韩国、菲律宾、越南和日本——得到鼓励去采取行动以遏制中国及其不断扩大的地区影响力。“‘尖阁诸岛’(即钓鱼岛及其附属岛屿)问题是这项战略的一部分。”美国在亚洲事务上的介入,使得该地区局势变得紧张。利用这一紧张气氛,美国大肆出售军火。据瑞典斯德哥尔摩国际和平研究所数据,2001—2014 年,亚洲地区(包括澳大利亚)从美国进口军火数额急剧上升,该地区成为美国主要的军火市场。从图 3-25-1 可见,2010—2014 年,除日本因经济不景气,对美军火采购幅度略有下降外,美国对其他国家和地区年均出口军火价值都有所上升。

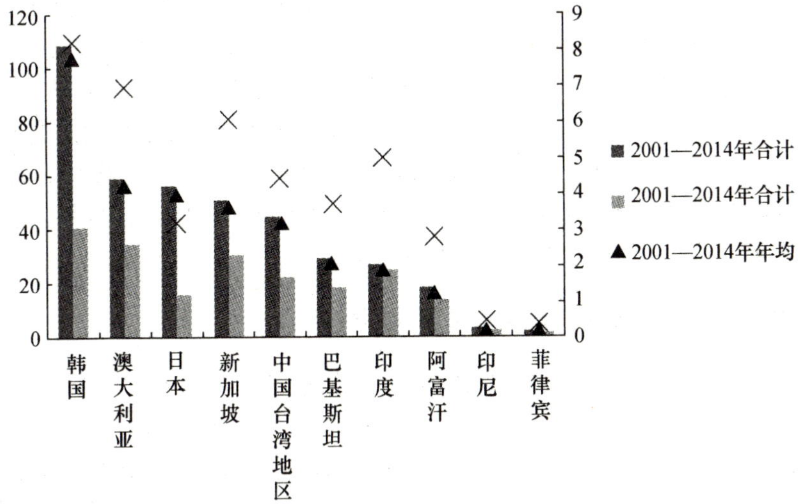

图 3-25-1　2001—2014 年美国对亚太军火出口累计金额(亿美元)

注:按 1990 年不变价格计算出口额。

资料来源:根据 Stockholm International Peace Research Institute, SIPRI Arms Transfers Database, September 9, 2015 数据制图。

以中国台湾地区为例,自 2008 年马英九担任领导人以来,海峡两岸的关系走向缓和,经贸关系不断发展。面对这一良好局势,美国口头上表示赞许,行动上却增大对台军售。2010 年,台湾地区购买美国军火的协议总金额达到 27 亿美元。2011 年 9 月,美国又出台了新一轮价值超过 58 亿美元的对台军售计划。2012 年 5 月,美国众议院批准对台出售不少于 66 架 F-16 C/D 战机修正案。从图 3-25-2 可见,2010 年以来,美国对台出售军火金额逐年上升,2014 年已经约达 10.4 亿美元。

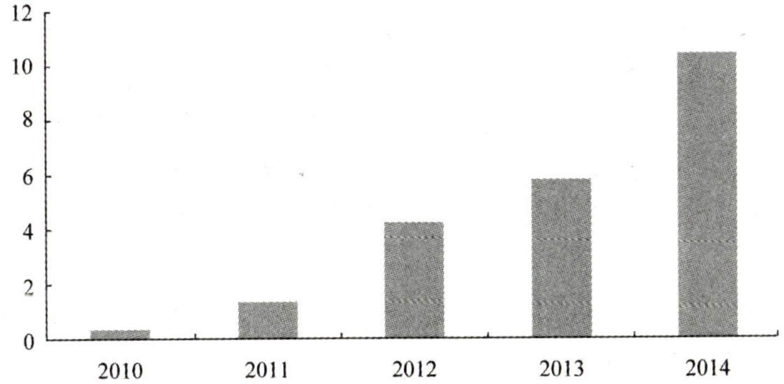

图 3-25-2　2010—2014 年美国对中国台湾地区出售军火金额(亿美元)

数据来源:同图 3-25-1。

第三,培植亲美人士或团体,以"民主"为名发动群众示威活动,颠覆亲俄或反美政权,建立亲美的民选政府。苏联解体后,为了进一步瓦解苏联旧势力的范围,并打击那些反美的"专制政权"国家,在美国的策动或鼓动下,东欧、中亚、东南亚、中东爆发了一系列以花命名的所谓"颜色革命"。比如,2003 年格鲁吉亚的"玫瑰革命";2004 年乌克兰的"橙色革命";2005 年吉尔吉斯斯坦的"郁金香革命";2007 年缅甸的"番红花革命"(未遂);2011 年突尼斯的"茉莉花革命",以及其由此所引发的"阿拉伯之春";2014 年乌克兰的"二次颜色革命"等。

第四,提出"重返亚太再平衡战略",以确保美国在亚太地区的实际存在。2009 年,面对中国经济的快速发展,以及在世界市场与美国正在形成的竞争态势,在军方"中国威胁论"的渲染下,奥巴马政府提出"重返亚太再平衡战略"。美国不仅将越来越多的防务工作转向亚太地区,与日本、韩国、澳大利亚、泰国和菲律宾等国建立战略联盟,频繁地举行军事演习,而且将贸易工作转向该地区,在商贸和经济领域推进秉持所谓"共同原则"和"公平游戏规则"的跨太平洋伙伴关系协议(TPP)。虽然美国政府也与中国政府建立战略对话机制,但"重返亚太再平衡战略"和 TPP 反映出美国外交核心层内要求抑制中国经济发展,期望重新规划国际贸易规则,以符合美国国家利益的愿望和行动。

四、21 世纪初以来美国外交政策调整的原因分析

21 世纪初以来,美国外交政策从单边主义向少边主义转换的主要原因如下:

第一,美国贸易赤字严重,经济实力相对下降。二战后,随着国内劳动力生产成本的不断上升和跨国公司的大发展,美国大部分传统工业失去竞争优势,或投资于海外生产,或本国市场充斥着国外产品。从进出口结构看,近年美国的消费品、工业设备品、汽车的进口额大大超过出口额,贸易逆差不断扩大。美国贸易逆差 2001 年为 4213 亿美元,2014 年已经达到 7415 亿美元,2008 年最高时达到 8325 亿美元。(见图 3-25-3、图 3-25-4)

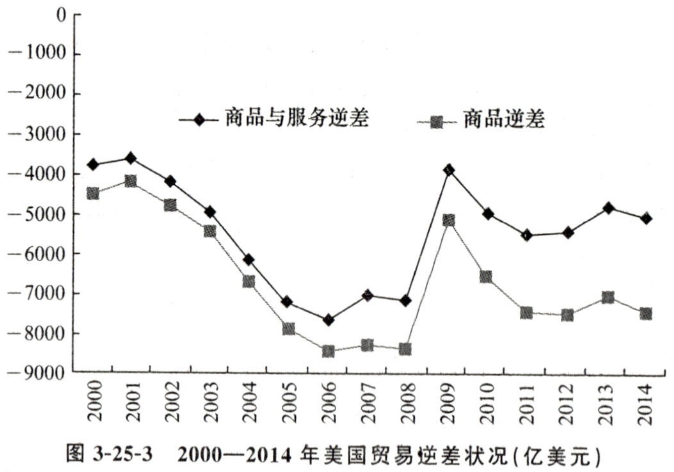

图 3-25-3 2000—2014 年美国贸易逆差状况(亿美元)

数据来源:根据 U. S. Department of Commerce, Bureau of Economic Analysis, Table 1. 1. U. S. International Transactions, June 18,2015 数据制图。

2014 年,美国经济已经步入复苏期,但各类商品的出口状况不一,其中机动车辆、引擎和零件出口从第一季度的负增长猛增为第二、三季度的 21.8%和 17.6%;第四季度,随着汽车产量猛地下跌至−11.3%,机动车辆、引擎和零件出口也降为−12.1%。

第二,美国在世界范围的军事存在和军事干涉导致国内财政严重赤字。二战后,美国通

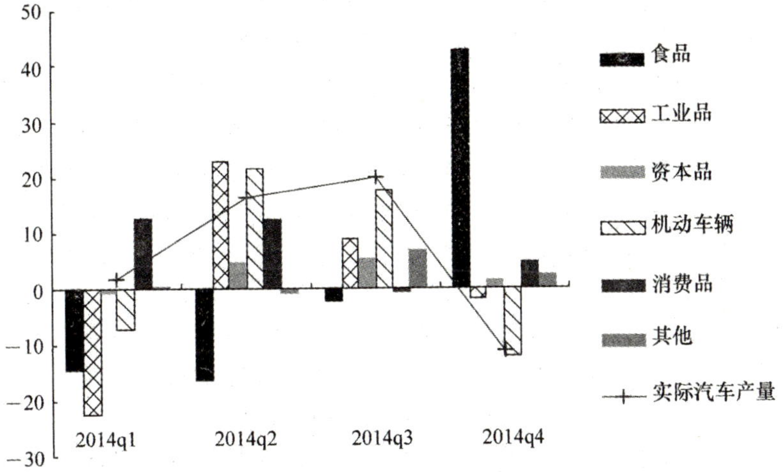

图 3-25-4　2014 年各季度美国各类商品出口、实际汽车产量同比增长状况(%)

注:"食品"指食品、饲料和饮料;"资本品"指除汽车外的资本品;"机动车辆"指机动车辆、引擎和零件;"工业品"指工业用品和材料;"消费品"指除食品和汽车外的消费品、食品;"其他"包括商贸服务净出口,从 1999 年开始重新归类到商品中。

数据来源:根据 U. S. Department of Commerce, Bureau of Economic Analysis, July 30, 2015 数据制图。

过北大西洋公约组织在西欧、亚太等地区建立军事基地。苏联解体后,冷战结束。美国转而插手中东问题、南斯拉夫问题,发动海湾战争。2001 年,"9・11"事件发生,美国主导世界反恐运动,先后发动伊拉克战争和阿富汗战争。此外,美国还在全球布建无人机基地网络,军事基地达到上千个。维持如此庞大的军事基地运转,在世界各地驻扎各类军事人员,以及资助世界各地的"民主运动",需要巨额经费。(见图 3-25-5)军费开支的不断膨胀,最终让 20 世纪 90 年代克林顿好不容易重建的政府财政盈余成果到小布什执政时期化为乌有。2002 年后,美国财政年度收支变为赤字。小布什执政 8 年(2001—2008 年),国债上限提高 5.55 万亿美元,平均每年提高 6937.5 亿美元。奥巴马执政前 3 年,国债上限提高 5.07 万亿美元,平均每年提高 1.69 万亿美元。2011 年,本・拉登在巴基斯坦被美军击毙,美国发动的

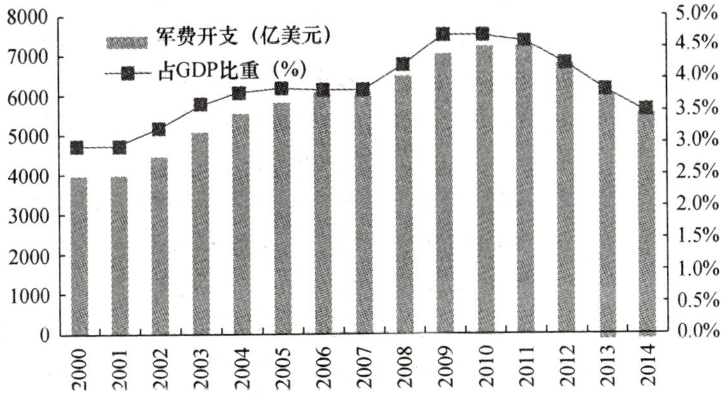

图 3-25-5　2000—2014 年美国实际军费开支及占 GDP 比重

注:按 2011 年的美元计算。

数据来源:根据 Stockholm International Peace Research Institute, September 9,2015 数据制图。

大规模反恐战争画上句号。此时,美国国内面临的重要任务:一是刺激经济复苏,平稳增长;二是大规模削减政府开支,减少财政赤字。为此,美国将经济发展速度最快的亚洲作为拉动其经济增长的主要地区,在渲染该地区局势不稳定的同时,要求盟国与其分摊防御经费。

第三,中国经济的快速发展打破了美国全球战略的平衡。美国的全球战略:一是现存环境应保证美国利益的实现;二是绝对不能容忍某一国家,尤其价值观不同的国家经济规模日益庞大,认为这将打破地区平衡,并影响到美国的经济利益,形成对未来的威胁。面对中国的经济规模日益庞大以及在亚太地区影响力的增大,2011 年,时任美国国务卿希拉里在《外交政策》杂志 11 月号上撰文指出,世界政治的未来将不是取决于阿富汗或伊拉克,而是亚太地区,美国应该在这一最核心地区存在。同年,奥巴马在东亚地区论坛和东亚领导人会议上强调美国重视亚太地区,宣布美国军事实行"战略转移",把长期以来的重点由中东转移到亚太地区,美国海军陆战队将进驻澳大利亚,第七舰队将重返南海。

显然,21 世纪初以来,面对恐怖主义在全球的泛滥、美国国内的经济衰退与财政赤字状况以及中国经济规模的逐步增大,美国调整外交政策,仍是围绕着保证美国的三大利益进行:(1) 国家安全,保卫美国领土、领空、领域不遭核武器、生物细菌和恐怖主义袭击,保证美国国民的人身安全;(2) 经济安全,保证促进美国繁荣的对外贸易通道的畅通;(3) 军事安全,保证任何威胁美国国家利益的地区大国不会出现。在打击阿富汗的军事行动中,美国已成功地获得北约、日本、印度、巴基斯坦等国的支持,摧毁了本·拉登的基地组织,显示出其不可争辩的霸主地位和在未来反对恐怖主义斗争中的领导地位。

未来,"美国利益至上"的理念、狭隘的民族主义和"美国中心论"仍将继续贯穿于美国的对外事务之中。虽然为了本国的安全,美国可能会增加与他国(特别是大国)之间的对话,但是美国更会通过发展高科技工业,掌握新能源动力,加大军工生产,让自身在军事和技术上处于绝对优势,使说"不"字的国家屈服。

五、21 世纪初以来美国对华外交政策的变化及影响

"9·11"事件导致美国外交政策发生调整,打击恐怖主义成为美国对外活动的中心内容。在急需各国支持的背景下,美国对华政策一度发生相应调整,中国由"潜在威胁的战略竞争者"变为"反恐阵营的合作伙伴"。不过,中美两国在核武器、人权、台湾、贸易等一系列问题上的分歧,以及在价值观、社会制度等方面的差异,使得美国最终难以将中国视为真正的合作伙伴。在抛出"邪恶轴心论"后,美国国防部在一份秘密核报告中将中国、俄国纳入,与伊拉克、伊朗、朝鲜、叙利亚、利比亚等国一起成为美国应急时可以使用核武器打击的对象。美国的反恐口号与"邪恶轴心论"为其对台军售提供了借口。

应该看到,虽然美国的外交理念强调的是美国价值观的全球普及,对于不同价值观和政体的国家采用区别对待的外交政策,但在现实中追求本国利益的务实态度与这一"崇高"的理念经常发生冲突。为此,美国对华外交政策往往表现出选择性。

一方面,中美高层对话机制已经建立,双边战略与经济对话富有成效。这一对话机制不断拓展与深化,从经贸到气候变化、反恐怖主义、防止大规模杀伤性武器扩散、地区热点问题、打击跨国犯罪、防治流行性疾病等,取得了一系列成果。根据中国官方报道,截至 2015 年 6 月,中美战略与经济对话累计成果达 700 多项,中美人文交流高层磋商成果有 300 多项。表 3-25-1 显示的是自 2004 年以来中美战略对话机制深入情况。

表 3-25-1　中美战略对话机制的深入

<table>
<tr><th>阶段</th><th>时间</th><th>内容</th><th>地点</th></tr>
<tr><td rowspan="2">第一阶段</td><td>2004.11</td><td>胡锦涛与小布什举行中美战略对话，达成共识</td><td>智利（第 12 次亚太经济合作组织（APEC）领导人非正式会议）</td></tr>
<tr><td>2005.8</td><td>中美首次副外长级战略对话</td><td>中国北京</td></tr>
<tr><td rowspan="2">第二阶段</td><td>2006.9.20</td><td colspan="2">中美宣布：启动中美战略经济对话机制，主要讨论两国共同感兴趣和关切的双边和全球战略性经济问题</td></tr>
<tr><td>2006.12.14</td><td>首次中美战略经济对话</td><td>中国北京</td></tr>
<tr><td rowspan="3">第三阶段</td><td>2009.4</td><td>胡锦涛与奥巴马决定建立中美战略与经济对话</td><td>英国伦敦（二十国集团（G20）会议）</td></tr>
<tr><td>2009.7.27—28</td><td>首轮中美战略与经济对话</td><td>美国华盛顿</td></tr>
<tr><td>2010.5.25</td><td>建立中美人文交流高层磋商机制</td><td>中国北京</td></tr>
<tr><td colspan="4">至此，中美对话经历了战略对话、战略经济对话、战略与经济对话三个阶段，最终形成中美战略与经济对话机制。对话每年一次，轮流在两国首都举行。</td></tr>
<tr><td>最近一次</td><td>2015.6.23—24</td><td>第七轮中美战略与经济对话
第六轮中美人文交流高层磋商</td><td>美国华盛顿</td></tr>
</table>

资料来源：徐长银：《中美战略对话机制的演变》，载《参考消息》2015 年 6 月 26 日。

另一方面，中美双边摩擦不断，从经贸上的“双反”、337 调查、201 调查，到军事、政治上间谍案的指责。其中，五角大楼的“中国威胁”论一直没有停止过，美国国内“遏华”或要求“管控中国”的声音也随着中国经济规模的扩大而提高。2014 年 5 月，美国司法部以非法侵入多家美国公司窃取商业秘密的罪名起诉 5 名中国军人。6 月，五角大楼发布有关中国军事和安全发展的年度报告，认为中国在东海和南海的挑衅易引发冲突，美国必须对中国展示坚决反对的态度。同样是 2014 年 5 月，奥巴马在外交演说中批评中国，称“中国的经济崛起和军事行动的扩大引发邻国担忧。如果不解决地区纷争，最终可能把美军卷进来”。其后，在新加坡举行的亚洲安全会议上，时任美国国防部长哈格尔表示：“坚决不允许强制和威吓。美国不会坐视不管。”

为了遏止中国，2014 年，奥巴马多次访问亚洲国家，发表讲话。2 月，奥巴马还不顾中方反对，再次接见达赖，这是他第三次接见达赖，引起中国的愤怒。此外，奥巴马着力推动将中国排斥在外的 TPP 谈判，2015 年还与日本等国进行大规模的军演。

美国著名外交政策专家伊恩·布雷默批评奥巴马政府没有采取远景战略，他说：“在过去 35 年里，全世界只有一个地缘政治常数，仅此一个，那就是中国的崛起。”他认为，中国是唯一一个拥有全球战略的大国，正在搭建架构与加强基础设施，并努力让各国更加贴合自己的长远战略和经济利益。美国虽然在很多方面远比中国强大，对此却一筹莫展。出于战略考量，给中国让渡空间是一回事，问题是，所让渡的空间是美国不曾想过的。

事实上，随着中美两国经贸规模扩大，相互之间的经济依赖度也在加强，任何一方采取有损对方的做法都可能直接或间接地影响到本国的经济增长。“合则两利，斗则俱伤。”2014 年 7 月，中国国家主席习近平在第六轮中美战略和经济对话以及第五轮中美文化交流高层磋商联合开幕式上指出，有问题不可怕，关键是解决问题；构建中美新型大国关系需要用积土成山的精神，一步一个脚印地前进、开辟。中方希望美方能真正站在战略高度构筑与中国的关系，通过对话消除误解，通过合作减少摩擦。2015 年 9 月，习近平访美，中美两国领导人在网络安全、气候变化、商贸合作等方面达成合作或共识。双方同意继续努力构建基于相互尊重、合作共赢的中美新型大国关系，保持高层及各级别的密切交往，建设性管控分歧。

应该看到，美国两党之争的体制以及强调美国价值观全球普及的外交政策，使得美国总统的承诺具有一定的不确定性，美国对华政策往往在“现实与承诺”“理念与利益”的选择中摇摆。因此，未来中美关系中，“合作与摩擦”将继续。中国期望减少摩擦，既需要不断地开展互访、对话，更需要做强自己。

(林　珏)

【讨论题】

1. 分析美国外交政策演变的原因及对他国的影响。

2. 美国过去的对华政策如何？现在又如何？美国对华遏制政策可能或已经对中国经济发展产生什么影响？

3. 举例说明国际地缘政治对发展中国家经济发展的影响。

【参考文献】

1. 〔英〕彼得·福斯特：《专访：伊恩·布雷默说美国不再“不可或缺”，这对英国来说是个坏消息》，英国《每日电讯报》网站，2015 年 5 月 31 日。

2. 〔美〕丹尼尔·布尔斯廷：《美国人开拓历程》，三联书店 1993 年版。

3. 〔美〕福克讷：《美国经济史》(下卷)，王琨译，商务印书馆 1989 年版。

4. 〔美〕杰里尔·A·罗赛蒂：《美国对外政策的政治学》，周启朋等译，世界知识出版社 1997 年版。

5. 《美国对华政策逐渐转为强硬》，载《日本经济新闻》2014 年 6 月 7 日。

6. 萨本望、尚鸿：《美国克林顿政府外交政策评析》，载《外交学院学报》2001 年第 2 期。

7. 徐长银：《中美战略对话机制的演变》，载《参考消息》2015 年 6 月 26 日。

8. 张勇：《奥巴马政府的亚太地区“少边主义”外交浅析》，载《美国研究》2012 年第 2 期。

9. 〔美〕朱利安·赖亚尔：《前外交官说中日纠纷是美国计划的一部分》，载中国香港《南华早报》网站，2012 年 10 月 16 日。

10. Stockholm International Peace Research Institute，http://www.sipri.org/research/armaments/milex/milex_database，Sept. 21，2015.

11. U.S. Department of Commerce，Bureau of Economic Analysis，Table 1.1. U.S. International Transactions，http://www.bea.gov/iTable/iTable.cfm?ReqID=62&step=1#reqid=62&step=1&isuri=1，June 18，2015.